Klaus Fettweis

ZWISCHEN HERR UND HERRLICHKEIT

VERÖFFENTLICHUNGEN
DES BISCHÖFLICHEN DIÖZESANARCHIVS AACHEN
Herausgegeben von Hans-Günther Schmalenberg
BAND 42

KLAUS FETTWEIS

Zwischen Herr und Herrlichkeit

Zur Mentalitätsfrage im Dritten Reich
an Beispielen aus der Rheinprovinz

einhard 1989

VERÖFFENTLICHUNGEN

DES BISCHÖFLICHEN DIÖZESANARCHIVS AACHEN

BAND 42

Zwischen Herr und Herrlichkeit

Zur Mentalitätsfrage im Dritten Reich

an Beispielen aus der Rheinprovinz

von

KLAUS FETTWEIS

einhard 1989

CIP-Titelaufnahme der Deutschen Bibliothek
Fettweis, Klaus:
Zwischen Herr und Herrlichkeit : zur Mentalitätsfrage im Dritten Reich an Beispielen aus der Rheinprovinz / von Klaus Fettweis. - Aachen : Einhard, 1989
(Veröffentlichungen des Bischöflichen Diözesanarchivs Aachen ; Bd. 42)
ISBN 3-920284-48-8
NE: Bischöfliches Diözesanarchiv <Aachen>: Veröffentlichungen des Bischöflichen . . .

Gesamtherstellung: Druckhaus B. Kühlen KG, Mönchengladbach

Printed in Germany

Es ist in diesem Buche zu berichten von den Versuchungen der Mächtigen und von der Leichtverführbarkeit der Unmächtigen und Bedrohten. ... Und es soll davon auf eine solche Art berichtet werden, daß unser Glaube an die menschliche Vollkommenheit eine Einbuße erfahre. Vielleicht, daß an seine Stelle ein Glaube an des Menschen Unvollkommenheit tritt; denn in nichts anderem kann ja unsere Vollkommenheit bestehen als in eben diesem Glauben.

(Werner Bergengruen,
Der Großtyrann und das Gericht)

Inhaltsverzeichnis

Vorwort des Herausgebers

„Zwischen Herr und Herrlichkeit", das ist ein mehrdeutiges Schlagwort, bestimmt aber kein eindeutiger Buchtitel. Da hilft auch der wissenschaftliche Untertitel „Zur Mentalitätsfrage im Dritten Reich an Beispielen aus der Rheinprovinz" nicht viel weiter. Deshalb soll zunächst diese Mehrdeutigkeit geklärt, eindeutiger gemacht werden: die scheinbaren Schlagworte „Herr" und „Herrlichkeit", aber auch das „Zwischen" sind als Begriffe zu präzisieren — für damals und heute.

„Herr", da ist auf jeden Fall gemeint: Jesus Christus, der Herr (Kyrios). Dies scheint im religiösen, pastoralen, liturgischen, ja selbst im theologischen Sprachgebrauch jedermann verständlich — heute wie damals.

Dennoch, so einfach geht das nicht! Es gilt für die hier vorliegende historische Arbeit, das Wort „Herr" nicht nur einfach zu belegen, sondern als Begriff in der damaligen Zeit — dem sogenannten Dritten Reich — zu erhärten; wenn man so will: es von damals her „mit Leben zu erfüllen", und noch gewagter ausgedrückt, von heute aus „zu re-inkarnieren".
In Fragen gekleidet: Was verstanden die Menschen damals unter „Herr"? Wie schlug sich das konkret in Sprachgebrauch und Aktion nieder?
Zeitgenössische Zitate sind dazu unerläßlich:
So Pfarrer Brock in einer Predigt bereits am 20. Oktober 1934: „Noch singen wir: hier liegt vor deiner Majestät im Staub die Christenschar, noch singen wir nicht: hier liegt vor deiner Majestät im Staub die Hitlerschar."[1]
Oder Pfarrer Esser im Religionsunterricht am 30. Juni 1935: „Eure Führer sind keine Führer, sondern Verführer."[2]
Und Dechant Bliersbach an das Bischöfliche Generalvikariat Aachen am 23. September 1936: „Wer ist Herr in der Kirche?"[3]

Zugegeben: Dies sind aus dem Zusammenhang gerissene Zitate. Aber sie sollen ja hier nicht der vorliegenden Untersuchung vorgreifen, sondern lediglich den Buchtitel klären — zugleich auch die Intention zur Veröffentlichung dieser Arbeit deutlich machen.

„Herrlichkeit", da ist in erster Linie nicht gemeint jene ‚Metapher', die in jüdischem wie christlichem Sprachgebrauch letztlich „Gott" (Kabod) bezeichnet. Vielmehr geht es hier um irdische Herrlichkeit, allzu irdische, allzu menschliche.

[1] Siehe unten, S. 182.
[2] Siehe unten, S. 171.
[3] Siehe unten, S. 178.

So läßt der Schriftsteller Bergengruen seinen „Großtyrannen" (das Werk enstand zwischen 1929 und 1935[4]) mit „Herrlichkeit" anreden. Dieser wird im „Gericht" gefragt: „Bist du nicht der Versuchung erlegen wie alle?" — Seine Herrlichkeit fragt: „Welcher?" Die Antwort lautet: „Der ärgsten von allen ... Der des Gottähnlichseinwollens ..., indem du dich über das Menschliche zu erheben trachtetest und Gott gleich sein wolltest."[5]
Um Mißverständnissen vorzubeugen, soll Bergengruen selbst in seinem Rückblick (1961) zu Wort kommen: „Ich bin manchmal gefragt worden, ob ich mit der Figur des Großtyrannen ein Bild HITLERS habe geben wollen ... Die erwähnte Frage hat mich jedesmal verdrossen, und ich habe sie als eine Kränkung meines Helden empfunden ... gerade an einem Mann geistigen und staatsmännischen Ranges waren die Gefahren der Macht und die großen Versuchungen der Mächtigen darzutun. Und wie hätte ich denn auf den Gedanken kommen sollen, ein HITLER könnte eine seelische Umkehr erfahren und erschüttert sich selber vor das Gericht des eigenen Gewissens stellen?"[6]
Dennoch trifft unser Buchtitel zu, denn Bergengruen schreibt — im gleichen Rückblick: „... im Jahre 1933. Plötzlich hatte die geplante Romanhandlung eine unheimliche, eine fürchterliche Aktualität. Einer ganzen Nation stellten sich die Fragen, die ich den Gestalten meines Buches zu stellen dachte. Allenthalten erwies sich die Leichtverführbarkeit der Unmächtigen und Bedrohten. Alle menschliche Freiheit war aufgehoben, über jedem hing Drohung, und fast alle Teilnehmer der Macht, bis hinunter zum kleinsten, erlagen der Versuchung des Gottseinwollens ..."[7]
„Herrlichkeit" ist also auf jeden gemünzt; in diesem Roman, für die damalige Zeit — und auch bis heute.

Ein weiteres zeitgenössisches Schlaglicht: Pfarrer Lennarz läßt 1939 im Religionsunterricht aus dem Wort HERRLICHKEIT die Buchstaben HITLER herausstreichen und die restlichen Buchstaben zu dem Wort KIRCHE zusammensetzen; zwei Monate Gefängnis wegen des Verstoßes gegen das Heimtückegesetz sprechen für sich[8].

Noch deutlicher, was mit diesem Buchtitel, ja was mit dieser Veröffentlichung gemeint ist, wird vielleicht, wenn man das „Zwischen Herr und Herrlichkeit" durch zeitgenössische Zitate und Vorgänge belegt.
Der bereits am 27. Februar 1928 zu Köln gegründete Verband der katholischen Schützenorganisationen in Rheinland und Westfalen, die ‚Erzbruderschaft vom hl. Sebastianus'[9] nennt „als ein katholischer deutscher Verband ... die Verwirklichung eines zweifachen Zieles":

[4] Vgl. Werner Bergengruen, Rückblick auf einen Roman, S. 19—21, in: Akademie für Wissenschaften und Literatur. Abhandlungen der Klasse der Literatur, Mainz Wiesbaden, Jg. 1961, Nr. 2, S. 19—35.
[5] W. Bergengruen, Der Großtyrann und das Gericht, Hamburg 1935, S. 292.
[6] W. Bergengruen, Rückblick auf einen Roman, S. 25.
[7] Ebda. S. 23f.
[8] Siehe unten, S. 196.
[9] Siehe unten, S. 70 ff.

„1. In religiös-kirchlicher Zielsetzung fördert sie a) die religiöse, insbesondere eucharistische Lebensbetätigung . . .
2. In nationalsozialistisch-staatlicher Zielsetzung fördert sie a) die Erziehung zum Gemeinschaftssinn und zur Wehrhaftigkeit auf der Grundlage nationalsozialistischer Volks- und Staatsauffassung . . ."[10]
Diese Satzung wurde in Maria Laach am 6. Januar 1933, also vor der sogenannten Machtergreifung, d. h. noch völlig frei verabschiedet. Daß damit der Verband in ein Dilemma geriet bzw. der „Untergang" vieler Schützenbruderschaften vorprogrammiert war, zeigte sich wenig später[11].

Ein anderer Doppelaspekt dieses „Zwischen" auf höherer Ebene: Der Bischof von Aachen, Joseph Vogt, betont zu Beginn einer Erkärung, die am 23. Mai 1937 in allen heiligen Messen verlesen werden soll: „Die Kirche Christi steht in unserem Vaterlande in einem Kampfe um Sein und Nichtsein."[12]
Derselbe Bischof schreibt am 14. Juni desselben Jahres wegen der Beschlagnahmung der Druckerei Metz an Staatsrat Gauleiter Grohé unter anderem: „Sie sind im Gau Köln Aachen der erste Vertreter des Führers und in Ihrer Stellung als Gauleiter der Mittler zwischen Volk und Staat.
Sehr geehrter Herr Staatsrat, ich wende mich persönlich an Sie, da Sie wissen, daß ich mich auch in früheren Jahren als damaliger Generalvikar von Köln der nationalsozialistischen Bewegung gegenüber loyal verhalten habe. So habe ich z. B. in der Frage der kirchlichen Begräbnisse auch schon vor der Regierungsübernahme durch die NSDAP mich stets eindeutig für eine kirchliche Beerdigung der Parteimitglieder entschieden und dementsprechend meine Anordnungen getroffen. Auch heute noch als Bischof von Aachen darf ich für mich in Anspruch nehmen, um ein gutes Einvernehmen von Partei und Staat bemüht zu sein . . ."[13]
Der Aachener Bischof Vogt war bestimmt kein Nationalsozialist, ebensowenig wie seine Nachfolger. Dennoch scheint es — nach über 50 Jahren — an der Zeit, auch solche Zitate, Dokumente, Quellen zu veröffentlichen und — mit wissenschaftlicher Sorgfalt — in einen Zusammenhang zu setzen, der mehr aufzeigt als eine bloße Geschichte der Verfolgung, des Märtyrertums.

Ebenso mag das Titelbild dieses Buches, sowie viele andere hier erstmals veröffentlichte Bilder und Dokumente, für manchen, der bisher insbesondere kirchliche Aktivitäten im sogenannten Dritten Reich nur unter dem Aspekt der Unterdrückung und des Märtyrertums beschrieb, eine Provokation sein.
Bei diesem Bild handelt es sich um eine Dankeskarte für die Teilnahme an der Einweihung eines MIVA-Flugzeuges. Die Flugzeugweihe fand statt am 26. April 1936, dem Tag der Weltmission in Aachen, also ein zwar innerkirchlicher, allerdings öffentlicher Vorgang[14].

[10] Siehe Dokument Nr. 1, S. 233.
[11] Siehe unten, S. 77 f. und Dokument Nr. 3 und Nr. 4, S. 242 f.
[12] Siehe unten, S. 116 und Dokument Nr. 19, S. 283.
[13] Siehe Dokument Nr. 16, S. 261. Zum Vorgang vgl. unten, S. 116 ff.
[14] Siehe unten, S. 102 f.

Bemerkenswert ist an dieser zeitgenössischen Montage, daß sie auf dem Hintergrund des Aachener Rathauses Hakenkreuzfahne als Schmuck und den Bischof mit vollen kirchlichen Insignien zeigt. Noch frappierender wirkt ein Foto, das anläßlich des Richtfestes des Bischöflichen Priesterseminars in Aachen 1936 gemacht wurde: Hakenkreuzfahne neben Bischofswappen[15].
Kann man die Frage nach dem teilweisen Miteinander, dem Nebeneinander deutlicher darstellen? Hiermit ist in brisantester Weise das „Zwischen Herr und Herrlichkeit" angesprochen.

„Schonung unserer Gefühle durch uns selbst oder durch andere hilft nicht weiter. Wir brauchen und wir haben die Kraft, der Wahrheit so gut wir es können ins Auge zu sehen, ohne Beschönigung und ohne Einseitigkeit" sagt Bundespräsident Richard von Weizsäcker am 9. Mai 1985 zum 40. Jahrestag der Beendigung des Zweiten Weltkrieges[16].
Diesem Wahrheitsverständnis fühlen sich Autor, Herausgeber und alle, die an diesem Buch mitgewirkt haben, verpflichtet. Sie gehören vornehmlich zu den Generationen, die Weizsäcker so beschreibt: „Der ganz überwiegende Teil unserer heutigen Bevölkerung war zur damaligen Zeit entweder im Kindesalter oder noch gar nicht geboren. Sie können nicht eigene Schuld bekennen für Taten, die sie gar nicht begangen haben."[17]
Autor und Herausgeber dieses Buches sind — mit Weizsäcker — der Meinung: „Es geht nicht darum, Vergangenheit zu bewältigen. Das kann man gar nicht. Sie läßt sich ja nicht nachträglich ändern oder ungeschehen machen. Wer aber vor der Vergangenheit die Augen verschließt, wird blind für die Gegenwart. Wer sich der Unmenschlichkeit nicht erinnern will, der wird wieder anfällig für neue Ansteckungsgefahren."[18]

Mit einem Dank an alle, die zur Veröffentlichung dieses Buches beigetragen haben, verbinde ich die Bergengruen'sche Hoffnung für uns und für alle Leser: „daß unser Glaube an die menschliche Vollkommenheit eine Einbuße erfahre. Vielleicht, daß an seine Stelle ein Glaube an des Menschen Unvollkommenheit tritt; denn in nichts anderem kann ja unsere Vollkommenheit bestehen als in eben diesem Glauben."[19]

So möge das Buch nicht nur ein wissenschaftlicher Beitrag zum Verständnis damaliger Geschichte sein, sondern auch Perspektiven für die Bewältigung heutigen Lebens in Staat und Kirche geben.

Aachen, am 30. Januar 1989

Lic. theol. Hans-Günther Schmalenberg

[15] Siehe unten, S. 109.
[16] Richard von Weizsäcker, Ansprache zum 40. Jahrestag der Beendigung des Zweiten Weltkrieges, S. 441, in: Presse- und Informationsamt der Bundesregierung. Bulletin Nr. 52, S. 441—446, Bonn 9. Mai 1985.
[17] Ebda, S. 443.
[18] Ebda, S. 443.
[19] W. Bergengruen, Der Großtyrann und das Gericht, Präambel.

Einleitung

Mentalität — dies heute geläufige Wort ist erst um die Jahrhundertwende in den allgemeinen Sprachgebrauch eingegangen[1]. Mentalitätsgeschichtliche Forschungen gehören seit geraumer Zeit zum Bestand der französischen Sozialgeschichtsschreibung[2]. Inzwischen widmet auch die historische Forschung in der Bundesrepublik ihre Aufmerksamkeit vermehrt mentalitätsgeschichtlichen Fragestellungen[3]. Der Begriff Mentalität wird jedoch nicht einheitlich verwendet — ein Plädoyer für eine Mentalitätsgeschichte schließt immer noch das Bemühen um eine begriffliche Klärung von Mentalität ein[4].

Der Soziologe Theodor Geiger ist in einer 1932 veröffentlichten Studie zu einer Definition von Mentalität gelangt, die bis heute richtungsweisend geblieben ist[5]. Geiger bestimmte Mentalität als „geistig-seelische Disposition, . . . unmittelbare Prägung des Menschen durch seine soziale Lebenswelt und die von ihr ausstrahlenden, an ihr gemachten Erfahrungen."[6] Es sind demnach die alltäglichen, in ihrer spezifischen Ausformung für Gruppen und Schichten typischen Lebensgewohnheiten, in denen sich Mentalitäten ausdrücken. Mentalität wirkt in Verhaltensweisen und kollektiven Einstellungen als „Geistesverfassung" und „Lebensrichtung", die nicht richtig oder falsch sein kann[7].

Es besteht eine Interdependenz zwischen Denken und Verhalten einerseits und Mentalität andererseits, welche sich auch als „selbstverständliche Sinngewißheit"[8] bezeich-

[1] Vgl. Gerd Tellenbach, „Mentalität", in: Geschichte, Wirtschaft, Gesellschaft. Festschrift für Clemens Bauer zum 75. Geburtstag, hg. von Erich Hassinger, J. Heinz Müller und Hugo Ott, Berlin 1974, S. 11—50.

[2] Vgl. Rolf Reichardt, „Histoire des Mentalités". Eine neue Dimension der Sozialgeschichte am Beispiel des französischem Ancien Régime, in: Internationales Archiv für Sozialgeschichte der deutschen Literatur, 3. Bd., 1978, S. 139—166; Jean Michel Thiriet, Methoden der Mentalitätsforschung in der französischen Sozialgeschichte, in: Ethnologia Europaea 11, 1979/80, S. 299—225.

[3] Vgl. Patrick H. Hutton, Die Geschichte der Mentalitäten. Eine andere Landkarte der Kulturgeschichte, in: Ulrich Rauff (Hg.), Vom Umschreiben der Geschichte, Berlin 1986, S. 107—130; Ernst Hinrichs, Zum Stand der historischen Mentalitätsforschung in Deutschland, in: Ethnologia Europaea, Bd. 11, 1979/80, Heft 2, S. 226—233; R. Reichardt, Für eine Konzeptualisierung der Mentalitätshistorie, in: ebda, S. 234—241.

[4] Vgl. Volker Sellin, Mentalität und Mentalitätsgeschichte, in: HZ, Bd. 241, 1985, S. 555—598.

[5] Vgl. Theodor Geiger, Die soziale Schichtung des deutschen Volkes. Soziographischer Versuch auf statistischer Grundlage, Stuttgart 1932 (bes. Kap. III.1: Ideologie und Mentalität, S. 77—82); ders., Ideologie und Wahrheit. Eine soziologische Kritik des Denkens, Stuttgart 1953. Zu Geiger vgl. Kurt Lenk, Ideologie, Ideologiekritik und Wissenssoziologie (Soziologische Texte Bd. 4), Neuwied Berlin 1962; ders., Mentalität, in: Wörterbuch der Soziologie, hg. von Wilhelm Bernsdorf, 2. Aufl., Stuttgart 1963, S. 689—691. Auf Geiger fußt z. T. auch René König, der Mentalität zusammen mit Ideologie in einem Artikel behandelt, in: R. König (Hg.), Fischer Lexikon Soziologie, Frankfurt 1974, S. 179 ff. Vgl. auch Rolf Klimas Artikel „Mentalität", in: Lexikon der Soziologie, hg. von Werner Fuchs u. R. Klima, Opladen 1973, S. 434.

[6] Th. Geiger, Die soziale Schichtung, S. 77.

[7] Ebda, S. 78.

[8] V. Sellin, Mentalität und Mentalitätsgeschichte, S. 585.

nen läßt. Von verschiedener zeitlicher Dauer[9] tragen Mentalitäten entscheidend zu dem bei, was Ernst Bloch die „Gleichzeitigkeit des Ungleichzeitigen" genannt hat: die Überlagerung von Vorgängen unterschiedlicher Geschwindigkeit[10]. Geiger grenzte Mentalität von der explizit formulierten und systematisch strukturierten Ideologie ab; beide ständen zueinander in einem Wechselverhältnis. Die Ideologie wachse aus der Mentalität „als Selbstauslegung hervor", umgekehrt mache eine Mentalität für eine bestimmte Ideologie anfällig[11].

Von dieser Begriffsbestimmung ausgehend, widmet sich die vorliegende Untersuchung der Frage, inwieweit bestimmte Mentalitäten das Dritte Reich mittrugen oder systemstabilisierend wirkten. Damit sind weitere Fragen verbunden. Lassen sich Verhaltensweisen und Reaktionen der Bevölkerung und einzelner Gruppen in einer totalitären Diktatur auf Mentalitäten zurückführen? Welcher Sektor der sozialen Wirklichkeit, der Wirtschaft, des Glaubens, der Politik, der Geographie dominierte? Gab es eventuell miteinander konkurrierende Mentalitäten?

Das Verhalten der Bevölkerung im Dritten Reich wurde und wird häufig unter der Thematik des Widerstandes erforscht, einem Forschungsschwerpunkt neben der Analyse der Herrschaftstechnik und der Herrschaftsstrukturen[12]. Es wurde eine Skala unterschiedlicher Formen des Widerstandes entwickelt. Danach ist die unterste Stufe des Widerstandes als gefahrbringende Abweichung vom Normalverhalten bereits in „punktueller Unzufriedenheit", die zum öffentlichen Ausdruck gelangte, anzusiedeln. Für die zweite Stufe des Widerstandes stehen die Begriffe Selbstbehauptung, „Resistenz", „Nicht-Anpassung". Als dritte Stufe wird der „öffentliche oder mit der Androhung von Flucht an die Öffentlichkeit erhobene Protest" gefaßt, worunter regimekriti-

[9] Vgl. Georges Duby, Histoire des mentalités, S. 948 ff., in: Charles Samaran (Hg.), L'histoire et ses méthodes, Paris 1961, S. 937—966.

[10] Vgl. Ernst Bloch, Erbschaft dieser Zeit, Frankfurt a. M. 1962.

[11] Th. Geiger, Die soziale Schichtung, S. 78. Zum Ideologiebegriff vgl. Theodar W. Adorno, Beiträge zur Ideologielehre, in: Hans Joachim Lieber (Hg.), Ideologie, Wissenschaft, Gesellschaft, Darmstadt 1976, S. 278 f.; Anton Grabner-Haider, Ideologie und Religion. Interaktion und Sinnsysteme in der modernen Gesellschaft, Wien 1981; Karl Dietrich Bracher, Zeit der Ideologien. Eine Geschichte des politischen Denkens im 20. Jahrhundert, Stuttgart 1982.

[12] Vgl. den Forschungsbericht von Andreas Hillgruber, Endlich genug über Nationalsozialismus und Zweiten Weltkrieg? Forschungsstand und Literatur, Düsseldorf 1982; Gerhard Schulz, Faschismus — Nationalsozialismus. Versionen und theoretische Kontroversen 1922—1972, Frankfurt a. M. 1974. Zur Widerstandsliteratur siehe Peter Dohms, Flugschriften in Gestapo-Akten. Nachweis und Analyse der Flugschriften in den Gestapo-Akten des Hauptstaatsarchivs Düsseldorf. Mit einem Literaturbericht und einer Quellenübersicht zu Widerstand und Verfolgung im Rhein-Ruhr-Gebiet 1933—1945 (Veröffentlichungen der staatlichen Archive des Landes Nordrhein-Westfalen, Reihe C: Quellen und Forschungen, Bd. 3), Siegburg 1977, S. 9—109. Vgl. auch die Sammelbände von Karl Dietrich Bracher/Manfred Funke/Hans-Adolf Jacobsen (Hg.), Nationalsozialistische Diktatur 1933—1945. Eine Bilanz (Schriftenreihe der Bundeszentrale für politische Bildung, Bonn, Bd. 192), Darmstadt 1983, sowie: Ursula Büttner, unter Mitwirkung von Werner Johe und Angelika Voß (Hg.), Das Unrechtsregime. Internationale Forschung über den Nationalsozialismus, Bd. 1: Ideologie — Herrschaftssystem — Wirkung in Europa, Bd. 2: Verfolgung — Exil — belasteter Neubeginn (Hamburger Beiträge zur Sozial- und Zeitgeschichte, Bde. 21 u. 22), (Festschrift für Werner Jochmann zum 65. Geburtstag), Hamburg 1986.

sche oder staatsfeindliche Äußerungen fallen. Die vierte oder höchste Stufe wäre aktiver Widerstand mit dem Ziel der Beseitigung der abgelehnten nationalsozialistischen Herrschaft[13].
Vor dem Hintergrund der Analyse von Mentalitäten ist die Verhaltensskala des Widerstandes in eine andere Richtung zu ergänzen, von indifferentem, konformem Verhalten, Anpassung, Loyalität und Mitläufertum über partielle und offene Mitarbeit bis hin zu fanatischer Unterstützung des Regimes. Zu prüfen ist, ob nicht nur Unzufriedenheit und Loyalität, sondern auch öffentlicher Protest und offene Unterstützung miteinander korrelieren konnten. Eine solche Untersuchung kann ohne die Betrachtung der gesellschaftlichen Rahmenbedingungen nicht auskommen. Eine Schwierigkeit ergibt sich aus der Tatsache, daß vielfach nur die Quellen der Verfolgerseite zur Verfügung stehen, die zumindest aber den Zugang zu bestimmten Konfliktbereichen ermöglichen.

Nach der Eingrenzung des Untersuchungsraumes Rheinprovinz werden der Aufstieg und die Machtergreifung der NSDAP und deren Konsequenzen für die politische und verwaltungsmäßige Ordnung der Provinz skizziert. Überregionale Faktoren und Zusammenhänge fließen in die Betrachtung mit ein. Die Behandlung des Jahres 1933 erfolgt innerhalb des thematischen Schwerpunkts Nationalismus. Hier stehen wie im folgenden die Wechselwirkungen zwischen nationalen und konfessionellen Mentalitäten, Mentalität und Ideologie im Vordergrund. Die Untersuchung folgt dann dem Prinzip der perspektivischen Verengung. Für die Jahre 1934—36 besteht ein geschlossener zweieinhalb Jahre abdeckender Quellenbestand von Lageberichten des Regierungspräsidenten und der Gestapostelle Aachen, die von Bernhard Vollmer auszugsweise ediert wurden und in denen bei der Ermittlung der Stimmung der Bevölkerung vielfach direkt auf ihre Mentalität Bezug genommen wird[14]. Eine Beschränkung auf diese Zeit erscheint sinnvoll, da sich in den Jahren 1934—36 die nationalistische „Exaltation" der enddreißiger Jahre noch nicht durchgesetzt hatte, für die der Anschluß Österreichs im März 1938 einen Höhepunkt darstellte[15]. Für die unmittelbaren Vorkriegsjahre wurde in neueren Untersuchungen eine verbreitete soziale Unzufriedenheit festgestellt, die im Krieg abklang und mit den anfänglichen militärischen Erfolgen

[13] Vgl. Klaus Gotto/Hans-Günter Hockerts/Konrad Repgen, Nationalsozialistische Herausforderung und kirchliche Antwort. Eine Bilanz S. 656 f., in: K. D. Bracher/M. Funke/H. A. Jacobsen (Hg.), Nationalsozialistische Diktatur 1933—1945, S. 655—688. Vgl. auch die von Detlev Peukert entwickelte Skala abweichenden Verhaltens (Nonkonformität — Verweigerung — Protest — Widerstand), in: Alltag unterm Nationalsozialismus. Beiträge zum Thema Widerstand, Nr. 17, Berlin 1980, S. 25. Zum Begriff „Resistenz" vgl. Martin Broszat, Resistenz und Widerstand. Eine Zwischenbilanz des Forschungsprojekts „Bayern in der NS-Zeit", Bd. 4: Herrschaft und Gesellschaft im Konflikt, Teil C, hg. von M. Broszat, E. Fröhlich, A. Großmann, München Wien 1981, S. 681—729.

[14] Vgl. Bernhard Vollmer, Volksopposition im Polizeistaat. Gestapo- und Regierungsberichte 1934—1936 (Quellen und Darstellungen zur Zeitgeschichte, Bd. 2), Stuttgart 1957.

[15] Vgl. Marlies G. Steinert, Hitlers Krieg und die Deutschen. Stimmung und Haltung der deutschen Bevölkerung im Zweiten Weltkrieg, Düsseldorf Wien 1970, S. 66, Anm. 166. Siehe auch Lutz Niethammer (Hg.), „Die Jahre weiß man nicht, wo man sie heute hinsetzen soll". Faschismus — Erfahrungen im Ruhrgebiet. Lebensgeschichte und Sozialkultur im Ruhrgebiet 1930—1960, Berlin Bonn 2. Aufl. 1986.

in Begeisterung umschlug. Die sich abzeichnende Niederlage führte dann zu einem Rückzug ins Private[16].

Dem Beispielcharakter der vorliegenden Untersuchung folgend wird in einem das Thema Nationalismus abschließenden Kapitel die Geschichte des Schützendachverbandes „Erzbruderschaft vom hl. Sebastianus" betrachtet. Zahlreiche lokale Schützenvereine der Rheinprovinz waren dieser Organisation angeschlossen.

Weitgehend ausgeklammert bleibt der Bereich Antisemitismus. Die geistigen Ursprünge des Antisemitismus, seine Funktion innerhalb der Weltanschauung des Nationalsozialismus, seine Instrumentalisierung zur Ablenkung von Unlustgefühlen, die Phasen der nationalsozialistischen Rassenpolitik und das von unterschiedlichen Aspekten abhängige Verhalten der Bevölkerung sind nur in größerem Zusammenhang darstellbar.

Die Untersuchung wird im folgenden verengt auf die Analyse der Mentalität der katholischen Priester im Bistum Aachen. Letztere wurden vom nationalsozialistischen Staat häufig der potentiellen Gegnerschaft und des negativen Einflusses auf die Bevölkerung verdächtigt. In dieser Fallstudie ist exemplarisch vorgeführt, wie die soziale Stellung der Geistlichen von der nationalsozialistischen Kirchenpolitik, der Position der Bischöfe und der Strategie der bischöflichen Behörden sowie der Haltung des Kirchenvolkes bestimmt wurde. Damit werden die Bezugsgrößen aufgezeichnet, die für das Verhalten dieses Berufsstandes mit ausschlaggebend waren. Im Vordergrund stehen hier die Fragen, wie sich die Mentalität der Geistlichen auf die Haltung gegenüber dem nationalsozialistischen Staat auswirkte, welche Motive zu einer Konfrontation führten.

In einem abschließenden Teil wird eine quantitative Analyse des Verhaltens der Bevölkerung gegenüber den Fremdarbeitern vorzunehmen sein, woraus Rückschlüsse zu ziehen sind auf die Mentalität der Beteiligten.

Für einen größeren Zusammenhang ist insbesondere auf Horst Lademachers Gesamtdarstellung der politischen Struktur der Rheinprovinz von ihren Anfängen bis zur jüngsten Zeitgeschichte zu verweisen[17]. Wichtige Hinweise für das Kapitel über die Mentalität der katholischen Geistlichkeit konnten der Studie Ulrich von Hehls über

[16] Vgl Timothy W. Mason, Sozialpolitik im Dritten Reich. Arbeiterklasse und Volksgemeinschaft, Opladen 1977. Für die Bergleute im Ruhrgebiet etwas modifizierend, aber diese These bestätigend, vgl. Klaus Wisotzky, Der Ruhrbergbau im Dritten Reich. Studien zur Sozialpolitik im Ruhrbergbau und zum sozialen Verhalten der Bergleute in den Jahren 1933—1939, Düsseldorf 1983; siehe auch Dietmar Petzina, Soziale Lage der deutschen Arbeiter und Probleme des Arbeitseinsatzes während des Zweiten Weltkrieges, in: Waclaw Dlugoborski (Hg.), Zweiter Weltkrieg und sozialer Wandel. Achsenmächte und besetzte Länder, Göttingen 1981, S. 65—86; Dietmar Petzina, Die Mobilisierung deutscher Arbeitskräfte vor und während des Zweiten Weltkrieges, in: VfZg 18, 1970, S. 443—455; ders., Vierjahresplan und Rüstungspolitik, in: Friedrich Forstmeier/Hans-Erich Volkmann (Hg.), Kriegswirtschaft und Rüstung 1939—1945, Düsseldorf 1977; Wolfgang Franz Werner, Bleib übrig! Deutscher Arbeiter in der nationalsozialistischen Kriegswirtschaft, Düsseldorf 1983.

[17] Vgl. Horst Lademacher, Die nördlichen Rheinlande von der Rheinprovinz bis zur Bildung des Landschaftsverbandes Rheinland (1815—1953), in: Franz Petri/Georg Droege (Hg.), Rheinische Geschichte, Bd. 2: Neuzeit, Düsseldorf 1976, S. 475—866. Dort auch ein ausführliches Quellen- und Literaturverzeichnis.

das Verhältnis von katholischer Kirche und Nationalsozialismus im Erzbistum Köln sowie seiner Erhebung über die von Zwangsmaßnahmen des Regimes betroffenen Priester entnommen werden[18]. Ulrich Herbert hat eine Gesamtdarstellung der Geschichte des Fremdarbeiter-Einsatzes vorgelegt, die als Hintergrund für die Betrachtung des Verhältnisses von Fremdarbeitern und Bevölkerung heranzuziehen ist[19].

Neben den zahlreichen Quellenpublikationen stand dem Verfasser vornehmlich der Bestand des Bischöflichen Diözesanarchivs Aachen zur Verfügung. Der Bestand des Archivs weist für die gesamte Zeit des Dritten Reiches einige Lücken auf. Hierfür dürften Aktenbeschlagnahmungen sowie die Vernichtung von Akten, die staatspolizeilich von Relevanz hätten sein können, ausschlaggebend gewesen sein. Des weiteren konnten die Bestände, insbesondere die Personalakten der ehemaligen Gestapo(leit)stelle Düsseldorf im Nordrhein-Westfälischen Hauptstaatsarchiv Düsseldorf eingesehen werden.

Die vorliegende Arbeit stellt die überarbeitete Form einer Magisterarbeit dar, die im März 1988 unter dem Titel „Untersuchungen zur Mentalitätsproblematik im Dritten Reich an Beispielen aus der Rheinprovinz" von der Philosophischen Fakultät der Rheinisch-Westfälischen Technischen Hochschule Aachen angenommen wurde.

Für die Veröffentlichung wurden Fotos, Bilder, Zeitungsausschnitte sowie eigens entwickelte Übersichtskarten dem Text beigefügt. Darüber hinaus wurde ein Dokumententeil erstellt, der die Argumentation belegt und unveröffentlichte Quellen zugänglich macht. Die Dokumente stammen in ihrer Mehrzahl aus dem Bischöflichen Diözesanarchiv Aachen. Weiterhin wurden die wichtigsten biographischen Daten der zeitgenössischen Personen, die in diesem Buch genannt sind, aufgenommen. Die Angaben beschränken sich in der Regel auf die Zeit der NS-Bewegung und der -Herrschaft[20]. Im Text dieser Arbeit sowie im Dokumentenanhang wurden die vom Kultusminister des Landes Nordrhein-Westfalen hinsichtlich des Personen- und Datenschutzes gemachten Auflagen beachtet. Gleich strenge Kriterien wurden auch im Umgang mit nichtstaatlichen, d. h. vor allem kirchlichen Quellen angewandt.

[18] Vgl. Ulrich von Hehl, Katholische Kirche und Nationalsozialismus im Erzbistum Köln 1933—1945 (VdKfZg, Reihe B: Forschungen, Bd. 23), Mainz 1977; ders., Priester unter Hitlers Terror. Eine biographische und statistische Erhebung im Auftrag der Deutschen Bischofskonferenz unter Mitwirkung der Diözesanarchive, bearb. von Ulrich von Hehl (VdKfZg, Reihe A: Quellen, Bd. 37), Mainz 1984, 2. Aufl. 1985.

[19] Vgl. Ulrich Herbert, Fremdarbeiter. Politik und Praxis des „Ausländer-Einsatzes" in der Kriegswirtschaft des Dritten Reiches, Berlin Bonn 1985.

[20] Die personenbezogenen Daten der Geistlichen wurden folgenden Hilfsmitteln entnommen: Annuario Pontificio fer l'Anno 1938, Citta de Vaticano 1938; Direktorium für das Bistum Aachen für das Jahr 1988 mit dem Namen der verstorbenen Bischöfe, Priester und Diakone des Bistums Aachen seit dem 1. September 1930 und besonderen Todesgedenktagen, hg. vom Bischöflichen Generalvikariat Aachen, Aachen 1987; Directorium und Personalschematismus für die Diözese Aachen 1932 ff., hg. vom Bischöflichen Generalvikariat Aachen, Aachen 1932 ff.; Handbuch des Bistums Aachen, hg. vom Bischöflichen Generalvikariat Aachen, 2. Ausgabe, Aachen 1962; Handbuch des Erzbistums Breslau für das Jahr 1933, Breslau o. J.; Handbuch des Erzbistums Köln, 23. Ausgabe, Köln 1933; Realschematismus der Diözese Aachen, hg. und verlegt vom Bischöflichen Generalvikariat, Gladbach-Rheydt 1933. Darüber

Mein Dank gilt allen, die mich von der Abfassung bis zur Drucklegung dieser Arbeit unterstützt haben, insbesondere allen Mitarbeitern und Leitern von Archiven und Bibliotheken. Danken möchte ich meinem akademischen Lehrer Professor Dr. Rüdiger Schütz, der auch die Veröffentlichung begleitet hat. Sie wurde von Archivdirektor Lic. theol. Hans-Günter Schmalenberg angeregt und ermöglicht. Er hat mich in ständigem Dialog gefördert und unterstützt und mir mit seiner Erfahrung Freude und Interesse bei der weiteren Bearbeitung des Themas vermittelt. Dafür möchte ich ihm an dieser Stelle besonders danken.

Aachen, 30. Januar 1989

Klaus Fettweis

hinausgehende Angaben sind der Korrespondenz des Bischöflichen Diözesanarchivs Aachen entnommen.
Die Angaben zu den übrigen Personen stützen sich, sofern nicht anders vermerkt, auf Erich Stockhorst, Fünftausend Köpfe. Wer war was im Dritten Reich, Velbert Kettwig 1967. Herangezogen wurde weiterhin das Biographische Wörterbuch zur Deutschen Geschichte. Begründet von Hellmuth Rössler und Günther Franz, 2. völlig neubearbeitete und stark erweiterte Auflage. Bearbeitet von Karl Bosl, Günther Franz, Hanns Hubert Hofmann, Bde. 1—3, München 1973—1975; Biographisches Lexikon zur deutschen Geschichte. Von den Anfängen bis 1945, Berlin 1970, Brockhaus Enzyklopädie in zwanzig Bänden, Wiesbaden 1966—1976.

I. Die Rheinprovinz

1. Grundzüge der politischen, sozialen und wirtschaftlichen Struktur 1918—1933

Die preußische Rheinprovinz umfaßte die Regierungsbezirke Aachen, Düsseldorf, Koblenz, Köln und Trier. Im Versailler Vertrag wurden die zum Regierungsbezirk Aachen gehörenden Kreise Eupen und Malmedy sowie Teile des Bezirks Monschau an Belgien abgetreten. Damit verringerte sich das Territorium des Regierungsbezirks von 4 155 qkm auf 3 126,06 qkm [1]. Das bisher gemeinsam verwaltete Gebiet von Neutral-Moresnet gelangte an Belgien. Neben der Entmilitarisierung des linksrheinischen deutschen Territoriums sowie eines 50 km breiten Streifens auf dem rechten Rheinufer parallel zum Fluß bestimmte der Friedensvertrag den Verzicht Deutschlands auf die Verwaltung des sogenannten Saarbeckens. Es wurde für 15 Jahre dem Völkerbund unterstellt und durch eine internationale Regierungskommission verwaltet [2]. Von seiten der Rheinprovinz fielen die Kreise Saarlouis, Saarbrücken-Stadt und -Land, Ottweiler und Teile des Kreises Merzig und St. Wendel an das Saargebiet. Der Regierungsbezirk Trier verlor durch diese Abtretung 20% seiner Fläche und fast 60% seiner Einwohner, insgesamt seine wirtschaftlich bedeutendsten Teile mit der dort vorherrschenden Schwerindustrie und dem Bergbau.

Mit insgesamt 7 691 723 Einwohnern war die Rheinprovinz 1933 die mit Abstand bevölkerungsreichste deutsche Region vor Westfalen und Sachsen mit jeweils etwas mehr als 5 000 000 Einwohnern. Sie nahm damit sowohl im Großstaat Preußen, der selbst etwa 3/5 der Bevölkerung und der Fläche Deutschlands umfaßte, als auch im Reich eine herausragende Stellung ein. Die Bevölkerungsdichte der Rheinprovinz lag 1933 bei einem gewissen Nord-Süd-Gefälle über dem Reichsdurchschnitt. In den südlichen Regierungsbezirken Trier und Koblenz, zu dem auch der inmitten des hessischen Landes gelegene Kreis Wetzlar gehörte, lebten 497 622 Einwohner auf 5 696 qkm bzw. 762 968 Einwohner auf 5 676,61 qkm. Das entspricht 87,4 Einwohnern auf einem qkm im Regierungsbezirk Trier (ohne Saargebiet) und 134,4 Einwohnern auf einem qkm im Koblenzer Regierungsbezirk. Der Regierungsbezirk Aachen hatte 747 963 Einwohner, somit 239,3 je qkm. Die dicht besiedelten nördlichen Regierungsbezirke Köln und Düsseldorf zählten 1 544 580 Einwohner auf 3 978,36 qkm und 4 078 590 Einwohner auf 6 496,84 qkm, somit 388,7 bzw. 742,0 Einwohner auf einem qkm [3].

[1] Siehe den Überblick über die Verwaltungseinteilung in Rüdiger Schütz (Bearb.), Grundriß der deutschen Verwaltungsgeschichte 1815—1945, Reihe A: Preußen, Bd. 7: Rheinland, hg. von Walther Hubatsch, Johann Gottfried Herder Institut, Marburg/Lahn 1978, S. 11—13. Siehe dort auch die Abschnitte zu den einzelnen Regierungsbezirken.

[2] Vgl. Horst Romeyk, Verwaltungs- und Behördengeschichte der Rheinprovinz 1914—1945 (Publikationen der Gesellschaft für Rheinische Geschichtskunde LXIII), Düsseldorf 1985, S. 16 f.

[3] In Preußen (ohne Saargebiet) lebten 136,4 und im Deutschen Reich (ohne Saargebiet) 139,1 Einwohner pro qkm. Angaben nach dem Stand vom 16. Juni 1933, aus: Statistisches Jahrbuch für das Deutsche Reich, hg. vom Statistischen Reichsamt Jg. 53, 1934, S. 6.

Die in der Wirtschaftsabteilung Industrie und Handwerk beschäftigte Erwerbsbevölkerung stellte nach der Zählung von 1933 in der Rheinprovinz 46,8 v. H. der Gesamtbevölkerung und stand damit an dritter Stelle im Reich, übertroffen nur von Westfalen mit 50,7 v. H. und Sachsen mit 50,2 v. H. Mit weitem Abstand folgte die Wirtschaftsabteilung Handel und Verkehr (18,3 v. H.) sowie die Land- und Forstwirtschaft (12,1 v. H.)[4].

Ein Bild vom immensen Wirtschaftspotential der Rheinprovinz vermitteln die Zahlen, die den Stand vor der 1929 einsetzenden Weltwirtschaftskrise wiedergeben. In der Rheinprovinz waren nach der Zählung von 1928 fast ein Drittel aller Betriebe der Eisen- und Stahlwarenindustrie des Reiches konzentriert (2 492 von 7 648); von den reichsweit 420 657 in diesem Industriezweig Beschäftigten arbeiteten in der Rheinprovinz 279 024[5]. Eine führende Stellung nahm die Rheinprovinz auch im Bereich der Maschinenindustrie ein. Von reichsweit 3 649 Maschinenfabriken, Apparate- und Kesselbauanstalten befanden sich 1928 in Preußen 1 983, davon allein 557 in der Rheinprovinz mit 76 240 Beschäftigten[6].

Der größte Ballungsraum war das Rhein-Ruhr-Gebiet mit seinem Anschluß an das westfälische Industriegebiet. Bergbau und Schwerindustrie dominierten neben der metallverarbeitenden Industrie im ‚Revier', das eine hervorragend entwickelte Infrastruktur aufwies[7]. Es war innerhalb der Provinz das Hauptziel der Binnenwanderung gewesen, die von der zweiten Hälfte des 19. Jahrhunderts bis zum Beginn des Ersten Wektkrieges anhielt und sich neben dem Raum Berlin vornehmlich auf die preußischen Provinzen Rheinland und Westfalen erstreckte. In den Jahren nach dem Ende des Krieges war die Zuwanderung indes kompensiert worden durch die Abwanderungsbewegung der ‚Ruhrpolen'[8]. Bevölkerungsfluktuation und soziale Mobilität entsprachen dem hohen Grad der Industrialisierung im Revier.

Die Textil- und Seidenindustrie konzentrierte sich am Niederrhein, in den Städten Krefeld, Rheydt und Mönchengladbach. Daneben waren Aachen und Wuppertal als Textilstädte bekannt. Steinkohlebergbau gab es in zunehmenden Maße auch im Regierungsbezirk Aachen in den Landkreisen Geilenkirchen, Erkelenz, Heinsberg und Jülich. Anfang der zwanziger Jahre wurden im Grenzgebiet der Kreise Aachen-Land, Düren und Jülich Braunkohle-Tagebaubetriebe eröffnet[9]. Am Mittel- und Oberrhein wurde hauptsächlich Weinbau betrieben, im Hunsrück und vor allem in der Eifel

[4] Vgl. Stat. Jahrbuch, Jg. 53, 1934, S. 21. Zur wirtschaftlichen Entwicklung in der Region siehe die entsprechenden Abschnitte in Kurt Düwell/Wolfgang Köllmann (Hg.), Rheinland-Westfalen im Industriezeitalter, Bd. 2: Von der Reichsgründung bis zur Weimarer Republik, hg. im Auftrag des Kultusministers des Landes Nordrhein-Westfalen (Beiträge zur Landesgeschichte des 19. und 20. Jahrhunderts in vier Bänden), Wuppertal 1984.

[5] Vgl. Stat. Jahrbuch, Jg. 53, 1934, S. 143.

[6] Vgl. ebda, S. 140.

[7] Vgl. hierzu H. Lademacher, Die nördlichen Rheinlande, S. 699 f.

[8] Vgl. Wolfgang Köllmann, Bevölkerungsentwicklung im Industriezeitalter. Zweiter Teil S. 15, in: W. Först (Hg.), Entscheidungen im Westen (Beiträge zur neueren Landesgeschichte der Rheinlande und Westfalens, Bd. 7), Köln Berlin 1974, S. 11—41.

[9] Vgl. Bernhard Poll, Zur neueren Wirtschaftsgeschichte des Aachener Landes, in: 150 Jahre Regierung und Regierungsbezirk Aachen. Beiträge zu ihrer Geschichte, Aachen 1967, S. 59—84.

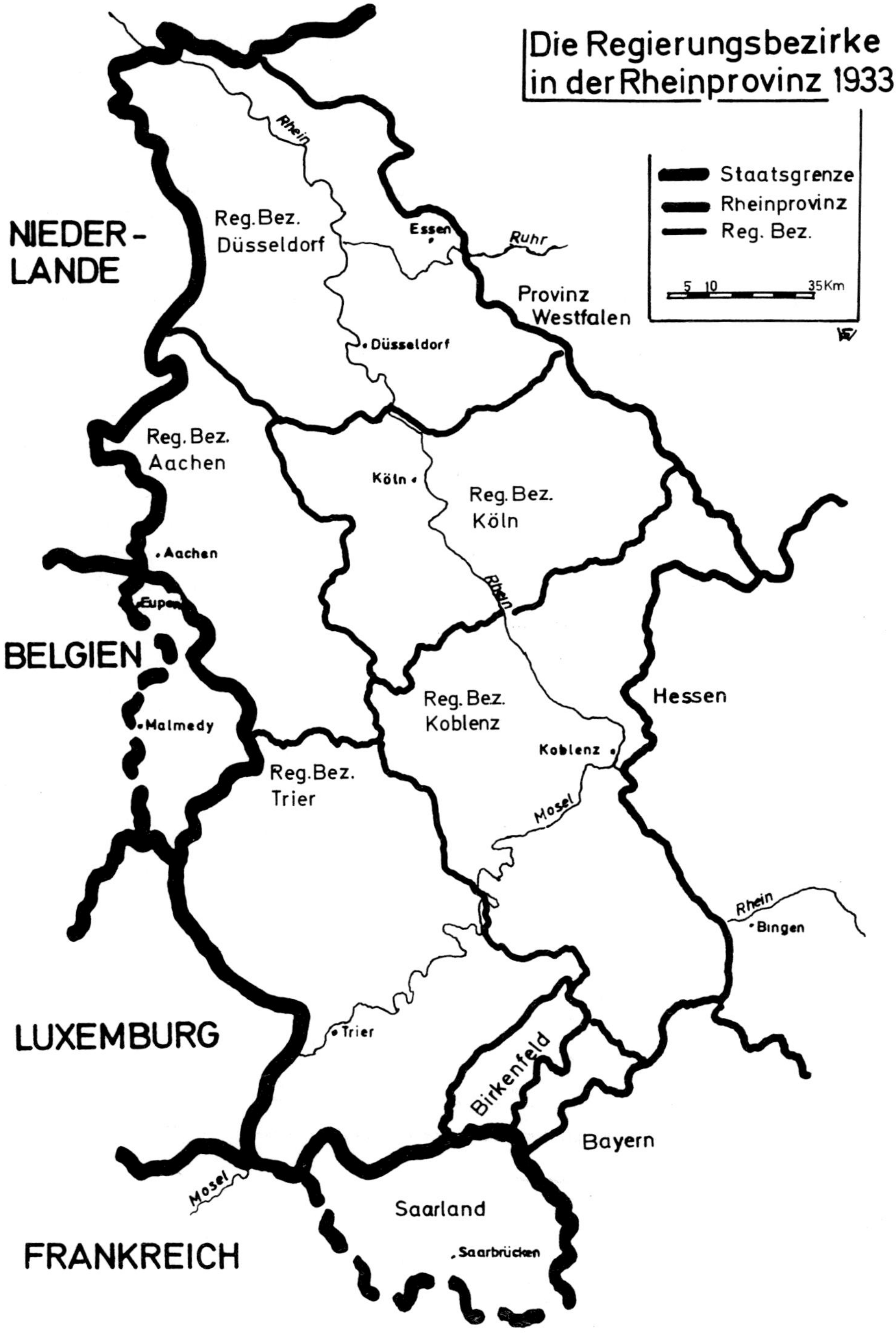

Die Regierungsbezirke in der Rheinprovinz 1933
Staatsgrenze
Rheinprovinz
Reg. Bez.
5 10 35Km
NIEDER-LANDE
BELGIEN
LUXEMBURG
FRANKREICH
Provinz Westfalen
Hessen
Bayern
Saarland
Birkenfeld
Reg. Bez. Düsseldorf
Reg. Bez. Aachen
Reg. Bez. Köln
Reg. Bez. Koblenz
Reg. Bez. Trier
Rhein
Ruhr
Mosel
Essen
Düsseldorf
Köln
Aachen
Eupen
Malmedy
Koblenz
Bingen
Trier
Saarbrücken

herrschte Viehwirtschaft vor. Neben den eigentlichen Metropolen Köln, Düsseldorf, Essen und Duisburg war Koblenz eine unauffällige Verwaltungsstadt, in der die oberpräsidiale Verwaltung ihren Sitz hatte.

Das Gebiet der Rheinprovinz deckte sich in den zwanziger Jahren mit der rheinischen Kirchenprovinz als einem Teil der evangelischen Kirche der altpreußischen Union[10]. Die katholische Kirche gliederte sich auf dem Territorium der Provinz in die Bistümer Köln und Trier, in das durch das preußische Konkordat von 1929 wiedererrichtete Bistum Aachen und — zu einem kleineren Teil in das Bistum Münster[11]. Nach der Statistik über die Religionszugehörigkeit bekannten sich 1933 in der Rheinprovinz 96,3 v. H. als Christen, davon evangelische 29,3 v. H., katholische 67,0 v. H. und 0,04 v. H. andere — gegenüber 0,69 v. H. Israeliten und 2,9 v. H. Sonstigen[12]. Die einzelnen Regierungsbezirke der Rheinprovinz waren konfessionell jedoch unterschiedlich zusammengesetzt. Fast das gesamte linksrheinische Gebiet und ein großer Teil des rechtsrheinischen bildeten einen zusammenhängenden, beinahe ganz katholischen Raum. Alle Kreise des Regierungsbezirkes Aachen und nahezu alle Kreise der Regierungsbezirke Koblenz und Trier waren überwiegend katholisch. Ausnahmen bildeten die Kreise Kreuznach und Simmern im Regierungsbezirk Koblenz und der Kreis St. Wendel im Regierungsbezirk Trier. In den Eifelkreisen dieser Regierungsbezirke waren teilweise über 95% der Bewohner katholisch. Abgesehen vom Oberbergischen Kreis war auch die Mehrheit der Bevölkerung im Regierungsbezirk Köln katholisch. Das gleiche traf auf sämtliche linksrheinischen Kreise des Regierungsbezirks Düsseldorf zu. Abgesehen von den genannten Kreisen in den Regierungsbezirken Köln, Koblenz und Trier waren evangelische Mehrheiten im rechtsrheinischen Teil des Düsseldorfer Regierungsbezirks zu finden, der jedoch insgesamt konfessionell stark gemischt war. Den überwiegend evangelischen Stadtkreisen Wuppertal, Mühlheim an der Ruhr, Solingen und Remscheid standen die überwiegend katholischen Stadtkreise Essen, Oberhausen, Düsseldorf und Duisburg gegenüber[13].

In der Rheinprovinz war auch der politische Katholizismus beheimatet, der über eine lange Tradition verfügte. Seine Wurzeln reichen zurück bis in die erste Hälfte des 19. Jahrhunderts, als mit der Intensivierung des religiösen Lebens im Katholizismus ein verstärkter Konfessionalismus spürbar wurde[14]. Er erhielt zusätzliche Nahrung durch

[10] Vgl. Günther van Norden (Hg.), Kirchenkampf im Rheinland. Die Entstehung der Bekennenden Kirche und die Theologische Erklärung von Barmen 1934 (Schriftenreihe des Vereins für Rheinische Kirchengeschichte, Bd. 76), Köln 1984, S. 3: Aufbau und Repräsentation der Rheinischen Kirchenprovinz.

[11] Vgl. die entsprechenden Abschnitte im Kirchlichen Handbuch für das Katholische Deutschland. Amtliches Statistisches Jahrbuch der Katholischen Kirche Deutschlands, hg. von der Zentralstelle für kirchliche Statistik des Katholischen Deutschlands. Köln, 18. Band Freiburg Köln 1933/34. Vgl. unten, S. 80.

[12] Vgl. Stat. Jahrbuch, Jg. 53, 1934, S. 14.

[13] Die konfessionelle Zugehörigkeit der Bevölkerung weist eine weitgehende Konstanz auf; die hier vorgestellte Verteilung der Religionsgemeinschaften gilt von den zwanzigern bis in die dreißiger Jahre. Vgl. die Konfessionsstatistiken in den Kirchlichen Handbüchern Bde. 10—20.

[14] Vgl. Rudolf Vierhaus, Preußen und die Rheinlande 1815—1915, S. 163 f., in: Rheinische Vierteljahresblätter, Jg. 30, 1965, S. 152—165.

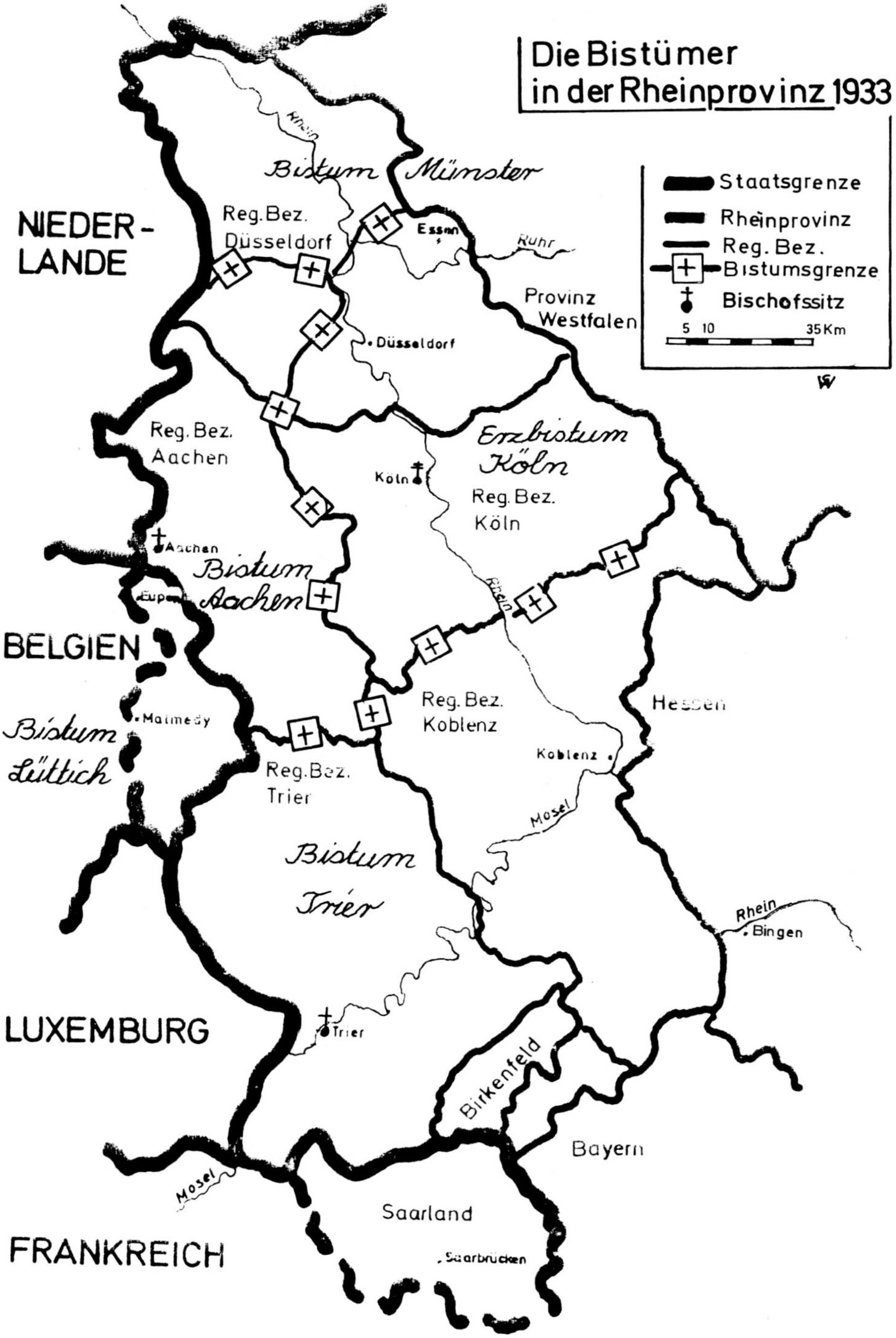
Die Bistümer
in der Rheinprovinz 1933
Staatsgrenze
Rheinprovinz
Reg. Bez.
Bistumsgrenze
Bischofssitz
5 10 35 Km
NIEDER-
LANDE
Bistum Münster
Reg. Bez.
Düsseldorf
Essen
Ruhr
Rhein
Provinz
Westfalen
Düsseldorf
Reg. Bez.
Aachen
Erzbistum
Köln
Köln
Reg. Bez.
Köln
Aachen
Bistum
Aachen
Eupen
BELGIEN
Malmedy
Bistum
Lüttich
Reg. Bez.
Koblenz
Koblenz
Reg. Bez.
Trier
Mosel
Bistum
Trier
Rhein
Bingen
LUXEMBURG
Trier
Birkenfeld
Bayern
Mosel
Saarland
Saarbrücken
FRANKREICH

einen „provinziellen Partikularismus"[15] — auch ein Reflex auf die Bildung der preußischen Rheinprovinz. In ihr war in Anknüpfung an die französische Herrschaft eine Vielzahl kleiner Territorien zusammengefaßt worden, die auf eine lange Geschichte von mehr oder weniger großer Selbständigkeit zurückblicken konnten[16]. Ein politisches Gemeinschaftsgefühl als „Rheinländer" sollte sich erst unter der preußischen Verwaltung und durch sie herausgefordert einstellen[17], wenngleich die preußische Integrationspolitik den Besonderheiten der Provinz, wie sie auch aus den Veränderungen der Franzosenzeit herrührten, durchaus Rechnung trug. So wurde die rheinische Rechts- und Gerichtsverfassung im großen und ganzen respektiert und eine besondere Gemeindeordnung etabliert[18].

Zum eigentlichen Kristallisationspunkt des politischen Katholizismus, von nun an ein Merkmal des Rheinländers, wurde jedoch der Kulturkampf[19]. In ihm trat der Konflikt um gesellschaftliche Wertvorstellungen vor dem Diktat der Herrschaftstechnik Bismarcks zurück[20]. Von nun an wurde das gestärkte Zentrum, von Bismarck als Partei der „Reichsfeinde" abgestempelt, zu einer politisch konservativen Macht. Die Geschichte der Partei, in der der Klerus eine nicht unbedeutende Rolle spielte, war von 1870 bis 1933 auch die des politischen Katholizismus[21]. Er war in der Weimarer Republik eine gesellschaftliche Größe von erheblicher Relevanz, Zentrumspolitiker waren von 1919 bis 1932 in allen Reichsregierungen vertreten[22].

In welch hohem Grad der Kulturkampf prägend gewirkt hat, sollte 1933 noch einmal

[15] Theodor Schieden, Partikularismus und Nationalbewußtsein im Denken des deutschen Vormärz, in: Werner Conze (Hg.), Staat und Gesellschaft im deutschen Vormärz 1815—1848 (Industrielle Welt 1), Stuttgart 1962, S. 19.

[16] Vgl. zur Vorgeschichte Max Braubach, Vom Westfälischen Frieden bis zum Wiener Kongreß (1648—1815), in: F. Petri/G. Dorege (Hg.), Rheinische Geschichte, Bd. 2, S. 219—352.

[17] Vgl. Franz Petri, Preußen und das Rheinland, S. 67, in: Walter Först (Hg.), Das Rheinland in preußischer Zeit. 10 Beiträge zur Geschichte der Rheinprovinz, Köln Berlin 1965, S. 37—70. Karl Georg Faber, Rheinlande und Rheinländer 1814—1848 Umrisse einer politischen Landschaft, in: Landschaft und Geschichte. Festschrift für Franz Petri zu seinem 75. Geburtstag, hg. von G. Droege u. a., Bonn 1970, S. 194—214.

[18] Vgl. Rüdiger Schütz, Preußen und die Rheinlande. Studien zur preußischen Integrationspolitik im Vormärz, Wiesbaden 1979, S 250.

[19] Vgl. Konrad Repgen, Klerus und Politik 1848. Die Kölner Geistlichen im politischen Leben des Revolutionsjahres — Als Beitrag zu einer „Parteigeschichte von unten", in: Aus Geschichte und Landeskunde. Forschungen und Darstellungen. Franz Steinbach zum 65. Geburtstag gewidmet von Freunden und Schülern, Bonn 1960, S. 154.

[20] Vgl. Hans Ulrich Wehler, Das deutsche Kaiserreich 1871—1918, 5. Aufl. Göttingen 1983, S. 96 f. Zur Diskussion von Wehlers Modell vgl. u. a. Otto Pflanze, Bismarcks Herrschaftstechnik als Problem der gegenwärtigen Historiographie, in: HZ, Bd. 234, 1982, S. 561—599. Dort weitere Literaturverweise. Zur Kulturkampfforschung vgl. u. a. R. Morsey, Probleme der Kulturkampfforschung, in: Hist. Jb. 83, 1964, S. 217—245.

[21] Vgl. Rudolf Morsey, Die Zentrumspartei im Rheinland und Westfalen, S. 11, in: W. Först (Hg.), Politik und Landschaft, Köln Berlin 1969, S. 11—52; Siehe grundlegend: Rudolf Morsey, Der politische Katholizismus 1880—1933, in: Anton Rauscher (Hg.), Der soziale und politische Katholizismus. Entwicklungslinien in Deutschland 1803—1963, Bd. 1, München Wien 1981, S. 110—164.

[22] Vgl. die Übersicht über die Regierungen in der Weimarer Republik bei Walter Tormin (Hg.), Die Weimarer Republik. Mit Beiträgen von F. A. Krummacher, Walter Tormin, Richard Freyh, Andreas Hillgruber (Edition Zeitgeschichte), 20. Aufl. Hannover 1973, S. 268—271 (Tabelle 6).

deutlich werden: Innerhalb kirchlicher Kreise griff man bei der Einschätzung des Dritten Reiches auf Erfahrungen der Kulturkampfzeit zurück[23]. Eine vergleichbare Verhaltensweise ist auf Seiten der SPD beobachtet worden. Hier waren es die Nachwirkungen der Sozialistengesetze, die zur anfänglichen Fehleinschätzung des nationalsozialistischen Deutschland beitrugen[24]. Die staatlichen Zwangsmaßnahmen im Kulturkampf sollten zudem Anknüpfungspunkte für Maßnahmen des nationalsozialistischen Regimes bilden. So untersagte der „Kanzelparagraph" (§ 130a StGB) vom 10. Dezember 1871 allen Geistlichen, in Ausübung ihres Berufes staatliche Angelegenheiten „in einer den öffentlichen Frieden gefährdenden Weise" zu behandeln[25]. Auch die Beschränkung des Aufenthaltsortes, gestützt auf das „Expatriierungsgesetz" vom 4. Mai 1874 und die Aufhebung der Klöster im Kulturkampf, sollten nicht Maßnahmen sein, die der Vergangenheit angehörten[26].

Neben dem politischen Katholizismus und dem Regionalismus wird für die Rheinlande ein traditioneller Reichspatriotismus betont, der sowohl vor als auch nach dem Ersten Weltkrieg lebendig war und sich mehr am Deutschen Reich als an Preußen orientierte[27]. Die Rheinlandbewegung 1918/19 stellte dann weniger die Zugehörigkeit der Rheinprovinz zum Reich als vielmehr zu Preußen in Frage[28]. Hierbei spielte auch die Furcht vor einem neuen Kulturkampf eine Rolle angesichts der kulturpolitischen Unwägbarkeiten infolge der Umbesetzungen im preußischen Kultusministerium[29]. In Kontrast zu den Loslösungsbestrebungen von Preußen steht der Befund, daß neben der engen wirtschaftlichen Verflechtung auch im Rheinland die sogenannten „preußischen Tugenden" wie Fleiß, Pünktlichkeit, Pflichterfüllung und Unbestechlichkeit übernommen wurden, welche die Arbeitswelt nachhaltig prägten[30]. Im Dritten Reich wirkten sich diese Sekundärtugenden zugunsten des Herrschaftssystems aus[31].

23 Vgl. unten, S. 92.
24 Erich Matthias, Die Sozialdemokratische Partei Deutschlands, S. 159, in: E. Matthias/R. Morsey (Hg.), Das Ende der Parteien 1933. Darstellungen und Dokumente (Veröffentlichung der Kommission für Geschichte des Parlamentarismus und der politischen Parteien), Düsseldorf 1960, S. 100—278 (Neudruck Königstein/Ts. 1979).
25 Das Strafgesetzbuch für das Deutsche Reich vom 15. Mai 1871 (RGBL I S. 127) in der Fassung vom 26. Februar 1876 (RGBL I S. 39) nach dem Stand vom 1. Mai 1947 unter Berücksichtigung der veränderten staatsrechtlichen Verhältnisse, Textausgabe Iserlohn 1947, S. 26.
26 Einen Überblick vermittelt Karl Erich Born, Von der Reichsgründung bis zum Ersten Weltkrieg. (Gebhard Handbuch der Deutschen Geschichte. 9. Aufl., hg. von Herbert Gundmann, Bd. 16), München 1970, Kapitel 5: Preußen nach der Reichsgründung. Der Kulturkampf, S. 81 ff. Siehe unten, S. 132.
27 Vgl. R. Morsey, Die Rheinlande, Preußen und das Reich 1914—1945, S. 182, in: Rheinische Vierteljahresblätter 30, 1965, S. 176—230.
28 Vgl. ebda, S. 188 ff.
29 Vgl. H. Lademacher, Die nördlichen Rheinlande, S. 694 sowie eingehend Klaus Scholder. Die Kirchen und das Dritte Reich. Bd. 1: Vorgeschichte und Zeit der Illusionen 1918—1934, Frankfurt a. M. Berlin Wien 1974, S. 20 ff.
30 Vgl. F. Petri, Preußen und das Rheinland, S. 68. Zur militärischen Tradition des monarchisch-bürokratischen Preußens und ihrer Einwirkung auf das Reich vgl. Ludwig Dehio. Preußisch-Deutsche Geschichte 1640—1945. Dauer im Wandel, in: Beilage zu: „Das Parlament" 3, 1961 (18. 1. 1961), S. 25 ff.
31 Zur „Pervertierung" dieser Werte vgl. unten, S. 220.

Im Zusammenhang mit der französischen Ruhrbesetzung 1923 lebten regionale Sonderbestrebungen noch einmal auf. Sie hatten wie schon 1918/1919 mit dem radikalen Separatismus einer Minderheit wenig gemein[32].
In den beiden nicht nur das preußisch-rheinische Verhältnis berührenden Krisen (1918/19 und 1923) spielten auch Klassenauseinandersetzungen eine gewichtige Rolle. So war von der rheinischen Novemberrevolution bis zum Ruhrkampf, als sich vorübergehend eine „Rote Armee" von etwa 80 000 Mann gegen Reichswehr und Regierung zusammenfand, die bestehende Sozialordnung zur Diskussion gestellt[33]. Der passive Widerstand gegen die französische Besatzungsmacht vermochte die bestehenden sozialen Gegensätze nur kurz zu verdecken[34]. Die Rücknahme des erst 1918 eingeführten Acht-Stunden Tages im Oktober 1923 zeigt, welche Seite die Oberhand behielt[35]. Zur Schwäche der Arbeiterbewegung trug auch ihre Aufteilung in kommunistische, sozialdemokratische und katholische Organisationen bei[36].

2. Der Aufstieg der NSDAP und die Machtergreifung

Was in der Rheinprovinz in den zwanziger Jahren als NSDAP in Erscheinung trat, waren vereinzelte Zirkel, die an völkisch-bündische Vereine erinnerten[37]. Die rege Organisationstätigkeit der jungen Partei kontrastierte mit ihrem Erscheinungsbild im Inneren, das geprägt war von ideologischen Unstimmigkeiten, internen Auseinander-

32 Vgl. Erwin Bischof, Rheinischer Separatismus 1918—1924. Hans Adam Dortens Rheinstaatbestrebungen (Europäische Hochschulschriften, Reihe III: Geschichte und ihre Hilfswissenschaften, Bd. 4) Bern 1969, S. 140 f. Siehe ferner Henning Koehler, Autonomiebestrebungen oder Separatismus. Die Politik der Kölnischen Volkszeitung 1918/19, Berlin 1974.

33 Vgl. H. Lademacher, Die nördlichen Rheinlande, S. 688—693. Siehe auch Klaus Papst, Der Ruhrkampf, in: W. Först (Hg.), Zwischen Ruhrkampf und Wiederaufbau (Beiträge zur neueren Landesgeschichte der Rheinlande und Westfalens, Bd. 5), Köln Berlin 1979, S. 11—52.

34 Vgl. H. Lademacher, S. 703 ff.

35 Zur Bedeutung dieser Entscheidung siehe Gerald D. Feldmann/Irmgard Steinisch, Die Weimarer Republik zwischen Sozial- und Wirtschaftsstaat. Die Entscheidung gegen den Achtstundentag. Zur Revision des überlieferten Geschichtsbildes, in: Archiv für Sozialgeschichte, hg. von der Friedrich-Ebert- Stiftung in Verbindung mit dem Institut für Sozialgeschichte Braunschweig Bonn, Bd. 18, 1978, S. 358—439.

36 Siehe dazu Martin Martiny, Arbeiterbewegung an Rhein und Ruhr vom Scheitern der Räte- und Sozialisierungsbestrebungen bis zum Ende der letzten parlamentarischen Regierung der Weimarer Republik (1920—1930), in: Jürgen Reulecke (Hg.), Arbeiterbewegung an Rhein und Ruhr. Beiträge zur Geschichte der Arbeiterbewegung in Rheinland-Westfalen, Wuppertal 1974, S. 241—273.

37 Vgl. Peter Hüttenberger, Die Anfänge der NSDAP im Westen, in: W. Först (Hg.), Zwischen Ruhrkampf und Wiederaufbau, S. 51—80. Eine ausführliche Spezialuntersuchung zu diesem Bereich fehlt. Zur politisch-administrativen Gliederung der NSDAP siehe P. Hüttenberger, Die Gauleiter. Studie zum Wandel des Machtgefüges in der NSDAP (Schriftenreihe der Vierteljahreshefte für Zeitgeschichte, Nr. 19), Stuttgart 1964. Für den rheinischen Teil des Ruhrgebietes siehe auch Wilfried Böhnke, Die NSDAP im Ruhrgebiet 1920—1933 (Schriftenreihe des Forschungsinstituts der Friedrich-Ebert-Stiftung, Bd. 106), Bonn Bad Godesberg 1974. Siehe auch die Dokumentation von Franz Josef Heyen, Nationalsozialismus im Alltag. Quellen zur Geschichte des Nationalsozialismus vornehmlich im Raum Mainz—Koblenz—Trier, Boppard, 1967. Für Hinweise zur Entstehungszeit der NSDAP siehe auch Hans Peter Görgen,

setzungen, persönlichen Rivalitäten und divergierenden Ambitionen ihrer Führer[38]. Unter dem Eindruck der Probleme der Arbeiterschaft im rheinisch- westfälischen Industriegebiet war in der nordwestdeutschen Partei die Richtung des nationalen Sozialismus stark vertreten, im Gegensatz zu den antisemitischen Tendenzen der bayrisch-fränkischen Parteikreise[39]. Vor diesem Hintergrund kam es zu verschiedenen Umstrukturierungen in der Partei, so zu der von Gregor Strasser angeregten Arbeitsgemeinschaft der „Nord-West" Gaue sowie zur vorübergehenden Bildung eines Ruhrgaues, der organisatorisch und ideologisch der Abgrenzung zur Münchener Parteirichtung dienen sollte[40]. Die Gaugliederung war in der Rheinprovinz erst 1931 perfekt und orientierte sich nun an der Wahlkreiseinteilung der Weimarer Republik. Die Regierungsbezirke Köln—Aachen und Koblenz—Trier bildeten je einen Gau, der Regierungsbezirk Düsseldorf war in den Gau Düsseldorf und den Gau Essen geteilt, zu dem der rheinische Teil des Ruhrgebietes gehörte[41]. Die Gauleiter waren in der oben angegebenen Reihenfolge der Gaue der kaufmännische Angestellte Josef Grohé,

Düsseldorf und der Nationalsozialismus. Studie zur Geschichte einer Großstadt im Dritten Reich, Düsseldorf 1969. Zur Entwicklung der NSDAP im Regierungsbezirk Aachen, siehe Walter Rehle, Die nationalsozialistische Machtergreifung im Regierungsbezirk Aachen unter besonderer Berücksichtigung der staatlichen und kommunalen Verwaltung, Düsseldorf 1976.

[38] Vgl. H. Lademacher, Machtergreifung in der Rheinprovinz. Voraussetzungen und frühe Konsequenzen, S. 26 f., in: Die nationalsozialistische Machtergreifung. Der 30. Januar 1933 im Rheinland-Westfalen-Lippe, hg. vom Minister für Wissenschaft und Forschung des Landes NRW — Landeszentrale für politische Bildung, Düsseldorf 1983, S. 25—52.

[39] Vgl. P. Hüttenberger, Die Anfänge der NSDAP im Westen, S. 63.

[40] Vgl. ebda, S. 66 ff. und S. 80.

[41] Vgl. Albrecht Tyrell, Führergedanke und Gauleiterwechsel. Die Teilung des Gaues Rheinland der NSDAP 1931, in: RheinVJBll. 39 1975, S. 293 ff. (erneut veröffentlicht in: VfZg 23, 1975, S. 341 ff.). Zur internen Auseinandersetzung vgl. ders. (Hg.), Führer befiehl . . . Selbstzeugnisse aus der ‚Kampfzeit' der NSDAP. Dokumentation und Analyse, Düsseldorf 1969.

Josef Grohé, geb. 6. 11. 1902 in Gemünden; 1921 Mitglied der NSDAP; 1926—1932 Hauptschriftleiter des Westdeutschen Beobachters, 1929 Stadtverordneter in Köln; 1931 Gauleiter der NSDAP Gau Köln—Aachen; 1932 Mitglied des preußischen Landtags; Mitglied des rheinischen Provinzialrats; Staatskommissar der Universität Köln; Preußischer Staatsrat; Bevollmächtigter der Rheinprovinz zum Reichsrat; 12. 11. 1932 Mitglied des Reichstags, Wahlkreis Köln—Aachen; 18. 7. 1944 bis September 1944 Militärverwalter in Belgien. Zu Grohé siehe auch die parteiamtliche Würdigung von Peter Schmid, Zwanzig Jahre Soldat Hitlers. Zehn Jahre Gauleiter (Grohé), Köln 1941.

Gregor Strasser, geb. 31. 5. 1892 in Geisenfeld; Beruf Apotheker; 1920 Mitglied der NSDAP (Nationalsozialistische Freiheitspartei); 1924—1933 Mitglied des Reichstags in der NSDAP Fraktion; 1926—1932 Reichspropagandaleiter der NSDAP; Juni 1932 Reichsorganisationsleiter der NSDAP; Ende 1932 Trennung von Hitler und der NSDAP; ermordet 30. 6. 1934. Lit.: Udo Kissenkoetter, Gregor Strasser und die NSDAP (Schriftenreihe der Vierteljahreshefte für Zeitgeschichte, Nr. 37), Stuttgart 1978.

der Gewerbelehrer Gustav Simon, der ehemalige Grubenbeamte Friedrich-Karl Florian und der Bankbeamte Josef Terboven[42].

Auch in der Rheinprovinz vollzog sich der Aufstieg der NSDAP zur Massenpartei, in der sich Hitlers Führungsanspruch durchgesetzt hatte[43], vor dem Hintergrund der Staats- und Wirtschaftskrise der Weimarer Republik[44]. Den wirtschaftlichen Rückgang

[42] Lit.: P. Hüttenberger, Die Gauleiter.

[43] Vgl. Albrecht Tyrell, Vom „Trommler" zum „Führer". Der Wandel von Hitlers Selbstverständnis zwischen 1919 und 1924 und die Entwicklung der NSDAP, München 1975; Wolfgang Horn, Führerideologie und Parteiorganisation in der NSDAP 1919—1933, Düsseldorf 1972.

[44] Aus der zahlreichen Literatur über die Krise der Weimarer Republik vgl. Werner Conze und Hans Raupach (Hg.), Die Staats- und Wirtschaftskrise des Deutschen Reiches, Stuttgart 1963; Gotthard Jasper (Hg.), Von Weimar zu Hitler 1930—1933, Köln Berlin 1968; Michael Stürmer (Hg.), Die Weimarer Republik. Belagerte Civitas, Königstein/Taunus 1986; Karl Dietrich Erdmann — Hagen Schulze (Hg.), Weimar — Selbstpreisgabe einer Demokratie. Eine Bilanz heute, Düsseldorf 1980; Josef Becker und Klaus Hildebrand (Hg.), Internationale Beziehungen in der Weltwirtschaftskrise 1929—1933, München 1980; Dirk Stegmann/Bernd Jürgen Wendt/Peter Christian Witt (Hg.), Industrielle Gesellschaft und politisches System. Beiträge zur politischen Sozialgeschichte. Festschrift für Fritz Fischer zum 70. Geburtstag, Bonn 1978; Hans Mommsen/Dietmar Petzina/Bernd Weinbrod (Hg.), Industrielles System und politische Entwicklung in der Weimarer Republik, Düsseldorf 1974; Dieter Gessner, Das Ende der Weimarer Republik. Fragen, Methoden und Ergebnisse interdisziplinärer Forschung, Darmstadt 1978 (Erträge der Forschung Bd. 97); Gerhard Schulz (Hg.), Die große Krise der dreißiger Jahre. Vom Niedergang der Weltwirtschaft zum Zweiten Weltkrieg, Göttingen 1985.

Friedrich Karl Florian, geb. 4. 2. 1894 in Essen; 1922 Mitglied des deutsch-völkischen Trutzbundes; 1925 Gründer der NSDAP-Ortsgruppe in Buer, dort 1927 Stadtverordneter; 1929 Gauleiter der NSDAP Gau Düsseldorf; 1930 Mitglied des Reichstags in der NSDAP Fraktion für den Wahlkreis Düsseldorf-Ost; 1933 Preußischer Staatsrat.

Adolf Hitler, geb. 20. 4. 1889 in Braunau (Oberösterreich); 1914 Kriegsfreiwilliger; 16. 9. 1919 Eintritt in die Deutsche Arbeiterpartei, die spätere NSDAP; 20. 7. 1921 Vorsitzender der NSDAP; nach dem gescheiterten Putsch vom 9. 11. 1923 zu fünf Jahren Festungshaft verurteilt; Ende 1924 vorzeitig entlassen; 25. 2. 1932 Ernennung zum Regierungsrat in Braunschweig und Erwerb der deutschen Staatsangehörigkeit; 30. 1. 1933 Reichtskanzler; 12. 8. 1934 „Führer und Reichskanzler"; 4. 2. 1938 Oberbefehlshaber der Wehrmacht; 19. 2. 1941 zugleich Oberbefehlshaber des Heeres; 1942 oberster Gerichtsherr; Selbstmord 30. 4. 1945. Lit.: Alan Bullock, Hitler. Eine Studie über Tyrannei, Düsseldorf 1953; Joachim C. Fest, Hitler. Eine Biographie, Frankfurt Berlin Wien 1973.

Gustav Simon, geb. 2. 8. 1900 in Saarbrücken; 1925 Mitglied der NSDAP; 1930 Mitglied des Reichstags in der NSDAP Fraktion für den Wahlkreis Koblenz—Trier; 1931 Gauleiter der NSDAP Gau Koblenz—Trier; (ab 1942: Moselland); Preußischer Staatsrat; 1943 Leiter der Zivilverwaltung in Luxemburg.

Josef Terboven, geb. 23. 5. 1898 in Essen; 1930 Mitglied des Reichstags in der NSDAP Fraktion für den Wahlkreis Düsseldorf-West; 1933 Preußischer Staatsrat und Gauleiter des Gaues Essen; 5. 2. 1935 Oberpräsident der Rheinprovinz; September 1939 Reichsverteidigungskommissar des Wehrkreises VI; 24. 4. 1940—1945 Reichskommissar für Norwegen; SA Obergruppenführer; Mai 1945 vermutlich Selbstmord in Norwegen.

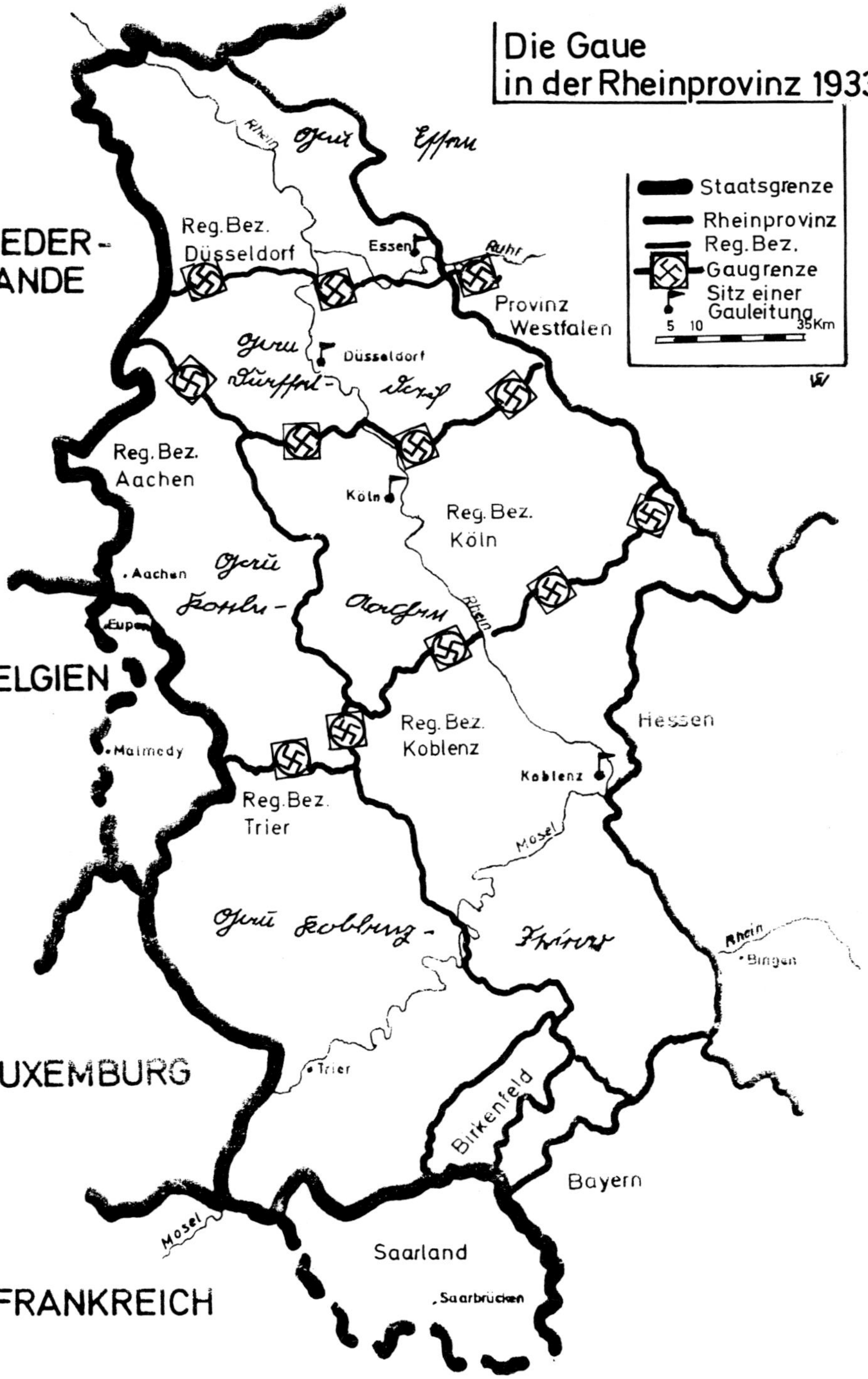
Die Gaue
in der Rheinprovinz 1933
Staatsgrenze
Rheinprovinz
Reg. Bez.
Gaugrenze
Sitz einer
Gauleitung
5 10 35Km
NIEDER-
LANDE
BELGIEN
LUXEMBURG
FRANKREICH
Reg. Bez.
Düsseldorf
Essen
Ruhr
Provinz
Westfalen
Düsseldorf
Reg. Bez.
Aachen
Köln
Reg. Bez.
Köln
Aachen
Eupen
Malmedy
Rhein
Hessen
Reg. Bez.
Koblenz
Koblenz
Reg. Bez.
Trier
Mosel
Bingen
Trier
Birkenfeld
Bayern
Saarland
Saarbrücken

können einige Zahlen verdeutlichen. So erreichte die Zahl der gemeldeten Arbeitslosen im Deutschen Reich im Februar 1931 einen Stand von 3 365 811 und kletterte auf einen Höchststand von 6 128 429 im Februar 1932. Im Bereich des Landesarbeitsamtes Rheinland wurde der Höchststand erst im Februar 1933 mit 740 056 gemeldeten Arbeitslosen erreicht[45]. Die Anzahl der im Deutschen Reich im Steinkohlebergbau Beschäftigten sank von 1928 bis 1932 um 150 000 auf 309 187, während sich im gleichen Zeitraum die Menge der abgesetzten Kohle um ein Drittel verringerte[46]. Während in Preußen unter der über zwölfjährigen Ministerpräsidentschaft Otto Brauns, vom Kapp-Putsch bis zum Staatsstreich am 20. Juli 1932, die demokratisch-parlamentarischen Verhältnisse relativ stabil waren[47], läutete die erste Präsidialregierung Brüning nach dem Sturz der Großen Koalition im März 1930 die Auflösung der Weimarer Republik ein[48]. Mit den Reichstagswahlen vom 14. September 1930 begann dann für die NSDAP auch in der Rheinprovinz eine erhebliche Aufschwungphase. In den vier rheinischen Wahlkreisen stieg ihr Stimmenanteil auf 14,5—17%. Das Zentrum hatte zwar seine Stellung behaupten können, mußte jedoch in den Wahlkreisen der Rheinprovinz einen Stimmenrückgang von durchschnittlich 7% hinnehmen; es erreichte zwischen 35,64% (Wahlkreis Düsseldorf-West) und 50,2% (Wahlkreis Koblenz Trier)[49]. Im Wahlkreis Köln—Aachen blieb die NSDAP in der Novemberwahl 1932 mit 17,4% weit unter dem Reichsdurchschnitt von 33,1%. Dagegen hatten die Wahlkreise Koblenz—Trier und Düsseldorf-Ost mit 26,1 und 27,0% einen starken nationalsozialistischen Stimmenanteil zu verzeichnen. Im Wahlkreis Düsseldorf-West mit dem angrenzenden Niederrhein erreichte die NSDAP etwa 7% mehr Stimmen als im Wahlkreis Köln—Aachen. In den beiden Wahlkreisen Köln—Aachen und Koblenz—Trier behauptete sich das Zentrum als stärkste Partei mit 39,3 und 45,8%, und auch im Wahlkreis Düsseldorf-West erreichte das Zentrum noch über 30%, wohingegen der Stimmenanteil der SPD zwischen 10 und 14% betrug und damit teilweise weit unter dem der Kommunisten blieb[50].

45 Vgl. Stat. Jahrbuch, Jg. 53, 1934, S. 308.

46 Vgl. Stat. Jahrbuch, Jg. 52, 1933, S. 103.

47 Vgl. Karl Dietrich Bracher, Preußen und die deutsche Demokratie, S. 297, in: Manfred Schlenke (Hg.), Preußen. Beiträge zu einer politischen Kultur (Preußen. Versuch einer Bilanz. Eine Ausstellung der Berliner Festspiele GmbH, Bd. 2), Reinbek bei Hamburg 1981, S. 295—310.

48 Vgl. Karl Dietrich Bracher, Die Auflösung der Weimarer Republik. Eine Studie zum Problem des Machtverfalls in der Demokratie, Königstein/Ts. Düsseldorf 1978, S. 265—275.

49 Vgl. Alfred Milatz, Wähler und Wahlen in der Weimarer Republik (Schriftenreihe der Bundeszentrale für politische Bildung, Heft 55), Bonn 1965, S. 85—113. Siehe auch die Wahlanalyse in H. Lademacher, Die nördlichen Rheinlande, S. 729 ff.

50 Zum Rückgang der NSDAP Stimmen in der Novemberwahl 1932 vgl. K. D. Bracher, Die Auflösung, S. 564 ff.

Otto Braun, geb. 28. 1. 1872 in Königsberg; gest. 15. 12. 1955. Lit.: Hagen Schulze, Otto Braun oder Preußens demokratische Sendung. Eine Biographie, Frankfurt a. M. Berlin Wien 1977.

Heinrich Brüning, geb. 26. 11. 1885 in Münster; 1920—1930 Geschäftsführer der Christlichen Gewerkschaften; 1924—1933 Mitglied des Reichstags für die Zentrumspartei; 28. 3. 1930—30. 5. 1932 Reichskanzler; übernahm die Führung der Zentrumspartei Mai 1933; 1934 Emigration; gest. 30. 3. 1970.

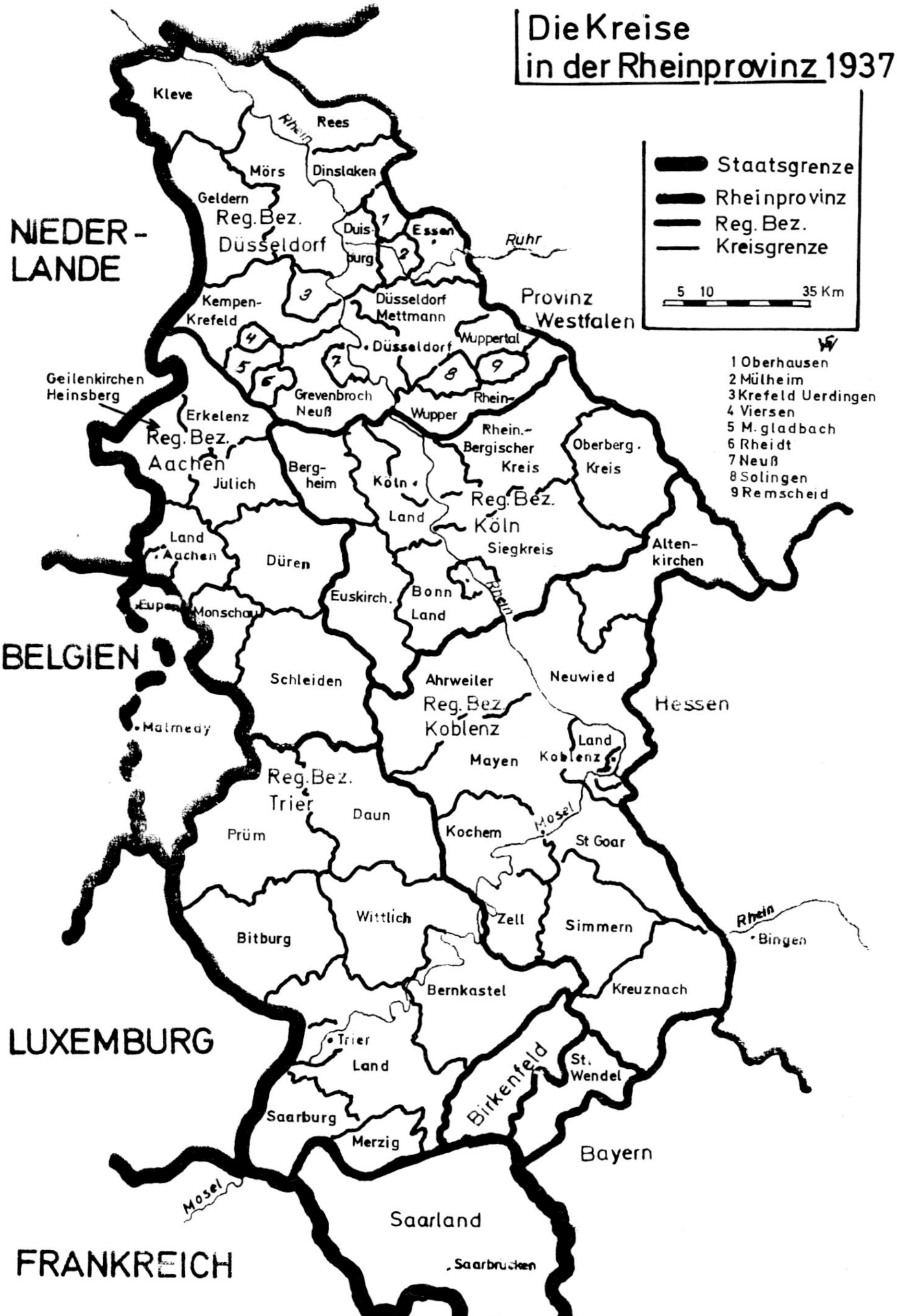

Die Kreise
in der Rheinprovinz 1937
Staatsgrenze
Rheinprovinz
Reg. Bez.
Kreisgrenze
5 10 35 Km
1 Oberhausen
2 Mülheim
3 Krefeld Uerdingen
4 Viersen
5 M. gladbach
6 Rheidt
7 Neuß
8 Solingen
9 Remscheid
NIEDER-
LANDE
BELGIEN
LUXEMBURG
FRANKREICH
Provinz
Westfalen
Hessen
Bayern
Saarland
Saarbrücken
Kleve
Rees
Mörs
Dinslaken
Geldern
Reg. Bez.
Düsseldorf
Duis-
burg
Essen
Ruhr
Rhein
Kempen-
Krefeld
Düsseldorf
Mettmann
Düsseldorf
Wuppertal
Geilenkirchen
Heinsberg
Erkelenz
Grevenbroch
Neuß
Rhein-
Wupper
Reg. Bez.
Aachen
Jülich
Berg-
heim
Köln
Land
Rhein.-
Bergischer
Kreis
Oberberg.
Kreis
Reg. Bez.
Köln
Siegkreis
Land
Aachen
Düren
Alten-
kirchen
Eupen
Monschau
Euskirch.
Bonn
Land
Schleiden
Ahrweiler
Reg. Bez.
Koblenz
Neuwied
Malmedy
Land
Koblenz
Mayen
Reg. Bez.
Trier
Daun
Prüm
Kochem
Mosel
St Goar
Wittlich
Zell
Simmern
Bitburg
Bingen
Bernkastel
Kreuznach
Trier
Land
Birkenfeld
St.
Wendel
Saarburg
Merzig
Mosel

In der Märzwahl[51] von 1933 vermochte das Zentrum in den Wahlkreisen Köln—Aachen und Koblenz—Trier mit 35,9 und 40,9% seine führende Stellung zu verteidigen. Die NSDAP erhielt hier 30,1 bzw. 38,1% der Stimmen. In den Düsseldorfer Wahlkreisen erreichte die NSDAP 37,4 (Düsseldorf-West) und 35,2% (Düsseldorf-Ost), gegenüber 19,6 und 30,4% für das Zentrum. Der Stimmenanteil der KPD reichte von 6,0% im Wahlkreis Koblenz—Trier über 14,2% im Köln-Aachener Wahlkreis und 15,5% im Wahlkreis Düsseldorf-West bis zu 22,5% im Wahlkreis Düsseldorf-Ost. Der Stimmenanteil der SPD lag zwischen 7 und 12%.

Schon im September 1930 war ein unterschiedliches Wahlverhalten der Mitglieder der beiden großen Konfessionen zu beobachten. Während die NSDAP ihre überdurchschnittlichen Gewinne in den mehrheitlich evangelischen Wahlkreisen erzielte (zum Teil über 20%), blieb ihr Anteil in typisch katholischen Wahlkreisen wie Köln—Aachen und Koblenz—Trier unter 15%. Dieser Trend bestätigte sich in den beiden Wahlen von 1932, wobei in der Wahl vom 6. November 1932 ein leichter Rückgang der NSDAP-Stimmen zu verzeichnen war.
Die NSDAP hatte offenbar im Regierungsbezirk Düsseldorf schon 1930 nicht nur in den Städten, sondern auch in den ländlichen Gegenden des Niederrheins um Wesel wachsenden Anklang gefunden; zugänglich für die Propaganda der NSDAP erwies sich auch das Bergische Land. Zur selben Zeit scheint sich die Bewegung in der südlichen Rheinprovinz im Trierer Regierungsbezirk, vor allem in den Gebieten des Hochwaldes und an der Mittelmosel fest etabliert zu haben, anders als im westlichen Hunsrück und an der unteren Mosel im Koblenzer Regierungsbezirk, wo der Partei eher reserviert begegnet wurde[52]. Für den Regierungsbezirk Aachen gilt, daß der Einbruch der NSDAP im Mittelstand in den Städten und industrialisierten Gemeinden stattfand und erst in einem zweiten Schritt ab 1931 auf dem flachen Land bei vergleichbaren Schichten[53].
Insgesamt wurde die Partei in der Rheinprovinz, was Wähler und Mitglieder betrifft, stark vom Mittelstand in Industrie, Handwerk und Landwirtschaft getragen, aber auch bei der Arbeiterschaft fand sie Zuspruch; für die erstgenannte Gruppe war insbesondere die drohende Proletarisierung und der daraus resultierende „antidemokratische Kampf um Wahrung des alten Sozialstatus" ausschlaggebend[54].

[51] Vgl. eine genaue Wahlanalyse bei Karl Dietrich Bracher, Stufen der Machtergreifung, S. 163—172, in: K.D. Bracher/G. Schulz/W. Sauer, Die nationalsozialistische Machtergreifung. Stufen zur Errichtung des totalitären Herrschaftssystems im Deutschland 1933/34 Bd. 1, Frankfurt a. M. 1983.

[52] Vgl. H. Lademacher, Die nördlichen Rheinlande, S. 730 f.

[53] Vgl. W. Pehle, Die nationalsozialistische Machtergreifung im Regierungsbezirk Aachen, S. 140.

[54] H. Lademacher, Die nördlichen Rheinlande, S. 733. Es ist hier anzumerken, daß die ökonomische Not infolge der Weltwirtschaftskrise den selbständigen Mittelstand keineswegs überproportional traf. Zur Mittelstandsproblematik vgl. Annette Leppert-Fögen, Die deklassierte Klasse. Studien zur Geschichte und Ideologie des Kleinbürgertums (Texte zur politischen Theorie und Praxis, hg. von E. Altvater u. a.), Frankfurt 1974; Th. Geiger, Die Mittelstände im Zeichen des Nationalsozialismus, in: Die soziale Schichtung, S. 109—122; ders., Panik im Mittelstand, in: Die Arbeit, Jg. 7 1930, S. 637 ff.

Die Entwicklung der NSDAP in der Rheinprovinz ist im Zusammenhang mit der Entwicklung der übrigen Parteien zu sehen. In Bezug auf das Weimarer Parteiensystem insgesamt vertritt Reiner Maria Lepsius die These, daß die vom Kaiserreich bis in die Weimarer Republik erhaltenen Parteien Konservative, Liberale, Zentrum und Sozialisten durchgehend in einem „Sozialmilieu" angesiedelt waren und ihre integrative und organisatorische Funktion bestimmt war durch das Ineinandergreifen religiöser, regionaler, sozialer und wirtschaftlicher Faktoren. Hieraus hätten die Parteien einerseits ihre relative Stabilität gewonnen, andererseits aber an Integrationskraft eingebüßt[55]. In der Rheinprovinz verlor die SPD bereits in den zwanziger Jahren erheblich an Terrain, wobei sicherlich eine Rolle spielte, daß in den sozialen Auseinandersetzungen der Weimarer Republik die Unternehmerseite ihre Interessen häufig genug durchsetzen konnte[56]. Der 1929 einsetzenden Wirtschaftskrise vermochte auch die SPD mit keinem überzeugenden Programm zu begegnen[57]. Die kommunistische Partei rekrutierte ihre Mitglieder vornehmlich in den Klein- und Mittelbetrieben; weiterhin befanden sich viele Arbeitslose in ihren Reihen — für eine Revolution reichten die Kräfte der Partei nicht aus[58]. Zur Splitterung der Arbeiterstimmen trug vor allem das starke Zentrum bei. In der Rheinprovinz lag der Stimmenanteil des Zentrums im Schnitt doppelt so hoch wie im Reichsdurchschnitt; auch etliche Arbeiterstimmen flossen dem Zentrum zu[59]. Es nahm für sich in Anspruch, die Interessen der deutschen Katholiken in der Weimarer Republik zu vertreten und wollte über den Status einer rein konfessionellen Interessenvertretung hinaus. Es vermochte jedoch nicht Kirche und Staat, Politik und Religion in Einklang zu bringen und barg so einen schwelenden, unlösbaren Konflikt in sich[60]. Interne Auseinandersetzungen schwächten überdies in den letzten Jahren der Weimarer Republik die Partei, und eine weltanschauliche Geschlossenheit war kaum noch vorhanden[61]. Die frühe Rechtswendung des Zentrums wurde signifikant in der erstmaligen Wahl eines Geistlichen, Ludwig Kaas, zum Parteivorsitzenden — eine ‚ultima ratio', um die Gräben innerhalb der Partei zu überwinden[62].

[55] Vgl. Reiner M. Lepsius, Parteiensystem und Sozialstruktur. Zum Problem der Demokratisierung der deutschen Gesellschaft, in: Wirtschaft, Geschichte und Wirtschaftsgeschichte. Festschrift für F. Lütge, hg. von W. Abel u. a. Stuttgart 1966, S. 371—393.

[56] Vgl. H. Lademacher, Die nördlichen Rheinlande, S. 716 f.

[57] Vgl. E. Matthias, Die Sozialdemokratische Partei Deutschlands, S. 145.

[58] Siehe Siegfried Bahne, Die KPD und das Ende von Weimar. Das Scheitern einer Politik 1933—35, Frankfurt 1976, S. 17—21.

[59] Vgl. R. Morsey, Die Zentrumspartei im Rheinland und Westfalen, in: W. Först (Hg.), Politik und Landschaft, S. 11—50.

[60] Josef Becker, Das Ende der Zentrumspartei und die Problematik des politischen Katholizismus in Deutschland. Zu einem Aufsatz von Carl Otmar Freiherr von Arentin, in: G. Jasper (Hg.), Von Weimar zu Hitler, S. 360.

[61] Vgl. R. Moersey, Die Zentrumspartei im Rheinland und Westfalen, S. 38 ff.

[62] Vgl. Rudolf Morsey, Der Untergang des politischen Katholizismus. Die Zentrumspartei zwischen christlichem Selbstverständnis und „Nationaler Erhebung" 1932/33, Stuttgart Zürich 1977, S. 18 f.

Ludwig Kaas, geb. 23. 5. 1881 in Trier; gew. 1906; 1918 Professor am Priesterseminar in Trier; 1924 Domkapitular; 1919 Mitglied der Nationalversammlung für das Zentrum; 1920—1933 Mitglied des Reichstags; 1928 Fraktionsvorsitzender, 1929 Vorsitzender des Zentrums; gest. 15. 4. 1952. Lit.: Arthur Wynen, Ludwig Kaas, Trier 1953.

Walter H. Pehle hat festgestellt, daß im Regierungsbezirk Aachen Teile der Zentrumswählerschaft schon ab 1921 dazu tendierten, zur Durchsetzung von konkreten Sachinteressen „personal-plebiszitäre Sonderkandidaten" zu wählen. Diese lösten sich allmählich vom Zentrum und ihre Wähler wandten sich in einem weiteren Schritt kleineren Splitterparteien zu. In der Wirtschaftskrise ab 1929 erhielten dann auch die NSDAP und die KPD vermehrt Zulauf[63].

Mehr und mehr Stimmen verlor das Zentrum in den rheinischen Großstädten Köln und Düsseldorf. In Köln wählten 1930 nur noch 25% der katholischen Männer Zentrum. Im Jahr 1919 waren es noch 43,2% gewesen. Der Frauenanteil, traditionell immer höher gelegen, sank hier im gleichen Zeitraum von 60,8 auf 40,6%[64]. Besonders stark war der Rückgang in den Bezirken mit hohem Arbeiteranteil und zugleich in einzelnen Landkreisen, in denen die Landwirtschaft dominierte und viele Selbständige vertreten waren[65].

Mit Blick auf die kleinbürgerlichen Schichten hat Walter Dirks bereits 1931 die These von der „sozialen Nachbarschaft" zwischen Katholizismus und Nationalsozialismus aufgestellt. Würde die konfessionelle Bindung nachlassen, könne die soziale Unruhe diese Schichten der NSDAP zugänglich machen bzw. eine „innere Faschisierung" des politischen Katholizismus zur Folge haben[66]. In der neuen Forschung wurde diese These modifiziert. So hat Günter Plum für den Regierungsbezirk Aachen die Auswirkungen der Zentrumspolitik auf das politische Verhalten der dortigen Bevölkerung hervorgehoben. Die „latente Ablehnung der pluralistischen Gesellschaft und des Parlamentarismus" innerhalb der Partei habe ebenso wie die Betonung von „Führertum" und „Gemeinwohl" immer mehr Zustimmung in einer Gesellschaft erfahren, in der traditionelle Hierarchien und autoritäre Strukturen ohnehin lebendig waren. So wuchsen im katholischen Bürgertum „deutliche katholisch-faschistische Neigungen, die von der Katholischen Jugend unter bündischen Einflüssen forciert wurden"[67]. Auch läßt sich die „Affinität" der den Arbeiterschichten angehörenden Katholiken zur KPD nachweisen; in Gegenden, in denen überwiegend agrarisch-handwerkliche Wirtschaftsformen anzutreffen waren, erhielt die NSDAP vermehrt Zulauf[68]. Danach kam zum Milieuverlust mancher Katholiken eine weltanschauliche Annäherung und Verwandtschaft der noch konfessionell gebundenen Wähler hinzu. Dennoch ist unbestritten, daß die Zentrumspartei als katholische Weltanschauungspartei einen erheblichen Teil der katholischen Wählerstimmen binden konnte, wohingegen es für die evangelischen Wählerstimmen keine vergleichbare Situation gab und sich diese Stimmen teilten[69]. Dem Zentrum kam (noch) das „katholische Milieu" zugute, in dem tradierte Wert- und

[63] Vgl. W. Pehle, Die nationalsozialistische Machtergreifung im Regierungsbezirk Aachen, S. 61.
[64] Vgl. U. von Hehl, Katholische Kirche und Nationalsozialismus im Erzbistum Köln, S. 16, Anm. 48.
[65] Vgl. H. Lademacher, Die nördlichen Rheinlande, S. 723.
[66] Vgl. Walter Dirks, Katholizismus und Nationalsozialismus, in: Die Arbeit 8, 1931, S. 201—209.
[67] Günter Plum, Gesellschaftsstruktur und politisches Bewußtsein in einer katholischen Region 1928—1933. Untersuchung am Beispiel des Regierungsbezirks Aachen (Studien zur Zeitgeschichte, hg. vom Institut für Zeitgeschichte), Stuttgart 1972, S. 207.
[68] Vgl. ebda, S. 33 und S. 35.
[69] Vgl. Klaus Scholder, Die Kirchen und das Dritte Reich. Bd. 1. Vorgeschichte und Zeit der Illusionen 1918—1933, Berlin 1977, S. 162.

Tugendvorstellungen sich mit Verhaltensnormen mischten. Die Zustimmung des Zentrums zum Ermächtigungsgesetz und die Aufhebungen der bischöflichen Verbote zum Nationalsozialismus bauten noch bestehende Hürden ab; ein starker Mitgliederzulauf zur NSDAP setzte ein[70]. Der Gau Köln—Aachen, vor 1933 an vorletzter, 31. Stelle auf der Mitgliedsskala, rückte bis 1935 auf die 13. Stelle auf, im Regierungsbezirk Aachen kam am 1. 1. 1935 ein NSDAP Mitglied auf 25,4 Einwohner, im Gau Köln—Aachen ein Parteimitglied auf 26,4 Einwohner[71].

Die erfolgreiche Strategie Hitlers steht im Vordergrund der Analyse der Zeit vom 30. Januar 1933, dem Tag der Ernennung des Führers der NSDAP zum Reichskanzler, bis zur Übernahme der gesamten Staatsführung durch Hitler im August 1934[72]. Mit den Begriffen „nationalsozialistische Machtergreifung" und „Gleichschaltung" wird dieser komplexe Vorgang beschrieben, der trotz regionaler und lokaler Nuancierungen reichsweit eine weitgehende Analogie aufwies[73]. Die nach dem gescheiterten Putsch vom November 1923 verfolgte nationalsozialistische Legalitätstaktik sollte sich auszahlen[74]. Unter Zuhilfenahme des Artikel 48 der Weimarer Reichsverfassung, der Hitler als Kanzler eines Präsidialkabinettes bei Zustimmung des Reichspräsidenten zur Verfügung stand, wurde mit der Reichstagsbrandverordnung vom 28. Februar 1933 der Grundstein für die völlige Rechtlosigkeit des Einzelnen gelegt; das Ermächtigungsgesetz vom 23. März 1933 sollte dann die Abschaffung der Demokratie legalisieren und der Diktatur die gewünschte Legitimitation verschaffen[75]. Die Fiktion von

[70] Vgl. unten, S. 93 f.

[71] Vgl. Parteistatistik Bd. 1, S. 35, zitiert nach W. Pehle, Die nationalsozialistische Machtergreifung, S. 138.

[72] Vgl. K.D. Bracher/G. Schulz/W. Sauer, Die nationalsozialistische Machtergreifung. Studien zur Errichtung des totalitären Herrschaftssystems in Deutschland 1933/34.

[73] Vgl. Karl Dietrich Bracher, Die Technik der nationalsozialistischen Machtergreifung, in: Der Weg in die Diktatur 1918—1933. Zehn Beiträge von Th. Eschenburg u. a., München 1962, S. 153 f. Zu den einzelnen Etappen der Machtergreifung vgl. auch Hans Krausnick, Stationen der Gleichschaltung, in: Der Weg in die Diktatur, S. 175—197. Für regionale und lokale Studien siehe den Forschungsbericht von Horst Kuss, Die Ausbreitung nationalsozialistischer Herrschaft im westlichen Teil des Deutschen Reiches. Ein Bericht über neuere regional- und lokalgeschichtliche Arbeiten, in: Blätter für deutsche Landesgeschichte. Neue Folge des Korrespondenzblattes. Im Auftrag des Gesamtvereins der deutschen Geschichts- und Altertumsvereine hg. von Hans Patze, 121. Jg. 1985, S. 539—582.

[74] Vgl. Reichsamtsleiter Dr. Fabricius, Min.-Dir. im Reichs- und Preußischen Ministerium des Inneren: Der Reichsminister Dr. Frick, S. 161, in: Festschrift Dr. Wilhelm Frick und sein Ministerium. Aus Anlaß des 60. Geburtstages des Reichs- und Preußischen Ministers des Inneren Dr. Wilhelm Frick am 12. März 1937, hg. vom Staatssekretär im Reichs- und Preußischen Ministerium des Inneren, Hans Pfundtner, München 1937, S. 139—184. Zu Hitlers Legalitätstaktik im Ulmer Reichswehrprozeß vom September 1930 vgl. J. C. Fest, Hitler — Eine Biographie, S. 486 ff.

[75] Vgl. die „Verordnung des Reichspräsidenten zum Schutz von Volk und Staat" vom 28. 2. 1933 (sog. Reichstagsbrandverordnung). RGBL I 1933, S. 83. Siehe ferner die „Verordnung des Reichspräsidenten gegen Verrat am Deutsche Volke und hochverräterische Umtriebe" vom 28. 2. 1933. Ebda, S. 83. Vgl. das „Gesetz zur Behebung der Not von Volk und Reich" vom 23. 3. 1933 (sog. Ermächtigungsgesetz). Ebda, S. 141. Siehe dazu Martin Broszat, Der Staat Hitlers (dtv Weltgeschichte des 20. Jahrh.), 10. Auflage München, 1983, S. 105; Ernst Fraenkel, Der Doppelstaat, Frankfurt a. M. Köln 1974.

der legalen Revolution erleichterte jenseits aller brutalen Unterdrückungsmaßnahmen, die sich vornehmlich gegen Kommunisten richteten, die Akzeptanz der Machtergreifung als einer technisch-verwaltungsmäßigen Prozedur. In den staatlichen Behörden und Rathäusern des Regierungsbezirks Aachen ging die nationalsozialistische Machtergreifung gewissermaßen geschäftsmäßig über die Bühne[76].
Anteil an der Stabilisierung der nationalsozialistischen Herrschaft im Rheinland hatte sicherlich auch der 1933 ernannte Oberpräsidenten Herrmann Freiherr von Lüninck, ein bekannter, deutsch-national gesonnener Katholik. Seine Berufung kann als Rücksichtnahme der Partei auf die besonderen Verhältnisse in der Rheinprovinz interpretiert werden. Lüninck paßte sich den neuen Verhältnissen allseits loyal an, wurde jedoch Anfang März 1935 auf eigenen Wunsch in den einstweiligen Ruhestand versetzt[77].
Der Mitarbeitsbereitschaft[78] stand eine Säuberungswelle gegenüber, von der, in Preußen schon 1932 einsetzend, im Februar 1933 bereits 14 Polizeipräsidenten preußischer Großstädte betroffen waren, unter ihnen die von Krefeld und Gladbach—Rheydt[79]. Das „Gesetz zur Wiederherstellung des Berufsbeamtentums" bot dann die Handhabe zur Entfernung weiterer politisch und rassisch unerwünschter Beamter[80]. Bis zum Ende des Jahres 1933 verloren in der Rheinprovinz neben dem Oberpräsidenten vier der fünf Regierungspräsidenten, neun von zehn Polizeipräsidenten, 23 von 42 Landräten und 13 der 17 Oberbürgermeister ihre Ämter[81]. Von den rheinischen Oberbürgermeistern, die, als Berufsbeamte auf zwölf Jahre gewählt, eine relative Machtfülle besaßen, überstanden drei, der Wuppertaler, der Oberhausener und der Remscheider, für einige Jahre die nationalsozialistische Machtergreifung[82]. Im Regierungsbezirk Aachen wurden in den Monaten März und April mindestens ein Drittel aller Amtsbürgermeister ausgetauscht, ein weiteres Drittel bis Ende 1933[83]. Vereinzelte Widerstandsaktionen aus den Reihen der Arbeiterschaft lassen sich als „kontinuierlicher Leidensweg" und als „selbstloser Aktivitätsdrang" bezeichnen[84].

[76] Vgl. W. Pehle, Die nationalsozialistische Machtergreifung, S. 500.
[77] Vgl. R. Morsey, Die Rheinlande, Preußen und das Reich, S. 201, Anm. 113; H. Romeyk, Verwaltungs- und Behördengeschichte, S. 167.
[78] Vgl. unten, S. 50.
[79] Vgl. Rudolf Morsey, Die deutsche Zentrumspartei, S. 347, in: E. Matthias/R. Morsey (Hg.), Das Ende der Parteien, S. 279—453.
[80] Vgl. RGBL I 1933, S. 175.
[81] Vgl. H. Romeyk, Verwaltungs- und Behördengeschichte, S. 127.
[82] Vgl. W. Först, Rheinische Oberbürgermeister vor 1933, S. 87, in: ders. (Hg.), Raum und Politik (Beiträge zur neueren Landesgeschichte des Rheinlandes und Westfalens Bd. 6) Köln Berlin 1957, S. 87—114.
[83] Vgl. W. Pehle, Die nationalsozialistische Machtergreifung, S. 503.
[84] H. Lademacher, Die nördlichen Rheinlande, S. 742. Siehe auch Detlev Peukert, Die KPD im Widerstand, Verfolgung und Untergrundarbeit an Rhein und Ruhr 1933—45. Wuppertal 1980.

Freiherr Hermann von Lüninck, geb. 3. 5. 1893 in Ostwig; im März 1933 Oberpräsident der Rheinprovinz und preußischer Staatsrat.

3. Politische und verwaltungsrechtliche Entwicklung 1933—1945

Das für die preußische Verwaltung charakteristische Miteinander von staatlicher Auftrags- und kommunaler Selbstverwaltung hatte auf der Provinzebene zur Errichtung von Bezirksregierungen und Provinzialverbänden geführt[85]. Die Bezirksregierung war die eigentliche Mittelinstanz zwischen der Berliner Zentrale und den unteren Verwaltungsstufen sowie der Selbstverwaltung. An ihrer Spitze stand der Regierungspräsident, dem hoheitliche Aufgaben (Schule, Polizei, Kommunalaufsicht) übertragen waren[86]. Die provinziale Selbstverwaltung war aus den Provinzialständen hervorgegangen und bildete mit einem eigenen Verwaltungsapparat den Provinzialverband der Rheinprovinz — verwaltungsrechtlich eine Gebietskörperschaft des öffentlichen Rechts, verwaltungspolitisch ein Gemeindeverband[87]. Organe der Provinz waren der Provinziallandtag, der Provinzialausschuß, der die Beschlüsse des Landtags vorbereiten und durchzuführen hatte, und der Landeshauptmann, der die laufenden Geschäfte der kommunalen Provinzialverwaltung führte.

In der Weimarer Republik war die Selbstverwaltung der Provinz nachhaltig gestärkt worden. Durch die Einführung der direkten und gleichen Wahl war der Provinziallandtag von einem verwaltungstechnischen zu einem demokratisch gewählten Gremium geworden, zum „Sprachrohr" der rheinischen Bevölkerung[88]. Der Provinziallandtag wählte Vertreter in den Reichsrat und den preußischen Staatsrat und wirkte bei der Besetzung der wichtigsten staatlichen Verwaltungsstellen mit. Seine eigentlichen Aufgaben lagen auf kulturellem, volkswirtschaftlichem und fürsorglichem Gebiet[89]. Der Provinziallandtag nahm in den Anfangsjahren der Republik auch zu Fragen der Außenpolitik und der Reichsreform Stellung[90]. Die Verhandlungen des Provinziallandtags mit den preußischen Staatsbehörden liefen in der Regel über den Oberpräsidenten, den Stellvertreter der preußischen Staatsregierung in der Rheinprovinz[91].Beim rheinischen Oberpräsidenten bestand ein Provinzialrat, dem der Oberpräsident, ein ernannter Verwaltungsbeamter und fünf vom Provinzialausschuß gewählte

[85] Für einen Überblick siehe H. Lademacher, Die Rheinprovinz und ihre Selbstverwaltung, in: W. Först (Hg.), Provinz und Staat (Beiträge zur neueren Landesgeschichte des Rheinlandes und Westfalens Bd. 4), Köln Berlin 1971, S. 11—49.

[86] Vgl. H. Romeyk, Verwaltungs- und Behördengeschichte, S. 175 ff.

[87] Vgl. H. Lademacher, Die Rheinprovinz und ihre Selbstverwaltung, bes. S. 35.

[88] Kurt Schmitz, Der rheinische Provinziallandtag (1875—1933). (Bergische Forschungen, Bd. 6), Neustadt an der Atsch 1967, S. 136.

[89] Vgl. K. Schmitz, Der rheinische Provinziallandtag, S. 68 und S. 130. Eine Zusammenstellung der in die alleinige Kompetenz des Provinziallandtags fallenden Aufgaben bei R. Schütz (Bearb.), Grundriß der deutschen Verwaltungsgeschichte. Reihe A: Preußen, Bd. 7: Rheinland, S. 75 f.

[90] Vgl. H. Schmitz, Der rheinische Provinziallandtag, S. 129 f. Siehe dazu Günter Steinberg, Der deutsche Westen und die Reichsreform, S. 113 ff., in: W. Först (Hg.), Provinz und Staat, S. 95—145.

[91] Zur Stellung des Oberpräsidenten im Verwaltungsaufbau vgl. H. Romeyk, Verwaltungs- und Behördengeschichte, S. 157 f. Vgl. auch Horst Möller, Die preußischen Oberpräsidenten der Weimarer Republik als Verwaltungselite, in: VfZg 30, 1982, S. 1—28; Fritz Hartung, Studien zur Geschichte der preußischen Verwaltung. 3. Teil. Der Oberpräsident, in: ders., Staatsbildende Kräfte der Neuzeit, Berlin 1961, S. 273 ff.

Bewohner der Provinz angehörten. Bis 1933 fungierte er nach dem Gesetz über die allgemeine Landesverwaltung vom 30. Juli 1883 und hatte vor allem die Polizeiverordnungen des Oberpräsidenten zu billigen. Zudem entschied er im Beschlußverfahren über die Beschlüsse der Bezirksausschüsse[92].

Im Verlauf der nationalsozialistischen Machtergreifung und Gleichschaltung kam es zu tiefgreifenden Veränderungen im rechtlichen und politischen Verwaltungsaufbau der Provinz, wovon neben der Verwaltungsstruktur auch die Stellung der Provinz zu Preußen und dem Reich betroffen war. In der Rheinprovinz wurde zunächst der Provinziallandtag am 12. März 1933 neu gewählt. Aus der Wahl ging die NSDAP gestärkt hervor. Als achtzigster und letzter Rheinischer Provinziallandtag trat er am 10. und 11. April 1933 zusammen. Die Nationalsozialisten verfügten über die Mehrheit. Auch der Provinzialausschuß wurde mehrheitlich von der NSDAP beherrscht; seinen Vorsitz übernahm der Düsseldorfer Gauleiter Florian[93]. Am 24. Mai 1933 wurden die Befugnisse des Provinziallandtags in weitem Umfang auf den Provinzialausschuß übertragen; ein weiteres Gesetz vom 17. Juli 1933 bestimmte dann die Übertragung sämtlicher Zuständigkeiten des Provinziallandtags an den Provinzialausschuß[94]. Ein am gleichen Tag erlassenes Gesetz führte auf der Ebene der Staatsbehörden zu einer völligen Neubesetzung des Provinzialrats; ihm gehörten nun Personen an, die von Amts wegen Mitglied waren oder durch Ernennung berufen wurden. Weiterhin wurde der Artikel 86 der preußischen Verfassung aufgehoben, der den Provinzialausschüssen eine Mitbestimmung bei der Ernennung der leitenden staatlichen Beamten der Provinz eingeräumt hatte[95]. Die Befugnisse des Provinzialrats erstreckten sich nun auf den Provinzialverband, so bei Feststellung der Haushaltssatzungen, Verfügungen über Gemeindevermögen. Neben den Mitgliedern von Amts wegen (Oberpräsident, Regierungspräsidenten der Provinz und Landeshauptmann) traten 25 vom preußischen Ministerpräsidenten zu ernennende Mitglieder. Davon umfaßte eine erste Gruppe 16 Personen aus Kreisleitern der NSDAP sowie höheren SA- und SS-Führern; weiterhin wurden „verdiente Männer" und Repräsentanten wirtschaftlicher und kultureller Gruppen berufen. Der Provinzialrat war nunmehr befugt, den Oberpräsidenten auch in Angelegenheiten des Provinzialverbandes zu beraten[96]. In der Praxis lag die Verwaltung des Provinzialverbandes jedoch weiterhin beim Landeshauptmann, der angesichts des unbeweglichen und sachlich wenig kompetenten Gremiums nun eine besonders starke Stellung einnahm[97]. Ein von der preußischen Staatsregierung am 15.

[92] Vgl. Preußische Gesetzessammlung 1883, 3, S. 195, §§ 10—15; siehe auch H. Romeyk, Verwaltungs- und Behördengeschichte, S. 170.

[93] Vgl. H. Lademacher, Die Rheinprovinz und ihre Selbstverwaltung, S. 48 f.; H. Romeyk, Verwaltungs- und Behördengeschichte, S. 310.

[94] Vgl. Preußische Gesetzessammlung [GS] 1933, S. 183 u. S. 257 und die Ausführungsbestimmungen im Ministerialblatt für die preußische innere Verwaltung 1933, S. 915.

[95] Vgl. GS 1933, S. 254, geändert durch Gesetz vom 31. 7. 1933 (GS 1933, S. 289) und durch Gesetz vom 15. 2. 1934 (GS 1934, S. 57) und durch Gesetz vom 11. 4. 1934 (GS 1934, S. 249).

[96] Vgl. H. Romeyk, Verwaltungs- und Behördengeschichte, S. 171; H. G. Steinberg, Der deutsche Westen und die Reichsreform, S. 127.

[97] Vgl. R. Schütz (Bearb.), Grundriß der deutschen Verwaltungsgeschichte, Reihe A: Preußen, Bd. 7: Rheinland, S. 76.

Dezember 1933 erlassenes Gesetz bedeutete dann definitiv die Aufhebung der provinzialen Selbstverwaltung: Der Oberpräsident übernahm die Aufgaben und Zuständigkeiten des aufgelösten Provinziallandtags, des Provinzialausschusses und des Landeshauptmanns. Auch die Landtagskommissionen wurden beseitigt[98]. Die Provinz verfügte nun nicht mehr über selbständige Gremien, die Spitzen von Staatsverwaltung und Provinzialverwaltung waren nunmehr vereint — so wie es auf der Kreisebene schon immer der Fall gewesen war. Der Oberpräsident bestellte den Landeshauptmann zu seinem ständigen Vertreter bei der Provinzialverwaltung, der nun weiterhin selbständig die laufenden Geschäfte führte[99].

Am 30. Januar 1934 wurde das Reichsgesetz über den „Neuaufbau des Reiches" erlassen[100]. Die von Hitler in der Rede zum Ermächtigungsgesetz gegebene Garantie der Länder wurde damit nichtig. Vielfach als „zweites Ermächtigungsgesetz" bezeichnet, übertrug es alle Rechte der Länder auf die Reichsregierung, hob die Parlamente der Länder auf und bestimmte die Reichsregierung zum Verfassungsgeber[101].

Die bundesstaatliche Struktur war bereits vorher weitgehend ausgehöhlt. Den Anfang dieser Entwicklung bildete der Papensche Preußenschlag vom 20. Juli 1932 mit der Absetzung der rechtmäßigen preußischen Regierung. Nach diesem Vorbild gestattete die Verordnung des Reichspräsidenten vom 28. Februar 1933[102] der Reichsregierung Eingriffe in substantielle Länderrechte. Eine weitere Station dieser Entwicklung war das „Vorläufige Gesetz zur Gleichschaltung der Länder mit dem Reich" vom 31. März 1933, das die Länderregierungen zur Gesetzgebung auch außerhalb der Verfassung ermächtigte[103]. Am 7. April wurde dann das „Zweite Gesetz zur Gleichschaltung der Länder mit dem Reich" erlassen. Den Ländern standen nun „Reichsstatthalter" vor, die „für die Beobachtung der vom Reichskanzler aufgestellten Richtlinien der Politik zu sorgen" hatten[104]. In Preußen hielt sich Hitler die Option auf das Amt offen, während

[98] Vgl. GS 1933, S. 477.

[99] Vgl. H. Lademacher, Die Rheinprovinzen und ihre Selbstverwaltung, S. 441, der die Beseitigung des Landtags, dem „Herzstück der provinzialen Selbstverwaltung" betont. Dagegen hebt K. Schmitz die Kontinuität der Verwaltungsarbeit hervor, Der preußische Provinziallandtag, S. 136.

[100] Vgl. RGBl. I 1934, S. 75, mit weiteren Durchführungsverordnungen vom 2. 2. 1934 (RGBl. I 1934, S. 81), vom 27. 11. 1934 (RGBl. I 1934, S. 1190) und vom 28. 11. 1938 (RGBl. I 1938, S. 1675).

[101] Vgl. Gerhard Schulz, Permanente Gleichschaltung des öffentlichen Lebens und Entstehung des nationalsozialistischen Führerstaates, S. 82, in: ders. (Hg.), Die große Krise der dreißiger Jahre, S. 72—100.

[102] Vgl. RGBl. I 1933, S. 43. Vgl. die Darstellung von K. D. Bracher, Die Auflösung der Weimarer Republik, S. 510—517; R. Morsey, Zur Geschichte des „Preußenschlags" vom 20. Juli 1932, in: VfZg 9, 1966, S. 430—439.

[103] Vgl. RGBl. I 1933, S. 153. Außer dem am 5. März 1933 neu gewählten preußischen Landtag wurden durch dieses Gesetz alle Landtage aufgelöst und nach dem jeweiligen Stimmenverhältnis in den Ländern zur Reichstagswahl auf vier Jahre neu zusammengesetzt. Dieses erste Gleichschaltungsgesetz wurde durch die Verordnungen Fricks vom 5., 8. und 11. April 1933 ergänzt. Vgl. RGBl. I 1933, S. 171, S. 185, S. 195.

[104] Vgl. RGBl. I 1933, S. 173.

Papen als Reichskommissar für Preußen am 11. April 1933 zurücktrat[105]. In den Jahren 1934/35 wurde die Vereinigung der Reichsressorts mit den entsprechenden preußischen Ministerien durchgesetzt; ausgenommen blieb nur das preußische Finanzministerium, womit der Dualismus Preußen — Reich weitgehend aufgehoben war[106]. Die zweite Verordnung über den Neuaufbau des Reiches vom 27. November 1934 bedeutete dann faktisch die Auflösung Preußens: Gemäß § 1 der Verordnung wurde der Oberpräsident in der ihm unterstellten Provinz zugleich ständiger Vertreter der Reichsregierung[107]. Weisungen des Oberpräsidenten an die Reichsbehörden der Provinz sind jedoch nur in wenigen Fällen bekanntgeworden — die Verordnung hatte formellen Charakter[108].
Ein neuer Dualismus Staatsverwaltung-Partei begann sich 1933 abzuzeichnen[109], wirksam etwa in der wiederauflebenden Diskussion über eine Reichsreform. Danach sollte die Spitze der Gauleitung die Funktionen des Reichsstatthalters, der bisherigen Landesregierung und der Parteiführung verbinden. Im März 1937 untersagte Hitler diese Diskussion[110]. Die Rivalität der rheinischen Gauleitungen trug dazu bei, daß das Amt des Oberpräsidenten mit den Jahren an Bedeutung verlor, obschon seit Frühjahr 1935 der Essener Gauleiter Terboven als Oberpräsident der Rheinprovinz fungierte[111]. Die Gaueinteilung wurde mit Beginn des Krieges aufgewertet, ab 1942 wurden die Gauleiter generell zu Reichsverteidigungskommissaren in ihren Gauen ernannt. Damit wur-

105 Vgl. K. D. Bracher, Stufen der Machtergreifung, S. 239 und S. 504 Anm. 7 und S. 206 f.
106 Vgl. die Durchführungsverordnungen zum Neuaufbaugesetz: RGBl. I 1934, S. 81, S. 1190 und RGBl. I 1038, S. 1677. Lediglich im Bereich der Justizverwaltung kam es zu einer durchgängigen „Verreichlichung". Vgl. H. Romeyk, Verwaltungs- und Behördengeschichte, S. 70 f.
107 Vgl. RGBl. I 1934, S. 1190.
108 Vgl. H. Romeyk, Verwaltungs- und Behördengeschichte, S. 159.
109 Vgl. Martin Broszat, Reichszentralismus und Parteipartikularismus. Bayern nach dem Neuaufbaugesetz vom 30. 1. 1934, in: U. Büttner u. a. (Hg.), Das Unrechtsregime. Bd. 1, S. 170—202. Zur Rolle der Verwaltung in der Herrschaftspraxis des Nationalsozialismus vgl. den Band von Dieter Rebentisch/Karl Teppe (Hg.), Verwaltung contra Menschenführung im Staat Hitlers. Studien zum politisch- administrativen System. Göttingen 1986. Siehe auch Wolfgang Benz, Zum Verhältnis von NSDAP und staatlicher Verwaltung im Dritten Reich, in: U. Büttner u. a. (Hg.), Das Unrechtsregime, Bd. 1, S. 203—219. Zur Untersuchung auf der unteren Verwaltungsebene vgl. Peter Diehls-Thiele, Partei und Staat im Dritten Reich. Untersuchungen zum Verhältnis von NSDAP und allgemeiner innerer Staatsverwaltung (Münchener Studien zur Politik, Bd. 9), München 1969. Siehe auch Horst Matzerath, Nationalsozialismus und kommunale Selbstverwaltung (Schriftenreihe des Vereins für Kommunalwissenschaften e. V. Berlin, Bd. 29), Stuttgart u. a. 1970.
110 Vgl. M. Broszat, Reichszentralismus und Parteipartikularismus, S. 190 f. Zur Stellung Hitlers vgl. Hans Mommsen, Hitlers Stellung im nationalsozialistischen Herrschaftssystem, in: Gerhard Hirschfeld/Lothar Keltenacker (Hg.), Studien zur Struktur und Politik des Dritten Reiches, Stuttgart 1981, S. 43—72; Klaus Hildebrand, Monokratie oder Polykratie? Hitlers Herrschaft und das Dritte Reich, ebda, S. 73—97.
111 Vgl. H. Romeyk, Verwaltungs- und Behördengeschichte, S. 162.

Franz von Papen, geb. 29. 10. 1879 in Werl; 1918 Chef des Generalstabs der 4. türkischen Armee in Palästina; 1920—1932 Zentrumsabgeordneter im preußischen Landtag; 1. 6. 1932 Reichskanzler; 20. 7. 1932 Reichskommissar für Preußen; 30. 1. 1933—1934 Vizekanzler; 1936—1944 Botschafter in Wien und Ankara; 1946 im Nürnberger Prozeß freigesprochen, 1947 zu acht Jahren Arbeitslager verurteilt, 1949 entlassen; gest. 2. 5. 1969.

den die am Amtssitz der Gauleiter bestehenden Regierungen deren geschäftsführende Behörden[112].

Die Rückgliederung des Saargebietes am 1. März 1935 in das Deutsche Reich führte nicht zu einer Wiederherstellung der früheren Verwaltungsverhältnisse und somit auch nicht zu einer Restitution der Rheinprovinz in den Grenzen, wie sie vor dem Versailler Vertrag bestanden hatte[113]. Am 7. März 1936 rückten deutsche Truppen unter Mißachtung der Bestimmungen des Locarno-Vertrags in die entmilitarisierte Zone des Rheinlands ein[114]. Die Rheinprovinz wurde im Bereich der Militärverwaltung in die Gebiete zweier Wehrkreise aufgeteilt. Die Regierungsbezirke Düsseldorf, Köln und Aachen wurden in das Wehrkreiskommando VI in Münster, die Regierungsbezirke Koblenz und Trier in das Wehrkreiskomando IX in Wiesbaden einbezogen[115]. Etwas erweitert wurde das Gebiet der Rheinprovinz durch die Eingliederung des Oldenburgischen Gebietes Birkenfeld, das im Rahmen des Groß-Hamburg-Gesetzes nun zum Regierungsbezirk Koblenz zählte[116].
Am 10. Mai 1940 begann die Westoffensive gegen die Niederlande, Belgien und Frankreich. Die im Versailler Vertrag abgetretenen Gebiete Eupen, Malmedy und Moresnet kamen wieder zum Deutschen Reich und wurden mit zehn angrenzenden, bis dahin belgischen Gemeinden dem Regierungsbezirk Aachen zugewiesen[117].
Als erste deutsche Großstadt wurde Aachen am 21. Oktober 1944 von amerikanischen Truppen eingenommen; nach dem Scheitern der letzten deutschen Offensive in den Ardennen im Dezember 1944 wurde das Rheinland im Februar/März 1945 erobert und die Rheinprovinz geriet unter alliierte Militärverwaltung[118]. Durch Verordnung der britischen Militärregierung vom 20. August 1946 wurde das Land Nordrhein-Westfalen geboren, das von der Rheinprovinz nur die Regierungsbezirke Aachen, Köln und Düsseldorf umfaßt[119]. Die Regierungsbezirke Trier und Koblenz wurden von der fran-

[112] Ebda, S. 187. Vgl. die Verordnung vom 16. 11. 1942. RGBl. I 1942, S. 649.

[113] Mit dem Reichsgesetz über die vorläufige Verwaltung des Saarlandes vom 30. Januar 1935 (RGBl. I 1935, S. 66) und dem Erlaß vom 17. 6. 1936 (RGBl. I 1936, S. 491) wurde das Saargebiet als politische Einheit dem „Reichskommissar für das Saarland" unterstellt.

[114] Zum Hintergrund siehe Max Braubach, Der Einmarsch deutscher Truppen in die entmilitarisierte Zone am Rhein im März 1936, Köln-Opladen 1956; James Thomas Emmersen, The Rhineland Crises. 7. March 1936. A study in multilateral diplomacy, London 1977.

[115] Vgl. die Verordnung vom 29. März 1936. RGBl. I 1936, S. 675.

[116] Vgl. RGBl. I 1937, S. 91.

[117] Vgl. den „Erlaß des Führers und Reichskanzlers über die Wiedervereinigung des Gebietes Eupen—Malmedy und Moresnet mit dem Deutschen Reich" vom 18. 5. 1940. RGBl. I 1940, S. 777. Siehe die Durchführungsverordnung vom 23. 5. 1940. RGBl. I 1940, S. 803.

[118] Vgl. das anschauliche, jedoch nicht exakt wissenschaftliche Werk von Charles Whiting, Sturm am Rhein. Der Kampf um das Dreieck Mosel, Saar, Rhein und um die Eifel 1944/45, Trier 1984. Einen Überblick über die zeitliche Besetzung der deutschen Städte im Krieg bzw. bei Kriegsende in HStAD, NW 114 — 4. Bl. 113.

[119] Vgl. die Verordnung Nr. 46, in: Amtsblatt der Militärregierung Deutschland. Britisches Kontrollgebiet. 1946. Nr. 18, S. 305 f., abgedruckt in: Ursachen und Folgen. Vom deutschen Zusammenbruch 1918 und 1945 bis zur staatlichen Neuordnung in der Gegenwart. Bd. 24: Deutschland unter dem Besatzungsregime Berlin o. J. Dokument Nr. 3679, S. 192 f.

zösischen Militärregierung in das im selben Jahr neu gebildete Land Rheinland-Pfalz einbezogen[120]. Diese Aufteilung und die Auflösung Preußens durch das alliierte Kontrollratsgesetz vom 25. Februar 1947 besiegelten das Ende des Verwaltungsraums Rheinprovinz[121].

[120] Vgl. die Verordnung Nr. 57 der französischen Militärregierung vom 30. August 1946. Journal Officiel de Commandement en Chef Francais en Allemagne. 2. Jg. 1946, S. 292 f., abgedruckt in: Ursachen und Folgen, Bd. 24 Dokument Nr. 36886, S. 240.

[121] Vgl. das alliierte Kontrollratsgesetz Nr. 46 in: Amtsblatt des Kontrollrates in Deutschland. (1947), Nr. 14, S. 262, abgedruckt in: Ursachen und Folgen, Bd. 23, Dokument Nr. 3651, S. 372.

II. Nationalismus

Bevor auf die Wechselwirkung zwischen Nationalismus und nationalen Mentalitäten eingegangen wird, sind einige begriffliche Klärungen notwendig.

1. Nationalismus, nationale Mentalitäten und Nationalsozialismus

Als historisches Phänomen ist der Nationalismus einerseits eine soziale Bewegung, andererseits eine nicht fest umrissene Ideologie[1]. Bei allen Unterschieden in seiner Legitimation und seinen Funktionen präsentiert sich der Nationalismus stets als Integrationsideologie: „Er bezweckt die Mobilisierung der mit der ‚Nation' gleichgesetzten Teile der Gesellschaft oder der als ‚Nation' konzipierten Großgruppe gegen innere und äußere Gegner und beansprucht für die Loyalität gegenüber der Nation absoluten Vorrang."[2] Für den höchsten säkularen Wert „Nation" wird Solidarität gefordert, die verschiedene ideologische Elemente aufnehmen kann[3]. Ergreift der Nationalismus die Massen, wird er zu einer „materiellen Gewalt"[4].

In unserem Zusammenhang ist die Definition von Karl W. Deutsch hilfreich, wenn sie auch nicht alle Aspekte des Nationalismus berücksichtigt. Danach ist der Nationalismus „. . . eine Geisteshaltung, die ‚nationale' Nachrichten (messages), Erinnerungen und Vorstellungen einen bevorzugten Platz in der gesellschaftlichen Kommunikation und ein stärkeres Gewicht im Entscheidungsprozeß einräumt. Ein Nationalist schenkt vorzugsweise der Übermittlung und Kommunikation jener Nachrichten Aufmerksamkeit, die spezifisch nationale Symbole enthalten oder die aus einer spezifisch nationalen Quelle stammen oder die in dem spezifisch nationalen Sprach- oder Kulturcode abgefaßt sind. Wenn die größere Aufmerksamkeit und das vermehrte Gewicht, das man solchen Mitteilungen beimißt, alle anderen Nachrichten, Erinnerungen oder Vorstellungen verdrängt, dann sprechen wir vom extremen Nationalismus."[5]

[1] Vgl. dazu Hans Mommsen, Nationalismus. Nationalitätenfrage, Sp. 627, in: Sowjetsystem und demokratische Gesellschaft. Eine vergleichende Enzyklopädie, hg. von C. D. Kernig, Bd. IV, Freiburg Basel Wien 1971, Sp. 623—695. Dort auch ein Überblick zur Nationalismusforschung.

[2] Heinrich August Winkler, Der Nationalismus und seine Funktionen, Einleitung, S. 33, in: ders. (Hg.), Nationalismus, 2. erweiterte Aufl. Königstein/Ts. 1985, S. 5—46. Siehe dazu Eugen Lembergs soziologische Theorie des Nationalismus. E. Lemberg, Nationalismus, Bd. 2, Reinbek 1984, bes. S. 52; nach Theodor Schieder ist der Nationalismus eine „spezifische Integrationsideologie", die sich immer an einer Nation orientiere. Vgl. Th. Schieder, Probleme der Nationalismus-Forschung, S. 9, in: ders. (Hg.) unter Mitwirkung von Peter Burian, Sozialstruktur und Organisation der europäischen Nationalbewegung, München 1971, S. 9—18. Siehe ferner Peter Alten, Nationalismus (Neue Historische Bibliothek, hg. von Hans-Ulrich Wehler), Frankfurt 1985.

[3] Vgl. H. Mommsen, Nationalismus, Nationalitätenfrage, Sp. 630.

[4] H. A. Winkler, Der Nationalismus und seine Funktionen, S. 33 f.

[5] Karl W. Deutsch, Nation und Welt, S. 51, in: H. A. Winkler (Hg.), Nationalismus, S. 49—66. Der Aufsatz knüpft an frühere Arbeiten des Autors an, in denen er eine modernisierungstheoretische Deutung des frühen Nationalismus vorlegte. Siehe K. W. Deutsch, Nationalism and Social Communication, Cambridge (Mass.), 1953, 2. Aufl. 1966.

Nation definiert Deutsch als „ein Volk im Besitz eines Staates", ein Volk als ein „ausgedehntes Allzweck-Kommunikationsnetz von Menschen", dessen konstituierende Faktoren „gewöhnlich eine Sprache, immer eine Kultur als gemeinsamer Bestand von gemeinsamen Bedeutungen und Erinnerungen" seien, woraus „gemeinsame Präferenzen und Wahrnehmungen" abgeleitet würden[6].
Diese Definition vermeidet die Reduktion des Volksbegriffes auf eine gemeinsame blutsmäßige, das heißt rassische Grundlage[7]. Deutsch hebt hervor, daß mit der sozialen Mobilisierung die Anfälligkeit für den Nationalismus zunehme[8]. Nationalgefühl und nationales Bewußtsein können im Sinne dieser Definition nationalistisch sein, müssen es aber nicht. Eine klare Scheidung ist nicht immer möglich. Dagegen empfiehlt sich eine Abgrenzung von Nationalismus und Patriotismus. Patriotismus läßt sich interpretieren als Bindung an das Land oder den Herrscher, als „rein vegetatives Gruppengefühl"[9]. Im Gegensatz zum Nationalismus fehlt dem Patriotismus das Moment der persönlichen Teilnahme, die aus dem alternierenden Prozeß gegenseitiger Ansprüche zwischen dem Einzelnen und der Nation resultiert; auch das streitbare Gebahren gegenüber der Außenwelt ist kein Merkmal des Patriotismus[10]. Der Patriotismus läßt sich als eine Mentalität bezeichnen[11].

Wenn man nach einem breiten Konsens in der Weimarer Republik sucht, so ist er in der Verurteilung des Versailler Vertrages zu finden. Hierin fanden sich die ansonsten zerstrittenen Parteien und Gruppen zusammen. Außenpolitisch verfocht das Deutsche Reich einen extremen Revisionismus, um das kollektive Trauma des Friedensvertrags abzuschütteln[12]. Dieser Konsens mit negativem Vorzeichen ist nach Theodor Geiger in den Bereich einer patriotischen Grundstimmung einzuordnen: Sie allein kann nicht als geistige Nähe der großen Mehrheit zum Nationalsozialismus gewertet werden[13]. Es bedurfte der Aktivierung weiterer psychischer Dispositionen, damit breite Wählerschichten der NSDAP ihre Stimme gaben. Dem kamen Weltanschauung, Programm und Propaganda der Nationalsozialisten entgegen.
Als Weltanschauung knüpfte der Nationalsozialismus im wesentlichen an vier historische Ordnungsideologien an — die alle in einer grotesken Symbiose zusammenflos-

[6] K. W. Deutsch, Nation und Welt, S. 50 f.

[7] So etwa Waldemar Mitcherlich, Volk und Nation, in: Alfred Vierkandt (Hg.), Handwörterbuch der Soziologie, Stuttgart 1959, S. 644—652.

[8] Vgl. K. W. Deutsch, Nation und Welt, S. 52. Siehe auch den sozialpsychologischen Ansatz von Daniel Katz, der die wichtigste Funktion des Nationalismus die Erweiterung des „ego" genannt hat, wodurch dem einzelnen ein gesteigertes psychisches Einkommen ermöglicht werde. Vgl. D. Katz, Psychology of Nationalism, in: Joy Paul Guilford (Hg.), Fields of Psychology, New York, 1. Aufl. 1940 (11. Aufl. 1948), S. 163—181. Vgl. auch den Aufsatz von D. Katz, Nationalismus als sozialpsychologisches Problem, in: H. A. Winkler (Hg.), Nationalismus, S. 67—84.

[9] Hans Kohn, Die Idee des Nationalismus, Frankfurt 1962, S. 196.

[10] Vgl. H. A. Winkler, Der Nationalismus und seine Funktionen, S. 6.

[11] Karl Bosl faßt unter Patriotismus die politische Solidarität des vormodernen Europa, in: Nationalismus und Vaterland (Maximilian Gymnasium München, Jahresbericht 1964/65), o. O. 1965, S. 49—60.

[12] Vgl. Eberhard Kolb, Die Weimarer Republik (Oldenburg Grundriß der Geschichte, Bd. 16), München Wien 1984, S. 34 und S. 184.

[13] Vgl. Th. Geiger, Die soziale Schichtung, S. 117.

sen: den imperialistisch fixierten Nationalismus, einen ins Außenpolitische transformierten Sozialismus, den neuromantischen Reichsgedanken sowie an eine pseudodarwinistische Rassenideologie[14]. Eberhard Jäckel hat dargelegt, daß Hitlers Weltanschauung ein relativ geschlossenes System war, das auf einer sozialdarwinistischen Rassenideologie basierte. Das deutsche Volk als Kern der arischen Rasse, so Hitlers Grundgedanke, hatte gegen das jüdische Weltherrschaftsstreben, das graduell unterschiedlich in einzelnen Staaten zum Durchbruch gelangt sei, anzutreten. Die Leitlinien der nationalsozialistischen Politik identifiziert Jäckel im Erwerb von „Lebensraum" in Verbindung mit rassischen Vorstellungen[15].
In ihr Programm nahm die NSDAP neben verschiedenen ideologischen Bestandteilen des Nationalismus, Sozialismus und Antisemitismus auch das Bekenntnis zum „positiven Christentum" auf[16]. Die weltanschauliche Inkohärenz und Biegsamkeit der Partei war unabdingbar für eine Volkspartei, die breite Wählerschichten erreichen wollte[17].
In der nationalsozialistischen Propaganda standen vor der Machtergreifungsphase nicht der Antisemitismus und die Lebensraumideologie im Mittelpunkt, sondern der Kampf gegen den Marxismus und den demokratischen Parteienstaat, gegen die Novemberrevolution und den Versailler Frieden[18]. Der weltanschauliche Kern war nur begrenzt oder verschleiert Thema der Propaganda; Martin Broszat hat ihn als das „Arkanum der Führerherrschaft" bezeichnet[19].
Der extreme Nationalismus der NSDAP, dem die Wähler in der Weimarer Republik folgten, kann nicht auf eine prinzipiell gleiche, nur zu weckende nationale Mentalität zurückgeführt werden. Er wirkte jedoch als Integrationsideologie, die verschiedene Bevölkerungsschichten mit unterschiedlichen Erwartungshaltungen band. Der Nationalsozialismus stand in direkter Nachfolge zum integralen Nationalismus des imperialistischen Zeitraums[20]. Theodor Geiger stellte bereits 1932 fest: „Die außen- und innenpolitischen Konstellationen haben es der NSDAP ermöglicht, zweifellos sehr verschiedene staatlich-nationale Grundhaltungen mit einer radikalistischen Parole abzufangen."[21]

[14] Vgl. K. D. Bracher, Stufen der Machtergreifung, S. 314.

[15] Vgl. Eberhard Jäckel, Hitlers Weltanschauung, Entwurf einer Herrschaft. Erweiterte und überarbeitete Neuausgabe Stuttgart 1981.

[16] Druck: Walther Hofer (Hg.), Der Nationalsozialismus. Dokumente 1933—1945, 4. Aufl., Frankfurt a. M. 1959, S. 28. Erläuternd dazu die offizielle Parteischrift von Gottfried Feder, Das Programm der NSDAP und seine weltanschaulichen Grundlagen, 49.—50. Aufl. München 1931.

[17] Vgl. Kurt Sontheimer, Antidemokratisches Denken in der Weimarer Republik. Die politischen Ideen des deutschen Nationalismus zwischen 1918 und 1933. (2. Aufl. München 1983), S. 134 f.

[18] Vgl. E. Kolb, Die Weimarer Republik, S. 184 ff.

[19] Vgl. Martin Broszat, Soziale Motivation und Führer-Bindung, S. 103 f., in: Wolfgang Michalka (Hg.), Nationalsozialistische Außenpolitik (WBD, Wege der Forschung, Bd. 197), Darmstadt 1978, S. 92—116.

[20] Vgl. Hans Mommsen, Nationalsozialismus, in: Sowjetsystem und demokratische Gesellschaft. Eine vergleichende Enzyklopädie, Bd. 4, Sp. 696.

[21] Th. Geiger, Die Mittelstände im Zeichen des Nationalsozialismus, in: ders., Die soziale Schichtung, S. 118.

Geiger beobachtete in der Weimarer Republik unterschiedliche nationale und staatsbürgerliche Mentalitäten, die er in erster Linie schichtspezifisch von bestimmten wirtschaftlichen Vorstellungen geprägt sieht[22]. Demnach macht die nationale Mentalität immer nur einen Teilbereich der gesamten Mentalität einer Gruppe aus.
Die nationale, am „Reich" orientierte Einstellung der rheinischen Bevölkerung wurde bereits hervorgehoben. Zu berücksichtigen ist auch die gesamte Breite des antidemokratischen Denkens[23], sowie die weit verbreitete Vorstellung von der überparteilichen Einheit des Staates, die Radbruch als „Lebenslage des Obrigkeitsstaates" bezeichnet hat[24]. Nach Reiner M. Lepsius traf sich der extreme Nationalismus der NSDAP im Mittelstand mit dem „Kampf gegen den Klassenkampf", mit dem Kampf um eine verschwommene neue Gesellschaftsordnung[25].
Am Ende der Weimarer Republik hatte sich die öffentliche Diskussion um die staatlich-nationale Frage so zugespitzt, daß nur noch schwer zwischen Mentalität, Ideologie, Agitation und Phraseologie zu unterscheiden war[26]. Dies gilt in gesteigertem Maße für das Jahr 1933, in dem die „nationale Frage" noch mehr in den Vordergrund rückte, politischer Terror und eine weitgehende Manipulation der Öffentlichkeit hinzukamen.

2. Die „nationale Erhebung"

Am 30. Januar 1933 und in den folgenden Tagen begrüßte die Anhängerschaft der NSDAP auch in der Rheinprovinz das Dritte Reich mit Weihestunden, Fackelzügen und Massenkundgebungen[27]. Zwei Tage später wurde der Reichstag aufgelöst und ein Wahlaufruf verbreitet, in dem sich bekannte nationalistische Forderungen mit christlich-konservativen Phrasen mischen: Die Weimarer Republik erscheint als Inbegriff des Übels, ein kommunistischer Umsturz als drohendes Verhängnis; die Regierung beruft sich auf „das Christentum als Basis unserer gesamten Moral"; wirtschaftliche Perspektiven werden eröffnet, die Anlaß zur Hoffnung geben sollen. Außenpolitisch

22 Vgl. ebda, S. 109 ff.
23 Vgl. oben, S. 34. Siehe auch K. Sontheimer, Antidemokratisches Denken.
24 G. Radbruch, in: G. Anschütz-Thoma, Handbuch des deutschen Staatsrechts, Tübingen 1931, Bd. 1, S. 289, zitiert nach: Ulrich Scheuner, Grundrecht und Verfassungskonsens als Stützen der Verfassungsordnung, S. 30, in: Weimar als Erfahrung und Argument. Ansprachen und Referate anläßlich der Feier des 25jährigen Bestehens der Kommission für Geschichte des Parlamentarismus und der politischen Parteien (5. Mai 1977), hg. von der Kommission für Geschichte des Parlamentarismus und der politischen Parteien, Düsseldorf 1977, S. 25—39.
25 Vgl. Reiner M. Lepsius, Extremer Nationalismus. Strukturbedingungen vor der nationalsozialistischen Machtergreifung, Stuttgart Berlin Köln 1966, S. 11.
26 Vgl. Th. Geiger, Die soziale Schichtung, S. 113.
27 Für Köln, Düsseldorf und Trier, vgl. H. Lademacher, Machtergreifung in der Rheinprovinz, S. 25 f. In Aachen scheint es dagegen am 30. Januar 1933 ruhig geblieben zu sein, vgl. Alfred Kirschgens und Gerd Spelsberg, Einigkeit statt Recht und Freiheit. Aachen 1933, Aachen 1983, S. 76. Zu Gegenkundgebungen der Arbeiterschaft vgl. E. Matthias, Die sozialdemokratische Partei Deutschlands, S. 151.

wird auf die Gleichrangigkeit Deutschlands gepocht und zugleich die friedfertige Absicht der Regierung unterstrichen[28].
Bis zu den Wahlen vom 5. März 1933 kam es zu einer Fülle ähnlich lautender Kundgebungen, die zum „Zähmungskonzept" der deutschnationalen Partner Hitlers in der Regierung zu passen schienen[29]. Die Terminologie eines extremen Nationalismus beherrschte die Wahlkampfdebatte; die Sammlungsparolen und die vornehmlich gegen Kommunisten gerichteten Unterdrückungsmaßnahmen entsprangen einer integrationsfördernden Strategie. Unter dieser Oberfläche kam es zu einschneidenden Veränderungen. Die Monopolisierung der öffentlichen Medien, der Einsatz der SA als Hilfspolizei, die Aufhebung der persönlichen Grundrechte durch die Reichstagsbrandverordnung, die Entlassung mißliebiger Beamter, der Umbau der bisherigen politischen Polizei zur Geheimen Staatspolizei — die Summe dieser Maßnahmen läßt den totalitären Terrorstaat des Dritten Reiches erkennen, der eine biologische Rassentheorie, nicht eine politische Nationalitätstheorie zu seiner Grundlage machen sollte[30].
Das „Schicksal der Nation" stand auch im Vordergrund des von der Zentrumspartei geführten Wahlkampfes. Die deutschen Katholiken hielten noch Distanz zum ‚neuen Staat'. Bezeichnend für die Situation im Februar 1933 ist der Aufruf der katholischen Standesorganisationen:
„... Wir haben den entscheidenden und unbeugsamen Willen, an der Schicksalsgestaltung unseres Reiches und Volkes zu neuer Größe und allgemeiner Wohlfahrt mitzuwirken. Was wir aus tiefster Verantwortung als unsere pflichtmäßige Aufgabe an und in der Nation betrachten, kann uns von niemand streitig gemacht werden. Aus dieser gewissenhaften Verantwortung heraus sagen wir: Was sich seit Mitte März vorigen Jahres in unserem Lande ereignet hat, ist ein nationales Verderben. ... Wir wollen die Erhaltung des Rechtes im öffentlichen Leben, die Heilighaltung des Verfassungseides, die Wahrung der staatsbürgerlichen und sozialen Grundrechte der Reichsverfassung ..."[31]
Der Wahlkampf der SPD bezeugte noch einmal den Widerstandswillen der Partei[32]. Die unter Terror und weitgehender Ausschaltung der Opposition erfolgte Wahl vom 5. März brachte den Koalitionsparteien eine Mehrheit von 52% der Reichstagssitze[33].

[28] Der Text des Aufrufs ist u. a. auszugsweise abgedruckt in: Ursachen und Folgen, Bd. 9, S. 15 ff.

[29] Siehe dazu K. D. Bracher, Stufen der Machtergreifung, S. 97—102 und S. 108—118.

[30] Vgl. Franz Neumann, Behemonth. Struktur und Praxis des Nationalsozialismus 1933—1944, Köln Frankfurt 1977, S. 135. Vgl. oben, S. 35 ff. Siehe ferner Shlomo Aronson, Reinhard Heydrich und die Frühgeschichte von Gestapo und SD (Studien zur Zeitgeschichte), Stuttgart 1971.

[31] Kölnische Volkszeitung vom 17. 2. 1933, vollständig abgedruckt in: Hans Müller (Hg.), Katholische Kirche und Nationalsozialismus. Dokumente 1933—1935. Mit einer Einleitung von Kurt Sontheimer, München 1963, S. 59 ff. Zu den Wahlkundgebungen des Zentrums und der katholischen Organisationen siehe die Würdigung bei Ernst Deuerlein, Der deutsche Katholizismus 1933, Osnabrück 1963, S. 87.

[32] Vgl. E. Matthias, Die sozialdemokratische Partei Deutschlands, S. 152.

[33] Vgl. Stat. Jahrbuch für das Deutsche Reich, 53. Jg, 1933, S. 540—541. Zum Terror und zur Einschüchterung vgl. Heinrich Brüning, Memoiren 1918—1934, Stuttgart 1970, S. 650 f.

Aus diesem Ergebnis leitete die Regierung die Berechtigung ab, mit ihrer bisherigen Politik, insbesondere der Gleichschaltung der Länder, fortzufahren[34]. Zwei weitere Entwicklungen der nächsten Wochen sind hervorzuheben: Der Terror wurde durch die Errichtung von Konzentrationslagern institutionalisiert. Ihre Existenz erregte Furcht und wurde stillschweigend übergangen[35]. Auch das Schweigen der Bevölkerung, ebenso wie das der beiden großen Kirchen — von wenigen Ausnahmen abgesehen — zu Entrechtung und Verfolgung der Juden begann sich abzuzeichnen. Gegen den reichsweiten Boykott der jüdischen Geschäfte am 1. April 1933 gab es so gut wie keine Proteste[36].
Zweieinhalb Wochen nach der Reichstagswahl inszenierte Goebbels, inzwischen Leiter des neu geschaffenen Ministeriums für Volksaufklärung und Propaganda, zur Eröffnung des Reichstags den „Tag von Potsdam". Am Jahrestag der feierlichen Eröffnung des ersten Reichstags des „Zweiten Reiches" (21. März 1871) suggerierte ein großer Staatsakt in der Potsdamer Garnisonskirche über dem Grab Friedrichs des Großen in Gegenwart des greisen Generalfeldmarschalls und Reichspräsidenten Hindenburg[37] die feierliche Aussöhnung der Repräsentanten des „Dritten Reiches" mit dem preußischen Erbe[38]. Noch einmal wurde hier die unselige Union von deutschkonservativen

[34] Vgl. K. D. Bracher, Stufen der Machtergreifung, S. 190 ff.

[35] Anfänglich erschienen noch Meldungen über lokale Konzentrationslager in der Presse, später war man allein auf mündliche Informationen angewiesen. Vgl. Werner Johe, Das deutsche Volk und das System der Konzentrationslager, S. 334, in: U. Büttner u. a. (Hg.), Das Unrechtsregime, Bd. 1, S. 331—346. M. Broszat gibt die Zahl der im März/April 1933 in ganz Preußen in Schutzhaft gehaltenen Personen mit ca. 25 000 an. Vgl. M. Broszat, Nationalsozialistische Konzentrationslager 1933—1945 (Schriftliches Sachverständigengutachten für den Auschwitz-Prozeß vor dem Schwurgericht Frankfurt/Main), in: M. Broszat/H. Buchheim/H. A. Jacobsen/H. Krausnick, Anatomie des SS-Staates, Bd. 2, 3. Aufl., München 1982, S. 20. Siehe auch Eberhard Kolb, Die Maschinerie des Terrors. Zum Funktionieren des Unterdrückungs- und Verfolgungsapparates im NS-System, S. 272, in: K. D. Bracher/M. Funke/H.-A. Jacobsen (Hg.), Nationalsozialistische Diktatur 1933—1945, S. 270—284.

[36] Vgl. K. Scholder, Die Kirchen und das Dritte Reich, Bd. 1, S. 337 ff.

[37] Zur Bedeutung der Reichspräsidentschaft Hindenburgs, vgl. K. D. Bracher, Die Auflösung, S. 418 ff.

[38] Zur Vorbereitung dieses Schauspiels vgl. Joseph Goebbels, Vom Kaiserhof zur Reichskanzlei. Eine historische Darstellung in Tagebuchblättern, 10. Aufl., München 1935, S. 272 und 283 ff. sowie Akten der Reichskanzlei. Regierung Hitler, 1933—1938. Teil 1: 1933/34, Bd. 1: 30. Januar bis 31. August 1933, bearbeitet von Karl-Heinz Minuth, hg. für die Historische Kom-

Dr. phil. Joseph Paul Goebbels, geb. 29. 10. 1897 in Rheydt; 1922 Mitglied der NSDAP; 1925 Gaugeschäftsführer der NSDAP im Ruhrgebiet; 1926 Gauleiter der NSDAP von Berlin; 1928 Mitglied des Reichstags in der NSDAP Fraktion für den Wahlkreis Berlin; 1929 Reichspropagandaleiter der NSDAP; 1933 Reichsminister für Volksaufklärung und Propaganda; 20. 7. 1944 Reichsbevollmächtigter für den totalen Kriegseinsatz an der Heimatfront; 1. 5. 1945 Selbstmord. Lit.: Ernest Kohn Bramsted, Goebbels und die nationalsozialistische Propaganda 1925—1945, Frankfurt 1971.

Paul von Beneckendorff und von Hindenburg, geb. 2. 10. 1847 in Posen; Teilnehmer am Preußisch-Österreichischen Krieg (1866) und am Deutsch-Französischen Krieg (1870/71); 1903 kommandierender General des IV. Armeekorps in Magdeburg, 1911 verabschiedet, 1914 reaktiviert; Oberbefehlshaber der 8. Armee in Ostpreußen, im November 1914 Generalfeldmarschall und Oberbefehlshaber Ost; 29. 8. 1916 Chef der Obersten Heeresleitung; am 12. 5. 1925 zum Reichspräsidenten gewählt; gest. 2. 8. 1934. Lit.: Friedrich Josef Lucas, Hindenburg als Reichspräsident (Bonner Historische Forschungen, Bd. 14), Bonn 1959.

Der Tag von Potsdam, 21. März 1933. Reichspräsident von Hindenburg begrüßt Reichskanzler Hitler.

und nationalsozialistischen Ambitionen bemüht[39]. Den Stellenwert dieser „Potsdamer Rührkomödie"[40] innerhalb der „totalitären Politikstrategie"[41] der Machtergreifungsphase kann man in ihrer Täuschungsfunktion und der anschließenden Selbstentmachtung des Reichstags sehen, der am 23. März 1933 mit Ausnahme der SPD Abgeordneten dem Ermächtigungsgesetz zustimmte[42]. Vorangegangen waren Beteuerungen Hitlers im Reichstag, die dem Zentrum und den Kirchen eine Opposition von nun an schwer machen sollten:

mission bei der Bayerischen Akademie der Wissenschaften von Konrad Repgen, für das Bundesarchiv von Hans Booms, Boppard am Rhein 1983, Dokument Nr. 43, S. 157 ff. Der Aufruf des Reichspräsidenten Hindenburg vom 21. 3. 1933 für die Gefallenen des Weltkrieges und die Ansprache Hitlers vom 21. März 1933 sind auszugsweise abgedruckt, in: Ursachen und Folgen, Bd. 9, Dokumente Nr. 2030 a—d, S. 137—157. Siehe die eingehende Behandlung bei K. D. Bracher, Stufen der Machtergreifung, S. 202—213.

39 Vgl. Joachim C. Fest, Franz von Papen und die konservative Kollaboration, S. 242, in: G. Jasper (Hg.), Von Weimar zu Hitler, S. 229—249.

40 Friedrich Meinecke, Die deutsche Katastrophe, Wiesbaden 1946, S. 25.

41 K. D. Bracher, Rückblick auf den 30. Januar 1933, in: ders., Zeitgeschichtliche Kontroversen um Faschismus, Totalitarismus und Demokratie, 3. Aufl. München Zürich 1984.

42 Siehe dazu Hans Schneider, Das Ermächtigungsgesetz vom 24. März 1933. Bericht über das Zustandekommen und die Anwendung des Gesetzes, in: G. Jasper (Hg.), Von Weimar zu Hitler, S. 405—442.

„Die nationale Regierung wird in Schule und Erziehung den christlichen Konfessionen den ihnen zukommenden Einfluß einräumen und sicherstellen. Ihre Sorge gilt dem aufrichtigen Zusammeleben zwischen Kirche und Staat."[43]
Der Wiederhall dieser Ereignisse war im In- und Ausland erheblich, für viele „Märzgefallene" waren sie ausschlaggebend[44]. Damit wird der Höhepunkt einer Aufbruchstimmung beschrieben, die bereits in den Wochen zuvor eingesetzt hatte. „Staunenswert, was sich nicht alles dem neuen Staat zur Verfügung stellt" — so lautet eine Tagebucheintragung Goebbels vom 17. März 1933[45]. Nicht nur Beamte, auch zahlreiche Intellektuelle wollten am „Aufbruch" teilnehmen, der sich offenbar aus vielerlei Traditionslinien speiste. Das preußische Staatsethos mochte einen preußischen oder deutschen Sozialismus im Dritten Reich plausibel erscheinen lassen. Kulturpessimismus und die Glorifizierung der vorindustriellen Welt werteten Begriffe wie Volksgemeinschaft und Ständestaat auf und konnten Begeisterung für die „nationale Erhebung" auslösen oder die Anpassung erleichtern[46]. Berührungspunkte mit dem Nationalsozialismus lagen somit zum einen im Bereich des Politisch-Irrationalen, in dem Begriffe und historische Erscheinungen wie Reich, Nation und Kriegserlebnis mystifiziert wurden, zum anderen dort, wo politische Optionen wie etwa die Absage an die Weimarer Republik nunmehr realisierbar erschienen[47].
Entscheidend wirkte der Tag von Potsdam und die Regierungserklärung Hitlers vom 23. März 1933 auf die Haltung der Kirchen. Klaus Scholder hat für die evangelische Kirche festgestellt: „Die Machtergreifung als geistiger Vorgang, bei dem es weniger um die Eroberung der politischen Machtpositionen als vielmehr um die innere Gewinnung der Mehrheit und die Aufhebung der Distanz des einzelnen ging, war für die evangelische Kirche Ende März im wesentlichen abgeschlossen."[48] Dies gilt auch für die rheinische Landeskirche[49]. Die breite Zustimmung der konservativen Mehrheit, deren Haltung der „deutschnationalen Pastorenmentalität" entsprach, wie sie Karl Wilhelm Dahm für etwa 70—80% der protestantischen Pfarrer festgestellt hat[50], bildete den Ausgangspunkt für den Aufstieg der Deutschen Christen, die den Nationalsozialismus uneingeschränkt und bedingungslos bejahten und eine Gleichschaltung der

[43] Verhandlungen des Deutschen Reichstages. 8. Wahlperiode 1933, Bd. 457. 23. März 1933, S. 28. Zum Zweckcharakter dieser Äußerungen vgl. Karl Dietrich Bracher, Nationalsozialistische Machtergreifung und Reichskonkordat. Ein Gutachten zur Frage des geschichtlichen Zusammenhanges und der politischen Verknüpfung von Reichskonkordat und nationalsozialistischer Revolution, Wiesbaden 1956.

[44] Vgl. K. D. Bracher, Stufen der Machtergreifung, S. 212; André Francoise- Poncet, Als Botschafter im „Dritten Reich". Die Erinnerungen des französischen Botschafters in Berlin. September 1931 bis Oktober 1938, Mainz Berlin, 1980, S. 113 ff.

[45] J. Goebbels, Vom Kaiserhof zur Reichskanzlei, S. 283.

[46] Vgl. K. D. Bracher, Stufen der Machtergreifung, S. 366—369.

[47] Vgl. Günther van Norden, Der deutsche Protestantismus im Jahr der nationalsozialistischen Machtergreifung, Gütersloh 1979, S. 8.

[48] K. Scholder, Die Kirchen und das Dritte Reich, Bd. 1, S. 299.

[49] Vgl. Günther van Norden, Kirchenkampf im Rheinland. Die Entstehung der Bekennenden Kirche und die theologische Erklärung von Barmen 1934 (Schriftenreihe des Vereins für rheinische Kirchengeschichte, Bd. 76), Köln 1984, S. 9.

[50] Vgl. Karl-Wilhelm Dahm, Pfarrer und Politik. Soziale Position und politische Mentalität des deutschen evangelischen Pfarrerstandes zwischen 1918 und 1933 (Dortmunder Schriften zur Sozialforschung, hg. von der Sozialforschungsstelle an der Universität Münster, Sitz Dortmund, Bd. 29), Köln 1965, bes. S. 148.

Kirche forderten. Für sie war die sogenannte nationalsozialistische Revolution ein „historisch-politisches Urerlebnis", an dem sie sich theologisch und politisch orientierten[51]. Evangelische Theologieprofessoren leisteten dazu auf ihre Weise einen Beitrag, indem sie eine theologische Deutung der „nationalen Erhebung" vornahmen[52].
Das christliche Bekenntnis wurde damit zum Kern der Auseinandersetzung innerhalb der Kirche, anknüpfend an länger schwelende Konflikte zwischen den verschiedenen theologischen, kirchenpolitischen und politischen Strömungen des deutschen Protestantismus[53]. Der radikale Flügel der Deutschen Christen driftete in den nächsten Jahren in Richtung einer Völkischen Theologie und einer Nationalkirche, während die Moderaten zwar das historische Urerlebnis des Jahres 1933 weniger absolut setzten, sich seinem Bann jedoch nicht entziehen konnten; sie versuchten, die nationalsozialistische Weltanschauung mit dem diffusen Begriff des „positiven Christentums" im Einklang zu bringen; Treue, Vaterland, Volk und Heimat behielten ihre konservative Wertigkeit, der „Führer" wurde weiter verehrt[54]. Bereits 1933 sollte das Dilemma der sich langsam formierenden Bekennenden Kirche zu Tage treten, die dem Nationalsozialismus die politische Zustimmung nicht versagte, ihn kirchlich jedoch ablehnte[55].

Eine Entwicklung hin zur Bejahung des neuen Staates ist auch auf katholischer Seite zu beobachten. Der politische Katholizismus sah sich mit der Wahl vom 5. März 1933 ausgeschaltet; die Zustimmung der Zentrumsparlamentarier zum Ermächtigungsgesetz ist im wesentlichen auf ihre Hoffnung zurückzuführen, Hitler auf die Zusicherungen der vorangegangenen Regierungserklärung festlegen zu können, die Nationalsozialisten von Gewalttätigkeiten abzuhalten und die Existenz der eigenen Partei zu sichern[56]. Die „innere Gleichschaltung"[57] und der schnelle Zerfall der Partei folgten, bis ihre Selbstauflösung am 5. Juli das Ende des politischen Katholizismus besiegelte. Damit und mit der drei Tage späteren Paraphierung des Reichskonkordates erfuhr das Regime eine nicht unerhebliche Stabilisierung[58]. Der Mitarbeit der Katholiken im neuen Staat schien nichts mehr entgegenzustehen, nachdem die Bischöfe bereits im März von ihren Verboten hinsichtlich des Nationalsozialismus abgerückt waren[59].

[51] Günther van Norden, Kirche und Staat im Kirchenkampf, S. 107, in: ders. (Hg.), Zwischen Bekenntnis und Anpassung. Aufsätze zum Kirchenkampf in rheinischen Gemeinden, in Kirche und Gesellschaft (Schriftenreihe des Vereins für rheinische Kirchengeschichte, Bd. 84), Köln 1985, S. 97—110.

[52] Vgl. K. Scholder, Die Kirchen und das Dritte Reich, Bd. 1, S. 528 ff.

[53] Vgl. ebda, S. 151—159 und S. 701—743.

[54] Vgl. G. van Norden, Kirche und Staat im Kirchenkampf, S. 107.

[55] Vgl. G. van Norden, Der deutsche Protestantismus im Jahr der nationalsozialistischen Machtergreifung, S. 11.

[56] Vgl. R. Morsey, Die Zentrumspartei im Rheinland und Westfalen, S. 46.

[57] Westdeutsches Grenzblatt. Amtliches Organ der NSDAP. 9. Jg., Nr. 127, Aachen 1. 6. 1933, S. 5.

[58] Vgl. R. Morsey, Der Untergang des politischen Katholizismus, S. 207. Siehe auch Walter Bussmann, Der deutsche Katholizismus im Jahre 1933, in: Festschrift für Herrmann Hempel zum 70. Geburtstag, Bd. 1, Göttingen 1971, S. 180—204. Josef Becker, Das Ende der Zentrumspartei und die Problematik des politischen Katholizismus in Deutschland, in: Welt als Geschichte 23 (1963), in überarbeiteter Form auch bei: G. Jasper (Hg.), Von Weimar zu Hitler, S. 344—376; Detlev Junker, Die Deutsche Zentrumspartei und Hitler 1932/33. Ein Beitrag zur Problematik des politischen Katholizismus in Deutschland, Stuttgart 1969.

[59] Vgl. unten, S. 97 f.

Inwieweit auf katholischer Seite dem Dritten Reich eine wegweisende Funktion zugesprochen und die nationalsozialistische Herrschaft willentlich mit befestigt wurde, ist umstritten[60]. Mit Hilfe des verbreiteten Antiliberalismus und Antimarxismus ließen sich manche Verbindungen zwischen Katholiken und Nationalsozialisten herstellen[61]. Besonders hervor tat sich der am 1. April 1933 gegründete „Bund katholischer Deutscher. Kreuz und Adler". In ihm hatte Reichsvizekanzler Papen einige katholische Professoren, Publizisten und Adlige um sich geschart, unter ihnen den rheinischen Oberpräsidenten Freiherr von Lüninck[62]. Unter dem Reichsgedanken propagierte man eine Vermählung des katholischen Volksteils mit dem nationalsozialistischen Staat. Vorleistungen hatte die theologische Aufwertung des Reichsgedanken in den Jahren zuvor erbracht[63]. Auch Teile des katholischen Vereinswesens versuchten, Impulse für die erwartete Umgestaltung zu geben[64].

Die Einbeziehung der Arbeiterschaft in den neuen Staat sollte das gigantische Massenfest zum Ausdruck bringen, das anläßlich des zum bezahlten Feiertag erklärten 1. Mai 1933 organisiert wurde[65]. Noch unter seinem Nachklang wurden am nächsten Tag in einer vorbereiteten, rechtswidrigen und brutalen Aktion die Freien Gewerkschaften zerschlagen, an deren Stelle die Deutsche Arbeitsfront als größte Massenorganisation im Dritten Reich trat[66].

Die Einigkeit des deutschen Volkes in Fragen der Außenpolitik sollte die Reichstagssitzung vom 17. Mai 1933 demonstrieren. Der maßvollen Friedensrede Hitlers gab auch die gut zur Hälfte erschienene SPD-Fraktion ihre Zustimmung, durch massive Drohungen, die auch das Leben der inhaftierten Parteimitglieder betrafen, unter Druck gesetzt. Keine sechs Wochen später wurde die SPD zur volks- und staatsfeindlichen Partei erklärt[67].

[60] Dafür spricht Ernst Wolfgang Böckenförde, Der deutsche Katholizismus im Jahre 1933. Eine kritische Betrachtung, in: Hochland 53 (1960/61), S. 215—239, Wiederabdruck in: G. Jasper (Hg.), Von Weimar zu Hitler, S. 317—343. Vgl. dagegen Hans Buchheim, Der deutsche Katholizismus im Jahre 1933. — Eine Auseinandersetzung mit Ernst Wolfgang Böckenförde, in: Hochland 53 (1960/61), S. 497—515.

[61] Vgl. E. W. Böckenförde, Der deutsche Katholizismus im Jahre 1933, S. 341.

[62] Vgl. ebda, S. 331; U. von Hehl, Katholische Kirche und Nationalsozialismus im Erzbistum Köln, S. 51.

[63] Vgl. Klaus Breuning, Die Vision des Reiches. Deutscher Katholizismus zwischen Demokratie und Diktatur (1929—1934), 1. Aufl., München 1969, S. 321.

[64] So ließ etwa der Verband der Katholischen Kaufmännischen Vereinigung Deutschlands, Sitz Essen, im April 1933 dem Reichsarbeitsministerium Vorschläge zur ständischen Neuordnung der Wirtschaft und Gesellschaft zukommen. Vgl. das Schreiben des Verbandes an das Generalvikariat in Aachen vom 16. 5. 1933. BDA. GvS J 6 I.

[65] Vgl. K. D. Bracher, Stufen der Machtergreifung, S. 254 f. Siehe auch Karl-Heinz Schmeer, Die Regie des öffentlichen Lebens im Dritten Reich, München 1956.

[66] Vgl. Hans-Gerd Schumann, Nationalsozialismus und Gewerkschaftsbewegung. Die Vernichtung der deutschen Gewerkschaften und der Aufbau der „Deutschen Arbeitsfront", Hannover Frankfurt a. M. 1958. Nach den dort vorgenommenen Berechnungen hatte die DAF am 1. Juni 1934 etwa 16 Millionen (plus 8 Millionen korporative) Mitglieder; bis 1942 war die Zahl auf 25 Millionen (plus 10 Millionen korporative) Mitglieder angestiegen. Sie umfaßte somit die Hälfte der Bevölkerung. Vgl. ebda, S. 168. Siehe dazu die Beiträge in Manfred Scharrer (Hg.), Kampflose Kapitulation. Arbeiterbewegung 1933, Reinbek 1984.

[67] Vgl. E. Matthias, Die Sozialdemokratische Partei Deutschlands, S. 180 ff.

Für den 12. November 1933 wurde eine „Volksabstimmung" über den Austritt Deutschlands aus dem Völkerbund angesetzt, die der Regierung Rückendeckung für diesen von ihr bereits vollzogenen Schritt verschaffen sollte. Mit der Abstimmung verbunden waren Neuwahlen zum Reichstag, für die eine Einheitsliste vorlag. Massive Propaganda und Repression, der Bruch des Wahlgeheimnisses und Wahlfälschungen machten die Abstimmung und die Wahl zu einem Akt „plebiszitärer Akklamation"[68]. Die suggestive Fragestellung des Stimmzettels sollte eine Identifikation der Abstimmenden mit der Politik der Reichsregierung als selbstverständlich erscheinen lassen[69]. „Wer am 12. November zu Hause bleibt, ist ein notorischer Landesverräter", hatte Gauleiter Grohé den Amtswaltern und SA-Führern Wochen zuvor eingeschärft[70].
In den Bereich freier Meinungsäußerung fallen jedoch die zahlreichen Aufrufe zur Unterstützung der Regierung: Handel, Handwerk und Industrie, katholische Bischöfe und Verbandsleitungen, die Deutschen Christen und der sich formierende Pfarrernotbund hatten ihr Einverständnis mit der Regierungspolitik bekundet[71]. Die patriotische Grundstimmung, die den Versailler Frieden ablehnen ließ, hatte sich gewandelt. Hinter der als vernünftig und moralisch vertretbar erscheinenden Forderung nach Gleichberechtigung Deutschlands trat zurück, was an Verfolgung und Terror im nationalsozialistischen Deutschland herrschte. Daß mit dem Austritt aus dem Völkerbund der erste Bruch mit der Weimarer Revisionspolitik vollzogen war[72], wurde von der nationalistischen Stimmung verdeckt. Das Konzept des Regimes schien aufzugehen, nämlich innenpolitisch die Voraussetzungen für die Durchsetzung der Lebensraum- und Rassenpolitik zu schaffen[73], wie sie in „Mein Kampf", dem „nicht gelesenen Bestseller"[74] dargelegt war.

[68] K. D. Bracher, Stufen der Machtergreifung, S. 472 ff.

[69] Vgl. RGBl. I 1933, S. 748. (Wortlaut des Stimmzettels auf der Rückseite der Änderungsverordnung zur Verordnung zur Durchführung der Volksabstimmung über den Aufruf der Reichsregierung an das deutsche Volk, 20. Oktober 1933).

[70] Westdeutsches Grenzblatt, 20. 10. 1933, S. 1

[71] Die verschiedenen Aufrufe sind angeführt bei E. W. Böckenförde, Der deutsche Katholizismus im Jahre 1933, S. 335 f.; K. D. Bracher, Stufen der Machtergreifung, S. 478 f.; K. Scholder, Die Kirchen und das Dritte Reich, Bd. 1, S. 638 ff.

[72] Vgl. K. D. Bracher, Stufen der Machtergreifung, S. 323.

[73] Vgl. ebda, S. 321. Bracher verweist dementsprechend auf die Interdependenz von Innen- und Außenpolitik.

[74] Vgl. Hans Bernd Gisevius, Adolf Hitler. Versuch einer Deutung, München 1963, S. 239; Karl Lange, Hitlers unbeachtete Maximen. „Mein Kampf" und die Öffentlichkeit, Stuttgart Berlin Köln u. a. 1968. Zu Hitlers unveröffentlichtem zweiten Buch vgl. Gerhard L. Weinberg (Hg.), Hitlers zweites Buch. Ein Dokument aus dem Jahre 1928. Eingeleitet und kommentiert von G. L. Weinberg, Stuttgart 1961. Zur Diskussion um die nationalsozialistische Außenpolitik siehe Klaus Hildebrand, Deutsche Außenpolitik 1933—45. Kalkül oder Dogma?, Stuttgart 1966; Jochen Thies, Hitlers „Endziele": Zielloser Aktivismus, Kontinentalimperialismus oder Weltherrschaft?, in: K. D. Bracher/M. Funke/H.-A. Jacobsen (Hg.), Nationalsozialistische Diktatur 1933—1945, S. 390—406; Andreas Hillgruber, Deutschlands Rolle in der Vorgeschichte der beiden Weltkriege, Göttingen 1967.

Nach dem amtlichen Endergebnis für das Deutsche Reich stimmten bei der Volksabstimmung 95,0% der Regierungspolitik zu, nur 4,9% dagegen; bei der Reichstagswahl waren 92,2% Stimmen für die Einheitsliste der NSDAP und 7,8% Gegenstimmen zu verzeichnen[75]. Selbst wenn man bei der Berechnung der „ja" Stimmen von der Zahl der Stimmberechtigten ausgeht, Stimmenthaltungen und ungültige Stimmen somit der Ablehnung zugerechnet werden, ergibt sich ein Bild breitester Zustimmung, die nicht allein auf Manipulation zurückzuführen ist:
In der Abstimmung über die Einheitsliste lagen die in der Rheinprovinz gelegenen Gaue Köln—Aachen (84,4%), Düsseldorf (86,0%), Essen (88,8%) und Koblenz—Trier (90,2%) zwar alle etwas unter dem Reichsdurchschnitt, eine sichtbare Rolle spielte der politische Katholizismus in diesen früheren Hochburgen des Zentrums jedoch nicht mehr[76]. Konfessionelle Unterschiede kamen nicht mehr zum Tragen. Den Intentionen der Machthaber entsprechend manifestierte sich hier erstmals das Bekenntnis zur sogenannten Volksgemeinschaft im Dritten Reich. Wie Lothar Kettenacker mit Blick auf den unteren Mittelstand betont, war die Volksgemeinschaft, die ihren Kristallisationspunkt im „Führer" fand, der „Ausdruck einer bestimmten Mentalität". Eine klar umrissene Ideologie war dafür nicht nötig[77]. Der „sozialpsychologische Konnex zwischen Führer und Gefolgschaft" erkläre sich aus der Tatsache, daß Hitler die „Inkarnation der kleinbürgerlichen Mentalität" darstellte. „Inkarnation bedeutet in diesem Zusammenhang die Profilierung, sozusagen die plastische Herausbildung, dieser zunächst als gewöhnlich empfundenen Mentalität zur Ideologie."[78]

Als Resümee bleibt zunächst festzuhalten: Bis zum November 1933 war nicht nur die politische Landschaft in Deutschland grundlegend verändert worden, sondern auch die Einstellung der Bevölkerung hatte sich gewandelt. Aus der Vielzahl der dafür maßgeblichen Faktoren lassen sich vier herausstellen[79]:
Die Regierung hatte es verstanden, die allmähliche wirtschaftliche Erholung als ihren Erfolg zu verbuchen; die Programme zur Arbeitsbeschaffung, so insbesondere durch den Autobahnbau, wurden maßlos überbewertet; die Regierung präsentierte sich als „Befreier des Vaterlandes von Bolschewismus und Judentum"; das „nationale Ehrgefühl" wurde von ihr über alles gestellt. Die „politische Mentalität" war in einer Mischung aus „Terror und Faszination" gewonnen worden.
Symptomatisch für die Situation nach der Volksabstimmung war, daß die beiden großen konfessionellen Jugendverbände fast gleichzeitig in eine Krise gerieten. Der Generalpräses des katholischen Jungmännerverbandes, Ludwig Wolker, hatte im Sep-

[75] Vgl. Ursachen und Folgen, Bd. 10, S. 56.
[76] Vgl. die genaue Analyse bei K. D. Bracher, Stufen der Machtergreifung, S. 487—498.
[77] Lothar Kettenacker, Sozialpsychologische Aspekte der Führerherrschaft, S. 111, in: K. D. Bracher/M. Funke/H.-A. Jacobsen (Hg.), Nationalsozialistische Diktatur 1933—1945, S. 97—131.
[78] L. Kettenacker, Sozialpsychologische Aspekte der Führerherrschaft, S. 119.
[79] Zum folgenden siehe G. van Norden, Der deutsche Protestantismus im Jahr der nationalsozialistischen Machtergreifung, S. 9.

Ludwig Wolker, geb. 8. 4. 1887 in München; gew. 29. 6. 1912; 1926—1939 Generalpräses des KJMV; 1945 Leiter der bischöflichen Hauptstelle für kath. Jugendseelsorge und Jugendorganisation in den deutschen Diözesen; 1947—1952 Geistlicher Leiter der Mannesjugend im Bund der Deutschen Katholischen Jugend; gest. 17. 7. 1955. Lit.: Willy Bokler (Hg.), Prälat Ludwig Wolker (Altenberger Dokumente V a), Düsseldorf 1955.

748

Aufruf der Reichsregierung an das deutsche Volk!

Die deutsche Reichsregierung und das deutsche Volk sind sich einig in dem Willen, eine Politik des Friedens, der Versöhnung und der Verständigung zu betreiben, als Grundlage aller Entschlüsse und jeden Handelns.

Die deutsche Reichsregierung und das deutsche Volk lehnen daher die Gewalt als ein untaugliches Mittel zur Behebung bestehender Differenzen innerhalb der europäischen Staatengemeinschaft ab.

Die deutsche Reichsregierung und das deutsche Volk erneuern das Bekenntnis, jeder tatsächlichen Abrüstung der Welt freudig zuzustimmen, mit der Versicherung der Bereitwilligkeit, auch das letzte deutsche Maschinengewehr zu zerstören und den letzten Mann aus dem Heere zu entlassen, insofern sich die anderen Völker zu Gleichem entschließen.

Die deutsche Reichsregierung und das deutsche Volk verbinden sich in dem aufrichtigen Wunsche, mit den anderen Nationen einschließlich aller unserer früheren Gegner im Sinne der Überwindung der Kriegspsychose und zur endlichen Wiederherstellung eines aufrichtigen Verhältnisses untereinander alle vorliegenden Fragen leidenschaftslos auf dem Wege von Verhandlungen prüfen und lösen zu wollen.

Die deutsche Reichsregierung und das deutsche Volk erklären sich daher auch jederzeit bereit, durch den Abschluß kontinentaler Nichtangriffspakte auf längste Sicht den Frieden Europas sicherzustellen, seiner wirtschaftlichen Wohlfahrt zu dienen und am allgemeinen kulturellen Neuaufbau teilzunehmen.

Die deutsche Reichsregierung und das deutsche Volk sind erfüllt von der gleichen Ehrauffassung, daß die Zubilligung der Gleichberechtigung Deutschlands die unumgängliche moralische und sachliche Voraussetzung für jede Teilnahme unseres Volkes und seiner Regierung an internationalen Einrichtungen und Verträgen ist.

Die deutsche Reichsregierung und das deutsche Volk sind daher eins in dem Beschlusse, die Abrüstungskonferenz zu verlassen und aus dem Völkerbund auszuscheiden, bis diese wirkliche Gleichberechtigung unserem Volke nicht mehr vorenthalten wird.

Die deutsche Reichsregierung und das deutsche Volk sind entschlossen, lieber jede Not, jede Verfolgung und jegliche Drangsal auf sich zu nehmen, als künftighin Verträge zu unterzeichnen, die für jeden Ehrenmann und für jedes ehrliebende Volk unannehmbar sein müssen, in ihren Folgen aber nur zu einer Verewigung der Not und des Elends des Versailler Vertragszustandes und damit zum Zusammenbruch der zivilisierten Staatengemeinschaft führen würden.

Die deutsche Reichsregierung und das deutsche Volk haben nicht den Willen, an irgendeinem Rüstungswettlauf anderer Nationen teilzunehmen, sie fordern nur jenes Maß an Sicherheit, das der Nation die Ruhe und Freiheit der friedlichen Arbeit garantiert. Die deutsche Reichsregierung und das deutsche Volk sind gewillt, diese berechtigten Forderungen der deutschen Nation auf dem Wege von Verhandlungen und durch Verträge sicherzustellen.

Die Reichsregierung richtet an das deutsche Volk die Frage:

Billigt das deutsche Volk die ihm hier vorgelegte Politik seiner Reichsregierung und ist es bereit, diese als den Ausdruck seiner eigenen Auffassung und seines eigenen Willens zu erklären und sich feierlich zu ihr zu bekennen?

Berlin, den 14. Oktober 1933.

Die Reichsregierung

Billigst Du, deutscher Mann, und Du, deutsche Frau, diese Politik Deiner Reichsregierung, und bist Du bereit, sie als den Ausdruck Deiner eigenen Auffassung und Deines eigenen Willens zu erklären und Dich feierlich zu ihr zu bekennen?

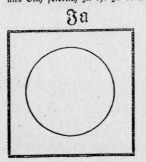

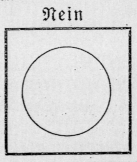

Ja **Nein**

tember 1933 in der Freude über den Konkordatsabschluß enthusiastisch versichert, „... daß wir den deutschen Staat nationalsozialistischer Prägung, seine Idee, seine Führung, seine Formen anerkennen und ihm uns mit ganzer Bereitschaft und ganzer Treue zur Verfügung stellen."[80] Ungeachtet aller Schwierigkeiten mit der HJ wurde am 17. Oktober 1933 die „Pflichterfüllung" der wahlfähigen katholischen Jungmannschaft für den 12. November erklärt[81]. Nachdem Papen im Anschluß an die Wahl und Abstimmung Bischof Gröber von Freiburg den Vorschlag unterbreitete, gegen die Garantie kirchlichen Einflusses die katholischen Jugendorganisationen aufzulösen und in die entsprechenden Parteigliederungen zu überführen, machte die Verbandsführung auf einer Sitzung am 15. November 1933 die Existenz der angeschlossenen Verbände allein von Hitlers Absichten abhängig; die Einschaltung der Kurie, die eine Entscheidung darüber für sich reklamierte, beendete diese Diskussion[82].
Die evangelische Jugend, die durchweg begeistert den Nationalsozialismus begrüßt hatte, beharrte zunächst auf ihrer Eigenständigkeit. Unter dem Eindruck des 12. Novembers unterstellte sich die Verbandsführung widerstrebend dem Reichsbischof Müller, der den großen Jugendverband in einem Abkommen mit Baldur von Schirach, Reichsjugendführer der HJ, am 12. Dezember 1933 der Hitlerjugend in Form der vollständigen Eingliederung überantwortete[83].
Inwieweit die Dispositionen der Bevölkerung dahin gingen, den nationalsozialistischen Staat auch weiterhin mitzutragen, wird für die nächsten Jahre zu prüfen sein.

[80] Aufruf des Jungmännerverbandes, in: Die Wacht, 29. Jg., September 1933, S. 260 ff., zitiert nach H. Müller (Hg.), Katholische Kirche und Nationalsozialismus. Dokumente 1930—1935, S. 192.

[81] Vgl. das Schreiben des Generalpräses Wolker vom 7. 10. 1933 an die Präsides und Präfekten. Druck: Bernhard Stasiewski (Bearb.), Akten deutscher Bischöfe über die Lage der Kirchen 1933—1945 Bd. 1: 1933—1934 (VdKfZg, Reihe A: Quellen, Bd. 5), Mainz 1968, S. 419, Anm. 1.

[82] Vgl. K. Scholder, Die Kirchen und das Dritte Reich, Bd. 1, S. 654 f.

[83] Vgl. ebda, S. 732 ff.

Dr. theol. Conrad Gröber, geb. 1. 4. 1872 in Meßkirch; gew. 28. 10. 1897; 1931 Bischof von Meißen; 1932 Erzbischof von Freiburg; gest. 14. 2. 1948. Lit.: Erwin Gatz, Artikel „Gröber, Conrad", in: ders. (Hg.), Die Bischöfe der deutschsprachigen Länder 1783/1803 bis 1945. Ein biographisches Lexikon, Berrlin 1983, S. 258—260.

Ludwig Müller, geb. 21. 6. 1883 in Gütersloh; 1908 protestantischer Pfarrer in Rödinghausen/Westf.; 1914—26 Marinepfarrer; 1926—33 Wehrkreispfarrer in Königsberg; Mitglied der NSDAP seit dem 1. 8. 1931; 1932 Mitbegründer der Deutschen Christen und Landesleiter der Deutschen Christen Ostpreußen; 16. 5. 1933 Schirmherr der Deutschen Christen; 4. 8. 1933 Landesbischof der Altpreußischen Union; 27. 9. 1933 Reichsbischof; seit der Einsetzung der Kirchenausschüsse am 24. 9. 1935 ohne Funktionen; Selbstmord am 31. 7. 1945.

Baldur von Schirach, geb. 9. 5. 1907 in Berlin; seit 1925 Mitglied der NSDAP; 1929 Führer des Nationalsozialistischen Deutschen Studentenbundes; 1931 Jugendführer der NSDAP; 17. 6. 1933 Reichsjugendführer; 7. 8. 1940 Reichsstatthalter und Gauleiter in Wien; im Nürnberger Kriegsverbrecherprozeß zu 20 Jahren Gefängnis verurteilt; entlassen am 30. 9. 1966; gest. 8. 8. 1974. Lit.: Baldur von Schirach, Ich glaubte an Hitler, Hamburg 1968.

3. Vom Tod Hindenburgs bis zur Rheinlandbesetzung unter besonderer Berücksichtigung des Regierungsbezirks Aachen

Am 2. August 1934 starb Reichspräsident Hindenburg. Keine drei Wochen später, am 19. August, sollte in einer „Volksabstimmung" der Vereinigung der Ämter des Reichskanzlers und des Reichspräsidenten zugestimmt werden[84]. Das Ergebnis dieser Abstimmung ist aufschlußreich für die Haltung der Bevölkerung gegenüber dem nationalsozialistischen Staat und ermöglicht Rückschlüsse auf ihre Mentalität.

Gemessen an der Zahl der Stimmberechtigten waren an Ja-Stimmen zu verzeichnen: im Gau Köln—Aachen 76,0%, im Gau Düsseldorf 81,5%, im Gau Essen 89,5% und im Gau Koblenz—Trier 81,9%, was einer Verschiebung gegenüber der Einheitsliste vom Herbst 1933 von −8,4% (Köln—Aachen), −4,5% (Düsseldorf) +0,7% (Essen) und minus 8,3% (Koblenz—Trier) entsprach[85]. Eine vergleichende Zusammenstellung aller Stadt- und Landkreise in den vier rheinischen Gauen, in denen gemessen an der absoluten Zahl der Ja-Stimmen (ermittelt von der Zahl der Stimmberechtigten) die Zustimmung oder Ablehnung am höchsten zu Buche schlug, ergibt folgendes Bild:

Gau	höchster Anteil 1934 an Ja-Stimmen	Verschiebung gegenüber dem Anteil 1933 für die Einheitsliste	niedrigster Anteil 1934 an Ja-Stimmen	Verschiebung gegenüber dem Anteil 1933 für die Einheitsliste
Köln — Aachen (Durchschnitt 1933: 84,4% 1934: 76,0%)	Kreis Schleiden 78,8%	−10,3%	Stadtkreis Aachen 65,7%	−14,9%
	Kreis Erkelenz 82,9%	− 6,1%	Stadtkreis Köln 74,2%	− 8,3%
			Landkreis Aachen 74,1%	− 8,6%
			Rheinisch-Bergischer Kreis 71,7%	−11,6%

[84] Vgl. den Beschluß der Reichsregierung zur Durchführung einer Volksabstimmung vom 2. 8. 1934 sowie die erste Verordnung zur Volksabstimmung über das Staatsoberhaupt des Deutschen Reiches (Abstimmungsverordnung) vom 2. und 3. 8. 1934, in: RGBl. I 1934, S. 752 und S. 759. Zur innenpolitischen Bedeutung der Vorgänge, der vorangegangenen Niederschlagung der SA und der Neuvereidigung der Reichswehr auf Hitler nach dem Tode Hindenburgs vgl. Helmut Krausnick, Die Wehrmacht im nationalsozialistischen Deutschland, in: Martin Broszat/Horst Möller (Hg.), Das Dritte Reich. Herrschaftsstruktur und Geschichte. Vorträge aus dem Institut für Zeitgeschichte, München 1983, S. 176—208.

[85] Vgl. K. D. Bracher, Stufen der Machtergreifung, S. 488 f. An die dort errechneten Zahlen lehnt sich auch die folgende Aufstellung an.

Gau	höchster Anteil 1934 an Ja-Stimmen	Verschiebung gegenüber dem Anteil 1933 für die Einheitsliste	niedrigster Anteil 1934 an Ja-Stimmen	Verschiebung gegenüber dem Anteil 1933 für die Einheitsliste
Koblenz — Trier (Durchschnitt 1933: 90,2% 1934: 81,9%)	Kreis Kreuznach 89,5%	— 4,4%	Stadtkreis Koblenz 77,5%	— 8,1%
	Landkreis Trier 84,8%	— 8,7%	Kreis Ahrweiler 73,4%	— 14,6%
	Kreis Daun 85,0%	— 8,1%	Stadtkreis Trier 75,7%	— 15,4%
	Kreis Saarburg 81,5%	— 11,5%		
Düsseldorf (Durchschnitt 1933: 86,0% 1934: 81,5%)	Düsseldorf-Mettmann 93,7%	+ 2,0%	Stadtkreis Düsseldorf 79,2%	— 3,9%
			Stadtkreis Wuppertal 78,8%	— 5,2%
			Stadtkreis Neuss 78,4%	
Essen (Durchschnitt 1933: 89,5% 1934: 88,8%)	Stadtkreis Oberhausen 94,5%	+ 0,2%		
	Stadtkreis Mülheim 93,3%	— 3,5%		

Deutlich wird, daß in den Gauen Köln—Aachen und Koblenz—Trier vor allem in den alten Hochburgen des Zentrums ein deutlicher Stimmenrückgang zu verzeichnen ist, und dort vornehmlich in den Großstädten. Die zunehmende Konfrontation von katholischer Kirche und nationalsozialistischem Staat[86] hat dem politischen Katholizismus noch einmal Auftrieb gegeben, ein „Rest von politischer Entscheidungsfreiheit auch im gleichgeschalteten Deutschland"[87] wird sichtbar.
Die gute Quellenlage ermöglicht es, das Ergebnis im Aachener Regierungsbezirks etwas näher zu betrachten. Die zu beinahe 90% katholische Bevölkerung im Regierungsbezirk Aachen hatte sich — ungeachtet der festgestellten Affinitäten zum Nationalsozialismus[88] — in der Wahl vom 5. März 1933 nur in vergleichsweise geringem

[86] Vgl. unten, S. 98 ff.
[87] K. D. Bracher, Stufen der Machtergreifung, S. 488 f.
[88] Vgl. oben, S. 34.

Umfang zur NSDAP bekannt; den 26,7% NSDAP-Stimmen und den 4,7% für die „Kampffront" standen 43,7% Zentrumstimmen, 9,5% SPD- und 13,6% KPD-Stimmen gegenüber[89]. Auf den Nachholbedarf an Parteimitgliedern wurde bereits hingewiesen; er machte sich auch bei der dortigen SA bemerkbar: von 25 000 SA-Männern im Regierungsbezirk Aachen (1934) waren 23 800 erst nach der Machtübernahme zur SA gekommen[90].

Im November 1933 lag der Regierungsbezirk kaum unter dem Reichsdurchschnitt. In der Abstimmung vom 19. August 1934 stimmten im Wahlbezirk Köln—Aachen 76% der Stimmberechtigten mit „ja". Dieses für die Regierung mäßige Ergebnis wird etwas relativiert, im ganzen aber bestätigt, wenn man die Zahl der abgegebenen Nein-Stimmen (inklusive ungültiger Stimmen) betrachtet[91].

Aachen—Stadt	27,40%
Aachen—Land	19,67%
Monschau	18,78%
Geilenkirchen	14,99%
Jülich	14,81%
Schleiden	13,08%
Erkelenz	11,32%
Düren	11,27%

Im industriell geprägten und mehrheitlich katholischen Landkreis Düren fand die Regierung die meiste Zustimmung. Dagegen fielen die grenznahen Bezirke Aachen—Stadt, Aachen—Land und Monschau mit ungewöhnlich vielen Nein-Stimmen auf. Hier dürfte die im benachbarten Belgien und Holland gegebene Informationsmöglichkeit eine Rolle gespielt haben. In vielen Lageberichten der Stapostelle Aachen wird von der Einfuhr antinationalsozialistischer Schriften berichtet. Dementsprechend betont auch der Aachener Regierungspräsident Reeder die intensiven verwandtschaftlichen und bekanntschaftlichen Beziehungen der Bewohner beiderseits der Grenze. Einen Ansatzpunkt für die negative Beeinflussung aus dem Ausland biete die gleiche konfessionelle, nämlich „katholische(n) Denkungsart"[92]. Als weitere Faktoren, die das Wahlergebnis beeinflußt hätten, werden in diesem Bericht genannt: die Erschießung

[89] Vgl. K. D. Bracher, Stufen der Machtergreifung, S. 166.

[90] Vgl. den Lagebericht des Reg.Präs. Aachen für Juni vom 9. 8. 1934 (Nr. 3). Druck: B. Vollmer, Volksopposition, S. 77. Vgl. oben, S. 35.

[91] Vgl. den Lagebericht des Reg.Präs. Aachen für August vom 7. 9. 1934 (Nr. 7). Druck: B. Vollmer, Volksopposition, S. 87.

[92] Ebda, S. 88.

Eggert Reeder, geb. 22. 7. 1894 in Holmdorf; 1933 Regierungspräsident in Aachen; 1936 Regierungspräsident in Köln, im Herbst 1939 zusätzlich mit der vertretungsweisen Leitung des Düsseldorfer Regierungspräsidiums beauftragt; 1940—1944 Beamter auf Kriegsdauer mit der Amtsbezeichnung „Kriegsverwaltungschef Chef des Verwaltungsstabes bei dem Militärbefehlshaber für Belgien und Nordfrankreich"; 1945 Gefangennahme; Internierung bis 1951; Verurteilung zu 12 Jahren Zwangsarbeit und Entlassung nach Deutschland; gest. 22. 11. 1959. Lit.: Siehe unten, S. 96, Anm. 69.

des Führers der Katholischen Aktion, Dr. Klausener[93], dessen Familie aus Aachen stammte, sowie die des Reichsleiters der DJK, Hauptmann a. D. Probst[94] — beide Morde fallen in den Zusammenhang der blutigen Ausschaltung der SA-Führung („Röhm-Putsch") am 30. Juni 1934[95], weiterhin die Ermordnung des österreichischen Bundeskanzlers Dollfuß im Zusammenhang mit dem fehlgeschlagenen nationalsozialistischen Putsch in Wien vom 25. Juli 1934[96]. Informationen darüber waren in der Tat nur aus dem Ausland annähernd wahrheitsgetreu zu erhalten[97].

In seiner Analyse des Wahlergebnisses macht Regierungspräsident Reeder auch die latenten Spannungen zwischen der HJ und der katholischen Jugend für so manche Nein-Stimme verantwortlich. Von Bedeutung sei auch die schlechte wirtschaftliche Lage gewesen. Die hohe Arbeitslosigkeit im Grenzbezirk, der Wegfall des „Schmuggels" als Nebenverdienst, Lohneinbußen infolge von Arbeitszeitverkürzung und steigende Lebenshaltungskosten hätten die allgemeine Stimmung nachhaltig beeinträchtigt[98]. Wie im Bericht einleitend betont wird, war jedoch der Inhalt der Abstimmung entscheidend: Im November 1933 sei es um eine vorwiegend außenpolitische Angelegenheit gegangen, bei der Abstimmung vom 19. August 1934 „. . . mit den Augen der Gegner des Nationalsozialismus gesehen, um die Verstärkung der Machtstellung der NSDAP bzw. ihres Führers im Reich."[99] Der Regierungspräsident vermag das Ergebnis

[93] Die Katholische Aktion wurde von Pius XI am 27. Oktober 1933 definiert als „die Mitarbeit und (. . .) die Teilhabe der Laien am hierachischen Apostolat der Kirche". Vgl. Lexikon für Theologie und Kirche, hg. von Josef Höfer und Karl Rahner, Bd. 6, 2. Aufl. Freiburg 1961, Sp. 74—77.

[94] Zu Adalbert Probst siehe Barbara Schellenberger, Katholische Jugend und Drittes Reich. Eine Geschichte des Katholischen Jungmännerverbandes 1933—1936 unter besonderer Berücksichtigung der Rheinprovinz (VdKfZg, Reihe B: Forschungen, Bd. 17), Mainz 1975, S. 137 f.

[95] Siehe dazu Heinz Höhne, Mordsache Röhm. Hitlers Durchbruch zur Alleinherrschaft 1933—1934, Reinbek bei Hamburg 1984.

[96] Siehe dazu Norbert Schausberger, Der Griff nach Österreich. Der Anschluß, Wien 1978, S. 265—298.

[97] Dies ist dem Lagebericht der Stapostelle Aachen für Juli vom 6. 8. 1934 (Nr. 2) zu entnehmen. Druck: B. Vollmer, Volksopposition, S. 48.

[98] Vgl. den Lagebericht des Reg.Präs. Aachen für August vom 7. 9. 1934 (Nr. 7). Druck: B. Vollmer, Volksopposition S. 89.

[99] Ebda, S. 86.

Engelbert Dollfuß, geb. 4. 10. 1892 in Texing, Bez. Melk; 1931 Bundesminister für Landwirtschaft und Forsten, 1932 Bundeskanzler; ermordet 25. 7. 1934.

Dr. Erich Klausener, geb. 25. 1. 1885 in Düsseldorf; Zentrumsmitglied; 1919 Landrat in Recklinghausen; 1924 Ministerialdirektor im preußischen Wohlfahrtsministerium; 1928—1933 Leiter der Polizeiabteilung im preußischen Innenministerium; 1928—1933 zugleich Leiter der Katholischen Aktion im Bistum Berlin; 1933 seiner Stellungen enthoben und Beschäftigung im Reichsverkehrsministerium; ermordet 30. 6. 1934. Lit.: Walter Adolph, Erich Klausener, Berlin 1955; Klaus Gotto, Artikel „Klausener" in: Neue Deutsche Biographie, hg. von der Historischen Kommission bei der Bayerischen Akademie der Wissenschaften, Bd. 11, Berlin 1977, S. 715 f.

Ernst Röhm, geb. 28. 11. 1887 in München; Reichswehrhauptmann, Teilnehmer am Marsch auf die Feldherrnhalle (Hitlerputsch) am 9. 11. 1923; 1924 Mitglied des Reichstags für die Deutsch- völkische Freiheitspartei; 1928—1930 Aufenthalt in Bolivien; 1930 Stabschef der SA; 1933 Reichsminister ohne Geschäftsbereich und bayerischer Staatsminister; verhaftet 30. 6. 1934, ermordet 1. 7. 1934.

Regierungspräsident Reeder (2. v. rechts). Aachen 1934

indes positiv zu wenden: Bei der Wahl vom 12. November 1933 hätten viele aus Angst mit ja gestimmt; die Wahrung des Wahlgeheimnisses im Herbst 1933 habe diese Leute nunmehr veranlaßt, entsprechend ihrer „wahren negativen Einstellung" zu stimmen. Vergleiche man das Resultat der letzten Abstimmung nun mit dem Ergebnis der Märzwahlen 1933, sei die überaus positive Entwicklung der nationalsozialistischen Bewegung im Grenzbezirk unverkennbar[100]. Folgt man mit einigen Einschränkungen dieser Wahlinterpretation, ist die relativ hohe Zahl der Nein-Stimmen im Regierungsbezirk Aachen auf wirtschaftliche und konfessionelle Beweggründe zurückzuführen.

In den monatlichen Lageberichten widmen sich Regierungspräsident Reeder und der Leiter der Aachener Staatspolizei Nockemann insbesondere der Stimmung der Bevölkerung. Diese zu ermitteln war jedoch keine einfache Aufgabe. Die Menschen zeigten sich selbst in privaten Unterhaltungen reserviert und wagten es nicht, ihre Meinung offen auszusprechen[101]. Stimmungsschwankungen werden auf die wirtschaftliche Prosperität und die Entwicklung auf kulturpolitischem, das heißt konfessionellem Gebiet

[100] Ebda, S. 86.
[101] Vgl. den Lagebericht des Reg.Präs. Aachen für Juli vom 9. 8. 1934 (Nr. 3). Druck: B. Vollmer, Volksopposition, S. 72.

Dr. jur. Johannes Nockemann, geb. 16. 11. 1903 in Aachen; am 10. 5. 1933 an die Bezirksregierung berufen; zunächst vorläufiger Leiter der Stapostelle Aachen; 29. 6. 1934 Regierungsrat; am 1. 3. 1935 zum Leiter der Stapostelle Aachen bestellt; im Oktober 1935 nach Koblenz versetzt; im Zweiten Weltkrieg vor Moskau gefallen. Lit.: B. Vollmer, Volksopposition, S. 13.

zurückgeführt[102]. Als Erklärungsmuster dient häufig die Mentalität der Bevölkerung, womit der hohe Stellenwert verständlich wird, den die Menschen im Aachener Regierungsbezirk konfessionellen Fragen beimaßen. Neben der Konfession war es den Berichterstattern zufolge die Grenzlage, welche die Mentalität der Bevölkerung prägte. Zum Einfluß aus dem Ausland gesellte sich eine nationale Haltung sowie die Autorität der katholischen Kirche[103].

Das Zusammenwirken dieser Faktoren bestimmte die Haltung der Bevölkerung gegenüber dem nationalsozialistischen Staat, die sich in einigen charakteristischen Verhaltensweisen äußerte. Letztere werden in den Berichten generalisierend für die Gesamtbevölkerung genannt — neben der Bedeutung der wirtschaftlichen Entwicklung, dem politischen Widerstand illegaler KPD- und SPD-Gruppen[104] sowie der Haltung des Bürgertums, dem mitunter ein „liberalistischer Geist" vorgeworfen wird[105].

1. Die Aversion gegenüber anmaßendem und undiszipliniertem Auftreten von einzelnen Mitgliedern oder Gruppen der verschiedenen Parteigliederungen. Man nahm offenbar Anstoß an Fehlhandlungen, Ämterpatronage, Rabaukentum und tätlichen Auseinandersetzungen. — Es war für die Partei sehr schwierig, geeignete Amtswalter zu finden[106].
2. Das verbreitete Mißtrauen gegenüber der HJ und ihren jugendlichen Führern[107].
3. Die anfängliche Favorisierung der katholischen Jugendverbände[108].
4. Die Orientierung an der Geistlichkeit und die Treue zur Kirche, was sich beispielsweise im bevorzugten Abonnement der Kirchenzeitung ausdrücken konnte[109].

[102] Vgl. die Lageberichte der Stapostelle Aachen für Oktober vom 4. 11. 1934 (Nr. 10); des Reg.Präs. Aachen für Februar vom 5. 3. 1934 (Nr. 1). Druck: B. Vollmer, Volksopposition, S. 108 und S. 27.

[103] Vgl. den Lagebericht des Reg.Präs. Aachen für November vom 4. 12. 1934 (Nr. 11). Lagebericht der Stapostelle Aachen für März vom 9. Mai 1936 (Nr. 32). Druck: B. Vollmer, Volksopposition, S. 117 und S. 365. Zum Aufbau der Berichte vgl. B. Vollmer, Volksopposition, S. 11 f. (Einleitung).

[104] Dieser Widerstand ist in der Edition von Vollmer nicht ausreichend dokumentiert.

[105] Zur Haltung des Bürgertums vgl. vor allem den Lagebericht der Stapostelle Aachen für November vom 5. 12. 1934 (Nr. 12). Druck: B. Vollmer, Volksopposition, S. 123.

[106] Vgl. die Lageberichte der Stapostelle Aachen vom 6. 8. 1934 (Nr. 8), vom 4. 11. 1934 (Nr. 10), vom 5. 12. 1934 (Nr. 11), vom 7. 1. 1935 (Nr. 13), vom 9. 12. 1935 (Nr. 29). Druck: B. Vollmer, Volksopposition, S. 113, 132, 46, 320, 361 f.

[107] Vgl. die Lageberichte der Stapostelle Aachen vom 6. 10. 1934 (Nr. 8), vom 5. 12. 1934 (Nr. 12), vom 7. 1. 1935 (Nr. 13), vom 5. 9. 1935 (Nr. 25), vom 7. 11. 1935 (Nr. 28). Druck: B. Vollmer, Volksopposition, S. 102, 133, 149, 282, 306.

[108] Vgl. die Lageberichte der Stapostelle Aachen vom 5. 9. 1935 (Nr. 25), vom 6. 10. 1934 (Nr. 8), vom 7. 6. 1935 (Nr. 20). Druck: B. Vollmer, Volksopposition, S. 274, 103, 227. Wie der Reg.Präs. Aachen am 14. 12. 1935 berichtete, war vom 1. 5. 1934 über den 1. 5. 1935 bis zum 1. 11. 1935 der Anteil der in nationalsozialistischen Verbänden organisierten Knaben an den Volksschulen von 39% über 66,8% auf 81,9% gestiegen, bei den Mädchen von 26% über 48% auf 70,3%. Bei den Berufsschülern war der Anteil etwas niedriger. Vgl. den Lagebericht des Reg.Präs. Aachen für November vom 14. 12. 1935 (Nr. 29). Druck: B. Vollmer, Volksopposition, S. 336.

[109] Vgl. die Lageberichte der Stapostelle Aachen vom 7. 11. 1935 (Nr. 28), vom 8. 5. 1935 (Nr. 19), vom 7. 6. 1935 (Nr. 20) sowie den des Reg.Präs. Aachen vom 13. 6. 1935 (Nr. 21). Druck: B. Vollmer, Volksopposition, S. 366, 197, 223 und S. 232.

5. Die Abneigung bzw. der Mißmut über die auch vom Leiter der Aachener Gestapo festgestellten „... nach wie vor starken kirchenfeindlichen Tendenzen, die geeignet sind, die Trennung zwischen Angehörigen der Bewegung und der übrigen Bevölkerung zu vertiefen."[110]
   Ein Stein des Anstoßes war insbesondere das antikirchliche Schrifttum, weshalb Regierungspräsident Reeder ein Verbot solcher Presseerzeugnisse anregte[111]. Aus Aachen wird berichtet, daß Mitglieder der Arbeitsgemeinschaft Aachener Buchhändler in einem öffentlichen Schreiben den Inhaber einer „Deutschen Buchhandlung" aufforderten, den Empfindungen der katholischen Bevölkerung mehr Beachtung zu schenken. Der angesprochene Buchhändler hängte für gewöhnlich den „Stürmer" und die Wochenzeitung „Deutsche Volksschöpfung", deren Hauptschriftleiter wegen hetzerischer Artikel bereits staatspolizeilich verwarnt worden war, öffentlich aus[112]. Den Unmut der Bevölkerung erregten auch gelegentliche Angriffe von Seiten der Partei gegen den in Aachen verehrten Kaiser Karl[113].
6. Die aktive, zum Teil demonstrative Teilnahme am kirchlichen Leben. Nach Meinung der Gestapo Aachen entsprach sie der „verbissenen Mentalität der Katholiken"[114].
7. Die durchweg nationale Einstellung.

Ein Lagebericht sei hier etwas näher betrachtet. Nach der blutigen Ausschaltung der SA-Führung am 30. Juni 1934 berichtet der Leiter der Aachener Gestapo, Johannes Nockemann, über die nachteiligen Wirkungen dieser Aktion und erörtert eingehend die Stellung der Bevölkerung zur nationalsozialistischen Bewegung. Negativ wirkten sich Fehler der unteren Parteistellen aus. Das Verhältnis zwischen Angehörigen der Bewegung und der übrigen Bevölkerung habe sich sogar verschlechtert. Distanz gegenüber dem Nationalsozialismus hielten vor allem die früher dem Zentrum nahestehenden Kreise — für die Gestapo nur mit dem engen Kontakt dieser Leute zur katholischen Geistlichkeit zu erklären. Dabei würde es viele „staatsbejahende und auch opferwillige Menschen" geben, „... die sich nur durch die vermeintliche Gefahr für ihre Religion von einer positiven Mitarbeit abdrängen lassen."[115] Das heißt aber, und so lautet auch der Unterton der meisten Berichte, daß die Bevölkerung entspre-

110 Stapostelle Aachen. Lagebericht für Juli vom 6. 8. 1934 (Nr. 2). Druck: B. Vollmer, Volksopposition, S. 67.
111 Vgl. den Lagebericht des Reg.Präs. Aachen für Juli vom 9. 8. 1934 (Nr. 3). Druck: B. Vollmer, Volksopposition, S. 76.
112 Vgl. den Lagebericht der Stapostelle Aachen für Januar vom 6. 2. 1935 (Nr. 14). Druck: B. Vollmer, Volksopposition, S. 154 f.
113 Vgl. den Lagebericht der Stapostelle Aachen vom 6. 8. 1934 (Nr. 2), die des Reg.Präs. Aachen vom 4. 12. 1934 (Nr. 11) und vom 7. 2. 1935 (Nr. 15). Druck: B. Vollmer, Volksopposition, S. 67, 119, 167 f.
114 Vgl. den Lagebericht der Stapostelle Aachen für Februar vom 5. 3. 1936 (Nr. 32). Druck: B. Vollmer, Volksopposition, S. 364 f.
115 Stapostelle Aachen. Lagebericht für Juli vom 6. 8. 1934 (Nr. 2). Druck: B. Vollmer, S. 57 sowie die weiteren angeführten Beobachtungen, ebda, S. 48 und 50.
116 So Vollmer in der Edition der Lageberichte, vgl. B. Vollmer, Volksopposition.

chend ihrer Tradition und ihrer Mentalität in kirchlichen und religiösen Belangen sensibel reagierte und an ihren Gewohnheiten festhielt, zu einer grundsätzlichen Offenheit und Loyalität gegenüber dem nationalsozialistischen Staat jedoch bereit war. Von einer durchgängigen „Volksopposition" zu sprechen, erscheint demnach fraglich[116]. So stellte Johannes Nockemann am 4. September 1934 fest:

„Für das Vertrauen der hiesigen Bevölkerung zur Staatsführung spielt eine wesentliche Rolle, ob diese die von der Kirche vertretenden [sic] moralischen und ethischen Forderungen erkennbar schützt."[117]

Die Berichterstatter beobachteten bei der Bevölkerung neben dem Festhalten am katholischen Glauben eine unterschiedliche Haltung gegenüber dem Staat und der nationalsozialistischen „Bewegung"[118]. Das Festhalten am katholischen Glauben als einem inneren Bekenntnis und der praktische Katholizismus sind zwei verschiedene Dinge. Den praktischen Katholizismus wird man nicht als eine Konfession ansehen, zumal der Grad der inneren Religiosität kaum meßbar ist, sondern als eine Haltung, insgesamt ein Beispiel dafür, wie ein weltanschauliches System eine Mentalität hervorgebracht hat[119]. Diese konfessionelle, hier katholische Mentalität äußerte sich in der Teilnahme an Prozessionen und Wallfahrten. Im Jahr 1933 wurden in der Diözese Aachen Männerwallfahrten mit insgesamt 15 000 Pilgern abgehalten; 1934 nahmen an den drei großen Wallfahrten in Hückelhoven, Nothberg und Klein-Jerusalem insgesamt 50 000 Menschen teil[120]. Wie Jürgen Aretz für die katholischen Arbeitervereine festgestellt hat, boten nur solche Unternehmungen die Gelegenheit, geschlossen aufzutreten. Sie sollten den inneren Zusammenhalt der Organisation festigen und einer sich verbreitenden Unsicherheit Einhalt gebieten[121]. An der „Kalkaer- Bußwallfahrt", einer alljährlich in der Karwoche stattfindenden Prozession Kölner Männer, beteiligten sich 1934 etwa 40 000 Katholiken, weit mehr als im Vorjahr[122]. Zur Beurteilung

[117] Stapostelle Aachen. Lagebericht für August vom 4. 9. 1934 (Nr. 4). Druck: B. Vollmer, Volksopposition, S. 84.

[118] Vgl. etwa den Lagebericht der Stapostelle Aachen für Oktober vom 4. 11. 1934 (Nr. 10), Druck: B. Vollmer, Volksopposition, S. 108.

[119] Vgl. dazu Th. Geiger, Die Mittelstände im Zeichen des Nationalsozialismus, in: ders., Die soziale Schichtung, S. 118. In Anlehnung an den Begriff Konfessionalismus, als dem beharrlichen Festhalten einer Konfession an den für sie charakteristischen Formen, der Lehre, der kirchlichen Praxis und Organisation, wobei diese Besonderheiten mit dem christlichen Glauben gleichgesetzt werden, kann man auch von einer konfessionellen Mentalität sprechen. Zum Begriff „Konfession" vgl. Erich Bayer (Hg.), Wörterbuch zur Geschichte, Begriffe und Fachausdrücke, 9. Aufl. Stuttgart 1965, S. 283. Der Begriff Konfession wird keineswegs einheitlich verwandt. Vgl. Lexikon für Theologie und Kirche, Bd. 6, Sp. 427 f.

[120] Vgl. den Bericht des Diözesanpräses der katholischen Arbeitervereine des Bistums Aachen, Tenbusch, über seine Tätigkeit innerhalb der Männerseelsorge vom März 1933 bis März 1935. BDA. GvS J 5 I.

[121] Vgl. Jürgen Aretz, Katholische Arbeiterbewegung und Nationalsozialismus. Der Verband katholischer Arbeiter- und Knappenvereine Westdeutschlands 1923—1945 (VdKfZg, Reihe B: Forschungen, Bd. 25), Mainz 1978, S. 140—147.

[122] Vgl. U. von Hehl, Katholische Kirche und Nationalsozialismus im Erzbistum Köln, S. 78. Wie U. von Hehl feststellte, erwies sich für die katholischen Christen das Dilemma zwischen der Loyalität zur Staatsführung und der Herausforderung durch deren Politik, die in wichtigen Punkten den Widerstand des Gewissens herausgefordert habe, als nicht lösbar. Vgl. U. von Hehl, Das Kirchenvolk im Dritten Reich, S. 79, in: Klaus Gotto/Konrad Repgen (Hg.), Kirche, Katholiken und Nationalsozialismus, 1. Aufl. Mainz 1980, S. 63—82.

Rückkehr der Nürnbergfahrer. Aachen 1934

solcher Verhaltensweisen sei nochmals ein Lagebericht der Gestapo Aachen vom Juni 1935 betrachtet:
Die wirtschaftlichen und kulturpolitischen Fragen seien entscheidend für die Stimmung der Bevölkerung. Diese sei überzeugt, die nationalsozialistische Bewegung sei der katholischen Kirche und ihren Glaubenssätzen gegenüber feindlich eingestellt.
„Von dem primitiv denkenden Teil der katholischen Volksgenossen kann man ohne weiteres annehmen, daß er aus Überzeugung, daß seine Religion in Gefahr ist, Stellung gegen die Bewegung nimmt. Die intellektuellen Kreise der Bevölkerung kommen mehr und mehr zu der Erkenntnis, daß sich ein weltanschaulicher Kampf entwickelt, dessen Hintergründe machtpolitischer Natur sind."[123]
Weiter heißt es dort, früher nicht praktizierende Katholiken beteiligten sich an kirchlichen Veranstaltungen; es sei eine rege Teilnahme an Pfarrprozessionen zu verzeichnen; die Kirche habe nach wie vor starken Einfluß auch auf die Angehörigen der nationalsozialistischen Organisationen; die Kreisparteitage hätten aber unter reger Beteiligung der Gesamtbevölkerung stattgefunden.
„Es ergibt sich hieraus, daß doch erhebliche Teile der Bevölkerung Staat und Partei zu bejahen geneigt sind, wenn sie wissen, daß sie in ihren religiösen Empfindungen nicht verletzt werden."[124]

[123] Stapostelle Aachen. Lagebericht für Mai vom 5. 6. 1935 (Nr. 22). Druck: B. Vollmer, Volksopposition, S. 238.
[124] Ebda, S. 240. Vgl. dagegen die Einschätzung der Geistlichen, unten, S. 127 ff.

Ein gewisses Maß an Entschuldigung einerseits, Übertreibung und Denunziation andererseits wird hier in Rechnung zu stellen sein; ungefähr dürfte die Einschätzung der Gestapo jedoch der tatsächlichen Lage entsprochen haben. Wie aus den weiteren Berichten hervorgeht, war es vor allem die ‚nationale Frage', die das Bewußtsein von der Bedrohung des Glaubens zurücktreten ließ. Dabei bereitete die nationalsozialistische Außenpolitik der Bevölkerung ein ‚Wechselbad' an Stimmungen. Angesichts der außenpolitischen Spannungen, vor allem mit Frankreich bezüglich der Saarabstimmung, wird für die Bevölkerung des Regierungsbezirks Aachen von einer direkten „Kriegspsychose" gesprochen[125]. Nach der im nationalsozialistischen Sinn erfolgreich verlaufenen Saarabstimmung, in der sich eine überwiegende Mehrheit der Saarbevölkerung für die Rückgliederung ins Deutsche Reich ausgesprochen hatte — für dieses Ergebnis war in bischöflichen Erlassen zu Gebeten aufgerufen worden — bemerkte Regierungspräsident Reeder:

„Kein Ereignis seit der Machtübernahme hat auch nur annähernd eine so positive Wirkung diesseits und jenseits der Grenze gehabt wie der große Sieg des 13. Januar und das Vertrauen zu dem Frührer und dem Dritten Reich so stark, und wie ich auch annehmen möchte, so nachhaltig gefördert."[126]

Auch die Bekennende Kirche im Rheinland hatte am 6. Januar 1935 in einem Kanzelaufruf den Segen Gottes für die Heimkehr des Saarlandes „zum einigen Deutschen Reich" beschworen. Im Mittelpunkt stand also auch auf protestantischer Seite nicht die Repression durch das NS-Regime oder die Partei; ausschlaggebend war die konservativ-nationale Mentalität des rheinischen Protestantismus[127].

Nach der Wiedereinführung der allgemeinen Wehrpflicht am 16. März 1935 unter Bruch des Versailler Vertrags wird wieder von einmütig begeisterter Zustimmung der Bevölkerung aller Schichten berichtet[128]. Auch hier scheint der aktivierte Nationalismus integrierend gewirkt zu haben. So berichtet der Leiter der Stapostelle Aachen am 5. April 1935: „So sehr die Bevölkerung geschlossen hinter den außenpolitischen Maßnahmen der Regierung steht, die sie mit großem Interesse verfolgt, so wenig hat leider auch im Berichtsmonat der Nationalsozialismus als Weltanschauung Fortschritte gemacht."[129]

[125] Vgl. die Lageberichte der Stapostelle Aachen für September vom 6. 10. 1934 (Nr. 8) und für November vom 5. 12. 1934 (Nr. 12). Druck: B. Vollmer, Volksopposition, S. 94 und 122. Zum „Saarproblem" auf internationaler Ebene vgl. K. D. Bracher, Das Anfangstadium der Hitlerschen Außenpolitik, S. 215 f., in: W. Michalka (Hg.), Nationalsozialistische Außenpolitik, S. 201—219.

[126] Reg.Präs. Aachen. Politischer Lagebericht. 7. 2. 1935 (Nr. 15). Druck: B. Vollmer, Volksopposition, S. 165. Vgl. zum Gebetsaufruf der Bischöfe den Lagebericht der Stapostelle Aachen für Dezember vom 7. 1. 1935 (Nr. 13). Druck: ebda, S. 144.

[127] Vgl. G. van Norden, Kirche und Staat im Kirchenkampf, S. 110. Erst 1937 vollzog die Bekennende Kirche im Rheinland eine Trennung zwischen dem Gehorsam gegen die „Obrigkeit" und dem Gehorsam gegen den „Weltanschauungsstaat". Auch die Entschließung der Bekenntnissynode von Barmen vom 3. Mai 1934 hatte keine kritische Aussage zum politischen Unrechtsystem des Nationalsozialismus gemacht und zur Judenfrage geschwiegen. Vgl. ebda, S. 108—111.

[128] Vgl. den Lagebericht des Reg.Präs. Aachen für März vom 10. 4. 1935 (Nr. 18). Druck: B. Vollmer, Volksopposition, S. 190.

[129] Stapostelle Aachen. Lagebericht für März, 5. 4. 1935 (Nr. 17). Druck: ebda, S. 181.

In den nächsten Monaten, als sich als Reaktion auf die einseitige Vertragsaufhebung die für Deutschland bedrohliche Koalition der Stresafront bildete (11. April), Frankreich und die UdSSR einen Beistandspakt schlossen (2. Mai), ein Beistandspakt zwischen der CSR und der UdSSR folgte (16. Mai), wird für den Regierungsbezirk Aachen wieder von einer überaus starken „Kriegspsychose" und der Angst vor der Umzingelung Deutschlands berichtet[130]. Die Rede Hitlers vom 21. Mai 1935, die den Friedenswillen der Regierung herausstellte, habe dann „. . . alle düsteren Wolken beseitigt und wieder eine gefestigte und zuverlässige Stimmung bewirkt."[131]
Das deutsch-englische Flottenabkommen vom 18. Juni 1935, im nationalsozialistischen Sinn ein hervorragender Erfolg der Außenpolitik, wurde, so der Leiter der Aachener Gestapo, von wirtschaftlichen und vor allem kulturpolitischen Fragen überdeckt. „. . . die bei der bekannten Mentalität der katholischen Bevölkerung diese in ihrer Gesamtheit entscheidend beeinflussen."[132]
Hier sei ein kurzer Blick auf die Zunahme der antisemitischen Ausschreitungen im Frühjahr und Sommer 1935 erlaubt. Von einzelnen Parteigliederungen getragen, wurden sie von den Behörden wegen ihrer Auswirkungen auf wirtschaftlichem, damit verbunden außenpolitischem Gebiet sowie aufgrund der gegenüber diesem Terror (z. B. eingeschlagene Scheiben, Wandbeschmierungen etc.) ablehnenden Haltung der Bevölkerung nicht gern gesehen[133]. Wie der Leiter der Aachener Gestapo am 5. September 1935 berichtete, stellte die Bevölkerung „bei ihrer Mentalität" menschliche vor rassenpolitische Erwägungen; sie sei „Juden allgemein gegenüber weitgehend duldsam und lehnt, soweit es sich um den einzelnen Juden handelt, jegliche Maßnahme entschieden ab."[134] Die Bekanntgabe der Nürnberger Rassengesetze vom 15. September 1935 wirkte sich so dem Ordnungs- und Ruhebedürfnis der Bevölkerung entsprechend positiv aus; die „Judenfrage" war durch staatliche Maßnahmen aus der Sphäre der persönlichen Betroffenheit herausgehoben worden. An die Stelle von Ausschreitungen, die Ärgernis erregten, trat eine „geordnete" Diskriminierung: Die Nürnberger Rassengesetze seien ruhig aufgenommen worden, so Regierungspräsident Reeder, und die dazu ergangenen Ausführungsverordnungen würden wegen ihrer „Klarheit und Logik" geschätzt[135].

130 Vgl. die Lageberichte der Stapostelle Aachen für Mai vom 7. 6. 1935 (Nr. 20) und des Reg.Präs. Aachen für Mai vom 13. 6. 1935 (Nr. 21). Druck: ebda, S. 211 und 229. Zur außenpolitischen Bedeutung dieser Ereignisse, insbesondere dem Nichtfunktionieren der europäischen Koalition gegen Hitlers Außenpolitik angesichts des Vertragsbruches, worin Bracher ein Epochenereignis der „Appeasement"-Politik sieht, vgl. K. D. Bracher, Die Anfangsphase der Hitlerschen Außenpolitik, S. 211.

131 Reg.Präs. Aachen. Lagebericht für Mai. 13. 6. 1935 (Nr. 21). Druck: B. Vollmer, Volksopposition, S. 229.

132 Stapostelle Aachen. Lagebericht für Juni. 5. Juli 1935 (Nr. 22). Druck: ebda, S. 237. Vgl. zur außenpolitischen Bedeutung des Flottenabkommens Jost Dülffer, Das deutsch-englische Flottenabkommen vom 18. Juni 1935, S. 244, in: W. Michalka (Hg.), Nationalsozialistische Außenpolitik, S. 244—276.

133 Vgl. Werner T. Angress, Die „Judenfrage" im Spiegel amtlicher Berichte 1935, S. 21, in: U. Büttner u. a. (Hg.), Das Unrechtsregime, Bd. 2, S. 19—43.

134 Lagebericht der Stapostelle Aachen für August vom 5. 9. 1935 (Nr. 25). Druck: B. Vollmer, Volksopposition, S. 277.

135 Vgl. dazu den Lagebericht des Reg.Präs. Aachen für September vom 15. 10. 1935 und denjenigen für November vom 14. 12. 1935 (Nr. 27). Druck: ebda., S. 298 und S. 323. Vgl. das

Die Reaktion der Bevölkerung auf die vertragswidrige Besetzung des Rheinlandes bewegt sich wiederum in dem bereits skizzierten Rahmen. Zwar vermerkt Heinz Seetzen, inzwischen Leiter der Aachener Gestapo, freudige Zustimmung und berichtet von Aufmärschen und Fackelzügen und unaufgeforderter Beflaggung der Häuser, aber auch von der Sorge vor außenpolitischen Verwicklungen[136]. Diese Mischung von Zustimmung und Besorgnis scheint auch — eine nach Schichten und Gruppen vorzunehmende Differenzierung kann hier nicht gegeben werden — für die übrige rheinische Bevölkerung gegolten zu haben[137]. Erst das Ausbleiben der Reaktionen aus dem Ausland vermochte einer breiten Zustimmung Raum zu geben. Der völkerrechtswidrige Schritt wurde innenpolitisch zu einem Erfolg des Regimes — eine willkommene Entlastung angesichts der angespannten Versorgungslage und der häufigen Zusammenstöße zwischen Partei und Kirche in den vorwiegend katholischen Rheinlanden[138]. Heinz Seetzen kommt jedenfalls zu dem Ergebnis:
„Die weltpolitischen Ereignisse vom 7. März haben das Ansehen des Führers weiter gesteigert, und diejenigen, die bisher noch Einwendungen gegen die Person des Führers oder seine Außenpolitik machten, sind an Zahl zu einer bedeutungslosen Gruppe zusammengeschrumpft. Die völlige Wiedergewinnung der deutschen Souveränität und Erhaltung der deutschen Ehre und des europäischen Friedens sind Ziele, denen jeder anständige Deutsche vorbehaltlos seine Zustimmung gibt. Das gilt auch für die Volksgenossen, die aus konfessionellen Gründen bisher noch Vorbehalte hatten."[139]
Die ‚staatsmännische Kunst des Führers' auf außenpolitischem Gebiet scheint auch für die katholischen Bischöfe im Deutschen Reich nicht außer Frage gestanden zu haben, wovon Glückwunschtelegramme zum Einmarsch zeugen[140]. Für den 29. März 1936 wurde ein Plebiszit über die Politik der Reichsregierung anberaumt. Jüdische Mitbürger durften daran nicht mehr teilnehmen — der Wahlenthaltung von Beamten sollte mit Disziplinarstrafen begegnet werden[141]. Zu dieser Abstimmung erklärten die deut-

„Gesetz zum Schutz des deutschen Blutes und der deutschen Ehre" vom 15. 9. 1935, in: RGBl. I 1935, S. 1146. Vgl. Otto Dov Kulka, Die Nürnberger Rassengesetze und die deutsche Bevölkerung im Lichte geheimer NS-Lage- und Stimmungsberichte, in: VfZg, Jg. 32, 1984, S. 582—624.

[136] Vgl. den Lagebericht der Stapostelle Aachen für März vom 6. 4. 1936 (Nr. 33). Druck: B. Vollmer, Volksopposition, S. 370.

[137] Vgl. H. Lademacher, Die nördlichen Rheinlande, S. 762 f.

[138] Vgl. Manfred Funke, 7. März 1936. Fallstudie zum außenpolitischen Führungsstil Hitlers, S. 279, in: W. Michalka (Hg.), Nationalsozialistische Außenpolitik, S. 277—334.

[139] Stapostelle Aachen. Lagebericht für März. 6. 4. 1936 (Nr. 33). Druck: B. Vollmer, Volksopposition, S. 371.

[140] Von solchen Glückwunschtelegrammen berichtet der oben in Anm. 139 zitierte Lagebericht. An die Wehrmacht direkt wandten sich mit zustimmenden, teils emphatischen Erklärungen der Kölner Kardinal Schulte (an General von Blomberg) und Bischof Clemens August Graf von Galen (an den Oberkommandierenden von Fritsch), vgl. H. Lademacher, Die nördlichen Rheinlande, S. 762.

[141] Vgl. K. D. Bracher, Stufen der Machtergreifung, S. 498.

Heinz Seetzen, geb. 23. 6. 1906 in Rüstringen (heute Wilhelmshaven); vom März 1939 bis Januar 1940 Leiter der Gestapo in Stettin, dann in Hamburg; im Herbst 1942 Inspekteur der Sipo in Kassel, ab Frühjahr 1943 in Breslau; dort Oberst der Polizei; Selbstmord am 28. 9. 1945. Lit.: B. Vollmer, Volksopposition, S. 14.

Heiligtumsfahrt Aachen 1937: Die tiefgestaffelten Zuschauermengen beim Vorbeizug der Prozession in der Kleinmarschierstraße

schen Bischöfe mit einigen Ausnahmen, so in der Aachener Diözese, daß sie für ihre Person mit „ja" stimmen würden[142]. „Auf dem der kirchlichen Arbeit im wesentlichen fremden Gebiet der Außenpolitik befleißigte man sich einer Terminologie, die sicher vom alten Reichspatriotismus genährt, jedoch auch vom nationalen Überschwang getragen wurde und — im Fall der Rheinlandbesetzung — letztlich für Erwägungen der Völkerrechtswidrigkeit keinen Raum ließ."[143] Die Bischöfe gingen hier anscheinend weiter als die Mehrheit der rheinischen Bevölkerung, für deren Zustimmung zum Plebiszit auch die Hoffnung auf wirtschaftliche Besserung in der Region in Rechnung zu stellen ist[144].

[142] Vgl. den Lagebericht der Stapostelle Aachen für März vom 6. 4. 1936 (Nr. 33). Druck: B. Vollmer, Volksopposition, S. 373. Die Erklärung des Kölner Erzbischofs Schulte zur Abstimmung vom 29. März 1936 ist abgedruckt in: B. Stasiewski, Akten II, S. 303 (Dok. 284).

[143] H. Lademacher, Die nördlichen Rheinlande, S. 762.

[144] Vgl. ebda, S. 763. f.

Das Plebiszit erbrachte für den Regierungsbezirk Aachen bei einer 99%igen Wahlbeteiligung, 1,15% Nein-Stimmen. Der Leiter der Gestapo Aachen gibt die Zahl der als „ja" gewerteten weißen Stimmzettel mit etwa 10% an; diejenigen Stimmzettel, die nicht ohne weiteres als „Ja" gerechnet werden könnten, hätten sich ebenfalls in Grenzen gehalten — welche Zahl auch immer sich dahinter verbergen mag[145]. Nur noch die wenigsten fanden sich zu einem direkten „Nein" bereit angesichts der breiten nationalistischen Stimmung und der Furcht vor möglichen negativen Folgen. Selbst in dem durch seine Grenzlage und seine konfessionelle Struktur einen Sonderstatus einnehmenden Regierungsbezirk Aachen deutete sich die Entwicklung an, die in der Olympiade und dem Anschluß Österreichs eine nicht mehr nationale, sondern nationalistische Grundhaltung anzeigte. Hinter ihr traten konfessionelle Anliegen zurück; die Integrationsfähigkeit des nationalsozialistischen Systems siegte. So kommt eine Untersuchung über die Aachener Heiligtumsfahrt 1937, an der 800 000 bis 1 Million Menschen aus allen Teilen Deutschlands teilnahmen, womit dieses Ereignis zu einer herausragenden Glaubensbekundung im Dritten Reich wurde, zu dem Ergebnis, daß die Gemeinsamkeit der Teilnehmer nicht aus unbedingt „antinazistischer", sondern aus „nichtnazistischer" Haltung erwachsen sei[146].

4. Die „Erzbruderschaft vom hl. Sebastianus"

In einer einem phänomenologischen Ansatz verpflichteten Studie über den Nationalismus in Deutschland sind die Schützenbruderschaften mit ihrem militärischen Gepränge und ihrer Volksverbundenheit als herausragendes Beispiel aufgenommen[147]. Sie übten den Schießsport mit Groß- und Kleinkalibern aus; den Höhepunkt ihres Vereinslebens stellte das alljährliche Schützenfest mit der Ehrung des Schützenkönigs dar, ein vor allem im dörflichen und kleinstädtischen Bereich beliebtes Volksfest, das zum Teil mit der ‚Kirmes' zusammenfiel[148].
Die Wurzeln der Schützenbruderschaften reichen bis ins Mittelalter zurück. Ihre Blüte erlebten die Schützengilden und - bruderschaften im 14.—16. Jahrhundert. Die aufstrebenden Städte übertrugen ihnen Funktionen der Ordnungsgewalt. Mit der veränderten Kriegstechnik der Neuzeit nahm ihre Bedeutung rapide ab, und erst in der

145 Vgl. den Lagebericht der Stapostelle Aachen für März vom 6. 4. 1936 (Nr. 33). Druck: B. Vollmer, Volksopposition, S. 372.

146 Paul Emunds, Der stumme Protest, Aachen 1963, S. 8. Siehe auch Hans Leo Baumanns, Die Aachener Heiligtumsfahrt 1937. Ein sozialgeschichtlicher Beitrag zur katholischen Volksopposition im III. Reich, Aachen 1968 (Diss.).

147 Vgl. Georg L. Mosse, Die Nationalisierung der Massen. Politische Symbolik und Massenbewegung in Deutschland von den napoleonischen Kriegen bis zum Dritten Reich (amerikanisch 1975), Frankfurt Berlin 1976, S. 176 ff.

148 Vgl. Wilhelm Ewald, Die rheinischen Schützengesellschaften, in: Zeitschr. des Rheinischen Vereins für Denkmalpflege und Heimatschutz, Heft 1, September 1933, und ders. (Hg.), Wir Schützen, Duisburg 1938.

Bildertafel der Erzbruderschaft

Eine Kompagnie der neugegründeten St. Sebastianus-
nützen-Bruderschaft Neuß-Weißenberg, die
Gesellschaft „Schützenlust"

St. Sebastianus-Schützenbruderschaft Köln-Merkenich.
In der ersten Reihe Pfarrer Brungs und der 80jährige Heinr.
Falkenstein, der einzige, noch lebende Gründer der Bruderschaft
(Gegründet 1888)

St. Sebastianus-Bruderschaft Bedburg (Erft).
Aufbahrung des Schützenkönigs 1931.

St. **Severini-Schützengesellschaft Karken** (Bez. Heinsberg)
Begräbnis des Schützenkönigs.

gschützenabteilung der St. Antonius-Schützengesellschaft
Körrenzig, Kreis Erkelenz
Ganz links: der Präsident Rentmeister Hansen
Ganz rechts: **Vizepräsident Engels**

St. **Bernhardus-Bruderschaft Rossenray bei Rheinberg**
König: Hermann Baaken, **Kassierer des Bundes Mörs-Xanten**

zweiten Hälfte des 19. Jahrhunderts nahm das Schützenwesen einen nachhaltigen Aufschwung, der zur Gründung des Deutschen Schützenbundes 1861 in Gotha führte[149].

Zu den Ursprüngen der Schützenbruderschaften gehört ihre enge Bindung an die Kirche. Ihnen oblag zunehmend der Schutz kirchlicher Einrichtungen — gleichsam eine Kompensation für den Verlust an wehrpolitischer Bedeutung. Die Teilnahme am kirchlichen Leben äußerte sich früher wie heute in der feierlichen Begleitung des Allerheiligsten bei den Fronleichnamsprozessionen mit gezogenen Degen und kirchlichen Fahnen, im gemeinsamen Kommuniongang am Patronatsfest sowie in der häufig geübten Praxis, nur katholische Mitglieder aufzunehmen[150]. Die Gründung von Schützenbruderschaften war traditionell nur in selbständigen Pfarreien möglich. Von alters her war der Schutzpatron der Schützenbruderschaften der heilige Sebastian, der als jugendlicher Märtyrer verehrte Anführer der Leibwache Kaiser Diokletians. Er soll seine Stellung dazu benutzt haben, verfolgten Christen beizustehen[151]. In seiner Person verbanden sich die überlieferten Ideale der Schützen: „Gebet und Nächstenliebe, Wehrhaftigkeit und Disziplin"[152]. Viele Schützenbruderschaften trugen seinen oder den Namen anderer Heiliger. Die häufig geführten Alterskassen verweisen auf die soziale Funktion dieser Gemeinschaften auf örtlicher Ebene.

Im Jahr 1928 schlossen sich in Köln über 1 000 rheinische Bruderschaften mit westfälischen Schützenvereinen zum Verband der Katholischen Schützenorganisationen zusammen, der den Namen führte: „Erzbruderschaft vom hl. Sebastianus. Bund rheinisch-westfälischer Schützen"[153]. Das Einzugsgebiet dieses Verbandes waren die Diözesen Köln, Paderborn, Münster, Trier und Aachen. Die Zahl der angeschlossenen Verbände stieg schnell an. Im Frühjahr 1933 sprach der Vorsitzende des Verbandes, Fürst zu Salm-Reifferscheidt-Dyck, von 100 000 Schützenbrüdern[154]. Mit ihrer Volks-

149 Als dessen Ziel gibt das Brockhaus-Konversationslexikon von 1895 an: „Verbrüderung aller deutschen Schützen, Vervollkommnung in der Kunst des Büchsenschießens und Hebung der Wehrfähigkeit des deutschen Volkes." (14. Aufl. Bd. 14. Berlin Wien 1895) S. 656. Für Hinweise auf einzelne Schützengesellschaften siehe Joseph Klersch, Das deutsche Schützenwesen. Eine Bibliographie, hg. vom Bund der Historischen Deutschen Schützenbruderschaften, Köln 1967.

150 Im Bericht des Dechanten des Dekanates Gangelt (Diözese Aachen) wird die Rückkehr zu diesen Verhaltensweisen hervorgehoben. BDA. Gvd Gangelt 1 II. (Jahresbericht 1935).

151 Vgl. Reclams Lexikon der Heiligen und biblischen Gestalten. Legende und Darstellung in der bildenden Kunst, von Hiltgart L. Keller, 5., durchgesehene und ergänzte Aufl. Stuttgart 1984.

152 Zitiert nach: Festschrift 1718—1978. 260 Jahre St. Blasius Schützenbruderschaft Kinzweiler, o.O. o.J., S. 15.

153 Vgl. die Satzungen vom 7. 1. 1933. BDA. GvS J 12 I. Vgl. Dokument Nr. 1, S. 233.

154 Darauf wird Bezug genommen in: Der „Schützenbruder". Mitteilungen der Erzbruderschaft vom hl. Sebastianus. Sonderheft: Erhaltung und Gestaltung der Schützenbruderschaften (Schützengesellschaften, Schützenvereine, Schützengilden, Schützengarden, Schützenkompanien) am Rhein und in Westfalen. Schriftleitung: Dr. A. Louis und Dr. W. Holland, o. O., 29. Februar 1936, S. 2. Genauere Angaben über die Mitgliedszahlen waren auch im Archiv der Historischen Deutschen Schützenbruderschaften nicht zu ermitteln.

Franz Joseph Fürst und Altgraf zu Salm-Reifferscheidt- (Krautheim und) Dyck, geb. 7. 4. 1899 in Wien; gest. 13. 6. 1958. Vgl. Genealogisches Handbuch des Adels. Fürstliche Häuser, Bd. V. Hauptbearbeiter Hans Friedrich von Ehrenkrock, Limburg an der Lahn 1959, S. 246.

St. Sebastianus-Schützenbruderschaft Köln-Merkenich. In der ersten Reihe Pfarrer Brungs und der 80jährige Heinr. Falkenstein, der einzig noch lebende Gründer der Bruderschaft (Gegründet 1888) [Ausschnitt aus Abbildung S. 71]

verbundenheit und demonstrativ katholischer Haltung wirkte die Erzbruderschaft auch im politischen Raum. Wie der Generalpräses als stellvertretender Schützenbruderschaftsführer der Erzbruderschaft, Pfarrer Dr. Louis, 1934 betonte, hatte die Devise der Erzbruderschaft in den letzten Jahren der Weimarer Republik gelautet: „Kampf gegen Moskau und Versailles"[155]. Diese konkreten politischen Zielsetzungen waren anscheinend aus dem Schützenideal „Glaube, Sitte und Heimat" problemlos ableitbar, obschon die Schützen ansonsten als überparteilich verstanden werden wollten. So heißt es in einer verbandsoffiziellen Broschüre, die Gründe für den Zusammenschluß in der Erzbruderschaft seien gewesen: die Zusammenfassung und Stärkung der „alten Ideale", die Abwehr von „kommunistischer Unterwanderung", der Kampf gegen das Vordringen der Linken, weshalb der Verband den Begriff „geistige Wehrhaftigkeit" in sein Programm aufnahm, weiterhin die „Erhaltung und Pflege der volksverbundenen

155 Vgl. die Rede des Generalpräses Dr. Louis vom 14. 1. 1934, abgedruckt in: „Der Schützenbruder", 7. Jg. Februar 1934, Heft 2, Nr. 39, S. 523.

Dr. theol. Peter Joseph Louis, geb. 2. 2. 1886 in Godesberg-Rüngsdorf; gew. 19. 2. 1910; gest. 16. 10. 1956.

Sitten und Gebräuche" sowie die Ausübung des Schießsports[156]. Die Verbindung von Religiosität und Nationalgefühl, bürgerlichem Auftreten und sozialem Anspruch brachte die Erzbruderschaft bereits um die Jahreswende 1932/33 in eine nicht nur verbale Nähe zum Nationalsozialismus, wofür der aus nationaler und konfessioneller Mentalität erwachsene gesteigerte Nationalismus ausschlaggebend war. Überdeutlich wird dies in der Satzungsdiskussion um die Jahreswende 1932/33. So wurde am 7. Januar 1933, also noch vor der Machtübergabe an Hitler eine Satzung angenommen, nach der die Erzbruderschaft mit ihren angeschlossenen Mitgliederorganisationen als ein „katholischer deutscher Verband" ein doppeltes Ziel verfolgte: In „religiös- kirchlicher Zielsetzung" förderte sie die religiöse, insbesondere die „eucharistische Lebensbetätigung", den „Bruderschaftsgedanken[s]" und die „christliche[n] Nächstenliebe", weiterhin „alle Bestrebungen zur Gesundung des öffentlichen und privaten Lebens im Geiste christlicher deutscher Sitte und Kultur". In „nationalsozialistisch-staatlicher Zielsetzung" sollte die „Erziehung zum Gemeinschaftssinn und zur Wehrhaftigkeit auf der Grundlage nationalsozialistischer Volks- und Staatsauffassung" gefördert werden, weiterhin der „Schießsport", die „Heimatfeste" und die „Schützenbräuche"[157].

Organe der Erzbruderschaft waren 1. der oberste Schützenbruderschaftsführer, 2. der oberste Führerrat, 3. der Große Rat. Der oberste Schützenbruderschaftsführer wurde vom großen Rat ernannt und traf selbständig alle Maßnahmen zur Durchführung der satzungsmäßigen Aufgaben. Sein Stellvertreter war zugleich Generalpräses des Verbandes, dessen Berufung sich nach den kirchlichen Vorschriften richtete, womit die Stellung des Verbandes zwischen Kirche und Politik deutlich wird. Die Bischöfe der betroffenen Diözesen hatten gegen die Satzungen keine grundlegenden Einwände geltend gemacht[158]. Nach der Aufhebung der bischöflichen Verbote zum Nationalsozialismus konnte der oberste Bruderschaftsführer, Fürst zu Salm-Reifferscheidt-Dyck, im April 1933 erklären:

„Wir können nicht fehlen, wenn die Nation erwacht, wir dürfen nicht beiseite stehen, wenn neues deutsches Volk wird, und wir wollen nicht versagen, wenn es gilt, einen Führer zu stützen, der Adolf Hitler heißt. Der Weg kann nur der der Unterstützung der nationalsozialistischen Bewegung sein."[159]

Diesen Weg beschritt die Erzbruderschaft, vom „Führer" im Sommer 1933 mit einem „prachtvollen Reichsadler" als Wanderpokal ausgezeichnet[160]. Die konservativ-national-katholische Mentalität hatte zu einer Gesinnungsverwandtschaft mit dem Nationalsozialismus geführt und Illusionen entstehen lassen, die in den Reden der führenden Männer des Verbandes deutlich zum Ausdruck kamen.

Am 14. Januar 1934, dem Tag, an dem das Banner der Bruderschaft, auf dem die Worte standen „Aus alter Wurzel neue Kraft" zum ersten Mal in einer feierlichen Delegiertenversammlung vor 800 Bruderschaftlern mit einem Hakenkreuzwimpel versehen

[156] „Der Schützenbruder", Sonderheft, S. 4.

[157] Satzungen vom 7. Januar 1933, in: BDA. GvS J 12 I. Vgl. Dokument Nr. 1, S. 233.

[158] „Der Schützenbruder" 6. Jg. 1933, Heft Februar, S. 8. Zu den bischöflichen Stellungnahmen vgl. Dokument Nr. 2, S. 240 f.

[159] Zitiert nach: „Der Schützenbruder", Sonderheft, S. 3.

[160] Ebda.

St. Severini-Schützenbruderschaft Karken (Bez. Heinsberg). Begräbnis des Schützenkönigs. [Ausschnitt aus Abbildung S. 71]

wurde, schließt der oberste Schützenbruderschaftsführer seine diese Handlung begleitende Festrede:
„Für unseren Glauben, für unsere Sitte, für unsere Heimat und unser Vaterland, für unseren Führer Adolf Hitler. Sieg Heil!"[161]
Zuvor hatte er in der Rede den „Kampf gegen die zersetzenden Kräfte" beschworen, den die Erzbruderschaft in den letzten Jahren geführt habe, ein Weg, der „. . . in gerader Linie an die Kräfte der deutschen Renaissance des Jahres 1933 herangeführt hat."
Nach einem ausdrücklichen Bekenntnis zum neuen deutschen, auf dem Christentum aufbauenden Staat wird in der Rede der konfessionelle Charakter des Verbandes betont: die Erzbruderschaft werde für die Zukunft verlangen, daß alle ihr angeschlossenen Schützenbruderschaften sich eintragen lassen in das Bruderschaftsregister, das bei allen Pfarreien eingerichtet werde. In Anlehnung an die hierarchische Ordnung der Kirche sollten Dekanats- und Diözesanbezirke eingerichtet werden, deren Leiter nach dem Führerprinzip vom obersten Schützenbruderschaftsführer ernannt werden sollten.
Die anschließend gehaltene Rede des Generalpräses der Erzbruderschaft knüpft an diese Ausführungen an: Das Dritte Reich wolle, so Dr. Louis, indem es die „vergifteten Quellen" verstopft habe, auf die „guten Quellen" aufbauen; der „Führer", der der Kirche als der „Hüterin religiösen Gutes" in ihrem Bereich „völlige Freiheit" gewähre,

[161] Fürst zu Salm-Reifferscheidt-Dyck. Rede vom 14. 1. 1934, abgedruckt in: „Der Schützenbruder", 7. Jg., Februar 1934, Heft 2, Nr. 39, S. 23.

könne auf die Schützen bauen; „Schütze und Bruder", „Wehrmann und Gottesmann", „Sportsmann und Caritasjunge" erscheinen als ideale Verbindungen. Im nationalsozialistischen Staat werde sich das Schützenwesen erst richtig entfalten können.
„Vor uns liegt die gewaltsame Überwindung des Bolschewismus, der mit geistigen Waffen allein nicht zu besiegen war. Die Abwehr der liberalen Ideen, die Aufrichtung der Volksgemeinschaft und des Führerprinzips, die ständische Ordnung und die Ehrung jedes arbeitenden Standes, sowie die geachtete Stellung Deutschlands unter den Völkern haben wir als positive Ergebnisse des Umbruchs unserer Tage vor uns."[162]
Es folgt eine Aufzählung der weiteren Verdienste des neuen Staates, welcher „. . . die sittliche Volkskraft stärkt, den Kampf gegen Schmutz und Schund siegreich macht, das Dirnenwesen und die Nacktkultur verdrängt, den Familiengedanken pflegt und eine Bevölkerungspolitik treibt, die wieder ein gesundes Volk zu schaffen geeignet ist."
Die Stärkung des Bauerntums, die Beseitigung der Arbeitslosigkeit und des Hungers seien Verdienste, woraus das Bekenntnis abgeleitet wird, „. . . diesem Staat huldigen wir in dieser Stunde."
In den Aufbruch sieht der Generalpräses auch den katholischen Klerus des Rheinlandes und Westfalens einbezogen, welcher keine staatsfeindlichen Elemente unter sich dulde:
„Die geistlichen Präsides, die in den Schützenbruderschaften für die religiös-sittlichen Belange gewissermaßen als Schützenpropst mitwirken, ehren und achten den Führer Adolf Hitler in Berlin, der im gewaltigen Umbruch der Zeit Kirche und Staat in ihren Hoheitsgebieten stärkte und zu gemeinschaftlichem Wirken für unseres Volkes Aufbau aufrief."
So lag der Schluß der Rede nahe: „Wir bauen mit am neuen Reich. Wir bauen mit ein glückliches deutsches Volk! Schützen heraus! — Heil Hitler!"

Klar werden in diesen Reden die gemeinsamen Anliegen benannt; Antikommunismus und Antiliberalismus, rigide Sittlichkeit, Ordnung und Stärkung der Nation.

Im Februar 1934 befahl der oberste Schützenbruderschaftsführer die Anwendung des Deutschen Grußes und das Anbringen von Hakenkreuzwimpeln an den Vereinsfahnen der angeschlossenen Bruderschaften[163]. Wie in einem Sonderheft des Vereinsorgans „Der Schützenbruder" von 1936 vermerkt ist, war diese Anweisung aufgrund einer Aufforderung von nationalsozialistischer Seite her ergangen[164].
Die Erzbruderschaft war Ende 1934 unter starken Gleichschaltungsdruck geraten, dem sie nur schwer begegnen konnte. Der Grund dafür ist dem genannten Sonderheft zu entnehmen, in dem freimütig bekannt wird:

162 Pfarrer Dr. Louis. Rede vom 14. 1. 1934, abgedruckt in: ebda, S. 24.
163 Vgl. die Anordnung des obersten Schützenbruderschaftsführers betr.: Deutschen Gruß, Hakenkreuzwimpel, abgedruckt in: „Der Schützenbruder", 7. Jg., Februar 1934, Heft 2, Nr. 39, S. 31.
164 Vgl. „Der Schützenbruder", Sonderheft, S. 4.

Erzbruderschaft vom hl. Sebastianus: Aufnahme von der V. Führertagung in Maria-Laach, an der neben Mitgliedern des Hauptvorstandes und des Präsidiums 31 Bundesmeister teilnahmen. In der 1. Reihe sitzend von links nach rechts: Bundesmeister und Vizepräsident Rößler, Weisweiler — Prälat Rohde, Immigrath — Dechant Schwunk, Attendorn — Graf Wilderich von Spee, Alme i. W., Vizepräsident — Fürst Salm-Reifferscheidt-Dyck, — Abt Ildefons Herwegen O.S.B. — Generalpräses Dr. P. Louis — Bürgermeister Dr. Toll, Andernach — Dechant Dr. Peters, Remagen — Dechant Schelauske, Euskirchen — Bundesmeister A. Dreesen, Düsseldorf-Benrath (6. Januar 1934)

„Es gibt wohl kaum einen deutschen, nicht direkt nationalsozialistischen Verband von Männern, der sich so aufrichtig und ohne Zögern dem nationalsozialistischen Aufbauwerk Adolf Hitlers zur Verfügung stellte, wie die Erzbruderschaft vom hl. Sebastianus."[165]

Hinter dieser Feststellung verbarg sich auch der Wille, Angriffe gegen den Verband abzuwehren.

Wie oben angeführt, war um die Jahreswende 1933/34 der konfessionelle Charakter der Erzbruderschaft wieder stärker hervorgetreten. In den Jahren 1934/35 stand die Klärung des eigenartigen ‚Zwitterverhältnisses' zwischen kirchlichem und weltlichem Verband im Vordergrund. Die Diskussion drehte sich um die Einrichtung der angeschlossenen Bruderschaften nach dem kanonischen Recht. Die Bischöfe lehnten dies, wohl aufgrund der allzusehr politisch gehaltenen Manifestationen des Verbandes, ab. Jedoch durften die Bruderschaften die Bezeichnung Bruderschaft und Erzbruderschaft weiterführen und durften als katholische Vereine gelten, falls sie sich beim Pfarrer anmeldeten[166].

165 Ebda, S. 5.

166 Vgl. das Protokoll der am 1. 6. 1934 im Aachener Generalvikariat gehaltenen Konferenz über die Zukunft der Schützenbruderschaften, in: BDA. GvS J 12 I.

Im November 1934 wurde die Erzbruderschaft als geschlossene Fachschaft dem Deutschen Schützenbund zugewiesen, welcher dem Reichsbund für Leibesübungen unterstand. Im Juni 1935 trat der Reichsbund für Leibesübungen mit Einheitssatzungen an die ihm unterstellten Vereine heran, wonach eine konfessionelle Bindung untersagt wurde. Da über diese Forderung in den ersten Monaten des Jahres 1935 keine Einigung erzielt werden konnte, wurde die „Fachschaft Erzbruderschaft" am 1. Juli 1935 aufgehoben[167]. Die weitere Entwicklung zielte auf eine Beseitigung der Doppelgestalt der Schützenbruderschaften. Danach wurde die Erzbruderschaft verpflichtet, ihren Organisationen anzuraten, für die Pflege des Sports und die Organisation der Volksfeste dem Reichsbund für Leibesübungen beizutreten und für die konfessionellen Angelegenheiten die kirchlichen Bruderschaften zu pflegen[168]. Dementsprechend legte die Verbandsführung der Erzbruderschaft den angeschlossenen Organisationen nahe, geschlossen in den Deutschen Schützenbund einzutreten und sich einzeln in das Bruderschaftsregister der Pfarreien einzutragen, was praktisch die Gründung eines zweiten Vereins bedeuten mußte[169].

Am 6. März 1936 wurde die „Erzbruderschaft vom hl. Sebastianus" von der Staatspolizei für aufgelöst erklärt; die einzelnen ihr angeschlossenen Bruderschaften blieben vorerst erhalten[170]. Wie das Generalvikariat Aachen richtig voraussah, wurden die Bruderschaften in der Zukunft vor die Alternative gestellt, ob sie kirchliche Bruderschaften bleiben wollten, wobei ihnen dann jedes öffentliche Auftreten untersagt würde, oder ob sie sich dem Reichsbund für Leibesübungen anschließen wollten, womit sie ihre kirchliche Bindung aufgeben würden[171].

Der Druck auf die einzelnen Vereinigungen wuchs in den nächsten Jahren beständig. So berichtete Pfarrer Schagen aus Brand/Aachen am 16. November 1936 dem Aachener Generalvikariat, daß nach „höherer Weisung" die Schützen beim Tode eines Mitgliedes der Gesellschaft am Grabe nicht mehr die üblichen drei „Vater unser" für den Verstorbenen beten dürften; das Schießen am Schießstand, bisher eingeleitet mit einem „Vater unser" solle nun ohne dies erfolgen[172]. Welche Option sich bei den Mitgliedern in der Folgezeit durchsetzte, welche Traditionslinie — die kirchliche oder die national-sportliche — die Oberhand behielt, ist nicht einheitlich zu beantworten. Den Bruderschaften, die der kirchlichen Betätigung Vorrang gaben, wurde die Ausübung des Schießsportes, das Tragen von Uniformen und das Führen von Vereinsfahnen etc. in der Regel untersagt[173]. Auch wurde versucht, diejenigen Bruderschaften, die sich

[167] Vgl. „Der Schützenbruder", Sonderheft, S. 5. Vgl. dazu Dokument Nr. 3, S. 242.

[168] Vgl. „Der Schützenbruder", Sonderheft, S. 7.

[169] Vgl. ebda.

[170] Vgl. das Rundschreiben des Aachener Generalvikariats vom 15. 5. 1936 an die Dechanten der Diözese. BDA. GvS J 13 I.

[171] Vgl. ebda und Dokument Nr. 4, S. 243. Nach kirchlichem Recht konnte die Auflösung der eingeschriebenen Bruderschaften nur durch die vorgesetzte kirchliche Behörde erfolgen. Vgl. das Schreiben des Generalvikariats Aachen vom 19. 5. 1936 an die Pfarrämter und Rektorate der Diözese. BDA. GvS J 12 I.

[172] Vgl. dessen Schreiben, in: BDA. GvS J 12 I.

[173] Vgl. für Viersen den Bericht der Bruderschaft Tüschenbroich vom 28. 8. 1937. BDA. GvS J 12 I.

Paul Schagen, geb. 26. 12. 1877 in Rheindahlen; gew. 28. 3. 1903; gest. 20. 12. 1944.

nicht dem Deutschen Schützenbund angeschlossen hatten, zur Änderung ihres kirchlichen Namens zu bewegen — wozu nach kirchlichem Recht weder die einzelne Bruderschaft, noch der Pfarrer oder der Präses berechtigt waren[174].
Wie der Leiter der Gestapo Aachen am 25. April 1940 den Landräten mitteilte, hatten sich von den etwa 1 000 Vereinen der früheren Erzbruderschaft im Regierungsbezirk Aachen etwa 600 beim Deutschen Schützenbund e. V. im NS-Reichsbund für Leibesübungen registrieren lassen. Es wurde verfügt, daß die Vereine, die nur noch kirchlich aktiv gewesen waren, den Namen „Schützenverein" nicht mehr führen durften[175].

Der große Einfluß der katholischen Geistlichkeit auf die Bevölkerung, wie er von der Gestapo hervorgehoben wurde[176], und der auch in den Schützenbruderschaften zur Geltung kam, legt die folgende Untersuchung der Mentalität dieses Berufsstandes nahe.

[174] Vgl. das Rundschreiben des Generalvikariats Aachen vom 21. 9. 1937 an die Dechanten. BDA. GvS C 5 I.

[175] Vgl. das Schreiben der Gestapo Aachen vom 25. 4. 1940 an die Landräte, Druck: W. Frenken, H. B. Funken/H. Zumfeld/L. Gillessen (Hg.), Der Nationalsozialismus im Kreis Heinsberg, Heinsberg 1983, S. 183.

[176] Vgl. oben, S. 62.

III. Die katholische Geistlichkeit und das nationalsozialistische System. Untersuchung am Beispiel des Bistums Aachen

Zur freien Religionsausübung gehört Öffentlichkeit, und öffentlich sind wichtige Bereiche der beruflichen Tätigkeit eines Geistlichen, so die Verkündigung des Glaubens in Gottesdiensten und ‚Lehrveranstaltungen', Segnungen und z. T. auch die Spendung der Sakramente. Die katholischen Priester sahen sich 1933 mit einem Staat konfrontiert, der selbst das Monopol auf die Gestaltung des öffentlichen Lebens erhob. Wie reagierte dieser Berufsstand, und welche Mentalität war dabei wirksam? Bevor wir uns einer Beantwortung dieser Fragen nähern können, bedarf es einer Betrachtung der innerkirchlichen Strukturen und des Verhältnisses von Kirche und Staat.

1. Diözese und Diözesanklerus

Bezugnehmend auf die unter französischer Herrschaft gegründete Diözese, die von 1802—1821 ihren Sitz in Aachen hatte, bestimmte das preußische Konkordat vom 13. August 1929 die Wiedererrichtung des Bistums Aachen[1]. Neben dem historischen Anknüpfungspunkt waren die Größe der Kölner Erzdiözese, die gestiegene Bevölkerungszahl, das rege kirchliche Leben in Aachen sowie die Grenzlage für die Errichtung des Bistums auschlaggebend[2]. Eingegliedert wurde es in die Kirchenprovinz Köln, zu der neben der Erzdiözese Köln auch die Bistümer Limburg, Münster, Osnabrück und Trier zählten.[3] Ein halbes Jahr lang leitete der Kölner Kardinal Schulte als Apostoli-

[1] Der Vertrag des Freistaates Preußen mit dem Heiligen Stuhl ist abgedruckt in: Realschematismus Aachen, S. 18—23. Vgl. Dieter Golombek, Die politische Vorgeschichte des Preußenkonkordats (1929), (VdKfZg, Reihe B: Forschungen, Bd. 4), Mainz 1970. Zum alten Bistum Aachen siehe Jacob Torsy, Geschichte des Bistums Aachen während der französischen Zeit (1802—1814), Bonn 1940.

[2] Vgl. Josef Reuter, Die Wiedererrichtung des Bistums Aachen (Veröffentlichungen des Bischöflichen Diözesanarchivs Aachen, Bd. 35) Mönchengladbach 1976; das Kapitel: Vom alten zum neuen Bistum Aachen, in: Realschematismus Aachen, S. 7 f.; den Beitrag von Ludwig Drees und Dieter Wynands, Geschichte des Christentums und der Kirche im Bereich des Bistums Aachen von den Anfängen bis zur Gegenwart, in: Fünfzig Jahre Bistum Aachen, hg. vom Bischöflichen Generalvikariat Aachen, Aachen 1980, S. 2—36; siehe auch den Band von Philipp Boonen (Hg.), Lebensraum Bistum Aachen. Tradition — Aktualität — Zukunft (Aachener Beiträge zu Pastoral- und Bildungsfragen 10), (Schriftenreihe der Bischöflichen Akademie und der Hauptabteilung außerkirchliche Bildung), Aachen 1982, sowie den Beitrag von Dieter Wynands, Zur Geschichte des alten und des neuen Bistums Aachen, in: Hans-Günther Schmalenberg, Köpfe-Gestalten-Bistum Aachen-Schlaglichter (Veröffentlichungen des Bischöflichen Diözesanarchivs Aachen, Bd. 40), Aachen 1983 S. 91 ff.

[3] Vgl. Kirchliches Handbuch, Bd. 17, S. 20.

Dr. theol. Karl-Joseph Schulte, geb. 14. 9. 1871 zu Haus Valbert (Erzbistum Paderborn); gew. 6. 2. 1895; Kaplan in Witten, Professor der Theologie in Paderborn; zum Bischof von Paderborn erwählt 30. 11. 1909, konsekriert und inthronisiert 19. 3. 1910; zum Erzbischof von Köln erwählt 15. 1. 1920, präkonisiert 8. 3. 1920, inthronisiert 25. 3. 1920; Kardinalpriester der Hl. Römischen Kirche 7. 3. 1921; gest. 10. 3. 1941. Zur Persönlichkeit Schultes vgl. U. von Hehl, Katholische Kirche und Nationalsozialismus im Erzbistum Köln, S. 11 f.

scher Administrator auch das neue Bistum Aachen[4]. Zum ersten Bischof der Aachener Diözese ernannte Papst Pius XI. am 30. Januar 1931 den Kölner Generalvikar Joseph Vogt[5]. Das Aachener Stiftskapitel wurde Domkapitel, der Kölner Weihbischof Hermann Joseph Sträter wurde Dompropst und Generalvikar in Aachen[6]. Damit war das neue Bistum institutionell und personell eng mit der Kölner Erzdiözese verbunden.

Das Bistum Aachen umfaßte den Regierungsbezirk Aachen mit Ausnahme der Pfarreien Bürvenich, Embken, Füssenich und Wollersheim sowie vom Regierungsbezirk Düsseldorf die Stadtkreise Krefeld-Ürdingen, Mönchengladbach, Rheydt und Viersen, ferner die Landkreise Kempen-Krefeld und ein Drittel des Landkreises Grevenbroich-Neuß (westlicher Teil)[7]. Soziologisch betrachtet war das Bistum — abgesehen von der konfessionellen Struktur — ein heterogenes Gebilde. Den Industrielandschaften Aachen-Stadt, Aachen-Land und Düren sowie im Norden dem Industriegebiet um die Großstädte Mönchengladbach-Rheydt-Krefeld standen überwiegend landwirtschaftlich geprägte Kreise (Geilenkirchen, Heinsberg, Erkelenz, Jülich) gegenüber. Die Eifelkreise im Süden waren charakterisiert durch Landwirtschaft und eine modernen Entwicklungen nicht angepaßte Industrie[8].

[4] Zum Erzbistum Köln vgl. grundlegend Eduard Hegel, Das Erzbistum Köln zwischen der Restauration des 19. Jahrhunderts und der Restauration des 20. Jahrhunderts (Geschichte des Erzbistums Köln, Bd. 5), Köln 1987.

[5] Zur engeren Zusammenarbeit zwischen dem Bistum Aachen und dem Erzbistum Köln vgl. unten, S. 124.

[6] Zu Sträter siehe unten, S. 117 f.

[7] Vgl. Kirchliches Handbuch, Bd. 20, S. 25; Hans Schiffers, Das Aachener Diözesangebiet im Wandel der Jahrhunderte, in: Das Bistum Aachen. Hauptschriftleitung Se. Exzellenz der hochwürdigste Weihbischof Dr. Hermann Sträter, Aachen 1933, S. 12—64.

[8] Vgl. G. Plum, Gesellschaftsstruktur, S. 15 ff.

Papst Pius XI., geb. 31. 5. 1857 in Denó bei Monza; gew. 1879; Papst 6. 2. 1922; gest. 10. 2. 1939.

Papst Pius XII. (Eugenio Pacelli), geb. 2. 3. 1876 in Rom; gew. 1899; Papst 2. 3. 1939; gest. 9. 10. 1958.

Dr. theol. Hermann Joseph Sträter, geb. 7. 8. 1866 in Aachen; gew. 14. 3. 1891; Inspektor der Ritterakademie (Gymnasium) in Bedburg, Kaplan in Köln 1892—1895; 1901 Repetant am Coll. Albertinum in Bonn; 1. 5. 1903 Pfarrer und Dechant in Krefeld; 19. 6. 1922 Stiftspropst in Aachen, Titularbischof von Cäsaropolis und Weihbischof des Kölner Erzbischofs; Generalvikar in Aachen 25. 7. 1931; zum Kapitularvikar gewählt 5. 10. 1937, von Papst Pius XII am 15. 5. 1938 zum Apostolischen Administrator des Bistums Aachen ernannt; im Sommer 1940 Apostolischer Administrator für die Gebiete Eupen und Malmedy; 14. 3. 1941 Päpstlicher Thronassistent; gest. 16. 3. 1943. Lit.: B. Poll, Aachener Bischöfe, S. 333 f.

Dr. theol. Joseph Heinrich Peter Vogt, geb. 8. 9. 1865 in Schmidt, Kreis Monschau; gew. 19. 8. 1888; Kaplan in Elberfeld, Studium in Rom 1889/91; 1891 Domvikar in Köln; 1893 Geheimsekretär von Erzbischof Philipp Kardinal Krementz; 1898 Professor am Priesterseminar, 1914 daselbst Subregens; 1916 Domkapitular am Kölner Metropolitankapitel, 1922 Domdechant, 1930 Dompropst in Köln; Generalvikar in Köln seit 1. 6. 1918; zum Bischof von Aachen ernannt 30. 1. 1931; Bischofsweihe 19. 3. 1931, eingeführt 25. 3. 1931; gest. 5. 10. 1937. Lit.: Bernhard Poll, Aachener Bischöfe. Beiträge zu ihren Lebensbildern, in: Karl Delahaye/ Erwin Gatz/ Hans Jörissen (Hg.) Bestellt zum Zeugnis. Festgabe für Bischof Dr. Johannes Pohlschneider zur Vollendung des 75. Lebensjahres und zur Feier des 50-jährigen Priesterjubiläums, Aachen 1974, S. 340 ff. Zu den Bischöfen, Weihbischöfen und Generalvikaren der Aachener Diözese siehe auch H.-G. Schmalenberg, Köpfe- Gestalten- Bistum Aachen- Schlaglichter.

Statistische Übersicht nach Dekanaten.

Dekanat	Pfarreien	Rektorate	Kirchen	Kapellen, davon ( ) = ohne SS.	Katholiken	Andere
1. Aachen	16	2	18	52 (2)	141 000	12 000
2. Aldenhoven	13	—	13	10 (5)	12 527	315
3. Alsdorf	9	4	13	7 (2)	39 452	8 457
4. Blankenheim	11	—	11	10 (4)	6 768	80
5. Cornelimünster	10	—	10	13 (6)	17 257	766
6. Derichsweiler	12	1	13	18 (14)	17 300	391
7. Dülken	8	1	9	10 (3)	26 994	1 624
8. Düren	14	1	15	22 (5)	59 729	5 982
9. Erkelenz	11	3	14	13 (3)	19 177	1 836
10. Eschweiler	16	—	16	11 (2)	48 521	3 265
11. Gangelt	15	2	17	8 (5)	16 139	243
12. Geilenkirchen	19	1	20	9 (2)	24 825	2 445
13. Gemünd	14	—	14	18 (6)	13 766	1 603
14. 15. 16. Gladbach-Rheydt	29	10	40	59 (25)	172 155	44 340
17. Hasselsweiler	15	1	16	9 (2)	10 662	107
18. Heinsberg	14	3	19	20 (7)	24 252	562
19. Herzogenrath	17	3	21	12 (1)	57 721	5 040
20. Hochneukirch	12	1	13	12 (5)	16 347	2 356
21. Jülich	14	—	15	12 (5)	22 600	1 091
22. Kempen	6	1	9	17 (3)	37 511	758
23. 24. 25. Krefeld-Uerdingen	22	10	32	26	128 800	36 500
26. Kronenburg	6	—	6	3 (2)	3 379	49
27. Linnich[1]	11	2	13	5 (2)	11 975	2 827
28. Lobberich	10	1	12	16 (7)	31 350	1 359
29. Mechernich	12	3	17	16 (8)	12 709	283
30. Monschau	19	1	22	10 (5)	18 619	265
31. Nideggen	11	2	14	9 (2)	13 300	259
32. Nörvenich	8	1	9	3	5 736	83
33. Steinfeld	13	2	15	13 (2)	11 601	188
34. Stolberg	11	2	13	8 (4)	43 220	2 153
35. Vettweiß	11	—	11	7 (5)	6 578	158
36. Viersen	9	2	11	18 (3)	53 135	4 182
37. Wassenberg	11	—	13	6 (3)	14 243	1 984
38. Wegberg	9	—	9	9 (2)	13 212	13 212
Zusammen	438	60	513	491 (152)	1 152490	143 860

Statistische Übersicht nach Dekanaten des Bistums Aachen [Realschematismus Aachen 1933, S. 41]

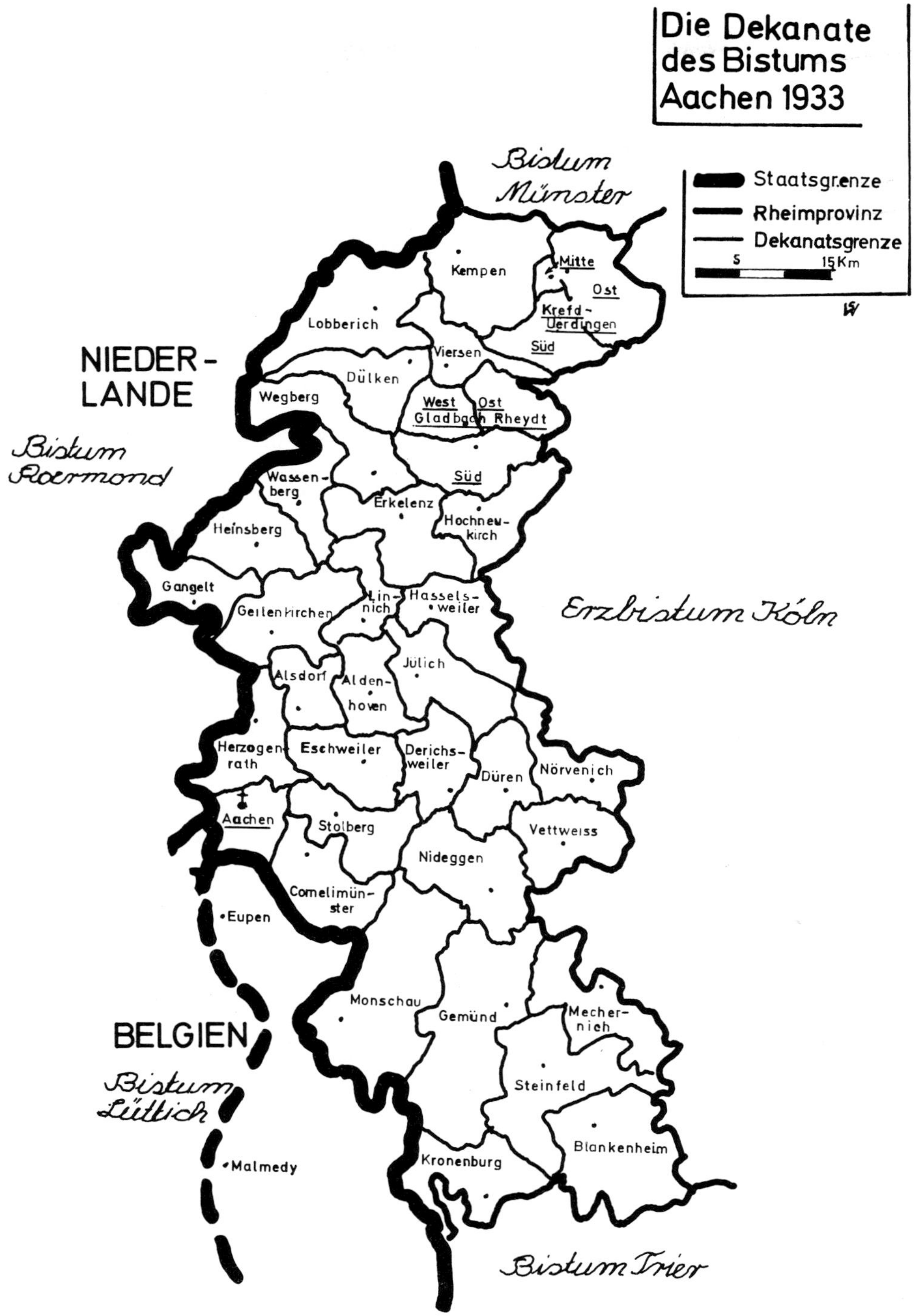

Die Dekanate des Bistums Aachen 1933
Staatsgrenze
Rheimprovinz
Dekanatsgrenze
5
15Km
Bistum Münster
NIEDER-LANDE
Bistum Roermond
Erzbistum Köln
BELGIEN
Bistum Lüttich
Bistum Trier
Kempen
Mitte
Ost
Krefd-Uerdingen
Süd
Lobberich
Viersen
Dülken
Wegberg
West
Ost
Gladbach Rheydt
Süd
Wassen-berg
Erkelenz
Hochneu-kirch
Heinsberg
Gangelt
Geilenkirchen
Lin-nich
Hassels-weiler
Jülich
Alsdorf
Alden-hoven
Herzogen-rath
Eschweiler
Derichs-weiler
Düren
Nörvenich
Aachen
Stolberg
Vettweiss
Nideggen
Cornelimün-ster
Eupen
Monschau
Gemünd
Mecher-nich
Steinfeld
Blankenheim
Kronenburg
Malmedy

Das neue Bistum umfaßte 432 Pfarreien und 47 Rektorate; insgesamt lebten hier 1 162 182 Katholiken, 944 Priester waren inkardiniert[9]. 1933 war das Bistum in 38 Dekanate eingeteilt[10]. Als Mittelinstanzen zwischen Pfarrei und bischöflicher Behörde waren sie die unmittelbaren Aufsichtsorgane der Pfarren und untergeordnete Vollzugsorgane der Bistumsverwaltung. An ihrer Spitze stand der von den Pfarrern des Dekanats gewählte und damit vorgeschlagene, jedoch vom Bischof zu ernennende Dechant. Neben der Überwachung der Lebens- und Amtsführung der Geistlichen hatte der Dechant während eines Jahres nach und nach die Visitationen in den einzelnen Gemeinden seines Bezirkes vorzunehmen und darüber einen Jahresbericht an das Generalvikariat zu erstatten. Er berief auch die regelmäßigen Dekanatskonferenzen ein. Zur Überwachung der Vermögensverwaltung waren ihm ein oder zwei Definitoren zur Seite gestellt[11].

Die Dekanate waren unterschiedlich groß. Das kleinste Dekanat Kronenburg hatte gerade 6 Pfarreien und 3379 Katholiken, wohingegen das Stadtdekanat Aachen 16 Pfarreien, 2 Rektorate und 141 000 Katholiken umfaßte[12].

Will man Aussagen über das Verhalten und die Mentalität des Klerus machen, empfiehlt es sich, drei Variablen in Rechnung zu stellen. Sie betreffen die soziale Stellung und das Selbstverständnis der Geistlichen und sind wie diese jeweils voneinander abhängig. Zu nennen ist zunächst das Verhältnis der Geistlichen untereinander, sowohl horizontal von Pfarrer zu Pfarrer, von Kaplan zu Kaplan, als auch vertikal zu den Vorgesetzten, zu den Pfarrern und Dechanten, dem Generalvikar und seiner Behörde sowie zum Bischof. Die zweite Variable betrifft das Verhältnis zum Staat allgemein und zu seinen örtlichen Repräsentanten. Als dritte Variable ist das Verhältnis jedes einzelnen Geistlichen zu der ihm anvertrauten Gemeinde anzuführen. Die Kirche als Ganzes sucht von ihrem Selbstverständnis her dem göttlichen Sendungsauftrag zu entsprechen, und diesen übt stellvertretend der einzelne Priester als Seelsorger in seiner Gemeinde aus, deren Mitglieder religiös zu betreuen eine seiner vordringlichen Aufgaben ist[13]. Zur Durchführung der wesentlichen Aufgaben des Pfarrers, zu denen die Verrichtung des Gottesdienstes, das Predigen, die Katechese und nicht zuletzt die Spendung der Sakramente zählen, bedarf es vor allem der Resonanz der Gläubigen. Das religiöse Leben in der Gemeinde wird aber nicht nur maßgebend von der Geist-

[9] Vgl. Fünfzig Jahre Bistum Aachen, S. 32. Im Jahr 1937 waren 88,7% der Gesamtbevölkerung des Bistums katholisch, der Diözesanklerus umfaßte 903 Personen. Die Zahl gibt den aktiven Seelsorgeklerus der Diözese an, einschließlich der im Schuldienst und den Anstalten tätigen Weltpriester. Berechnet nach den Angaben im Kirchlichen Handbuch Bd. XXII, S. 396 f.

[10] Vgl. Realschematismus Aachen, S. 41. Zur Entwicklung der Dekanate vgl. Lexikon für Theologie und Kirche, Bd. 3, Sp. 202—204.

[11] Vgl. die canones 445—450 in: Codex Iuris Canonici Pii X Pontificis Maximi iussu digestus Benedicti Papae XV Auctoritate Promulgatus Praefatione Eñi Petri Card. Gaspari et Index Analytico-Alphabetico Auctus Typis Poliglatti Vaticanis MCMLVI, S. 127—132. Vgl. die Diözesanstatuten des Bistums Aachen, hg. vom Bischöflichen Generalvikariat Aachen (Erste Diözesansynode Aachen-Bd. II), Aachen 1959.

[12] Die Stadtdekanate waren noch einmal in kleinere Dekanate unterteilt. Über sie übte der Stadtdechant die Dienstaufsicht aus. Vgl. die Dienstanweisung für den Stadtdechanten. BDA. Gvd Aachen allgemein 1 II.

[13] Vgl. für eine theologische Bestimmung den Artikel: Priestertum, in: Karl Hörmann (Hg.), Lexikon der christlichen Moral, Innsbruck Wien München 1976, Sp. 1301—1331.

lichkeit angeregt, sondern prägt auch den Klerus selbst, dessen Stellung und Autorität davon abhängig ist. Der religiösen und sittlichen Lage widmeten die Geistlichen demnach auch ihre besondere Aufmerksamkeit, worüber die jährlichen Dekanatsberichte beredtes Zeugnis ablegen[14].
Nach der kirchenamtlichen Statistik nahmen die meisten Katholiken der Diözese aktiv am religiösen Leben teil, wofür die Erfüllung der Osterpflicht zum Maßstab genommen wurde[15]. Der Prozentsatz der Kirchenaustritte blieb relativ gering[16].

Kirchenaustritte im Bistum Aachen 1931—1942

Jahr	1931	1932	1933	1934	1935	1936	1937	1938	1939	1940	1941	1942
Anzahl	1591	1539	755	661	1690	2482	5218	3737	3352	2048	1899	1399

Neben Kirche und Elternhaus entfaltete sich katholisches Leben in den Schulen und zahlreichen katholischen Vereinen, Bereiche, in denen auch die Geistlichen Funktionen wahrnahmen und Einfluß ausübten. Die Volksschulen in der Aachener Diözese hatten durchweg konfessionellen Charakter. Während der Bibelunterricht durch weltliche Lehrkräfte erfolgte, wurde der Katechismusunterricht auf dem Lande meist, in den Städten vielfach vom dritten Schuljahr an, sonst mindestens von der vierten Klasse an durch die Pfarrgeistlichkeit erteilt[17]. 70% der Lehrerschaft gehörten dem katholischen Lehrerverband bzw. dem Verein Katholischer deutscher Lehrerinnen an[18]. In den staatlichen Berufsschulen wurde ebenso wie in den Realschulen und höheren Schulen der Religionsunterricht durch hauptamtlich als Religionslehrer angestellte Geistliche oder nebenamtlich tätige Pfarrgeistliche erteilt[19]. Es gab in der Diözese zudem 39 katholische Privatschulen, davon 8 höhere Knabenschulen, 17 höhere Mädchenschulen und Mädchenmittelschulen und 14 fachliche und sonstige Schulen[20].

[14] Vgl. die Jahresberichte der Dekanate. BDA. Gvd und Orte.
[15] Im Jahr 1929 erfüllten im Reg. Bez. Aachen 65,5% der Katholiken ihre Osterpflicht, in Mönchengladbach waren es 60%, in Krefeld 45%. Vgl. Kirchliches Handbuch, Bd. 17, S. 382—386. Nach Angabe der Herausgeber sind zu den jeweiligen Prozentzahlen noch 16—17% „Nicht verpflichtete" (Kinder, die noch nicht zur Kommunion zugelassen sind etc.) hinzuzurechnen. G. Plum hat für die Städte und Industriegemeinden der Diözese Aachen 20—30% Nichtpraktizierende errechnet, im Diözesandurchschnitt ca. 10%. Vgl. G. Plum, Gesellschaftsstruktur, Anm. 88, S. 217. Die offiziellen Zahlen nach den statistischen Angaben der katholischen Kirche bleiben bis zum Kriegsbeginn relativ konstant. Vgl. Kirchl. Handb. Bd. 18, S. 294; Bd. 19, S. 304; Bd. 20, S. 260; Bd. 21, S. 298; Bd. 22, S. 336.
[16] Vgl. die Angaben in: Kirchliches Handbuch, Bd. 22, 1937/38, S. 290, 326, 327 und Bd. 23, S. 392 ff.
[17] Vgl. J. Koschel, Das katholische Schulwesen im Bistum, in: Das Bistum Aachen, S. 86 f.
[18] Vgl. ebda. Zum hohen Organisationsstand der Volksschullehrer im Rheinland vgl. Heinrich Küppers, Der Katholische Lehrerverband in der Übergangszeit von der Weimarer Republik zur Hitlerdiktatur. Zugleich ein Beitrag zur Geschichte des Volksschullehrerstandes (VdKfZg, Reihe B: Forschungen, Bd. 18), Mainz 1975, S. 15 f.
[19] Eine genaue Aufstellung gibt J. Koschel, Das katholische Schulwesen im Bistum in: Das Bistum Aachen, S. 86 ff.
[20] Eine Aufstellung der katholischen Privatschulen ist abgedruckt in: Das Bistum Aachen, S. 105.

Durch das im wesentlichen schon im 19. Jahrhundert entstandene, reich gegliederte katholische Vereinswesen war dem Pfarrklerus die Möglichkeit gegeben, die Angehörigen seiner Gemeinde organisatorisch zu erfassen und an die Kirche zu binden[21]. Auf Orts-, Bezirks- und Diözesanebene waren die Geistlichen als Präsides in den Vereinen und Verbänden tätig, die in nahezu allen gesellschaftlichen, kulturellen und wirtschaftlichen Bereichen agierten[22]. Am meisten ins Gewicht fielen die Vereine, die im Katholischen Jungmännerverband Deutschlands (KJMV) zusammengefaßt waren. Im Bistum Aachen war jeder vierte Jugendliche Mitglied in einem der 344 Vereine des KJMV, der in über 70% der Pfarreien eine Ortsgruppe hatte[23]. Von der Gesamtzahl der Katholiken in der Diözese waren 20% vereinsmäßig erfaßt. In jeder Pfarrei bestanden durchschnittlich 10 Vereine[24]. Politisch zielten die Vereine, insbesondere die mitgliederstarken katholischen Arbeitervereine, auf eine Unterstützung des Zentrums in Defensivstellung gegenüber Kommunismus, Sozialismus und Nationalsozialismus[25].
Im Bereich der Diözese Aachen hatte auch der „Volksverein für das katholische Deutschland" seinen Sitz, der sich in der Weimarer Republik vor allem dem sozialen Ausgleich widmete[26]. Er mußte jedoch, geschwächt durch Kompetenzstreitigkeiten mit dem Zentrum und durch Konkurrenz zur Katholischen Schulorganisation Deutschlands, nach dem Ersten Weltkrieg einen erheblichen Rückgang an Mitgliedern hinnehmen[27].
Die Priester der Diözese waren selbst in eigenen Vereinen organisiert[28]. Bedeutsamer für den Kontakt und den Austausch der Geistlichen untereinander waren jedoch die regelmäßigen Zusammenkünfte auf Pfarr-, Dekanats- und Diözesanebene. Es gab die

21 Vgl. H. Schiffers, Das Aachener Diözesangebiet im Wandel der Jahrhunderte, S. 60, Sp. 2, in: Das Bistum Aachen.

22 Es gab Mütter- und Frauenvereine, Arbeiter-, Gesellen-, Jungmännervereine, den Verein katholischer Kaufleute, den Borromäusverein etc. Zur Gliederung der Vereine im Glaubens-, Standes- und ideell mit der Kirche verbundene Vereine vgl. G. Plum, Gesellschaftsstruktur, Anlage S. 300. Vgl. U. von Hehl, Katholische Kirche und Nationalsozialismus im Erzbistum Köln, S. 11. Eine Übersicht über die Vereine im Bistum bietet auch der Realschematismus der Diözese Aachen, S. 175—185 und S. 437 ff. Siehe auch Klaus Mund, Das katholische Vereinswesen im Bistum, in: Das Bistum Aachen, S. 93 ff.

23 Vgl. B. Schellenberger, Katholische Jugend und Drittes Reich, S. 17.

24 Diese Zahlen hat Plum auf der Grundlage der von den Pfarreien in den Visitationsberichten zwischen den Jahren 1929 und 1932 gemachten Angaben über die „Beteiligung in den kirchlichen Vereinen" errechnet. Vgl. G. Plum Gesellschaftsstruktur, Anhang 22, S. 300 f.

25 Vgl. J. Aretz, Katholische Arbeiterbewegung und Nationalsozialismus, S. 67. Aretz verweist zugleich auf die wenig verbindlichen Programmaussagen des Verbandes (S. 37) sowie auf die dominierende Stellung der Präsides (S. 26).

26 Vgl. K. Mund, Das katholische Vereinswesen im Bistum, S. 93, in: Das Bistum Aachen.

27 Vgl. Herbert Gottwald, Volksverein für das katholische Deutschland, in: Die bürgerlichen Parteien in Deutschland. Handbuch der Geschichte der bürgerlichen Parteien und anderer bürgerlicher Interessenorganisationen vom Vormärz bis zum Jahre 1945, hg. von einem Redaktionskollektiv unter der Leitung von Dieter Fricke, Bd. 2, Berlin/DDR 1970, S. 810—834. Die Zentralstelle des Vereins befand sich in Mönchengladbach. Zur Vorgeschichte vgl. Horstwalter Heitzer, Der Volksverein für das katholische Deutschland im Kaiserreich 1890—1918 (VdKfZg, Reihe B: Forschungen, Bd. 26), Mainz 1979.

28 Zu den Priestervereinen vgl. K. Mund, Das katholische Vereinswesen im Bistum, S. 102, in: Das Bistum Aachen. Unterlagen über die Priestervereine befinden sich auch in: BDA. GvS E 3 I, 4 I, 5 I.

monatliche geistliche Zusammenkunft der Recollectio in den Pfarreien, die dienstlichen Pfarr-, Pastoral- und Dekanatskonferenzen und die geselligen Konveniate. Protokollarisch festgehalten und überliefert sind die offiziellen Dekanatskonferenzen, die in der Regel zweimal jährlich in einem Dekanat stattfanden. An ihnen nahmen die Pfarrer und Pfarrektoren des jeweiligen Dekanats teil, mitunter auch ein Vertreter des Generalvikariats oder ein gesondert eingeladener Referent[29].
Neben dem Kontakt untereinander, der einen kontinuierlichen geistigen Austausch ermöglichen sollte, sowie dem Rückhalt und der Verwurzelung in der katholischen Bevölkerung legte die Politik der bischöflichen und staatlichen Behörden den Rahmen fest, innerhalb dessen sich die Arbeit der Geistlichen entfalten konnte[30]. Der Entwicklung auf kirchenpolitischem Gebiet wird im folgenden unsere besondere Aufmerksamkeit gelten, um dann den engen Zusammenhang zwischen Arbeitsmöglichkeit, Selbstverständnis und Mentalität der Geistlichen transparent zu machen.

2. Nationalsozialistischer Staat und katholische Kirche (Überblick)

Das Dritte Reich legitimierte sich nicht mittels einer Verfassung, die rechtliche Grundwerte kodifiziert hätte. Dementsprechend wurde auch das Verhältnis des Staates zu den Kirchen weder verfassungsrechtlich noch rechtlich festgelegt[31]. Zwar sah der Staatsrechtler Ernst Rudolf Huber das neue Reichskirchenrecht auf einem Verfassungsgrundsatz aufgebaut, nämlich gemäß dem Punkt 24 des Parteiprogramms der NSDAP mit seinem Bekenntnis zu einem „positiven Christentum"[32], der Regierungserklärung vom 23. März 1933[33] sowie dem Rundschreiben des „Stellvertreters des Füh-

[29] Die Konferenzen wurden üblicherweise mit der invocatio spiritus sancti eingeleitet, es folgte eine Lesung, dann Bekanntmachungen und ein Referat und ein Korreferat zu einem vom Generalvikariat festgelegten Thema. Mit einer Aussprache schloß die Konferenz. Die Referate sind nur in Ausnahmefällen in den Akten überliefert; vorhanden sind die Protokolle und die Beurteilungen der Arbeiten durch das Generalvikariat. Sie befinden sich in den Gvd Akten des BDA.

[30] Zum Kirchenverständnis der katholischen Kirche zu Beginn des 20. Jahrhunderts, das geprägt war von der Entwicklung hin zu Zentralismus, Vereinheitlichung und Verrechtlichung der Kirche sowie zum Status der Kirchen in der Weimarer Republik vgl. K. Scholder, Die Kirchen und das Dritte Reich, Bd. 1, S. 33 ff. und S. 65 ff.

[31] Vgl. Klaus J. Volkmann, Die Rechtsprechung staatlicher Gerichte in Kirchensachen 1933—1945 (VdKfZg, Reihe B: Forschungen, Bd. 24), Mainz 1978, S. 11 ff. Das Verhältnis von katholischer Kirche und Staat ist ein vielfach behandelter Forschungsgegenstand. Siehe den Literaturbericht von U. von Hehl, Kirche, Katholizismus und das nationalsozialistische Deutschland. Ein Forschungsüberblick, in: Dieter Albrecht (Hg.), Katholische Kirche und Drittes Reich. Eine Aufsatzsammlung zum Verhältnis von Papsttum, Episkopat und deutschem Katholizismus zum Nationalsozialismus 1933—1945, Mainz 1976, S. 219—251; Konrad Repgen, Katholizismus und Nationalsozialismus. Zeitgeschichtliche Interpretationen und Probleme, (Kirche und Gesellschaft Nr. 99, hg. von der Katholischen sozialwissenschaftlichen Zentralstelle Mönchengladbach), Köln 1983.

[32] Vgl. oben, S. 55. Das Parteiprogramm, in der Gründungszeit der NSDAP verfaßt, verdeutlicht die von Hitler durchgesetzte Strategie, wonach die völkische Bewegung ihren religiösen Anspruch opferte, um Konflikte mit den Kirchen soweit wie möglich zu umgehen. Vgl. K. Scholder, Die Kirchen und das Dritte Reich, Bd. 1 S. 102 ff.

[33] Vgl. oben, S. 50.

rers", Martin Bormann, vom 6. Oktober 1933,[34] in dem das Abrücken der Partei von den Deutschen Christen signalisiert wurde[35]. Ernst Rudolf Huber stellte jedoch unmißverständlich fest:
„Der oberste Rechtsgrundsatz der neuen kirchenpolitischen Ordnung ist die Wahrung des völkischen Ethos und der staatlichen Autorität gegenüber religiösen Lehren und Handlungen. Jede Verletzung dieses obersten Rechtsgrundsatzes wird vom Reiche mit den entsprechenden gesetzlichen Mitteln des Straf- oder Polizeirechts geahndet. Sind religiöse Lehren und Handlungen geeignet, direkt oder indirekt die Zersetzung des Volkes und die Auflösung des Staates zu fördern, so kann die Verordnung des Reichspräsidenten vom 28. Februar 1933 zur Anwendung gebracht werden."[36]
Weltanschauung und Staatsschutz hatten demnach absoluten Vorrang im totalen Staat, und für die Geltung und Auslegung von Rechtsnormen, so der Weimarer Kirchenartikel (Artikel 135 ff. WRV), kam es allein auf ihre Interpretationsfähigkeit an: sie durften eine Auslegung im Sinne der nationalsozialistischen Weltanschauung nicht behindern[37]. Selbst das Reichskonkordat, der völkerrechtliche Vertrag zwischen dem Heiligen Stuhl und dem Deutschen Reich vom 20. Juli 1933, sollte keine verbindliche Rechtssicherheit schaffen[38]. Die oftmals inkonsequente, nicht stringent durchgehaltene Kirchenpolitik in den Jahren 1933—1945 machte die Situation für die Kirchen nicht einfacher, wenngleich eine solche Politik der Logik des Systems entsprach — war doch die nationalsozialistische Weltanschauung kirchenpolitisch weitgehend konzeptlos[39].
Wenn heute nahezu für die gesamte Zeit des Dritten Reiches von Kirchenkampf gesprochen wird, ist damit für die katholische Kirche der Kampf des Staates gegen die Kirche bzw. der Kampf um die Trennung von Kirche und Staat gemeint. Dagegen meint Kirchenkampf für die evangelische Kirche den Kampf „um die Kirche"[40].
Für den Bereich der katholischen Kirche werden drei Phasen nationalsozialistischer Herausforderung unterschieden[41]. In der ersten Phase (1933—1935/36) war die Politik des Regimes darauf gerichtet, die Kirche aus ihren gesellschaftlichen Positionen zu verdrängen. In den Jahren bis 1940, schwerpunktmäßig 1936/37, konzentrierte sich der

[34] Druck: Friedrich Zipfel, Kirchenkampf in Deutschland 1933—1945, Religionsverfolgung und Selbstbehauptung der Kirchen in der nationalsozialistischen Zeit. Mit einer Einleitung von H. Herzfeld (Veröffentlichungen der Historischen Kommission zu Berlin beim Friedrich-Meinecke-Institut der Freien Universität Berlin, Bd. 11), Berlin 1965, S. 269.
[35] Vgl. Ernst Rudolf Huber, Verfassungsrecht des Großdeutschen Reiches, 2. Aufl. Hamburg 1942, S. 495.
[36] Ebda, S. 497.
[37] Vgl. K. J. Volkmann, Die Rechtsprechung, S. 10.
[38] Zur Mißachtung der Bestimmungen des Reichskonkordats siehe oben, S. 116, 118 ff.
[39] Die Konzeptlosigkeit betont u. a. K. J. Volkmann. Die Rechtsprechung, S. 15.
[40] Vgl. K. Scholder, Die Kirchen und das Dritte Reich, Bd. 1, S. 423.
[41] Vgl. K. Gotto/H. G. Hockerts/K. Repgen, Nationalsozialistische Herausforderung und kirchliche Antwort, S. 658 f.

Martin Bormann, geb. 17. 6. 1900 in Haberstadt, verschollen 1. 5. 1945 in Berlin; 1927 Mitglied der NSDAP und Gaupresseobmann in Thüringen, 1928—1930 im Stab des Chefs der SA, 25. 8. 1930—3. 7. 1933 Leiter der Hilfskasse der NSDAP, 4. 7. 1933 „Stabsleiter des Stellvertreter des Führers", 10. 10. 1933 Reichsleiter der NSDAP; 29. 5. 1941 Leiter der Parteikanzlei, 12. 4. 1943 „Sekretär des Führers"; in Hitlers politischem Testament zum Parteiminister bestimmt, im Nürnberger Prozeß 1946 in Abwesenheit zum Tode verurteilt. Lit.: Josef Wulf, Martin Bormann, Hitlers Schatten, Gütersloh 1962.

Kampf auf das kirchliche Wertesystem. Eine Radikalisierung brachte als dritte Phase die Kriegszeit. Nun wurde nicht nur die Kirche als Institution in Frage gestellt, sondern auch christliches Sittengesetz und Naturrecht. In all den Jahren der Auseinandersetzung läßt sich eine regional und lokal unterschiedliche Intensität beobachten, mitunter auch eine zeitliche Verschiebung[42]. Der harte Kurs von Partei und Staat, der sich seit 1936 durchsetzen sollte, wurde vornehmlich von Martin Bormann forciert[43]. Die Kirche erhielt sich aber den Status einer Körperschaft des öffentlichen Rechts, mit allen daraus erwachsenden Rechten und Pflichten, Vor- und Nachteilen (Steuerrecht, Gehaltszahlungen an den Klerus, Weisungsgebundenheit in bestimmten Fällen etc.). Die Möglichkeit, im Falle eines Bruchs zwischen Staat und Kirche diese Rechtstellung zu verlieren, schwebte als Damoklesschwert zumindest über den Erwägungen und der Politik des Apostolischen Nuntius in Berlin Cesare Orsenigo[44]. Der institutionelle Fortbestand der Kirche trug somit ambivalente Züge: Der Wirkungsmöglichkeit der Kirche stand staatlicher Druck gegenüber, so daß sie sich aus Sorge um ihren Organisationsbestand und ihre Kommunikationsfreiheit zu Rücksichtnahmen gezwungen sah[45].

Die Auseinandersetzung zwischen katholischer Kirche, Partei und Staat spielte sich zudem auf verschiedenen Ebenen ab: Vatikan und Papst, der deutsche Episkopat, die katholischen Organisationen, anfänglich auch die Zentrumspartei, die breite Masse des Kirchenvolkes sowie der untere und mittlere Klerus waren einbezogen. Grundsätzlich ist dabei festzuhalten:

Nationalsozialismus und Katholizismus waren von ihrem Selbstverständnis her zwei konkurrierende Weltanschauungen, und der daraus entspringende grundsätzliche Konflikt um Normen und Werte zwischen Kirche und Staat ist während der ganzen

[42] Siehe dazu Rudolf Lill, Ideologie und Kirchenpolitik des Nationalsozialismus, in: K. Gotto/K. Repgen (Hg.), Kirche, Katholiken und Nationalsozialismus, S. 23—24.

[43] Vgl. F. Zipfel, Kirchenkampf, S. 15 f.

[44] Vgl. Walter Adolph, Geheime Aufzeichnungen aus dem nationalsozialistischen Kirchenkampf 1935—1943. Bearbeitet von Ulrich von Hehl (VdKfZg, Reihe A: Quellen, Bd. 28), Mainz 1979, Aufzeichnung Nr. 11 vom 28. 2. 1937, S. 42—44. Zur Problematik des Körperschaftsbegriffs vgl. Axel Freiherr von Campenhausen, Staatskirchenrecht. Ein Leitfaden durch die Rechtsbeziehungen zwischen Staat und den Religionsgemeinschaften, München 1973 S. 95—99.

[45] Vgl. K. Gotto/H. G. Hockerts/K. Repgen, Nationalsozialistische Herausforderung und kirchliche Antwort, S. 663.

[46] Vgl. D. Albrecht (Hg.), Katholische Kirche im Dritten Reich, Vorwort S. VI-VII. Albrecht führt jedoch die Ebene des unteren und mittleren Klerus nicht gesondert auf.

Walter Adolph, geb. 21. 11. 1906 in Berlin; gew. 30. 1. 1927; 1930 geistlicher Sekretär der Katholischen Aktion des Bistums Berlin; von Dezember 1933 bis Juli 1936 Leiter der neugegründeten Fachschaft der katholisch-kirchlichen Presse in der Reichspressekammer; anschließend kirchenpolitischer Sachbearbeiter und Ratgeber der Berliner Bischöfe, ab 1939 Pfarrer; 1961 Generalvikar gest. 25. 4. 1975. Lit.: U. von Hehl Einleitung „Über den Autor" in: W. Adolph, Geheime Aufzeichnungen, S. XXI—XXIX.

Cesare Orsenigo, geb. 13. 12. 1873 in Olignate (Provinz Mailand); nach Seelsorge- und Verwaltungstätigkeit im Erzbistum Mailand 1922 Titularbischof und Pronuntius in den Niederlanden: 1925 Nuntius in Ungarn; ab 1930 Nuntius in Deutschland, gest. 1. 4. 1946, Lit.: Walter Adolph, Sie sind nicht vergessen. Gestalten aus der jüngsten deutschen Kirchengeschichte. Als Manuskript gedruckt, Berlin 1972, S. 15—60.

Zeit des Dritten Reiches nicht beigelegt worden[47]. Das heißt jedoch nicht, daß es keine partiellen Gemeinsamkeiten gab, so in der Ablehnung vom Bolschewismus und Liberalismus[48], woraus sich Ansätze zu einem „modus vivendi" und zu einem „Burgfrieden" ergaben[49]. Vor dem Hintergrund dieses Weltanschauungskampfes vollzogen sich die meisten offenen Kämpfe: um das kirchliche Vereins- und Verbandswesen, um die Bekenntnisschule, um kirchliche Institutionen. Auch die Eingriffe in den innerkirchlichen Bereich sind entstanden aus dem Konflikt der beiden Wertesysteme.

3. Stationen, Schwerpunkte Tendenzen im Verlauf der Auseinandersetzung zwischen Kirche und Staat

Der Handlungsspielraum der Geistlichen in der Aachener Diözese läßt sich nicht aus dem Gesamtzusammenhang der Entwicklung auf Reichs- und Landesebene lösen. Unter besonderer Berücksichtigung der Entwicklung im Aachener Bistum sind die wichtigsten Veränderungen im Verhältnis von Staat und Kirche anzuführen, wie sie sich aus staatlichen Eingriffen und offiziellen kirchlichen Reaktionen ergaben.

3.1. Der Weg der Kirche von der Illusion zur Ernüchterung 1933—1934

Die Bischöfe der Kölner Kirchenprovinz waren unter Führung von Kardinal Schulte in einer Erklärung vom 5. März 1931 über die Warnung der bayerischen Oberhirten vor dem Nationalsozialismus nicht hinausgegangen, „so lange und so weit er kulturpolitisch Auffassungen kundgibt, die mit der katholichen Lehre nicht vereinbar sind"[50]. Daneben enthält die Verlautbarung ein ausdrückliches Bekenntnis der Treue zum Vaterland und drückt die Freude darüber aus, daß sich in Deutschland angesichts der allgemeinen Notlage eine Wiederbelebung des Gemeinschaftsgefühls abzeichne.
Wie die Ergebnisse der Wahlen in den letzten Jahren der Weimarer Republik gezeigt haben[51], konnten die bischöflichen Verlautbarungen den Siegeszug des Nationalsozialismus nicht aufhalten. Ludwig Volk betont, daß sie zunächst hemmend wirkten und einen noch stärkeren Zulauf zur NSDAP von Seiten der katholischen Bevölkerung bis

[47] Vgl. Rudolf Lill, Katholische Kirche und Nationalsozialismus. Versuch einer Bilanz — mit besonderer Berücksichtigung der Rheinprovinz, S. 147, in: P. Boonen (Hg.), Lebensraum Bistum Aachen, S. 140—192. Den grundsätzlichen Gegensatz betont bereits der Geheime Lagebericht vom Mai/Juni 1934 des RFSS, Chef des Sicherheitsamtes, abgedruckt in: F. Zipfel, Kirchenkampf, Dokument Nr. 10, S. 272 ff.

[48] Vgl. R. Lill, Katholische Kirche und Nationalsozialismus, S. 150.

[49] Vgl. U. von Hehl, Katholische Kirche und Nationalsozialismus im Erzbistum Köln, S. 29 und S. 197.

[50] Die Bischöfe der Kölner Kirchenprovinz zur nationalsozialistischen Bewegung. Druck: B. Stasiewski, Akten I, S. 816 (Dok. 11*). Der zurückhaltende Ton der Erklärung verweist darauf, daß die Bischöfe es offenbar nicht zu einer politischen Konfrontation kommen lassen wollten. Zu entsprechenden Überlegungen Kardinal Schultes vgl. U. von Hehl, Katholische Kirche und Nationalsozialismus im Erzbistum Köln, S. 18 f.

[51] Vgl. oben, S. 30 ff.

zum November 1933 verhinderten[52]. Vom 30. Januar 1933 bis nach den Märzwahlen hielten sich die Bischöfe weitgehend zurück. Ihre Wahlaufrufe unterschieden sich nicht grundlegend von früheren[53]. Der Wahlausgang schuf für die Kirche eine völlig neue Situation. Der Nationalsozialismus war nun legal an der Macht, die Regierung verfügte über die absolute Mehrheit im Reichstag[54]. Wie, so mußte sich der Klerus fragen, war dieser Regierung zu begegnen, die sich als rechtmäßige Obrigkeit ausgab, und so auch von den katholischen Christen staatsbürgerlichen Gehorsam forderte[55].
Hitlers Reichstagsrede vom 23. März 1933 mit ihren kulturpolitischen Zusagen schien den deutschen Bischöfen die Möglichkeit zu geben, von ihrer bisherigen Position abzurücken[56]. In einer rasch beschlossenen und folgenreichen Erklärung vom 28. März 1933 hoben sie die allgemeinen Verbote und Warnungen auf — alle Oberhirten hatten die Zugehörigkeit zur NSDAP für unerlaubt erklärt[57]; die Verurteilung religiöser und sittlicher Irrtümer wurde indes beibehalten[58].
Recht eigenmächtig von Kardinal Bertram, dem verantwortlichen Sprecher des deutschen Episkopats verfaßt, gab diese Erklärung nur ungenügend den tatsächlichen Meinungsstand innerhalb des Episkopats wieder[59]. Während ein Teil der Bischöfe aus seelsorglichen und taktischen Gründen zum Rückzug geraten hatte, hatte der Kölner Metropolitan, Kardinal Schulte, unterstützt von den Bischöfen der Kölner Kirchenprovinz, offenbar angestrebt, erneut vor der aus christlicher Sicht zu verwerfenden nationalsozialistischen Weltanschauung zu warnen[60]. Als bittere Niederlage der Kirche gewertet[61], aus dem Bestreben der Bischöfe heraus zu verstehen, die sich ein „Mit-

52 Vgl. Ludwig Volk, Der bayerische Episkopat und der Nationalsozialismus 1930—1934 (VdKfZg, Reihe B: Forschungen, Bd. 1), Mainz 1965, S. 44.
53 Vgl. die Kundgebung der Fuldaer Bischofskonferenz vom 20. 2. 1933. Druck: B. Stasiewski, Akten I, S. 6 f. (Dok. 3).
54 Vgl. oben, S. 47.
55 Siehe die zahlreichen Anfragen betreffs des Verhaltens gegenüber den nationalsozialistischen Verbänden und ihrer Zulassung zum Gottesdienst. BDA. GvS J 14 I und GvS M 3 I. Vgl. unten, S. 133.
56 Vgl. Ludwig Volk, Das Reichskonkordat vom 30. Juli 1933. Von den Ansätzen in der Weimarer Republik bis zur Ratifizierung am 10. September 1933 (VdKfZg, Reihe B.: Forschungen, Bd. 5), Mainz 1972, S. 74.
57 Vgl. das Protokoll der Fuldaer Bischofskonferenz betr. Stellungnahme zur NSDAP (17. 8. 1932). Druck: B. Stasiewski, Akten I S. 843 f. (Dok. 16*).
58 Vgl. den Text der am 29. und 30. März in der Presse erschienenen Kundgebung bei B. Stasiewski, Akten I, S. 30—32 (Dok. 14a).
59 Zur uneinheitlichen Haltung der deutschen Bischöfe vgl. unten, S. 123 f.
60 Vgl. L. Volk, Reichskonkordat, S. 73; U. von Hehl, Katholische Kirche und Nationalsozialismus im Erzbistum Köln, S. 33 f.
61 Vgl. K. Scholder, Die Kirchen und das Dritte Reich, Bd. 1, S. 321.

Adolf Bertram, geb. 14. 3. 1859 zu Hildesheim; gew. 31. 7. 1881; 1906 Bischof von Hildesheim, 1914 Fürstbischof von Breslau, 1916/19 Kardinal; mit der Erhebung des Bistums zum Erzbistum 1930 Fürst- Erzbischof und Metropolit der Breslauer Kirchenprovinz; seit 1920 Vorsitzender der Fuldaer Bischofskonferenz; gest. 6. 7. 1945. Lit. L. Volk, Adolf Kardinal Bertram (1859—1945), in: R. Morsey (Hg.), Zeitgeschichte in Lebensbildern, Bd. 1, Mainz 1973, S. 224—286.

wirkungsrecht" im neuen Staat erhofften[62], öffnete die Verlautbarung Millionen Katholiken die Tür ins Dritte Reich[63] und befreite erst einmal die Geistlichen durch zusätzliche interne pastorale Anweisungen aus ihrem Dilemma. In der Aachener Diözese wurden uniformierte Nationalsozialisten nun auch in größerer Anzahl zum Gottesdienst zugelassen. Das Einbringen von Fahnen politischer Organisationen sei jedoch, so der Aachener Bichof, tunlichst zu unterbinden. Würden freundliche Bemerkungen keine Wirkung zeigen und Anweisungen der Pfarrer nicht befolgt werden, möge man jedoch einen Eklat verhindern. Die Richtlinien schließen mit dem Hinweis, daß bei allem Verständnis dafür, daß die politischen Fragen gegenwärtig die Menschen sehr stark in Anspruch nehmen, es an der Kirche sei, auf die „höheren Aufgaben und Ziele der Menschen" aufmerksam zu machen[64].

Die Anerkennung des neuen Regimes ging einher mit einer Erwartungshaltung seitens der Kirchenleitungen auf eine Zukunft, in der sich die Mission und die Rechte der Kirche anders als in der Weimarer Republik besser enfalten könnten. Weiterhin bestehende Feindseligkeiten wurden als Relikte einer mit der Machtergreifung überwundenen Zeit des Parteienhaders und der kirchlichen Abwehr hingenommen[65]. Die Gefahr eines neuen Kulturkampfes schien gebannt[66]. Es begann eine mit Illusionen behaftete Zeit, in der Kirche und Staat eine Basis gemeinsamer Arbeit gefunden zu haben schienen, spürbar auch in der Aachener Diözese, wo Regierungspräsidium und Diözesanbehörden beiderseits bestrebt waren, Konflikte zu bereinigen und Spannungen zu entschärfen[67]. Man wird dies auch auf die verantwortlichen Persönlichkeiten, den Aachener Bischof sowie den Aachener Regierungspräsidenten, zurückzuführen haben.

Eggert Reeder, ein norddeutscher Protestant, wurde am 16. Mai 1933 zunächst zum kommissarischen Regierungspräsidenten, dann am 15. Juli 1933 zum Regierungspräsidenten in Aachen berufen; erst um diese Zeit erwarb er auch die Mitgliedschaft in der NSDAP. Trotz seiner parteibedingten Haltung und mit der Zeit härteren Gangart hegte er im Gegensatz zu den rheinischen Gauleitungen keine besondere Aversion gegen

[62] Vgl. Ludwig Volk, Zur Kundgebung des deutschen Episkopats vom 28. März 1933, in: Stimmen der Zeit 173, 1963/64, S. 455 f. Zur Problematik der Kundgebung siehe ferner D. Junker, Die deutsche Zentrumspartei, S. 216 f.; R. Morsey, Der Untergang des politischen Katholizismus S. 157.

[63] Vgl. oben, S. 35.

[64] Richtlinien für den Hochwürdigen Klerus betreffend seelsorgliches Verhalten zu Anhängern des Nationalsozialismus von Joseph, Bischof von Aachen. Aachen, 29. 3. 1933 (vertraulich). BDA. GvS L 13 I Bl. 34 Vgl. Dokument Nr. 5, S. 244.

[65] Vgl. W. Adolph, Geheime Aufzeichnungen aus dem nationalsozialistischen Kirchenkampf, S. 55—57 (Nr. 15 vom 20. 3. 1937).

[66] Einen solchen Kampf wollten die Bischöfe wohl aus seelsorglichen Erwägungen heraus vemeiden. Vgl. Helmut Witetschek, Das Überleben der Kirche unter dem NS-Regime, in: Stimmen der Zeit, 1985, S. 841. Zur nachhaltigen Wirkung des Kulturkampfes vgl. oben, S. 24 f.

[67] Vgl. G. Plum, Gesellschaftsstruktur, S. 208.

Echo der Gegenwart

Aelteste Aachener Zeitung
85. Jahrgang
Mittagsausgabe
Einzelverkaufspreis 10, Samstags 15 Pfg.

Täglich eine Beilage: „Unterhaltungsbeilage", „Die Welt der Frau", „Sport-Echo", „Kultur u. Leben", „Landwirtschaftlicher Ratgeber", „Reise- und Bäderanzeiger", „Der Steuerberater"

Aachen, Mittwoch, 29. März 1933 Ludolf — Nummer 74 (1. u. 2. Blatt)

Eine Erklärung der deutschen Bischöfe.

Kundgebung der Fuldaer Bischofskonferenz.

Die Oberhirten der Diözesen Deutschlands haben aus triftigen Gründen, die wiederholt dargelegt sind, in ihrer pflichtmäßigen Sorge für Reinerhaltung des katholischen Glaubens und für Schutz der unantastbaren Aufgaben und Rechte der katholischen Kirche in den letzten Jahren gegenüber der nationalsozialistischen Bewegung eine ablehnende Haltung durch Verbote und Warnungen eingenommen, die solange und insoweit in Geltung bleiben sollten, wie diese Gründe fortbestehen.

Es ist nunmehr anzuerkennen, daß von dem höchsten Vertreter der Reichsregierung, der zugleich autoritärer Führer jener Bewegung ist, öffentlich und feierlich Erklärungen gegeben sind, durch die der Unverletzlichkeit der katholischen Glaubenslehre und den unveränderlichen Aufgaben und Rechten der Kirche Rechnung getragen, sowie die vollinhaltliche Geltung der von den einzelnen deutschen Ländern mit der Kirche abgeschlossenen Staatsverträge durch die Reichsregierung ausdrücklich zugesichert wird. Ohne die in unseren früheren Maßnahmen liegende Verurteilung bestimmter religiös-sittlicher Irrtümer aufzuheben, glaubt daher der Episkopat das Vertrauen hegen zu können, daß die vorbezeichneten allgemeinen Verbote und Warnungen nicht mehr als notwendig betrachtet zu werden brauchen.

Für die katholischen Christen, denen die Stimme ihrer Kirche heilig ist, bedarf es auch im gegenwärtigen Zeitpunkte keiner besonderen Mahnung zur Treue gegenüber der rechtmäßigen Obrigkeit und zur gewissenhaften Erfüllung der staatsbürgerlichen Pflichten unter grundsätzlicher Ablehnung alles rechtswidrigen oder umstürzlerischen Verhaltens.

In Geltung bleibt die so oft in feierlicher Kundgebung an alle Katholiken ergangene Mahnung, stets wachsam und opferfreudig einzutreten für Frieden und soziale Wohlfahrt des Volkes, für Schutz der christlichen Religion und Sitte, für Freiheit und Rechte der katholischen Kirche und Schutz der konfessionellen Schule und katholischen Jugendorganisationen.

In Geltung bleibt ferner die Mahnung an die politischen und ähnlichen Vereine und Organisationen, in Gotteshaus und kirchlichen Funktionen aus Ehrfurcht vor der Heiligkeit derselben zu vermeiden, was als politische oder parteimäßige Demonstration erscheinen und daher Anstoß erregen kann.

In Geltung bleibt endlich die so oft und eindringlich ergangene Aufforderung, für Ausbreitung und Wirksamkeit der katholischen Vereine, deren Arbeit so überaus segensreich ist für Kirche, Volk und Vaterland, für christliche Kultur und sozialen Frieden stets mit weitblickender Umsicht und mit treuer, opferwilliger Einigkeit einzutreten.

Aachen, den 28. März 1933.

Für die Diözese Aachen:
† Joseph.

Die Prüfung der öffentlichen Betriebe.

AV. Berlin, 28. März. (Drahtung.) Der Reichsrat ist zu seiner nächsten Vollsitzung für Donnerstag einberufen worden. Auf der Tagesordnung befindet sich u. a. die Uebersicht über die den Gemeinden als Ersatz der Kosten der Reichstagswahl vom 5. März 1933 zu zahlenden Sätze. Auch diesmal ist eine Regelung vorgesehen, die eine Aufteilung der Wahlkosten zwischen Reich und Gemeinden bedeuten, wobei allerdings in der sehr komplizierten Berechnung die Gemeinden in nicht weniger als 13 Gruppen eingeteilt sind. Die Anteile an den Wahlkosten, die den Gemeinden vergütet werden, sind diesmal etwas geringer. Zur Begründung hierfür nimmt die Vorlage Bezug auf die inzwischen gesunkene Reichsindexziffer für die Lebenshaltungskosten.

Weiter steht auf der Reichstagstagesordnung ein Entwurf einer Verordnung zur Durchführung der Vorschriften über die Prüfungspflicht der Wirtschaftsbetriebe der öffentlichen Hand. Die Verordnung, deren Durchführungsbestimmungen der Reichsrat nun verabschieden soll, ist vom Reichspräsidenten erlassen worden mit dem Ziel, Sauberkeit und Rentabilität in diesen Betrieben zu gewährleisten. Die Durchführungsverordnung bestimmt, daß in diesem Sinne der Prüfung zu unterliegen haben alle Wirtschaftsbetriebe der öffentlichen Hand und als Körperschaften des öffentlichen Rechtes auch das Reich und die Länder, sowie die Träger der Sozialversicherung.

Keine Rückkehr des Kaisers.

\# Berlin, 28. März. (Draht.) Auf Grund der Nachricht, daß die Stadtverwaltung von Bad Homburg eine Adresse nach Doorn gerichtet hat, in der der ehemalige Kaiser gebeten wird, für den Fall einer Verlegung seines Wohnsitzes nach Deutschland im Homburger Schloß Wohnung zu nehmen, hat das Nachrichtenbüro des VDZ. Fühlung genommen mit der Generalverwaltung des ehemaligen Königshauses. Dem Nachrichtenbüro wurde erklärt, daß zwar über die Frage einer Rückkehr des Kaisers in der letzten Zeit mehrfach gesprochen worden sei, daß der Kaiser aber nicht die Absicht geäußert habe, nach Deutschland zurückzukehren. In unterrichteten Kreisen wird hinzugefügt, daß die Rückkehr des Kaisers abhängig sein würde von der Zustimmung der Reichsregierung, und daß in offiziellen Kreisen vermutlich diese Frage deshalb jetzt nicht aufgeworfen werde, weil, wie schon Reichskanzler Hitler in seiner Regierungserklärung vor dem Reichstag sagte, alle irgendwie mit der Frage der Monarchie zusammenhängenden Dinge vorläufig nicht zur Debatte ständen.

Fall Braunschweig beigelegt.

Aufhebung des Stahlhelmverbots für Braunschweig am 1. April.

\# Braunschweig, 28. März. (Drahtung.) Der Vorsitzende des braunschweigischen Staatsministeriums, Dr. Küchenthal, übergab um 22 Uhr der Presse folgendes Kommuniqué über die Verhandlungen in der Stahlhelmangelegenheit:

Die Reichsregierung erkennt die vom braunschweigischen Innenminister Klagges gegenüber dem Stahlhelm, Gau Braunschweig-Stadt, ergriffenen energischen Maßnahmen als berechtigt an. Nachdem der Reichsarbeitsminister Franz Seldte als Erster Bundesführer des Stahlhelms die disziplinarische Erledigung der Angelegenheit zugesagt hat und die Beihilfe einer illegalen Aktion marxistischer Organisationen unter falschen Decknamen beseitigt ist, wird Minister Klagges das für das Land Braunschweig ausgesprochene Verbot des Stahlhelms mit dem 1. April 1933 aufheben.

Reichsarbeitsminister Seldte, der die Verhandlungen in Braunschweig persönlich leitete, ist um 23,25 Uhr im Flugzeug nach Berlin zurückgekehrt. **Die Schutzpolizei begann kurz nach 22 Uhr mit der Freilassung der 1350 im Krankenkassengebäude Verhafteten.** In Trupps von 50 Mann verließen sie das Gebäude. Die Verhafteten haben rund 25 Stunden im Gebäude der Ortskrankenkasse zugebracht. Gegen Mitternacht waren die Entlassungen bis auf die rund hundert Verhafteten, die nach Wolfenbüttel gebracht werden, in der Hauptsache erledigt.

Ankündigung des Judenboykotts.

Der Boykott beginnt Samstag.

Ein Aufruf der NSDAP.

en Berlin, 28. März. (Drahtung.) Die Nationalsozialistische Korrespondenz veröffentlicht einen Aufruf der Parteileitung, der an alle Parteiorganisationen der NSDAP. gerichtet ist. In dem Aufruf heißt es einleitend unter anderem:

„In den Wochen nach dem 30. Januar hat sich eine einzigartige nationale Revolution in Deutschland vollzogen. Trotz langer schwerster Bedrückungen und Verfolgungen haben die Millionen Massen, die hinter der Regierung der nationalen Revolution stehen, in vollster Ruhe und Disziplin der neuen Reichsführung die legale Deckung gegeben zur Durchführung der Reformen der deutschen Nation an Haupt und Gliedern. In jämmerlicher Feigheit und Falschheit haben die jüdisch-marxistischen Bonzen ihre Machtstellungen geräumt. Nur der beispiellosen Disziplin und Ruhe mit der sich dieser Akt des Umsturzes vollzog, haben es sich die Urheber und Nutznießer unseres Unglücks zuzuschreiben, wenn sie fast ausnahmslos ungeschoren blieben. Kaum ein Härchen wurde ihnen gekrümmt. Man vergleiche mit diesem Akt der Selbstzucht der nationalen Erhebung in Deutschland etwa die bolschewistische Revolution in Rußland, der über drei Millionen Tote zum Opfer fielen. Man vergleiche weiter die furchtbaren Kämpfe und Zerstörungen der Revolution dieser Novembermänner selbst, ihre Geiselerschießungen in den Jahren 1918 und 1919 das Niedermetzeln wehrloser Gegner. Die regierenden Männer haben dabei feierlichst der Welt verkündet, daß sie mit dieser in Frieden leben wollen. Das deutsche Volk leistet ihnen dabei treue Gefolgschaft. Deutschland will keine Weltwirren und keine internationalen Verwicklungen, aber das nationale revolutionäre Deutschland ist fest entschlossen, der Mißwirtschaft ein Ende zu bereiten.

Nun, da die Feinde der Nation im Innern vom Volk selbst unschädlich gemacht worden sind, trifft das ein, was wir längst erwartet hatten. Die kommunistischen und marxistischen Verbrecher und ihre jüdisch-intellektuellen Anstifter, die mit ihren Kapitalien rechtzeitig ins Ausland ausrückten, entfalten nun von dort aus eine gewissenlose landesverräterische Hetzkampagne gegen das deutsche Volk überhaupt. Lügen und Verleumdungen von geradezu haarsträubender Perversität werden über Deutschland losgelassen. Die deutschen Waren, die deutsche Arbeit, soll dem internationalen Boykott verfallen. Wollte man diesem wahnwitzigen Verbrechen länger zusehen, würde man sich zum Mitschuldigen machen.

Die Nationalsozialistische Partei wird nunmehr den Abwehrkampf gegen diese Generalverbrechen mit den Mitteln aufnehmen, die geeignet sind, die Schuldigen zu treffen. Denn die Schuldigen sind bei uns, sie leben unter uns und mißbrauchen Tag für Tag das Gastrecht, das ihnen das deutsche Volk gewährt hat. In einer Zeit, da Millionen Menschen von uns nichts zum Leben und nichts zum Essen haben, da Hunderttausende deutsche Geistesarbeiter auf der Straße verkommen, leben diese jüdischen intellektuellen Literaten zwischen uns und nehmen sehr wohl unser Gastrecht in Anspruch. Jahrzehntelang hat Deutschland jeden Fremden wahllos hereingelassen. Aus Dank dafür hetzen jetzt, während Millionen eigne Volksgenossen von uns arbeitslos sind und verkommen, ein Klüngel jüdischer Literaten, Professoren und Geschäftemacher die Welt gegen uns. Damit ist jetzt Schluß.

Wir sehen die Not und das Elend unserer eigenen Volksgenossen und fühlen uns verpflichtet, nichts zu unterlassen, was eine weitere Schädigung dieses unseres Volkes verhindern kann. Denn verantwortlich für diese Lügen und Verleumdungen sind die Juden unter uns. Von ihnen geht diese Kampagne des Hasses und der Judenhetze aus. In ihrer Hand läge es, die Lügner in der andern Welt zurechtzuweisen. Da sie dies nicht wollen, werden wir dafür sorgen, daß dieser Haß- und Lügenfeldzug gegen Deutschland sich nicht gegen das unschuldige deutsche Volk, sondern gegen die verantwortlichen Hetzer selbst richtet. Die Boykott- und Greuelhetze darf nicht und wird das deutsche Volk nicht treffen, sondern in tausendfacher Schwere die Juden selbst. Es ergeht daher an alle Parteidienststellen und Parteiorganisationen folgende

Anordnungen.

1. In jeder Ortsgruppe und Organisationsgliederung der NSDAP. sind sofort Aktionskomitees zu bilden zur praktischen, planmäßigen Durchführung des Boykotts jüdischer Geschäfte, jüdischer Waren, jüdischer Aerzte und jüdischer Rechtsanwälte. Die Aktionskomitees sind verantwortlich dafür, daß der Boykott keinen Unschuldigen, um so härter aber die Schuldigen trifft.

2. Die Aktionskomitees sind verantwortlich für den höchsten Schutz aller Ausländer ohne Ansehen ihrer Konfession und Herkunft oder Rasse. Der Boykott ist eine reine Abwehrmaßnahme, die sich ausschließlich gegen das deutsche Judentum wendet.

3. Die Aktionskomitees haben sofort durch Propaganda und Aufklärung den Boykott zu popularisieren. Grundsatz: kein Deutscher kauft noch bei einem Juden oder läßt von ihm und seinen Hintermännern Waren anpreisen. Der Boykott muß ein allgemeiner sein. Er wird vom ganzen Volk getragen und muß das Judentum an seiner empfindlichsten Stelle treffen.

4. In Zweifelsfällen soll von einer Boykottierung solcher Geschäfte so lange abgesehen werden, bis nicht vom Zentralkomitee in München eine anderslautende Anweisung erfolgt. Vorsitzender des Zentralkomitees ist Parteigenosse Streicher.

5. Die Aktionskomitees überwachen aufs schärfste die Zeitungen, inwieweit sie sich an dem Aufklärungsfeldzug gegen die jüdische Greuelhetze im Ausland beteiligen. Tun Zeitungen dies nicht oder nur beschränkt, so ist darauf zu sehen, daß sie aus jedem Haus, in dem Deutsche wohnen, augenblicklich entfernt werden. Kein deutscher Mann und kein deutsches Geschäft soll in solchen Zeitungen noch Annoncen aufgeben. Sie müssen der öffentlichen Verachtung verfallen. Geschrieben für die jüdische Rasse, aber nicht für das deutsche Volk.

6. Die Aktionskomitees müssen in Verbindung mit den Betriebszellenorganisationen der Partei die Propaganda der Aufklärung über die Folgen der jüdischen Greuelhetze für die deutsche Arbeit und damit für den deutschen Arbeiter in die Betriebe hineintragen und besonders die Arbeiter über die Notwendigkeit des nationalen Boykotts als Abwehrmaßnahme zum Schutz der deutschen Arbeit aufklären.

7. Die Aktionskomitees müssen bis in das kleinste Bauerndorf hinein vorgetrieben werden, um besonders auf dem flachen Land die jüdischen Händler zu treffen. Grundsätzlich ist immer zu betonen, daß es sich um eine uns aufgezwungene Abwehrmaßnahme handelt.

8. Der Boykott setzt nicht verzettelt ein, sondern schlagartig; in dem Sinne sind augenblicklich alle Vorarbeiten zu treffen. Es ergehen die Anordnungen an die SA. und SS., um vom Augenblick des Boykotts an durch Posten die Bevölkerung vor dem Betreten der jüdischen Geschäfte zu warnen. Der Boykottbeginn ist durch Plakatanschlag und durch die Presse, durch Flugblätter usw. bekanntzugeben.

Der Boykott setzt schlagartig Samstag, den 1. April, punkt 10 Uhr vormittags, ein. Er wird fortgesetzt so lange, bis eine Anordnung der Parteileitung die Aufhebung befiehlt.

9. Die Aktionskomitees organisieren sofort in Zehntausenden von Massenversammlungen, die bis in das kleinste Dorf hineinzureichen haben, die Forderung nach Einführung einer relativen Zahl für die Beschäftigung der Juden in allen Berufen entsprechend ihrer Beteiligung an der deutschen Volkszahl. Um die Stoßkraft der Aktion zu erhöhen, ist diese Forderung zunächst auf drei Gebiete zu beschränken:

a) auf den Besuch an den deutschen Mittel- und Hochschulen,

b) für den Beruf der Aerzte,

c) für den Beruf der Rechtsanwälte.

10. Die Aktionskomitees haben weiterhin die Aufgabe, daß jeder Deutsche, der irgendeine Verbindung zum Ausland besitzt, diese verwendet, um in Briefen, Telegrammen und Telephonaten aufklärend die Wahrheit zu verbreiten, daß in Deutschland Ruhe und Ordnung herrscht, daß das deutsche Volk keinen sehnlicheren Wunsch besitzt, als in Frieden seiner Arbeit nachzugehen und in Frieden mit der andern Welt zu leben, und daß es den Kampf gegen die jüdische Greuelhetze nur führt als reinen Abwehrkampf.

11. Die Aktionskomitees sind verantwortlich, daß sich dieser gesamte Kampf in vollster Ruhe und größter Disziplin vollzieht. Krümmt auch weiterhin keinem Juden auch nur ein Haar! Wir werden mit dieser Hetze fertig einfach durch die einschneidende Wucht dieser aufgeführten Maßnahmen. Mehr als je zuvor ist es notwendig, daß die ganze Partei in blindem Gehorsam wie ein Mann hinter der Führung steht.

Nationalsozialisten! Ihr habt das Wunder vollbracht, in einem einzigen Angriff den Novemberstaat über den Haufen zu rennen. Ihr werdet auch diese zweite Aufgabe genau so lösen! Das soll das internationale Weltjudentum wissen: die Regierung der nationalen Revolution hängt nicht im luftleeren Raum, sie ist der Repräsentant des schaffenden deutschen Volkes. Wer sie angreift, greift Deutschland an! Wer sie verleumdet, verleumdet die Nation! Wer sie bekämpft, hat 65 Millionen den Kampf angesagt! Wir sind mit den marxistischen Hetzern in Deutschland fertiggeworden; sie werden uns nicht in die Knie beugen, auch wenn sie nunmehr vom Ausland aus ihre volksverbrecherischen Verrätereien fortsetzen.

Nationalsozialisten! Samstag, Schlag 10 Uhr, wird das Judentum wissen, wem es den Kampf angesagt hat.

Nationalsozialistische Deutsche Arbeiterpartei
Parteileitung.

*

Zu vereinzelten Boykottaktionen

gegen Warenhäuser usw. ist es bereits im Verlauf des gestrigen Tages in Essen, Bochum, Duisburg, Gleiwitz, Augsburg, Göttingen, Kiel und anderen Städten gekommen. Zu Zwischenfällen kam es nirgends. Es heißt, daß diese Einzelaktionen vorläufig bis Samstag wieder eingestellt werden sollen.

Londoner Glossen.

= London, 29. März. Die Meldungen der Presse über den von der Nationalsozialistischen Partei beschlossenen Boykott jüdischer Geschäfte usw. beschränkt sich in der Hauptsache auf ausführliche Wiedergabe der Tatsachen und auf Berichte, die zeigen sollen, daß der Boykott in verschiedenen Teilen Deutschlands wie Oberschlesien, Ruhrgebiet, Mecklenburg bereits begonnen habe. Die Ermahnung des nationalsozialistischen Aufrufes, daß strengste Disziplin gewahrt werden muß und daß keinem Juden ein Haar auf dem Haupte gekrümmt werden darf, wird von allen Blättern mit Ausnahme des „Daily Herald" berichtet.

Schächtverbot für das ganze Reich.

= Berlin, 28. März. (Draht.) In den letzten Wochen ist in verschiedenen Ländern und auch in einzelnen Gemeinden das betäubungslose Schlachten und die Blutentziehung ohne vorherige Betäubung (Schächten) verboten worden. Um eine einheitliche Regelung in dieser Frage zu erreichen, wird, wie das Nachrichtenbüro des VDZ erfährt, die Reichsregierung die Methoden der Schlachtung und das Betäuben der Schlachttiere durch Reichsgesetz bestimmen. Die Neuregelung wird wahrscheinlich schon in den nächsten Tagen erfolgen. Danach wird das betäubungslose Schlachten und das Schächten im ganzen Reichsgebiet verboten sein.

Kundgebung der Fuldaer Bischofskonferenz.

Die Oberhirten der Diözesen Deutschlands haben aus triftigen Gründen, die wiederholt dargelegt sind, in ihrer pflichtmäßigen Sorge für Reinerhaltung des katholischen Glaubens und für Schutz der unantastbaren Aufgaben und Rechte der katholischen Kirche in den letzten Jahren gegenüber der nationalsozialistischen Bewegung eine ablehnende Haltung durch Verbote und Warnungen eingenommen, die solange und insoweit in Geltung bleiben sollten, wie diese Gründe fortbestehen.

Es ist nunmehr anzuerkennen, daß von dem höchsten Vertreter der Reichsregierung, der zugleich autoritärer Führer jener Bewegung ist, öffentlich und feierlich Erklärungen gegeben sind, durch die der Unverletzlichkeit der katholischen Glaubenslehre und den unveränderlichen Aufgaben und Rechten der Kirche Rechnung getragen, sowie die vollinhaltliche Geltung der von den einzelnen deutschen Ländern mit der Kirche abgeschlossenen Staatsverträge durch die Reichsregierung ausdrücklich zugesichert wird. Ohne die in unseren früheren Maßnahmen liegende Verurteilung bestimmter religiös-sittlicher Irrtümer aufzuheben, glaubt daher der Episkopat das Vertrauen hegen zu können, daß die vorbezeichneten allgemeinen Verbote und Warnungen nicht mehr als notwendig betrachtet zu werden brauchen.

Für die katholischen Christen, denen die Stimme ihrer Kirche heilig ist, bedarf es auch im gegenwärtigen Zeitpunkte keiner besonderen Mahnung zur Treue gegenüber der rechtmäßigen Obrigkeit und zur gewissenhaften Erfüllung der staatsbürgerlichen Pflichten unter grundsätzlicher Ablehnung alles rechtswidrigen oder umstürzlerischen Verhaltens.

In Geltung bleibt die so oft in feierlicher Kundgebung an alle Katholiken ergangene Mahnung, stets wachsam und opferfreudig einzutreten für Frieden und soziale Wohlfahrt des Volkes, für Schutz der christlichen Religion und Sitte, für Freiheit und Rechte der katholischen Kirche und Schutz der konfessionellen Schule und katholischen Jugendorganisationen.

In Geltung bleibt ferner die Mahnung an die politischen und ähnlichen Vereine und Organisationen, in Gotteshaus und kirchlichen Funktionen aus Ehrfurcht vor der Heiligkeit derselben zu vermeiden, was als politische oder parteimäßige Demonstration erscheinen und daher Anstoß erregen kann.

In Geltung bleibt endlich die so oft und eindringlich ergangene Aufforderung, für Ausbreitung und Wirksamkeit der katholischen Vereine, deren Arbeit so überaus segensreich ist für Kirche, Volk und Vaterland, für christliche Kultur und sozialen Frieden stets mit weitblickender Umsicht und mit treuer, opferwilliger Einigkeit einzutreten.

Aachen, den 28. März 1933.

Für die Diözese Aachen:
† Joseph.

Ausschnitt aus Abb. S. 93

Ankündigung des Judenboykotts.

Der Boykott beginnt Samstag.

Ein Aufruf der NSDAP.

en Berlin, 28. März. (Drahtung.) Die Nationalsozialistische Korrespondenz veröffentlicht einen Aufruf der Parteileitung, der an alle Parteiorganisationen der NSDAP. gerichtet ist. In dem Aufruf heißt es einleitend unter anderem:

„In den Wochen nach dem 30. Januar hat sich eine einzigartige nationale Revolution in Deutschland vollzogen. Trotz langer schwerster Bedrückungen und Verfolgungen haben die Millionen Massen, die hinter der Regierung der nationalen Revolution stehen, in vollster Ruhe und Disziplin der neuen Reichsführung die legale Deckung gegeben zur Durchführung der Reformen der deutschen Nation an Haupt und Gliedern. In jämmlicher Feigheit und Falschheit haben die jüdisch-marxistischen Bonzen ihre Machtstellungen geräumt. Nur der beispiellosen Disziplin und Ruhe mit der sich dieser Akt des Umsturzes vollzog, haben es sich die Urheber und Nutznießer unseres Unglücks zuzuschreiben, wenn sie fast ausnahmslos ungeschoren blieben. Kaum ein Härchen wurde ihnen gekrümmt. Man vergleiche mit diesem Akt der Selbstzucht der nationalen Erhebung in Deutschland etwa die bolschewistische Revolution in Rußland, der über drei Millionen Tote zum Opfer fielen. Man vergleiche weiter die furchtbaren Kämpfe und Zerstörungen der Revolution dieser Novembermänner selbst, ihre Geiselerschießungen in den Jahren 1918 und 1919 das Niedermetzeln wehrloser Gegner. Die regierenden Männer haben dabei feierlichst der Welt verkündet, daß sie mit dieser in Frieden leben wollen. Das deutsche Volk leistet ihnen dabei treue Gefolgschaft. Deutschland will keine Weltwirren und keine internationalen Verwicklungen, aber das nationale revolutionäre Deutschland ist fest entschlossen, der Mißwirtschaft ein Ende zu bereiten.

Nun, da die Feinde der Nation im Innern vom Volk selbst unschädlich gemacht worden sind, trifft das ein, was wir längst erwartet hatten. Die kommunistischen und marxistischen Verbrecher und ihre jüdisch-intellektuellen Anstifter, die mit ihren Kapitalien rechtzeitig ins Ausland ausrückten, entfalten nun von dort aus eine gewissen[...]

Volk und eine gewissenlose landesverräterische Hetzkampagne gegen das deutsche Volk überhaupt. Lügen und Verleumdungen von geradezu haarsträubender Perversität werden über Deutschland losgelassen. Die deutschen Waren, die deutsche Arbeit, soll dem internationalen Boykott verfallen. Wollte man diesem wahnwitzigen Verbrechen länger zusehen, würde man sich zum Mitschuldigen machen.

Die Nationalsozialistische Partei wird nunmehr den Abwehrkampf gegen diese Generalverbrechen mit den Mitteln aufnehmen, die geeignet sind, die Schuldigen zu treffen. Denn die Schuldigen sind bei uns, sie leben unter uns und mißbrauchen Tag für Tag das Gastrecht, das ihnen das deutsche Volk gewährt hat. In einer Zeit, da Millionen Menschen von uns nichts zum Leben und nichts zum Essen haben, da Hunderttausende deutsche Geistesarbeiter auf der Straße verkommen, leben diese jüdischen intellektuellen Literaten zwischen uns und nehmen sehr wohl unser Gastrecht in Anspruch. Jahrzehntelang hat Deutschland jeden Fremden wahllos hereingelassen. Und Dank dafür hetzen jetzt, während Millionen eigne Volksgenossen von uns arbeitslos sind und verkommen, ein Klüngel jüdischer Literaten, Professoren und Geschäftemacher die Welt gegen uns. Damit ist jetzt Schluß.

Wir sehen die Not und das Elend unserer eigenen Volksgenossen und fühlen uns verpflichtet, nichts zu unterlassen, was eine weitere Schädigung dieses unseres Volkes verhindern kann. Denn verantwortlich für diese Lügen und Verleumdungen sind die Juden unter uns. Von ihnen geht diese Kampagne des Hasses und der Judenhetze aus. In ihrer Hand läge es, die Lügner in der andern Welt zurechtzuweisen. Da sie dies nicht wollen, werden wir dafür sorgen, daß dieser Haß- und Lügenfeldzug gegen Deutschland sich nicht gegen das unschuldige deutsche Volk, sondern gegen die verantwortlichen Hetzer selbst richtet. Die Boykott- und Greuelhetze darf nicht und wird das deutsche Volk nicht treffen, sondern in tausendfacher Schwere die Juden selbst. Es ergeht daher an alle Parteidienststellen und Parteiorganisationen folgende

Ausschnitt aus Abb. S. 93

die katholische Kirche[68], womit einer späten Würdigung als kompetenten Fachmann[69] offensichtlich nichts mehr entgegenstehen sollte.

Bischof Joseph Vogt war ein betont nationaler und konservativer Mann, dem der Aachener Regierungspräsident Reeder eine tiefe vaterländische Einstellung attestierte, „. . . durch die Eure Excellenz sich schon vor dem nationalen Umschwung große Wertschätzung und Zuneigung der damals rechts stehenden Verbände und Parteien erworben haben."[70]
Diese Äußerung ist sicher nicht nur als Versuch zu werten, durch die Betonung einer gewissen gemeinsamen Grundhaltung den Bischof positiv einzunehmen. Die unmittelbar in dem zitierten Brief folgende Versicherung klingt zu diesem Zeitpunkt ernst gemeint:
„Ich [sc. Reeder] werde stets darauf bedacht sein, in vollstem Einverständnis mit Eurer Excellenz die Belange der katholischen Kirche meines Bezirks, insbesondere auch der katholischen Jugendbewegung objektiv wahrzunehmen und für ein friedliches Nebeneinander der beiden Jugendbewegungen zu sorgen."[71]
In diesem Brief ist auch schon der wesentliche Konfliktbereich des ersten Halbjahres 1933 angedeutet. Er betraf die Auseinandersetzungen zwischen Hitlerjugend und katholischen Jugendverbänden, denen jedoch vielfach unpolitische Motive zugrunde lagen[72]. Regierungspräsidium und Generalvikariat gelang zunächst eine Eindämmung möglicher Konsequenzen dieser Vorfälle; die dazu geführten Unterredungen konnten sich wohl dem Eindruck des vor dem Abschluß stehenden Reichskonkordates nicht entziehen. So konnte selbst eine große Aktion der Polizei und HJ gegen die Vereine des katholischen Jungmännerverbandes (Beschlagnahme des Vermögens, Besetzung von Jugendheimen, Verhinderung von Zusammenkünften) in den ersten Julitagen 1933 das Einvernehmen zwischen staatlichen und bischöflichen Behörden nur kurz trüben. Die Übergriffe waren durch eine falsche Zeitungsmeldung, wonach die katholischen Vereine durch das Geheime Staatspolizeiamt in Berlin aufgehoben worden seien, in der Mehrzahl der Gemeinden des Regierungsbezirkes ausgelöst worden. Amtliche und Parteidienststellen arbeiteten Hand in Hand, um die Maßnahmen zu revidieren[73].

[68] Vgl. U. von Hehl, Katholische Kirche und Nationalsozialismus im Erzbistum Köln, S. 142 Anm. 67. Vgl. dazu Dokument Nr. 6, S. 245.

[69] So bei Friedrich Fehrmann, Die Regierungspräsidenten seit 1923, in: 150 Jahre Regierung und Regierungsbezirk Aachen. Beiträge zu ihrer Geschichte, hg. vom Regierungspräsidenten in Aachen, Aachen 1967, S. 335; Adolf Klein. Die Kölner Regierungspräsidenten 1816—1966. Ihr Leben und Wirken, in: 150 Jahre Regierungsbezirk Köln, Berlin 1966, S. 113 ff.

[70] Schreiben des Aachener Reg. Präs. an Bischof Dr. Joseph Vogt. 2. 6. 1933. BDA. GvS L 8 I.

[71] Ebda.

[72] Vgl. die zahlreichen Berichte über die Auseinandersetzungen zwischen HJ und katholischen Jugendverbänden, BDA. GvS J 14 I.

[73] Vgl. eine genaue Darstellung der Vorgänge bei G. Plum, Gesellschaftsstruktur, S. 208 f. Das am 1. Juli 1933 erlassene Verbot des „Volksverein für das katholische Deutschland" blieb jedoch endgültig. Vgl. zum Volksvereinprozeß Heribert Schüngeler, Widerstand und Verfolgung in Mönchengladbach und Rheydt 1933—1945, Mönchengladbach 1985, S. 182 und S. 188 ff.

Anläßlich des wenige Wochen später unterzeichneten Reichskonkordats richtete auch der Aachener Bischof ein Dankteleg ramm an Hitler[74]. Obschon in einem wesentlichen Punkt, der Frage der katholischen Vereine, weitere Verhandlungen nötig waren, sicherte das Konkordat zumindest dem Wortlaut nach der Kirche die Freiheit der Lehre und Seelsorge zu. Den Geistlichen untersagte es die politische Betätigung, garantierte ihnen aber auch die religiöse Betreuung der Gemeindemitglieder und sicherte damit ihren Einfluß auf die Gläubigen[75]. Folgenreich sollte sich das Reichskonkordat auf die geforderte Staatstreue der Geistlichen auswirken: „Solange das Konkordat bestand, und solange sich die Kirche darauf berief und berufen mußte, eben weil es noch bestand, war sie als Kirche widerstandsunfähig, und das war für Hitler wohl auch je länger desto mehr der Sinn des Vertrages."[76]

Die Freude über den Abschluß des Konkordates, gepaart mit der Hoffnung auf eine Besserung der Wirtschaftslage im Aachener Regierungsbezirk, führte dazu, daß der offizielle Besuch des preußischen Ministerpräsidenten Göring in Aachen am Vormittag des 27. Juli 1933 zu einem „Triumphzug" wurde. Göring traf u. a. mit Bischof Vogt und Generalvikar Sträter zu einer Unterredung zusammen, und gemeinsam nahm man dann auf der Freitreppe des Rathauses den Vorbeimarsch der Polizei, der SA- und SS-Verbände ab, mit dem Hitlergruß grüßend[77]. Nur wenige Wochen später empfahl das Aachener Generalvikariat in einem Erlaß den Geistlichen, den Hitlergruß im Umgang mit Behörden, ggf. auch allgemein anzuwenden, wohl als Zugeständnis gegenüber den neuen Machthabern gedacht angesichts der Probleme, mit denen die katholischen Vereine zunehmend konfrontiert wurden[78]. Im Januar 1934 wurde die Erweisung des „Deutschen Grußes" für Lehrer und Schüler vor und nach jeder Unterrichtsstunde obligatorisch, somit auch für die in der Schule tätigen Geistlichen[79]. Im Religionsun-

[74] „Erfreut über das Zustandekommen des Reichskonkordates senden Bischof und Diözese Aachen aufrichtigen Dank und herzlichen Glückwunsch. An der Westgrenze des Reiches innere Ruhe notwendig und besonders erfreulich. Diözese und Bischof werden am Aufbau des neuen Reiches freudig mitarbeiten." Telegramm vom 19. 7. 1933. BDA. GvS A I Bl. 9. Vgl. das Telegramm des Vorsitzenden der Fuldaer Bischofkonferenz, Kardinal Bertram, vom 22. 7. 1933 an Hitler. Druck: Alfons Kupper (Bearb.), Staatliche Akten über die Reichskonkordatsverhandlungen 1933 (VdKfZg, Reihe A: Quellen, Bd. 2), Mainz 1969, S. 290 f.

[75] Das Konkordat wurde durch eine Bekanntmachung am 10. 9. 1933 veröffentlicht. RGBl. II 1933, S. 679.

[76] K. Scholder, Die Kirchen und das Dritte Reich, Bd. 1, S. 652.

[77] Vgl. G. Plum, Gesellschaftsstruktur, S. 209.

[78] Vgl. H. Schüngeler, Widerstand und Verfolgung in Mönchengladbach und Rheydt, S. 185, mit den Nachweisen S. 429 Anm. 216.

[79] Vgl. Preußischer Minister für Wissenschaft, Erziehung und Volksbildung. Leitgedanken zur Schulordnung. 20. 1. 1934. Abschrift im BDA. GvS L 8 I.

Wilhelm Hermann Göring, geb. 12. 1. 1893 in Rosenheim; 1922 Eintritt in die NSDAP; 1923 Kommandeur der SA; 1932 Präsident des Reichstags; 1933 Ministerpräsident in Preußen, gleichzeitig bis 1934 preußischer Innenminister; 1935 Reichsminister für Luftfahrt und Oberbefehlshaber der Luftwaffe; 1936 Beauftragter zur Durchführung des Vierteljahresplanes; 1940 Reichsmarschall des Großdeutschen Reiches und designierter Nachfolger Hitlers; Vorsitzender des Ministerrats für die Reichsverteidigung; April 1945 seiner Ämter enthoben; im Nürnberger Kriegsverbrecherprozeß zum Tode verurteilt; 15. 10. 1946 Selbstmord. Lit.: Leonard Mosley, Göring, München 1975.

terricht wurde er zu Beginn der Stunde vor, am Ende der Stunde nach dem Wechselspruch „Gelobt sei Jesus Christus — in Ewigkeit Amen" erwiesen[80].

Gerade die Vereinsfrage führte zur schnellen Ernüchterung der Bischöfe nach dem Konkordatsabschluß. Die Existenz konfessioneller Verbände kollidierte offenbar mit dem weltanschaulich bedingten Monopolanspruch des Staates auf die Organisation der „Volksgemeinschaft". Die katholischen Vereine wurden in der Folgezeit zum wichtigsten Objekt der Auseinandersetzungen zwischen dem Episkopat und den verschiedensten Instanzen von Partei und Staat[81]. Während auf dem Verhandlungsweg zäh um den entsprechenden Schutzartikel (Art. 31) des Reichskonkordats gerungen wurde, wirkte sich bereits das Doppelmitgliedschaftsverbot von Hitlerjugend und katholischen Jugendverbänden aus[82]. Auch die katholische Arbeiterbewegung hatte Mitgliederverluste hinzunehmen, am stärksten in der Aachener Diözese mit einem Rückgang von 11,2%[83]. Es kündigte sich die Entwicklung an, die auch von den Zeitgenossen als „Kirchenkampf" bezeichnet wurde[84]. Im Herbst 1933 wurde diese Entwicklung noch von der außenpolitischen Entscheidung über den Austritt Deutschlands aus dem Völkerbund, verbunden mit den gleichzeitigen Neuwahlen zum Reichstag überdeckt, in deren Zusammenhang der Aachener Bischof seine Diözesanen aufforderte, „. . . dem deutschen Vaterland und Volk wie bisher so auch in der gegenwärtigen Schicksalsstunde die Liebe und Treue zu wahren und am 12. November die Einmütigkeit mit den übrigen Volksgenossen zu beweisen."[85]
Der nationalsozialistische Staat hatte anscheinend die Begriffe Vaterland und Volk so erfolgreich besetzen können, daß der Aachener Bischof nicht wahrnahm, daß ein derartiger Appell über ein nationales Bekenntnis hinaus auch eine allgemein politische Bedeutung haben mußte.

Öffentlich brüskiert sah sich die Kirche durch die 1934 intensivierte Kampagne gegen die katholische Presse sowie gegen das katholische Vereins- und Verbandswesen[86]. Im

[80] Vgl. das Schreiben des Generalvikariats Aachen vom 12. 10. 1934 an den Reg. Präs. in Aachen. BDA. GvS L 8 I.

[81] Vgl. Ludwig Volk, Die Fuldaer Bischofskonferenz von Hitlers Machtergreifung bis zur Enzyklika „Mit brennender Sorge", S. 16, in: ders., Katholische Kirche und Nationalsozialismus. Ausgewählte Aufsätze (VdKfZg, Reihe B: Forschungen, Bd. 46), Mainz 1987, S. 11—33.

[82] Das Doppelmitgliedschaftsverbot wurde von Reichsjugendführer Baldur von Schirach am 29. Juli 1933 erlassen. Druck: Carsten Nicolaisen (Bearb.), Dokumente zur Kirchenpolitik des Dritten Reiches, Bd. 1: Das Jahr 1933, hg. im Auftrag der Evangelischen Arbeitsgemeinschaft für kirchliche Zeitgeschichte von Georg Kretschmar, München 1971, S. 122 f. (Dok. 35). Vgl. den Bericht des Generalpräses des Katholischen Jungmännerverbandes Wolker vom 26. 8. 1933, abgedruckt in: B. Stasiewski, Akten I, S. 282 f. (Dok. 66).

[83] Vgl. J. Aretz, Katholische Arbeiterbewegung und Nationalsozialismus, S. 112. Ein allgemeines Doppelmitgliedschaftverbot zur DAF wurde am 27. April 1934 erlassen. Vgl. ebda, S. 665.

[84] Vgl. W. Adolph, Geheime Aufzeichnungen aus dem nationalsozialistischen Kirchenkampf; Heinz Boberach (Bearb.) Berichte des SD und der Gestapo über Kirchen und Kirchenvolk in Deutschland 1934—1944 (VdKfZg, Reihe A: Quellen, Bd. 12), Mainz 1971.

[85] Zitiert nach H. Schüngeler, Widerstand und Verfolgung in Mönchengladbach und Rheydt, S. 182.

[86] Vgl. U. von Hehl, Katholische Kirche und Nationalsozialismus im Erzbistum Köln, S. 51 ff. Vgl. dazu die Dokumente Nr. 7—13, S. 246—255.

Echo der Gegenwart

Aelteste Aachener Zeitung
85. Jahrgang
Abendausgabe
Einzelverkaufspreis 15 Pfg.

Täglich eine Beilage: „Unterhaltungsbeilage", „Die Welt der Frau", „Sport-Echo", „Kultur u. Leben", „Landwirtschaftlicher Ratgeber", „Reise- und Bäderanzeiger", „Der Steuerberater"

Aachen, Donnerstag, 27. Juli 1933 Konstantin — Nummer 172 (3. Blatt)

Der Besuch des Ministerpräsidenten Göring.

Aachen huldigt seinem neuen Ehrenbürger.

Er schrieb ins Goldene Buch: „Ich übernehme von neuem die Pflicht für Deutschlands Zukunft!"

Die letzten Rüstungen zum Fest.

Kaum leuchten die ersten Sonnenstrahlen über der Stadt, als auch schon Leben in die Straßen kommt. Schon um 4 Uhr fährt der Sprengwagen der Stadt durch die Alleen. Dann kommen auch bald schon kleine Kolonnen, die letzte Hand an die Ausschmückung der Straßen zu legen, durch die der hohe Gast der Stadt Aachen seinen Weg nehmen wird. Die Sonne selbst legt darauf alles an, den Tag so festlich werden zu lassen, als es ihr nur immer möglich ist. So muß der Sprengwagen noch oft seine Arbeit tun und kühle Wassermassen auf die staubigen Wege gießen. Ueberall wehen Fahnen, und wer noch keine hat, stellt Blumen ans Fenster oder schmückt mit Girlanden seine Wohnung.

Und überall ist Sonne. Sonne . . .

Schon um 8 Uhr ziehen die Gruppen mit Gesang durch die Stadt und begeben sich zu den vorgeschriebenen Sammelplätzen. Dann merkt man bald, daß die Spaziergänger fast alle eine Richtung einschlagen: durch die Alleen geht es zum Ponttor. Immer dichter werden die Scharen, die dorthin strömen. Gegen Viertel vor 9 Uhr ertönt dumpfer Trommelschall und Gesang aus jungen Kehlen. Die Hitlerjugend zieht heran, um das erste Spalier vom Ponttor ab zur Ludwigsallee zu bilden. Bergknappen in ihrer schmucken Bergmannstracht, auf dem Kopf den schwarzen Federbusch, kommen. Auch sie gehen zum Ponttor. Dort haben sich schon lange vor 9 Uhr die ersten Zuschauer eingefunden. Vorläufig drängt alles begreiflicherweise unter die schattigen Bäume. Schon fahren große Polizeiwagen an und entladen die Mannschaften, die den Absperrungsdienst übernehmen sollen. Die Bergmannskapelle nimmt am Platz vor dem Ponttor Aufstellung und, damit die Zeit nicht zu lang wird, spielt sie unter der tüchtigen Leitung von Kapellmeister W. Cujoldt Märsche, die dankbaren Beifall finden. Der Musik gegenüber hat eine 30 Mann starke Abordnung der Bergknappen mit brennenden Grubenlampen sich aufgestellt. Schon hat die Hitlerjugend ihre Spalierbildung vollendet. Immer wieder fahren Kraftwagen vorüber: Oberstleutnant Schinking, der Kommandeur der Schutzpolizei, gibt die letzten Anordnungen. Führer der NSDAP.-Leitung inspizieren die vorgenommenen Maßnahmen.

Der Empfang am Ponttor.

Die alte trutzige Burg des Ponttors mit ihrer prachtvollen Vorburg ist zum Empfang des hohen Besuchs gerüstet. Von den Türmen flattern die Fahnen der Hitlerjugend. Der Eingang und der Torweg sind mit Girlanden und Tannengrün geziert. Hakenkreuzfahnen und Lorbeerbäume schmücken die Vorburg. Auf der innern Mauer stehen Gewappnete mit langen Hellebarden, auf ihren Röcken den schwarzen Reichsadler der alten Kaiserstadt. Vor dem Tor nehmen einige Mitglieder der Aachener Behörden Aufstellung: Regierung, Stadt und Polizei sind vertreten.

*

Gerade spielt die Bergknappenkapelle das Deutschlandlied: da erscheint am stahlblauen Himmel, der sich über dem festlichen Bild wölbt, ein weißes Wölkchen. Dann bullert es auch schon. Das Zeichen ist gegeben: Er kommt! In die Reihen der zu dichten Mauern angewachsenen Zuschauermassen kommt Leben. Aber alles bleibt diszipliniert. Die Polizei hat leichte Arbeit: die Hälse recken sich, aber die Mauern stehen und drängen nicht nach vorn. Das ist auch gar nicht nötig. Man sieht alles so gut und genau, man kann es nicht besser haben.

Da kommen auch schon die Kraftwagen: hinter einem führenden Auto fährt ein weißgestrichener, vernickelter Mercedeswagen, am Steuer ein SS.-Mann. Aber alle Augen suchen gleich die große Gestalt des Ministerpräsidenten. Er trägt eine dunkelgraue Uniform, die mit weißsilbernen Litzen abgesetzt ist. Kaum biegt er auf dem Platz vor dem Ponttor ein, als sich brausende Heilrufe erheben. Alles hebt die Hand zum Hitlergruß. Der Minister erhebt sich in seinem Wagen: lächelnd erwidert er immer wieder die stürmische Begrüßung. Zu den Bergknappen winkt er grüßend hinüber. Dann ist der Zug der Autos auch schon an der Torburg eingetroffen. Die Wagen halten. Ministerpräsident Göring verläßt seinen Mercedes. Die Herren der Behörden treten auf ihn zu. Er reicht jedem die Hand. Damit ist die Begrüßung vor dem Stadttor beendet. Der Ministerpräsident fährt in die alte Kaiserstadt ein: jubelnde Heilrufe schallen ihm entgegen. Er steht wieder in seinem Wagen und grüßt nach allen Seiten. Die Autos fahren in das Tor hinein.

Besuch im Ehrenmal.

Nun biegt der lange Zug der Kraftwagen in die untere Ludwigsallee ein. Hitlerjungen säumen auch hier den Weg, dichtgedrängt stehen auch hier die Zuschauer. Immer wieder erbrausen auch hier die Heilrufe. Der Weg ist prächtig geschmückt: Tannenbäume reihen sich längs des Weges. Fahnen grüßen von den Häusern, der schönste Schmuck aber ist doch die Sonne, die diesem bunten Festspiel erst den rechten Glanz verleiht, der es aus dem Alltag enthebt.

Die Wagen stocken wieder: vor dem Ehrenmal verläßt Hermann Göring seinen Wagen. Der Platz des Ehrenmals zeigt schon den letzten Schliff: das Gitter der Marienburg ist geschlossen. Unten am Fuße der Freitreppe steht eine kleine Gruppe der Bezirksleitung der NSDAP., um die Fahne der Ortsgruppe geschart. Der Ministerpräsident erhebt die Hand zum Gruß. Dann geht er die Freitreppe hinauf, er trägt einen Strauß prachtvoller dunkelroter Rosen, die von einer Schleife in den schwarzgelben Farben der Stadt gehalten werden. Er ist der erste hohe Gast, der den Aachener Gefallenen diese Ehre erweist. Von einigen Vertretern des Denkmalausschusses wird er vor dem Eingang zum Ehrenmal empfangen. Sie geleiten ihn in den Turm, dessen Gittertor sich öffnet. Hier legt Göring den Blumenstrauß zum Gedenken der Toten des Weltkrieges nieder.

Bald erscheint er wieder im Freien: wieder brausen ihm Heilrufe entgegen, als er die Freitreppe herabsteigt. Er dankt auch hier wieder unermüdlich für die herzliche Begrüßung, die ihm von allen Seiten zuteil wird. Dann setzt sich der Zug der zwölf Wagen wieder in Bewegung. Unter dem Heilruf der am Wegesrand stehenden Zuschauer fahren die Kraftwagen zur Monheimsallee und zum Hansemannplatz. Dann biegen sie in die Jülicher Straße ein. Schulkinder säumen hier den Weg, alle tragen Hakenkreuzfähnchen. Sie winken und rufen. So begleitet die Begeisterung den hohen Gast bis zum Blücherplatz.

Freiheit und Ehre – das Fundament des Volkes!

Die Kundgebung auf dem Blücherplatz.

Der Blücherplatz prangte ringsum im reichsten Flaggenschmuck. Auf der Seite zur Baugewerkschule war ein großes Podium aufgerichtet worden, auf dem Standartenführer H e n r i c h und seine Unterführer Platz genommen hatten. Von 8 Uhr morgens an begann bereits der Ausmarsch der Formationen. Nacheinander zogen SA, SS, Hitlerjugend, Stahlhelm, Schutzpolizei, Freiwilliger Arbeitsdienst, Mitglieder der NSBO, Beamtenfachschaften, Feuerwehr, Zollbeamten, Postbeamte, Eisenbahner, Straßenbahner, Bergknappen usw. auf und meldeten dem Standartenführer ihre Stärke. Der ganze Platz war durch Richtungsdrähte in einzelne Felder eingeteilt worden, sodaß alle Gruppen — in exakt ausgerichteten Linien dastehend — ein prachtvolles Bild boten. Mehrere Kapellen füllten die Zeit bis zum Erscheinen des Ministerpräsidenten mit flotten Marschweisen aus. Zahlreiche der anwohnenden Bürger und namentlich Bürgerinnen machten sich unterdessen eine Freude daraus, die der Sonnenglut ausgesetzten Männer durch Darreichung von Wasser zu laben.

Kurz nach 10 Uhr erschien der SA-Brigadeführer auf dem Podium, mit Heilrufen begrüßt. „SA-Standarte 25 angetreten mit 8500 Mann", meldete Standartenführer Henrich. Und dann, punkt 10.30 Uhr, erscholl der Böllerschuß, gleichzeitig ertönten Rufe: „Der Ministerpräsident kommt!" Aufgerichtet in seinem Wagen stehend, grüßte Göring nach allen Seiten. Beim Betreten des Podiums überreichten ihm mehrere Mädels Blumen.

Staatsrat Gauleiter Grohé-Köln

begrüßte den Gast mit folgenden Worten:

„Herr Ministerpräsident! Die Anhänglichkeit und grenzenlose Liebe, mit der auch die Aachener Bevölkerung an Ihnen hängt, ist Ihnen auf dem Wege zu diesem Platz klar zum Bewußtsein gekommen. Sie haben es miterleben können, denn Sie, Herr Ministerpräsident, waren ja auch schon der Bevölkerung nahe in der Zeit des großen Krieges, als Sie als Führer der Richthofenstaffel den Ruhm des deutschen Soldatentums mehrten und die Welt in Erstaunen versetzten vor deutschem Mannesmut. Und Sie, Herr Ministerpräsident, gehörten dann auch wieder zu den ersten, die sich Adolf Hitler zur Verfügung stellten, um aus dem Deutschland der inneren Uneinigkeit und der äußeren Ohnmacht wieder eine einheitliche Nation und einen Staat von Größe, Sauberkeit und Herrlichkeit zu machen. Sie sind 1923 als erster SA-Führer der Bewegung mutvoll vor die Feldherrnhalle marschiert und von den Kugeln der Reaktion verwundet worden. Aber was Sie, Herr Ministerpräsident, in den wenigen Monaten als Führer Preußens geleistet haben, ist für ewig und immerdar in die Geschichte Preußens und des Reiches eingegangen. Es ist ein neues Zeichen für die Genialität des Führers, daß er die Geschicke Preußens in die Hand eines Mannes Ihres Formats gelegt hat, und es beweist die ganze Größe Ihrer Persönlichkeit, Herr Ministerpräsident, daß Sie keine größere Ehre kennen als die Treue zum Führer. So heiße ich Sie in den Mauern Aachens willkommen im Namen der Bevölkerung, der Bewegung des Gaues Köln-Aachen und des ganzen Rheinlandes. Und mit Ihnen darf ich begrüßen Ihren treuen und hervorragenden Mitarbeiter, Herrn Staatssekretär Grauert.

Die Aachener Bevölkerung, die überwiegend dem Arbeitsvolk angehört, schaut erhobenen und stolzen Hauptes zu Ihnen auf, in dem Bewußtsein, in Ihnen, Herr Ministerpräsident, wieder einen Mann an die Spitze des Staates gestellt bekommen zu haben, in dem Mannestum, Ehrbarkeit, Energie und Ausdauer wie in wenigen Menschen verkörpert sind. So heiße ich Sie denn willkommen. Die anderen aber bitte ich mit mir einzustimmen in den Ruf: Adolf Hitler, dem sich Ministerpräsident Hermann Göring sowohl als Mensch wie auch als Ministerpräsident auf Leben und Tod verschrieben hat,

e i n d r e i f a c h e s S i e g - H e i l !"

Die Volksmenge stimmte begeistert in diesen Ruf ein. Dann sprach

Ministerpräsident Hermann Göring:

„Meine lieben Kameraden!

Meine lieben deutschen Volksgenossen und Volksgenossinnen!

Von Herzen danke ich dem Gauleiter und Staatsrat Grohé für die herzlichen Worte des Willkommens, den er mir in Eurem Namen geboten hat. Kameraden, glaubt mir, es ist in diesen Tagen, in diesen Wochen etwas so Gewaltiges, das Gott uns als Führer erleben läßt, daß wir seinesgleichen nicht in der Geschichte finden. Erdrückt werden wir nicht von der Arbeit, erdrücken kann uns nicht die Verantwortung, die wir vor Gott und der Zukunft unseres Volkes übernommen haben, aber eins vermag uns wirklich zu erdrücken, und das ist die grenzenlose Liebe, dieses unerschütterliche Vertrauen, das aus dem deutschen Volke, Mann und Frau, Mädel und Bub, uns entgegenstrahlt. Es ist fürwahr oft schwer für uns, dann noch Worte zu finden, die das zu schildern vermögen, was in einem selbst vorgeht.

Ich glaubte, als ich gestern hier den ehrwürdigen Kaiserdom einen kurzen Besuch abstattete, im Abenddunkel unerkannt heraustreten zu können. Da stand aber der Domplatz voll von Menschen des deutschen Volkes, Arbeiter und Bürger und was sie alles sein mögen, alt und jung, und so herzlich und auffallend war der Willkomm, war das Bekenntnis zueinander, daß ich wirklich tiefinnerlich erschüttert war.

Und, Kameraden, wenn Ihr nun hier steht in glühender Sonnenhitze, wenn Ihr keine Mühe gescheut habt, hierherzueilen, um mir die Ehrung zu bringen und mich willkommen zu heißen, dann fühle ich, wie auch jetzt wieder von neuem eine Welle und Woge inneren Erlebens, innerer Zugehörigkeit zu Euch hinüberströmt. Und ich habe nur den einen Wunsch: daß heute, immer und für alle Zeiten dieser unerschütterlichen Zusammengehörigkeit die treue Gefolgschaft bewahrt bleibe, solange das deutsche Volk sich in dieser festen Form einander hilft, solange das Volk gläubig und voll Vertrauen seinen Führern folgt und solange diese Führer wissen, daß alles, was sie tun, vom ersten Aufstehen bis zum Schlafengehen, nur dem Volke dienen, nur dem Volk gewidmet sein darf, daß ein Führer nicht das Recht hat, glücklich zu sein, solange das Volk nicht glücklich ist, daß die Sorge des letzten kleinsten Mannes ihm auch auf der Seele brennen muß als seine eigene Sorge. Die Verantwortung, die uns auferlegt wurde, ist eine gewaltige, nicht wegen der Neuordnung des Staates, sondern nur die gewaltige Verantwortung, das kostbarste Gut, Treue und Vertrauen, festzuhalten, zu stärken und nicht zu enttäuschen.

Ihr wißt alle: man kann nicht an einem Tag aufbauen, was in einem Jahrzehnt vernichtet und zerstört wurde. Und das verlangt ja auch keiner von

Reichskonkordat war der Kirche die Zusage gemacht worden, daß den katholischen Mitgliedern von Sport- und Jugendorganisationen ermöglicht wird, an Sonn- und Feiertagen ihren kirchlichen Verpflichtungen regelmäßig nachzukommen. Auch sollten sie zu nichts verpflichtet werden, was mit ihren religiösen und sittlichen Überzeugungen und Pflichten nicht vereinbar wäre[87]. Deshalb zeigte sich das Aachener Generalvikariat besorgt über die Einrichtung des Samstags als Staatsjugendtag, mußte so doch der samstagnachmittags praktizierte geschlossene Beichtgang der Kinder und Jugendlichen verlegt werden[88]. Der Westdeutsche Beobachter, das Parteiorgan der Kölner Gauleitung — in Aachen und Umgebung in der Nebenausgabe als Westdeutsches Grenzblatt — ließ nun eine offen kirchenfeindliche, für die Kirchenleitungen kulturkämpferische Tendenz erkennen[89]. Angegriffen wurden auch die katholischen Verbände, auf deren Erhalt die Kirche in den Verhandlungen über die Ausführungsbestimmungen des Reichskonkordats insistierte. Der katholischen Jugend sollte das Recht auf Spiel, Wandern und Zelten erhalten bleiben, damit sie ihre Anziehungskraft auf die Jugend nicht gänzlich einbüßte[90]. Die Verhandlungen über die kirchlichen Vereine zogen sich mit Unterbrechungen bis März 1936 hin, ohne für die Kirche ein völlig akzeptables Resultat zu zeigen[91]. Einschneidend für das kirchliche Verbandswesen wirkte dann die von Ministerpräsident Göring am 7. Dezember 1934 erlassene, allerdings unveröffentlichte Verordnung, die zwecks „Einheit und Sicherheit des nationalsozialistischen Staates" bis auf weiteres sämtliche öffentliche Veranstaltungen und Kundgebungen kirchlich-konfessionellen Charakters verbot; ausgenommen waren Veranstaltungen in der Kirche, althergebrachte Prozessionen und Wallfahrten, geschlossene Weihnachtsfeiern und Krippenspiele[92].

Ab Februar 1934 trafen sich die Bischöfe der Kirchenprovinz Köln in unregelmäßigen Zusammenkünften, wobei später auch die Oberhirten der Paderborner Kirchenprovinz

[87] Vgl. Die Lage der katholischen Bildung und Erziehung in Deutschland. Denkschrift mit besonderer Berücksichtigung der Bestimmungen des Reichskonkordats o.O.o.J.o.V. (Registraturstempel Generalvikariat Aachen vom 7. 1. 1935), BDA. GvS J 9 I.

[88] Vgl. das Rundschreiben des Generalvikariats Aachen vom 12. 9. 1934 an die Pfarrer, Rektoren und Religionslehrer. BDA. GvS C 5 I.

[89] Vgl. U. von Hehl, Katholische Kirche und Nationalsozialismus im Erzbistum Köln S. 62. Von 1926 bis 1930 war der spätere Gauleiter Grohé selbst Hauptschriftleiter des Westdeutschen Beobachters. Der aggressive Stil der Zeitung wurde ihm 1929 als parteischädigend vorgehalten. Vgl. A. Tyrell, Führergedanke und Gauleiterwechsel, S. 258.

[90] Vgl. die Vorschläge des deutschen Episkopats zur Durchführung des Reichskonkordats, übermittelt in einem Schreiben des Vorsitzenden der Fuldaer Bischofskonferenz vom 18. 1. 1934 an den deutschen Episkopat. BDA. GvS A 1 I, Bl. 24. (Druck: B. Stasiewski, Akten I, S. 517 = Dok. 124).

[91] Vgl. L. Volk, Die Fuldaer Bischofskonferenz von Hitlers Machtergreifung bis zur Enzyklika „Mit brennender Sorge". in: ders., Katholische Kirche und Nationalsozialismus, S. 11—33; John S. Conway, Die nationalsozialistische Kirchenpolitik, ihre Ziele, Widersprüche und Fehlschläge, München 1969, S. 158 f.

[92] Druck: B. Stasiewski, Akten II, S. 60 f. (Dok. 188a). Maßstab für „althergebracht" war das Jahr 1931. Die Rechtsgrundlagen der Verordnung waren die Verordnung des Reichspräsidenten zum Schutze von Volk und Staat vom 28. 2. 1933 (Reichstagsbrandverordnung) und der § 14 des Polizeiverwaltungsgesetzes vom 1. 6. 1931, der die Polizei damit beauftragte, im Rahmen der geltenden Gesetze Maßnahmen zu treffen, um Gefahren von der Allgemeinheit oder einem einzelnen abzuwenden. Abgedruckt in: B. Stasiewski, Akten II, S. 61 Anm. 1.

(Erzbistum Paderborn, Bistümer Fulda und Hildesheim) zugegen waren, um gemeinsam aktuelle kirchenpolitische Fragen zu erörtern und ein gemeinsames Vorgehen festzulegen[93]. Erstmals seit der Machtübernahme wurde im März 1934 in der Erzdiözese Köln sowie in den Bistümern Aachen und Münster ein einheitliches Hirtenwort verlesen, das sich mit der nationalsozialistischen Weltanschauung auseinandersetzte[94]. Ein Zeichen für die sich verschärfende Lage war der vom Geheimen Staatspolizeiamt verfügte Erlaß vom 20. Juni 1934, der die generelle polizeiliche Meldepflicht für alle Exerzitienteilnehmer vorschrieb[95]. Eine Woche zuvor hatte Oberpräsident von Lüninck die Regierungspräsidenten angewiesen, jede „unsachliche Polemik" bei der Erörterung kirchenpolitischer Fragen zu ahnden[96].

Bischof Joseph Vogt scheint im Gegensatz zu seinem Generalvikar, Weihbischof Hermann Joseph Sträter, noch einige Zeit an seiner Überzeugung festgehalten zu haben, daß der „neue Staat" auch positive Ansätze berge; zumindest in seinem Hirtenbrief aus dem Jahre 1934 sprach er neben kritischen Worten auch von positiven Ansätzen des nationalsozialistischen Staates: „Autoritätsbewußtsein, Hingabe an die Führerschaft, Lauterkeit der inneren Gesinnung" würden im Dritten Reich in ihrem „aufbauenden Wert" erkannt[97]. Bemerkenswert fand der Leiter der Staatspolizeistelle Aachen aber schon die Predigt des Aachener Bischofs zum Christ-König-Fest 1934, in der Vogt ausführte:

„Man will diese Kirche, die heilige römisch-katholische Kirche, die Christus gegründet und auf dem Felsen gebaut hat, ausrotten und losreißen vom Felsen Petri. Man will eine neue Kirche gründen, die sogenannte National-Kirche. Die alte Zeit soll wieder auferstehen, die Götter der Germanen sollen wieder lebendig werden. Das ist Unsinn, ja Wahnsinn, das Rad der Zeit läßt sich nicht zurückdrehen. Wir wollen hoffen, daß es nur bei dem Versuch bleibt. Der Führer und Reichskanzler hat es mehr als einmal versprochen, daß er das Christentum schützen werde. Wir haben dieses Wort gehört und dankbar begrüßt und wollen darauf vertrauen."[98]

93 Vgl. U. von Hehl, Katholische Kirche und Nationalsozialismus im Erzbistum Köln, S. 10, S. 85, S. 106.

94 Druck: Wilhelm Corsten (Hg.), Kölner Aktenstücke zur Lage der katholischen Kirche in Deutschland 1933—1945, Köln 1949, Nr. 23, S. 20. Der innerkirchliche Informationsaustausch von Diözese zu Diözese wurde durch die „Kirchliche Informationsstelle" in Berlin mitgetragen, die über die aktuellen Entwicklungen auf kirchenpolitischem Gebiet unterrichtete und rechtliche Empfehlungen gab. Vgl. die Rundschreiben in: BDA. GvS M 4 I.

95 Gestapo an die Stapostelle für den Reg. Bez. Köln. Berlin 20. 6. 1934. HStAD. RW 18—1. Bl. 123. Dieser Erlaß wurde nach Protesten zwar offiziell zurückgenommen, in der Praxis wurde jedoch weiter nach ihm verfahren; vgl. U. von Hehl, Katholische Kirche und Nationalsozialismus im Erzbistum Köln, S. 67.

96 Die Grundlage boten das Polizeiverwaltungsgesetz vom 1. 6. 1931 und die Verordnung des Reichspräsidenten zum Schutze von Volk und Staat vom 28. 2. 1933, § 1; vgl. den Erlaß in: HStAD. RW 18—1. Bl. 125.

97 Vgl. den Fastenbrief Bischof Joseph Vogts, in: Hirtenbriefe des deutschen, österreichischen und deutsch-schweizerischen Episkopats 1934 Paderborn 1934, S. 3., zitiert nach: H. Müller (Hg.) Katholische Kirche und Nationalsozialismus. Dokumente 1930—1935, S. 238 Anm. 16.

98 Stapostelle Aachen. Lagebericht für Oktober vom 4. 11. 1934 (Nr. 10). Druck: B. Vollmer, Volksopposition, S. 111 f. Die Katholische Nationalkirchliche Bewegung e. V., Bezirksgruppe Aachen, trat im Januar 1936 erstmals mit einer geschlossenen Veranstaltung in Erscheinung. Anwesend waren 150 Personen. Vgl. den Lagebericht der Stapostelle Aachen für Januar vom 10. 2. 1936 (Nr. 31). Druck: B. Vollmer, Volksopposition. S. 352.

WEIHE DES MIVA-FLUGZEUGES
„SANCTA MARIA,
UNSERE LIEBE FRAU VON AACHEN"
AM 26. APRIL 1936

Im Auftrage der MIVA danke ich für die herzliche Anteilnahme an der Flugzeugweihe am 26. April 1936 zu Aachen durch Se. Exzellenz den Hochwürdigsten Herrn

BISCHOF DR. JOSEPH VOGT

und sende Ihnen zum Andenken dieses Erinnerungsblatt.

Das neugeweihte Missionsflugzeug „SANCTA MARIA, Unsere Liebe Frau von Aachen" möchte auch weiterhin unter Ihrem Schutze stehen und bittet Sie, Ihre Patenschaft in eine Mitgliedschaft zu verwandeln, um die religiösen und vaterländischen Aufgaben, die es in Übersee zu erfüllen hat, auch auf die Dauer mit Erfolg durchführen zu können.

Der Mitgliedsbeitrag ist RM. 2.– oder mehr vierteljährlich.

Mit herzlichem Dank

MIVA-ZENTRALE · AACHEN · LOTHRINGER STR. 62
POSTSCHECKKONTO KÖLN 2428

An der Bereitschaft Vogts, die Kirche und den christlichen Glauben zu verteidigen, darf wohl kein Zweifel bestehen. Dessen ungeachtet fiel es ihm offensichtlich schwer, von seiner Erwartungshaltung abzurücken und sich einzugestehen, daß die neuen Machthaber für mehr verantwortlich zu machen waren als nur die vermeintlich notwendige Stärkung Deutschlands.

Auch Generalvikar Sträter war ein überzeugt national eingestellter Mann[99]. Seine mit weniger Illusionen behaftete Einschätzung des Dritten Reiches dürfte auch darauf zurückzuführen sein, daß er als Generalvikar, somit Leiter der bischöflichen Behörde, von Anfang an unmittelbarer mit dem Kleinkrieg befaßt war, der sich aus Übergriffen seitens der Partei, staatlichen Maßnahmen, mitunter auch aus Gegenaktionen einzelner Geistlicher ergab. Dem Generalvikariat kam in der Folgezeit generell eine wachsende Bedeutung zu. Mit dem Anspruch und dem Selbstbewußtsein, vor der Geistlichkeit und dem katholischen Volk eine Führungsposition innezuhaben, trat es in Konfliktfällen den mittleren Instanzen von Staat und Partei gegenüber[100]. Neben einzelnen Diözesanen wandten sich amtliche Stellen, Parteifunktionäre und Priester gleichermaßen an die bischöfliche Behörde, die sich als Institution relativ geschützt, in lokale Konflikte einschalten konnte, indem sie sich für zuständig erklärte und die Geistlichen an Direktiven band. Andererseits war das Generalvikariat bestrebt, die Ortsgeistlichkeit zu eigenem Handeln zu ermuntern und selbst eher im Hintergrund zu bleiben[101]. Dazu erteilte es den Priestern Rechtsbelehrungen, suchte aber auch durch Versetzungen zugespitzte lokale Konflikte zu entschärfen und möglichen Verhaftungen vorzubeugen. Bei Gerichtsverhandlungen beauftragte es in schweren Fällen einen Rechtsanwalt mit der Verteidigung der Geistlichen[102]. Das Generalvikariat organisierte spezielle Vorträge und Schulungsveranstaltungen; Anweisungen und vertrauliche Informationen wurden ausgegeben, um die Geistlichen zur Verteidigung der eigenen Position und der der Kirche zu befähigen. Die zu diesem Zweck verschickten Rundschreiben waren je nach der Brisanz ihres Inhaltes entweder an alle Geistlichen, an die Pfarrer und Pfarrektoren zur Information der Kapläne oder nur an die Dechan-

[99] Hierfür spricht etwa seine positive Haltung zur Rheinlandbesetzung 1936. Vgl. den Lagebericht der Stapostelle Aachen für März vom 6. 4. 1936 (Nr. 33). Druck: B. Vollmer, Volksopposition, S. 376. Am 10. 2. 1942 — inzwischen Apostolischer Administrator — richtete Straeter anläßlich der Schließung des Mutterhauses der Elisabethanerinnen in Aachen eine Eingabe an den Reichsminister des Inneren, die zweite, nachdem die erste Eingabe unbeantwortet geblieben war, in der er sich auf seine treue Pflichterfüllung gegenüber dem Vaterland besonders in der Zeit fremder Besatzung berief. BDA. GvS M 4 I.

[100] Vgl. G. Plum, Gesellschaftsstruktur, S. 9. Das Generalvikariat Aachen leitete beispielsweise Eingaben des Vorsitzenden der Fuldaer Bischofskonferenz, die an einzelne Minister gerichtet waren, an den Aachener Reg. Präs. weiter. Vorgänge in: BDA. GvS L 8.

[101] Vgl. die zahlreichen Schriftstücke in: BDA. GvS M. sowie die Dokumente Nr. 14 und 15, S. 256—260.

[102] In der Regel wurde Franz Oppenhoff mit der Vertretung der Geistlichen beauftragt. Oppenhoff war nach der amerikanischen Besetzung im Oktober 1944 erster Oberbürgermeister im nicht-nationalsozialistischen Deutschland und wurde von einem „Werwolf"-Kommando ermordet.

Franz Oppenhoff, geb. 18. 8. 1902 in Aachen; ermordet 15. 3. 1945. Lit.: Bernhard Poll, Franz Oppenhoff, in: Rheinische Lebensbilder I, Düsseldorf 1961, S. 251 ff.

Evangelium zum zweiten Sonntag nach Ostern (Joh. 10, 11—16)

In jener Zeit sagte Jesus zu den Pharisäern: „Ich bin der gute Hirt. Der gute Hirt gibt sein Leben für seine Schafe. Der Mietling, der nicht Hirt ist, dem die Schafe nicht gehören, läßt die Schafe im Stich und flieht, wenn er den Wolf kommen sieht, und der Wolf fällt die Schafe an und versprengt sie. Der Mietling flieht, weil er eben ein Mietling ist und ihm an den Schafen nichts liegt. Ich bin der gute Hirt. Ich kenne die Meinen und die Meinen kennen mich, wie mich der Vater kennt und ich den Vater kenne. Ich gebe mein Leben für meine Schafe. Ich habe noch andere Schafe, die nicht aus dieser Hürde sind. Auch sie muß ich führen; sie werden auf meine Stimme hören, und es wird eine Herde und ein Hirt sein."

Tag der Weltmission in Aachen

Weihe eines Missionsflugzeuges

Ein Flugzeug für die Missionen Nordwestkanadas

Bischof Gabriel Breynat, Apostolischer Vikar von Mackenzie im hohen Norden Kanadas, kündigte bei einem Besuche Roms an, daß die Missionen der Oblaten im kanadischen Nordwest-Territorium bald ihr eigenes Flugzeug haben werden. Die Maschine wird von der Zentrale der Miva in Aachen gestellt werden. Die Miva hat bekanntlich den Zweck, die Missionare mit eigenen Transportmitteln auszustatten. P. Paul Schulte, der Gründer der Miva, flog von Köln nach Rom, um mit Bischof Breynat die Angelegenheit zu besprechen. P. Schulte will mit seiner Maschine nach Kanada gehen und sie dort für ein Jahr selbst steuern, um in dieser Zeit die Missionsmöglichkeiten des hohen Nordens zu erkunden und verkehrstechnisch zu organisieren.

Bischof Breynat gewährte einem Vertreter der Fideskorrespondenz eine Unterredung und wies bei dieser Gelegenheit auf den praktischen Nutzen eines Flugzeuges für den Missionsdienst in Kanada hin. Der Bischof ist 69 Jahre alt und nun schon 45 Jahre, davon 35 Jahre als Bischof, in den Missionen des Nordwest-Territoriums tätig. Tausende und Abertausende von Meilen legte er zu Fuß, im Hundeschlitten, im Kanu, im Motorboot und im Flugzeug zurück. Sein Bischofswappen trägt die Umschrift: Peregrinari pro Christo (Wandern für Christus). Wegen seiner Bereitschaft, bei jedem Wetter für Christi Reich zu schaffen, ist Msgr. Breynat überall bekannt. Als junger Priester pflegte er, allein am Athabaskasee lebend, zweimal im Jahr 800 Meilen zur nächsten Station Nativity zurückzulegen, um dort zu beichten. Bei einer dieser Reisen erfror ihm eine Zehe. Sie war brandig, als er an seinem Bestimmungsort ankam. Ein Laienbruder amputierte sie mit einem alten Rasiermesser.

Das neue Miva-Flugzeug „Sancta Maria, Unsere Liebe Frau von Aachen"

welches am Sonntag, 26. April, nachmittags 4 Uhr, auf dem Katschhof zu Aachen vom Aachener Diözesanbischof Exz. Dr. Joseph Vogt feierlich geweiht wird. Die Weiheansprache hält P. Schulte OMI. — Nach der Weihe wird das Flugzeug von der Besitzerin, der MIVA — d. i. Missionsverkehrs-Arbeitsgemeinschaft (Sitz Aachen) —, in die überseeische katholische Mission geschickt. Die geschlossene Reisemaschine, eine sog. Klemm-Limusine, enthält vier Sitzplätze. Der Aktionsradius beträgt 800 km. Ein siebenzylindriger Siemens-Sternmotor gibt dem Flugzeug, das eine Nutzlast von 540 kg tragen kann, eine mittlere Reisegeschwindigkeit von 170 Stundenkilometern. (Aufn.: Basten)

„Das Flugzeug", so erklärte Bischof Breynat in Rom, „wird vom Missionar bei seinen gewöhnlichen Besuchen der Außenstationen und Eskimosiedlungen nicht gebraucht. Diese Siedlungen werden oft abgebrochen. Die Leute ziehen dann in andere Gebiete. Es würde deshalb schwierig sein, mit ihnen auf dem Luftwege in Verbindung zu treten. Bei seiner Arbeit entlang den Verkehrspfaden stößt der Missionar oft auch auf andere Stämme oder isolierte Familien, denen er die Wohltat seines Dienstes stets schenken kann. Der Luftdienst hätte in dieser Art von Tätigkeit nicht die nötige Beweglichkeit, und das würde die Möglichkeit, Gutes zu tun, einschränken. Von außerordentlicher Bedeutung wäre das Flugzeug allerdings für den jährlichen Bischofsbesuch an den Hauptstationen. Die Benutzung der gewöhnlichen Verkehrsmittel würde hier einen ungeheuren Zeitaufwand bedeuten. Und doch muß der Bischof allen seinen Missionaren Aussprachegelegenheit geben und Hilfe bringen. So manche Mission, wo die Anwesenheit des Oberhirten am nötigsten wäre, wird so oft längere Zeit überschlagen. Mit dem Flugzeug kann der Bischof in 1 bis 2 Monaten die jährliche Rundreise zu allen Missionaren machen.

So manche Mission ist ferner nicht sicher, ob sie jedes Jahr ihre Vorräte wird auffüllen können. Gewöhnlich sieht man sich für solche Möglichkeiten durch Anlage eines Zweijahres-Vorrats vor. Mit dem Flugzeug wird dieses Risiko weitgehend gemindert. Im Vikariate Mackenzie kommen als Missionsstationen dieser Art jene in Betracht, die an den Küsten des Eismeeres und auf den Inseln des Hohen Nordens liegen. Im Vikariat Hudson Bay, dem Gebiet Bischof Turquetils, wird die Vereinsamung, die durch die fehlende Möglichkeit eines Jahresbesuches bedingt ist, sehr empfunden, ferner zu Chesterfield, besonders aber zu Iglulik, das man bis heute mit einem Hilfsschiff nicht erreichen konnte, trotz der heroischen Bemühungen der Besatzung des Missionsbootes „Pius XI."

In diesem Jahr wollen wir nun den Luftverkehrs-Plan ausführen. Wenn alles gut geht, bringt P. Schulte das Flugzeug und wird es für ein Jahr führen. Vielleicht werden wir es behalten, können es aber auch an Bischof Turquetil, den Apostolischen Vikar von Hudson Bay, und an Bischof Lajeunesse, den Apostolischen Vikar von Keewatin, ausleihen. Sie werden seinen ungeheuren Wert für die jährliche Missionsrundreise und die Verproviantierung isolierter Stationen zu schätzen wissen.

Und dann muß ein Flugzeugführer herangebildet werden. Es ist keine Kleinigkeit, in unserem Weltteil eine Maschine zu fliegen. Fehlt es doch an geeigneten Flugplätzen. Der Pilot muß das Land gut kennen und auf den ersten Blick erkennen, ob er hier auf der gefrorenen Oberfläche eines Sees landen kann, ob ein scheinbar geeigneter Landeplatz nicht seine Tücken hat usw. Der Hl. Vater begünstigt den Plan. Er schätzt den großen Nutzen des Flugzeuges für die Betreuung und Entwicklung unserer Eismissionen. Lange habe ich gezögert. Aber jetzt will ich den Versuch machen, bereit, ihn aufzugeben, wenn die Schwierigkeiten und Unzuträglichkeiten größer als die erhofften Vorteile sein sollten. Wir müssen Sorge tragen, das Leben und die Hilfskräfte unserer Missionare zu erhalten. Aber wenn wir eine sichere Entwicklung unseres Missionswerkes in den ausgedehnten Polargebieten wollen, und wenn wir mit den auf den Inseln am Rande des Großen Eismeeres zerstreut lebenden Eskimos in Berührung zu treten wünschen, dann müssen wir auf bessere Arbeitsmittel sinnen als jene, über die wir zur Stunde verfügen. Gelingt unser Plan, dann werden uns wohl große Auslagen erspart, und wir werden manche schwierige Lage vermeiden können, so zum Beispiel die erzwungene Einsamkeit von Missionaren an Orten, die heute praktisch noch unzugänglich sind.

Und wenn diese Vorteile auf alle drei Vikariate des Hohen Nordens ausgedehnt werden können, wenn das Flugzeug mehr oder weniger überall in der „Großen Weißen Stille" seine Wege suchen kann: welche Freude und welcher Trost wäre das für die Missionare! Wir hätten dann nicht mehr so traurige Vorfälle zu beklagen wie den von Pater Stephan Bazin, der für lange Zeit allein und ohne Hilfe dasitzt in seinem kleinen Schneehause zu Iglulik, ohne Messe, ohne eigentliches Heim, ohne andere Lebensmittel als solche, die ihm die Eskimos reichen, nur wenige geweihte Hostien bewahrend, um an großen Festen die hl. Kommunion zu empfangen.

Pater Schulte, der schon in Südafrika die Kamera handhaben lernte, wird bei seinen Flügen im Nordwesten Szenen aus dem Indianer- und Eskimoleben aufnehmen und so einen Film nach Europa bringen, den Freunde der Missionen seit langem ersehnten. Wir haben schon eine Reihe von Sommerszenen. Nun können wir mit Hilfe des Flugzeuges Winterszenen drehen. Diese sind viel interessanter und geben einen besseren Begriff von der Umgebung, in der die Missionare ihr mutiges Werk vollbringen."

Katholische Kirchenzeitung für das Bistum Aachen, 26. April 1936

Das neue Miva-Flugzeug „Sancta Maria, Unsere Liebe Frau von Aachen"
welches am Sonntag, 26. April, nachmittags 4 Uhr, auf dem Katschhof zu Aachen vom Aachener Diözesanbischof Exz. Dr. Joseph Vogt feierlich geweiht wird. Die Weiheansprache hält P. Schulte OMI. — Nach der Weihe wird das Flugzeug von der Besitzerin, der MIVA — d. i. Missionsverkehrs-Arbeitsgemeinschaft (Sitz Aachen) —, in die überseeische katholische Mission geschickt. Die geschlossene Reisemaschine, eine sog. Klemm-Limusine, enthält vier Sitzpläße. Der Aktionsradius beträgt 800 km. Ein siebenzylindriger Siemens-Sternmotor gibt dem Flugzeug, das eine Nutzlast von 540 kg tragen kann, eine mittlere Reisegeschwindigkeit von 170 Stundenkilometern. (Aufn.: Basten)

Ausschnitt aus Abb. S. 105

ten gerichtet[103]. So konnten ein hoher Grad an Geheimhaltung erreicht und die Überwachungsmöglichkeiten der Gestapo verringert werden, zumal viele wichtige Informationen nur mündlich weitergegeben wurden[104]. Der innerkirchliche Informationsfluß war damit weitgehend dem Zugriff der Gestapo entzogen, wenn auch Fälle von Postüberwachung vorkamen[105].

Die bischöflichen Behörden versuchten, den Klerus auf eine einheitliche Linie in der Verteidigung der kirchlichen Belange einzuschwören. Nur wenn dies gelang, konnte der kirchliche Einfluß auf die Gläubigen gewahrt werden, vielleicht auch die Kirche und ihre Organisationen der drohenden Gleichschaltung entzogen werden. Vom Generalvikariat über die Dekanate und Pfarrämter wurde die Aufklärung der Katholiken forciert. Öffentliche Bekenntnise sollten die Glaubenstreue unter Beweis stellen,

[103] Vgl. die Rundschreiben des Generalvikariats in: BDA. GvS C 5 I u. II. Die Direkiven des Generalvikariats über das Verhalten bei Verhören waren beispielsweise nur an die Dechanten gerichtet, zur mündlichen Weitergabe an alle Priester. Generalvikar Wilhelm Boeckem an die Dechanten. 3. 7. 1939. BDA. GvS C 5 I.

[104] Bei besonderen Schwierigkeiten wurden die Geistlichen zur mündlichen Vorsprache ins Generalvikariat Aachen bestellt. Vgl. die Vorgänge in den einzelnen Personalakten des BDA.

[105] Vgl. HStAD. RW 58. Pers. Akten 11 118 und 343.

Wilhelm Boeckem, geb. 25. 7. 1890 in Kofferen bei Jülich, gew. 13. 2. 1921; Kaplan in Süchteln, Lank und Willich; 1931 Direktor des Pfarrbesoldungsamtes am Bischöflichen Generalvikariat; 1938—1943 Generalvikar des Apostolischen Administrators des Bistum Aachen; 1944 Domkapitular in Aachen; gest. 11. 6. 1958.

den kirchlichen Forderungen Nachdruck verleihen und die Führungsrolle der Bischöfe legitimieren[106]. Das Generalvikariat protestierte im Namen der katholischen Bevölkerung gegen Übergriffe der HJ auf kirchliche Jugendverbände, wandte sich gegen kirchenfeindliche Plakate oder Vortragsveranstaltungen, erhob Einspruch gegen die Anordnung eines Ortsgruppenleiters, nach der alle Veranstaltungen und Zusammenkünfte der katholischen Vereine drei Tage im voraus bei ihm angemeldet werden sollten[107].

Infolge der weitgehenden Gleichschaltung der Presse legte die Kirche vermehrt Wert auf Hirtenbriefe, katholische Zeitschriften, Broschüren und vor allem auf die Kirchenzeitung. Die Gestapo Aachen sollte sich im August 1935 dann beklagen, daß die Kirchenzeitung, die in fast allen Haushalten gelesen werde, keine „Werbung für den Nationalsozialismus", sondern Agitation für die Kirche betreibe[108]. Inwieweit aus der erheblichen Auflagensteigerung der Kirchenzeitung auf ein stärkeres Zusammenrükken der katholischen Bevölkerung geschlossen werden kann, läßt sich nur vermuten. Die zeitweilige kulturpolitische Opposition von weiten Teilen der Bevölkerung des Regierungsbezirks Aachen, von der oben berichtet wurde[109], spräche für eine solche Beweisführung. Jedenfalls konnte es die bischöfliche Behörde als Erfolg verbuchen, wenn die Gesamtauflage von 28 539 im Juli 1933 über 39 610 im Januar 1934 auf 100 415 im Januar 1935 stieg[110]. Über das Generalvikariat wurde auch der Vertrieb von Schriften abgewickelt, die sich, wie etwa die von der „Kölner Abwehrstelle" herausgegebene Reihe, aus katholischer Sicht weltanschaulich mit dem Nationalsozialismus auseinandersetzten[111]. Hierzu zählten die „Studien zum Mythus des 20. Jahrhunderts",

106 Vgl. oben, S. 64.

107 Vgl. das Schreiben des Generalvikariats Aachen an den Reg. Präs. Aachen vom 28. 6. 1935. BDA. GvS L 8 I. Vgl. beispielsweise den Protest gegen den Vortrag eines Lehrers zum Thema „Ludendorff, Kampf gegen Rom und Juda" vom Mai 1938. Vorgang in: BDA. GvS L 8 I.

108 Stapostelle für den Reg. Bez. Aachen. Lagebericht für Juli vom 7. 8. 1935 (Nr. 23). Druck: B. Vollmer, Volksopposition, S. 257. Die Nr. 12 der katholischen Kirchenzeitung für das Bistum Aachen war im März 1935 beschlagnahmt worden, vgl. Stapostelle für den Reg. Bez. Aachen. Lagebericht für März vom 5. 4. 1935 (Nr. 17). Druck: B. Vollmer, Volksopposition, S. 184. Zur gesamten Problematik vgl. Karl Aloys Altmeyer, Katholische Presse unter der NS-Diktatur. Die katholischen Zeitungen und Zeitschriften Deutschlands in den Jahren 1933—1945. Berlin 1962.

109 Siehe oben, S. 65 ff.

110 Vgl. den Bericht über die Diözesan-Kirchenzeitung Juli 1933 — Januar 1937. BDA. GvS C 2 II. Zu beachten ist, daß es auch einige Zeit in Anspruch nahm, die zuvor regional erscheinenden Kirchenblätter zu einem einheitlichen Bistumsblatt zusammenzufassen. Siehe dazu die Gesamtdarstellung von August Brecher, Kirchenpresse unter NS-Diktatur. Die katholische Kirchenzeitung für das Bistum Aachen im Dritten Reich, Aachen 1988.

111 Zu den Schwierigkeiten, denen sich die von Joseph Teusch geleitete Kölner Abwehrstelle bei der Verbreitung der Schriften ausgesetzt sah, vgl. U. von Hehl, Katholische Kirche und Nationalsozialismus im Erzbistum Köln, S. 86 ff. Ein Beispiel für weitere Broschüren: Ludendorff und die Heilige Schrift. Antwort auf die Schrift: „Das große Entsetzen — die Bibel nicht Gottes Wort", von Karl Pieper, München 1936/37. BDA. GvS C 5 I. Für den Vertrieb dieser Broschüren nahm das Generalvikariat die Geistlichen regelrecht in die Pflicht. Vgl. das Rundschreiben des Generalvikariats Aachen vom 15. 11. 1937 an die Dechanten. BDA. GvS C 5 I.

„Spatenstich zum Priesterseminar 1936" — Bischof Vogt, Dr. Müssener (Originalaufschrift auf Foto)

eine Art Gegenschrift zu Alfred Rosenbergs „Mythus des 20. Jahrhunderts"[112]. Rosenberg, im Januar 1934 mit der Überwachung der ideologischen Erziehung und Schulung der Parteimitglieder beauftragt, vertrat in diesem Buch einen äußerst christentumfeindlichen Standpunkt und proklamierte stattdessen einen an rassischen Vorstellungen orientierten „germanischen Glauben". Von der katholischen Kirche für ihre

[112] Untertitel: Eine Wertung der seelisch-geistigen Gestaltungskämpfe unserer Zeit, München 1930.

Alfred Rosenberg, geb. 12. 1. 1893 in Reval (heute Tallin); Mitglied der NSDAP seit 1919 (damals noch unter dem Namen Deutsche Arbeiterpartei), 1923 Hauptschriftleiter des Völkischen Beobachters; 1933—1945 Leiter des Außenpolitischen Amtes der NSDAP, am 17. 7. 1941 zum Minister für die besetzten Ostgebiete ernannt; vom Nürnberger Gerichtshof zum Tode verurteilt, hingerichtet am 16. 10. 1946. Zur Stellung Rosenbergs im Dritten Reich siehe Reinhard Bollmus, Das Amt Rosenberg und seine Gegner. Studien zum Machtkampf im nationalsozialistischen Herrschaftssystem (Studien zur Zeitgeschichte, hg. vom Institut für Zeitgeschichte), Stuttgart 1970.

„Dr. Müssener, Richtfest zum Priesterseminar 1936" (Originalaufschrift auf Foto)

Angehörigen verboten, wurde das Buch von der Partei zur weltanschaulichen Indoktrinierung benutzt[113]. Ende 1934 werden vom Regierungspräsidenten in Aachen nicht abreißende Auseinandersetzungen über den „Mythus" gemeldet, mit dem Resümee: „Ein Kompromiß über die Bewertung dieses Buches ist ausgeschlossen."[114]

Daneben existiert das Bild einer scheinbaren Normalität im Verhältnis von Kirche und Staat. So gingen in Aachen die Kontakte zwischen kirchlichen und staatlichen Behörden 1934 weiter, ohne daß sie sich auf das absolut Notwendige beschränkten, wie gegenseitige Einladungen zu Festveranstaltungen zeigen. Von Bischof Vogt wurden zum Festfrühstück am 6. Januar 1934 anläßlich der Kirchenmusiktagung der Oberpräsident, der Regierungspräsident und zahlreiche weitere hohe Beamte eingeladen;

[113] Die Indizierung durch das Heilige Officium, die oberste Instanz der katholischen Kirche in Fragen der Moral, erfolgte am 7. 2. 1934. Druck des Dekrets: W. Corsten, Kölner Aktenstücke, S. 21 f. Die Auseinandersetzung um den „Mythus" ist eingehend untersucht worden. Siehe Raimund Baumgärtner, Weltanschauungskampf im Dritten Reich. Die Auseinandersetzung der Kirche mit Alfred Rosenberg (VdKfZg, Reihe B: Forschungen, Bd. 22), Mainz 1977; Wilhelm Neuss, Kampf gegen den Mythus des 20. Jahrhunderts. Ein Gedenkblatt an Clemens August Graf Galen (Dokumente zur Zeitgeschichte 4), Köln 1947.

[114] Regierungspräsident Aachen, Politischer Lagebericht, 4. 12. 1934 (Nr. 11). Druck: B. Vollmer, Volksopposition, S. 119.

Dr. theol. Hermann Müssener, geb. 7. 4. 1886 in Aachen; gew. 19. 2. 1910; 1932 Professor am Priesterseminar in Aachen; 1935 Domkapitular; 1943 Dompropst; 1943—1967 Generalvikar; gest. 9. 9. 1970.

unter den Gästen befand sich der SA-Oberführer der Brigade 76 in Aachen[115]. Für das Rheinische Landesturnfest, das vom 5. bis 8. Juli 1934 in Aachen stattfand, wurde Bischof Vogt gebeten, als Mitglied dem Ehrenausschuß beizutreten. Der Bischof machte die Erfüllung der Bitte davon abhängig, inwieweit die Veranstaltung so durchgeführt werde, daß gemessen an der Forderung des deutschen Episkopats betreffend öffentliches- und Schauturnen nichts zu beanstanden wäre[116]. Im Dezember 1934 berichtete der Regierungspräsident in Aachen über das Verhältnis zwischen der Verwaltung und den bischöflichen Behörden, dies sei in „jeder Beziehung befriedigend". Er habe mehrfach mit dem Bischof und dem Weihbischof als Generalvikar grundsätzliche Fragen sowie Einzelheiten erörtert, „um so Spannungen, soweit sie auf Mißverständnissen beruhen, zu bereinigen"[117].

Die Normalität des Alltags konnte also ohne weiteres verdecken, daß die kirchlichen Interessen und Wertvorstellungen in vielerlei Hinsicht herausgefordert wurden: durch eine Ideologie, die Blut und Rasse zu den obersten Werten erhob, durch den Gleichschaltungsdruck auf die kirchlichen Verbände, begleitet von Zwangsmaßnahmen und Übergriffen unterer Parteistellen, aber auch durch den Wandel allgemein sittlicher Vorstellungen wie der über anständige Bekleidung. Dies kommt auch in einer von Kardinal Bertram herausgegebenen Stellungnahme der katholischen Kirche zum Bericht der Strafrechtskommission zum Ausdruck; aus ihr spricht die Entrüstung über die Freigabe der Fruchttötung aufgrund eugenischer Indikation, aber auch die geplante Heraufsetzung des Strafmündigkeitsalters bei Unzuchtdelikten wird abgelehnt, ebenso die diskutierte Änderung des Strafrechts, wonach unter bestimmten Voraussetzungen von der Bestrafung des Ehebruchs ganz abgesehen werden kann. Ablehnung von Seiten der Kirche erfährt zudem die von der Kommission erwogene Gleichstellung der Wertschätzung von ehelicher und unehelicher Mutterschaft[118].

3.2. Die Verdrängung der Kirche aus dem öffentlichen Leben 1935—1939

Der Saarabstimmung vom 13. Januar 1935 ging eine bischöfliche Stellungnahme voraus, welche die Katholiken reichsweit an ihre nationale Pflicht erinnerte[119]. Das Ergebnis „heim ins Reich"[120] zeitigte für die Kirche keine positiven Auswirkungen; das Regime nahm eine spürbar antikirchliche Haltung ein. Neben der im März 1935 ein-

[115] Über die Einladung weiterer Parteigrößen ist nichts bekannt. Vgl. den Vorgang in: BDA. GvS J 7 I.

[116] Vgl. das Schreiben Domkapitular Jansens an den Bürgermeister Dr. Lürken vom 23. 4. 1934. BDA. GvS E 28 I.

[117] Regierungspräsident Aachen. Politischer Lagebericht. 4. 12. 1934 (Nr. 11). Druck: B. Vollmer, Volksopposition, S. 119.

[118] Vgl. die Stellungnahme Kardinal Bertrams zum Bericht der Strafrechtskommission, anknüpfend an eine frühere Denkschrift des Episkopates vom 18. 1. 1934. Breslau, 6. 7. 1936. BDA. GvS M 4 I.

[119] Druck der Kundgebung: B. Stasiewski, Akten II, S. 57 f. (Dok. 186).

[120] Siehe oben, S. 66.

setzenden umfangreichen Kampagne gegen das katholische Verbandswesen begannen die zu Propagandazwecken hochgespielten Devisenprozesse gegen katholische Ordensgeistliche[121]. Übergriffe der HJ, begleitet von zahlreichen behördlichen Maßnahmen, vermehrten sich rapide[122]. Am 1. April 1935 erließ der neue, zunächst kommissarische Oberpräsident der Rheinprovinz, der Essener Gauleiter Terboven, eine Polizeiverordnung, die breiten Raum bot für staatspolizeiliche Maßnahmen gegen Geistliche. Sie bestimmte in § 1:

„Wer mit der Behauptung, kirchliche und dogmatische Grundsätze zu verteidigen, in der Öffentlichkeit gegen die Grundsätze der nationalsozialistischen Bewegung in irgendeiner Weise verstößt oder sie herabsetzt, verwirkt die Verhängung eines Zwangsgeldes in Höhe von 150 RM oder ersatzweise einer Zwangshaft bis zu drei Wochen."[123]

Die Grundsätze der Bewegung wurden durch diesen Erlaß praktisch zur Rechtsnorm; erkennbar war sie, wie ein weiteres oberpräsidiales Schreiben betont,

„. . . aus den 25 Thesen der Partei, aus dem grundlegenden Werk des Führers „Mein Kampf" sowie aus den zahlreichen Kundgebungen des Führers selbst und der von ihm geführten Reichsregierung."[124]

Angesichts dieser Entwicklung wandte sich Bischof Vogt in einem Hirtenbrief, verlesen am Ostermontag 1935 und in der Kirchenzeitung und katholischen Tagespresse nachgedruckt, eindeutig gegen die Beschimpfung des Christentums als „Produkt der vorderasiatisch-semitischen Rasse", welche die „deutsche Art verderbe". Weiterhin wies er den gegen die katholische Jugend erhobenen Vorwurf der Staatsfeindlichkeit zurück[125]. Das Aachener Generalvikariat veröffentlichte im Kirchlichen Anzeiger für das Bistum Aachen vom 15. April 1935 einen Erlaß, der auf die Freiwilligkeit des Beitritts zur Hitlerjugend verwies[126].

Neben dem katholischen Verbandswesen betrafen die staatlichen Maßnahmen nun auch das Schulwesen. In einem Erlaß vom 17. Juli 1935 verlangte Oberpräsident Terboven von allen geistlichen Religionslehrern der höheren Schulen, unverzüglich „jede Beziehung zu katholischen Jugendverbänden zu lösen", womit staatliche Maßnahmen nun direkt in die berufliche Tätigkeit der Geistlichen eingriffen[127]. Am 7. Oktober 1935 verfügte das preußische Kultusministerium für alle Volksschulen, daß nebenamtlich Religionsunterricht erteilende Geistliche vor der erstmaligen Aufnahme ihrer

[121] Vgl. im Einzelnen U. von Hehl, Katholische Kirche und Nationalsozialismus im Erzbistum Köln, S. 92 ff.; F. Zipfel, Kirchenkampf, S. 78 f. Zu der Prozeßwelle siehe ferner Hans-Günter Hockerts, Die Sittlichkeitsprozesse gegen katholische Ordensangehörige und Priester 1936/37. Eine Studie zur nationalsozialistischen Herrschaftstechnik und zum Kirchenkampf (VdKfZg, Reihe B: Forschungen, Bd. 6), Mainz 1971, S. 5.

[122] Vgl. Klaus Gotto, Die Wochenzeitung Junge Front/Michael. Eine Studie zum katholischen Selbstverständnis und zum Verhalten der jungen Kirche gegenüber dem Nationalsozialismus (VdKfZg, Reihe B: Forschungen, Bd. 8), Mainz 1970, S. 156.

[123] Druck: W. Corsten, Kölner Aktenstücke, Nr. 59, S. 58.

[124] Schreiben des Oberpräsidenten der Rheinprovinz Terboven an die bischöfliche Behörde in Aachen. 25. 4. 1935. BDA. GvS M 4 I.

[125] Zitiert nach: Stapostelle Aachen, Lagebericht für April vom 8. 5. 1935 (Nr. 10). Druck: B. Vollmer, Volksopposition, S. 205.

[126] Vgl. Kirchlicher Anzeiger für die Diözese Aachen. 5. Jg. 1935, S. 67.

[127] Vgl. das Protokoll der Plenarkonferenz des deutschen Episkopats, Fulda, 18.—20. August 1936. Druck: B. Stasiewski, Akten III, S. 416 (Dok. 315/II, Punkt 9).

Tätigkeit um eine jederzeit widerrufbare Zulassung nachsuchen müßten. Im Zweifel war ein staatspolizeiliches Urteil über die politische Zuverlässigkeit der Geistlichen einzuholen, ein Verfahren, wie es im Regierungsbezirk Aachen schon seit Juni, im Düsseldorfer Regierungsbezirk seit Juli 1935 praktiziert wurde[128]. Damit wurde unter nationalsozialistischer Regie an eine entsprechende Vorgehensweise aus der Zeit vor dem Ersten Weltkrieg angeknüpft[129].
Wie der Aachener Regierungspräsident am 8. Juli 1935 dem Generalvikariat mitteilte, kamen für die Erteilung des Religionsunterrichts in den staatlichen Schulen nur solche Geistliche in Frage, „... die die Gewähr dafür bieten, daß sie rückhaltslos für den nationalen Staat eintreten."[130] Der Aachener Bischof sieht sich dann auch veranlaßt, zur Sicherung des durch Geistliche erteilten Religionsunterrichtes dem dortigen Regierungspräsidenten zu versichern, „daß der Klerus meines Bistums restlos auf dem Boden der heutigen Staatsordnung steht", und daß die Geistlichen bemüht sind, „... den Weg zu finden, ihre kirchlichen Pflichten mit ihren staatlichen Aufgaben als Religionslehrer in den öffentlichen Volksschulen in Einklang zu bringen."[131]

Die antikirchliche Kampagne kulminierte am 16. Juli 1935 mit einem Runderlaß des preußischen Ministerpräsidenten Hermann Göring in Vorwürfen und Drohungen gegen den „politischen Katholizismus"[132]. Dem prophezeiten harten Kurs entsprach die Verordnung des Stellvertretenden Chefs der Geheimen Staatspolizei vom 23. Juli 1935, welche die bisher im Reich gegen die konfessionellen Jugendverbände ergangenen Verbote zusammenfaßte und deren Aktivitäten auf den rein religiösen Bereich beschränkte[133]. Der Aachener Regierungspräsident hatte bereits ein Jahr zuvor, am 26. Mai 1934, den konfessionellen Jugendverbänden sowohl das geschlossene Auftreten in der Öffentlichkeit als auch sportliche, volkssportliche und geländesportliche Betätigung untersagt[134]. Die mitgliederstärkste Gruppe der katholischen Jugend, die Deutsche Jugendkraft (DJK), wurde Mitte 1935 aufgelöst[135].

[128] Vgl. das Schreiben des Reg. Präs. Aachen an die Kreisschulräte des Bezirks, Stadtschulräte. 3. 6. 1935; Reg. Präs. Düsseldorf an die Schulräte und Generalvikariate Köln, Aachen und Düsseldorf. 24. 7. 1935. BDA. GvS C 5 I.
[129] Vgl. den Lagebericht des Reg. Präs. Aachen, vom 13. 6. 1935 (Nr. 21). Druck: B. Vollmer, Volksopposition, S. 235.
[130] Schreiben des Reg. Präs. Aachen an den Hochwürdigen Herrn Bischof von Aachen. 8. 6. 1935. BDA. GvS L 8 I. Vgl. auch das Schreiben des Reg. Präs. Düsseldorf vom 24. 7. 1935. BDA GvS C 5 I.
[131] Joseph Vogt, Bischof von Aachen, an den Regierungs-Präsidenten Aachen. 1. 7. 1935. BDA. GvS L 8 I. Ein Antwortschreiben des Reg. Präs. ebda.
[132] Druck des Erlasses: Dieter Albrecht (Bearb.), Der Notenwechsel zwischen dem Heiligen Stuhl und der deutschen Reichsregierung Bd. 1: Von der Ratifizierung des Reichskonkordates bis zur Enzyklika „Mit brennender Sorge" (VdKfZg, Reihe A: Quellen, Bd. 1), Mainz 1965, S. 259—262, Anm. 1; die ergänzende Anweisung des Reichsjustizministeriums ist abgedruckt in: Ursachen und Folgen. Bd. 11, S. 197.
[133] Polizeiverordnung gegen die konfessionellen Jugendverbände vom 23. 7. 1935. Preußische Gesetzessammlung 1935, Nr. 18, S. 105. Zu den Auswirkungen der Polizeiverordnung vgl. B. Schellenberger, Katholische Jugend und Drittes Reich, S. 126 und S. 141; U. von Hehl, Katholische Kirche und Nationalsozialismus im Erzbistum Köln, S. 101.
[134] Vgl. das Schreiben der Stapostelle Aachen an das Generalvikariat Aachen. BDA. GvP Gnörich.
[135] Vgl. B. Schellenberger, Katholische Jugend und Drittes Reich, S. 134—146.

Auch der Konflikt um das Sterilisationsgesetz verschärfte sich 1935. Als „Gesetz zur Verhütung erbkranken Nachwuchses" am 14. Juli 1933 verabschiedet, am 1. Januar 1934 in Kraft getreten, markierte es einer zeitgenössischen Studie zufolge eine wichtige Stufe in der Rassengesetzgebung des Dritten Reiches[136]. Das Gesetz verstieß mit seinen Bestimmungen über die Zwangssterilisation von sogenannten „Erbkranken" gegen die katholischen Lehren von der Unverfügbarkeit der Ehe und des menschlichen Körpers, weshalb die Bischöfe seit Januar 1934 die turnusmäßige Verkündigung der Ehevorschriften mit dem deutlichen Hinweis versahen: „Gemäß den Weisungen des Heiligen Vaters erinnern wir daran: Es ist nicht erlaubt, sich selbst zur Sterilisation zu stellen oder Antrag zu stellen auf Sterilisation eines anderen Menschen."[137]
Am 7. Juli 1935 erklärte Reichsminister Frick in Nürnberg — die Haltung der Katholiken zur Durchführung des Sterilisationsgesetzes vor Augen, die Regierung sei nicht gewillt, eine derartige Sabotage des Reichsgesetzes zu dulden[138]. Das Reichsinnenministerium wies die ihm unterstellten Behörden in einem Erlaß darauf hin, daß einer Hetze gegen das Gesetz energisch zu begegnen sei. In bekannt gewordenen Fällen sei Strafanzeige wegen Vergehens nach § 110 des Reichsstrafgesetzbuches oder nach dem „Heimtückegesetz" zu stellen. Auch die Aufforderung, die unter das Sterilisationsgesetz fallenden Personen sollten den gesetzlichen Geboten in Verfahren auf Unfruchtbarmachung nicht freiwillig nachkommen, vielmehr nur dem mittelbaren Zwang nachgeben, sei als Hetze gegen das Gesetz aufzufassen[139].
Die Drohungen scheinen nicht ohne Wirkung geblieben zu sein. Der Aachener Regierungspräsident konnte in seinem politischen Lagebericht vom 14. Dezember 1935 zufrieden feststellen, daß die Durchführung des Gesetzes zur Verhütung erbkranken

136 Vgl. Gerd Rühle, Das Dritte Reich. Dokumentarische Darstellung des Aufbaus der Nation. Das erste Jahr 1933. Mit zahlreichen Bildern und Dokumenten sowie einem Sachregister, Berlin 1934, S. 268 f. Druck des Gesetzes: RGBl. I 1933, S. 524 ff. Siehe auch die Ausführungsbestimmungen vom 5. 12. 1933 und vom 29. 5. 1934 in: RGBl. I 1933, S. 1021—1037 und RGBl. I 1934, S. 475—479.

137 Druck: W. Corsten, Kölner Aktenstücke, Nr. 19, S. 17 f. Gegen diesen Zusatz war am 13. Januar 1934 vom Reichsinnenminister Verwahrung eingelegt worden. Vgl. D. Albrecht, Der Notenwechsel, Bd. 1, S. 61 und C. Nicollaisen Dokumente II, S. 640 Anm. 6. Dieser Zusatz wurde in der Aachener Diözese am 20. Januar 1935 noch verlesen. Vgl. das Schreiben des Generalvikariats vom 22. 1. 1935 an den Erzbischof Kardinal Bertram in Breslau. BDA GvS L 10 I.

138 Vgl. die Abschrift eines diese Erklärung Fricks erörtenden Artikels aus dem Oberservatore Romano vom 15. 1. 1935. BDA. GvS A I.

139 Vgl. das diese Anordnung referierende Schreiben Kardinal Bertrams vom 13. 7. 1935 an Erzbischof Orsenigo. BDA. GvS M 4 I. (Druck: B. Stasiewski, Akten II, S. 217 f. = Dok. 224). Bertram erkundigt sich hier nach möglichen Schritten des Heiligen Stuhls. Das „Heimtückegesetz" = Gesetz gegen heimtückische Angriffe auf Staat und Partei und zum Schutz der Parteiuniform vom 20. 12. 1934 ist veröffentlicht in: RGBL I 1934, S. 1269. Als Vorlage diente die „Verordnung des Reichspräsidenten zur Abwehr heimtückischer Angriffe gegen die Regierung der nationalen Erhebung" vom 21. 3. 1933. RGBL I 1933, S. 135.

Dr. jur. Wilhelm Frick geb. 12. 3. 1877 in Alsenz; 1919 Leiter der Abteilung Politische Polizei in München; Teilnehmer am „Hitlerputsch" vom 9. 9. 1934; 1924 Mitglied des Reichstags in der Fraktion der NSDAP; 23. 1. 1930 als thüringischer Innenminister erster nationalsozialistischer Minister einer deutschen Landesregierung; Januar 1933/1934 bis August 1943 Reichs- und Preußischer Innenminister; 24. 8. 1943 Reichsprotektor von Böhmen und Mähren; im Nürnberger Kriegsverbrecherprozeß zum Tode verurteilt; hingerichtet am 16. 10. 1946. Lit.: Festschrift Dr. Wilhelm Frick und sein Ministerium.

Nachwuchses ohne große Schwierigkeiten vor sich gehe und eine planmäßige Obstruktionstätigkeit der katholischen Geistlichen gegen das Gesetz nicht festgestellt werden konnte. Vielmehr hätte sich der eine oder andere Priester zu positiver Mitarbeit bereitgefunden[140]. Das wie stets mitklingende Harmonisierungsbedürfnis des Berichterstatters verdeckt nicht, daß die zum Teil ablehnende Haltung der Bevölkerung durch staatlichen Zwang gebrochen wurde. Kommentarlos wird noch vermerkt, daß der Kirchliche Anzeiger das Gesetz zum Schutze der Erbgesundheit vom 18. Oktober 1935 im Wortlaut nachgedruckt habe — mit der Anweisung versehen, daß bei eventuellen Schwierigkeiten in der Seelsorge vor einer Entscheidung das Generalvikariat zu informieren sei[141]. Die bischöfliche Behörde in Aachen sah sich also veranlaßt, bei aller Ablehnung des Gesetzes die Geistlichkeit über dessen Inhalt aufzuklären, um unnötigen und vor allem aussichtslosen Widerstand auszuschließen.

Mit Beginn des Jahres 1936 gerieten die katholischen Jugendverbände unter noch stärkeren Druck. Dem Verbot ihrer Zeitschrift „Junge Front/Michael" am 31. Januar folgte die Großaktion der Gestapo gegen die Verbandsleitung des KJMV in Düsseldorf am 6. Februar, bei der Generalpräses Wolker und mehr als 50 weitere Personen verhaftet wurden[142]. Dieses Ereignis und der Ausschluß des kirchennahen Jugendführungsverlages GmbH in Düsseldorf aus der Reichspressekammer veranlaßten den Aachener Generalvikar Sträter zu einem eindringlichen Protestschreiben an den Reichskirchenminister:
„Es ist für uns eine unabweisbare und ernste Pflicht, darauf hinzuweisen, daß durch solche Methoden der Weg zu der auch von uns mit allen Mitteln erstrebten Volksgemeinschaft immer dornenvoller gemacht wird und der Erfolg aller unserer Bemühungen um das gute Einvernehmen zwischen Staat und katholischem Volk in Frage gestellt werden muß. Wir können nicht daran glauben, daß der Führer und Reichskanzler diese Maßnahmen und Methoden billigt, die sowohl im Auslande wie im Inlande sein und der Reichsregierung Ansehen und Vertrauen zu erschüttern geeignet sind. Wir bitten daher eindringlichst um geeignete Maßnahmen."[143]
Der hier ausgesprochene Vertrauensbeweis tritt deutlich zurück hinter der selbstbewußten Betonung der Führungsrolle des deutschen Episkopats, was die Stellung des katholischen Volkes zum Staat anbelangt.
Die katholische Verbandsarbeit verlagerte sich in der Folgezeit in den innerkirchlichen Raum, was eine gewisse Beruhigung auch im Bereich der Jugendarbeit brachte[144]. Die Intensivierung der „Katholischen Aktion", welche die Gläubigen stärker an der Verkündigung der Kirche beteiligen sollte, schien, da sie von rein religiösem Charakter war, einen Ausweg zu bieten; in diesem Rahmen gewann die pfarrgemeindliche Arbeit zunehmend an Bedeutung[145].

[140] Vgl. den Lagebericht des Reg. Präs. Aachen vom 14. 12. 1935. Druck: B. Vollmer, Volksopposition, S. 323 f.
[141] Kirchlicher Anzeiger für das Bistum Aachen. 5. Jg. 1935, S. 171.
[142] Vgl. B. Schellenberger, Katholische Jugend und Drittes Reich, S. 82—85; U. von Hehl, Katholische Kirche und Nationalsozialismus im Erzbistum Köln, S. 103 ff.
[143] Abschrift des Schreibens an die hochwürdigen Geistlichen der Diözese Aachen. 5. 3. 1936. Den Kaplänen sei jedoch davon nur vertraulich Kenntnis zu geben. BDA. GvS L 5 I.
[144] Vgl. B. Schellenberger, Katholische Jugend und Drittes Reich, S. 165.
[145] Vgl. U. von Hehl, Katholische Kirche und Nationalsozialismus im Erzbistum Köln, S. 131 f.

Der Fastenhirtenbrief Bischof Vogts aus dem Jahre 1936 sprach von „seltsamen fremden Gedanken und Lehrmeinungen, die in unserem Volk ihr Haupt wider Gott und seine Gebote erheben"[146]. Nachdem im Vorfeld des Einmarsches deutscher Truppen in die entmilitarisierte Zone des Rheinlandes auf kirchenpolitischem Gebiet eine Beruhigung zu verzeichnen war, begann im Mai 1936 die Serie der in der Öffentlichkeit hochgespielten Sittlichkeitsprozesse gegen katholische Weltgeistliche und Ordenspriester, die im Juli dieses Jahres erst einmal sistiert wurden[147].

Die Olympischen Spiele 1936 in Berlin und der nachfolgende Nürnberger Reichsparteitag wurden zur Kulisse eines im neuen Staat geeinten Volkes; vor dem Hintergrund des spanischen Bürgerkrieges vollzog sich der Schulterschluß von Staat und Kirchenführung im Kampf gegen den Bolschewismus. In zwei gemeinsamen Verlautbarungen signalisierten die deutschen Bischöfe dem Staat für diesen Bereich ihre Unterstützung. Zugleich beharrten sie auf der Respektierung der kirchlichen Rechte, wie sie im Konkordat verbrieft worden waren[148]. Inwieweit sich dahinter ein direkter Ausgleichsversuch[149] verbarg, ist eher mit Skepsis anzunehmen. So fiel in diese Zeit unter anderem der Erlaß des Reichskirchenministers, der die Publizierung von Hirtenbriefen generell auf die bischöflichen Amtsblätter beschränkte[150]. Im Sommer 1936 setzte eine massive Kirchenaustrittskampagne der Partei ein[151]. Im Juni 1936 war das Tätigkeitsfeld der Geistlichen weiter beschnitten worden: Ein Erlaß untersagte den zur Erteilung des Religionsunterrichtes in den Schulen zugelassenen Geistlichen auch außerhalb des Religionsunterrichtes jede Betätigung für konfessionelle Jugendverbände[152]. Das Aachener Generalvikariat teilte dem Klerus mit, daß er nicht befugt sei, ohne besondere oberhirtliche Genehmigung eine Erklärung abzugeben, durch welche die priesterliche Tätigkeit in kirchlichen Jugendverbänden eingeengt würde. Auch dürften die Priester die Erteilung des Religionsunterrichtes in den Schulen nicht selbständig einstellen, es sei denn, sie seien von der Schule verwiesen worden. In einem solchen Fall seien die Kinder in den schulfreien Nachmittagsstunden zum Religionsunterricht in der Kirche zu versammeln[153]. Die staatliche Verfügung und die Anweisung des Generalvikariats mußten dazu führen, daß geistliche Präsides von konfessionellen Jugendverbänden in jedem Einzelfall aus der Schule ausgeschlossen wurden.

[146] Stapostelle Aachen. Lagebericht für Februar vom 5. 3. 1936 (Nr. 32). Druck: B. Vollmer, Volksopposition, S. 364.

[147] Von den Sittlichkeitsprozessen waren auch einige Priester in der Aachener Diözese betroffen. Einige Fälle bei H. Schüngeler, Widerstand und Verfolgung in Mönchengladbach und Rheydt, S. 236 ff.

[148] Vgl. die gemeinsamen Hirtenworte der deutschen Bischöfe vom 19. 8. 1936 und vom 24. 12. 1936. Druck: W. Corsten, Kölner Aktenstücke, Nr. 112 und Nr. 130, S. 132 ff. und S. 156 ff.

[149] So etwa H. G. Hockerts, Die Sittlichkeitsprozesse, S. 162. Vgl. dagegen U. von Hehl, Katholische Kirche und Nationalsozialismus im Erzbistum Köln, S. 124 f.

[150] Reichskirchenminister Kerrl an alle Ordinariate. 1. 10. 1936, Druck: K. A. Altmeyer, Katholische Presse unter NS-Diktatur, S. 142 f. (Nr. 161).

[151] Vgl. U. von Hehl, Katholische Kirche und Nationalsozialismus im Erzbistum Köln, S. 136.

[152] Vgl. die Abschrift des Erlasses des Reichs- und Preußischen Ministers für Wissenschaft, Erziehung und Volksbildung vom 25. 6. 1936. BDA. GvS C 5 I.

[153] Vgl. das Rundschreiben des Generalvikariats Aachen an die Pfarrer und Rektoren. 11. 9. 1936. BDA. GvS C 5 I. Eine ähnliche Erklärung gab das Kölner Generalvikariat ab, vgl. U. von Hehl, Katholische Kirche und Nationalsozialismus im Erzbistum Köln, S. 141.

Das am 1. Dezember 1936 verkündete „Gesetz über die Hitlerjugend" faßte dann die deutsche Jugend in der Staatsjugend zusammen; es bedeutete faktisch die Zwangsmitgliedschaft aller Jugendlichen in den nationalsozialistischen Verbänden[154].

Die Kirchenaustrittskampagne hielt 1937 unvermindert an. Die maßgeblichen kirchenpolitischen Vorgänge dieses Jahres waren jedoch die Verlesung der Enzyklika „Mit brennender Sorge" am Palmsonntag, den 21. März 1937, sowie die wenig später erfolgte Wiederaufnahme der Sittlichkeitsprozesse gegen katholische Ordensgeistliche und Priester.
In dem Rundschreiben, dessen Originaltext in deutscher Sprache veröffentlicht wurde, prangerte der Papst offen und in aller Deutlichkeit die eklatanten Konkordatsverstöße des Regimes an[155].
Das Regime reagierte hart. Zwölf Druckereien, die mit dem Druck der Enzyklika beauftragt worden waren, wurden geschlossen und einige Zeit später entschädigungslos enteignet, unter ihnen die Druckerei Wilhelm Metz in Aachen, für die Bischof Vogt sich verzweifelt einsetzte[156]. Reichskirchenminister Kerrl untersagte am 23. März 1937 den deutschen Bischöfen und Ordinariaten unter Berufung auf Artikel 16 des Reichskonkordats Druck, Vervielfältigung und Vertreibung des päpstlichen Rundschreibens in jeder Form[157].
Die öffentliche antikirchliche Agitation im Zusammenhang mit den Sittlichkeitsprozessen war bedeutend aggressiver als im Vorjahr[158]. Die Gefährlichkeit dieser Entwicklung für die Kirche, der nun jeder Anspruch auf die Erziehung der Jugend bestritten wurde, spricht aus einer Erklärung Bischof Vogts, die am 23. Mai 1937 in allen heiligen Messen verlesen werden sollte, und in der es einleitend heißt: „Die Kirche Christi steht in unserem Vaterlande in einem Kampfe um Sein und Nichtsein"[159].

[154] Vgl. RGBl. I 1936, S. 993. Zu den Auswirkungen dieses Gesetzes vgl. B. Schellenberger, Katholische Jugend und Drittes Reich, S. 85—90.

[155] Druck der Enzyklika: D. Albrecht, Der Notenwechsel, Bd. 1, Anhang Nr. 7, S. 404—443.

[156] Zu den Vorgängen im Zusammenhang mit der Schließung der Aachener Druckerei siehe BDA. GvS C 2 III, ferner Heinz-Albert Raem, Pius XI. und der Nationalsozialismus. Die Enzyklika „Mit brennender Sorge" vom 14. März 1937 (Beiträge zur Katholizismusforschung, Reihe B: Abhandlungen), Paderborn München Wien 1979, S. 197—214. Vgl. dazu die Dokumente Nr. 16—18, S. 261—282.
Eine Aufzählung der von Schließungen betroffenen Druckereien findet sich bei D. Albrecht, Der Notenwechsel, Bd. 2, S. 1 Anm. 1. Unter der zahlreichen Literatur siehe insb. Simon Hirt (Hg.), „Mit brennender Sorge". Das päpstliche Rundschreiben und seine Folgen in Deutschland 1933—1945. Dokumente und Zeugnisse (Katholische Reihe Heft 1), Freiburg 1946; Ludwig Volk, Die Enzyklika „Mit brennender Sorge" in: Stimmen der Zeit 183 (1969), S. 174—194.

[157] Schnellbrief des Reichs- und Preußischen Ministers für kirchliche Angelegenheiten. Berlin 23. 3. 1937. BDA. GvS C 2 III.

[158] Vgl. H.-G. Hockerts, Die Sittlichkeitsprozesse, S. 76—146.

[159] Joseph, Bischof von Aachen. Aus Anlaß der Sittlichkeitsprozesse. BDA GvS M 4 I. Vgl. Dokumente Nr. 19, S. 283—285.

Hans Kerrl, geb. 11. 12. 1887 in Fallersleben, Justizbeamter; seit 1923 Mitglied der NSDAP, SA-Obergruppenführer; 1928—1933 Mitglied des preußischen Landtags, vom 23. 3.—20. 4. 1933 preußischer Justizminister; 17. 6. 1934 Reichsminister ohne Geschäftsbereich, vom 16. 7. 1935 bis zu seinem Tode am 15. 12. 1941 Reichs- und Preußischer Minister für kirchliche Angelegenheiten.

Zur Wehr setzen konnte sich die Kirche, wie das Beispiel zeigt, lediglich mit Kanzelverkündigungen und dem Verkauf von aufklärenden Broschüren[160].
Ein wichtiges Datum für die fortschreitende Entkonfessionalisierung des öffentlichen Lebens wurde der im Sommer 1937 erfolgte Ausschluß der Geistlichen vom Religionsunterricht in den Volksschulen[161]. Im März des Jahres hatte das Generalvikariat Aachen noch darauf hingewiesen, daß es keine Bedenken erhebe, wenn ein an einer öffentlichen Schule unterrichtender Geistlicher der an ihn gerichteten Aufforderung nachkäme und ein Treuegelöbnis gegenüber dem Staat ablege[162]. Der wenig später erfolgte definitive Ausschluß der Geistlichen mußte Bischof Vogt um so mehr enttäuschen:
„Ich erkenne in den neuen Maßnahmen ein Zeichen jener bedauernswerten Spaltung, die zum Schmerz aller guten Deutschen zwischen den kirchlichen und staatlichen Stellen herrscht; die Kirche will dem Staate geben, was dem Staate zukommt und lehrt die Kinder, ihre Pflichten gegen Volk und Vaterland treu erfüllen; sie muß sich dagegen wehren, daß ihr von manchen Stellen ein sich immer wieder aufs neue zeigendes Mißtrauen entgegengebracht wird. Auf einer Jugend, die Gott gibt, was Gottes ist, und dem Staate, was des Staates ist, beruht unsere Hoffnung für das Glück unseres Vaterlandes."[163]
Die Ohnmacht der Kirche klingt hier ebenso heraus wie die immer deutlicher werdende Problematik einer fortwährenden Loyalität gegenüber dem Staat, dessen tagtäglicher Machtmißbrauch die Legitimität seiner Exekutivgewalt verneinen mußte. Solange weltliche Lehrpersonen neben dem üblichen Unterricht in Bibelkunde nun auch den Katechismusunterricht übernahmen, sah das Generalvikariat von planmäßig erteiltem „Ersatzunterricht" ab[164].
Im September 1937 ordnete das Geheime Staatspolizeiamt auch die endgültige Beschlagnahme der „Katechismuswahrheiten" an, einer kurz gefaßten katholischen Glaubenslehre[165].

Nach dem Tod Bischof Vogts am 5. Oktober 1937 trat Generalvikar Sträter dessen Nachfolge an; am 15. Mai 1938 wurde er vom Papst zum Apostolischen Administrator ernannt. Gegen den vom Domkapitel für den Bischofsstuhl nominierten Dechanten von Kevelaer, Wilhelm Holtmann, war von der Regierung Einspruch erhoben wor-

[160] Vgl. etwa die Gegenschrift: „Die Kirche und die Sittlichkeit im Volk" von Domvikar Josef Teusch, Köln 1936. BDA. GvS C 5 I.
[161] Vgl. Kirchliches Handbuch Bd. 20, 1937/38, S. 83.
[162] Dieses Gelöbnis war durch Ministerialverfügung vom 18. März 1937 gefordert worden. Vgl. das Rundschreiben des Aachener Generalvikariats an die Dechanten. 19. 6. 1937. BDA. GvS C 5 I.
[163] Bekanntmachung auf Anordnung des Bischofs von Aachen am 15. 8. 1937 in allen Heiligen Messen zu verlesen. BDA. GvS C 5 I.
[164] Vgl. das Rundschreiben des Generalvikariats Aachen an die Pfarrer und Pfarrektoren. 28. 12. 1937. BDA. GvS C 5 1.
[165] Die „Katechismuswahrheiten" waren auf Beschluß der Fuldaer Bischofskonferenz in allen deutschen Diözesen in einer Gesamtauflage von 5—6 Millionen Exemplaren verbreitet worden und wurden bei der religiösen Unterweisung verwendet. Vgl. U. von Hehl, Katholische Kirche und Nationalsozialismus im Erzbistum Köln, S. 128.

Wilhelm Holtmann, geb. 20. 4. 1882 in Emmerich; gew. 9. 6. 1906; gest. 24. 6. 1949.

den[166]. Diese von Reichskirchenminister Kerrl ausgesprochene Ablehnung schöpfte ihre Rechtsgrundlage aus den Bestimmungen, die im Reichs- und im Preußenkonkordat das Wahlverfahren regelten[167]. Bevor die römische Kurie ihre Zustimmung zum Kandidaten des Domkapitels geben konnte, hatte dieses in Erfahrung zu bringen, ob staatlicherseits gegen den Gewählten keine politischen Bedenken bestünden. Obschon ein staatliches Vetorecht, wie das Schlußprotokoll des Reichskonkordats vermerkt, nicht begründet werden sollte, verhinderten in diesem Fall staatliche Vorbehalte die Ernennung des Kevelaer Dechanten[168].
Zur Person des von der Kurie daraufhin ernannten Apostolischen Administrators Sträter berichtet das Sicherheitshauptamt, dieser habe sich „... durch eine besonders hetzerische Darstellung des Kirchenkampfes in Deutschland hervorgetan, wobei er sich nicht scheute, den Nationalsozialismus als satanische Macht zu bezeichnen."[169]
Entgegen diesem Befund hat Sträter durchweg vorsichtige Zurückhaltung geübt, die auch taktischen Erwägungen entsprang. Wenn er hier zum Exponenten einer prononcierten Verteidigungshaltung stilisiert wird, zeugt dies von der an überzogenen Feindbildern orientierten Haltung der Berichterstatter des SD[170].

Die Jahre 1938/39 waren gekennzeichnet von ständig wachsendem Druck gegen die Kirche. Schwerpunkte bildeten die Observierung des Klerus und die extensiv praktizierte Konfiszierung katholischer Presseerzeugnisse[171].
Im Januar 1938 wurde von der Geheimen Staatspolizei die bischöfliche Hauptarbeitsstelle in Düsseldorf geschlossen[172]. Ebenfalls im Januar wurden der Aachener und Kölner Diözesanverband des Katholischen Jungmännerverbandes und alle ihm angeschlossenen Vereine der katholischen männlichen Jugend aufgelöst und ihr Vermögen beschlagnahmt[173]. Nachdem seit Ostern 1938 auch der schulplanmäßige Religionsunterricht der weltlichen Lehrpersonen ungefähr auf die Hälfte der Stundenzahl reduziert worden war, wurden auch in der Aachener Diözese in jeder Gemeinde Kinderseelsorgestunden eingerichtet. Sie fanden außerhalb der Schulzeit gewöhnlich nachmittags in der Kirche oder in kircheneigenen Räumen statt. In den Richtlinien, die das Generalvikariat den Seelsorgegeistlichen zukommen ließ, war ausdrücklich vermerkt:

166 Zu den vorgebrachten Bedenken siehe eingehend B. Poll, Aachener Bischöfe, S. 332 f.

167 Maßgebend waren Artikel 6 des Preußenkonkordats und Artikel 14 Abs. 2 Ziffer 2 des Reichskonkordats.

168 Vgl. K. J. Volkmann, Die Rechtsprechung, S. 15. Siehe ferner D. Albrecht, Die politische Klausel des Reichskonkordats in den deutsch — vatikanischen Beziehungen 1936—1943, in: ders. (Hg.), Katholische Kirche im Dritten Reich, S. 128—170.

169 Jahresbericht 1938 des Sicherheitshauptamtes des RFSS, Bd. 1. [Frühjahr 1939]. Druck: H. Boberach, Berichte des SD und der Gestapo, S. 306.

170 Zur Haltung der Mitglieder des SD vgl. H. Boberach, Berichte des SD und der Gestapo, Einleitung, S. XL.

171 Vgl. U. von Hehl, Katholische Kirche und Nationalsozialismus im Erzbistum Köln, S. 175. Von Hehl konstantiert für diese Zeit die „Einbahnstraße zum Sakristeichristentum".

172 Der Auflösungsbefehl des RFSS folgte am 22. Februar und betraf zudem alle angeschlossenen Organisationen, vgl. U. von Hehl, Katholische Kirche und Nationalsozialismus im Erzbistum Köln, S. 170—172.

173 Vgl. ebda. S. 179. Zum Vorgang siehe auch: BDA. GvS J 14 II.

„Jedes katholische Volkskind ist verpflichtet, an der für seine Altersstufe eingerichteten KSSt [Kinderseelsorgestunde; d. V.] teilzunehmen."[174]

Als übelwollende Restriktion empfand die Kirche die Kampagne, die durch das Konkordat geschützten Bekenntnisschulen in Gemeinschaftsschulen zu überführen bzw. zugunsten von Gemeinschaftsschulen aufzulösen[175]. Auf den verstärkten Druck antworteten die deutschen Bischöfe mit einem Schritt an die Öffentlichkeit. Am 29. August 1938 wurde von allen Kanzeln ein gemeinsamer Hirtenbrief verlesen „über den Kampf gegen Kirche und Christentum in Deutschland."[176] Die Gestapo Aachen beschlagnahmte daraufhin die Schreibmaschine und die beiden Vervielfältigungsapparate, die benutzt worden waren, um alle Seelsorgestellen der Diözese mit einem Exemplar des Hirtenbriefs zu versorgen[177].
Schon ab 1936 war in Hirtenbriefen und Kanzelverkündigungen wiederholt auf die Bedeutung der Bekenntnisschule verwiesen worden, die Katholiken sollten über ihre Rechte und Pflichten informiert sein[178]. Nach CIC can. 1374 durften katholische Kinder nichtkatholische, bekenntnislose und gemischte Schulen nicht besuchen. Nur der Bischof war befugt zu urteilen, unter welchen Bedingungen der Besuch solcher Schulen geduldet werden konnte[179].
Um die Jahreswende 1938/39 wurde immer deutlicher, daß zu Ostern 1939 die Einführung der „Deutschen Schule" geplant war. Daraufhin wurden im Februar und März 1939 zunächst in der Kölner Erzdiözese, dann auch in den Bistümern Aachen und Münster Schulabstimmungen in den Kirchen durchgeführt. Das Ergebnis schien für die Kirchenleitungen ermutigend: Eine überwiegende Mehrzahl der Gläubigen hatte sich für die Beibehaltung der Bekenntnisschule ausgesprochen[180]. Ungeachtet dessen wurde am 17./18. April 1939 in den westlichen Provinzen Preußens die „Deutsche

[174] Richtlinien zur äußeren Gestaltung der Kinder-Seelsorge-Stunde. Pfingsten 1938. BDA. GvS C 5 I. Einen Lehrplan siehe ebda. Vgl. das Rundschreiben des Kapitularvikars Dr. Koschel vom 16. 5. 1938 an die Dechanten. BDA. GvS C 5 I. Zur Kürzung der Stundenzahl im Religionsunterricht in der Schule vgl. Kirchliches Handbuch, Bd. 20, 1937—38, S. 81 f.

[175] Vgl. U. von Hehl, Katholische Kirche und Nationalsozialismus im Erzbistum Köln, S. 186 f. Im Reichskonkordat war im Art. 21 vereinbart, daß der Religionsunterricht „in Übereinstimmung mit den Grundsätzen der katholischen Kirche" erteilt werden sollte. Der Artikel 23 sicherte die Beibehaltung und Neueinrichtung katholischer Bekenntnisschulen zu. Konkordat zwischen dem Heiligen Stuhl und dem Deutschen Reich vom 20. 7. 1933. Druck: D. Albrecht, Der Notenwechsel, Bd. 1, Anhang Nr. 1, S. 304 f.

[176] Druck: W. Corsten, Kölner Aktenstücke, Nr. 195. S. 231.

[177] Vgl. den Vorgang in: BDA. GvS L 10 I.

[178] In der Aachener Diözese beispielsweise am 8. 3. 1936, 21. 2. 1937, 7. 4. 1937. BDA. GvS C 5 I.

[179] Vgl. das Grundsatzpapier „Bekenntnisschule und Gemeinschaftsschule", o.V.o.O.o.J. [Anfang 1939]. BDA. GvS C 5 I.

[180] Vgl. U. von Hehl, Katholische Kirche und Nationalsozialismus im Erzbistum Köln, S. 190 f. Für die Aachener Diözese ist das Ergebnis der Abstimmung nicht im einzelnen überliefert. In den Kirchen des Dekanates Hochneukirch fand 1937 eine Schulabstimmung statt mit dem Ergebnis, daß sich 92—95% der dabei anwesenden Kirchenbesucher für die Beibehaltung der konfessionellen Schule aussprachen. Vgl. den Jahresbericht des Dekanates Hochneukirch für 1937 vom 30. 12. 1937. BDA. Gvd Hochneukirch 1 I.

Prof. Dr. phil. Jacob Koschel, geb. 8. 9. 1874 in Köln; gew. 15. 8. 1899; 1928 Stiftsherr, dann residierender Domkapitular in Aachen; gest. 21. 7. 1961.

Schule" generell eingeführt; gleichzeitig wurden die Schulkreuze aus den Klassenzimmern entfernt[181]. Um dem einzelnen Katholiken nicht unwägbare Risiken zuzumuten, wies das Generalvikariat Aachen die Geistlichen des Bistums an, den Gläubigen von der Einlegung eines Einspruches gegen die Gemeinschaftsschule und von der Beantragung von Bekenntnisschulen zum jetzigen Zeitpunkt abzuraten[182].
Im Juli 1939 sah sich das Aachener Generalvikariat genötigt, für alle Geistlichen eine unmittelbare schriftliche Meldepflicht über Verhöre, Vorladungen und Strafen einzuführen, wohl um den Überblick über die zunehmenden Vorfälle zu wahren[183].

3.3. Im Schatten des Krieges

Von seinem Beginn an überlagerte der Krieg die kirchenpolitischen Aktivitäten von Partei und Staat und auch die Kirche konnte sich seinen Auswirkungen nicht entziehen. Die vermehrte Einziehung von Geistlichen zur Wehrmacht, strenge Luftschutz- und Verdunkelungsanordnungen, die Ablieferung von Bronzeglocken und Metallgegenständen wurden kirchlicherseits als notwendig kriegsbedingte Maßnahmen akzeptiert[184]. Als Körperschaften des öffentlichen Rechtes hatten auch die Kirchen einen besonderen Kriegsbeitrag zu leisten. Den katholischen Pfarreien im „Altreich" war eine Kriegssteuer von 9,6 Millionen RM jährlich auferlegt, wovon auf die Aachener Diözese 600 000 RM entfielen. Sie mußten durch Halbierung der sächlichen Ausgaben aufgebracht werden[185].
Parallel dazu wurde die Entkonfessionalisierung des öffentlichen Lebens vorangetrieben. Bereits am 30. August 1939 hatte das Reichsministerium für Volksaufklärung und Propaganda die kirchlichen Behörden wissen lassen, daß kirchliche Versammlungen, in denen zur gegenwärtigen Lage Stellung genommen werde, unerwünscht seien, und in der Kirche und in den kircheneigenen Räumen jede Stellungnahme zur außenpolitischen Lage zu unterbleiben habe. Ein Gedenken für die von Polen verfolgten „Volksdeutschen" sei allerdings angebracht[186].

181 Vgl. Kirchliches Handbuch Bd. 21, 1939, S. 86.

182 Vgl. das Schreiben des Generalvikariats Aachen vom 27. 4. 1939 an die Pfarrer und Pfarrektoren. BDA. GvS C 5 I. Dort auch das Protestschreiben Sträters vom 24. 4. 1939 an den Oberpräsidenten der Rheinprovinz. Sträters Eingabe betont die Rechtsgrundlage der Bekenntnisschule (Reichskonkordat) sowie die durch die Aufhebung hervorgerufene Beunruhigung im katholischen Kirchenvolk und schließt mit dem Satz: „Ich bitte recht angelegentlich, uns die Bekenntnisschule zurückzugeben."

183 Vgl. das Schreiben von Generalvikar Boeckem an die Dechanten der Diözese. 3. 7. 1939. BDA. GvS C 5 I.

184 Vgl. U. von Hehl, Katholische Kirche und Nationalsozialismus im Erzbistum Köln, S. 200. Die Abgabe der großen Kirchenglocken hatte zu erfolgen nach der „Anordnung zur Durchführung des Vierjahresplans über die Erfassung von Nichteisenmetallen" vom 15. 3. 1940. RGBl. I 1940, S. 510. Vgl. die Durchführungsbestimmungen in: BDA. GvS C 5 I. Zur Erfassung der Kupferdächer vgl. BDA. GvS L 8 I.

185 Vgl. den Bericht des Dechanten von Gangelt auf der dortigen Herbst-Dekanatskonferenz vom 10. November 1939. BDA. Gvd, Gangelt 1 I. Widersprüche und Widerstände seien, so der Dechant, zwecklos; das Opfer müsse gebracht werden.

186 Vgl. das Schreiben des Reichsministers für kirchliche Angelegenheiten an die kirchlichen Behörden. Berlin, 30. 8. 1939. In diesem Schreiben werden die Weisungen des Propagandaministeriums weitergeleitet. BDA. GvS C 5 I.

Eine Beeinträchtigung der Seelsorge bedeutete die Verpflichtung der 14- bis 18jährigen zum sonntäglichen Dienst in den Luftschutzzonen, da so der obligatorische Gottesdienstbesuch erschwert wurde[187].
Die Kirche stellte ihrerseits eine Intensivierung der Seelsorgearbeit in den Vordergrund. Die „Wandernde Kirche" sollte Arbeitsdienstleistende, Kinder in der Landverschickung und Evakuierte weiterhin an die Kirche binden und ihnen den Sakramentenempfang sichern[188]. Zum Schutz vor religiösen Gefahren wurden Exerzitien vor dem Eintritt in die verschiedenen Dienste angeboten. Die Pfarrer hielten den Kontakt zu den eingezogenen Gemeindemitgliedern durch persönliche Briefe, die Zustellung von Broschüren und von der Kirchenzeitung aufrecht. Auch um die seelsorgliche Betreuung der Kriegsgefangenen und Zivilarbeiter bemühte sich die Kirche[189].
Einschränkungen der kirchlichen Arbeit waren in allen genannten Bereichen zu verzeichnen. So wurden Zivilgeistliche für die Betreuung der Kriegsgefangenen nur in Ausnahmefällen zugelassen[190]. Kinder in der Landverschickung brauchten eine schriftliche Erklärung der Eltern, um am Gottesdienst teilnehmen zu können; Exerzitienheime wurden für militärische Zwecke beschlagnahmt. Für die Diözese Aachen stellte Domkapitular Jansen 1940 den „Zusammenbruch des Laienexercitienwesens" fest[191]. Einkehrtage, die organisatorisch leichter zu bewältigen waren, sollten die so entstandene Lücke schließen[192]. Sehr schmerzte auch das vom Reichskirchenminister im Benehmen mit dem Oberkommando der Wehrmacht erlassene Verbot, wonach Zivilgeistlichen und kirchlichen Stellen der Versand religiöser Schriften an Wehrmachtsangehörige untersagt wurde[193]. Drastisch beschnitten wurde die Eigenständigkeit der Kirche durch den allen Ordinariaten unter dem 29. Oktober 1940 zugestellten „Führererlaß", nach dem kirchliche Veranstaltungen nach nächtlichem Fliegeralarm vor 10 Uhr morgens untersagt waren[194]. Der Erlaß wurde erst nach langwierigen Verhandlungen

[187] Vgl. U. von Hehl, Katholische Kirche und Nationalsozialismus im Erzbistum Köln, S. 200.

[188] Vgl. die Broschüre „Kirchliche Sorge für die wandernde Kirche" von Dr. Konrad Graf von Preysing. Berlin o. J. [1941]. BDA. GvS G 28 I; die Richtlinien des Aachener Generalvikariats vom 27. 4. 1947. BDA. GvS C 5 II.

[189] Vgl. die Berichte der Dechanten 1939 f., in: BDA. Gvd und Dekanatsname. Vgl. das Schreiben Sträters an Kardinal Bertram betreffs Lockerung der bestehenden Verbote zur Betreuung von Kriegsgefangenen. Aachen, 18. 12. 1939. BDA. GvS G 16 I.

[190] Vgl. das Merkblatt des OKW vom 13. 12. 1939 betreffs geistliche Betreuung der Kriegsgefangenen. BDA. GvS G 16 I. Die Bestimmungen wurden 1941 noch verschärft, vgl. das Schreiben des katholischen Wehrkreispfarrers in Münster vom 30. 5. 1941 an die Generalvikariate des Wehrkreises, ebda.

[191] Vgl. das Schreiben vom 26. 2. 1940 an die Dekanatsexercitienförderer. BDA. GvS C 5 I.

[192] Vgl. das Schreiben Sträters vom 21. 3. 1940 an die Dekanatsexercitienförderer. BDA. GvS C 5 I.

[193] Vgl. den Erlaß vom 14. 7. 1940 betreffs „Verteilung religiöser Schriften durch zivilkirchliche Stellen", abgedruckt, in: Kirchlicher Anzeiger für die Erzdiözese Köln, 1940, Nr. 211.

[194] Vgl. U. von Hehl, Katholische Kirche und Nationalsozialismus im Erzbistum Köln, S. 202. Vgl.: Reichsminister für kirchliche Angelegenheiten an die bischöflichen Behörden. 29. 10. 1940. Teildruck: W. Corsten, Kölner Aktenstücke, Nr. 208a, S. 251. Abschriftlich an den Reg. Präs. am 7. November 1940. HSTAD RW 10—21. Die Befolgung wurde von der Gestapo überwacht, der Erlaß jedoch nicht in der Tagespresse veröffentlicht. Vgl. Gestapo Düsseldorf an die Außenstellen. 12. 11. 1940. HStAD. RW 18—21.

Nikolaus Jansen, geb. 4. 3. 1880 in Eupen, gew. 14. 3. 1908; Kaplan in Essen-Werden und Lendersdorf; 1918 Pfarrer in Lammersdorf; 1927 Stiftsherr, 1930 Domkapitular; gest. 24. 8. 1965.

dahingehend abgemildert, daß Veranstaltungen dann vor 10.00 Uhr stattfinden durften, wenn am Vortage die Entwarnung vor 24.00 Uhr erfolgt war. Anderenfalls mußten die Kirchen bis 10.00 Uhr für das Publikum geschlossen bleiben[195]. Im „Altreich" durften Sterbe- und Gedächtnismessen nun generell vor 10.00 Uhr als stille Messen gelesen werden; an die maximal 25 zugelassenen Personen waren vorher Eintrittskarten zu vergeben[196].

Weitere gravierende Eingriffe erfolgten im ersten Halbjahr 1941. Ab Januar durften die Pfarrbüchereien (Borromäusbüchereien) „nur noch katholische und erbauliche Bücher" — so eine Verfügung des Reichserziehungsministeriums- ausleihen[197]. Die Kirchlichen Anzeiger, die offiziellen Mitteilungsblätter der Diözesen, wurden genötigt, sich in die Fachschaft der katholischen Presse bei der Reichsschrifttumskammer einzugliedern, wodurch sie staatlichen Zugriffen offen standen; die katholische Presse wurde durch Papierkontingentierungen und schließlich durch das Verbot kirchlicher Schriftenstände lahmgelegt[198].

Am 5. Mai 1941 entfiel durch eine Verfügung des Reichsinnenministeriums der staatliche Schutz kirchlicher Feiertage für die Dauer des Krieges[199]. Ebenfalls im ersten Halbjahr 1941 erfolgte durch eine Aktion der Gestapo die Aufhebung der katholischen Kindergärten, die in der Regel von der Nationalsozialistischen Volkswohlfahrt übernommen wurden, mitunter einschließlich des nun dienstverpflichteten Personals[200].

Die kirchlichen Kindergärten waren schon in den Jahren zuvor unter Druck geraten. Bereits 1936 waren vereinzelte Aktionen in der Rheinprovinz zu verzeichnen. Von der neuen Schließungswelle, die in den Regierungsbezirken und Gauen der Rheinprovinz unterschiedlich durchgeführt wurde, waren im Aachener Regierungsbezirk etwa 85 Kindergärten betroffen[201].

Am 25. Mai 1941 wurde die Aachener Kirchenzeitung verboten. Sie wurde, erst wieder am 30. Mai 1944 neu gegründet[202].

[195] Vgl. das vertrauliche Rundschreiben des Kölner Generalvikariats, das die Entscheidung des Reichskirchenministeriums am 3. 1. 1941 zur Information der Pfarrer weiterleitete. Druck: W. Corsten, Kölner Aktenstücke, Nr. 208a, S. 251.

[196] Vgl. die Verfügung des Reichsministers für kirchliche Angelegenheiten vom 21. 5. 1941. BDA. GvS C 5 II.

[197] Vgl. U. von Hehl, Katholische Kirche und Nationalsozialismus im Erzbistum Köln, S. 205 f. Siehe ferner Wilhelm Spael, Das Buch im Geisteskampf. 100 Jahre Borromäusverein, Bonn 1950, S. 333—342. Vgl. die entsprechende Anweisung des Generalvikariats Aachen. BDA. GvS C 5 I.

[198] Vgl. U. von Hehl, Katholische Kirche und Nationalsozialismus im Erzbistum Köln, S. 204 f.

[199] „Neuordnung des Feiertagsrechts während des Krieges" Druck: Kirchlicher Anzeiger für die Erzdiözese Köln, 1941, Nr. 170. Mit der „Verordnung über die Handhabung des Feiertagsrechts während des Krieges" vom 27. Oktober 1941 wurden der Himmelfahrtstag, der Fronleichnamstag, das Reformationsfest und der Bußtag, soweit sie auf einen Wochentag fielen, für die Dauer des Krieges auf einen Sonntag verschoben. Druck: Kirchlicher Anzeiger für die Diözese Aachen, 11. Jg. 1941, S. 121.

[200] So geschehen in Monschau. Siehe diesen und weitere Vorgänge in: BDA. GvS J 8 II.

[201] Dies ergab eine Umfrage des Generalvikariats. Die Schließung der Kindergärten im Stadtkreis Aachen erfolgte am 5. 4. 1941, im Landkreis in der Karwoche; was auf regionale und lokale Unterschiede hindeutet. Das Aachener Generalvikariat informierte am 16. 4. 1941 in einem Rundschreiben die Dechanten. BDA. GvS C 5 I. Wiederholte Proteste des Generalvikariats beim RSHA (17. 5. und 1. 7. 1941) blieben offensichtlich erfolglos. BDA. GvS J 8 II.

[202] Vgl. Fünfzig Jahre Bistum Aachen, S. 33. Siehe dazu die Jubiläumsausgabe der Kirchenzeitung für das Bistum Aachen, 38. Jg. 11. Dezember 1983, Nr. 50.

Die deutschen Bischöfe reagierten mit einem gemeinsamen Hirtenbrief, verlesen am 6. Juli 1941, der die in jüngster Vergangenheit erfolgten Zwangsmaßnahmen beklagte und von einer existentiellen Bedrohung der Kirche sprach[203].
Parallel zu entsprechenden Aktionen im Reich wurden im Bereich der Stapostelle Aachen am 10. Juli 1941 zahlreiche Klöster geschlossen, ihr Vermögen beschlagnahmt und Klosterinsassen aus der Rheinprovinz ausgewiesen[204]. Auch der Weltklerus war dem zunehmenden Willkürregiment von Staat und Partei ausgeliefert, ablesbar an der erhöhten Anzahl der Priester, die während der Kriegsjahre in ein Konzentrationslager eingeliefert wurden[205].

In bischöflichen Stellungnahmen wurde nun auch der Wertekonflikt zwischen Katholizismus und Nationalsozialismus angesprochen, so im gemeinsamen Hirtenbrief der Fuldaer Bischofskonferenz vom 26. Juni 1941, der an das fünfte Gebot erinnerte[206]. In Eingaben wandten sich die Bischöfe gegen das im Schatten des Krieges forcierte „Euthanasie" — Programm der Jahre 1940/41[207]. Über Münster hinaus bekannt wurden die Predigten des dortigen Bischofs, Kardinal Graf von Galen, in denen er gegen die staatlichen Verbrechen Stellung nahm[208].
Zu einer wirklich gemeinsamen Linie in der Begegnung mit dem Nationalsozialismus, seinen Übergriffen und Verbrechen, hatten die deutschen Bischöfe jedoch nicht gefun-

[203] Druck des Hirtenbriefes: W. Corsten, Kölner Aktenstücke, Nr. 209, S. 252—256.

[204] Für den o. g. Bereich siehe die Aufstellung in: Bericht des Inspekteurs der Sipo und des SD Düsseldorf. 24. und 31. 7. 1941, Auszugsweise abgedruckt in: Heinrich Portmann, Dokumente um den Bischof von Münster, Münster 1948, S. 85 f. Vgl. das Protestschreiben des Apostolischen Administrators Sträter vom 14. 7. 1942 an Reichsinnenminister Frick. BDA. GvS M 4 I. Zu den Übergriffen, die erst am 30. Juli 1941 von Hitler gestoppt wurden, siehe auch U. von Hehl, Katholische Kirche und Nationalsozialismus im Erzbistum Köln, S. 213 ff.

[205] Einen Überblick vermittelt U. von Hehl, Priester unter Hitler Terror. S. LXXXVIII.

[206] Druck: W. Corsten, Kölner Aktenstücke, Nr. 208, S. 252. Vgl. R. Lill, Katholische Kirche und Nationalsozialismus, S. 167.

[207] So Erzbischof Gröber von Freiburg zusammen mit dem Rottenburger Generalvikar Kottmann am 1. 8. 1940 an die Reichskanzlei. Druck: Johann Neuhäusler, Kreuz und Hakenkreuz. Der Kampf des Nationalsozialismus gegen die katholische Kirche, 2. Teil, 2. Aufl. München 1946, S. 356. Am 11. 8. 1940 protestierte Kardinal Bertram im Namen des deutschen Episkopats erneut bei der Reichskanzlei. Druck: ebda., S. 357.

[208] Vgl. H. Portmann, Dokumente um den Bischof von Münster; ders., Der Bischof von Münster, Münster 1949. Siehe ferner Kurt Nowak, „Euthanasie" und Sterilisierung im Dritten Reich. Die Konfrontation der evangelischen und katholischen Kirchen mit dem „Gesetz zur Verhütung erbkranken Nachwuchses" und der „Euthanasie"-Aktion, Göttingen 1978; Ludwig Volk, Episkopat und Kirchenkampf im 2. Weltkrieg. 1: Lebensvernichtung und Klostersturm. 2: Judenverfolgung und Zusammenbruch des NS-Staates, in: Stimmen der Zeit 1980, Bd. 198, S. 597—611 und S. 687—702; Martin Höllen, Katholische Kirche und „NS-Euthanasie". Eine vergleichende Analyse neuer Quellen, in: Zeitschrift für Kirchengeschichte 91. 1980, S. 53—82.

Clemens August Graf von Galen, geb. 16. 3. 1878 in Dinklage; gew. 28. 5. 1904; 1919—1929 Pfarrer in Berlin-Schöneberg, anschließend in Münster (St. Lamberti); Bischof von Münster 28. 10. 1933; Weihnachten 1945 zum Kardinal ernannt, gest. 22. 3. 1946. Lit.: Gottfried Hasenkamp, Der Kardinal. Taten und Tage des Bischofs von Münster Clemens August Graf von Galen, 3. Auflage Münster Aschendorff 1985; Hubert Klein, Ein „Löwe" im Zwielicht. Der Bischof von Galen und die katholische Opposition gegen den Nationalsozialismus, in: Münster-Spuren aus der Zeit des Faschismus, Münster 1983, S. 65—80.

den. Der Eingabetaktik Kardinal Bertrams stand der öffentliche Protestkurs des Berliner Bischofs von Preysing gegenüber[209]. Die geistlichen Führer der Aachener Diözese, deren eher vorsichtige Haltung in Konturen sichtbar wurde, stimmten sich in der Regel mit den Bischöfen der Kölner und Paderborner Kirchenprovinz ab und dürften sich damit auch am Kurs des Kölner Metropolitan Schulte orientiert haben, der die Taktik Kardinal Bertrams favorisierte. Der Nachfolger Schultes, Erzbischof Kardinal Frings, entzieht sich einer genaueren Einordnung[210].
Die Bischöfe der beiden genannten Kirchenprovinzen beschlossen am 20. März 1942 eine gemeinsame Verlautbarung, die zur Respektierung der Menschenrechte aufrief[211]. Ein letztes gemeinsames Rundschreiben aller deutscher Bischöfe im Dritten Reich, verlesen im September 1943, unterstrich die Bedeutung der Zehn Gebote als Basis jeder menschlichen Gemeinschaft:
„. . . Tötung ist in sich schlecht, auch wenn sie angeblich im Interesse des Gemeinwohls verübt würde. An schuld- und wehrlosen Geistesschwachen und -kranken, an unheilbar Siechen und tödlich Verletzten, an erblich belasteten und lebensuntüchtig Neugeborenen, an unschuldigen Geiseln und entwaffneten Kriegs- oder Strafgefangenen, an Menschen fremder Rassen und Abstammung. Auch die Obrigkeit kann und darf nur wirklich todeswürdige Verbrechen mit dem Tode bestrafen."[212]
Es ist eines der wenigen offiziellen kirchlichen Zeugnisse, aus denen ein mutiger offener Protest gegen die Massenvernichtung des Nationalsozialismus spricht[213].

Die Aachener Diözese erlebte noch einmal einen Wechsel an ihrer Spitze. Dem im März 1943 verstorbenen Apostolischen Administrator Sträter folgte als Bischof am 10. Oktober 1943 Johannes Joseph van der Velden[214].
Als die amerikanischen Truppen 1944/45 das Bistumsgebiet besetzten, wies die äußere

[209] Siehe dazu die Beiträge von L. Volk betreffend die Fuldaer Bischofskonferenz in D. Albrecht (Hg.), Katholische Kirche im Dritten Reich, S. 35—65 und S. 66—102.

[210] Siehe dazu U. von Hehl, Katholische Kirche und Nationalsozialismus im Erzbistum Köln, S. 233 ff.

[211] Druck: W. Corsten, Kölner Aktenstücke, Nr. 214, S. 260—266.

[212] Gemeinsamer Hirtenbrief der deutschen Bischöfe über die „Zehn Gebote als Lebensgesetz der Völker". 19. 8. 1943. Druck: W. Corsten, Kölner Aktenstücke, Nr. 227, S. 301.

[213] Vgl. U. von Hehl, Katholische Kirche und Nationalsozialismus im Erzbistum Köln, S. 234 f.

[214] Zur Aktenlage der Kriegszeit vgl. oben, S. 17.

Josef Frings, geb. 6. 2. 1887 in Neuß; gew. 10. 8. 1910; 1937 Regens des Priesterseminars Bensberg (Erzbistum Köln); 1942 Erzbischof von Köln; 1969 in den Ruhestand getreten; gest. 17. 12. 1978. Lit.: Eduard Hegel, Artikel „Frings, Josef", in: E. Gatz (Hg.), Die Bischöfe der deutschsprachigen Länder, S. 212—213. Lit.: Dieter Froitzheim, Kardinal Frings. Leben und Werk, Köln 1979.

Dr. theol. Konrad Graf von Preysing, geb. 30. 8. 1880 auf Schloß Kronwinkel; gew. 26. 7. 1912; 1932 Bischof von Eichstätt; 1935 Bischof von Berlin, 1945 Kardinal; gest. 21. 12. 1950. Lit.: Walter Adolph, Kardinal Preysing und zwei Diktaturen. Sein Widerstand gegen die totalitäre Macht, Berlin 1971.

Johannes Joseph van der Velden, geb. 7. 8. 1891 in Übach; gew. 24. 6. 1915; 1926 Generalsekretär des Päpstlichen Werkes der Glaubensverbreitung in Aachen; 1929 bis zur Auflösung 1933 Generaldirektor des Volksvereins für das kath. Deutschland in Mönchengladbach; 1933 Vizepräsident und Generaldirektor des Päpstlichen Werkes der Glaubensverbreitung in Aachen; 1938 Regens und Professor am Priesterseminar in Aachen; zum Bischof von Aachen ernannt 7. 9. 1943, konsekriert und inthronisiert 10. 10. 1943; gest. 19. 5. 1954.

Bilanz der letzten Jahre ein großes Maß an Zerstörung auf. 147 Pfarrkirchen, 14 Kapellen und 316 andere kirchliche Gebäude waren völlig zerstört, 151 Pfarrkirchen, 10 Kapellen und 326 kirchliche Gebäude waren teilweise zerstört, etliche weitere beschädigt[215].
Im Inneren der Kirche war die Entfaltungsmöglichkeit der Priester stark beschnitten worden; sie hatten sich in Vereinen und Schulen nicht mehr kirchlich betätigen dürfen. Die der Kirche insgesamt gezogenen Grenzen lassen die Frage nach dem kollektiven Verhalten des Klerus und den dafür maßgeblichen Einstellungen und Dispositionen in der Begegnung mit dem nationalsozialistischen Staat als dringlich erscheinen, zumal die Kirche als Institution das Dritte Reich überstanden hat.

4. Die Geistlichen im Kirchenkampf

Einen Ansatzpunkt, sich der Mentalität der Priester innerhalb der oben nachgezeichneten veränderten Rahmenbedingungen zu nähern, bieten die Zwangsmaßnahmen, die von Staat und Partei aufgrund des beanstandeten Verhaltens des einzelnen Geistlichen gegen diesen verhängt wurden. Häufig ähneln sich die Vorkommnisse und deren Hintergründe — die Lebenswelt der Geistlichen wird sichtbar.

4.1. Verfolgung und Selbstbehauptung

Schon während des Dritten Reiches wurde durch Erhebungen seitens der Kirchenleitungen versucht, einen Überblick über die Anzahl der von Zwangsmaßnahmen betroffenen Priester zu gewinnen und die einzelnen Fälle zu dokumentieren. Ein neuer Anlauf in diese Richtung wurde unmittelbar nach Kriegsende genommen und unlängst noch einmal in einer umfangreichen statistischen und biographischen Dokumentation und Auswertung, beruhend im wesentlichen auf den Angaben der Betroffenen[216]. Die Beschaffenheit des Materials und die Intention der Herausgeber fanden in

[215] Vgl. H. Müssener, Verlautbarung des Bischöflichen Generalvikariates zur Neuregelung der Kirchensteuer in der Diözese Aachen, Kirchlicher Anzeiger für die Diözese Aachen, 20. Jg., Aachen, 1. 4. 1950, Stück 7, S. 41 f.

[216] Vgl. U. von Hehl, Priester unter Hitlers Terror. Von Hehls Studie basiert zum Teil auf einer eigens gestarteten Fragebogenaktion, zum anderen Teil auf Erhebungen aus den Jahren 1945/46. Vgl. Materialsammlung zur Geschichte des Bistums Aachen im Dritten Reich. BDA. GvS L 13 I und II. In dieser Materialsammlung sind Erlebnisberichte von Geistlichen und Laien zusammengefaßt, zu denen diese durch Aufrufe im Kirchlichen Anzeiger und in der Lokalpresse veranlaßt wurden. Zu den Erhebungen von November 1933 und weiteren (1935/36), die sich auf die Erfassung inhaftierter und von bestimmten Maßnahmen, wie Ausweisung und Redeverbot, betroffener Priester konzentrierten vgl. die Vorgänge in: BDA. GvS E 22 I. Siehe weiterhin: Benedicta Maria Kempner, Priester vor Hitlers Tribunalen, München 1966; Eugen Weiler, Die Geistlichen in Dachau sowie in anderen Konzentrationslagern und Gefängnissen, Mödling o. J.; Edmund Kurten, Unsere Toten. 3. Band. Von der Wiederherstellung der Kölnischen Franziskanerprovinz bis zur Gegenwart 1921—1978, Mönchengladbach 1979; Franz Kloidt, Verräter oder Märtyrer? Dokumente katholischer Blutzeugen der natio-

dieser Studie insofern ihren Niederschlag, als daß die Verfolgung in den Vordergrund rückte, von der die Geistlichen als Opfer betroffen waren[217].
Das subjektive Empfinden dessen, der sich verfolgt fühlte, und die objektive Verfolgungssituation müssen nicht übereinstimmen; auch ist ein Konsens über das, was unter Verfolgung zu verstehen ist, selbst bei den Beteiligten nicht ohne weiteres erkennbar[218]. Die Schwierigkeiten in dieser Richtung beginnen bereits mit der Bewertung der Bespitzelung und Kontrolle, sei es durch V-Leute, Parteigenossen oder Privatpersonen. Im Grunde hatte jeder, der sich öffentlich oder auch im Freundeskreis eine kritische Bemerkung erlaubte, mit einer möglichen Denunziation zu rechnen. Das belegen die zahlreichen „Heimtückeverfahren"[219]. Die Priester waren, wenn sie sich im öffentlich zugänglichen Raum „Kirche" bewegten, sich also an exponierter Stelle äußerten, als Objekte der Überwachung geradezu prädestiniert. Von Seiten der Gestapo wurde der Observierung der Kirchen und des Klerus zudem eine herausragende Bedeutung beigemessen. Seit dem 20. Juli 1935 verpflichtete ein Erlaß des Geheimen Staatspolizeiamtes alle Gestapo(leit)stellen zu monatlichen Berichten über Maßregelungen katholischer und evangelischer Geistlicher[220]. Die Gestapo verlangte Amtshilfe in Form von Informationen von den Bürgermeistern und Landräten als den Behörden der Ortspolizei über Verstöße von Geistlichen gegen staatliche Anordnungen, um Maßnahmen ergreifen zu können[221]. Diese Kontrolle entsprach dem totalen Anspruch des nationalsozialistischen Staates, der jede tatsächliche oder vermeintliche Gegnerschaft im Vorfeld auszuschalten versuchte, zumal dann, wenn von dieser Gegnerschaft, wie im Fall des Klerus festgestellt, die Bevölkerung beeinflußt wurde.

nalsozialistischen Kirchenverfolgung geben Antwort, Düsseldorf 1962; Heinrich Selhorst, Priesterschicksale im Dritten Reich aus dem Bistum Aachen. Zeugnis der Lebenden, Aachen 1972.

217 Im Vorwort der Studie von Hehls heißt es, daß dem „Schicksal der verfolgten Priester und Laien" bisher nicht die gebührende Aufmerksamkeit zuteil geworden sei. Deshalb sollten die feststellbaren religiös und politisch bedingten Zwangsmaßnahmen ermittelt werden. Geleitwort des Vorsitzenden der deutschen Bischofkonferenz, Joseph Kardinal Höffner, in: U. von Hehl, Priester unter Hitlers Terror, o. S.

218 So wurde beispielsweise angefragt, ob ein Aufenthaltsverbot einen bereits zum Verfolgten mache. Vgl. das Schreiben von Pfarrer Brock an das Generalvikariat Aachen. 5. 8. 1946. BDA. GvS L 13 II, Bl. 28.

219 Siehe dazu Peter Hüttenberger, Heimtückefälle vor dem Sondergericht München 1933—1939, in: Bayern in der NS-Zeit, Bd. 4: Herrschaft und Gesellschaft im Konflikt, Teil C, hg. von M. Broszat, E. Fröhlich und A. Großmann, München 1981, S. 435—525.

220 Vgl. H. Boberach, Berichte des SD und der Gestapo, S. XXXVIII. Die Gestapo versuchte ein einheitliches Vorgehen gegen Geistliche zu erreichen. Vgl. den Geheimen Erlaß der Gestapoleitstelle Düsseldorf vom 26. 8. 1936, der für den Reg. Bez. Düsseldorf anordnete, daß alle Maßnahmen gegen Geistliche ihrer vorherigen Zustimmung bedurften, wovon nur die Handlungen ausgenommen waren, die auf Ersuchen der Staatsanwaltschaft oder der Gerichte durchgeführt werden sollten. HStAD. RW 18—21, Bl. 7. Zu den Aufgaben und dem Aufbau der Gestapo, die 1934 aus ihrem organisatorischen Zusammenhang mit der staatlichen Polizeiverwaltung gelöst wurde und 1936 organisatorisch mit der SS verbunden wurde, vgl. Hans Buchheim, Die SS — das Herrschaftsinstrument, in: M. Broszat/ H. Buchheim, H. A. Jacobsen/H. Krausnick, Anatomie des SS-Staates, Bd. 1, (Gutachten des Instituts für Zeitgeschichte, 3. Aufl. München 1982, S. 15—212.

221 So anläßlich der Überprüfung des Flaggengebotes vom 21. 9. 1937 (Tod Ludendorffs). Vgl. Heinz Zumfeld, Heimische Dokumente zum Verhältnis von Kirche und NS-Staat, S. 88, in: W. Frenken u. a. (Hg.), Der Nationalsozialismus im Kreis Heinsberg.

Einen Stimmungsumschwung bei der Geistlichkeit hatte der Aachener Regierungspräsident bereits Ende 1934 beobachtet: Immer weniger Geistlichen könne unterstellt werden, daß sie wirklich „zur positiven Mitarbeit an dem Aufbau des nationalsozialistischen Staates" bereit wären. Diese hielten sich jedoch weitgehend zurück und seien nicht mit den staatlichen Behörden aneinandergeraten[222]. Am 5. April 1935 berichtete der Leiter der Aachener Staatspolizei dann über die Widerstände in der Bevölkerung gegenüber der nationalsozialistischen Weltanschauung — unabhängig von der gleichfalls beobachteten geschlossenen Unterstützung der außenpolitischen Maßnahmen der Regierung[223]:

„Die Hauptursache dafür liegt augenscheinlich in der Tätigkeit der katholischen Geistlichkeit, die unter dem Deckmantel der Bekämpfung des sogenannten Neuheidentums zunehmend gegen die Bewegung selbst und ihre Grundsätze vorgeht. Bei dem ungemein starken Einfluß des katholischen Klerus auf die breite Volksmasse ist es daher nicht verwunderlich, daß der Bewegung, ihren Maßnahmen und vor allem ihrem weltanschaulichen Wollen schon fast ein an frühere politische Kämpfe erinnernder Widerstand entgegengesetzt wird, so daß man bedenkenlos von einem vorhandenen überaus starken politischen Katholizismus sprechen kann und muß."[224]

Wenn hier pauschal die Geistlichkeit für einen politischen Katholizismus verantwortlich gemacht wird, deutet sich der mitunter fließende Übergang von der Kontrolle zur Verfolgung an. Dies belegen auch die Anforderungen, die entsprechend der Mitgliederauslese an einen SS-Mann gestellt wurden: „Er bekämpft offen und schonungslos die gefährlichsten Feinde des Staates: Juden, Freimaurer, Jesuiten und politische Geistlichkeit."[225]

Die Einstellung der Geistlichen hatte sich innerhalb der ersten zwei Jahre des Dritten Reiches also gewandelt:

„Es gibt kaum noch Geistliche, die sich offen — zumal bei Amtshandlungen — zur Idee des Nationalsozialismus bekennen. Bei der fast 100% katholischen Bevölkerung des hiesigen Bezirks und dem überaus großen Einfluß des Klerus ist es aber eine zwangsläufige Folge, daß sich dessen Geisteshaltung auch auf die Bevölkerung auswirkt und überträgt."[226]

Je unverblümter der totale Anspruch des Staates geltend gemacht wurde, desto feindlicher erschien die Haltung der Geistlichen. Das läßt sich aus dem Lagebericht des Leiters der Gestapo Aachen vom Juni 1935 herauslesen. Danach würden die zuvor inaktiven Geistlichen nun offen gegen Staat und Partei vorgehen. Zu ihrer Strategie zählten das Abhalten von Exerzitien und Sühneandachten, die Verlesung von Hirtenbriefen, die Werbung für die kirchlichen Vereine, die Verteilung von Flugzetteln. Als Beleg für

[222] Vgl. den Lagebericht des Reg. Präs. Aachen vom 15. 12. 1934 (Nr. 11). Druck: B. Vollmer, Volksopposition S. 119.

[223] Vgl. oben, S. 66.

[224] Stapostelle Aachen. Lagebericht für März. 5. 4. 1935 (Nr. 17). Druck: B. Vollmer, Volksopposition, S. 181.

[225] Organisationsbuch der NSDAP, hg. von dem Reichsorganisationsleiter der NSDAP, Dr. Robert Ley, 7. Aufl. München 1943, S. 418. Dieses Buch war, wie aus einem Vermerk ersichtlich, nur für den parteiinternen Gebrauch bestimmt.

[226] Stapostelle Aachen. Lagebericht für März. 5. 4. 1935 (Nr. 17). Druck: B. Vollmer, Volksopposition, S. 184.

den Kampf der Geistlichkeit „aus innerster Abneigung gegen die nationalsozialistische Idee" führt der Bericht an, „... daß vielfach an unangebrachter Stelle und aus dem Zusammenhang herausgerissene Worte des Führers zitiert werden, die von den Geistlichen anders ausgelegt werden, als sie gemeint gewesen sind."[227]
Alltägliche berufliche Tätigkeiten der Geistlichen werden hier als ‚Kampfmethoden' bezeichnet; auch das Eintreten für die konfessionelle Jugend erscheint, wie der Bericht deutlich macht, als Gegnerschaft. Diese äußere sich weiterhin in Vorbehalten gegen die HJ, in Bemerkungen im Religionsunterricht, in der Aufforderung zur gemeinsamen Jugendwallfahrt, in der Beeinflussung der Kinder, im Kampf gegen den „Mythus", in Hinweisen auf die Verdienste der Orden.
In seinem Bericht über den Monat September 1935 vermerkt der Leiter der Gestapo Aachen dann einen Rückgang der Übergriffe einzelner Geistlicher, die im Kampf gegen Staat und Bewegung zu viel riskiert hätten. Vermutlich seien Richtlinien des Generalvikariats für den Kampf ergangen. Man suche durch „dogmatische Erörterungen der Lehren der katholischen Kirche" die weltanschauliche Zielsetzung des Nationalsozialismus in Mißkredit zu bringen[228]. Die Vorsicht der Geistlichen sei zudem auf den Erlaß Görings gegen den politischen Katholizismus zurückzuführen[229].
Die Gegnerschaft der Priester scheint aber, so oft sie auch hervorgehoben wird, für die Staatspolizei kein zu großes Problem gewesen zu sein: „Die Zahl der Geistlichen, die ihre staatsfeindliche Einstellung zum Ausdruck brachten, hielt sich weiterhin innerhalb der gewohnten Grenzen."[230]
Aus der Zeit unmittelbar nach dem Angriff auf Rußland ist ein geheimer Erlaß Himmlers überliefert[231], der Aufschluß über die Verfolgungssituation gibt, anordnend, daß „... sämtliche hetzerische Pfaffen, deutschfeindliche Tschechen und Polen, sowie Kommunisten und ähnliches Gesindel grundsätzlich auf längere Zeit einem Konzentrationslager zugeführt werden sollen."[232]

[227] Stapostelle Aachen. Lagebericht für Mai. 7. 6. 1935 (Nr. 20). Druck: B. Vollmer, Volksopposition, S. 216. Zum folgenden ebda. S. 217 f.
[228] Vgl. den Lagebericht der Stapostelle Aachen für September vom 7. 10. 1935 (Nr. 26). Druck: B. Vollmer, Volksopposition, S. 290. Zur Taktik der bischöflichen Behörde vgl. oben, S. 104 ff.
[229] Vgl. oben, S. 112.
[230] Stapostelle Aachen. Lagebericht für Januar. 10. 2. 1936 (Nr. 31). Druck: B. Vollmer, Volksopposition, S. 350.
[231] Zur Radikalisierung der Kirchenpolitik in der Kriegszeit vgl. oben, S. 88 f.
[232] Runderlaß des Chefs der Sicherheitspolizei und des SD vom 27. 8. 1941, zitiert nach F. Kloidt, Verräter oder Märtyrer, S. 9. Vgl. dazu: Vermerke des Kriminalkommissars z. Pr. Hammer und des Kriminalsekretärs Heinze von der Stapostelle Aachen über die Arbeitstagung der Kirchenbearbeiter bei den Staatspolizei(leit)stellen im RSHA am 22. und 23. 9. 1941. Aachen, 26. 9./8. 10. 1941. Dort heißt es betr. Schutzhaft: „Wie schon angeführt, der ‚hetzende Pfarrer'

Heinrich Himmler, geb. 7. 10. 1900 in München; 1926—1930 stellvertretender Propagandaleiter der NSDAP; 1929 Leiter der Schutzstaffel (SS); 1931 Mitglied des Reichstags; März 1933 Polizeipräsident von München und Kommandeur der Politischen Polizei in Bayern; 1934 Inspekteur der preußischen Gestapo; 17. 6. 1936 Chef der deutschen Polizei und Reichsführer SS; im Oktober 1939 von Hitler zum Reichskommissar für die Festigung des deutschen Volkstums ernannt; August 1943 Reichsinnenminister; 1944 Oberbefehlshaber des Ersatzheeres und Chef der Heeresausrüstung; 1945 Oberbefehlshaber der Heeresgruppe Weichsel; am 28. 4. 1945 von Hitler aller Ämter enthoben und aus der Partei ausgeschlossen; Selbstmord am 23. 5. 1945. Lit.: Heinrich Fraenkel, Himmler. Kleinbürger und Massenmörder, Frankfurt 1965.

Die Frontstellung gegenüber „politisierenden" und „hetzenden" Geistlichen, die den Totalitätsanspruch des nationalsozialistischen Systems öffentlich in Frage stellten, ist offenkundig. Inwieweit nach Beendigung des Krieges mit der Kirche „abgerechnet" werden sollte, ist nur andeutungsweise den Notizen Goebbels zu entnehmen[233].

Als von politisch oder religiös bedingten Zwangsmaßnahmen des Regimes betroffen und damit verfolgt hat Ulrich von Hehl für die Diözese Aachen 150 von 903 Weltpriestern ermittelt, das sind 16,6% des aktiven Seelsorgeklerus einschließlich der hauptamtlich im Schuldienst oder in Anstalten tätigen Weltpriester des Jahres 1937; hinzu kommen 29 verfolgte Ordensleute[239]. Unter Zwangsmaßnahmen sind zusammengefaßt „... die gesamte Skala polizeistaatlicher Repressionsmöglichkeiten, angefangen bei den kleinen Schikanen des NS-Alltags über die zahlreichen Gestapoverhöre bis hin zum Todesurteil durch den Volksgerichtshof."[235]
Darunter fallen: Predigtverbot, Entzug der Lehrerlaubnis, „erzwungene" Versetzungen — bei Hehl unter dem Begriff „berufliche Diskriminierung und Schulverbot" subsumiert; weiterhin staatspolizeilich verfügte Ausweisungen bzw. Aufenthaltsverbote, Ermittlungsmaßnahmen, worunter Hausdurchsuchung, Beschlagnahme, kurzfristige Festnahme, Überwachung des Post- und Telefonverkehrs gefaßt werden; daneben Verhöre, Verwarnungen, „Terror"-Maßnahmen, welche „Aktionen gelenkten Volkszornes", Beleidigungen, Störungen, tatsächliche Bedrohungen, Überfälle durch HJ-Trupps oder SA-Kolonnen, „Aufläufe erregter Volksgenossen" und private Denunziationen einschließen sollen.
Mit dem Stichwort „Verfahren" sind förmliche Untersuchungen und Prozesse erfaßt, die zu Geld- oder/und Freiheitsstrafen führten. Andere Rubriken geben Auskunft über KZ-Haft und Todesfälle, zusammenfassend den Tod in Gefängnishaft, reguläre Hinrichtungen sowie Ermordungen durch „wilde SS-Kommandos". Aufgezählt sind also Maßnahmen verschiedener strafender Instanzen, so etwa die der Partei, worunter Maßnahmen der NSDAP-Ortsgruppe, der SA, SS, HJ und des BDM fallen, Maßnahmen, die von Gerichten oder von der Justiz verhängt wurden, Aktivitäten der Verwaltungsbehörden sowie das Einschreiten der Polizei und der Gestapo[236].

ist grundsätzlich gemäß Erlaß des RSHA vom 24. 8. 1936 in langfristige Schutzhaft zu nehmen". Druck: H. Boberach, Berichte des SD und der Gestapo, S. 937. Der Erlaß vom 24. 8. 1936 ist nach Boberach nicht zu ermitteln, vgl. ebda., Anm. 2.

[233] Vgl. Hans-Günter Hockerts, Die Goebbels-Tagebücher 1932—1941. Eine neue Hauptquelle zur Erforschung der nationalsozialistischen Kirchenpolitik, in: Politik und Konfession, Festschrift für Konrad Rebgen, hg. von G. Albrecht, H.-G. Hockerts, P. Mikat, R. Morsey, Berlin 1983, S. 359—392. Mit Hitlers Plänen für die Kirchenpolitik nach dem Krieg beschäftigt sich — unter Hinweis auf die radikale antikirchliche Politik im Reichsgau Wartheland — Heinz Hürten, „Endlösung für den Katholizismus?", in: Stimmen der Zeit 1985, S. 534—546. Zur nationalsozialistischen Kirchenpolitik im Warthegau vgl. Bernhard Stasiewski, Die Kirchenpolitik des Nationalsozialismus im Warthegau, in: VfZg 7, 1959, S. 46—74; Kazimierz Smigiel, Die Katholische Kirche im Reichsgau Wartheland, Dortmund 1984.

[234] Vgl. U. von Hehl, Priester unter Hitlers Terror, S. LXXIII. Unter den 150 in der Studie angeführten sind auch Geistliche aus den 1941 hinzugekommenen Dekanaten Eupen- Malmedy. Die Priester aus diesem Gebiet wären zur Gesamtzahl des Diözesanklerus hinzuzurechnen, um einen korrekten Prozentsatz zu erhalten.

[235] Ebda, S. XXXIX. Für die im folgenden angeführten Rubriken siehe ebda.

[236] Vgl. ebda, S. XLII.

Anders als bei spontanen Übergriffen wurden Maßnahmen der Verwaltungsbehörden, der Polizei und Gestapo mit Verstößen gegen Vorschriften, Verordnungen und Gesetze begründet. Die geschilderten Einschränkungen der Berufstätigkeit der Geistlichen im Schulbereich und im Verbandswesen machten Verstöße möglich; die zahlreichen Verordnungen und Gesetze betreffend Läuten, Verdunkelung, Feiertagsrecht, Prozessionen, Gottesdienst nach nächtlichem Fliegeralarm, Sammlungen, das Verlesen von Feldpostbriefen, die seelsorgliche Betreuung von Fremdarbeitern und Kriegsgefangenen beschnitten den Aktionsradius der Priester und boten reichlich Gelegenheit zu bewußten oder unbewußten Übertritten.
Die Ahndung von ,Vergehen' war nicht frei von Zufällen und neben örtlichen Gegebenheiten abhängig vom Zeitpunkt: Die Amnestiegesetze vom 7. August 1934, 20. April 1938 und 9. September 1939 beendeten in nicht wenigen Fällen die weiteren Ermittlungen[237]. Die Kritik an der NS-Weltanschauung in Predigt und Christenlehre durch das Verlesen von verbotenen Hirtenbriefen wurde — soweit sie nicht unter das Heimtückegesetz und den Kanzelparagraph fiel — staatspolizeilich geahndet.
Schutzhaft wurde verhängt, wenn bei einer Abgabe an die ordentliche Gerichtsbarkeit eine Verurteilung nicht zu erwarten war bzw. eine gesetzliche Grundlage fehlte[238]. Eine Handhabe bot der § 14 des Polizeiverwaltungsgesetzes vom 1. Juni 1931 sowie der § 1 der Notverordnung vom 28. Februar 1933 „zur Abwehr kommunistischer staatsgefährdender Gewaltakte" — dessen Anwendung insbesondere auf das Unverständnis der Kirchenleitungen stieß[239].
Speziell auf Geistliche abgestellt war die erwähnte Verordnung des Oberpräsidenten vom 1. April 1935 zur Bekämpfung des Mißbrauchs dogmatischer Erörterungen und Verstöße gegen die Grundsätze der NS-Bewegung[240].

In der breiten Skala der in der Studie Hehls ermittelten Zwangsmaßnahmen ist vor allem die Eingangsstufe des Terrors problematisch im Sinne einer Verifizierbarkeit. Aber auch Angaben über erzwungene Versetzungen, Verhöre, Inhaftierungen etc., ohne daß die ,Vergehen' und die dazu führenden Umstände genannt werden, lassen in ihrer Summe vordringlich Schwankungen und Schwerpunkte staatlicher Maßnahmen erkennen und illustrieren auf der Ebene der Priester die Themen und vor allen Dingen

237 Vgl. das „Gesetz über die Gewährung von Straffreiheit" vom 7. 8. 1934. RGBl. I 1934, S. 768—771; weiterhin das Gesetz vom 30. 4. 1938 (RGBl. I 1938, S. 433—435). In Betracht kam auch der „Gnadenerlaß des Führers und Reichskanzlers für die Wehrmacht" vom 1. 9. 1939. RGBl. I, 2, 1939, S. 1549—1551. Nicht davon betroffen waren Aufenthaltsverbote, die nach Auskunft der Aachener Gestapo vorbeugende Polizeimaßnahmen zur Aufrechterhaltung der öffentlichen Ruhe und Ordnung waren; vgl. das Schreiben der Gestapo Aachen vom 26. 9. 1934 an das Generalvikariat Aachen. BDA. GvS L. 10 I.

238 Vgl. das Telegramm der Stapostelle Aachen an das Gestapa vom 4. 5. 1934 betreffs Inschutzhaftnahme des Kaplans Joseph Brosch in Monschau: „Zum Schutz seiner Person und da in Ermangelung strafrechtlicher Bestimmungen Aussicht auf Erlaß richterlichen Haftbefehls nicht besteht, bitte ich um Verlängerung der Schutzhaft über sieben Tage hinaus." HStAD. RW-58. Pers.Akte 17353.

239 Vgl. die von der kirchlichen Informationsstelle herausgegebenen Rundschreiben, die immer wieder die Anwendbarkeit der Verordnung vom 28. 2. 1933 diskutieren. BDA. GvS M 4 I.

240 Vgl. oben, S. 111.

Dr. jur. can. Joseph Brosch, geb. 20. 3. 1907 in Genhülsen; gew. 24. 2. 1933; gest. 21. 11. 1978.

den zeitlichen Verlauf des geschilderten Kirchenkampfes[241]. Über die Motive der Geistlichen, die wegen bestimmter ‚Vergehen' mit Zwangsmaßnahmen belegt wurden, lassen sich so nur bedingt Aussagen machen, wenn auch die Kombination der Angaben zum Alter der Betroffenen mit den Angaben zu den Zwangsmaßnahmen und den strafenden Instanzen Hinweise geben, die in die weitere Betrachtung einfließen sollen[242]. Zudem ist in einer solchen, im wesentlichen auf Eigenangaben beruhenden Erhebung eine bestimmte Fehlerquote mit in die Berechnung aufzunehmen[243].

Übernimmt man unter Berücksichtigung der genannten Vorbehalte diesen Verfolgungsbegriff, ergibt bereits die Einsichtnahme in verschiedene, meist lokale Studien ohne die Auswertung aller im Düsseldorfer Hauptstaatsarchiv lagernder Personalakten von Priestern der Aachener Diözese einer Zahl von mehr als 260 betroffenen Geistlichen[244]. Eine Untersuchung zur Situation in Mönchengladbach und Rheydt kommt zu dem Ergebnis, daß die meisten Kleriker während des Dritten Reiches einmal, viele auch wiederholt mit der Gestapo in Berührung kamen. Es könne jedoch nicht in jedem dieser Fälle von Widerstand gesprochen werden[245].

Die hier zusätzlich ermittelten Vorfälle entfallen im wesentlichen auf den unteren Bereich der Skala der Zwangsmaßnahmen, d. h. auf Schulverbot, Verhöre etc.. Einschneidende Maßnahmen wie Gefängnis, Schutzhaft und Einweisung in Konzentrationslager sind durch die Umfragen weitgehend dokumentiert. Eine direkte Relation zwischen Erfassungsdichte und Quellenlage[246] dürfte allein für die eher alltäglichen Zwangsmaßnahmen wie Unterrichtsverbot oder Verhöre zutreffen. Eine Dokumentation aller ermittelten Fälle kann hier nicht erfolgen. Berücksichtigt werden weniger die staatlichen Vorgehensweisen und Strafen als vielmehr die Motive und Einstellungen der betroffenen Geistlichen, sofern sie quellenmäßig erschließbar sind. Ausgeklammert werden weitgehend die Fälle, in denen mit Repressalien gegen in der Diözese lebende Ordensgeistliche vorgegangen wurde, da dies in der Mehrzahl der

[241] Ulrich von Hehl spricht dementsprechend von einer „Fieberkurve des Kirchenkampfes", in: Priester unter Hitlers Terror, S. XLVI.

[242] Ein Schwerpunkt für staatliche Maßnahmen bildete das Jahr 1941, vgl. ebda, S. LIX.

[243] Eine Überprüfung der bei U. von Hehl aufgeführten Priester ergab zwei eindeutige Sittlichkeitsfälle für die Diözese Aachen. Ein Priester wurde noch vor der eigentlichen Prozeßwelle gerichtlich verurteilt, der andere kam im Konzentrationslager zu Tode. Vgl. den Vorgang in: BDA. GvS E 22 I und GvS L 13 III. Zum Fall von 1937 vgl. HSTAD. RW 58. Pers. Akten 2753 und 32839 und 12022. Weiterhin wurde in die Studie von Hehl ein Priester aufgenommen, dessen Existenz nicht nachweisbar ist (Joseph Krings, geboren 26. 10. 1874), vgl. die Angabe in: BDA. GvS L 13 III.

[244] Vgl. das Kapitel „Kirchlicher Widerstand", in: Aurel Billstein, Der eine fällt, die anderen rükken nach. Dokumente des Widerstandes und der Verfolgung in Krefeld 1933—1945, Frankfurt a. M. 1973, S. 286 ff.; das Kapitel „Der katholische Widerstand", in: H. Schüngeler, Widerstand und Verfolgung in Mönchengladbach und Rheydt, S. 141 ff. Siehe auch H. Zumfeld, Kirche im NS-Staat, in: W. Frenken u. a. (Hg.), Der Nationalsozialismus im Kreis Heinsberg, S. 75—84. Viele Fälle sind auch in den von Vollmer edierten Lageberichten der Gestapo und des Reg. Präs. Aachen genannt, vgl. B. Vollmer, Volksopposition. Eine Ergänzung bieten die zumindest für den nördlichen Teil des Bistums in großem Umfang erhaltenen Personalakten der Gestapo im Hauptstaatsarchiv Düsseldorf (Signatur RW 58).

[245] Vgl. H. Schüngeler, Widerstand und Verfolgung in Mönchengladbach und Rheydt, S. 264.

[246] Der Verlust eines Teils der Unterlagen von 1945/46 erklärte so den vergleichsweise geringen Prozentsatz der von Zwangsmaßnahmen betroffenen Priester in der Aachener Diözese. Vgl. U. von Hehl. Priester unter Hitlers Terror, S. XLIII.

Fälle in Zusammenhang mit den Klosteraufhebungen geschah, somit unabhängig vom Handeln der Betroffenen[247].
Auch die Schicksale der Priester aus den Gemeinden des Bezirks Eupen-Malmedy werden nicht erörtert. Diese Geistlichen, die den Kirchenkampf in Deutschland zunächst aus dem Ausland verfolgen konnten und der Rückgliederung ihres Gebietes eher mit Zurückhaltung begegneten, waren dem besonderen Terror der Gestapo und SS ausgesetzt[248].

Neben dem weltanschaulichem Antagonismus, von nationalsozialistischem Staat und katholischer Kirche, den gegen die Kirche als Institution gerichteten Maßnahmen und den Einschränkungen, denen der Berufsstand der Geistlichen gesondert unterworfen war, waren viele Priester persönlich von Zwangmaßnahmen betroffen. Für die Aachener Diözese ist im Vergleich zu den meisten übrigen Diözesen eine zeitliche Verschiebung hinsichtlich der Anzahl solcher Zwangsmaßnahmen festgestellt worden. Während im Reichsdurchschnitt 1933 sehr viele Vorfälle zu verzeichnen sind und 1934 eine Beruhigung eintritt, verhält es sich im Bistum Aachen genau umgekehrt. Hier setzen Zwangsmaßnahmen verstärkt erst 1934 ein[249]. Dies dürfte weniger auf eine besondere Quellenlage zurückzuführen sein als vielmehr auf das anfängliche Einvernehmen von bischöflicher und staatlichen Behörden in Aachen sowie auf die beinahe reibungslos verlaufende Machtergreifung in dieser Region[250]. Hinzu kam die zweifelsohne nationale Einstellung vieler Geistlicher, von denen etliche als Soldaten am Ersten Weltkrieg teilgenommen hatten[251]. Dem Regime begegneten die Geistlichen 1933 abwartend und zurückhaltend. Hoffnung verband sich mit Skepsis. Dechant Johann Brandts brachte diese Haltung auf einer Konferenz des Dekanates Heinsberg Mitte Oktober 1933 paradigmatisch zum Ausdruck, als er ausführte, „. . . daß einiges an der heutigen Bewegung begrüßt werden kann (Führertum), einiges mit Vorsicht und Reserve behandelt werden muß, anderes abgelehnt werden müsse — der ganzen Bewegung sei mit positiver Seelsorgearbeit zu begegnen und mit dem Ziel die Gläubigen zu bewußten, glaubensfreudigen Christen zu machen."[252]

[247] Zahlreiche dieser Fälle sind aufgeführt in: U. von Hehl. Priester unter Hitlers Terror, Sp. 1 ff.
[248] Vgl. dazu die Berichte in: H. Selhorst, Priesterschicksale.
[249] Auch die Diözesen Ermland, Hildesheim, Limburg, Mainz, Passau, Schneidemüll und Trier weichen in dieser Richtung vom Reichsdurchschnitt ab, vgl. die Tabelle 4, in: U. von Hehl, Priester unter Hitlers Terror, S. LXXVII.
[250] Vgl. oben, S. 36, 92 ff.
[251] Zwei Beispiele: Der im Mai 1943 nach einem KZ-Aufenthalt im Aachener Gefängnis verstorbene Pfarrer Fritz Keller (Stolberg) war Offizier des Ersten Weltkriegs gewesen. Vgl. August Brescher, Fritz Keller, 1891—1943. Priester — Seelsorger — Märtyrer, Stolberg 1986. Vgl. das Portrait des Dechanten Alfred von Itter (Krefeld) von Max Petermann, in: Edmund Bungartz (Hg.), Katholisches Krefeld. Streiflichter aus Geschichte und Gegenwart, Krefeld 1974, S. 405—415; siehe auch zum Krefelder Stadtdechanten Walter Nettelbeck, Monsignore Gregor Schwamborn. Ehrenbürger der Stadt Krefeld, Krefeld 1974.
[252] Protokoll der Dekanatskonferenz des Dekanats Heinsberg vom 17. 10. 1933. BDA. Gvd Heinsberg 1 II.

Johann Brandts, geb. 14. 1. 1880 in Großwehrhagen bei Höngen; gew. 28. 3. 1903; Dechant des Dekanates Jülich 18. 11. 1925; gest. 1. 11. 1933.

„Führertum" und „Seelsorgearbeit" sind in diesem Satz, der die Essenz der Ausführungen des Dechanten enthält, die herausragenden, konkreten Begriffe. Sie stehen für zwei zentrale Bereiche im Bewußtsein und Selbstverständnis des Klerus: Die Seelsorge so intensiv wie möglich zu gestalten, damit das Verhältnis zu den Gläubigen zu intensivieren, dafür die eigene Autorität einzusetzen, die eigene Führerrolle wahrzunehmen — womit das Führertum per se positiv bewertet wird — sind zentrale Anliegen der Priester. Die in dieser Beziehung erreichte Position gilt es zu verteidigen und zwar insbesondere gegen konkurrierende Autoritäten und in Abhängigkeit von den Rahmenbedingungen priesterlichen Wirkens. Diese Mentalität wird im Verhalten der Geistlichen 1933 sichtbar.

Das Anliegen, als Seelsorger seiner Aufgabe gerecht zu werden, spricht auch aus dem Schreiben des Pfarrers Karl Schmitz. Er prophezeit für den bevorstehenden Volkstrauertag (9. März 1933) das Einbringen von Hakenkreuzfahrten in die Kirche und macht das Generalvikariat in seiner Anfrage, wie es mit den Verboten um den Nationalsozialismus stehe, darauf aufmerksam:

„Fahnen und Uniform sind ganz gewiß nicht als Provokation gegen die Kirche gedacht, da alle unsere Katholiken, auch die 97 Nazi-Wähler, gute Katholiken sein wollen; aber die 114 Wähler, die aus Überzeugung Zentrum gewählt haben, könnten daran Anstoß nehmen."[253]

Das seelsorgliche Bemühen der Pfarrer führte 1933 offensichtlich nicht nur auf der Ebene der Kirchenleitungen zu einem „modus vivendi" der Kirche mit Partei und Staat[254]. Aus Krefeld berichtet Stadtdechant Gregor Schwamborn im Jahresrückblick auf 1933 von seinem geglückten Versuch, die SA und SS sowie den Stahlhelm zum gemeinschaftlichen Gottesdienst zu sammeln; seine Kirche werde nun jeden ersten Sonntag im Monat von 2500 Männern in Uniform besucht. Ob die von ihm gestellte Bedingung der Freiwilligkeit der Teilnahme allerdings eingehalten werde, bezweifelt er[255]. Aufschlußreich sind auch die Passagen dieses Berichtes, welche die kirchliche Jugendarbeit und das Verhalten des Klerus betreffen. Die katholischen Jugendvereine scheinen in Krefeld bereits zu dieser Zeit „dem Untergang geweiht"; für den Klerus, der in der Beurteilung der gegenwärtigen Situation übereinstimmte, sei es eine schwere Zeit; der Bischof könne sich auf die Unterstützung und Loyalität der Priester verlassen; unbedachtes Vorgehen einzelner sei nicht zu befürchten; davor sei häufig genug auf Versammlungen unter allgemeiner Zustimmung gewarnt worden[256]. Die ruhige und pflichtbewußte Haltung der Geistlichen wird auch im Jahresbericht für

[253] Pfarrer Schmitz an das Generalvikariat Aachen 7. 3. 1933 BDA. GvS M 3 I.

[254] Vgl. oben, S. 91 f.

[255] Vgl. den Dekanatsbericht für 1933 von Stadtdechant Schwamborn vom 10. 2. 1934. BDA. Gvd Krefeld 1 II.

[256] In besonderen Veranstaltungen auf Diözesanebene (in Köln, Jülich, Mönchengladbach, Krefeld, Düren, Aachen) war die „große Umwälzung" diskutiert worden, vgl. Jahresbericht für 1933 des Dekanates Hochneukirch. BDA. Gvd Hochneukirch 1 I.

Karl Schmitz, geb. 8. 8. 1875 in Aachen; gew. 24. 6. 1915; Pfarrer Millen 19. 10. 1926; gest. 12. 3. 1961.

Prof. Dr. theol. Gregor Schwamborn, geb. 12. 3. 1876 in Jüterbog; gew. 14. 8. 1898; 23. 10. 1922 Dechant des Dekanates Krefeld, Stadtdechant; gest. 22. 10. 1958. Lit. siehe oben, S. 143, Anm. 305.

1933 aus dem Dekanat Hochneukirch betont. „Keiner hat sich", so Dechant Joseph Laumen „zum Märtyrium gedrängt, aber auch keiner hat sich etwas vergeben."[257]
Der verschärfte Kirchenkampf stellte dann jedoch erhöhte Anforderungen, denen in den Augen der Dechanten nicht alle Geistlichen gewachsen waren. Dechant Peter Sauer aus Heinsberg vermißt rückblickend auf das Jahr 1934 in erster Linie bei den jüngeren Geistlichen, ungeachtet der Anerkennung ihres Eifers, „Besonnenheit und Klugheit", woran es aber auch einigen Pfarrern fehle[258]. Stadtdechant Schwamborn aus Krefeld hielt deshalb weitere Schulungen der Geistlichen für eine vordringliche Aufgabe, da es mit „gutem Willen" und „Seeleneifer" allein nicht getan sei[259]. In diesen Beobachtungen spiegeln sich nicht nur die kirchenpolitischen Maßnahmen des Staates, sondern auch die davon offensichtlich beeinflußte Haltung der Gläubigen zur Kirche, damit auch die Wirkungsmöglichkeit der Geistlichen. Für das Jahr 1933 war die „religiöse und sittliche Lage" von den Dechanten im allgemeinen mit gut bis befriedigend angegeben worden; beklagt wurden vielfach die häufigen Versäumnisse der Sonntagsmesse, was vor allem für die Mitglieder der „nationalen Verbände" zugetroffen habe[260].
Trotz der einheitlichen konfessionellen Struktur des Bistums gab es erhebliche lokale Unterschiede hinsichtlich des seelsorglichen Einflusses des einzelnen Pfarrers, seiner Stellung in der Gemeinde, damit auch seines Selbstverständnisses. Dies dürfte auch die Tatsache erklären, daß der Klerus 1933 — abgesehen von seiner grundsätzlichen seelsorglichen Haltung — zu keiner gemeinsamen Linie in der Herausforderung durch den Nationalsozialismus fand[261]. Dabei spielten neben der Treue der Gemeinde auch die Stärke der Partei bzw. ihre Radikalität vor Ort eine Rolle. Unterschiede hier lassen sich schon zu Beginn des Jahres 1934 feststellen. Am Sonntag, den 25. Februar 1934, fand eine Vereidigung der politischen Leiter der NSDAP und der Amtswalter ihrer Verbände in Köln statt, zu der mehr als 42 000 Teilnehmer des Gaues Köln-Aachen erwartet wurden[262]. Um den katholischen Teilnehmern aus dem Bistum Aachen den sonntäglichen Gottesdienstbesuch zu ermöglichen, gab das Aachener Generalvikariat den Geistlichen die Bination-Vollmacht zur Abhaltung einer früheren Heiligen Messe. Weiterhin wurde angeordnet, die Zahl der Personen zu melden, die

[257] Jahresbericht für 1933 vom 5. 1. 1934. BDA. Gvd Hochneukirch 1 I.
[258] Jahresbericht für 1934 vom 30. 11. 1935. BDA. Gvd Heinsberg 1 II.
[259] Jahresbericht für 1935 vom 22. 12. 1935. BDA. Gvd Krefeld 1 II.
[260] Vgl. die Jahresberichte der Stadtdekanate Aachen und Krefeld, der Dekanate Düren, Kronenburg, Kempen, Heinsberg. BDA. Gvd Aachen 1 II, Krefeld 1 II, Düren 1 I, Kempen 1 II, Kronenburg 1 I. Heinsberg 1 II.
[261] Eine uneinheitliche Haltung stellt auch H. Schüngeler für Mönchengladbach-Rheydt fest, in: Widerstand und Verfolgung in Mönchengladbach und Rheydt, S. 202 f. Eine keineswegs einheitliche Haltung konstatierte auch der Leiter der Stapo Aachen in seinem Lagebericht für September vom 6. 10. 1934 (Nr. 8). Druck: B. Vollmer, Volksopposition S. 99.
[262] Vgl. den Vorgang in: BDA. GvS M 3 I (Aktennotiz zu einer Werbeveranstaltung für die Vereidigung im Aachener Westpark).

Joseph Laumen, geb. 11. 10. 1877 in Aphoven bei Heinsberg; gew. 23. 3. 1901; Dechant des Dekanates Hochneukirch 4. 10. 1927; gest. 20. 9. 1947.

Peter Sauer, geb. 3. 11. 1880 in Tenholt bei Erkelenz; gew. 10. 3. 1906; Dechant des Dekanates Heinsberg 2. 3. 1932; gest. 21. 2. 1962.

Echo der Gegenwart

Aelteste Aachener Zeitung

Aachener Rundschau
Limburger Tageblatt

86. Jahrgang | Ausgabe B Täglich 1malige Zustellung | Einzelverkaufspreis 10, Samstags 15 Pfennig.

Aachen, Montag, 26. Februar 1934 (Alexander) | Täglich eine Beilage: Unterhaltungsbeilage, Die Welt der Frau, Sport-Echo, Kultur und Leben, Landwirtschaftlicher Ratgeber, Reise- u. Bäderanzeiger, Der Steuerberater | Nummer 48 (1. bis 3. Blatt)

Der Eid der Millionen. / „Das Volk gehört uns."

Eine bedeutungsvolle Ankündigung Hitlers: Jährlich ein Appell an das Volk.

Adolf Hitler spricht.

DNB. **München,** 24. Februar 1934.

In seiner mehr als einstündigen, von Beifallsstürmen begleiteten Rede rief der Führer einleitend die Erinnerung zurück an jenen Tag, an dem vor 14 Jahren die versammelten alten Kämpfer als kleine und unbekannte **Bewegung zum ersten Male** in diesem Saal **vor die Oeffentlichkeit** und damit vor das deutsche Volk traten.

14 Jahre, die eine gewaltige Spanne der deutschen Entwicklung in sich schließen! Damals war das deutsche Volk noch erfüllt von der ganzen Hoffnungslosigkeit des deutschen Schicksals, erfüllt von Gleichgültigkeit und tausend Zweifeln. Heute am Beginn einer neuen deutschen Zukunft, an die nicht mehr einige wenige Phantasten glauben, sondern an die **das ganze deutsche Volk glaubt.** Wenige konnten in dieser Zeit der ersten furchtbaren Auswirkungen des Versailler Vertrags fassen, daß wir uns auf den Trümmern jener Zeit nochmals erheben könnten zu einem neuen starken Deutschen Reich. „Gibt es noch einen Weg, der unser Volk aus diesem Tiefpunkt seiner nationalen Existenz herausführen kann? Ist diese Not das Endschicksal unseres Volkes oder ist es nicht am Ende doch nur eine Prüfung des Herrn, um uns zur Einkehr zu zwingen?" Das sei die Frage gewesen, die sich die ersten Kämpfer der Bewegung damals vorlegten. Sie seien aber von vornherein überzeugt gewesen,

daß die Freiheit einem Volke nicht geschenkt wird, daß man das Schicksal nur wenden kann, wenn man selbst für diese Wende kämpft und daß jeder einzelne für sich den Kampf beginnen muß.

(Stürmischer Beifall.) Vor allem sei man sich zu jener Zeit aber auch darüber klar geworden, daß es nicht angehe, zu denken die Wende des deutschen Schicksals könnte von denen ausgehen, die das deutsche Volk vorher in das Unglück gestürzt hatten, daß nicht Parteien und nicht die Männer der Vergangenheit die Führer in die Zukunft sein konnten. Es sei ihnen klar gewesen: Geschichte wird nicht dadurch gemacht, daß man Namen ändert, sondern daß man Prinzipien ändert (Langanhaltender Beifall).

Neue Prinzipien

mußten aufgestellt werden und nur neue Männer konnten diese Prinzipien vertreten und neue Organisationen mußten daraus erwachsen.

„Wir waren überzeugt, daß man neue Kräfte gewinnen müsse, Kräfte die in der Tiefe der Nation vorhanden waren, aber bisher nicht zur Wirksamkeit kommen konnten. Nur ein einziges Mittel gab es: in ganz kleinem Beginnen, um so die Organisationen, die langsam Staat im Staate wurden, Träger der neuen Zukunft werden zu lassen.

In den Augen des Bürgertums schien es unsere allerschwerste Belastung zu sein, daß wir nicht einen einzigen großen Namen der früheren Politiker in unseren Reihen zählten. Wen wundert es daher, daß die Oeffentlichkeit wenig erfuhr von der Gründung einer Bewegung die **keinen Prominenten** aufwies? (Lebhafte Zustimmung.) Für uns und für die junge Bewegung aber war gerade das die Aussicht in eine große Zukunft. Denn die „großen Männer" der Vergangenheit, sie hatten ja die geschichtliche Quittung für ihr Wirken bereits erhalten.

Es war notwendig, daß die Führung der deutschen Geschicke nunmehr von ganz anderen, jungen und durch gar nichts belasteten Männern in die Hand genommen wurde.

Und es war noch etwas notwendig: Daß diese Männer aus der Front kamen, die 4½ Jahre lang am tapfersten das deutsche Leben vertreten hatten. Nicht aus dem faulen Sumpf unserer alten Parteien konne die deutsche Rettung kommen, sie konnte nur kommen aus dem Teil der Nation, der anständig seine Pflicht erfüllte. (Stürmischer Beifall.) So sind wir damals als deutsche Soldaten an dieses Werk gegangen, haben neue Prinzipien aufgestellt, haben sie als neue Männer vertreten und haben für diese Prinzipien und ihre Vertretung eine durch und durch neuartige Organisation geschaffen, die „Nationalsozialistische Deutsche Arbeiterpartei."

Aber es sollte nicht eine Partei gebildet werden, um mit anderen Parteien eines Tages Kompromisse und Koalitionen zu schließen und mit diesen parlamentarischen Kuhhandelsgeschäften die Interessen der deutschen Nation genau so schlecht wahrzunehmen wie in der Vergangenheit. Nein!

Die neue Partei mußte erfüllt sein von dem Gedanken ihrer Ausschließlichkeit.

Sie mußte tatsächlich intolerant sein, sie mußte vom ersten Tage an ein Glaubensbekenntnis politischer Art aufstellen und sie mußte erfüllt sein von dem eisernen Grundsatz: Wir dulden keine zweite politische Erscheinung neben dieser in Deutschland! **Wenn die Partei ihr Ziel erreichen wollte, dann mußte sie ein neues deutsches Volk, eine neue deutsche Volksgemeinschaft schaffen.**

Aus diesen Gedanken mußte die Bewegung einen neuen Idealismus ziehen und mit ihm für diese Volksgemeinschaft kämpfen. Sie mußte dann dem deutschen Volke auch das beibringen, was es als Soldatenvolk vier Jahre lang der Welt gegenüber bewiesen hatte. Denn Heroismus ist nicht nur auf dem Schlachtfelde notwendig, sondern auch auf dem Boden der Heimat." (Brausender Beifall.)

Der Führer schilderte sodann den Entwicklungsprozeß, der es der Bewegung möglich machte, die wertvollen Elemente zu sammeln, die allein Träger der Geschichte des Volkes für die Zukunft sein konnten. Er führte aus, warum die Bewegung sich mit Recht als eine ebenso große nationale wie aufrichtig sozialistische bezeichnen könne.

„Damals kamen viele, die mir sagten: Wenn Sie nicht das Wort „**national**" hätten, würden wir mit Ihnen gehen. Und die anderen meinten: Wenn Sie nicht **sozialistisch** wären, würden wir zu Ihnen stoßen. Wir haben beide Worte genommen, um eben zu verhindern, daß diese Leute mit uns gehen würden. Wir wollten sie nicht, diese Apostel der Vergangenheit. Wir waren überzeugt, daß wir die Bewegung nur dann würden groß machen können, wenn es uns gelänge, die Fermente der Zersetzung der Vergangenheit in der Zukunft von uns fernzuhalten. Indem wir

Nationalismus und Sozialismus vereinigten,

haben wir sowohl die bürgerlichen Nationalisten wie die internationalen Marxisten fortgescheucht, um dafür aber in dem unerschöpflichen Brunnen unseres Volkstums unermeßlich neue Kräfte zu finden. Wir haben den Zweiflern in wenigen Jahren gezeigt, daß unser Volk glänzende politische Organisatoren, daß es beste Redner besitzt. Denen, die immer sagten, der Deutsche könne nicht einig sein, haben wir **die einigste Organisation der ganzen deutschen Geschichte** hingestellt. Es erschien uns vom ersten Augenblick an notwendig, uns abzuwenden von den sog. obersten Zehntausend und statt dessen hineinzugehen in das Volk. Wer Treue und Glauben, Zuversicht, Fanatismus und beharrliche Hingabe finden will, der muß dorthin gehen, wo diese Tugenden noch zu finden sind. Sie sind aber nur zu finden in der **breiten Masse** dieses Volkes. (Begeisterte Zustimmungsrufe.) Nur dort herrscht dieses gläubige Vertrauen, diese blinde Hingabe, diese Anhänglichkeit und dieser heroische Mut, für ein Ideal einzutreten.

Und wenn man uns aus der intellektuellen Oberschicht sagte: Ihr habt doch keine Köpfe, wie wollt Ihr einst das deutsche Schicksal meistern? dann konnten wir antworten: **Immer noch besser, man verzichtet auf die scheinbaren Köpfe und hat das Volk, als man besitzt diese „Köpfe" und verliert das Volk.** Wer nur solche Köpfe kennt, wird sich in kurzer Zeit in einem luftleeren Raum sehen. Wer aber ein Volk sein eigen nennt, wird es erleben, daß sich immer wieder neue Köpfe aus ihm erheben. (Lebhafte Beifallskundgebung).

So hat unsere Bewegung im Laufe von wenigen Jahren allmählich die Vorkämpfer des neuen Staates aus der Millionenzahl der Menschen herausgezogen, hat Unbekannten einen Namen gegeben und sie zu Trägern der deutschen Zukunft heranreifen lassen, sodaß die NSDAP. nach kaum 15 Jahren heute in der Lage ist, tatsächlich das Schicksal des Volkes in ihre starke Faust zu nehmen.

Der Führer ging im Verlaufe seiner Ausführungen auf die besondere

Bedeutung der Erinnerungsfeier

ein. Vor 14 Jahren, am 24. Februar 1920, seien die alten Kämpfer zum ersten Male in diesem Saal zusammengetreten, um in großen Zügen die Thesen eines neuen Programms der deutschen Welt zu verkünden. Nicht ganz 2000 Menschen seien in diesem Raum gewesen. „Aus diesen 2000 sind die ersten 10 000 geworden, und aus diesen die ersten 100 000 und aus diesen schließlich die erste Million, und dann wurden es fünf Millionen, später zehn Millionen, und endlich erwuchsen daraus die 40 Millionen des 12. November vom vorigen Jahre. Hätten sich damals aber nicht die ersten 2000 eingefunden, hätten diese sich nicht zu mir gesellt und wären sie nicht mit mir gegangen (Jubelnde Zustimmung, minutenlanger Beifall), ich stände heute nicht hier und um uns wäre nicht das heutige Reich. Niemand von Ihnen sage daher: „Auf die wäre es nicht angekommen." Auf diese ist es gerade angekommen. (Stürmische Zustimmung.) Diese 2000, die sich damals gläubig mit der Bewegung verbunden haben, sind Pioniere eines neuen deutschen Zeitalters geworden. Durch sie wurde ich erst der „Volksführer" und dann der Kanzler der deutschen Nation. (Lauter Beifall.) Es ist daher heute nur eine Pflicht aller Nationalsozialisten, daß sie in dieser Stunde allen denen danken, die damals schon vor 14 Jahren sich mutig zu unserer neuen Bewegung bekannt haben. Wie oft habe ich damals meinen ältesten und treuesten Parteigenossen gesagt: Niemand wird Euch äußerlich den verdienten Dank abstatten können. Den Dank erhaltet Ihr innerlich, wenn Ihr von Euch sagen könnt: In einer Zeit, da die Partei noch ganz unbekannt war, haben wir bereits treu zu ihrem Führer gehalten. (Lebhafter Beifall.) Was ich damals versicherte, ist heute Wirklichkeit. (Lebhafter Jubel.) Und Sie, die Sie hier sind, können stolz sein, mit zu den ersten Gläubigen dieser Fahne gezählt zu haben, die nunmehr zum Symbol der deutschen Auferstehung geworden ist. Das ist der Dank für die Zeiten der Verfolgung, des Hohnes und des Spottes.

Wenn wir heute auf das gewaltige Geschehen der letzten 14 Jahre zurückblicken, so glaube ich aber trotzdem, daß dieses Geschehen nicht so groß gewesen ist wie es das Geschehen sein wird, das vor uns liegt. Denn die Bewegung hat noch lange nicht ihr Ziel erreicht. Sie befindet sich erst im Beginn ihrer Entwicklung. Wohl sind wir viele Millionen stark in der Parteiorganisation, wohl steht die Nation hinter uns, aber wir wissen: Nationalsozialisten sind sie noch lange nicht alle (Stürmische Zustimmungsrufe). **Was** in der Zukunft das deutsche Volk zum Nationalsozialismus führen muß, kann nur durch **eine ewig gleichmäßige Erziehung** gelingen. Gewaltig sind die Aufgaben, die uns bevorstehen: Aus einem Lippenbekenntnis müssen wir ein Herzensbekenntnis machen. Wir sehen vor allem die deutsche Jugend als den kommenden Träger dieser Entwicklung an.

Heute, nach einem 14jährigen Kampf um die Macht, sehen wir damit vor uns das jahrzehntelange Ringen um den deutschen Menschen. Es ist ein großes Ziel: Bildner sein zu können eines großen Volkes. Die Kraft eines Volkes ist aber nichts anderes als die Einmütigkeit und die in sich geschlossene Verbundenheit des Volkes. Darin muß die Bewegung auch in der Zukunft ihren wirksamsten Ausdruck finden. Damit wird sie der politischen Entwicklung Stetigkeit und Sicherheit geben, denn sie wird dem deutschen Volke eine politische Führungshierarchie schenken, sodaß es für alle Zukunft nicht mehr als Opfer böswilliger Spekulanten und eigennütziger Interessenten verfällt.

Sie wird dafür sorgen, daß das deutsche Volk für alle Zukunft nur noch eine Nation nach außen und ein Volk nach innen ist. (Stürmischer Beifall).

Und so wie einst die Bewegung von diesem Saale ihren Ausgang nahm in die deutsche Nation, so nahm von diesem Saale aus ein Jahr später ihren Ausgang auch die SA. Es ist wirklich ein historischer Saal! Nicht bloß die erste Versammlung hat hier stattgefunden, auch der erste Kampf bis aufs Messer und mit der Pistole wurde hier ausgetragen. (Laute Zustimmung). In diesem Saale waren zum ersten Male junge Nationalsozialisten als Parteigenossen zu einer Gemeinschaft vereint, die unmißverständlich einen Entschluß proklamiert hat: Mit dem Geist wollen wir die Nation erobern, aber mit der Faust jeden bändigen, der es wagt, den Geist durch Terror zu vergewaltigen. (Stürmischer Beifall). Das war die Gründung der SA, des großen Kraftarmes der Partei.

Wir haben eine ungeheuere Verpflichtung für die Zukunft. Das Vertrauen, das uns das Volk am 12. November geschenkt hat, verpflichtet uns alle, stets an dieses Volk zu denken und für dieses Volk einzutreten. Indem wir auch heute nur das sein wollen, was wir einst waren, werden wir auch in Zukunft bleiben, was wir heute sind! (Lebhafte Zustimmung.)

Aus dem Volke sind wir gekommen und dem Volk wollen wir für immer gehören. Wenn wir unserem Volk in der Zukunft so dienen wie in der Vergangenheit, dann wird uns das deutsche Volk auch in der Zukunft genau so gehören wie es uns in der Vergangenheit gehörte. Wir wollen daher auch in dieser Erinnerungsstunde unserer Bewegung das Bekenntnis und das Gelöbnis ablegen: In unserem ganzen Verhalten, in unserem ganzen Wirken, in unserer ganzen Auffassung und Ausführung nicht abzuweichen von dem, was wir viele Jahre als nationalsozialistisches Ideal gepredigt haben. **Wir wollen auch in der Zukunft nichts anderes als Beauftragte des Volkes sein und unser Leben auch in der Zukunft so gestalten, daß wir vor den Augen eines jeden Deutschen anständig und in Ehren bestehen können. Es ist notwendig, daß die Bewegung immer wieder, Jahr für Jahr, sich dieses Bekenntnis vor Augen hält, denn nur so wird die Verbindung der Führung mit dem ganzen deutschen Volk für immer garantiert sein.** In dieser Verbindung aber liegt die festeste Garantie für die Zukunft."

Auch heute können wir, wie in der Vergangenheit, der deutschen Nation nichts anderes sagen als: „Wir versprechen Dir, deutsches Volk, daß wir in der Zukunft genau so weiterkämpfen wollen wie bisher. Wenn wir einst sagten: Unsere Aufgabe ist die Eroberung der Macht in Deutschland, so sagen wir heute: **Aufgabe der Bewegung ist die Eroberung des deutschen Menschen für die Macht dieses Staates.** (Stürmischer Beifall.) Ueberall, von allen Stellen der Partei und ihren Organisationen, muß um dieses Ziel gekämpft werden. Wir wollen dabei auf allen Seiten unentwegt im Angriff bleiben!"

Am **12. November** vorigen Jahres hat das Volk ein offenherziges, wunderbares Bekenntnis abgelegt, das größte, das je einer Bewegung in der Welt gegeben worden ist. Wir sind der Ueberzeugung, daß das uns immer wieder zuteil wird, wenn wir immer wieder für und um dieses Volk kämpfen und ringen. Wir sind daher auch der Ueberzeugung, daß wir immer wieder vor dieses Volk hintreten müssen. Wir erleben es jetzt in einem anderen Staate, wohin es führt, wenn man nicht mehr den Mut hat, vor die Nation hinzutreten und sie um ihr Bekenntnis zu bitten (Stürmischer Beifall). Niemals darf es bei uns so weit kommen, daß wir aus Angst, eine Ablehnung zu erfahren, vielleicht zur Gewalt greifen müssen! Stets wollen wir dessen eingedenk sein, daß die Kräfte des deutschen Volkes nicht im Innern vergeudet werden dürfen.

Wir wollen daher auch in der Zukunft wenigstens einmal in jedem Jahre dem Volke die Möglichkeit geben, sein Urteil über uns zu fällen.

So wie wir früher in 10 000, in 100 000 einzelnen Kundgebungen vor das Volk getreten sind, um immer wieder sein Votum zu erbitten, so müssen wir auch in Zukunft diesen Kampf fortführen in 10 000 und 100 000 Kundgebungen und Versammlungen, um jedes Jahr wenigstens einmal einen **Appell an die** ganze Nation zu richten. Geht der Appell schlecht aus, dann soll keiner sagen: Das Volk ist schuld, sondern er soll wissen: Die Bewegung ist träge geworden, die Bewegung kämpft nicht mehr richtig, die Bewegung hat die Fühlung mit dem Volke verloren. Und dann wird man daraus lernen können, wieder in das Volk hineinzugehen. **Darin liegt unsere Kraft. Kein Politiker kann der Welt gegenüber mit mehr auftreten, als er hinter sich hat. Wenn uns das Schicksal die Kanonen genommen hat, die Maschinengewehre, die Flugzeuge und die Tanks, dann sind wir umso mehr verpflichtet, wenigstens das Volk in seiner Gesamtheit um uns zu scharen.** (Stürmischer Beifall.)

Das ist zugleich auch die **größte Friedenspolitik**, die denkbar ist. **Wer ein ganzes Volk vertritt, der wird sich reiflich die Folgen überlegen, die ein leichtsinnig vom Zaun gebrochener Streit nach sich ziehen kann! Wer nur einen kleinen Klüngel sein eigen nennt und fürchten muß, vom Volke beseitigt zu werden, der mag der Versuchung verfallen, durch äußere Erfolge die mangelnden inneren auszugleichen. Wir brauchen keine außenpolitischen Erfolge, um das Volk zu gewinnen, denn das Volk gehört uns.** (Stürmischer Beifall und langanhaltende Heilrufe). **Wer ein ganzes Volk in seiner Gesamtheit hinter sich fühlt, der wird besorgt sein, daß er dieses Blut nicht leichtsinnig vergeudet, und er wird unentwegt daran denken, die Interessen des Volkes wahrzunehmen mit den Mitteln des Friedens, der Arbeit und der Kultur, die der Geist dem Menschen gegeben hat. Er wird nur im äußersten Notfall appellieren an die nationale Kraft! Wer aber sein Volk so hinter sich weiß und hinter sich hat, der kann dann auch schweren Zeiten ruhig entgegensehen.** (Lebhafter Beifall).

Wenn wir eintreten für einen wahrhaften Völkerfrieden, so können wir aber auch verlangen, daß dem deutschen Volke das nicht verweigert wird, was jedes anständige Volk zu fordern berechtigt ist. Darum sind wir ebenso fanatische Verfechter des Friedens wie wir Verfechter der Rechte und damit der Gleichberechtigung und damit der Lebensrechte der deutschen Nation sind. (Beifall).

Wir wollen in dieser Stunde, in der wir uns gemeinsam als erste Repräsentanten der nationalsozialistischen Bewegung fühlen, auch derer gedenken, die aus unseren Reihen den heutigen Tag nicht mehr erleben können. (Die Versammlung erhebt sich.) Die Saat, die sie mit ihrem Opfer persönlich dem deutschen Volke geschenkt haben, ist als Ernte aufgegangen. Ihre Not und ihr Leid ist zum Unterpfand der deutschen Zukunft geworden. Ihre Opfer müssen uns aber lehren, daß keiner auch nur eine Sekunde zögert, wenn das Schicksal von uns dasselbe Opfer fordern sollte. Ein deutsches Volk, ein Deutsches Reich, eine einmütige deutsche Nation, stark, frei, geachtet lebensfroh, weil ihr das Leben wieder möglich geworden ist! So wollen wir in dieser Stunde wieder unseren alten Kampfruf erheben: „Unserer Nationalsozialistischen Deutschen Arbeiterpartei, unserem deutschen Volk und unserem Deutschen Reich Siegheil!"

Die größte Eidesleistung der Geschichte.

Nachdem der Vorabend der Vereidigung der politischen Leiter mit der großen Rede des Führers seinen Höhepunkt gefunden hatte, fand am Sonntagvormittag im ganzen Reich die Vereidigung der politischen Leiter statt, die der Stellvertreter des Führers, Rudolf Heß, von **München** aus, vornahm. Dort waren auf dem Königsplatz die Amtswalter des Gaues München-Oberbayern angetreten. Der Stabsleiter der PO., Dr. Ley, konnte kurz vor 11 Uhr dem Stellvertreter des Führers melden, daß 795 000 Amtswalter im ganzen Reich zum Appell angetreten seien.

Dazu kamen 30 477 Führer der HJ., 43 092 vom BDM., 980 Führer des NS-Studentenbundes und 18 500 Führer des Arbeitsdienstes. Reichsjugendführer **von Schirach** und Stabsleiter **Dr. Ley** legten das Treuebekenntnis zum Führer ab, dann nahm der Stellvertreter des Führers nach einer bedeutsamen Rede den Akt der **Eidesleistung** vor, wobei der Wortlaut des Treueschwurs von den Schwörenden langsam und feierlich nachgesprochen wurde. Rudolf **Heß** beendete diesen denkwürdigen Akt mit der Feststellung: die größte Eidesleistung der Geschichte ist geschehen.

In **Köln** fand die Vereidigung der **fast 48 000** in den Messehallen statt. Im Rundfunk wurden die Ansprachen von München übertragen, dann folgte der Abmarsch zum Neumarkt, wo Gauleiter Staatsrat **Grohé** zusammen mit den Spitzen der Behörden den Vorbeimarsch abnahm.

---

7 Tote bei einem Autorennen.

= **Paris,** 26. Febr. Aus Rosario in Argentinien wird berichtet, daß bei dem Rennen um den großen Automobilpreis von Argentinien ein Wagen in der Kurve ins Schleudern kam und in die Zuschauermenge hineinraste. Sieben Personen wurden getötet und 13 schwerverletzt.

ihre Sonntagspflicht nicht erfüllten[263]. Wie das Ergebnis der Umfrage zeigt, waren in vielen Orten um 5.00 bzw. 6.00 Uhr Messen angesetzt worden, an der mitunter alle politischen Leiter teilgenommen hatten, mitunter aber kein einziger[264].

Die Jugend- und Männerseelsorge kristallisierte sich schnell als der problematischste Bereich im Wirken der Priester heraus. Die dabei beobachteten Unterschiede zwischen Stadt und Land, industrialisierten und agrarischen Gemeinden verweisen auf die Langzeitwirkung konfessioneller Mentalität sowie die Festigkeit religiöser Überzeugungen in relativ geschlossenem Sozialmilieu. Während in Krefeld die katholischen Jugendverbände bereits im Jahre 1933 verloren scheinen, berichtet Dechant August Offermann aus Simmerath über die Jugend des Eifeldekanates am 8. Mai 1935, diese halte auch organisatorisch an der katholischen Kirche fest; eine „andere Jugend" — gemeint ist die HJ — könne in seinem Dekanat nicht so leicht Fuß fassen[265]. Regierungspräsident Reeder vermerkt in seinem Lagebericht vom 15. Oktober 1935, daß vor allem die ländliche Bevölkerung noch unter starkem Einfluß der katholischen Geistlichkeit stehe. So habe er beispielsweise davon abgesehen, einem Ortspfarrer aus dem Kreis Geilenkirchen die Erlaubnis zur Erteilung des Religionsunterrichtes zu entziehen, obschon der betreffende Geistliche sich in der Schule und der Kirche gegen die Bewegung und den Staat in einer Weise geäußert habe, die nicht geduldet werden könne. Es sei nämlich zu befürchten gewesen, daß anderenfalls die meisten Kinder in der schulfreien Zeit von ihren Eltern zum Religionsunterricht in die Kirche geschickt würden. Wie stark der Pfarrer, der aus einer ortsansässigen Bauernfamilie stamme, in der Bevölkerung verwurzelt sei, habe sich dann erwiesen, als aufgrund eines Schrittes des Regierungspräsidiums hin der Aachener Bischof den Pfarrer veranlaßt habe, sich zu einer freiwilligen Versetzung bereit zu erklären. Daraufhin sei dem Generalvikariat ein Gesuch überreicht worden, in dem sich fast alle männlichen Pfarrmitglieder einschließlich vieler Parteigenossen mit ihrer Unterschrift für den Verbleib des Pfarrers eingesetzt hätten[266].

Die Jahresberichte der Dechanten vermitteln insgesamt eine Topographie der religiössittlichen Lage der Bevölkerung der Diözese, freilich mit den strengen Augen der Priester gesehen. Damit entwerfen die Berichte zugleich ein Bild davon, wie der Klerus

263 Vgl. das Schreiben des Generalvikars Sträter vom 21. 2. 1934 an die Dechanten. BDA. GvS M 3 I.

264 Die Pfarrer fügten in ihren Berichten zum Teil die Namenslisten derjenigen bei, die nicht zur Messe erschienen waren. BDA. GvS M 3 I. In Roetgen wurde beispielsweise Pfarrer Schneider vom Ortsgruppenleiter gebeten, wegen des frühen Abfahrtstermins die Messe bereits um 5.00 Uhr zu lesen. Vgl. das Schreiben Pfarrer Schneiders vom 23. 2. 1934 an das Generalvikariat. BDA. GvS M 3 I.

265 Bericht über die Verwaltung des Dekanats Monschau im Berichtsjahr 1934/35. BDA. Gvd Monschau 1 II. Zu Krefeld vgl. oben, S. 133.

266 Vgl. den Lagebericht Nr. 27. Druck: B. Vollmer, Volksopposition, S. 299. Den starken Einfluß des Klerus auf die bürgerlichen und bäuerlichen Schichten betont auch der Leiter der Stapostelle Aachen in seinem Lagebericht für August vom 5. 9. 1935 (Nr. 25). Druck: B. Vollmer. Volksopposition, S. 275 f.

August Offermann, geb. 25. 12. 1879 in Roetgen; gew. 18. 3. 1905; Pfarrer Simmerath; Dechant des Dekanates Monschau 16. 5. 1927; gest. 26. 5. 1950.

Johann Joseph Schneider, geb. 20. 8. 1888 in Birken; gew. 7. 3. 1914; gest. 2. 9. 1967.

Ausschnitt aus Abb. S. 135

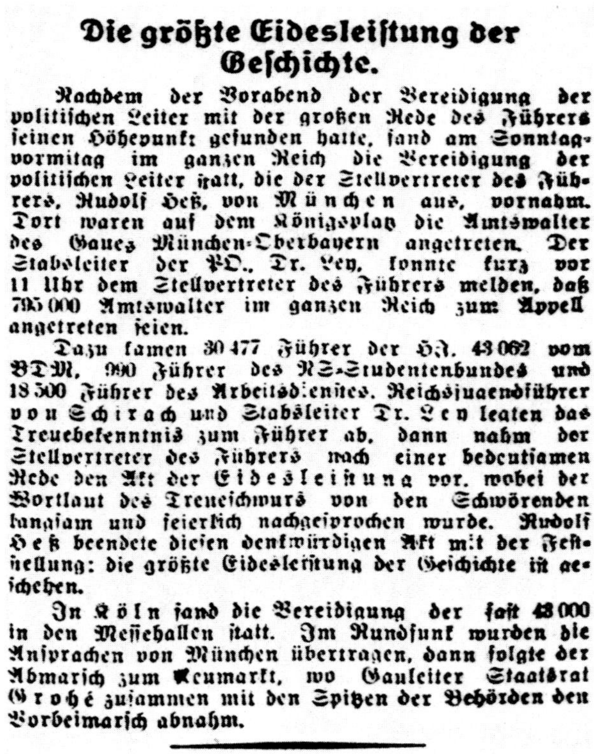

Die größte Eidesleistung der Geschichte.

Nachdem der Vorabend der Vereidigung der politischen Leiter mit der großen Rede des Führers seinen Höhepunkt gefunden hatte, fand am Sonntagvormittag im ganzen Reich die Vereidigung der politischen Leiter statt, die der Stellvertreter des Führers, Rudolf Heß, von München aus, vornahm. Dort waren auf dem Königsplatz die Amtswalter des Gaues München-Oberbayern angetreten. Der Stabsleiter der PO., Dr. Ley, konnte kurz vor 11 Uhr dem Stellvertreter des Führers melden, daß 795 000 Amtswalter im ganzen Reich zum Appell angetreten seien.

Dazu kamen 30 477 Führer der HJ., 43 062 vom BDM., 990 Führer des NS.-Studentenbundes und 18 500 Führer des Arbeitsdienstes. Reichsjugendführer von Schirach und Stabsleiter Dr. Ley legten das Treuebekenntnis zum Führer ab, dann nahm der Stellvertreter des Führers nach einer bedeutsamen Rede den Akt der Eidesleistung vor, wobei der Wortlaut des Treueschwurs von den Schwörenden langsam und feierlich nachgesprochen wurde. Rudolf Heß beendete diesen denkwürdigen Akt mit der Feststellung: die größte Eidesleistung der Geschichte ist geschehen.

In Köln fand die Vereidigung der fast 43 000 in den Messehallen statt. Im Rundfunk wurden die Ansprachen von München übertragen, dann folgte der Abmarsch zum Neumarkt, wo Gauleiter Staatsrat Grohé zusammen mit den Spitzen der Behörden den Vorbeimarsch abnahm.

seine Arbeitsmöglichkeiten und -erfolge einschätzte[267]. Für das Dekanat Düren stellte Dechant Johannes Fröls fest, daß im Jahre 1934 die männliche Bevölkerung — abgesehen von den Senioren — mit weniger Eifer am kirchlichen Leben teilgenommen habe als früher[268]. Wie sehr sich die politische Entwicklung auf die Stellung der Pfarrer auch in dem kleinen Eifeldekanat Kronenburg auswirkte, machen die Jahresberichte für 1935 und 1936 deutlich. War 1935, so Dechant Michael Jüsgen, das religiöse Leben noch zufriedenstellend, habe es in jeder Pfarrei doch schon einige gegeben, „... die vom Zeitgeist angesteckt in ihrer Glaubensfreudigkeit Schaden gelitten haben und nicht mehr so pünktlich zur Sonntagsmesse kommen wie früher."[269]

[267] Die Berichte sind unterschiedlich abgefaßt und behandeln nur selten aktuelle politische Fragen.

[268] Jahresbericht 1934. BDA. Gvd Düren 1 II.

[269] Dechant Jüsgen, Jahresbericht Kronenburg für 1935. 12. 1. 1936. BDA. Gvd Kronenburg 1 I.

Johannes Fröls, geb. 18. 8. 1874 in Aachen; gew. 28. 3. 1903; Dechant des Dekanates Düren 6. 3. 1928; gest. 16. 11. 1944.

Michael Jüsgen, geb. 18. 11. 1876 in Köln; gew. 31. 3. 1900; Dechant des Dekanates Kronenburg 18. 1. 1925; gest. 7. 10. 1948.

Ein Jahr später berichtet der Dechant über das in manchen Gemeinden praktizierte Aushängen des „Stürmer" in Schaukästen in der unmittelbaren Nähe der Kirche — von ihm als gezielte Provokation empfunden, gegen die anzugehen der Dechant in seiner Gemeinde vergeblich versuchte[270]. Wieder ein Jahr später konstatiert er eine offene Abneigung, die in jeder Gemeinde von einigen Mitgliedern gegen Kirche und Priester gehegt werde, die aber noch die öffentliche Meinung scheue. Es mache sich aber schon „Menschenfurcht" und „Feigheit" bei den „Gutgesinnten" bemerkbar[271]. Der diese Entwicklung kommentierende Satz vermittelt dann ein eindringliches Bild der Ohnmacht, derer sich die Geistlichen durchaus bewußt waren: „Es ist für den Seelsorger oft bitter, daß er schweigen muß und nicht eingreifen kann."[272]

Wie der Leiter der Aachener Gestapo berichtet, hielt die katholische Geistlichkeit im Raum Monschau im März/April 1936 Eheberatungsabende für junge Männer ab, woran etwa 60 junge Männer aus dem Kreise Monschau teilnahmen, unter denen sich auch Parteimitglieder, SA-Männer und Amtsleiter befanden. Nach Angabe der Teilnehmer sei dort jedoch nichts gesagt worden, was mit der national-sozialistischen Rassenanschauung in Widerspruch stände. Ebenso sei nicht über die Sterilisation gesprochen worden[273].

Rückblickend auf das Jahr 1935 befürchtet Dechant Laumen, daß vor allem die männliche Jugend seines Dekanats allmählich der katholischen Kirche entfremdet werde und ihren tradierten Glauben verliere; das kritische Alter beginne mit 13 Jahren[274].

Wo das geschlossen katholisch — ländliche Milieu durch Zuzug von außen aufgebrochen wurde, drohte den Landbewohnern nach Beobachtung der Priester unmittelbar Gefahr[275]. Aus dem Heinsberger Land berichtet Dechant Sauer für 1937, der „angestammte Glaube" und die „Anhänglichkeit" an die Kirche würden gepflegt. Aber auch in die letzten Orte des Selfkants schlage die heutige Zeit „Wellen" mit ihren Angriffen gegen Christentum und Kirche. Es gelte, die christlichen und kirchenfreundlichen Familien zu festigen und gegen äußere Einflüsse zu immunisieren. Von der Kirchenaustrittsbewegung seien insbesondere Beamte betroffen[276].

In seinem Jahresbericht für 1937 stellt der Aldenhovener Dechant Klöcker fest, daß

[270] Vgl. den Jahresbericht für 1936 (Dechant Michael Jüsgen) vom 12. 1. 1934. BDA. Gvd Kronenburg 1 I.
[271] Jahresbericht für 1937 vom 31. 12. 1937. BDA. Gvd Kronenburg.
[272] Dechant Jüsgen. Jahresbericht für 1937. BDA Gvd Kronenburg 1 I.
[273] Vgl. den Lagebericht des Stapostelle Aachen für März vom 6. 4. 1936 (Nr. 33). Druck: B. Vollmer, Volksopposition, S. 380 f.
[274] Vgl. den Bericht des Dechanten Laumen für 1935. BDA. Gvd Hochneukirch 1 II. Auch aus dem Dekanat Vettweiß wird für 1935 überall ein Rückgang des religiösen Lebens beobachtet. Vgl. den Jahresbericht des Dechanten Küppers vom 19. 11. 1935. BDA. Gvd Vettweiß 1 I.
[275] Vgl. den Jahresbericht für 1936 von Dechant Hochscheid für das Dekanat Nörvenich. BDA. Gvd Nörvenich 1 I.
[276] Vgl. den Jahresbericht für 1937 vom 6. 1. 1938. BDA. Gvd Heinsberg 1 II.

Matthias Hochscheid, geb. 28. 12. 1865 in Blatzheim; gew. 10. 8. 1890; Dechant des Dekanates Nörvenich 18. 1. 1925; gest. 8. 7. 1947.

Alfons Klöcker, geb. 10. 4. 1870 in Untergoldbach bei Kall; gew. 21. 3. 1896; Dechant des Dekanates Aldenhoven 18. 1. 1925; gest. 18. 5. 1948.

Wilhelm Küppers, geb. 5. 2. 1862 in Birgden; gew. 24. 8. 1887; Dechant des Dekanates Vettweiß 21. 4. 1925; gest. 11. 11. 1937.

der konservative Bauerngeist der Umwälzung auf die Dauer werde nicht widerstehen können und auch hier die Einstellung der „Pfarrkinder" zum Pfarrer nicht mehr die sei wie früher.

„Abwägend, kritisch beobachtend, leicht nörgelnd stehen sie uns gegenüber. Dazu kommen die Zeitströmungen, welche sich bei der Jugend, vor allem der männlichen, zeigen. Man sucht uns, allgemein gesprochen, nicht mehr auf. (. . .) Von Gegensätzen zwischen Hirt und Herde ist unser Dekanat, von Einzelfällen abgesehen, verschont geblieben. Dies zum Teil wohl auch wegen der früheren konservativen Einstellung des Volkes zum Geistlichen."[277]

In den Eifelgemeinden wurde die Bevölkerung zunehmend durchsetzt von Westarbeitern, Arbeitsmännern, später auch einquartierten Soldaten, wodurch die ortsansässige Bevölkerung zum Teil in die Minderzahl geriet. Für die Stammbevölkerung meint Dechant Neujean in den Jahren 1938 und 1939 wieder eine Gesundung festgestellt zu haben: Nach Jahren der Unsicherheit und des Abgleitens stehe sie wieder „treu und fest" zur Kirche, sogar die heranwachsende Jugend. Diejenigen Jugendlichen, die nicht mehr ihre Religion praktizierten, seien in der Minderzahl. Eine Gefährdung sei jedoch spürbar in den industrialisierten Orten des Schleidener Tals. Überall herrsche „sittlicher Verfall"[278].

Bei allen lokalen Unterschieden machte sich mit einer zeitlichen Verschiebung auch im ländlichen Bereich der dort als „Einfluß von außen" empfundene Säkularisierungsdruck bemerkbar, der in der Nachlässigkeit gegenüber religiösen und sittlichen Forderungen beobachtet wurde. Unter dem Blickwinkel der allgemein kirchlichen Vereinsarbeit war hingegen der Unterschied zwischen Stadt und Land, was die Schwierigkeiten für die Pfarrer anbelangte, eher in umgekehrter Richtung spürbar. Wie der Bericht des Diözesanpräses der katholischen Arbeitervereine im Bistum Aachen, Josef Tenbusch, vom 9. November 1936 verdeutlicht, war zwar die Gesamtarbeit in kleineren Stellen günstiger, aber auch im kleinen Raum hätten sich seit 1933 Konflikte ereignet. Zudem sei der Pfarrer dort mit seinen Sorgen, auch den Vereinssorgen allein. In der Großstadt sei hingegen die Vereinsarbeit lange nicht so exponiert wie in der kleinen Dorfpfarrei[279]. Im Jahr 1937 von einer „religio depopulata" [Religion ohne Volk; d. V.] zu sprechen, erscheint Pfarrer Tenbusch, zugleich auch Diözesanpräses der Männerseelsorge, jedoch noch als zu pessimistisch. Auf dem Lande sei doch noch einiges anders als in der Stadt[280]. Drei Jahre später malt Tenbusch dann ein sehr düsteres Bild der religiösen und kirchlichen Bindung der Männer:

277 Jahresbericht für 1938. BDA. Gvd Aldenhoven 1 II. Vgl. auch den Jahresbericht des Dekanats Heinsberg für 1937 vom 6. 1. 1938. BDA. Gvd Heinsberg 1 II.

278 Jahresberichte für 1938 und 1939. BDA. Gvd Gemünd 1 II. Hier werden insbesondere die Schwierigkeiten hervorgehoben, die sich aus der Nähe der Ordensburg Vogelsang ergeben haben.

279 Vgl. den Bericht in: BDA. GvS J 5 I.

280 So in der Beurteilung der Dekanatsarbeit des Jahres 1937 des Dekanates Aachen-Nordost: „Richtlinien der Männerseelsorge" von Pfarrer Ludwig aus Aachen (St. Fronleichnam). BDA. Gvd Aachen 12 I Dekanat und Dechant.

Walter Neujean, geb. 28. 3. 1894 in Aachen; gew. 5. 3. 1922; Dechant des Dekanates Gemünd 7. 7. 1938; gest. 5. 4. 1974.

Josef Tenbusch, geb. 17. 5. 1896 in Essen-Dellwig; gew. 13. 8. 1922, gest. 23. 6. 1966.

„Die Entscheidung für den Mann hinsichtlich seiner Stellung zur Religion und Kirche ist in der Stadt längst erfolgt, auf dem Lande erfolgt sie jetzt. In der Stadt ist der größte Teil der Männerwelt verloren; dort verlieren wir die meisten Jungmänner in den Lebensjahren zwischen 15 und 17 Jahren. (. . .) Auf dem Lande ist der Mann noch in der Kirche aber nicht mehr dabei; in der Stadt ist er weder da noch dabei . . ."[281]
Über die weibliche Bevölkerung finden sich in den Berichten keine vergleichbaren Aussagen. Fünf Jahre zuvor hatte Regierungspräsident Reeder betreffend der Haltung der Frauen zur Kirche bemerkt: „Die ältere, insbesondere weibliche Generation dem übermäßig starken Einfluß der Geistlichkeit zu entziehen, wird überhaupt schwerfallen."[282]
Dem schwindenden Einfluß suchten die Geistlichen durch verstärkte Seelsorgetätigkeit entgegenzuwirken. Ihre Arbeit war neben dem Gottesdienst eher unauffällig; bei Hausbesuchen konnten Einzelgespräche mit katholischen Eltern und Jugendlichen geführt werden. Wie die Gestapo bereits 1934 argwöhnte, warben die Geistlichen bei dieser Gelegenheit für die kirchlichen Jugendorganisationen[283].
Die Schuljugend sollte vor der Entlassung vor den Gefahren der Zeit gewarnt und im Glauben gefestigt werden[284]. In Aachen wurden Bußwallfahrten für Männer und Jungmänner in der Nacht vor dem Passionssonntag eingerichtet. Die Männer aller Pfarreien wurden zur nächtlichen Anbetung in einer Pfarrkirche (St. Foillan) versammelt. Im Jahr 1935 waren diese Andachten rege besucht[285]. Im Bereich der allgemeinen Seelsorge wurden Einkehrtage, religiöse Ausspracheabende, Sonderbesprechungen mit den Müttern der Erstbeichtenden und Erstkommunikanten und Glaubensvorträge für die Pfarrjugend organisiert[286]. Nächtliche Anbetungen, Fronleichnams- und Allerheiligenprozessionen sollten die Religiosität nach außen dokumentieren[287].
Die Seelsorge der Jugendlichen und Männer gestaltete sich immer problematischer. In der Kriegszeit war ohnehin ein großer Teil der männlichen Bevölkerung einberufen und damit dem Einfluß des Heimatklerus entzogen. Um so wichtiger nahmen die Geistlichen die Kinderseelsorge. Die nach dem Ausschluß der Geistlichen vom schulplanmäßigen Religionsunterricht für die Kinder zur Pflicht gemachte Teilnahme an der

[281] Protokoll der Frühjahrsdekanats-Konferenz des Dekanates Gangelt am 2. Juli 1940 in Gangelt. Pfarrer Tenbusch schlägt vor, einen männlicheren Zug in das kirchliche Leben zu bringen und die Männer direkt in der Predigt anzusprechen. BDA. Gvd Gangelt 1 I.

[282] Politischer Lagebericht. 13. 6. 1935 (Nr. 21). Druck: B. Vollmer, Volksopposition, S. 233.

[283] Vgl. die Lageberichte der Stapostelle Aachen für August vom 4. 9. 1934 und für September vom 6. 10. 1934 (Nr. 4 und Nr. 8). Druck: B. Vollmer, Volksopposition, S. 83 und S. 99.

[284] Vgl. den Jahresbericht des Dechanten Hochscheid für 1938 vom 26. 4. 1939. BDA. Gvd Nörvenich 1 I.

[285] Vgl. den Jahresbericht des Stadtdechanten Lob für 1935 vom 30. 1. 1936. Gvd Aachen 1 I. Die Auflage der Kirchenzeitung betrug zu dieser Zeit allein in Aachen 100 000. Vgl. ebda.

[286] Vgl. den Jahresbericht des Dechanten Wolters für 1937 vom 11. 2. 1938. BDA. Gvd Kempen 1 II.

[287] Vgl. den Bericht aus Kempen für 1938. BDA. Gvd Kempen 1 II.

Joseph Lob, geb. 25. 11. 1865 in Horpe; gew. 15. 8. 1891; Dechant des Dekanates Aachen 6. 7. 1923; Stadtdechant; gest. 19. 5. 1952.

Johann Wolters, geb. 5. 1. 1876 in Wankum; gew. 1. 6. 1901; Dechant des Dekanates Kempen 21. 12. 1926; gest. 11. 8. 1951.

Kinderseelsorgestunde wurde von ihnen besonders überwacht. Auch in diesem Bereich taten sich jedoch Schwierigkeiten auf, die mit zunehmenden Alter der Kinder wuchsen. Im Dekanat Aachen Nord-Ost wurde im Jahre 1938 vielfach jedes Kind allmonatlich schriftlich zum Empfang der heiligen Kommunion eingeladen[288]. Die Enttäuschung über den zum Teil schlechten Besuch der Kinderseelsorgestunde war unter den Geistlichen offenbar sehr groß; diözesanweite Erhebungen zeigen sehr große örtliche Schwankungen[289]. Um dem entgegenzuwirken machte der diese Problematik behandelnde Referent auf der Dekanatskonferenz 1939 in Heinsberg den Vorschlag, die Frage nach dem Besuch der Kinderseelsorgestunde in den „Beichtspiegel für Eltern und Kinder" aufzunehmen[290]. Wie sehr die Priester auch im Bereich der Kinderseelsorge mit dem Rücken gegen die Wand kämpften und ihre Autorität zu wahren suchten, verdeutlicht ein Vorfall aus dem Dekanat Geilenkirchen. Bereits im Jahresbericht von 1940 wird betont, daß es die größten Schwierigkeiten bezüglich der Kinderseelsorgestunde gebe, wofür die örtlichen Verhältnisse in der Volksschule verantwortlich gemacht werden[291].
Diese Entwicklung setzt sich im Jahre 1941 fort. Im Anschluß an die Jahreskonferenz vom 8. September 1941 richtet der Dechant im Namen aller anwesenden Herren ein Schreiben an das bischöfliche Generalvikariat, in dem er um Stellungnahme zu folgendem Ansinnen bittet: Zur „Aneiferung des Besuchs" der Kinderseelsorgestunde sei man zur Auffassung gelangt, es könne hilfreich sein, die Namen der ohne Entschuldigung fehlenden Kinder nach mehrmaligen Warnungen öffentlich von der Kanzel bekannt zu geben. So sei es bereits am Vortage am Orte geschehen; man wolle sich jedoch vergewissern, wie die bischöfliche Behörde sich verhalte, wenn Beschwerden von einigen Eltern nach dort gerichtet würden, und ob die Geistlichen Rückendeckung erwarten dürften oder ob die Klagen berücksichtigt würden[292].
Das Generalvikariat verweist in seinem Antwortschreiben darauf, daß eine Bewilligung dieses Ansinnens in keiner Weise gegeben werden könne. Das von den Geistlichen erwogene und praktizierte „Hilfsmittel" sei weder pädagogisch noch pastoral vertretbar und bringe die Kinderseelsorgestunde im allgemeinen in große Gefahr. Die Geistlichen hätten von diesem Hilfsmittel abzusehen[293].
An anderen Orten der Diözese stellte sich diese Problematik nicht, was die Praxis im Dekanat Lobberich belegt. Dort fielen in den meisten Pfarreien, da die Lehrkräfte infolge Einberufung fehlten, Unterrichtsstunden aus. Die Kinderseelsorgestunde konnte vormittags im Anschluß an den regulären Unterricht gehalten werden, womit

[288] Vgl. den Jahresbericht des Dekanates Aachen-Nordost für 1938. BDA. Gvd Aachen 12 I Dekanat und Dechant.
[289] Im Dekanat Eschweiler lag der Besuch der Kinderseelsorgestunde 1939 zwischen 40% und 96%. Vgl. den Jahresbericht für 1939. BDA. Gvd Eschweiler 1 I.
[290] Vgl. die zurückhaltende Beurteilung dieser Dekanatsarbeit durch Pfarrer Dr. Haerten, Rescheid. BDA. Gvd Heinsberg 1 I.
[291] Vgl. den Bericht des Dechanten Bliersbach vom 14. 1. 1941. BDA. Gvd Geilenkirchen 1 II.
[292] Vgl. das Schreiben des Dechanten Bliersbach vom 8. 9. 1941 an das Generalvikariat. BDA. Gvd Geilenkirchen 1 II.
[293] Vgl. das Schreiben des Generalvikariats vom 15. 9. 1941. BDA. Gvd Geilenkirchen 1 II.

Karl Bliersbach, geb. 30. 7. 1873 in Brück; gew. 15. 8. 1898; Dechant des Dekanates Geilenkirchen 31. 1. 1930; gest. 21. 1. 1954.

eine zeitliche Kontinuität zwischen den Lehrinstitutionen Kirche und Schule hergestellt war[294]. In den Städten war in den Kriegsjahren eine Kinderseelsorgestunde infolge der Evakurierungen immer weniger durchführbar[295].
Wie aus den Berichten der Dechanten hervorgeht, brachte die Kriegszeit gemessen sowohl an den erwähnten staatlichen Eingriffen als auch an der religiös-sittlichen Lage der Bevölkerung insgesamt keine Erleichterung. Bei allen Unterschieden in der Beurteilung der Bevölkerung dominierte in den Augen der Geistlichen die religiöse Sichtweise, wonach der Krieg als Prüfungszeit für die Standhaftigkeit im Glauben angesehen wurde[296]. Einquartierungen, Verdunkelungsbestimmungen, Einberufungen, das Verbot des Gottesdienstes vor 10.00 Uhr nach nächtlichem Fliegeralarm wirkten sich aus, ohne daß davon unmittelbar auf den Rückhalt der Gläubigen geschlossen werden konnte[297]. Teilweise wurde ein Rückgang des religiösen Lebens beobachtet[298]. Wie Dechant Ruppertzhoven aus dem Dekanat Wassenberg für 1939 bemerkt, hat der Krieg nach dem Urteil der Pfarrer das Volk „nicht verinnerlicht und vertieft". Das Bewußtsein von der strengen Verpflichtung zur „Sonntagsheiligung" und Sonntagsmesse schwinde weiter. Die eigens eingerichteten Kriegsandachten mußten wegen der schlechten Beteiligung wieder aufgegeben werden. Insgesamt wüchsen „Zweifel und Lauheit". Vielmehr beobachtet der Dechant einen „Fatalismus", der ihn „pessimistisch" stimmt; eine Ergebenheit ins Schicksal wird konstatiert, die vielfach ein „Ventil im Sensualismus" suche, eine Entwicklung, die, so der Dechant, „von so mancher Seite" gefördert werde[299].
Aus Kempen wird berichtet, daß das Elend des Krieges die Gläubigen nicht so aufgerüttelt habe, wie das zu wünschen sei[300]. Dagegen berichtet der Dechant des Dekanats Aachen Nord-Ost für 1939 von einem Andrang zu den Beichtstühlen, Kommunionen und Weihnachtsmessen, wie man es seit einer Reihe von Jahren nicht mehr habe beobachten können[301]. Der Heinsberger Dechant stellt für das Jahr 1940 fest, daß der

[294] Vgl. den Jahresbericht des Dechanten Nordhoff (Lobberich) für 1942 vom 15. 12. 1942. BDA. Gvd Lobberich 1 I.
[295] Vgl. den Bericht des Stadtdechanten Schwamborn (Krefeld) für 1943 vom 9. 3. 1944. BDA. Gvd Krefeld 1 II. Vgl. die Jahresberichte 1939—42 des Dekanates Aachen-Nordost. BDA. Gvd Aachen 12 I.
[296] Vgl. den Kurzbericht für das Dekanat Monschau für 1940. BDA. Gvd Monschau 1 II.
[297] Vgl. die Jahresberichte für 1939 und 1941 (Kornelimünster) für 1940 (Gangelt und Heinsberg). BDA. Gvd Gangelt 1 I; Kornelimünster 1 I; Heinsberg 1 II.
[298] Vgl. den Jahresbericht des Dechanten Stiegeler für 1939 vom 1. 2. 1940. BDA. Gvd Nideggen 1 I. Ähnlich auch der Jahresbericht für 1939 des Dekanates Wassenberg. BDA. Gvd Wassenberg 1 II. Dagegen wird aus Gangelt berichtet, von einem Absinken des religiösen Lebens könne nicht gesprochen werden. Jahresbericht für 1939 des Dekanates Gangelt. BDA. Gvd Gangelt 1 II.
[299] Jahresbericht für 1939 v. 2. 2. 1940 von Dechant Ruppertzhofen. BDA Gvd Wassenberg 1 II.
[300] Bericht des Dechanten Wolters für 1943 vom 12. 2. 1944. BDA. Gvd Kempen 1 II.
[301] Vgl. den Dekanatsbericht des Dekanates Aachen-Nordost v. 4. 1. 1940. BDA. Gvd Aachen 12 I.

Hermann Nordhoff, geb. 25. 3. 1881 in Münster i.W.; gew. 17. 6. 1905; Dechant des Dekanates Lobberich 22. 7. 1940; gest. 3. 10. 1954.

Anton Ruppertzhoven, geb. 14. 4. 1886 in Düsseldorf; gew. 11. 3. 1911; Dechant des Dekanates Wassenberg 14. 7. 1936; gest. 30. 9. 1967.

Heinrich Stiegeler, geb. 6. 3. 1868 in Häusen; gew. 15. 8. 1894; Dechant des Dekanates Nideggen 21. 4. 1925; gest. 2. 7. 1958.

Ernst des Krieges den Alltag der Gläubigen nachhaltig geprägt habe; auch die religiös-sittlichen Forderungen, die der Krieg vermehrt mit sich bringe, seien beachtet worden[302]. Eine erstmalige Steigerung des religiös-sittlichen Lebens wird auch aus dem Dekanat Gemünd gemeldet; das alte Sprichwort „Not lehrt beten" habe sich offensichtlich bestätigt. Zurückzuführen sei dies auf die tiefe Verwurzelung der Bevölkerung im katholischen Glauben, so daß sie sich in „Prüfungs- und Schicksalsschlägen" wieder auf ihre Religion besinne[303].

In den Dekanatsberichten dieser Jahre steht die seelsorgliche Arbeit im Vordergrund. Die einzigen ‚politischen Vokabeln', die sich in ihnen finden, sind die vom „Terrorangriff", von der „Fliegertätigkeit des Feindes", aber auch vom „unseligen Krieg"[304]. Sie verdeutlichen, wie die objektive Bedrohung durch die alliierten Luftangriffe sich bei den Geistlichen auch dahingehend auswirkte, daß sie sich mit ihren Gemeinden in die ‚Volksgemeinschaft' einreihten — wenn auch die Bemerkung „unseliger Krieg" als defätistisch hätte angezeigt werden können[305]. Der Pfarrer i. R. Julius Otto aus Korschenbroich beschreibt die Stimmung seiner Gemeinde beim Einmarsch der Amerikaner, die hier beispielhaft angeführt werden soll: „Es war für uns ein eigentümliches Gefühl, nicht Freude, nicht Trauer, als wir die amerikanischen Soldaten vorsichtig, in Abständen einzeln hintereinander, durch das Dorf ziehen und amerikanische Panzer durch die Straßen rollen sahen. Fürs erste kam der Gedanke auf: Gott sei Dank, jetzt haben wir keine Bombenangriffe zu fürchten."[306]

Hier wird noch einmal der Loyalitätskonflikt deutlich, der das Denken und Handeln der Geistlichen beinahe in der ganzen Zeit des Dritten Reiches bestimmte. Einerseits sahen sie sich vom nationalsozialistischen Staat bedrängt, mitunter in ihrer Existenz bedroht. Andererseits waren sie auf ihre Gemeinden angewiesen, um überhaupt seelsorglich wirken zu können. Ein Arrangement mit der neuen Situation lag 1933 also nahe. Weitgehend unproblematisch war die Arbeit in der Pfarre dort, wo die Pfarrmitglieder an der Kirche festhielten. Aber auch in den Regionen und Orten, wo sich nach dem Urteil der Priester mehr und mehr Katholiken von der Kirche entfernten, durfte für den Geistlichen die Verbindung zu seiner Gemeinde nicht abreißen. Diese Verbindung war nicht zuletzt auch eine innere. So ist es verständlich, daß die erste Reaktion

302 Vgl. den Jahresbericht des Dechanten Sauer für 1940 v. 15. 1. 1941. BDA. Gvd Heinsberg 1 II.

303 Jahresbericht des Dechanten Neujean für 1941. BDA. Gvd Gemünd 1 II. Vgl. die Berichte für 1942 und 1943 ebda. Vgl. den Jahresbericht Hochneukirch für 1941, wonach der Messebesuch am Sonntag wieder zunehme, ebenso der Sakramentenempfang. BDA. Gvd Hochneukirch 1 I. Ähnlich der Jahresbericht für 1941 des Dekanates Mechernich. BDA. Gvd Mechernich 1 I.

304 Vgl. die Jahresberichte für 1943 des Dekanates Mönchengladbach, für 1941 des Dekanates Kornelimünster, für 1941 des Dekanates Geilenkirchen. BDA. Gvd Mönchengladbach Stadtdekanat 1 I; Kornelimünster 1 I; Geilenkirchen 1 II.

305 Vgl. den Bericht über die Einnahme Krefelds durch alliierte Truppen von Stadtdechant Schwamborn, in: W. Nettelbeck, Monsignore Gregor Schwamborn, S. 350 ff.

306 Pfarrer i. R. Julius Otto. Korschenbroich, in und nach dem Krieg 1933—1946 (Manuskript). (Geschichte einer Dorfgemeinde in schwerer Zeit von 1933—1946). BDA. GvS L 13 I, Bl. 213—230.

Julius Otto, geb. 6. 4. 1868 in Niederhermsdorf; gew. 15. 8. 1893; Pfarrer in Korschenbroich 21. 2. 1911; gest. 24. 11. 1946.

beim Einmarsch alliierter Truppen auf das äußere Kriegsgeschehen abzielte. Offen blieb damit, ob die Niederlage der deutschen Wehrmacht als schmerzliche Niederlage bedauert oder als Befreiung vom Joch der nationalsozialistischen Gewaltherrschaft begrüßt werden sollte.

4.2. Möglichkeiten und Grenzen gemeinsamen Handelns

Wie die gleichzeitige Verlesung von Hirtenbriefen in allen Kirchen der Diözese Aachen, der Kirchenprovinz Köln oder auch des Reiches zeigt, war auf Anordnung der kirchlichen Behörden punktuell ein gemeinsames Vorgehen der Geistlichen möglich. Unter diesem Blickwinkel erscheint der Klerus als einheitlich geführte, geschlossen auftretende Gruppe. Ein entsprechendes Verhalten zu fördern, war auch der Sinn der auf Dekanats- und Diözesanebene durchgeführten Schulungsmaßnahmen[307]. Die Geistlichen standen zudem untereinander in regem Meinungsaustausch. Auf Zusammenkünften in Pfarreien und Dekanaten konnten seelsorgerische und politische Fragen erörtert werden, angestauter Ärger konnte sich Luft verschaffen[308]. Wenn mitunter nicht nur ein einzelner Priester, sondern der gesamte Klerus einer Pfarrei oder eines Dekanates Eingaben an staatliche und kirchliche Stellen richtete, ist dies ein Indiz dafür, daß die Geistlichen auf die Stärke eines geschlossenen Auftretens setzten, zumal in pfarrübergreifenden, konfessionelle Belange berührenden Fragen. Hierzu zählte der Protest der Kohlscheider Priester vom 31. Mai 1933 gegen neue staatliche Bestimmungen, wonach Beamte keine Nebentätigkeit ausüben durften; dadurch würde die Erhebung der Kirchensteuer sehr erschwert, stünden doch nunmehr keine geeigneten Fachkräfte für das Amt des Kirchenrendanten zur Verfügung[309].
Der Aachener Stadtdechant wandte sich stellvertretend für die Geistlichen der Stadt gegen die in einigen Fällen beobachtete Praxis, für Schulkinder gemischtes Schwimmen anzusetzen[310]. Eine gesamte Dekanatskonferenz protestierte gegen antikirchliche Aushänge am Schwarzen Brett des Jungvolkes auf Schulhöfen in Aachen[311], und Stadtdechant Lob erhob im Juni 1939 im Namen des katholischen Aachen beim Oberbürgermeister Einspruch gegen angeblich geplante Maßnahmen, denen zufolge im Auftrag des Bischofs kirchlich eingeweihte katholische Friedhöfe in interkonfessionelle Friedhöfe umgewandelt werden sollten[312].

[307] Vgl. oben, S. 107.

[308] Vgl. die Jahresberichte des Dekanats Hochneukirch 1933 f. (Dechant Laumen). BDA. Gvd Hochneukirch 1 I Vgl. den Jahresbericht des Dekanats Krefeld für 1937. BDA. Gvd Krefeld 1 I. Die Dekantskonferenz des Dekanats Geilenkirchen vom 24. 10. 1934 war bestimmt von der Diskussion über Rosenbergs „Mythus". Vgl. das Protokoll der Dekanatskonferenz vom 24. 10. 1934. BDA. Gvd Geilenkirchen 1 II.

[309] BDA. GvS L 8 I. Eine entsprechende Eingabe erfolgte auch aus dem Dekanat Herzogenrath. BDA. Gvd Herzogenrath 1 II.

[310] Vgl. das Schreiben vom 29. 5. 1934 an den Oberbürgermeister. BDA. Gvd Aachen 1 II.

[311] Vgl. die Eingabe des Dekanates Aachen-Nordost an das Generalvikariat vom 17. 3. 1936. BDA. GvS L 8 I.

[312] Vgl. das Schreiben vom 14. 6. 1939. BDA. Gvd Aachen 1 II.

Die Pfarr- und Dekanatsebene ist somit als die Ebene anzusehen, auf der sich der Wille zu gemeinsamem Handeln artikulieren konnte. Einem solchen Handeln waren jedoch Grenzen gezogen. Zunächst ist hier der hierarchische Aufbau der katholischen Kirche zu berücksichtigen. Die bischöflichen Behörden legten die für die Geistlichen weitgehend verbindliche Strategie fest, wie den Herausforderungen durch das Regime zu begegnen sei. Was Eingaben der Geistlichen an staatliche Behörden betraf, hatte der Aachener Regierungspräsident bereits im Herbst 1933 das Generalvikariat wissen lassen, daß die Geistlichen sich häufig zu Unrecht auf das Reichskonkordat beriefen. Dieses sei als Rahmengesetz nicht in der Lage, öffentlich-rechtliche Wirkungen auszuüben[313]. Tatsächlich bedurfte es zusätzlicher Rechts- und Verwaltungsvorschriften, um die Bestimmungen des Reichskonkordates zur Anwendung kommen zu lassen[314]. Berücksichtigt man, daß der Handlungsspielraum der Geistlichen ohnehin vom Regime eingeengt wurde und daß nicht alle Priester in gleichem Maße von staatlichen Zwangsmaßnahmen persönlich betroffen waren, erscheint der Rahmen für ein selbständiges gemeinsames Vorgehen der Geistlichen generell begrenzt. Einige Beispiele sollen dies verdeutlichen.

Im Jahr 1937 ist auf einer Konferenz des Dekanates Herzogenrath ein Vorgang zu verzeichnen, der in seiner Form nach Lage der Akten einmalig ist. Er beleuchtet die Problematik des Kirchenkampfes, gibt Aufschluß über die Stimmung und die Haltung der dort versammelten Geistlichen und berührt die Rolle, die den kirchlichen Behörden in der Auseinandersetzung mit dem nationalsozialistischen Staat zukam.

Das Aachener Generalvikariat fordert in einem Begleitschreiben zu der Broschüre „Leitgedanken zum Schutze der Bekenntnisschule für die Hochwürdige Geistlichkeit der Diözese Aachen" die Dechanten auf, eigens Dekanatsversammlungen abzuhalten, die sich mit der Vorbereitung der Gläubigen auf die „Entscheidungsstunde in der Schulfrage" auseinandersetzen sollen. Als Ziel wird ein „einheitliches Vorgehen" in dieser Frage proklamiert. Der Dechant möge einen Geistlichen bestimmen, der sich mit einem ausführlichen Referat für die Konferenz rüste. Dann folgt der Hinweis: „Die Aufklärung und Ermutigung der katholischen Eltern geschieht am besten durch vertrauliche Aussprache von Mensch zu Mensch, wozu vertrauenswürdige Laien herangezogen werden sollten."[315]

In den „Leitgedanken" wird eindringlichst auf die Bedeutung der Bekenntnisschule hingewiesen. Zugleich illustrieren die Ausführungen zur konfessionellen Schule die Linie, die das Aachener Generalvikariat hinsichtlich der Herausforderung durch den nationalsozialistischen Staat verfolgte.

„Das katholische Volk hat die Bekenntnisschule im Kulturkampf gegenüber dem Liberalismus, beim Zusammenbruch im Jahr 1918 gegenüber dem Sozialismus verteidigt, und hat in unserer sturmbewegten Gegenwart die verantwortungsvolle Aufgabe, sie für die Zukunft zu retten. Die heutige Auseinandersetzung wegen der Schule ist ein

313 Vgl. das Schreiben des Reg. Präs. Aachen an das Generalvikariat vom 28. 10. 1933. BDA. GvS A 1 I.

314 Dazu wurde der Reichsminister des Inneren durch Gesetz vom 12. 9. 1933 ermächtigt. RGBL I 1933, S. 625.

315 Generalvikariat Aachen an die Dechanten. 27. 1. 1937. BDA. GvS C 5 I. Vgl. dazu Dokument Nr. 20, S. 286—289.

Frontabschnitt des auf der ganzen Linie tobenden Kampfes, bei dem es sich — auch nach der Meinung unserer Gegner — um den Weiterbestand oder den Untergang des Christentums in unserem deutschen Volke handelt. . . "[316]
Ohne aktive Unterstützung durch die katholische Bevölkerung war es demnach nicht möglich, die kirchliche Position in der Schulfrage zu verteidigen.
Das dann auf der Konferenz am 1. März 1937 in Würselen gehaltene Referat liest sich wie eine Generalabrechnung mit der bisherigen Politik der bischöflichen Behörden, zumal der Aachener, im Dritten Reich. Der Referent, Pfarrer Goergen, setzt sich zunächst mit der aktuellen Situation auseinander[317]. Die Gemeinschaftsschule werde von einem großen Teil der Elternschaft abgelehnt. Es werde aber über die Köpfe der Eltern hinweg entschieden. Sollte man sie dennoch zur Entscheidungsfindung heranziehen, würde angesichts des massiven Drucks nur eine Minderheit den Mut haben, für die Bekenntnisschule einzutreten. Selbst die beste Aufklärung der Eltern könne daran nichts ändern.
Damit wendet sich der Referent gegen die Empfehlung des Generalvikariats: nicht der „kleine Mann", sondern die Priester müßten, so Pfarrer Goergen, zu allererst die konfessionelle Schule verteidigen. Eingedenk des gegenwärtigen „Spürsystem(s)" sei eine vertrauliche Aufklärung ohnehin nicht praktikabel. Vielmehr sollten der Bischof und mit ihm die Geistlichen das Volk öffentlich aufklären. Dann sei auch mit der Unterstützung durch die katholische Bevölkerung zu rechnen. Da weder Presse- noch Versammlungsfreiheit herrsche, gebe es nur noch ein Mittel: „. . . das ist die Kanzel, auf der wir noch einigermaßen Bewegungsfreiheit genießen."
Die folgenden Ausführungen sollten eine scharfe Zurechtweisung durch die vorgesetzte Behörde nach sich ziehen.
„Es ist an der Zeit, daß der Bischof wieder als Bischof der Verkündiger und Verteidiger des Wortes Gottes wird. (. . .). Man hat es bis heute nicht gewagt und wird es auch für die Zukunft nicht so leicht wagen, ihn als Verkünder des Wortes Gottes anzugreifen, wie etwa einen Pastor oder Kaplan, den man einfach festsetzt, wenn man will. . . . Der Bischof muß wieder Apostel werden und nicht Bürobeamter und Generalvikar. . . "
Einheitliches und engagiertes Predigen, angeführt vom Bischof, sei ein gangbarer Weg. „Die Kreuzpredigt in Cloppenburg sollte uns Fingerzeig sein." Nicht nur der Westfale, auch der Rheinländer sei zur Unterstützung der Geistlichen in der Lage[318].

[316] Leitgedanken zum Schutze der Bekenntnisschule für die hochw. Geistlichkeit der Diözese Aachen. 26. 1. 1937. S. 2. BDA. GvS C 5 I.
[317] Vgl. das „Referat zur Dekanatskonferenz in Würselen am 1. März 1937". BDA Gvd Herzogenrath 1 II. Vgl. Dokument Nr. 21, S. 290—298. Die folgenden Zitate siehe ebda.
[318] Am 4. November 1936 hatte der oldenburgische Kirchenminister die Entfernung der Kreuze aus den Schulen angeordnet. Heftige Proteste der in Predigten informierten Bevölkerung führten dazu, daß der Erlaß in einer öffentlichen Versammlung vom Gauleiter zurückgenommen wurde. Vgl. Bischof Dr. Johannes Pohlschneider, Der nationalsozialistische Kirchenkampf in Oldenburg. Erinnerungen und Dokumente, Kevelaer 1978, S. 15—19. Siehe auch Franz Teping, Der Kampf um die konfessionelle Schule in Oldenburg während der Herrschaft der NS-Regierung, München 1949; Johannes Göken, Der Kampf um das Kreuz in der Schule. Eine Volkserhebung in Südoldenburg, 2. Aufl. Osnabrück 1948.

Engelbert Goergen, geb. 3. 3. 1888 in Mechernich; gew. 7. 3. 1914; Pfarrektor Christus König Alsdorf 1. 12. 1929; Pfarrer St. Sebastian Würselen 14. 2. 1936; gest. 26. 11. 1966.

Unter Hinweis auf die Schmähungen, denen die katholische Kirche und ihre Anhänger ausgesetzt seien, führt Pfarrer Goergen dann aus:
„Man hätte sich bis dahin nie so weit vorgewagt und würde es auch weiterhin nicht mehr tun, wenn wir uns einheitlich unter der Führung des Bischofs dagegen wehren würden." In direkter Anknüpfung an die „Leitgedanken" folgt dann eine sehr emotionale Passage des Referats:
„Wieweit die Anhänger der Kirche zurückweichen, das liegt zum großen Teil an uns. (. . .) Die Kirche hat verzichtet auf innerpolitischen Einfluß, durch Zerschlagung der Zentrumspartei, was vielleicht am leichtesten zu verschmerzen ist, und auch im Prinzip durch das Konkordat sanktioniert ist. Sie hat verzichten müssen auf die katholische Presse. Sie steckte die Pflöcke zurück in der Frage der Berufs-, Standesvereine und Jugendvereine, in der Frage des Empfangs der Bischöfe in aller Öffentlichkeit, in der Frage des Beflaggens der Häuser bei der Fronleichnamsprozession und dergl. In der Schulfrage, wo das katholische Volk sich Lehrer in der konfessionellen Schule gefallen lassen muß, die abgefallen und ungläubig sind, wo demnächst nicht nur eine Gemeinschaftsschule, sondern eine Ungläubigenschule das Ziel ist, muß endlich der Widerstand ein ganz anders gearteter werden, denn hier geht es nicht mehr um Lapalien, sondern um ganz Grundsätzliches, um das Recht der Kirche auf die Seele des Kindes, das begründet liegt in dem Auftrage des Heilandes: Gehet hin in alle Welt und lehret alle Völker."[319]
Überaus deutlich äußert sich hier der angestaute Unmut über das als Zurückweichen empfundene Verhalten der Kirche, das zur Defensivstellung auch der einzelnen Pfarrer führen mußte. Nach einem Bekenntnis zur Einmütigkeit des Klerus in seiner Stellung zum Bischof, die noch nie so groß gewesen sei, schließt das Referat mit den die Versammlung aufrüttelnden Worten:
„Ohne wirklichen Kampf ist bei einem kämpfenden Gegner kein Sieg zu erreichen. Das Wort des Heilandes: ‚Ich bin nicht gekommen, den Frieden zu bringen sondern das Schwert' mag auch für uns heute besondere Geltung haben."
Unter dem Eindruck dieses Referats, das mit seinem entschlossenen und kämpferischen Ton die Stimmung der Anwesenden getroffen hatte, ebenso ihr Gefühl der Ohnmacht und den Wunsch nach einem gemeinsamen Auftreten und einem öffentlichen Protestkurs des Bischofs, verabschiedeten die 25 anwesenden Geistlichen eine Entschließung, in der sie sich geschlossen hinter die Ausführungen des Referenten stellten, ein öffentliches Auftreten der Bischöfe in Predigten, die auch Zeitfragen behandeln sollten, für notwendig erklärten, die Geistlichen selbst zu verstärkter Predigtarbeit aufriefen und monatliche Besprechungen des Bischofs [Joseph Vogt] mit gewählten Vertretern aus den Dekanaten forderten[320].
Dieser unmißverständlichen Kritik an der bisherigen Haltung der Kirchenleitungen und des Aachener Bischofs sowie seiner Behörde folgte eine entsprechend scharfe

319 Referat zur Dekanatskonferenz in Würselen am 1. März 1937, S. 6 f. BDA. Gvd Herzogenrath 1 II.
320 Vgl. die im Protokoll der Sitzung enthaltene Entschließung des Dekanatsklerus vom 1. März 1937. BDA. Gvd Herzogenrath 1 II. Vgl. Dokument Nr. 22, S. 299.

19. Dekanat Herzogenrath.

Dechant: Ommer (Haaren).

Def.: Krings (Berensberg). Hesseler (Bardenberg).

Bardenberg, Hesseler Karl *P* 63-88-06, Mönks Heinrich *K* 06-33-33, Klais Heinrich *R* (Krankenhaus) 06-32-32.
***Berensberg**, Krings Karl *P* 78-03-21.
***Haaren**, Ommer Otto P 63-89-07, Moortz Heinrich *K* 92-26-33.
Herzogenrath.
St. Gertrud (Afden), Giesen Peter *P* 67-91-27, Gathen Franz *K* 08-34-34.
St. Joseph (Straß), Sieger Peter *P* 74-01-12.
St. Maria Himmelfahrt, Vianden Matth. *P* 84-09-25, Sudkamp P Norbert, Dr. theol., C. SS. CC. (Schülerheim) 94-24-34.
***Horbach**, Klein Reiner *P* 86-09-32.
***Kohlscheid.**
St. Katharina, Backes Andreas *P* 83-07-25, Schumacher Edmund *K* 92-21-26, Voß Otto *K* 05-31-31, P. Hermann Kohl S. C. J. (Altersheim) 74-99, P Ewald Henseler C. SS. CC. (Kinderbewahrschule am Kämpchen) 85-12.
Rektorat St. Barbara (Pannesheide), Flöck Johs. *R* 78-04-31.
***Laurensberg**, van der Broeck Leonhard *P* 78-08-29, P. Lindgens Heinr. O. M. J. *R (St. Raphael, Soers)* 77-04.
Merkstein.
St. Thekla (Streiffeld), Nailis Viktor *P* 97-25-34, Montué Heinrich *K* 06-34-34.
St. Willibrord, Chantrain Hubert *P* 84-13-29, Krause Paul *K* 04-32-32.
Rektorat St. Benno (Hofstadt), Pohl Wilhelm *R* 93-21-32.
Niederbardenberg, Koenigs Johannes *P* 84-10-33.
***Orsbach**, Render Franz *P* 66-92-00.
***Richterich**, Rocca Anton *P* 86-10-34, Schumacher Hermann *K* 99-26-34.
Verlautenheide, Daulfenbach Wilhelm *P* 88-12-33.
Würselen.
St. Balbina (Morsbach), Krischer Johs. *P* 85-09-21, Scharrenbroich Heinrich *K* 04-29-33.
St. Sebastianus, Brock Jakob *P* 76-99-32, Raab Gustav *K* 05-33-33, Weyer Heinrich *K* 07-33-34.
Rektorat St. Marien (Scherberg), Rheindorf Wilhelm *R* 97-22-29.

Aus dem Personalschematismus der Diözese Aachen. Stand: Dezember 1934.

Generalvikar Weihbischof Sträter mit den Geistlichen des Dekanates Herzogenrath anläßlich Schlußkonferenz am 4. Juni 1935

Zurechtweisung durch das Generalvikariat. Darin wird die Urteilskraft des Kritikers in Frage gestellt und die Versammlung ob ihrer wenig maßvollen Haltung gerügt[321].
Die Grenzen eines gemeinsamen Vorgehens werden hier sichtbar. In der Konzentration auf den Bischof wird zudem deutlich, daß die Priester sich der Eingebundenheit in die kirchliche Hierarchie bewußt waren. Auch das Gefühl, als Einzelner dem Regime wehrlos ausgeliefert zu sein, ist den Ausführungen des Referenten zu entnehmen.
Das Aachener Generalvikariat war in der Schulfrage nicht untätig gewesen. Am 21. Februar 1937 war eine Bekanntmachung Bischof Vogts in allen Messen zur Verlesung gekommen, in der die katholischen Eltern erneut auf ihr Recht auf eine katholische Bekenntnisschule hingewiesen worden waren[322]. Am 7. April wurden „Religiöse Erwägungen in der Schulfrage" an alle Pfarrämter der Diözese verschickt, in denen die

[321] Vgl. das Schreiben des Generalvikariats Aachen vom 19. 5. 1937 an Dechant Ommer. BDA. Gvd Herzogenrath 1 II. Vgl. Dokument Nr. 23, S. 300 f.
[322] Vgl. das Rundschreiben Generalvikar Sträters vom 15. 2. 1937 an die Pfarrer und Rektoren. BDA. GvS C 5 I. Siehe auch oben, S. 118 ff.

Otto Ommer, geb. 3. 12. 1863 in Lindlar; gew. 24. 8. 1889; Dechant des Dekanates Herzogenrath 17. 2. 1928; gest. 26. 11. 1950.

Eltern an ihre Verpflichtung erinnert wurden, die Bekenntnisschule zu verlangen[323]. Wie im Dekanat Herzogenrath aktivierte die Verteidigung der konfessionellen Schule als eine der letzten Bastionen der Kirche im öffentlichen Leben auch an anderen Orten der Diözese die Geistlichkeit. In den Kirchen der Stadt Mönchengladbach wurden 1937 rund 50 000 Flugblätter verteilt, mit denen die Eltern aufgefordert wurden, weiterhin die katholische Volksschule zu fordern. Der örtliche Klerus machte dafür verschiedene Paragraphen des Reichskonkordates und die Erklärung der Reichsregierung vom 23. März 1933 geltend[324]. Der Aachener Bischof hatte die Geistlichkeit angewiesen, eine an die lokalen Gegebenheiten angepaßte Kampagne für die Konfessionsschule zu starten[325].

Die bischöfliche Behörde gab also gegenüber spektakulären Aktionen stiller Aufklärungsarbeit den Vorzug. So ordnete das Generalvikariat an, daß in der Diözese Aachen die von der bischöflichen Beratungsstelle in Düsseldorf herausgegebenen Seelsorgebriefe an die Eltern der Schulkinder verteilt werden sollten. An einigen Orten sah sich daraufhin die Staatsanwaltschaft bemüßigt, Anzeige gegen die Pfarrer zu erheben, da die verbreitete Druckschrift nicht mit dem Wohnort des Herausgebers versehen war. Das deshalb gerichtlich festgesetzte Zwangsgeld bekamen die Pfarrer auf Antrag aus der Bistumskasse ersetzt[326]. Ein gegen Pfarrer Esser, Rödlingen, angestrengtes Ermittlungsverfahren wegen eines am 21. März 1937 in allen Kreisen des Dekanates verteilten Seelsorgebriefes, der einen flammenden Aufruf für die katholische Bekenntnisschule enthielt und ebenfalls nicht vorschriftsmäßig gekennzeichnet war, wurde aufgrund des Straffreiheitsgesetzes vom 20. April 1938 eingestellt[327]. Wegen eines am 14. März 1937 in allen Kirchen des Dekanates Hochneukirch verteilten Flugblattes zur katholischen Bekenntnisschule, das nicht mit der ordnungsgemäßen Unterschrift und

323 Vgl. die „Religiösen Erwägungen in der Schulfrage". BDA. GvS C 5 I. Daß ein öffentlicher Protestkurs des Bischofs sich auch negativ in Form von verstärktem Druck auf den unteren Klerus auswirken konnte, haben die Vorgänge im Bistum Münster verdeutlicht. Vgl. die Predigt Graf Galens in der Lambertikirche in Münster vom 13. 7. 1941, in: H. Portmann, Der Bischof von Münster, S. 127.

324 Vgl. H. Schüngeler, Widerstand und Verfolgung in Mönchengladbach und Rheydt, S. 242. Propst Koenen wurde deshalb am 28. 5. 1937 verhört. HSTAD. RW 58. Pers. Akte 36 738.

325 So die Erklärung von Propst Koenen bei einer Vernehmung durch die Gestapo am 18. 7. 1937. HStAD. RW 58. Pers. Akte 36 738.

326 Vgl. das Schreiben Pfarrer Scherkenbachs aus Hollerath vom 30. 9. 1937. Er bekam 32,50 RM ersetzt, ebenso erhielt der Pfarrektor Wirtz aus Oberwolfert ein Zwangsgeld von 30 RM erstattet. Vgl. BDA. GvS E 22 I.

327 Der Brief war in allen Pfarreien des Kreises Jülich verteilt worden. Vgl. das Schreiben von Pfarrer Esser vom 20. 10. 1946 an das Generalvikariat Aachen. BDA. GvS L 13 I, Bl. 206.

Daniel Joseph Esser, geb. 11. 11. 1885 in Kreuzau; gew. 19. 2. 1910; gest. 19. 2. 1952.

Ferdinand Koenen, geb. 17. 6. 1887 in Glesch; gew. 2. 3. 1912; Pfarrer Mariä Himmelfahrt Mönchengladbach 13. 9. 1929; gest. 15. 4. 1952.

August Scherkenbach, geb. 12. 7. 1885 in Lüttringhausen; gew. 1. 8. 1909; gest. 1. 7. 1952.

Paul Wirtz, geb. 7. 9. 1909 in Aachen; gew. 16. 3. 1935; Pfr. i. R.

der Angabe der Druckerei versehen war, wurde Pfarrer Kipper am 28. Mai 1937 verhört[328].

Der Wunsch nach einem offenen Protestkurs des Aachener Bischofs spricht auch aus einem Schreiben des Dekanats Alsdorf vom 15. Dezember 1938, das einstimmig von den Geistlichen des Dekanats beschlossen, das bischöfliche Generalvikariat bittet zu veranlassen, daß das Hirtenwort des Bischofs von Münster, Graf Galen, vom 27. November 1938 und der Bericht des Hochwürdigen Herrn Officials über die Vorgänge in Oldenburg — beide genannten Dokumente betreffen die Schulfrage — in der gesamten Diözese verlesen werde[329]. Von diesen beiden Vorgängen dürften die Geistlichen durch Mundpropaganda Kenntnis gewonnen haben.

Wie das folgende Beispiel deutlich macht, war einem sich auf Dekanatsebene bewegenden Protest der Geistlichen auch seitens der Partei und des Staates wenig Erfolg beschieden, ein Protest, der sich bezeichnenderweise an einer öffentlichen Verunglimpfung der Geistlichkeit entzündete.

Anläßlich eines Strafappells hielt ein junger HJ-Führer vor 95 Hitlerjungen der Bann-Gefolgschaft 161 am 10. September 1939 in Düren eine Rede, die vehemente antikirchliche und antiklerikale Äußerungen enthielt. Alle 33 anwesenden Geistlichen auf der Pastoralkonferenz des Dekanates Düren unterzeichneten daraufhin am 17. September eine Eingabe an den Apostolischen Administrator Sträter. Darin wird der Vorgang geschildert und nachdrücklichst Protest eingelegt, mit der Bitte, die Beschwerde weiterzureichen an die Gebietsführung der HJ in Köln, an die benachbarte Militärbehörde „Geheime Feldjägerei" in Schleiden und eventuell Strafantrag zu stellen[330]. Der HJ-Führer soll abfälligste Äußerungen über die Kommunionbank und die Priester gemacht und angekündigt haben, man werde „mit den Priestern aufräumen", sobald Deutschland „außenpolitisch frei" sei; weiterhin habe er zum Kirchenaustritt aufgerufen — der Vorgang sei „Tagesgespräch" in Düren gewesen. Die Geistlichen prangern in ihrem Schreiben die „Blasphemie" dieser Äußerungen an und verweisen darauf, daß die „Behauptung des HJ-Führers über die Kriegsziele die großen Ziele des Krieges" herabsetzen und das „Blut vieler Soldaten" für den „Kampf gegen ihre Überzeugung" fordern, weiterhin die „Ehre und Autorität" der Geistlichen untergraben.

Der Apostolische Administrator leitete die Beschwerde an den Reichsminister für kirchliche Angelegenheiten weiter mit einem Begleitschreiben, in dem auf die „unlösbaren Glaubenskonflikte" der „im Dienste des Vaterlandes" stehenden Männer und Frauen bei dem Gedanken verwiesen wird, „. . . daß sie am Siege der deutschen Waf-

[328] Vgl. den Vorgang in: BDA. Gvd Hochneukirch 1 I.

[329] Vgl. das Schreiben des Dechanten Ingenhoven vom 15. 12. 1938 an das Generalvikariat. BDA. Gvd Alsdorf 1 I.

[330] Vgl. das Schreiben der Geistlichen des Dekanats Düren. BDA. Gvd Düren 1 I.

Ernst Ingenhoven, geb. 13. 2. 1876 in Düsseldorf-Rath; gew. 31. 3. 1900; Dechant des Dekanates Alsdorf 1937; gest. 23. 11. 1955.

Heinrich Kipper, geb. 15. 8. 1880 in Köln; gew. 19. 3. 1904; Pfarrer Hochneukirch 21. 2. 1919; gest. 24. 11. 1945.

fen mitarbeiten, um dann nachher selbst Gegenstand eines Glaubenskampfes zu werden."[331]
Der Ausgang dieser Angelegenheit offenbart die geringen Chancen eines solchen Vorgehens. Die zunächst vom Reichsjugendführer ausgesprochene Beurlaubung des HJ-Führers wurde laut Mitteilung der NSDAP-Gauleitung Köln-Aachen rückgängig gemacht[332]. Die Gauleitung ließ dem Generalvikariat lediglich die Abschrift eines von ihr an die Gestapo Aachen gerichteten Schreibens zugehen, in dem die Aachener Gestapo darüber unterrichtet wurde, daß der Jugendführer zwar auf „konfessionelle Dinge" in seiner Ansprache eingegangen sei, was generell allen Rednern der Partei und den ihr angeschlossenen Verbänden verboten sei. Der Bericht der Dürener Geistlichkeit aber, so hätten die Nachforschungen ergeben, sei sträflich leichtfertig und eine „bewußt böswillige Zusammenstellung". Der Bannführer sei verwarnt worden, ansonsten behalte er seine Stellung. Weiterhin wurde die Aachener Staatspolizei gebeten, die kirchlichen Stellen darauf aufmerksam zu machen, daß eine weitere Verbreitung des Inhalts der Niederschrift der Dürener Geistlichkeit unter keinen Umständen geduldet werden könne. Anderenfalls seien polizeiliche Maßnahmen gegen die kirchlichen Stellen und insbesondere gegen die Dürener Geistlichkeit erforderlich[333].

Soweit die Akten darüber Auskunft geben, sind vornehmlich in der Kriegszeit auch Priester als V-Leute für die Gestapo tätig geworden. In der Diözese Aachen waren es ein Pfarrer, zwei Kapläne und zwei Ordensleute, die der Gestapo Einblicke in das Geschehen auf Pfarr- und Dekanatsebene gaben. Hinzu kamen einige kirchliche V-Leute, die keine Priester waren[334]. Obschon der SD alle Personen systematisch erfaßte, die an kirchlichen Stellen tätig waren[335], reichte ihm das Netz an kirchlichen V-Leuten nicht aus. Dies geht aus einem Bericht über eine Arbeitstagung leitender Funktionäre des SD und der Gestapo vom Mai 1942 hervor. Darin wird insbesondere bemängelt, daß unter den kirchlichen Vertrauensmännern so gut wie keine Geistlichen seien, die unbegrenzten Zugang zu den Generalvikariaten hätten[336]. Ansätze zu einer

[331] Sträter an den Reichsminister für kirchliche Angelegenheiten. 23. 9. 1934. Abschriftlich an Gauleiter Grohé, den Reichsjugendführer Baldur von Schirach, das Armee-Oberkommando Köln, Bischof Wienken in Berlin. BDA. Gvd Düren 1 I.

[332] Vgl. das Schreiben des Reichsjugendführers Baldur von Schirach vom 27. 9. 1939 an den Apostolischen Administrator in Aachen; Schreiben der NSDAP-Gauleitung an die Gestapo Aachen vom 2. 10. 1939. BDA. Gvd Düren 1 I.

[333] Schreiben der Gauleitung Köln-Aachen an die Gestapo Aachen vom 2. 10. 1939, abschriftlich in einem Schreiben der Gauleitung an das Generalvikariat. (Eingangsdatum 7. 10. 1939). Auf eine weitere Eingabe des Generalvikariats an den Reichsminister für kirchliche Angelegenheiten hin bestätigt dieser die Dienstenthebung des HJ-Führers. Vgl. das Schreiben des Reichsministers für kirchliche Angelegenheiten vom 17. 10. 1939 an den Apostolischen Administrator in Aachen. BDA. Gvd Düren 1 II.

[334] Die Personalbögen der V-Personen und deren Berichte befinden sich in: HStAD. RW 35—8 und 9; RW 36.

[335] Vgl. die Verfügung des Inspekteurs der Sipo und des SD im Wehrkreis VI an die Leiter der Staatspolizei(leit)stellen Düsseldorf, Münster, Aachen, Bielefeld, Dortmund, Köln, Osnabrück betreffs des systematischen Aufbaus des Nachrichtendienstes auf kirchenpolitischem Gebiet. Druck: H. Boberach, Berichte des SD und der Gestapo, S. 933.

[336] Vgl. den Auszug der Stapo Aachen aus der Niederschrift Nr. 19 über die Arbeitstagung mit den Leitern der Stapo(leit)stellen und Kriminalpolizei(leit)stellen sowie den Führern der

Durchsetzung mit V-Leuten waren demnach gegeben, ohne daß davon das Vertrauen der Geistlichen in die Geschlossenheit ihrer Gruppe beeinträchtigt wurde.
Dies belegt eine Begebenheit vom Oktober 1941. Zwölf Geistliche aus den Dekanaten Erkelenz und Wegberg wurden von der Gestapo verhaftet, weil sie während eines Konveniates in Klinkum gemeinsam einen „Feindsender", den britischen Rundfunk, gehört haben sollen[337]. Nach fünfwöchiger Untersuchungshaft wurde Pfarrer Plum aus Wanlo auf freien Fuß gesetzt, da er weder an der Zusammenkunft teilgenommen hatte noch ein Radio besaß[338]. Von den Verhafteten wurden acht, nachdem die Staatsanwaltschaft Berufung gegen die als zu milde eingeschätzten Urteile des Sondergerichts in Düsseldorf eingelegt hatte, vom Volksgerichtshof zu längeren Zuchthausstrafen verurteilt: Dechant Plaum aus Klinkum (6 Jahre), Pfarrer Stappers aus Rickelrath (5 Jahre), Rektor Florenz aus Gerderath (5 Jahre), Pfarrer Herkenrath aus Tüschenbroich (4 Jahre), Pfarrer Seitz aus Merbeck (2½ Jahre), Pfarrer Rings aus Kleingladbach (2 Jahre), Pfarrer Beulen aus Gerderath (1 Jahr)[339]. In derselben Angelegenheit wurden in der zweiten Instanz Pfarrer Hortmanns aus Golkrath und Pfarrer Strang aus Rath

SD(leit)abschnitte des Inspekteurbereichs am 4. 5. 1942. Aachen, 23. Juni 1943. „Es muß immer wieder darauf hingewiesen werden, daß das Vertrauensmänner-Netz der Kirchen-Sachbearbeiter nicht ausreicht. Die V-Männer sind fast ausschließlich katholische Geistliche, die nicht die Möglichkeit haben, Einzelheiten aus Generalvikariaten zu erfahren. Es muß uns gelingen, in die Generalvikariate selbst hereinzukommen. ..." Druck: H. Boberach, Berichte des SD und der Gestapo, S. 943.

337 Vgl. H. Zumfeld, Kirche im NS-Staat, S. 75. Die Verhaftungen erfolgten am 2., 8., 17. und 27. 10. 1941, nach einer zeitweiligen Freisetzung dann wieder am 26. Mai 1942. Vgl. die Mitteilung der katholischen Kirchengemeinde Erkelenz vom 26. Mai 1942 an den Bischof in Aachen. BDA. Gvd Erkelenz 1 II; sowie die Angaben bei U. von Hehl, Priester unter Hitlers Terror, Sp. 2 ff.

338 Vgl. den Bericht Pfarrer Plums vom 22. 4. 1947 an das Generalvikariat. BDA. GvS L 13 I, Bl. 44 f.

339 Vgl. H. Zumfeld, Kirche im NS-Staat, S. 75.

Heinrich Beulen, geb. 5. 2. 1886 in Bocket; gew. 11. 4. 1909; gest. 21. 1. 1950.

Heinrich Florenz, geb. 4. 12. 1900 in Solingen; gew. 14. 8. 1924; gest. 10. 12. 1967.

Joseph Herkenrath, geb. 4. 12. 1886 in Köln-Vingst; gew. 11. 3. 1911; gest. 14. 10. 1961.

Robert Hortmanns, geb. 9. 6. 1884 in Rath-Anhoven; gew. 6. 3. 1909; gest. 20. 2. 1950.

Peter Ortmanns, geb. 24. 8. 1872 in Brand; gew. 18. 3. 1905; gest. 23. 6. 1965.

Gottfried Plaum, geb. 10. 1. 1878 in Herzogenrath; gew. 15. 3. 1902; Dechant des Dekanates Wegberg 12. 9. 1929; gest. 3. 7. 1954.

Wilhelm Josef Plum, geb. 22. 9. 1892 in Teveren; gew. 15. 8. 1919; gest. 4. 12. 1958.

Joseph Rings, geb. 26. 10. 1874 in Köln; gew. 23. 3. 1901; gest. 12. 3. 1953.

Bernhard Seitz, geb. 7. 1. 1876 in Büttgen; gew. 24. 8. 1902; gest. 13. 9. 1955.

Franz Stappers, geb. 2. 11. 1884 in Issum; gew. 5. 6. 1909; gest. 25. 9. 1945.

Heinrich Strang, geb. 27. 9. 1893 in Kempen; gew. 10. 6. 1922; gest. 14. 8. 1951.

freigesprochen[340]. V-Leute berichteten über die Erregung in der Bevölkerung und das Interesse an den Verfahren[341].

4.3. Lokale Konflikte

Die seelsorgerischen Möglichkeiten, damit verbunden die Stellung der Geistlichen, hingen auch von der Haltung der jeweiligen örtlichen Repräsentanten von Partei und Staat ab. Neben den gesetzlichen Bestimmungen und dem Vorgehen der Geheimen Staatspolizei legten diese fest, wann ‚Vergehen' geahndet wurden, Verfolgungsmaßnahmen einsetzten und über die allgemeinen Einschränkungen hinaus Schritte gegen Geistliche unternommen wurden. Das Verhalten dieser Personen, in erster Linie der Ortsgruppenleiter, der Schullehrer und -rektoren, der Bürgermeister und Landräte sowie der Dorfpolizisten reichte von Wohlwollen über Gleichgültigkeit bis hin zu versteckter und offener Feindschaft. Letztere äußerte sich in Schikanen, Denunziationen und eigenmächtigen Aktivitäten. Gegenüber diesen Personen, welche die Herausforderung durch den nationalsozialistischen Staat verkörpern konnten, suchten sich die Priester zu behaupten. Dies war für die Geistlichen, die selbst zu den örtlichen Honoratioren zählten, mitunter ein existentielles Anliegen. Der Erfolg solcher Bemühungen war nicht unabhängig vom persönlichen Ansehen, das der einzelne genoß; ebenso spielten Zufälle und Beziehungen eine Rolle[342].
In der Pfarrgemeinde Hardt/Mönchengladbach war es der Dorfpolizist, der in zahlreichen Stimmungsberichten den Pfarrer Orth bei der Gestapo „anzuschwärzen" versuchte. Der Pfarrer konnte indes seine Autorität wahren, und auch der ständige Kleinkrieg mit der örtlichen NSDAP vermochte dies nicht zu ändern. Die traditionelle Verbundenheit der ländlich geprägten Gemeinde mit der Kirche wirkte sich hier zugunsten des Pfarrers aus[343].

340 Pfarrer Strang wurde freigesprochen, weil er an der entsprechenden Sitzung gar nicht teilgenommen hatte. BDA. GvS L 13 III. H. Zumfeld führt dessen Entlassung auf die Tatsache zurück, daß er im Ersten Weltkrieg Frontoffizier und mit dem EK I ausgezeichnet war; Pfarrer Hortmanns sei entlassen worden, weil er als Kaplan in Eupen für Deutschland votiert habe. Vgl. H. Zumfeld, Kirche im NS-Staat, S. 75. Vgl. die Angaben in: BDA. GvS L 13 II, Bl. 56 und 146 und GvS L 13 III. Die Verhaftung Pfarrer Ortmanns aus Disterath gehört ebenfalls in diesen Zusammenhang. BDA. GvS L 13 II.

341 Vgl. die Berichte in: HStAD. RW 35—8, Bl. 7, Bl. 120, Bl. 126; RW 35—9, Bl. 30 u. 42. Inwieweit die Aktion der Gestapo auf einen kirchlichen V-Mann zurückzuführen ist, läßt sich nicht mit Sicherheit ermitteln. Es gibt Hinweise in: HStAD. RW 35—8, Bl. 125. Wie die dort überlieferten Berichte der V-Leute verdeutlichen, waren die Geistlichen immer sehr gut über die aktuelle militärische Lage informiert. Bereits im Jahre 1940 wurde der Pfarrer i. R. Johann Strohmenger aus Brachelen wegen Abhörens feindlicher Sender verhört. Vgl. U. von Hehl, Priester unter Hitlers Terror. Sp. 27.

342 Der hochangesehene Krefelder Stadtdechant Schwamborn wurde während seiner gut dreiwöchigen Schutzhaft 1937 von einem ehemaligen Schüler, dem bei der Düsseldorfer Leitstelle der Gestapo für Kirchenfragen zuständigen Kommissar Benno Ditges, vernommen. Vgl. W. Nettelbeck, Monsignore Gregor Schwamborn, S. 167.

343 Vgl. H. Schüngeler, Widerstand und Verfolgung in Mönchengladbach und Rheydt, S. 233 f.

Joseph Orth, geb. 24. 12. 1879 in Nemmenich; gew. 15. 8. 1903; gest. 22. 6. 1950.

Johann Strohmenger, geb. 27. 3. 1878 in Brebersdorf (Diözese Würzburg); gew. 19. 9. 1908; gest. 9. 5. 1951.

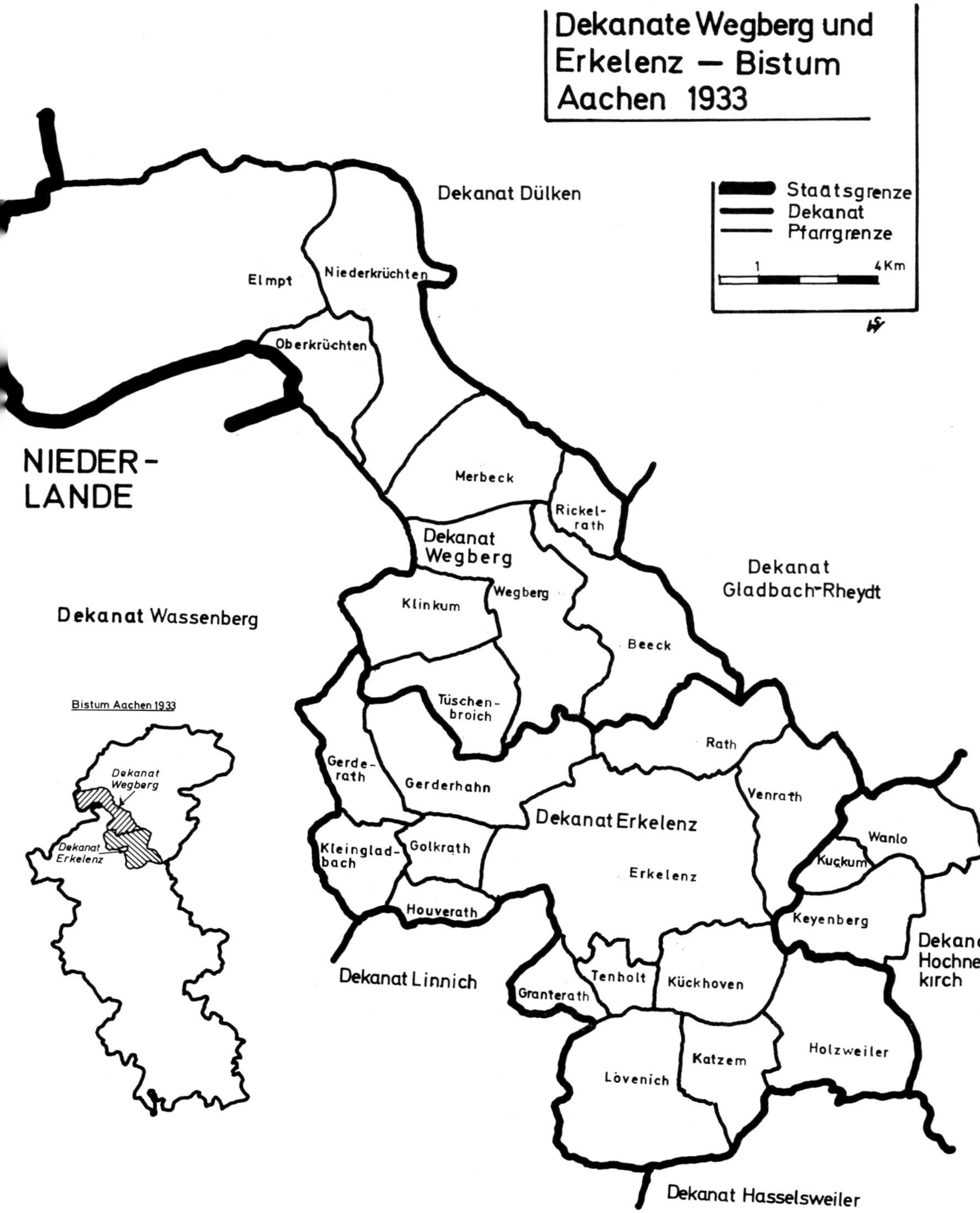
Dekanate Wegberg und Erkelenz — Bistum Aachen 1933
Staatsgrenze
Dekanat
Pfarrgrenze
1
4Km
Dekanat Dülken
Elmpt
Niederkrüchten
Oberkrüchten
NIEDER-LANDE
Merbeck
Rickel-rath
Dekanat Wegberg
Dekanat Gladbach-Rheydt
Klinkum
Wegberg
Dekanat Wassenberg
Beeck
Tüschen-broich
Bistum Aachen 1933
Dekanat Wegberg
Dekanat Erkelenz
Rath
Gerde-rath
Gerderhahn
Venrath
Dekanat Erkelenz
Wanlo
Kleingladbach
Golkrath
Kuckum
Erkelenz
Houverath
Keyenberg
Dekanat Hochneukirch
Dekanat Linnich
Tenholt
Kückhoven
Granterath
Holzweiler
Katzem
Lövenich
Dekanat Hasselsweiler

In Heimbach beschlagnahmte die Polizei eigenmächtig einen Hirtenbrief des Bischofs von Münster, der in der Vorweihnachtszeit 1936 auf Anordnung der bischöflichen Behörde Aachen verlesen werden sollte. Die Staatspolizeistelle Aachen hatte nur die Überwachung der Verlesung angeordnet[344]. Der Bürgermeister in Heimbach nahm die für den 11. Juni 1937 angesetzte bischöfliche Visitation zum Anlaß, seine Autorität unter Beweis zu stellen: er weigerte sich, die Schulkinder für die an diesem Tag vorgesehene Firmung freizustellen. Erst eine Beschwerde des von der örtlichen Geistlichkeit informierten Generalvikariats beim Regierungspräsidenten schuf hier Abhilfe[345]. In Vettweiß forderte der Bürgermeister als die Ortspolizeibehörde den Pfarrer auf, ihm das Protokollbuch des Kirchenvorstandes innerhalb kürzester Zeit vorzulegen[346]. Auch für Pfarrer Bauer im Eifelort Hellenthal war der Bürgermeister der ‚Gegner'; wegen der Verbreitung von Schriften wurde Pfarrer Bauer von September bis Oktober 1941 inhaftiert und anschließend mit einem Aufenthaltsverbot für Rheinland und Westfalen belegt[347].
In Mechernich, Kreis Schleiden, wirkte sich die Nähe der Ordensburg Vogelsang aus. Der dortige Bürgermeister trug das „goldene Parteiabzeichen", ein Junglehrer war HJ-Führer, im Ort wurden wöchentlich „Aufklärungsvorträge" führender Männer der Ordensburg gehalten, so daß nach der Darstellung von Kaplan Dreissen Auseinandersetzungen und Zusammenstöße mit der NSDAP unvermeidlich waren[348]. Wegen regimekritischer Äußerungen gegenüber Privatpersonen und Jugendarbeit erfolgten drei Anzeigen, woraufhin der Kaplan im November 1939 drei Wochen inhaftiert wurde. Nach Rücksprache mit der bischöflichen Behörde erfolgte 1940 die Versetzung nach Breyell „wo das politische Klima wesentlich ruhiger und günstiger war."[349] Der dortige Bürgermeister ließ dann auch einige Anzeigen unter den Tisch fallen[350]. Auch der Bürgermeister von Weiden bemühte sich nach dem Bericht von Pfarrer Ferngas „alle Anzeigen abzubiegen", die durch einen Oberlandjäger erfolgten[351].

[344] Vgl. den Bericht des Pfarrektors Beulen vom 9. 1. 1947. BDA. GvS L 13 I, Bl. 81 f.
[345] Vgl. ebda. Siehe auch: HStAD. RW 58. Pers. Akte 66251.
[346] Vgl. das Schreiben des Dechanten Johann Klaßen an das Generalvikariat Aachen vom 18. 2. 1939. Laut Anweisung des Generalvikariats sollte dieses Ansinnen abgelehnt werden. Vorgang in: BDA. Gvd Vettweiß 1 I.
[347] Vgl. den Bericht des Rendanten Heinen vom 24. 2. 1946. BDA. GvS L 13 I, Bl. 127—129; HStAD. RW 58. Pers. Akte 58804; U. von Hehl, Priester unter Hitlers Terror, Sp. 2.
[348] Bericht vom 2. 9. 1946. BDA. GvS L 13 I, Bl. 37; H. Selhorst, Priesterschicksale, S. 42—46.
[349] H. Selhorst, Priesterschicksale, S. 46.
[350] Vgl. ebda.
[351] Vgl. dessen Bericht vom 26. 1. 1946. BDA. GvS L 13 II, Bl. 314 ff.

Leonhard Bauer, geb. 3. 12. 1883 in Aachen; gew. 18. 2. 1923; gest. 29. 8. 1945.

Gerhard Beulen, geb. 11. 1. 1910 in Bocket; gew. 16. 3. 1935; Hauskaplan in Heimbach 15. 4. 1935; Pfr. i. R.

Dr. theol. Josef Dreissen, geb. 26. 11. 1910 in Wehr; gew. 7. 3. 1936; Kaplan in Mechernich 1937—1940; Professor am Bischöflichen Priesterseminar 1950; gest. 7. 4. 1984.

Walter Ferngas, geb. 13. 3. 1900 in Offenbach/Main; gew. 28. 6. 1927; Kaplan St. Elisabeth in Aachen 31. 5. 1933; Pfarrer Weiden 15. 5. 1942; gest. 2. 5. 1975.

Johann Klaßen, geb. 19. 8. 1883 in Stein; gew. 14. 3. 1908; Dechant des Dekanates Vettweiß 7. 7. 1938; gest. 21. 4. 1958.

Weitaus häufiger waren die besonders ,negativen' Erfahrungen der Geistlichen mit den Lehrern und Ortsgruppenleitern. Sowohl während des Dritten Reiches als auch nach Kriegsende wurde das Verhalten dieser Personen von den Geistlichen häufig als feindselig und bedrohlich bezeichnet. Für diese Einschätzung spricht auch die relativ große Zahl von Anzeigen, die auf das Konto von Lehrpersonen und örtlichen Parteifunktionären gehen.

Die Lehrer beeinträchtigten offenbar vor allem die geistliche Autorität gegenüber der Jugend. Das wird übereinstimmend aus allen Bereichen der Diözese gemeldet. Die Lehrerschaft hat, so stellte Dechant Hugo aus dem Dekanat Alsdorf bereits am 12. Januar 1934 fest, „... in etwas auffallender Weise und über alle Erwartungen schnell ihre Stellung zum neuen System gefunden."[352] Die von Zurückhaltung über Passivität bis hin zur Ablehnung der Kirche und des Klerus reichende Haltung der Lehrer äußerte sich in den Augen der Geistlichen zunächst in mangelnder Teilnahme am kirchlichen Leben. Damit fiel der Lehrer als Vorbild für Kirchentreue aus. Unmittelbar berührt wurde der Wirkungskreis der Pfarrer, wenn die Lehrer im kirchlichen Raum keine Aufsicht mehr über die Kinder führten und den schulplanmäßigen Religionsunterricht nur unzureichend erteilten. Ein gespanntes Verhältnis zwischen Geistlichen und Lehrern war die vielfach zu beobachtende Folge[353].

Über die Lehrpersonen in Schmidtheim berichtet Pfarrer Hubert Keller, ihnen sei die Beaufsichtigung der Schulkinder beim Gottesdienst und bei Prozessionen verboten worden[354]. Für die Haltung der Lehrerschaft in Mariaweiler sei es charakteristisch gewesen, so Pfarrer Lennarz, „... daß sie gelegentlich der im Mai 1938 stattgehaltenen Firmung und bischöflichen Visitation auf die Einladung des Pfarrers überhaupt nicht geantwortet hat."[355] Dagegen wird von einem guten Verhältnis zwischen dem Lehrerkollegium und der Pfarre in Büsbach berichtet; auch die Schulkollegien in Stolberg-Donnerberg und Stolberg-Dorff hätten sich positiv gegenüber der Geistlichkeit verhalten[356].

Als staatliche Beamte waren die Lehrer zum Teil unmittelbarem politischem Druck ausgesetzt[357]. Politisch mißliebige Lehrer wurden vielfach beurlaubt, versetzt und auf

352 Dekanatsbericht für 1933. BDA. Gvd Alsdorf 1 II.

353 Vgl. die Jahresberichte der Dekanate Gangelt für 1935 und 1937, des Dekanates Eschweiler für 1935, des Dekanates Wassenberg für 1940. BDA. Gvd Gangelt 1II, Gvd Eschweiler 1 II, Gvd Wassenberg 1 II.

354 Vgl. dessen Bericht von 1947. BDA. GvS L 13 II, Bl. 363—372.

355 Bericht gemäß der Pfarrchronik [1947]. BDA. GvS L 13 II, Bl. 89—101.

356 Vgl. August Brecher, Zwischen Anpassung und Widerstand. Geschichte der katholischen Pfarreien zu Stolberg. Teil 4, 1933—1945, (Beiträge zur Stolberger Geschichte und Heimatkunde 9d), Monschau 1987, S. 133.

357 In der Materialsammlung zur Geschichte des Bistums Aachen im Dritten Reich sind einige Berichte von Lehrern enthalten, die Aufschluß über den auf die Lehrerschaft ausgeübten Druck geben. BDA. GvS L 13 I und II.

Christian Hugo, geb. 23. 3. 1873 in Aachen; gew. 31. 3. 1900; Dechant des Dekanates Alsdorf 12. 11. 1930; gest. 17. 1. 1951.

Carl Hubert Keller, geb. 2. 11. 1885 in Aachen; gew. 7. 3. 1914; gest. 28. 1. 1959.

Heinrich Lennarz, geb. 20. 2. 1887 in Düsseldorf; gew. 10. 8. 1912; gest. 5. 2. 1966.

eine niedrigere Gehaltsstufe zurückgestuft[358]. Mit der Zeit breitete sich auch unter der katholischen Lehrerschaft Resignation aus[359]. Die Lehrer waren in den Konflikt zwischen Kirche und Staat in der Erziehungsfrage, in den ‚Kampf um die Jugend' einbezogen. Junglehrer übten zum Teil die Funktion eines Leiters oder Kreisleiters der HJ aus und waren verpflichtet, in der Schule für die nationalsozialistischen Jugendorganisationen zu werben. Damit war eine gewisse Frontstellung gegenüber den für die katholischen Jugendverbände eintretenden Priestern vorgegeben. Äußerten sich Lehrer abfällig über die Kirche oder kirchliche Organisationen, riefen sie damit beinahe planmäßig Reaktionen der Geistlichen hervor[360]. Für die so entstehenden Konflikte machte Regierungspräsident Reeder im Juni 1935 auch das provozierende Auftreten vieler Lehrer verantwortlich; vornehmlich diejenigen Lehrer und Lehrerinnen, die früher dem Zentrum oder den katholischen Lehrerverbänden angehört hätten, versuchten sich nun als überzeugte Nationalsozialisten auszugeben, indem sie sich taktlos gegenüber den Geistlichen verhielten und über das Alte Testament spotteten. Auch beanspruchten sie eine Kompetenz für kulturpolitische Entscheidungen[361]. Umgekehrt wurde den Geistlichen das Eintreten für die katholischen Jugendverbände im Religionsunterricht vorgehalten. Hierdurch konnte sich, wie der folgende Fall zeigt, ein Schulleiter persönlich herausgefordert fühlen.
Der Rektor einer Volksschule in Aachen begründete am 24. Juli 1934 seine an Pfarrer Nix gerichtete Beschwerde über das ihn provozierende Verhalten von Kaplan Nusselein in der Volksschule unter anderem damit, daß er als Rektor „verpflichtet" sei, alles zu bekämpfen, was die Erziehung der Jugend im nationalsozialistischen Sinne gefährden könne.
„Ich habe Adolf Hitler den Eid der unverbrüchlichen Treue und des unbedingten Gehorsams geschworen und muß daher vor Gott und meinem Gewissen diesen Eid halten. Soll ich etwa in der Schule, um dem Herrn Kaplan zu gefallen, nationalsozialistisches Theater machen? — Das kann ich als aufrechter Mann nicht, und das kann niemand von mir verlangen."[362]

358 Vgl. Rainer Bölling, Sozialgeschichte der deutschen Lehrer. Ein Überblick von 1800 bis zur Gegenwart, Göttingen 1983, S. 136—155. Bölling betont den starken Anpassungsdruck, dem die Lehrer nach der Machtergreifung unterworfen waren; der Anspruch auf Sozialleistungen war an die Mitgliedschaft im NSLB geknüpft.

359 Zur Resignation unter der katholischen Lehrerschaft und zu ihren Motiven für die Annäherung an den NS-Staat sowie zum Ende des katholischen Lehrerverbandes vgl. H. Küppers, Der katholische Lehrerverband in der Übergangszeit, besonders S. 110 f., S. 120 f. und S. 185.

360 Vgl. die Eingabe des Dekanates Aachen-Nordost vom 16. 6. 1936. BDA. GvS L 8 I; Schreiben von Kaplan R. Besouw vom 13. 11. 1933 an das Generalvikariat. BDA. GvS J 14 I. Vgl. den Lagebericht der Stapostelle Aachen für Juni vom 5. 7. 1935 (Nr. 22). Druck: B. Vollmer, Volksopposition, S. 249. Durch den Erlaß des Regierungspräsidenten Düsseldorf vom 26. 7. 1935 wurde die Werbung für die HJ auf Elternabenden obligatorisch gemacht. BDA. GvS L 13 I, Bl. 143. Vgl. auch den Bericht von Studienrat Georg Buscher vom 27. 9. 1946. BDA. GvS L 13 I, Bl. 204—205.

361 Vgl. den Lagebericht des Reg. Präs. Aachen vom 13. 6. 1935 (Nr. 21). Druck: B. Vollmer, Volksopposition, S. 234 f.

362 Rektor NN an Pfarrer Nix. Aachen, 24. 7. 1934. (Maschinenschriftliche Abschrift). BDA. GvS L 13 I, Bl. 77.

Bartholomäus Nix, geb. 9. 11. 1874 in Höfen; gew. 24. 8. 1900; Pfarrer St. Kreuz Aachen; gest. 21. 4. 1943.

Kaplan Nusselein wurde am 8. Mai 1935 durch den Regierungspräsidenten die Erlaubnis zur Erteilung des Religionsunterrichts entzogen, weil er das Ansehen der HJ im Unterricht herabgesetzt und für die Jungschar geworben habe[363]. In Lobberich beschwerte sich der Schulleiter über die Werbung für die katholische Jungschar durch Kaplan Johannes Schipperges im Religionsunterricht[364]. Nach den Märzwahlen von 1936 wurde Schipperges die Erlaubnis zur Erteilung des Religionsunterrichts entzogen[365]. Der Rektor der Volksschule Krefeld-Bockum, Parteimitglied, verdächtigte Kaplan Leo Lange, unter der von diesem 1936 gegründeten Singschar verberge sich eine neue Zusammenfassung der katholischen Jugend[366]. Rektor N. N., nach Auskunft von Kaplan Ferngas ein Zentrumsrenegat, setzte die Kinder unter Druck, die an einer „erweiterten Seelsorgestunde im Pfarrheim der Pfarre St. Elisabeth" in Aachen teilnahmen; nach Rücksprache mit dem Schulrat wurde auf sie verzichtet[367]. Der geistliche Studienrat Georg Buscher aus Ossum berichtet, wie ihn der dortige Rektor, der sich „vom Verfolger der HJ zum Gegenteil" entwickelt habe, das Leben schwergemacht habe[368]. Über die Konfrontation mit dem Hauptlehrer des Ortes, Parteimitglied und aus der Kirche ausgetreten, berichten auch Pfarrer Engstenberg (Winden/Düren) und Pfarrektor Meyer (Warden/Hoengen)[369].

Von einem Lehrer oder auf Initiative eines Lehrers wegen einer Predigt oder regimefeindliche Äußerungen wurden angezeigt: Kaplan Johannes Schipperges (Lobberich); Kaplan Werner Radermacher (Mönchengladbach-Hermges), der Religionslehrer Heinrich Selhorst (Aachen), Pfarrer Christian Hubert Woebel (Hilfrath), Pfarrer Wilhelm

[363] Vgl. die Abschrift des Schreibens des Reg. Präs. Aachen an das Generalvikariat. BDA. GvS L 13 I, Bl. 75 f.

[364] Vgl. den Bericht von Kaplan Schipperges vom 21. 6. 1946 an das Generalvikariat in Aachen. BDA. GvS L 13 I, Bl. 136 ff.

[365] Vgl. die Abschrift des Beschwerdebriefes von Kaplan Schipperges vom 19. 7. 1935, BDA. ebda.

[366] Vgl. HStAD. Pers.Akten 24743, 23872.

[367] Vgl. den Bericht von Pfarrer Ferngas vom 26. 1. 1947. BDA. GvS L 13 II, Bl. 314—320.

[368] Vgl. dessen Bericht vom 22. 9. 1946, BDA. GvS L 13 I, Bl. 204 f.

[369] Vgl. deren Berichte aus dem Jahre 1946. BDA. GvS L 13 I, Bl. 210 u. Bl. 137.

Georg Buscher, geb. 22. 1. 1880 in St. Hubert; gew. 19. 3. 1904; gest. 3. 11. 1957.

Wilhelm Engstenberg, geb. 15. 3. 1885 in Edelrath; gew. 11. 3. 1911; gest. 19. 9. 1948.

Leo Lange, geb. 15. 12. 1904 in Essen-Rüttenscheid; gew. 12. 3. 1930; gest. 27. 11. 1983.

Eduard Meyer, geb. 26. 7. 1890 in Aachen; gew. 4. 3. 1921; gest. 18. 7. 1959.

Ernst Nusselein, geb. 2. 9. 1908 in Gladbach-Rheydt; gew. 24. 2. 1933; Pfr. i. R.

Werner Radermacher, geb. 14. 11. 1909 in Aachen; gew. 26. 7. 1936; gest. 20. 5. 1962.

Johannes Schipperges, geb. 15. 2. 1905 in Kleinenbroich; gew. 10. 8. 1934; gest. 6. 12. 1962.

Dr. theol. Heinrich Selhorst, geb. 3. 9. 1902 in Geldern; gew. 12. 3. 1927; Religionslehrer in Aachen 1933—1938; Rektor St. Antonius Düren 28. 6. 1940; 1946 Professor Pädagogische Akademie Aachen; 1961 Domkapitular; gest. 20. 11. 1979.

Christian Woebel, geb. 6. 9. 1877 in Niedermerz; gew. 15. 3. 1902; gest. 11. 12. 1954.

Pastern (Mönchengladbach), Pfarrer Johann Zimmermann (Barmen/Jülich), Studienrat Theodor Willemsen (Mönchengladbach); weiterhin Pfarrer Paul Müller (Kalterherberg), wo der anzeigende Lehrer zugleich der Ortsgruppenleiter war[370].
Diese Fälle sprechen nicht unbedingt für eine übermäßige Denunziantentätigkeit der Lehrer. Die Summe der Anzeigen und die Berichte der Geistlichen über das Verhalten der Lehrer verweisen jedoch darauf, wie tief vielfach der Graben war, der die Priester als die kirchliche Autorität vor Ort bzw. in der Gemeinde von den die staatliche Autorität verkörpernden Lehrern trennte. Dies bedeutete eine einschneidende Veränderung für die Geistlichen.

Das Verhältnis zu den örtlichen Parteistellen und Funktionären war, was die Erwartungshaltung der Geistlichen anbelangt, nicht so von Enttäuschung geprägt. Die Rivalität wurde eher von Parteiseite empfunden. Dies zeigt die Anzeige des Blockwartes aus Krefeld, Pfarrbezirk St. Franziskus, gegen Kaplan Theodor Brasse vom 14. Mai 1934 wegen „unsachlicher Polemik bei der Erörterung kirchenpolitischer Fragen" während einer Predigt — so der Tatbestand im Sprachgebrauch der den Fall recherchierenden Gestapo. „Die Arbeit der pol. Leiter ist vergeblich, wenn dem Gedanken an die Volksgemeinschaft und die Stärke der nationalsozialistischen Bewegung durch solche verdeckten Angriffe nicht einflußloser Personen Abbruch getan wird."[371]
Zellenwart und Ortsgruppenleiter wachten über die Läutverordnungen und die vorgeschriebene Beflaggung der Kirchen mit den Reichsfahnen an bestimmten staatlichen Feiertagen[372]. Der Ortsgruppenwalter der NSV Richterich verlangte 1933, daß Aufklä-

[370] Vgl. in der angeführten Reihenfolge: Bericht Kaplan Schipperges vom 21. 8. 1946. BDA. GvS L 13 I, Bl. 136—148; HStAD. RW 58. Pers. Akte 4364; H. Selhorst, Priesterschicksale, S. 160; BDA. GvS L 13 II, Bl. 173 und GvS L 13 III; HStAD. RW 58. Pers. Akte 20200; B. Vollmer, Volksopposition, S. 249; HStAD. RW 58. Pers. Akte 26639, Pers. Akte 33109; BDA GvP Müller.

[371] Schreiben des Blockwartes N. N. vom 14. 5. 1934 an die Ortsgruppenleitung. Von dort wurde über die Kreisleitung, die Gauleitung Düsseldorf, die Stapoleitstelle Düsseldorf schließlich die Stapoaußenstelle Krefeld benachrichtigt. Nach dem Aktenvermerk in der Personalakte der Gestapo habe Kaplan Brasse gesagt, die Katholiken befänden sich einer Macht gegenüber, die ihre inneren Stärke bald einbüße. Weiterhin habe er den Eintritt in die NSV abgelehnt. Vgl. HStAD. RW 58. Pers. Akte 9136.

[372] So schritt in Millen, Dekanat Gangelt, der Zellenwart ein, weil der dortige Pfarrer Karl Schmitz am 15. 1. 1935, am Tag, an dem das Saarabstimmungsergebnis bekannt gegeben wurde, nicht geläutet hatte. Vgl. das Schreiben der Stapostelle Aachen vom 22. 1. 1935 an das Generalvikariat Aachen. BDA. GvS M 2 I. Am Tag der „nationalen Erhebung" (30. 1. 1934) schritt in Roetgen der Ortsgruppenleiter ein. Vgl. den Brief von Pfarrer Johann Joseph Schneider aus Roetgen vom 30. 1. 1934 an das Generalvikariat Aachen BDA. GvS M 2 I. Siehe unten, S. 188 ff.

Theodor Brasse, geb. 26. 1. 1903 in Stolberg; gew. 12. 12. 1931; gest. 26. 3. 1983.

Paul Müller, geb. 14. 5. 1887 in Viersen; gew. 13. 8. 1922; Kaplan Hlg. Kreuz Aachen 1925—1934; Pfarrer in Kalterherberg 1934—1937; gest. 10. 10. 1957.

Wilhelm Pastern, geb. 17. 2. 1872 in Willich; gew. 2. 7. 1896; gest. 29. 1. 1956.

Dr. theol. Theodor Willemsen, geb. 2. 8. 1880 in Bingen; gew. 28. 3. 1903; gest. 5. 3. 1965.

Johann Zimmermann, geb. 29. 7. 1877 in Erp; gew. 15. 3. 1902; Pfarrer in Barmen 1932—1935; anschließend Pfarrer in Mönchengladbach-Hermges; gest. 12. 5. 1961.

rungsschriften der NSDAP, die für alle Organisationen, Verbände und Vereinigungen im Deutschen Reich bestimmt waren, auch innerhalb des Horbacher Kirchenchors verbreitet würden, anderenfalls man Gefahr laufe, daß der dortige Kirchenchor aufgelöst werde[373].

Pfarrer Jacob Brock, Würselen wurde im Dezember 1935 wegen Beleidigung des Ortsgruppenleiters angezeigt[374]. Wie Pfarrer Walter Ferngas, Weiden, betont, war sein dortiger ‚Gegenspieler' der Ortsgruppenleiter; auch Pfarrektor Giesenfeld berichtet von seiner Stelle in Süchteln, daß sich der Ortsgruppenleiter besonders hervorgetan habe[375]. Ähnliches wurde in der Pfarrgemeinde Hausen, Dekanat Gemünd, beobachtet. Erst die Einberufung des Ortsgruppenleiters brachte für den Pfarrer eine Erleichterung[376]. Besondere Schwierigkeiten mit dem Ortsgruppenleiter hatten auch Pfarrer August Friedrich Zapp, Hergarten, und Pfarrer Heinrich Joseph Lennarz, Mariaweiler[377].

Laut Bericht der Staatspolizei Aachen von Oktober 1935 ereignete sich in einem nicht näher bezeichneten Ort des Regierungsbezirks Aachen ein bedauerlicher Zwischenfall im Anschluß an eine Prozession: Ortsgruppenleiter und Kaplan zerrten vor einem größeren Publikum das umstrittene Banner des Jungmännerverbandes hin und her[378].

Anzeigen bei der Polizei bzw. Staatspolizei durch Ortsgruppenleiter erfolgten neben dem erwähnten Fall von Pfarrer Paul Müller: wegen einer Predigt gegen Pfarrer Johann Zimmermann, Mönchengladbach/Hermges, wegen Abhaltens von Messen in einer Wohnung gegen Kaplan Josepf Schneider, St. Tönis, wegen Jugendarbeit gegen Kaplan Matthias Lindt, Rheindalen; wegen provozierenden Auftretens gegen Kaplan Paul Högel, Würselen[379].

373 Der dortige Pfarrer Reiner Klein wies dies Ansinnen zurück. Vgl. Herbert Lepper, 175 Jahre Pfarre Horbach. Eine Gemeinde im Schatten ihrer Kirche Aachen 1976, S. 34 f.

374 Vgl. U. von Hehl, Priester unter Hitlers Terror, Sp. 3.

375 Vgl. deren Berichte vom 26. 1. 1947 und 8. 2. 1947. BDA. GvS L 13 II, Bl. 314 ff. und GvS L 13 I, Bl. 70.

376 Vgl. den Bericht von Pfarrer Joseph Neibecker vom 18. 12. 1946 an das Generalvikariat Aachen. BDA. GvS L 13 I, Bl. 90—93.

377 Vgl. BDA GvP Friedrich Zapp und den Bericht von Pfarrer Lennarz. BDA GvS L 13 II, Bl. 88—101.

378 Vgl. den Lagebericht der Stapostelle Aachen für September vom 7. 10. 1935 (Nr. 26). Druck: B. Vollmer, Volksopposition, S. 295.

379 Vgl. HStAD. Pers. Akten 26639, 47797, 27122, 19299 und 65846.

Jakob Brock, geb. 25. 1. 1876 in Düren; gew. 15. 8. 1899; Pfarrer in Würselen 1932—1936; bis 1940 Pfarrer in Willich; gest. 18. 7. 1959.

Wilhelm Giesenfeld, geb. 23. 9. 1904 in Krefeld; gew. 28. 2. 1928; gest. 31. 1. 1967.

Paul Högel, geb. 11. 4. 1908 in Krefeld; gew. 16. 3. 1935; gest. 7. 5. 1986.

Reiner Klein, geb. 7. 2. 1886 in Boslar; gew. 6. 3. 1909; gest. 6. 5. 1962.

Matthias Lindt, geb. 10. 2. 1908 in Arsbeck; gew. 24. 2. 1933.

Joseph Neibecker, geb. 23. 9. 1889 in Saeffelen; gew. 21. 12. 1912; gest. 14. 3. 1967.

Josef Schneider, geb. 20. 7. 1912 in Küchelscheid; gew. 12. 9. 1939; Pfr. i. R.

Friedrich Zapp, geb. 4. 3. 1886 in Ehreshoven; gew. 6. 3. 1909; gest. 29. 6. 1963.

Es kam auch vor, daß über die Kreisleitung der Partei die Überwachung der Predigten durch die Polizei angeregt wurde[380]. Die Ortsgruppenleiter nahmen mitunter selbst die Funktion der politischen Polizei wahr, wenn sie Predigten überwachten und Geistliche wegen darin gemachter Äußerungen verwarnten — für die Betroffenen weniger gefährlich als die direkte Einschaltung der Gestapo[381].

Der Ortsgruppenleiter in Mariaweiler ließ im April 1934 eine nicht angemeldete Versammlung im Pfarrheim aufheben. Dort waren die Mütter der Schulkinder zusammengekommen, um mit dem Pfarrer „Angelegenheiten des Religionsunterrichts und der Christenlehre" zu besprechen[382]. Über ein begrenztes Wohlwollen der örtlichen Partei, insbesondere des Ortsgruppenleiters, berichtet allein Pfarrer Eduard Schmidt aus Imgenbroich[383].

Die Autorität der Geistlichen konnte auch durch die Einbindung in allgemeine Aufgaben, von untergeordneter Stelle angeordnet und als Schikane empfunden, beeinträchtigt werden. In solchen Fällen versuchten die Geistlichen, über das Generalvikariat dagegen anzugehen.

Im Dekanat Geilenkirchen wurden einige Ortspfarrer, nachdem das Generalvikariat seine prinzipielle Zustimmung gegeben hatte, 1935 zu Schulbeiräten berufen. Die bereits erfolgte Vereidigung eines Pfarrers sei dann, so Dechant Bliersbach, von der örtlichen Parteileitung dahingehend interpretiert worden, daß der betreffende Geistliche nun ein Staatsamt ausüben würde und deshalb am 14. Dezember 1935 auf der Straße für das Winterhilfswerk sammeln mußte. Die übrigen zu Schulbeiträgen berufenen Pfarrer würden dies als Ärgernis empfinden und anfragen lassen, ob sie unter diesen Umständen die Berufung annehmen sollten[384].

Auf Weisung der Amtsbürgermeister in Schmidtheim und Blankenheim wurden 1942 sieben Pfarrer zu kurzfristigen Notdiensten für die Freiwillige Feuerwehr herangezogen. Wie Pfarrer Joseph Breidenhoff, Kronenburg, dem Generalvikariat mitteilte,

[380] Vgl. die Mitteilung der Kreisleitung Erkelenz vom 28. 11. 1934 an den Landrat in Erkelenz, worin eine Predigtüberwachung des Dechanten Plaum in Klinkum erbeten und eine Mitteilung über den Inhalt der Predigten angefordert wird, abgedruckt in: W. Frenken, u. a. (Hg.), Der Nationalsozialismus im Kreis Heinsberg, S. 86. Besondere Schwierigkeiten mit der Kreisleitung hatte auch Domkapitular Nikolaus Jansen. BDA. GvS L 13 III.

[381] Vgl. den Bericht von Kaplan Matthias Hegger während seiner Zeit in Hüls. BDA. GvS L 13 I, Bl. 51—54; vgl. den Bericht von Dechant Johannes Wolters über Maßnahmen im Dritten Reich aus dem Jahr 1947. BDA. GvS L 13 I, Bl. 1—54. Der dortige Ortsgruppenleiter forderte, so Dechant Wolters, u. a. den Schuldirektor auf, in der Kirche nicht mehr hinter den Schulkindern Platz zu nehmen und nicht an Prozessionen teilzunehmen, vgl. ebda. Siehe auch den Bericht von Rektor Schroer vom 29. 1. 1942. BDA. GvS L 13 I, Bl. 55.

[382] Pfarrer Lennarz, Bericht, undatiert [1946/47]. BDA. GvS L 13 II, Bl. 89—101.

[383] Vgl. dessen Bericht vom 3. 9. 1946. BDA. GvS L 13 I, Bl. 101 f.

[384] Vgl. das Schreiben von Dechant Bliersbach vom 19. 12. 1935 an das Generalvikariat in Aachen. Das Generalvikariat antwortete am 20. 12. 1935, es versuche, eine zentrale Entscheidung herbeizuführen. Die Herren möchten doch darauf hinwirken, einen freiwilligen Verzicht auf die Hilfe der Geistlichen aufgrund ihrer seelsorglichen Inanspruchnahme zu erreichen. BDA. Gvd Geilenkirchen 1 II.

Joseph Breidenhoff, geb. 10. 1. 1901 in Waldbröl; gew. 6. 8. 1928; gest. 17. 1. 1943.

Matthias Hegger, geb. 26. 3. 1905 in Krefeld; gew. 12. 2. 1931; gest. 3. 2. 1988.

Eduard Schmidt, geb. 30. 3. 1896 in Marmagen; gew. 13. 8. 1922; gest. 12. 3. 1965.

handelte es sich dabei offenbar um eine schikanöse Anordnung des zuständigen Landrates; die Sollstärke der Freiwilligen Feuerwehr sei überfüllt, wie der Chef der dortigen Freiwilligen Feuerwehr erklärt habe[385]. Beschwerden des Aachener Generalvikariats beim zuständigen Regierungspräsidenten blieben erfolglos; der Dienst in der Feuerwehr, so wurde der bischöflichen Behörde beschieden, sei ein „Ehrendienst". Die Geistlichen könnten ja, falls es Überschneidungen mit dem Gottesdienst gebe, diesen früher beschließen[386].
Obschon die hier angeführten Beispiele für eine Situierung eines jeden einzelnen Vorfalls sprechen, verdeutlichen sie in ihrer Gesamtheit die für die Arbeit der Geistlichen vor Ort bestimmenden Faktoren. Darüberhinaus lassen sich Tendenzen im Verhalten der Geistlichen feststellen, wie im folgenden zu zeigen ist.

4.4. Der Kampf um die Jugend

Wie die Anzahl der im folgenden aufgeführten Vorfälle zeigt, war das überlegte oder spontane Eintreten der Geistlichen für die Belange der katholischen Jugend und Erziehung der Bereich, in dem die meisten ‚Grenzüberschreitungen' im Sinne der Mißachtung und Verletzung staatlicher Anordnungen zu verzeichnen waren. Die Folge davon waren Maßnahmen der Partei, der Behörden, Gerichte und der Staatspolizei. In diesen Bereich fallen das Eintreten für die katholische Jugendverbände und die Bekenntnisschule, die Kritik an der staatlichen Jugend- und Schulpolitik sowie am Verhalten der HJ, das Abhalten von verbotenen Vereinsabenden, Ausflügen etc. Diesen Befund bestätigte vor allem für die ersten Jahre des Dritten Reichs die Gestapo. Nach Ansicht der Staatspolizeistelle Aachen führten die Geistlichen den Kampf um die Jugend mit einer „unerhörten Verbissenheit und Zähigkeit"[387]. In einem weiteren Bericht heißt es unter anderem: „Die aufopfernde Jugendarbeit — anders kann sie nicht bezeichnet werden — die der katholische Klerus leistet, hat auch in der Berichtszeit seine Fortsetzung gefunden."[388]
Wenn mitunter auch ein fließender Übergang zwischen dem privaten, schulischen und verbandlichen Einsatz für die Jugend zu beobachten ist, soll hier eine Trennung nach Sachverhalten vorgenommen werden, die Intentionen und Einstellungen der Geistlichen erkennbar werden lassen[389].

[385] Vgl. das Schreiben Pfarrer Breidenhoffs vom 22. 8. 1942 an das Generalvikariat in Aachen. BDA. GvS E 22 I.
[386] Vgl. das Schreiben des Reg. Präs. Aachen vom 30. 9. 1942 an das Generalvikariat in Aachen. BDA. GvS E 22 I. Laut diesem Schreiben stützten sich die Maßnahmen auf den Runderlaß des RFSS u. Ch.d.dt.P. vom 3. 6. 1941 über die Erhöhung der Schlagkraft der Freiwilligen Feuerwehr und der Pflichtwehren, wonach alle als Ergänzungskräfte geeigneten Volksgenossen ohne Ansehen der Person zum Ausgleich des Personalabgangs bei der Freiwilligen Feuerwehr zum kurzfristigen Notdienst herangezogen werden sollten.
[387] Vgl. den Lagebericht der Stapostelle Aachen für Juli vom 7. 8. 1935 (Nr. 23). Druck: B. Vollmer, Volksopposition, S. 261.
[388] Stapostelle Aachen. Lagebericht für September 7. 10. 1935 (Nr. 26). Druck: B. Vollmer, Volksopposition, S. 291.
[389] Zu den Auswahlkriterien vgl. oben, S. 131.

Priesterliche Erziehungspflicht und Konflikte mit der Staatsjugend

Der Pfarrer hatte nach dem kanonischen Recht die Pflicht, darüber zu wachen, daß in seiner Pfarrei, besonders in den öffentlichen und privaten Schulen, nichts gegen den Glauben und die Sitten gelehrt wurde[390]. Alarmierend auf die Geistlichkeit wirkte in dieser Beziehung Alfred Rosenbergs „Mythus"[391]. Nach Beobachtung der Aachener Staatspolizei verlor die „Bewegung" durch das „Mythus-Problem" immer mehr Sympathisanten und Anhänger unter den Geistlichen[392]. Diese betrachteten, so weiß dieselbe Quelle zu berichten, die weltanschauliche Schulung der HJ als unvereinbar mit dem katholischen Glauben. Als Beleg dafür diente ein Antwortschreiben Pfarrer Dürbaums, Aachen — St. Adalbert, auf die Anfrage des dortigen Schulleiters. Der Pfarrer hatte im Einvernehmen mit dem Generalvikariat Aachen erklärt, daß Angehörige nationalsozialistischer Jugendverbände als Meßdiener keiner heiligen Handlung assistieren dürften, da der Reichsjugendführer der HJ Rosenbergs Ansichten zur Richtschnur der HJ deklariert habe. Eine bischöfliche Anordnung, wonach Angehörige nationalsozialistischer Jugendverbände grundsätzlich nicht Meßdiener sein dürften, bestünde jedoch nicht[393]. Der Brief Pfarrer Dürbaums, aufgesetzt von Diözesanjugendpräses Klaus Mund, verdeutlicht, wie die bischöfliche Behörde den internen Bereich der Kirche, hier den Gottesdienst, vorsichtig abzuschirmen suchte[394]. Eine direkte Konfrontation mit dem nationalsozialistischen Staat, wie sie eine generelle Regelung vielleicht nach sich gezogen hätte, sollte offenbar vermieden werden. Manchem Geistlichen war dies zu wenig. So erkärte Kaplan Pütz, Aachen St. Adalbert, im Sommer 1936, daß er nur aus Gehorsam gegenüber der bischöflichen Behörde sich bereitfinden würde, auch HJ-Mitglieder als Meßdiener zuzulassen[395]. Ein gänzlicher Ausschluß aller HJ-Mitglieder vom Meßdienerdienst war hingegen kaum durchführbar, bedingt durch die faktische Zwangsmitgliedschaft aller Jugendlicher in den nationalsozialistischen Verbänden und die weiteren Beschränkungen, die infolge staatlicher Anordnungen zu verzeichnen waren[396].

390 Vgl. Codex Iuris Canonici, can 469.
391 Vgl. oben, S. 108 f.
392 Vgl. den Lagebericht der Stapostelle Aachen für November vom 5. 12. 1934 (Nr. 12). Druck: B. Vollmer, Volksopposition, S. 128.
393 Vgl. den Lagebericht der Stapostelle Aachen für Februar vom 9. 3. 1935 (Nr. 16). Druck: B. Vollmer, Volksopposition, S. 176.
394 Zum Zustandekommen dieses Briefes vgl. den Vorgang in: BDA. GvS L 8 I.
395 Vgl. dessen Schreiben vom 18. 6. 1936 an das Generalvikariat in Aachen. BDA. GvS M 8 I.
396 Den Lehrpersonen wurde in der Folgezeit untersagt, Meßdiener für Brautämter und Exerzitien zu beurlauben. Vgl. den Auszug aus dem Dekanatsbuch des Dekanats Linnich, Dekanatskonferenz vom 21. 6. 1937. BDA. Gvd Linnich 1 II. Nach Mitteilung des OKW wurde den Wehrmachtsangehörigen die Ausübung des Ministrantendienstes während des Urlaubs, auch wenn sie hierzu aufgefordert wurden, grundsätzlich untersagt. Vgl. das Schreiben des Reichs-

Heinrich Dürbaum, geb. 6. 10. 1867 in Boslar; gew. 15. 8. 1894; Diözesandirektor des Bonifatiusvereins; gest. 25. 5. 1944.

Dr. phil. Klaus Mund, geb. 2. 10. 1902 in Aachen; gew. 7. 3. 1927; Diözesanjugendpräses Aachen 1931; 1938 Pfarrer Immendorf; 1946 Präses des Päpstlichen Werkes der Glaubensverbreitung, Aachen; gest. 31. 12. 1979.

August Pütz, geb. 27. 2. 1904 in Aachen; gew. 14. 3. 1928; gest. 25. 6. 1958.

Die Abneigung gegen die staatliche Jugendpolitik konnte sich in abfälligen Äußerungen über das Landjahr entladen. Gegen drei Priester wurde deshalb ermittelt[397]. In Heinsberg hatte Kaplan Heinrich Weyer bereits im April 1933 Schwierigkeiten mit dem Jungvolk[398]. 1934 verbot Kaplan Johannes Thoma einer Gruppe von Jungmädchen, vor der Kirche das Fahnenlied der HJ zu singen[399]. Schwierigkeiten mit HJ-Führern hatte 1934 Kaplan Werner Eschweiler in St. Joseph in Rheydt[400].
Die gegen Geistliche verhängten staatlichen Zwangsmaßnahmen gingen häufig auf Anzeigen von Mitgliedern nationalsozialistischer Jugendverbände zurück. Am 2. Juli 1934 entzog der Regierungspräsident dem Pfarrer Gottfried Brockhans in Aachen — St. Barbara die Erlaubnis zur Erteilung des schulplanmäßigen Religionsunterrichts und untersagte ihm generell das Betreten der Schulräume. Begründet wurden diese Maßnahmen mit dem Verhalten des Pfarrers gegenüber Angehörigen des BDM und damit, daß er die Vorschriften über die Anwendung des „Deutschen Grußes" nicht beachtet hätte[401]. Kaplan Eduard Heynen, Viersen — St. Josef, wurde von einer Schülerin angezeigt, gegen den BDM gearbeitet zu haben. 1934 erhielt er Unterrichtsverbot; der Vorwurf lautete auch hier: Ignorieren des ‚Deutschen Grußes'[402]. Mit einem Unterrichts-

ministers für kirchliche Angelegenheiten vom 2. 7. 1942 an die bischöflichen Behörden, abschriftlich vom Generalvikariat an die Dechanten am 16. 7. 1942. BDA. GvS C 5 II.

397 Pfarrer Harck, Eschweiler, erhielt deshalb im Juni 1935 eine ernstliche Verwarnung. Vgl. den Lagebericht der Stapostelle Aachen für Juni vom 5. 7. 1935 (Nr. 22). Druck: B. Vollmer, Volksopposition, S. 247. Ein Sondergerichtsverfahren wegen des gleichen Delikts wurde gegen Kaplan Nikolaus Berks in Mönchengladbach angestrebt. Vgl. U. von Hehl, Priester unter Hitlers Terror, Sp. 3. Von Kaplan Joseph Jammers wurden Briefe an Landjahrpflichtige bekannt, die kritische Bemerkungen über den Lageralltag, insbesondere die Möglichkeiten zur religiösen Betätigung enthalten haben sollen. Vgl. den Lagebericht der Stapostelle Aachen für Dezember vom 7. 1. 1936 (Nr. 30). Druck: B. Vollmer, Volksopposition, S. 333.

398 Vgl. den Jahresbericht des Dekanats Heinsberg für 1933. BDA. Gvd Heinsberg 1 II.

399 Vgl. den Vorgang in: BDA. GvS L 16 I; L 13 II, Bl. 172.

400 Vgl. H. Schüngeler, Widerstand und Verfolgung in Mönchengladbach und Rheydt, S. 209.

401 Vgl. das Schreiben des Reg.Präs. Aachen vom 2. 7. 1934 an das Generalvikariat in Aachen. BDA. GvS L 8 I. Vgl. oben, S. 97 f. Vgl. die Dokumente Nr. 24—26, S. 302—303.

402 Vgl. den Vorgang in: BDA. GvS L 13 III.

Nikolaus Berks, geb. 7. 8. 1908 in Aachen; gew. 7. 3. 1936; gest. 3. 8. 1984.

Gottfried Brockhans, geb. 2. 12. 1878 in Aachen; gew. 28. 5. 1904; gest. 8. 11. 1941.

Dr. jur. Werner Eschweiler, geb. 7. 9. 1900 in Wassenberg; gew. 6. 8. 1929; Kaplan in Rheydt 1929—1934, danach in Krefeld und Linnich; Pfarrer in Vossenarck 1942; gest. 7. 3. 1976.

Hermann Harck, geb. 23. 12. 1890 in Xanten; gew. 6. 6. 1914; gest. 25. 11. 1962.

Eduard Heynen, geb. 5. 1. 1897 in Gladbach-Rheydt-Mülfort; gew. 5. 3. 1922; gest. 31. 1. 1969.

Joseph Jammers, geb. 30. 5. 1906 in Krefeld; gew. 30. 7. 1931; gest. 17. 8. 1987.

Johannes Thoma, geb. 6. 4. 1901 in Hillesheim; gew. 5. 3. 1925; Kaplan in Mönchengladbach-Hardt 1929—1936; Kaplan in Aachen 1936—1945; Pfr. i. R.

Heinrich Weyer, geb. 8. 4. 1907 in Krefeld-Uerdingen; gew. 13. 2. 1933; gest. 22. 6. 1976.

verbot wurde auch Pfarrer Wilhelm Nagel in Hürtgen belegt. Er soll sich geweigert haben, im Religionsunterricht den Hitlergruß anzuwenden[403].
Mit dem Ausschluß vom Religionsunterricht wurde den Geistlichen ein wichtiger Arbeitsbereich genommen. Dies macht der folgende Fall deutlich.
Im Juli 1936 informiert das Regierungspräsidium Düsseldorf den Bischof von Aachen, daß es dem Kaplan Josef Conrads in Oedt die Erteilung des lehrplanmäßigen Religionsunterrichts vorläufig untersagt habe. Beanstandet wurden Ausführungen des Kaplans vor Schülern. Damit der Regierungspräsident Kaplan Conrads nicht die Erlaubnis zur Erteilung des Religionsunterrichtes förmlich entziehen müsse, wird um eine Versetzung des Kaplans nachgesucht[404]. Conrads bemüht sich daraufhin um eine Stelle in Viersen — St. Josef. Gegen seine Ernennung erhebt der dortige Pfarrer aber schwere Bedenken, ... „denn was will ich mit einem Kaplan anfangen, der keinen Unterricht erteilen kann."[405] Schließlich wird Conrads nach Osterath versetzt, wo er im November 1936 wieder die Zulassung zum Religionsunterricht erhält[406].
Angesichts des Stellenwertes, der dem Religionsunterricht für die berufliche Tätigkeit der Priester zukam, kann es nicht verwundern, daß von staatlicher Seite der Ausschluß vom Religionsunterricht als ein probates Mittel zur Disziplinierung der Geistlichen angesehen wurde. „Derartige Maßnahmen sind, wenn sie sachgemäß richtig und taktvoll behandelt werden, das wirksamste Mittel, gegen politisch falsch handelnde Geistliche vorzugehen."[407] Über den Entzug der Erlaubnis zur Erteilung des schulplanmäßigen Religionsunterrichtes in den Volksschulen bemerkt der Leiter der Staatspolizeistelle Aachen mit Blick auf sieben Geistliche, gegen die diese Maßnahme im Mai 1935 ergriffen wurde: „Es handelt sich durchweg um Geistliche, die schon wiederholt unangenehm aufgefallen waren, wie überhaupt zu beobachten ist, daß es meist dieselben Pfarrer und Kapläne sind, die immer wieder zu besonderen Klagen Anlaß geben."[408]
Der bereits behandelte ‚lokale Faktor', wonach der Selbstbehauptungswille der Geistlichen vor Ort mit dem Autoritätsanspruch untergeordneter Parteifunktionäre kollidieren konnte, ist bei dieser Beobachtung der Gestapo in Rechnung zu stellen. Weiterhin spielte eine Rolle, daß ein einmal auffällig gewordener Priester das besondere Interesse der Überwachungsorgane weckte. In solchen Fällen wurden mitunter die gering-

[403] Vgl. den Lagebericht der Stapostelle Aachen für Oktober vom 7. 11. 1935 (Nr. 28). Druck: B. Vollmer, Volksopposition, S. 308.
[404] Vgl. das Schreiben des Reg. Präs. Düsseldorf vom 8. 7. 1936 an den Bischof von Aachen. BDA. GvP Conrads.
[405] Pfarrer Kremer an das Hochwürdigste Bischöfliche Generalvikariat. 17. 8. 1936. BDA. GvP Conrads.
[406] Vgl. das Schreiben des Reg. Präs. Düsseldorf vom 13. 11. 1936 an das Generalvikariat Aachen. BDA. GvP Conrads.
[407] Reg. Präs. Aachen. Lagebericht vom 9. 8. 1934 (Nr. 3). Druck: B. Vollmer, Volksopposition, S. 75.
[408] Stapostelle Aachen. Lagebericht für März vom 5. 4. 1935. Druck: ebda; S. 185.

Josef Conrads, geb. 20. 4. 1902 in Kalterherberg; gew. 10. 8. 1926; gest. 5. 10. 1945.

Dr. theol. Gerhard Kremer, geb. 26. 2. 1891 im Altmyhl; gew. 24. 6. 1915; Diözesanpräses der Catholica Unio; gest. 31. 5. 1942.

Wilhelm Nagel, geb. 12. 10. 1883 in Keldenich; gew. 1. 8. 1909; gest. 7. 4. 1945.

 „Der Stürmer", 15. Jg., Nr. 6, Februar 1937, S. 10 ▶

Haß über das Grab hinaus

Pfarrer Ahrens verlangt die Entfernung der Hakenkreuzfahne

Lieber Stürmer!

Es ist ausschließlich dem Nationalsozialismus zu verdanken, daß heute in Deutschland noch Kirchen stehen und die Geistlichen beider Konfessionen das Wort Gottes verkünden können. Hätte nicht der Nationalsozialismus im letzten Augenblick Rettung gebracht, dann wäre über Deutschland der Bolschewismus gekommen. Die Kirchen wären ähnlich wie in Sowjetrußland und in Spanien in Flammen aufgegangen und Geistliche wären zu Hunderten und Tausenden ermordet worden. Man möchte nun glauben, daß besonders die Geistlichkeit dem Neuen Deutschland für die Errettung vor dem bolschewistischen Chaos dankbar wäre. Daß dies aber nicht immer der Fall ist, zeigt uns ein Vorfall, der sich in **Geilenkirchen** abgespielt hat.

Ein Hitlerjunge war gestorben. Der Pfarrer **Ahrens** sollte den toten Jungen einsegnen und der Erde übergeben. Da sah der Pfarrer, daß am Sarge des Hitlerjungen eine Hakenkreuzfahne angebracht war. Er forderte nun die Entfernung der Fahne, andernfalls müßte er seine Beteiligung am Begräbnis ablehnen. Er begründete sein Verlangen mit dem Ausspruch: „Hier handelt es sich nicht um ein Parteibegräbnis, sondern um ein katholisches Begräbnis." Selbstverständlich wurde die Hakenkreuzfahne nicht entfernt. Daraufhin verließ der Pfarrer, umgeben von seinen Meßdienern, demonstrativ den Platz.

Lieber Stürmer! Geistliche, die so handeln wie der Herr **Ahrens**, sind nicht würdig den Namen Deutscher und die Bezeichnung Seelsorger zu führen. Sie sind Staatsfeinde, deren Haß gegen das neue Reich sogar so weit geht, daß sie selbst Amtshandlungen vor einem offenen Grabe zu Demonstrationen gegen den Nationalsozialismus mißbrauchen. r.

Der Raiffeisen-Verein greift durch

Wir brachten in unserer Nr. 51 eine Notiz, nach welcher der Vorstand des Darlehenskassenvereins Pförring, **Martin Wittmann** aus **Pförring a. D.**, mit Juden Geschäfte macht. Der Bayerische Landesverband landwirtschaftlicher Genossenschaften — Raiffeisen — e. V. hat daraufhin den **Wittmann** seines Amtes enthoben.

Dominikanerpater und Erntedankfest

Lieber Stürmer!

Mit Freude können wir heute feststellen, daß Dein unentwegter Kampf gegen das Judentum nun auch im Sauerland Verständnis findet. Viele Volksgenossen sind durch Deine Aufklärung zur Besinnung gekommen und beschäftigen sich mit der Judenfrage. Wie dringend aber eine weitere Aufklärung noch notwendig ist, möge Dir folgender Vorfall beweisen. Am deutschen Erntedankfest des vergangenen Jahres predigte in **Bödefeld** ein Dominikanerpater. Er kam auch auf die Einrichtung des Erntedankfestes zu sprechen. Unter anderem sagte er, das Erntedankfest wäre ein uraltes Fest und stamme vom jüdischen Volke ab. Die Juden hätten in ihrem Laubhüttenfest als erste das Erntedankfest gefeiert, nicht aber ein heidnisches Volk und erst recht nicht „unsere heidnischen Vorfahren." Lieber Stürmer! Die Zuhörer wußten natürlich sofort, wo der sonderbare geistliche Herr hinaus wollte. Es gehört schon ein sonderbarer Geschmack dazu, unser Erntedankfest in einem Atemzug mit dem jüdischen Laubhüttenfest zu nennen. Aber so sind sie nun einmal, gewisse Vertreter der Geistlichkeit! Lieber singen sie ein Loblied des Judentums als daß sie dem Neuen Deutschland die Verdienste zusprechen, die ihm gebühren. D.

Vom Juden betrogen

Wie Jud Jakubowski Geschäfte macht

Lieber Stürmer!

Mitte Oktober 1936 hat der jüdische Viehhändler Jakubowski aus Glogau wieder viele deutsche Bauern geschädigt. Er fuhr von Dorf zu Dorf und kaufte Vieh auf. Er grüßte die Bauern mit „Heil Hitler!" und tat, als ob er ein Deutscher wäre. Laut Anordnung der Landesbauernschaft dürfen die Bauern nur Vieh verkaufen, wenn es vorher gewogen ist. Als die Bauern dem Jakubowski erklärten, sie müßten das Vieh zuerst zur Waage treiben, kam der Jude mit allerlei Ausreden. Er sagte, er habe dazu keine Zeit und kaufe das Vieh nur „unter der Hand". Verschie[illegible]ne Bauern fielen nun tatsächlich auf den jüdischen „D.[illegible]" herein. Und das Ende? Sämtliche Bauern wurden [illegible] Anzeige gebracht und müssen nun hohe Strafen bezahlen. So hat es der Jude Jakubowski wieder einmal verstanden, „Gojims" hereinzulegen. Wir aber lernen wieder einmal daraus, wie notwendig gerade die Aufklärung des Bauern ist. Der Reichsnährstand kann seine Mitglieder gar nicht oft genug vor dem Juden warnen. Und Du, lieber Stürmer, müßtest regelmäßig in das Haus jedes einzelnen deutschen Bauern kommen. Dann erst wäre den jüdischen Verbrechen ein Ende gesetzt. D.

Juden sind hier unerwünscht

Lieber Stürmer!

Der Schuhjude **Voos**, wohnhaft am Heumarkt 47 zu **Köln**, besuchte vor einigen Tagen eine Zwangsversteigerung in den Pfandkammern Rolandstraße und Dürenerstraße in **Köln**. Er benahm sich dabei so herausfordernd, daß sich die im Lokal anwesenden deutschen Käufer beleidigt fühlten. Einer von ihnen wies dann den Juden hinaus mit der Begründung, die Anwesenheit von Fremdrassigen bei einer Versteigerung von Waren deutscher Volksgenossen sei nicht zulässig. Nun wandte sich der Jude in einem Brief beschwerdeführend an den aufsichtsführenden Amtsrichter. Dieser gab dem Juden folgende Antwort:

„Geschriebene gesetzliche Bestimmungen, wonach Juden das Betreten der öffentlichen Versteigerungslokale verboten ist, bestehen nicht. Da jedoch dem an den Versteigerungen interessierten Käuferkreis die Anwesenheit von Juden durchaus unerwünscht ist, dieselbe auch erfahrungsgemäß zu lebhafter Beunruhigung des deutschen Publikums Anlaß gibt, dürfte Ihnen empfohlen werden, sich in dieser Beziehung die denkbar größte Zurückhaltung aufzuerlegen."

Die Meinung des Amtsrichters ist auch die Meinung des Stürmers. A.

Die Juden und der Deutsche Gruß

Lieber Stürmer!

In Berlin gehören noch viele Mietshäuser den Fremdrassigen. Bekommt der Jude nicht pünktlich seine Miete, so geht er gegen die Säumigen rücksichtslos vor. Fast täglich sind Termine auf den Gerichten angesetzt, bei welchen sich Fremdrassige bemühen, ihre deutschen Mieter hinauszuwerfen. Ich selbst war einmal Zeuge bei einer Verhandlung, in welcher ein Jude mindestens ein halb dutzendmal den deutschen Gruß „Heil Hitler" anwandte. Als ich mich deswegen beim Obergerichtsvollzieher beschwerte, sagte mir dieser: „Sie haben recht, aber das machen die Juden überall!" Lieber Stürmer! Einem Juden steht nicht das Recht zu, den deutschen Gruß zu gebrauchen. Ebensowenig wie er die Hakenkreuzfahne zeigen darf, darf er mit dem Hitlergruß grüßen. Es wäre daher die Pflicht aller Behörden, Juden, die den deutschen Gruß anwenden, zurecht zu weisen und im Wiederholungsfalle zu bestrafen. H.

Kleine Nachrichten

Was das Volk nicht verstehen kann

Die Militärrentenempfängerin Frau **Andreas Bräuning** in **Langenwinkel** Amt Lahr (Baden) benimmt sich den Sammlern der NSV. und des WHW. gegenüber in unverschämter Weise.

*

Der Jude **Zander** in **Jastrow** tritt ausstehende Forderungen an die **Karstadt A.-G.** Berlin ab. Als Bevollmächtigter der Karstadt A.-G. besorgt Rechtsanwalt **Dr. H. Coenen** in **Berlin-Wilhelmsdorf**, Fehrbelliner-Straße 1, die Beitreibung der Forderungen.

*

Der Pferdehändler **Gustav Bröker** in **Billerbeck** Kreis Coesfeld unterhält geschäftliche Beziehungen zu dem berüchtigten Juden **Eichenwald** aus **Billerbeck**.

*

In der Kleinkinderschule der Evangelischen Gemeinde **Kastellaun** werden noch Judensprößlinge gemeinsam mit deutschen Kindern erzogen.

*

In **Brockum** kaufen noch eine ganze Anzahl deutscher Frauen und Männer beim Juden.

*

Die Maschinenabteilung des Wasserstraßenamtes **Brake** macht mit dem Juden **Weinberg** in Brake Geschäfte.

*

Der Reichsbahninspektor a. D. **Franz Schmitt** aus **Bruchsal** läßt sich von dem Judenarzt Dr. **Sulzberger** behandeln. Auch der Zugführer a. D. **Franz Simlauer** und der Lokomotivführe **Alfred Ehrbacher** bedienen sich der Hilfe des Judenarztes.

*

Der Volksgenosse **Paul Keiderling** aus **Böddinghausen** (Ga Westfalen-Süd) fährt mit Juden im Auto und auf dem Motor rad spazieren.

*

Der **Volksverband der Bücherfreunde** in **Berlin-Charlotten burg 2**, Berliner Straße 42/43 bietet in seinem Bücherzettel vo Weihnachten 1936 die Werke des Juden **Chaim Bückeburg** (Heine als „Klassiker-Werke" an.

*

Der Inhaber des Kaffeehauses **Maikotten** (zwischen Werf und Kanal i. W.) ist der Gastwirt **Ewald Plettendorf**. E macht mit Juden Geschäfte.

*

Der Turn- und Gesangverein **„Deutsche Eiche" in Kalkbe** gibt Einladungen zu einem Faschingsball heraus, welche fol genden Schluß haben: **„Heil Hitler! Grüß Gott! Gut Heil Der Vereinsführer."**

*

Der Schneidermeister **Johannes Wolf** in **Mansbach** (Krei Hünfeld) macht mit dem Juden **Bacherach** Geschäfte. Frau **Elfi Wiegand** in **Mansbach** kauft beim Juden **Salomon Tannenbaum** ein.

*

Folgende Fleischermeister aus **Hannover** machen Geschäft mit dem Judenmetzger **Nußbaum** in der Nordmannstraß zu **Hannover**: **Fr. Ehlers**, Hainhölzerstr. 73, **K. Illing**, Frie denstraße 5, **H. Rekemeier**, Bahrenwalderstr., **W. Klöppner**, Goe thestraße 27, **E. Knolle**, Nordmannstr. 5, **Jonas** Engelbostler Damm, **Fr. Oberg**, **Fr. Breitschädel**, Scheffelstr., **Peters**, Pfar landplatz 10, **Beisener**, Markthalle, **Boßhage**, Seydlitzstr. 12.

Mit dem Judenmetzger **Wollermann** in der Nordmannstraß zu **Hannover** arbeiten folgende Fleischermeister zusammen: **Gusta Müller**, Markthalle, **Ernst Heise**, Nikolaistraße 44, **Kurt Warneke** Scheiderstr., **W. Willführ**, Sodenstr. 3, **W. Klöppner**, Goethestr. **Albert Wessel**, Calenbergerstr., **W. Luppold**, Meterstr. 31, **Fr Oberg**, **Karl Reiffahrt**, Bahrenwalderstr. 11, **W. Schneegaß**, Gei belstr. 39, **Fr. Riemeier**, Markthalle, **E. Knolle**, Nordmannstr. 5

*

Die Kaffeegaststätte **„Museum"** in der Müllerstraße und Eck Einlaß in **München** nimmt mit Vorliebe Juden auf. De Inhaber dieses Lokals, **Josef Weinzierl**, und seine Frau taten den Ausspruch: **„Ich habe schon vor der Machtübernahme von den Juden gelebt und lebe auch heute noch von diesen!"**

*

Der Gutshofbesitzer **Hans Graef** in **Monsheim** bei **Worms** macht Geschäfte mit dem Viehjuden **Mayer** aus **Klein-Bockenheim** und mit dem Fettjuden **Fröhlig** aus **Worms**.

Treue Stürmerleser

Tausende unserer Leser haben dem Stürmer schon seit vielen Jahren die Treue gehalten. Zu jenen, die unser Kampfblatt schon seit über 10 Jahren regelmäßig beziehen, gehören:

Heinrich Wald, Bayreuth, Bamberger Straße 58
Johann Dollinger, Neustadt a. Aisch, Jahnstraße 8
Wilhelm Zeilbeck, Edelshausen/Obbay., Bahnhof
Fritz Schörger, Dinkelsbühl
Hans Fischer, Röthenbach a. Pegn., Hammergasse 4
Gg. Neuhoff, Gräfelfing

Neue Stürmerkästen

Die **Stürmerkästen** haben den Zweck, auch jene Volksgenossen in der Judenfrage aufzuklären, die nicht in der Lage sind, selbst den Stürmer zu beziehen. In den letzten Jahren sind innerhalb des Reiches Tausende und Abertausende von Stürmerkästen errichtet worden. Täglich gehen bei der Stürmer-Schriftleitung Meldungen ein über Neuerrichtung von Stürmerkästen und Stürmerlesetafeln.

Neue Stürmerkästen wurden errichtet von:

Bernhard Böttgen, **Köln-Zollstock**, Bochemerstraße 7
Theodor Müller, Zollanwärter, **Uebereisenbach**, Zollaufsichtsstelle
NSDAP. Ortsgruppe **Eickel**, **Wanne-Eickel**, Yorkstraße 36
Pgn. **Maria Mockel**, **Unkel**, Schulstraße 4
Heinz Bedford, **Osnabrück**, Tannenburgstraße 100
Pg. **Stadler**, **Röham** b. Pfarrkirchen Ndby.
NSDAP. Ortsgruppe **Neuenhagen** b. Bln., Bahnhofstraße 15—16.
SA. der NSDAP. Sturm 11/R 37 **Ansbach**, Unterer Markt 7
NSDAP. Ortsgruppe **Stierhöfstetten** Franken
Engelbert Wörle, **Vorderburg**/Bayer. Allgäu
Wilhelm Krause, **Wert** b. Bocholt
Emil Matthes, **Neu-Rehefeld**
Reichsluftschutzbund e. V., Ortsgruppe **Bonn-Beuel**

Ohne Lösung der Judenfrage keine Erlösung der Menschheit!

sten ‚Vergehen' bekannt und geahndet. Verschiedene Instanzen konnten in der Folge sich addierende Zwangsmaßnahmen verhängen, denen nur ein ‚Vergehen' vorausgehen mochte[409].

Das Konfliktpotential, das sich auch dem Erziehungsanspruch der Geistlichen und dem Verhalten der gegen diese auftrumpfenden Jugendlichen ergab, war offensichtlich sehr groß. Dies belegen zahlreiche weitere Fälle.

Im Jahr 1937 protestierte Kaplan Anton Hamm in Richterich öffentlich gegen die Zerstörung des Friedhofs und wurde wegen Kritik an der HJ angezeigt[410]. Weil er seinen Meßdienern gegenüber kritische Äußerungen über einen Hauptlehrer machte, erhielt Kaplan Heinrich Schoenen in Körrenzig (Dekanat Linnich/Landkreis Erkelenz) 1936 eine Verwarnung von der Staatspolizei[411]. Im November 1937 wurde Religionslehrer Heinrich Selhorst von einem HJ-Führer angezeigt[412]. Eine Anzeige gegen Kaplan Johannes Domsel aus dem Jahr 1941 ging auf weibliche Arbeitsdienstpflichtige zurück[413].

Pfarrer Wilhelm Ahrens hatte auf seiner Pfarrstelle in Palenberg bereits 1933 Schwierigkeiten mit der örtlichen NSDAP. Die benachbarte Ortsgruppe der NSDAP in Frelenberg beschwerte sich im Juli 1933, Pfarrer Ahrens befolge nicht die wiederholten Kundgebungen der Kirche, wonach alle parteipolitischen Äußerungen in der Kirche, von der Kanzel und in der Schule zu vermeiden seien[414]. Am 25. Oktober 1935 wurde Ahrens die Erlaubnis zur Erteilung des Religionsunterrichtes entzogen[415]. Am 15. Dezember 1936 wird Pfarrer Ahrens verhaftet. Nach dreimonatiger Internierung im KZ Sachsenhausen wird er am 5. März 1937 mit erheblichen Gesundheitsschäden

[409] Vgl. die einzelne Priester betreffenden Zwangsmaßnahmen, aufgeführt bei U. von Hehl, Priester unter Hitlers Terror, Sp. 1 ff.

[410] Vgl. den Vorgang in: BDA. GvS L 13 III. Als Militärpfarrer wurde er 1943 wegen Wehrkraftzersetzung angezeigt und am 25. 3. 1944 ins KZ Dachau eingewiesen. Vgl. U. von Hehl, Priester unter Hitlers Terror, Sp. 10. Gegen Schmierereien an der Kirchenwand protestierte auch Pfarrer Peter Micke, Rheydt- Geneicken, 1934. Vgl. H. Schüngeler, Widerstand und Verfolgung in Mönchengladbach und Rheydt, S. 207 und 224. Vgl. exemplarisch die Dokumente Nr. 27—29, S. 306—311.

[411] Vgl. den Lagebericht der Stapostelle Aachen für Juni vom 5. 7. 1935 (Nr. 22). Druck: B. Vollmer, Volksopposition, S. 247. Dort ist der Ortsname fälschlicherweise mit Görsenig angegeben.

[412] Am 6. 11. 1939 erfolgte seine Verhaftung. Nach vierwöchiger U-Haft wurde er entlassen, 1942 erneut aufgrund einer Denunziation angezeigt, am 27. 4. 1942 verhaftet und am 6. 5. 1943 ins KZ Dachau eingeliefert. Vgl. H. Selhorst, Priesterschicksale, S. 165—179; BDA. GvS L 13 II, Bl. 142.

[413] Vgl. HStAD. RW 58. Pers. Akte 343.

[414] Vgl. das Schreiben der Ortsgruppe der NSDAP in Frelenberg vom 18. 6. 1933 an Bischof Joseph Vogt in Aachen. BDA. GvP Ahrens. Vgl. die Dokumente Nr. 30—32, S. 312—316.

[415] Vgl. den Vorgang in: BDA. GvP Ahrens.

Wilhelm Ahrens, geb. 27. 1. 1883 in Münsterbusch; gew. 6. 3. 1909; gest. 24. 2. 1948.

Johannes Domsel, geb. 5. 6. 1909 in Oberbruch; gew. 12. 9. 1939; gest. 26. 2. 1977.

Dr. phil. Anton Hamm, geb. 27. 3. 1909 in Eschweiler; gew. 21. 2. 1937; gest. 15. 1. 1986.

Peter Micke, geb. 14. 9. 1892 in Mönchengladbach; gew. 13. 2. 1921; gest. 21. 5. 1969.

Heinrich Schoenen, geb. 16. 2. 1903 in Kleve; gew. 12. 2. 1932; gest. 17. 11. 1967.

Haß über das Grab hinaus

Pfarrer Ahrens verlargt die Entfernung der Hakenkreuzfahne

Lieber Stürmer!

Es ist ausschließlich dem Nationalsozialismus zu verdanken, daß heute in Deutschland noch Kirchen stehen und die Geistlichen beider Konfessionen das Wort Gottes verkünden können. Hätte nicht der Nationalsozialismus im letzten Augenblick Rettung gebracht, dann wäre über Deutschland der Bolschewismus gekommen. Die Kirchen wären ähnlich wie in Sowjetrußland und in Spanien in Flammen aufgegangen und Geistliche wären zu Hunderten und Tausenden ermordet worden. Man möchte nun glauben, daß besonders die Geistlichkeit dem Neuen Deutschland für die Errettung vor dem bolschewistischen Chaos dankbar wäre. Daß dies aber nicht immer der Fall ist, zeigt uns ein Vorfall, der sich in Geilenkirchen abgespielt hat.

Ein Hitlerjunge war gestorben. Der Pfarrer Ahrens sollte den toten Jungen einsegnen und der Erde übergeben. Da sah der Pfarrer, daß am Sarge des Hitlerjungen eine Hakenkreuzfahne angebracht war. Er forderte nun die Entfernung der Fahne, andernfalls müßte er seine Beteiligung am Begräbnis ablehnen. Er begründete sein Verlangen mit dem Ausspruch: „Hier handelt es sich nicht um ein Parteibegräbnis, sondern um ein katholisches Begräbnis." Selbstverständlich wurde die Hakenkreuzfahne nicht entfernt. Daraufhin verließ der Pfarrer, umgeben von seinen Meßdienern, demonstrativ den Platz.

Lieber Stürmer! Geistliche, die so handeln wie der Herr Ahrens, sind nicht würdig den Namen Deutscher und die Bezeichnung Seelsorger zu führen. Sie sind Staatsfeinde, deren Haß gegen das neue Reich sogar so weit geht, daß sie selbst Amtshandlungen vor einem offenen Grabe zu Demonstrationen gegen den Nationalsozialismus mißbrauchen. r.

Der Raiffeisen-Verein greift durch

Wir brachten in unserer Nr. 51 eine Notiz, nach welcher der Vorstand des Darlehenskassenvereins Pförring, Martin Wittmann aus Pförring a. D., mit Juden Geschäfte macht. Der Bayerische Landesverband landwirtschaftlicher Genossenschaften — Raiffeisen — e. V. hat daraufhin den Wittmann seines Amtes enthoben.

Ausschnitt aus Abb. S. 167

entlassen[416]. Über den Grund seiner Verhaftung gibt lediglich ein im Februar 1937 erschienener anonymer Leserbrief im „Stürmer" Auskunft. Darin wird rückblickend berichtet, Pfarrer Ahrens habe die Entfernung der Hakenkreuzfahne vom Sarg eines einzusegnenden Hitlerjungen gefordert und sich somit als „Staatsfeind" entpuppt.

Pfarrer Brockhans, Aachen, brachte nach Ansicht der dortigen Staatspolizeistelle seine staatsfeindliche Einstellung dadurch zum Ausdruck, daß er im Religionsunterricht den Kindern gegenüber erklärt haben soll:
„Als Adam und Eva aus dem Paradies getrieben wurden, sprach Gott zu ihnen: ‚Der Fluch komme über euch, auf Dornen und Disteln sollt ihr umhergehen, im Schweiße eures Angesichts sollt ihr euer Brot essen, aber nicht in Kraft durch Freude.'"[417]

Man wird in diesen Fällen das Verhalten der Priester in den unteren Bereich der Widerstandsskala einordnen können. Die öffentliche Anprangerung von Übergriffen der HJ würde die Stufe der Nichtanpassung überschreiten und die des öffentlichen Protestes erreichen. Sucht man nach Motiven für das Verhalten der Geistlichen, sind sie im komplexen Bereich des Selbstverständnisses, der Einstellungen und der Mentalität zu finden. Ein allgemeines seelsorgliches und sittliches Anliegen, das sich an den Normen der katholischen Kirche orientierte, führte nicht zwangsläufig zur Konfrontation mit Staat und Partei. Es bedurfte in der Regel einer persönlichen Herausforderung durch Einzelpersonen, um die Geistlichen zu mitunter unbedachten Äußerungen und

[416] Vgl. den Jahresbericht des Dekanates Nörvenich für 1937. BDA. Gvd Nörvenich 1 I.
[417] Zitiert nach: Stapostelle Aachen. Lagebericht für Dezember vom 7. 1. 1936 (Nr. 30). Druck: B. Vollmer, Volksopposition, S. 333.

Handlungen zu veranlassen. Ausschlaggebend war dabei das Bemühen der Priester, den eigenen Status in der Gemeinde zu wahren. Deutlich wird zudem der hohe Grad an Überprüfung und Beobachtung, der, wie im Fall der BDM-Mädchen, forciert wurde von jugendlicher Frechheit, die bis hin zu ‚gemeinem Verhalten' gehen konnte, in der Absicht, der traditionellen Autorität der Geistlichen Abbruch zu tun. Die Polizei bzw. Staatspolizei ging diesen Vorfällen oft bereitwillig nach.
Eindeutiger und aufschlußreicher für die Mentalität der Geistlichen sind die Fälle, in denen direkte, spontane Handlungen überliefert sind, die sich auf ähnliche Sachverhalte beziehen. Wegen Nichtleistens des „Deutschen Grußes" fiel Kaplan Johannes Nießen, Richterich, auf. Ende Oktober 1936 erwiderte er nicht den Hitlergruß zweier Schüler auf der Straße. Ein weiterer Schüler gesellte sich hinzu, grüßte ebenfalls mit „Heil Hitler", woraufhin Kaplan Nießen „mit dem Finger auf seine Stirn" deutete. Ein weiteres ‚Grußvergehen' ereignete sich in der Schule. Der Kaplan hatte den Religionsunterricht vorschriftsmäßig mit dem „Deutschen Gruß" beschlossen. Als ein Schüler, der in der Klasse verblieben war, um die Bänke zu reinigen, sich dann nochmals mit „Heil Hitler" verabschiedete, erhielt er vom Kaplan eine Ohrfeige. In seiner Urteilsbegründung befindet das Sondergericht Köln: „Daß der Angeklagte dies als Spott ansah, ohne daß er etwa die Form des Grußes beanstandete, beweist, wie er innerlich gegen den deutschen Gruß eingestellt ist."[418] Gleichzeitig hiermit wurde ein weiteres ‚Vergehen' des Kaplans verhandelt: Dieselben Schüler, die in den ‚Grußfall' auf der Straße verwickelt waren, versuchten, ihm ein Abzeichen des WHW zu verkaufen, worauf ihnen sinngemäß erwidert wurde, es sei „nicht Fastnacht", daß man sich „solche Karnevalsdinger" anziehe[419]. Kaplan Nießen wurde zu insgesamt sechs Monaten Gefängnis verurteilt. Die gezielte Provokation seitens der Schüler wird hier ebenso deutlich, wie die Reaktionen des Kaplans seinen Selbstbehauptungswillen gegenüber diesen belegen.
Im März 1935 war der Wutausbruch Kaplan Johannes Arnolds, Mönchengladbach — St. Anna, glimpflicher verlaufen. Im Religionsunterricht hatte er die in Uniform erschienenen Schüler attakiert, einen geschlagen. Von einem Lehrer angezeigt, hatte die Angelegenheit außer einer Meldung an den Schulrat wegen eines sprachlichen Schnitzers keine Folgen[420]. Kaplan Karl Conrads wurde angezeigt, im Religionsunterricht in der Volksschule in Beeck zwei Mitglieder des Jungvolkes geohrfeigt zu haben[421].
Offenkundig konnten diese Vorfälle eine politische Dimension erhalten. Eine entsprechende Intention auf Seiten der Priester ist nicht erkennbar.

[418] Sondergericht des Oberlandesgerichts Köln. Urteil vom 12. Juli 1937. Abschriftlich in: BDA. GvS E 22 I.
[419] Ebda. Siehe auch: HStAD. RW 58. Pers. Akte 59412.
[420] Vgl. HStAD. RW 58. Pers. Akte 49910; H. Schüngeler, Widerstand und Verfolgung in Mönchengladbach und Rheydt, S. 216.
[421] Vgl. den Lagebericht der Stapostelle Aachen für November vom 9. 12. 1935 (Nr. 29). Druck: B. Vollmer, Volksopposition, S. 317.

Johannes Arnold, geb. 28. 6. 1903 in Köln; gew. 14. 3. 1929; gest. 10. 3. 1971.
Karl Conrads, geb. 10. 8. 1904 in Stolberg-Dorff; gew. 6. 8. 1929; gest. 28. 4. 1983.
Johannes Nießen, geb. 13. 6. 1910 in Mönchengladbach-Neuwerk; gew. 16. 3. 1935; gest. 14. 3. 1984.

Kaplan NN's Aversion gegen die Hitlerjugend war so groß, daß er an seiner Stelle in Mönchengladbach 1934 die HJ öffentlich in einer Verdrehung der Tatsachen für mutwillig begangene Sachbeschädigungen verantwortlich machte, um sie so zu desavouieren[422].

Die Geistlichen fühlten sich, wie einige Fälle belegen, auch gedrängt, Kindern und Jugendlichen Vorhaltungen wegen sittlicher Nachlässigkeit und dem Versäumnis ihrer religiösen Pflichten zu machen — was sich in Anzeigen gegen sie niederschlagen konnte. Pfarrektor Heinrich Frielingsdorf soll in Giesenkirchen im Mai 1935 Mädchen der dortigen Schule Vorhaltungen gemacht haben, weil sie, Angehörige des BDM, wegen einer Veranstaltung ihres Verbandes unentschuldigt die Nachmittagsandacht versäumten. In seinem Verhör vom 11. Oktober 1935 erklärte er dazu: „Die Zurechtweisung bzw. auch leichte Bestrafung dürfte hier, wenn man unentschuldigt der Nachmittagsandacht fernbleibt, am Platze sein."[423]

Kaplan August Hamacher in St. Maria Himmelfahrt, Mönchengladbach, wurde von der Staatspolizei observiert, weil er einen Schüler zur Rede stellte, der wegen einer NS-Veranstaltung die Beichte versäumt haben soll[424]. Kaplan Franz Heinen berichtet aus Lendersdorf, er sei 1940 von der Gestapo in Düren verhört worden, weil er gelegentlich eines Höflichkeitsbesuches zweier Jungmädchen diesen gegenüber sein Bedauern ausgesprochen habe, daß sie „sich als katholische Mädchen an einem Schauturnen" beteiligt hätten, das mit den bischöflichen Sittlichkeitsvorschriften nicht in Einklang zu bringen wäre[425].

Pfarrektor Hubert Johann Esser in Alsdorf-Kellersberg wurde mit einem Aufenthaltsverbot belegt, weil er anläßlich des Kreisparteitages Aachen-Stadt und -Land am 30. Juni 1935 im Religionsunterricht Bemerkungen über die dadurch erschwerte Erfüllung der Sonntagspflicht gemacht hatte. Er hatte unter anderem gesagt: „Eure Führer sind keine Führer, sondern Verführer."[426] Wegen dieses ‚Vergehens' und der Forderung, die Schüler sollten ihn nicht mit „Heil Hitler", sondern mit „Gelobt sei Jesus Christus" grüßen, wurde er vom Sondergericht beim Oberlandesgericht in Köln wegen fortgesetzten Verstoßes gegen § 2 des Gesetzes gegen heimtückische Angriffe auf Staat und Partei vom 26. November 1934 in Tateinheit mit Vergehen nach § 130a StGB (Kanzelparagraph) am 11. Januar 1935 zu acht Monaten Gefängnis verurteilt[427].

Kaplan Werner Radermacher in St. Josef in Mönchengladbach soll sich im Oktober 1937 in der Kirche dahingehend geäußert haben, daß deutsche Jungen, die den „Schul-

[422] Vgl. H. Schüngeler, Widerstand und Verfolgung in Mönchengladbach und Rheydt, S. 206 f.
[423] Niederschrift des Verhörs vom 11. Oktober 1935. HStAD. RW 58. Pers. Akte 49029.
[424] Vgl. HStAD. RW 58. Pers. Akte 12067.
[425] Vgl. den Bericht vom 20. 1. 1947, BDA. GvS L 13 II, Bl. 304 ff.
[426] Zitiert nach: Lagebericht der Stapostelle Aachen für Juli vom 7. 8. 1935 (Nr. 23). Druck: B. Vollmer, Volksopposition, S. 262.
[427] Vgl. die Abschrift des Urteils. BDA. GvS E 22 I.

Hubert Johann Esser, geb. 24. 6. 1888 in Haaren; gew. 13. 8. 1922; gest. 14. 4. 1969.

Heinrich Frielingsdorf, geb. 14. 4. 1889 in Brühl; gew. 2. 3. 1912; gest. 24. 1. 1940.

August Hamacher, geb. 12. 7. 1892 in Düsseldorf; gew. 8. 8. 1920; gest. 12. 3. 1965.

Franz Heinen, geb. 23. 11. 1872 in Köln; gew. 15. 8. 1899; gest. 17. 12. 1950.

terriemen über den Rücken" und das „Koppel um den Bauch" trügen, nicht beten könnten[428].

Wie verhängnisvoll das in seiner Form mitunter pädagogisch unkluge Beharren auf dem priesterlichen Erziehungsrecht sein konnte, wenn örtliche Rivalitäten von Parteiseite hinzukamen, macht folgendes Beispiel deutlich. Am 20. Oktober 1934 richtete der Bürgermeister von Vettweiß ein Schreiben an Pfarrer Alex Alef, Sievernich, mit der Aufforderung, sich schriftlich zu den darin enthaltenen Vorwürfen zu äußern: Am vergangenen Sonntag war der Sohn des Ortsbürgermeisters zu einem Fahneneid abkommandiert. Er sei daraufhin am 16. Oktober vom Pastor in der Kirche an den Ohren gezogen und geschlagen worden. Desweiteren weigere sich Pfarrer Alef seit 1933 beharrlich, an Kundgebungen am Gefallenendenkmal teilzunehmen. Außerdem habe er sich gegenüber Kindern dahingehend geäußert, daß alle Kinder, die am „Heidenfeuer" — gemeint war das Sonnenwendfest im Juni dieses Jahres [d. V.] — gewesen wären, bestraft würden[429]. Wie Pfarrer Alef in seinem Entgegnungsschreiben vom 31. Oktober erklärt, habe er den Jungen gemaßregelt, nicht weil er auf einer Fahnenweihe gewesen sei, sondern weil er an dem für die Kinder pflichtmäßigen Gottesdienst nicht teilgenommen habe.
„Ich kann es nicht riechen, daß der Junge zu einer Fahnenweihe kommandiert ist. Wie jedes andere Kind hat der Junge die Verpflichtung, bei seinem Pfarrer freizufragen. Will der Vater (. . .) nicht, daß sein Junge am Gottesdienst teilnimmt, muß er mir das mündlich oder schriftlich mitteilen. Dann bin ich frei, auch den anderen Kindern gegenüber, die dann nicht zu denken und sagen brauchen: dem (. . .) gegenüber wagt der Pastor nichts zu sagen."[430]
Zu den weiteren Vorwürfen nimmt der Pfarrer wie folgt Stellung: Die Kundgebungen am Kriegerdenkmal seien rein politische Veranstaltungen. Das Denkmal sei zudem nicht kirchlich geweiht. Er sehe deshalb keine Veranlassung zur Teilnahme. Die Strafe für die Kinder, die am „Feuer" waren, sei der Ausschluß von der hl. Kommunion gewesen. Dies sei deshalb richtig, da er nicht habe wissen können, ob die Kinder am nächsten Tag auch nüchtern sein würden, ausgeschlafen seien sie sicher nicht gewesen. In zwei Briefen an das Generalvikariat beklagte sich Pfarrer Alef dann über die ständigen Verdächtigungen eines örtlichen Parteimitglieds. Der Bürgermeister von Vettweiß lasse das meiste unter den Tisch fallen, sonst wäre schon „größeres Unheil" geschehen. Seit einem Jahr mache er ein „wahres Martyrium" durch[431].

[428] Die Anzeige erfolgte auf Veranlassung eines Lehrers durch zwei Hitlerjungen am 14. 10. 1937. Ein beim Sondergericht Düsseldorf angestrengtes Heimtückeverfahren wurde am 16. 5. 1938 aufgrund des Amnestiegesetzes vom 30. 4. 1938 eingestellt. Vgl. HStAD. RW 58. Pers. Akte 43364; H. Schüngeler, Widerstand und Verfolgung in Mönchengladbach und Rheydt, S. 241 f.

[429] Vgl. die Abschrift des Schreibens. BDA. GvP Alef.

[430] Pfarrer Alef an den Bürgermeister in Vettweiß. 31. 10. 1934. Durchschriftlich an das Generalvikariat in Aachen. BDA. GvP Alef.

[431] Schreiben vom 2. 11. 1934 und 12. 11. 1934 an das Generalvikariat in Aachen. BDA. GvP Alef.

Alex Alef, geb. 2. 2. 1885 in Köln; gew. 1. 8. 1909; gest. 16. 2. 1945.

Nachdem Alef aufgrund weiterer Schwierigkeiten mit einem Lehrer den Religionsunterricht aus der Schule in die Kirche verlegt hatte und der Landrat ihn aufgefordert hatte, wieder in die Schule zurückzukehren, entzog der Regierungspräsident Pfarrer Alef am 23. November 1935 die Zulassung zum Religionsunterricht[432]. Am 22. November 1938 informiert der Sievernicher Kirchenvorstand das Generalvikariat, daß in der letzten Zeit eine „ganz gemeine Hetze" gegen den Pfarrer eingesetzt habe[433]. Im März 1944 nimmt die Gestapo die Anzeige einer Lehrperson zum Anlaß, Alef zu verhaften. Ihm wird zur Last gelegt, er habe Schulkinder von einer Sportveranstaltung abhalten wollen. Der Pfarrer soll nämlich den Kindern erklärt haben, sie hätten vorrangig ihre Sonntagspflicht in Form des Gottesdienstbesuches zu erfüllen. Danach würde es immer noch genügend Zeit geben, eine für den Sonntagvormittag angesetzten Sportveranstaltung zu besuchen. Schulkinder waren zuvor angehalten worden, die belastenden Aussagen zu unterschreiben[434]. Am 16. Januar 1945 kommt Pfarrer Alef im Konzentrationslager Buchenwald ums Leben.

Auch das seelsorgliche Anliegen, sich für die Jugend einzusetzen, konnte mit der Politik um dem Totalitätsanspruch des NS-Regimes zusammenstoßen. Kaplan Gottfried Großgarten, Mönchengladbach, wurde 1934 angezeigt, weil er einer Familie eine Bescheinigung ausgestellt hatte, aus der hervorging, daß der Sohn sich niemals in irgendeiner Form kommunistisch betätigt habe; der Junge war wegen angeblicher kommunistischer Umtriebe von der Arbeitsstelle weg verhaftet worden[435]. Pfarrer Joseph Buchkremer in Herzogenrath-Strass wurde am 30. Februar 1942 verhaftet und fünf Wochen später ins Konzentrationslager Dachau eingeliefert, weil er Eltern von Jungen, die zur SS geworben werden sollten, über die ihnen drohenden religiösen Gefahren aufgeklärt hatte[436].

Der Einsatz für die katholischen Jugendverbände

In diesem Bereich fielen insbesondere die jungen Kapläne auf. Ihre gute Ausbildung und ihr Altersvorsprung verhalfen ihnen zu einem deutlichen Vorteil gegenüber ihren Kontrahenten, den jugendlichen HJ-Führern[437]. Den Kaplänen sowie geschulten Laien

[432] Vgl. das Schreiben des Reg. Präs. Aachen. BDA. GvP Alef.

[433] Kirchenvorstand Sievernich an das Generalvikariat. BDA. GvP Alef. Siehe ferner den Bericht des V-Mannes 27, Niederschrift der Gestapo Aachen vom 24. 8. 1942, über die Konflikte Pfarrer Alefs mit der HJ. HStAD. RW 35—8, Bl. 137.

[434] Vgl. BDA. GvS L 13 III. (Schreiben der früheren Haushälterin von Pfarrer Alef). Vgl. den Bericht seines Nachfolgers vom 6. 11. 1946. BDA. GvS L 13 II.

[435] Vgl. HStAD. RW 58. Pers. Akte 4889; 12050. BDA. GvS L 10 I.

[436] Vgl. H. Selhorst, Priesterschicksale, S. 26—41; BDA. GvS L 13 I, Bl. 31.

[437] Vgl. die Lageberichte der Stapostelle Aachen für Dezember vom 7. 1. 1935 (Nr. 13); für Mai vom 7. 6. 1935 (Nr. 20); für Juni vom 5. 7. 1935 (Nr. 22). Druck: B. Vollmer, Volksopposition, S. 149, 216, 249.

Joseph Buchkremer, geb. 4. 10. 1899 in Aachen; gew. 10. 8. 1923; Weihbischof von Aachen 1961, Domkapitular in Aachen 1963; gest. 24. 8. 1986.

Gottfried Großgarten, geb. 27. 11. 1886 in Bonn; gew. 10. 8. 1914; gest. 24. 11. 1949.

sprach die Staatspolizei einen erheblichen Anteil am Erfolg der kirchlichen Jugendarbeit zu. Eine versierte Propaganda, die Orientierung an jugendlichen Werten sowie die Intensivierung der Symbolik ließen die positive Resonanz unter den Jugendlichen plausibel erscheinen[438].
Zweifellos beabsichtigten die Geistlichen, die katholische Jugend- und Verbandsarbeit weiterzuführen und so attraktiv wie möglich zu gestalten. Ihr Handlungsspielraum wurde durch die staatlichen Maßnahmen immer enger. Die Ahndung von Verstößen gegen die Beschränkungen der katholischen Jugendvereine bildete einen Schwerpunkt der polizeilichen und staatspolizeilichen Maßnahmen gegen Geistliche[439]. An den ermittelten Vorfällen wird deutlich, daß die Geistlichen erst einmal die Möglichkeiten und Grenzen dessen auszuloten versuchten, was sie noch ungestraft in der Jugendarbeit unternehmen konnten. Um ihrem Ziel und ihrer Aufgabe, der Betreuung der Jugend, gerecht zu werden, nahmen sie mitunter bewußt in Kauf, gegen staatliche Anordnungen zu verstoßen. Damit wagten sie einiges. Die Erfahrungen, die sie dabei machten, dürften nicht sehr ermutigend gewesen sein, wachten doch Privatpersonen, Bürgermeister, Parteistellen und Polizei gleichermaßen darüber, daß das sich herauskristallisierende Monopol der HJ nicht angetastet wurde.

Ostentativ und etwas provozierend trat 1934 Kaplan N. N. für die Belange der katholischen Jugendverbände in Monschau ein. Ein Mitglied der St. Georgs Pfadfinderschaft war gleichzeitig Mitglied der SA; als von der dortigen SA-Brigade ein Doppelmitgliedschaftsverbot ausgesprochen wurde, verweigerte der junge Mann den Dienst in der SA, weshalb er mit einer Disziplinarstrafe (Arrest) belegt wurde. Am Entlassungstag erschien der Kaplan mit Mitgliedern der Pfadfinderschaft vor dem Arrestlokal, überreichte dem SA-Mann einen Blumenstrauß, es wurde ein Gruppenfoto gemacht und das Lied „Der Mai ist gekommen“ gesungen. Mit Schutzhaft vom 4. bis 9. Mai 1934 für den Kaplan und mit dem Austritt des SA-Mannes aus dem katholischen Jugendverband endete die Affäre.
Das Geheime Staatspolizeiamt in Berlin hatte der Stapostelle Aachen die Entlassung nach eigenem Ermessen anheimgestellt und Anzeige wegen groben Unfugs angeregt. Wie der Landrat am 11. Mai dem Aachener Regierungspräsidenten berichtete, habe der Oberpfarrer aus Monschau ihm mitgeteilt, daß von der Bevölkerung geplant gewesen sei, den Kaplan gewaltsam zu befreien. Ein Aufruf des Pfarrers in der Kirche zur Mäßigung und die Mitteilung über die baldige Entlassung habe den Ausbruch des Volkszornes verhindern können[440].

Kaplan Alfred Gnörich, Rheydt — St. Josef, soll am 10. Juli 1934 mit der DJK eine Radtour unternommen haben und in geschlossener Formation ins Dorf zurückgekehrt sein; weiterhin wurde ihm ein geschlossener Ausmarsch des Jungmännerverbandes

[438] Vgl. den Lagebericht der Stapostelle Aachen für Dezember vom 7. 1. 1935 (Nr. 13). Druck: B. Vollmer, Volksopposition, S. 142. Vgl. dazu die Dokumente Nr. 33 und Nr. 34, S. 317—319.

[439] Zu den staatlichen Maßnahmen siehe oben, S. 112.

[440] Vgl. HStAD. RW 58. Pers. Akten 17353 und 74012; BDA. GvS E 22 I.

Alfred Gnörich, geb. 16. 9. 1903 in Elberfeld; gew. 6. 8. 1928; gest. 3. 4. 1962.

vorgehalten[441]. Kaplan Wilhelm Tonnet, Dülken — St. Cornelia, wurde im August 1934 von Hitlerjungen angezeigt, ein Zeltlager der Sturmschar aufgeschlagen zu haben[442]. Im September 1934 wurde Kaplan Johannes Thoma, Mönchengladbach/ Hardt, angezeigt, in Altenberg, wo er zur Erholung war, mit Angehörigen der katholischen Sturmschar Wanderungen unternommen zu haben[443]. Kaplan Rindermann, Aachen-Forst — St. Barbara, wurde im Mai 1935 angezeigt, zweimal verbotenerweise mit der Pfarrjugend gewandert zu sein[444]. Pfarrektor Theodor Königs in Geilenkirchen — St. Ursula wurde 1935 mit Zwangsgeld wegen eines Jugendabends belegt[445]. Im Mai 1935 unternahm Kaplan Theodor Brasse als Präses der katholischen Jungschar der Pfarre Wickrath eine unerlaubte Wanderung mit 20 Jungen[446].

Kaplan Hubert Korr erhielt im Herbst 1935 eine Geldstrafe, weil er nicht unterbunden hatte, daß fünf Mitglieder des von ihm geleiteten katholischen Jungmännerverbandes St. Elisabeth, Aachen, auf einem Heimabend in „uniformähnlicher Kleidung" erschienen waren[447]. Wegen einer Ausflugsfahrt mit dem Bus in die Eifel mit 32 Jugendlichen bekam Pfarrer Heinrich Lennarz, Mariaweiler, 1936 Schwierigkeiten[448]. Wegen Schießübungen mit Luftbüchsen im Jugendheim wurde der Leiter des katholischen Jungmännervereins der Pfarre Krefeld-Linn, Kaplan Hermann Wagemann, 1937 mit 200 RM Geldstrafe belegt[449].

In den zahlreichen Vorkommnissen spiegelt sich noch etwas von der ehemaligen Vielfalt der kirchlichen Jugendarbeit.

Kaplan Friedrich Bolten, Aachen — St. Josef, wurde 1937 wegen einer Jugendversammlung am Karnevalsabend verwarnt[450]. Kaplan Heinrich Huttmacher, Rheydt — St. Marien, machte 1941 einen Ausflug mit Meßdienern, der jedoch als Wallfahrt dar-

[441] Vgl. das Schreiben Kaplan Gnörichs vom 7. 8. 1934 und das der Stapo Aachen vom 30. 11. 1934, beide an das Generalvikariat Aachen. BDA. GvP Gnörich.

[442] Vgl. H. Schüngeler, Widerstand und Verfolgung in Mönchengladbach und Rheydt, S. 212.

[443] Vgl. den Vorgang in: HStAD. RW 58. Pers. Akte 251196.

[444] Vgl. HStAD. RW 58. Pers. Akte 17280; BDA. GvS L 13 II, Bl. 132, H. Selhorst, Priesterschicksale, S. 140—162.

[445] Vgl. BDA. GvS L 13 III.

[446] Er wurde zu 250 RM Geldstrafe verurteilt. Vgl. HStAD. RW 58. Pers. Akten 425 und 9136; H. Schüngeler, Widerstand und Verfolgung in Mönchengladbach und Rheydt, S. 223.

[447] Vgl. den Lagebericht der Stapostelle Aachen für November vom 9. 12. 1935 (Nr. 29). Druck: B. Vollmer, Volksopposition, S. 317.

[448] Das Ermittlungsverfahren wurde jedoch eingestellt. Vgl. dessen Bericht in: BDA. GvS L 13 II, Bl. 83—101.

[449] Vgl. HStAD. RW 58. Pers. Akte 2458; BDA. GvS E 22 I und GvS L 13 II, Bl. 179.

[450] Vgl. BDA. GvS L 13 III.

Friedrich Bolten, geb. 24. 3. 1893 in Viersen; gew. 18. 2. 1923; gest. 2. 5. 1967.

Heinrich Huttmacher, SJ, geb. 25. 1. 1902 in Köln; gew. 27. 8. 1932; gest. 9. 8. 1978.

Theodor Königs, geb. 24. 1. 1905 in Aachen; gew. 12. 3. 1930; gest. 26. 8. 1988.

Hubert Korr, geb. 16. 2. 1898 in Dorff bei Büsbach; gew. 18. 2. 1923; gest. 28. 4. 1981.

Johannes Rindermann, geb. 10. 4. 1910 in Grefrath; gew. 16. 3. 1935; gest. 20. 3. 1988.

Wilhelm Tonnet, geb. 9. 4. 1908 in Düren; gew. 24. 2. 1933; gest. 13. 2. 1967.

Hermann Wagemann, geb. 9. 3. 1908 in Aachen; gew. 7. 3. 1936; gest. 11. 11. 1962.

gestellt werden konnte[451]. Kaplan Karl August Scheidt erhielt allein wegen des Versuchs, einen Ausflug mit Meßdienern zu unternehmen, eine Geldstrafe[452]. Die Gestapo vermerkte zwei Anschuldigungen gegen Kaplan Erich Stephany, Präses des KJMV in Mönchengladbach, wonach der Kaplan zu Weihnachten 1935 und im Sommer 1936 Ausflüge mit Meßdienern veranstaltet habe[453]. Der Vorwurf gegen Kaplan Josef Scheuer, Rheydt-Giesenkirchen, lautete, regelmäßig Jungmännerabende im kirchlichen Vereinshaus abgehalten zu haben, auf denen weltliche Lieder erklungen seien[454].

Einige Geistliche Jugendpräsides gingen in ihrem Einsatz für die katholischen Verbände und den katholischen Glauben auch mit Flugblättern an die Öffentlichkeit. Diese Aktionen hatten zum Teil eine kämpferische Note und fielen überwiegend in die Jahre 1934/35.

Kaplan Ludwig Heinen, Präses des mitgliederstarken Jungmännerverbandes in Stolberg-Mühle, hatte schon erhebliche Schwierigkeiten mit der HJ, bevor er am 24. Mai 1934 wegen der Verbreitung eines Flugblattes an die Mitglieder des Jungmännervereins, in dem er angeblich die HJ beleidigte, in Schutzhaft genommen wurde. Nach 2 1/2 Monaten wurde er entlassen und aus dem Kreis Aachen ausgewiesen[455]. Die Kapläne Josef Dunkel und Franz Thoren in Stolberg verfaßten am 20. Mai 1935 einen gemeinsamen Rundbrief an die Mitglieder der dortigen Jungfrauen- und Jungmännerkongregationen. Auf diese Weise machten sie publik, daß im Jahr 1935 die Wallfahrt nach Aachen — gemeint war die von der Gestapo untersagte Großkundgebung der Jugend des Bistums am Feste Christi Himmelfahrt — nicht stattfinden konnte. Stattdessen sollten Bekenntnisfeiern in den Pfarreien erfolgen. Wohl um eine große Kundgebung in Stolberg zu verhindern, belegte die Gestapo am Vorabend des Festes beide Kapläne mit einem Verbot der Amtstätigkeit und mit Redeverbot. Die Anweisung des Generalvikariats befolgend, zelebrierten beide dennoch eine Messe und wurden daraufhin von der Gestapo verhaftet[456].

Die Kapläne Heinrich Weyer und Paul Högel, Würselen, verfaßten im Mai 1935 ein flugblattähnliches Rundschreiben. Den katholischen Eltern wurde so ein Schreiben der bischöflichen Behörde zur Kenntnis gebracht, das darauf aufmerksam machte, daß der Beitritt katholischer Jugendlicher zur HJ und zum BDM nur auf freiwilliger Basis

451 Vgl. HStAD. RW 58. Pers. Akte 41244; H. Schüngeler, Widerstand und Verfolgung in Mönchengladbach und Rheydt, S. 253.
452 Vgl. HStAD. RW 58. Pers. Akte 40631; BDA. GvS E 22 I und GvS L 13 II Bl. 137 f.
453 Vgl. HStAD. RW 58. Pers. Akte 14909.
454 Vgl. HStAD. RW 58. Pers. Akte 15544.
455 Vgl. H. Brecher, Zwischen Anpassung und Widerstand, S. 30 ff.
456 Ebda, S. 36—42.

Joseph Dunkel, geb. 16. 7. 1906 in Düren; gew. 12. 2. 1932; gest. 2. 12. 1988.

Ludwig Heinen, geb. 12. 6. 1900 in Aachen; gew. 28. 6. 1927; Pfr. i. R.

Prof. Dr. Ing. Erich Stephany, geb. 5. 7. 1910 in Aachen; gew. 16. 3. 1935; 1943 Domvikar; Domkapitular, emeritiert.

Karl August Scheidt, geb. 7. 9. 1903 in Köln; gew. 6. 8. 1928; gest. 6. 2. 1974.

Josef Scheuer, CSSp. geb. 9. 3. 1911 in Essen. (Weitere Daten nicht ermittelbar)

Franz Thoren, geb. 5. 5. 1903 in Randerath; gew. 14. 3. 1929; gest. 2. 8. 1980.

geschehen könne[457]. Der Krefelder Stadtjugendseelsorger Joseph Gerads, ehemals Mitglied des Zentrums, wurde 1934 auffällig, weil er Jungmänner mit dem Verkauf der verbotenen Schrift „Religion und Weltanschauung" beauftragt hatte[458]. Wegen eines Flugblattes an die „jungen Katholiken Aachens", das nicht vorschriftsmäßig gekennzeichnet war, wurde Kaplan Heinrich Graab, Aachen — St. Josef, im September 1935 zu einer Geldstrafe verurteilt[459]. Die Kapläne Arnold Höppener und Matthias Lindt verfaßten am Christkönigsfest 1938 einen Aufruf und ließen ihn auf Flugzetteln von Mitgliedern der katholischen Jugend in Mönchengladbach verteilen[460].

Kaplan Bernhard Conrads war bereits 1935 der Verbreitung von Schriften angeklagt worden, in denen er zu Gesetzesverstößen aufgerufen haben soll. Er verbrachte zwei Monate in Untersuchungshaft; das gegen ihn verhängte Aufenthaltsverbot für den Regierungsbezirk Aachen wurde ebenfalls nach zwei Monaten wieder aufgehoben. Von Stolberg — St. Mariä-Himmelfahrt nach Rheydt — St. Marien versetzt, fiel er dort im August und im November 1938 mit Schreiben an die katholische Jugend auf, in denen er zum gemeinsamen Gottesdienstbesuch aufforderte und sich gegen „Drükkeberger" wandte. Unterrichtet wurde die Gestapo von dem HJ- Jungbann Mönchengladbach-Rheydt und von der Kreisleitung der NSDAP[461].

Wie ein Pfarrer versuchte, sich mit seinem persönlichen Ansehen für die Belange der katholischen Jugend einzusetzen, zeigt folgender Fall. Pfarrer Hermann Lambertz von St. Mariä Rosenkranz in Mönchengladbach weigerte sich im Jahr 1934, die Parade des dortigen Schützenvereins abzunehmen; er werde erst dann wieder teilnehmen, wenn auch die katholische Jugend sich in geschlossener Formation mit ihren Fahnen wieder beteiligen dürfe[462].

Auch dadurch, daß sich Geistliche die Interessen der in katholischen Organisationen erfaßten Kinder und Jugendlichen zueigen machten, konnten sie staatspolizeilich auffallen. Kaplan Geulen in Kempen (Niederrhein) erregte 1935 die Aufmerksamkeit der Gestapo, weil er beim Direktor der Kreis- und Stadtsparkasse zwecks Einstellung von

[457] Vgl. HStAD. RW 58. Pers. Akte 65846. Die Flugschrift ist abgedruckt in: P. Dohms, Flugschriften in Gestapoakten, Flugschrift Nr. 81, S. 178.

[458] Vgl. HStAD. RW 58. Pers. Akten 50577 und 3282.

[459] Vgl. den Lagebericht der Stapostelle Aachen für September vom 7. 10. 1935 (Nr. 26). Druck: B. Vollmer, Volksopposition, S. 292. Siehe auch BDA. GvS E 22 I.

[460] Vgl. HStAD. RW 58. Pers. Akten 19299 und 55177; H. Schüngeler, Widerstand und Verfolgung in Mönchengladbach und Rheydt, S. 250.

[461] Vgl. BDA. GvS E 22 I. HStAD. RW 58. Pers. Akten 23782 und 31326.

[462] Vgl. H. Schüngeler, Widerstand und Verfolgung in Mönchengladbach und Rheydt, S. 205 und S. 244.

Bernhard Conrads, geb. 2. 8. 1909 in Aachen; gew. 10. 8. 1934; gest. 19. 5. 1966.

Joseph Gerads, geb. 21. 2. 1903 in Aachen; gew. 7. 3. 1927; gest. 13. 8. 1981.

Dr. phil. Jakob Geulen, geb. 19. 5. 1906 in Eschweiler- Hastenrath; gew. 24. 2. 1933; Pfr. i. R.

Heinrich Graab, geb. 5. 10. 1906 in Emmerich; gew. 12. 2. 1932; gest. 14. 7. 1988.

Arnold Höppener, geb. 4. 1. 1895 in Süggerath; gew. 10. 8. 1923; gest. 30. 4. 1961.

Hermann Lambertz, geb. 22. 5. 1886 in Wegberg; gew. 19. 2. 1910; gest. 30. 9. 1950.

Lehrlingen aus der Sturmschar vorstellig wurde; anderenfalls, so soll er behauptet haben, würden Kirche und Klöster ihr Kapital abziehen. Auch bei der Ortskrankenkasse wurde er vorstellig. Es wurde ihm jedoch in beiden Fällen erklärt, daß in erster Linie HJ-Angehörige in Frage kämen[463].
Kaplan Johannes Impekoven in Mönchengladbach, St. Mariä Himmelfahrt, fiel auf, weil er, seine Befugnisse überschreitend, Kinder für die Ferien in ein Bonner Waisenhaus vermittelt hatte[464].
Die große Anzahl der Vorfälle, die schwerpunktmäßig in der Jugendarbeit zu verzeichnen waren, korrespondiert offenbar mit dem extensiven Ausbau der nationalsozialistischen Jugendverbände und dem von den Dechanten beklagten sinkenden Einfluß der Geistlichen vor allem auf die männliche Jugend[465]. Die Priester sahen in diesem Bereich nicht nur ihre Arbeitsmöglichkeiten eingeschränkt, sondern auch ihre berufliche Stellung gefährdet. Sie orientierten sich in ihren Handlungen mitunter an tradierten Normen, die das religiöse und sittliche Leben in den Gemeinden regelten, und boten damit zum Teil ungewollt viele Angriffsmöglichkeiten. Ohne ihr Zutun erfuhr die Lebenswelt der Geistlichen eine Veränderung, die schneller und einschneidender war, als die Betroffenen es, abgesehen von den unmittelbar spürbaren Auswirkungen, nachvollziehen konnten.

4.5. Der Kirchenraum: kein Freiraum der Priester

"Wer ist Herr in der Kirche?"; mit dieser erbosten, nach Verzweiflung klingenden Frage beschließt der Geilenkirchener Dechant Bliersbach am 23. September 1936 sein Schreiben an das Generalvikariat in Aachen, in dem er mitteilt, daß am letzten Sonntag während des Hochamtes von der Polizei die Nachricht kam, der Hirtenbrief dürfe zwar verlesen, aber nicht verteilt, verkauft oder verschenkt werden — auch nicht in der Kirche, woraufhin der „Polizeisekretär" losfuhr und alle noch vorhandenen Exemplare beschlagnahmte[466]. Die Erwartung und Hoffnung, sich zumindest in der Kirche frei bewegen zu können, dort die kirchlichen Angelegenheiten erörtern und gemäß den Pflichten und Rechten der Priester verfahren zu können, wozu neben dem Verlesen von Hirtenbriefen auch die Behandlung ethischer Fragen gehören mußte, war jedoch, wie die in der Kirche begangenen ‚Verfehlungen' der Geistlichen beweisen, eine Illusion.

[463] Der Landrat machte der Gestapo am 8. 4. 1935 davon Mitteilung. Vgl. HStAD. RW 58. Pers. Akte 15409. Zu der vielfach geübten Praxis, als Lehrlinge nur Angehörige der HJ einzustellen und generell bei der Anstellung nur Angehörige der DAF zu berücksichtigen, vgl. den Lagebericht des Reg. Präs. Aachen vom 17. 8. 1935 (Nr. 24). Druck: B. Vollmer, Volksopposition, S. 274.

[464] Vgl. H. Schüngeler, Widerstand und Verfolgung in Mönchengladbach und Rheydt, S. 443, Anm. 496.

[465] Vgl. oben, S. 36 ff.

[466] Vgl. den Vorgang in: BDA. Gvd Geilenkirchen 1 II.

Johannes Impekoven, geb. 27. 7. 1903 in Bonn; gew. 6. 8. 1929; gest. 16. 1. 1973.

Die fast zur Tagesordnung gehörenden Predigtüberwachungen und zum Teil drastischen Strafen für Verstöße gegen den Kanzelparagraphen und das Heimtückegesetz zwangen zur Vorsicht. Die relativ wenigen Verurteilungen nach § 130a StGB (Kanzelparagraph) belegen dies. So wurde Kaplan Josef Leyendecker am 7. Februar 1934 in Schutzhaft genommen, weil er während eines Gottesdienstes drei Tage zuvor in der Kapelle der St. Josefskirche in Aachen Ronheide „... anhand eines Zeitungsartikels die Rede des Reichsministers Dr. Goebbels vom 30. 1. 1934 im Sportpalast, Berlin, in äußerst scharfer und herausfordernder Weise vor der versammelten Gemeinde kritisiert hat."[467] Goebbels hatte unter anderem ausgeführt, daß es „nichts Infameres" gebe als die „Sabotage am Staat mit dem lieben Gott" in Verbindung zu bringen und daß er kein Verständnis dafür hätte, daß die Kirche in einer solchen Notzeit wie der heutigen ihre Kraft in „orthodoxen Streitigkeiten" vergeuden würde, anstatt „sozial und karitativ" so zu handeln, wie es der „göttliche Lehrmeister" ihr aufgetragen hätte[468].
Kaplan Leyendecker wandte sich in seiner Predigt gegen Vorwürfe, die zu Unrecht an die Kirche gerichtet würden. Am Schluß seiner Predigt erklärte er u. a., er wisse, daß er sich mit seinen Ausführungen strafbar gemacht habe. Deshalb werde er wohl nicht noch einmal die Gelegenheit haben, von dieser Stelle zu sprechen. Aber es würde dann ein anderer seinen Platz einnehmen und den Gläubigen Ähnliches sagen, wie er es getan habe. „Wenn der Staat den Kampf wolle, so solle er ihn haben."[469]
Das Schöffengericht III in Aachen verurteilte den Kaplan am 3. März 1934 wegen Kanzelmißbrauchs zu einem Monat Gefängnis und führte in der Urteilsbegründung unter anderem aus, man habe das unbestimmte Gefühl, „... als fühle er sich etwas als kleiner Märtyrer, als habe er geglaubt, einmal Dinge sagen zu müssen, welche die Bischöfe nicht sagen dürften."[470]

Kaplan Josef Voss in Kohlscheid erklärte am 5. Januar 1936 in einer Predigt unter anderem, auch heute würden wieder Christenverfolgungen stattfinden, nicht mehr so blutig wie früher, dafür desto heimtückischer, weil in verschlüsselter Form: „Denn wer heute seinen Glauben offen bekenne, verliere seine Stellung und werde brotlos gemacht."[471] Wegen Verstoßes gegen § 130a StGB wurde Kaplan Voss zu fünf Monaten Gefängnis verurteilt.
In zahlreichen Bittgesuchen an das Generalvikariat in Aachen ist nachzulesen, daß etliche Personen ihre Entlassung oder Dienstsuspendierung auf ihr Engagement für die katholische Kirche zurückführten[472].

[467] Polizeipräsident Aachen. Schreiben an Weihbischof Generalvikar Sträter vom 7. 2. 1934. BDA. GvS E 22 I.
[468] Zitiert nach: Urteil des Schöffengerichts III in Aachen vom 3. 3. 1934, abschriftlich in: BDA. GvS E 22 I.
[469] Zitiert nach: Lagebericht des Reg. Präs. Aachen vom 5. 2. 1934 (Nr. 1). Druck: B. Vollmer, Volksopposition, S. 30.
[470] BvA. GvS E 22 I.
[471] Zitiert nach: Urteil des Sondergerichts Düsseldorf vom 7. 5. 1936, abschriftlich in: BDA. GvS E 22 I.
[472] Vgl. BDA. GvS L 6 I.

Josef Leyendecker, geb. 26. 6. 1900 in Kalterherberg; gew. 6. 8. 1928; gest. 13. 11. 1982.
Josef Otto Voss, geb. 1. 10. 1905 in Bielefeld; gew. 12. 2. 1931; gest. 3. 7. 1962.

Wegen Kanzelmißbrauchs wurde der Otzenrather Pfarrer Hubert Berger am 19. Dezember 1941 ins Konzentrationslager Dachau eingeliefert und erst im April 1945 entlassen[473].

Neben diesen für die Verfolgungsinstanzen eindeutigen Fällen sind zahlreiche Äußerungen überliefert, die nicht direkte Maßnahmen zur Folge hatten. Hierzu zählten zunächst allgemeine Unmutsäußerungen von der Kanzel herab über die Lage der Kirchen im Dritten Reich, über die nationalsozialistische Kirchenpolitik und die Verschlechterung der Stellung der Geistlichen, versteckt in der Warnung vor „falschen Propheten" (Kaplan Gnörich, Merzenich 1934), vor einem „neuen Heidentum" und einer „Zeit des Lug und Trugs" (Pfarrer Margref, Unterbruch 1935)[474]. Die Gestapo registrierte mißtrauisch auch die Bemerkung des geistlichen Studienrats Johann Mollen, Rheydt, der in einer Predigt 1943 von einer Prüfungszeit für die Gläubigen sprach[475].

Bereits im Juli 1933 sprach Pfarrer Coenen, Stetternich, seine Verärgerung über die Beschlagnahme des Vermögens der kirchlichen Vereine von der Kanzel herab aus. Aufgebracht hatte ihn offenbar auch die Annahme, seine Predigten würden überwacht[476]. Die Anregung des Regierungspräsidenten, den Pfarrer doch zu versetzen, beantwortete das Aachener Generalvikariat mit dem Hinweis, daß eine Versetzung gegen den Willen des Pfarrers kirchenrechtlich nicht möglich sei[477].

Die Schwierigkeiten in der Gemeinde dauerten an. Wie Pfarrer Coenen verärgert und selbstbewußt den Kirchenraum zu instrumentalisieren suchte, um ihm unbekannte Denunzianten bloßzustellen, wird an seinem Vorgehen im Mai 1935 deutlich. Nach der Entziehung der Erlaubnis zur Erteilung des Religionsunterrichts erfolgte eine Anzeige, daß der Pfarrer dieses Verbot übertrete. Ermittlungen ergaben, daß er lediglich einige Erstkommunikanten in seinem Hause zum Unterricht versammelt hatte. Diesen Sachverhalt und das Ermittlungsverfahren nahm Pfarrer Coenen zum Anlaß, einen Zettel folgenden Inhalts am Eingang der Kirche anzubringen: „Wegen der gestern erfolgten Anzeige, daß der Pfarrer in seinem Hause an die Kommunion-Kinder Religionsunterricht erteilt habe, bleiben heute die Tore der Kirche geschlossen. Coenen. Pfarrer."[478] Der Pfarrer konnte, wie ein Schreiben von Privatpersonen in Auf-

[473] Vgl. U. von Hehl. Priester unter Hitlers Terror, Sp. 2.

[474] Vgl. BDA. GvP Gnörich; Lagebericht der Stapostelle Aachen für März vom 6. 4. 1936 (Nr. 33). Druck: B. Vollmer, Volksopposition, S. 377.

[475] Vgl. HStAD. RW 58. Pers. Akte 58906.

[476] Vgl. das Schreiben des Reg. Präs. Aachen vom 11. 7. 1933 an das Generalvikariat, bezugnehmend auf zwei Beschwerden, welche an die Kreisleitung der NSDAP in Jülich gerichtet waren. BDA. GvS L 8 I.

[477] Vgl. das Antwortschreiben des Generalvikariats Aachen vom 18. 7. 1933 an den Reg. Präs. Aachen. BDA. GvS L 8 I.

[478] Zitiert nach: Schreiben des Reg. Präs. Aachen vom 8. 5. 1935 an das Generalvikariat. BDA. GvS L 8 I.

Hubert Berger, geb. 4. 10. 1889 in Furth; gew. 24. 6. 1915; gest. 30. 11. 1948.

Franz Coenen, geb. 6. 8. 1885 in Aachen; gew. 6. 3. 1903; gest. 13. 10. 1939.

Friedrich Magref, geb. 8. 9. 1885 in Heide; gew. 6. 3. 1909; gest. 3. 4. 1948.

Johann Mollen, geb 4. .4. 1881 in Hagen; gew. 28. 5. 1904; gest. 5. 2. 1961.

trag des Kirchenvorstandes belegt, mit der Loyalität und Unterstützung der Mehrheit der katholischen Pfarrangehörigen rechnen[479].

Pfarrer Thomas, Doveren, erklärte im April 1935 zu Beginn seiner Predigt, „... daß diejenigen, welche Bericht über den Gottesdienst erstatten, sich jetzt Bleistift und Notizblock zur Hand nehmen möchten, damit keine falschen Angaben über meine Predigten entstehen können."[480] Weiterhin führte er aus, daß eine Frau, die sich auf eine „antichristliche Weltanschauung" verpflichte — wobei er sich auf die Vereidigung von Frauen für eine nationalsozialistische Organisation bezogen haben soll — sich damit von selbst aus der Kirche ausschließe[481].
Auch Pfarrer Brock, Würselen, prangerte von der Kanzel herab im Januar 1936 die gegen ihn erfolgte Anzeige eines Würselener Einwohners an, dessen Namen er nicht nennen wollte, und für den die Gemeinde ein stilles „Vater unser" zu beten aufgefordert wurde[482].
Der Dechant von Kornelimünster Propst Alfons Gerson nahm 75jährig die offensichtlich betriebene Propaganda für Corvins „Pfaffenspiegel" — ein Buch von 1840, das zigmal neu aufgelegt beredter Ausdruck eines vulgären Antiklerikalismus war[483] — zum Anlaß, in einer Festpredigt am 13. März 1936 auf dieses Buch einzugehen. Nachdem er die Zielsetzung des Buches beschrieben hatte, nämlich seiner Ansicht nach Priester und Volk zu entzweien, beklagte er die gegenwärtige schlechte Lage des Priesters: „Zeigt er sich auf Straßen, öffentlichen Plätzen, so begegnet er mitleidigen, haßerfüllten Blicken. Auf den Bahnhöfen werden ihm von eingebildeten Menschen schmähende Worte nachgerufen."[484]
Wie die zuletzt angeführten Beispiele zeigen, versuchten manche Geistliche, sich persönlich oder auch den gesamten Berufsstand von der Kanzel herab zu verteidigen. Solche ‚Vergehen' wurden vergleichsweise gering, nämlich mit staatspolizeilichem Verhör und eventuell Verwarnungen geahndet. Nach Ansicht des Aachener Regierungspräsi-

[479] Vgl. das Schreiben vom 3. 5. 1935 an den Dechanten Bechte in Jülich, abschriftlich in: BDA. GvS L 8 I, Das Generalvikariat teilte dem Reg. Präs. am 14. 11. 1935 den Inhalt dieses Schreibens mit. Vgl. ebda.

[480] Protokoll der Vernehmung auf dem Landratsamt in Erkelenz. 27. 6. 1935. BDA. GvS L 8 I.

[481] Vgl. das Vernehmungsprotokoll sowie das Schreiben des Bürgermeisters von Doveren vom 12. 8. 1935 an Pfarrer Thomas, in dem ihm die Festlegung eines Zwangsgeldes mitgeteilt wird. BDA. GvS L 8 I.

[482] Vgl. den Lagebericht der Stapostelle Aachen für Januar vom 10. 2. 1936 (Nr. 31). Druck: B. Vollmer, Volksopposition, S. 350 f.

[483] Vgl. Otto von Corvin, „Pfaffenspiegel". Historisches Denkmal des Fanatismus in der römisch-katholischen Kirche, 2. und 3. neu durchgesehene Auflage, Stuttgart 1869, 5. Auflage 1885, Neuausgabe Wien 1922.

[484] Vgl. das Schreiben von Dechant Gerson vom 3. 4. 1936 an das Generalvikariat in Aachen „Betrifft Verfolgung eines Geistlichen durch die Staatspolizei" BDA. Gvd Kornelimünster 1 I. Propst Gerson war wegen der Predigt angezeigt und von der Gestapo verhört worden. Vgl. auch den Lagebericht der Stapostelle Aachen für März vom 6. 4. 1936 (Nr. 33). Druck: B. Vollmer, Volksopposition, S. 379. Im Kirchlichen Anzeiger für die Diözese Aachen Nr. 6 vom 15. 3. 1938, S. 61, wurde vor dem „Pfaffenspiegel" gewarnt.

Alfons Gerson, geb. 27. 5. 1865 in Malmedy; gew. 19. 8. 1888; Dechant des Dakanates Kornelimünster 18. 1. 1925; gest. 28. 5. 1961.

Josef Thomas, geb. 17. 3. 1880 in Scheifendahl; gew. 18. 3. 1905; gest. 4. 5. 1938.

denten war es nicht nötig, gegen Geistliche, „... die bewußt oder im Erregungszustand die ihnen gesetzten Schranken mehr oder weniger überschreiten, unnötig mit Haftmaßnahmen usw. vorzugehen, die ihnen letzten Endes die erwünschte Märtyrerrolle auf die Stirne drücken und ihre Gunst in der Bevölkerung erhöhen."[485]
Das Anliegen einzelner Geistlicher, die kirchlichen Belange zu verteidigen, konnte auch dazu führen, daß Kirche und Staat voneinander abgegrenzt wurden. So stellte Pfarrer Brock, Würselen, in einer Predigt am 20. Oktober 1934 fest:
„Noch singen wir: hier liegt vor deiner Majestät im Staub die Christenschar, noch singen wir nicht: hier liegt vor deiner Majestät im Staub die Hitlerschar."[486]
Kaplan Theodor Brasse, Krefeld, soll 1934 erklärt haben:
„Wir befinden uns einer Macht gegenüber, die besser organisiert ist als wir es sind. Aber diese Macht, die in Massenkundgebungen an die Öffentlichkeit tritt, geht ihrer inneren Stärke allmählich verlustig. Deshalb fleht sie den himmlichen Segen herab und beschließt eine Kundgebung mit dem Lied ‚Großer Gott, wir loben dich'."[487]
Der Leiter der Gestapo Aachen berichtete am 9. März 1936 über die Festpredigt im Aachener Dom anläßlich der Papstkrönungsfeier, sie habe keine direkten staatsfeindlichen Äußerungen enthalten; berichtenswert waren anscheinend dennoch die Ausführungen Pfarrer Ludwigs, Aachen — St. Fronleichnam, der auf die Vergänglichkeit alles Irdischen hinwies. Voraussagen, wie es in tausend Jahren zugehe, seien unmöglich, aber eines stehe fest: „Der Papst wird in alle Ewigkeit bestehen bleiben"[488]. Weiterhin habe der Prediger die Universalität der römisch-katholischen Kirche betont.
Wie aus einem Lagebericht der Gestapo hervorgeht, fühlten sich viele Geistliche durch die Äußerungen von Parteifunktionären provoziert; es wird jedoch befriedigt festgestellt, „... daß nach Anweisung des Gauleiters sich die PO bezüglich ihrer Veranstaltungen und Ausführungen hinsichtlich der kulturpolitischen Fragen eine so starke Zurückhaltung auferlegt hat, daß schon seit mehreren Monaten es keinem Geistlichen gelungen ist, Äußerungen eines Ortsgruppenleiters oder gar Kreisleiters zum Gegenstand einer Behandlung einer Kanzelrede zu machen."[489]

Die Vielfalt der auffällig gewordenen Predigten läßt kein einheitliches Bild zu, was an zentralen Themen und Schwerpunkten in der Auseinandersetzung mit dem Nationalsozialismus in den einzelnen Jahren des Dritten Reiches von den Priestern behandelt wurde.

485 Reg. Präs. Aachen. Politischer Lagebericht. 13. 6. 1935 (Nr. 21). Druck: B. Vollmer, Volksopposition, S. 233.
486 Zitiert nach: Stapostelle Aachen. Schreiben an das Generalvikariat in Aachen. 5. 2. 1935. BDA. GvS L 10 I.
487 Zitiert nach: Brief des anzeigenden Blockwartes an die Gestapo vom 14. 5. 1934. HStAD. RW 58. Pers. Akte 425.
488 Zitiert nach: Lagebericht der Stapostelle Aachen für Februar vom 5. 3. 1936 (Nr. 32). Druck: B. Vollmer, Volksopposition, S. 365. Eine öffentliche Papstkrönungsfeier war von der Gestapo verboten worden. Vgl. ebda.
489 Reg. Präs. Aachen. Politischer Lagebericht. 13. 6. 1935 (Nr. 21). Druck: B. Vollmer, Volksopposition, S. 236.

Josef Ludwig, geb. 13. 12. 1890 in Bergheim/Sieg; gew. 24. 6. 1915; gest. 12. 2. 1949.

Pfarrer Paul Dickmann, Vossenack, wurde 1936 mit einem Zwangsgeld von 30 RM belegt, weil er anläßlich einer geplanten Tanzveranstaltung zugunsten des WHW von der Kanzel her erklärt hatte: „Um die Gläubigen nicht im Unklaren zu lassen, erkläre ich, daß diese Veranstaltung von dieser Stelle aus nicht gestattet wird".[490]
Über die Sensibilität der Überwachungsorgane einerseits, das priesterliche Selbstverständnis andererseits gibt die auffällig gewordene Predigt Pastor Peter Gilsons, Rölsdorf, Auskunft, in welcher er von der Kanzel her die Gläubigen aufforderte, sie sollten doch vor allen sonstigen Zeitungen die Kirchenzeitung abonnieren. Der Pfarrer dürfte sich eines politischen Vergehens kaum bewußt gewesen sein. Die Staatspolizei, die sich der Bemerkung des Priesters wegen an das Generalvikariat wandte, räumte ein, daß die Kirche ein Recht habe, für die Kirchenzeitung zu werben. Es sei jedoch staatspolizeilich nicht hinnehmbar, wenn diese Werbung mit dem Bezug anderer Zeitungen in Verbindung gebracht werde[491].
Auch wurde in Predigten Rosenbergs „Mythus" kritisiert, so 1934 von Pfarrer Heinrich Lennarz in Mariaweiler und von Kaplan Paul Spülbeck in Mönchengladbach, 1940 noch von Dechant Alfred von Itter in Krefeld[492]. Des weiteren konnte die Verdammung des Bolschewismus von der Gestapo als versteckte Kritik am nationalsozialistischen Staat aufgefaßt werden. Kaplan Heinrich Huttmacher wurde deshalb 1940 in Rheydt auffällig[493].
Dechant Alfred von Itter wurde im September 1941 verhaftet, weil er, so der Bericht der Gestapo, in der Liebfrauenkirche Krefeld ein von Feindflugzeugen abgeworfenes Flugblatt über die sogenannte „Nationale Reichskirche Deutschlands" zum Gegenstand einer Predigt gemacht und damit „erhebliche Unruhe in die katholische Bevölkerung" getragen hätte[494]. Wie ein V-Mann im November 1941 berichtete, kursierte das Flugblatt, das einen radikalen Religionsersatz, basierend auf Volk und Rasse proklamierte, in größerem Umfang innerhalb der katholischen Bevölkerung. Dadurch sei, so will der Verbindungsmann der Gestapo beobachtet haben, eine in ihrem Ausmaß seit der Machtübernahme noch nie dagewesene Unruhe entstanden[495]. Dechant von Itter verbrachte 4 Monate im Gefängnis[496].

Aus dem Jahr 1935, dem Jahr der Bekanntgabe der „Nürnberger Gesetze", sind auch einige Predigtausführungen überliefert, die in mehr oder weniger offener Form die

[490] Vgl. den Lagebericht der Stapostelle Aachen für Februar vom 5. 3. 1936 (Nr. 32). Druck: B. Vollmer, Volksopposition, S. 366 f.
[491] Vgl. das Schreiben der Gestapo Aachen vom 31. 8. 1935 an das Generalvikariat Aachen. BDA. GvS L 10 I.
[492] Vgl. der Reihenfolge im Text entsprechend: HStAD. RW 58. Pers. Akten 7136/64834 und 14661/1192 und 62604.
[493] Vgl. H. Schüngeler, Widerstand und Verfolgung in Mönchengladbach und Rheydt, S. 252.
[494] Vgl. HStAD. RW 58. Pers. Akten 11193 und 62604.
[495] Vgl. das Flugblatt sowie die Niederschrift der Gestapo Aachen vom 7. 11. 1941 über den Bericht von V 28. HStAD. RW 35 — 8. Bl. 18 ff.
[496] Vgl. Max Petermann, Alfred von Itter, in: E. Bungartz (Hg.), Katholisches Krefeld, S. 425 ff.

Paul Dickmann, geb. 2. 2. 1885 in Neuß; gew. 19. 2. 1910; gest. 19. 5. 1969.

Peter Gilson, geb. 6. 3. 1883 in Eschweiler; gew. 6. 3. 1909; gest. 27. 6. 1951.

Alfred von Itter, geb. 10. 7. 1883 in Solingen; gew. 14. 3. 1908; 1930 Vorsitzender des Diözesan-Caritasverbandes; 1932 Dechant; gest. 17. 4. 1954.

nationalsozialistische Rassenpolitik kritisierten. Der bereits erwähnte Pfarrer Coenen, Stetternich, erklärte in seiner Predigt am 18. Mai 1935 unter anderem:
„Weshalb verehren manche Leute nicht die Muttergottes, vielleicht weil sie nicht arischer Abstammung ist? Wenn die Menschen im Grabe liegen, dann ist es einerlei, welchen Stamme sie angehören, und wenn sie dann vor den göttlichen Richter treten, dann wird auch nicht gefragt: Bist du arischer Abstammung oder hörtest du einem anderen Stamme an?"[497]
Coenen war bereits früher ernstlich verwarnt worden und vom Religionsunterricht in der Schule ausgeschlossen worden[498]. Am 22. Oktober 1938 wurde er wegen seiner häufig beanstandeten Predigten mit einem Aufenthaltsverbot für den Regierungsbezirk Aachen belegt[499].
Der in Kalterherberg von 1934—1937 tätige Pfarrer Paul Müller wurde dort auffällig, weil er in einer Predigt am 2. Juni 1935 andeutete, daß „Blut und Rasse" nicht „die letzten Dinge" seien[500]. Wegen einer Predigt mit kritischen Bemerkungen über die Ahnentafeln wurde Pfarrer Peter Breidenbend, Heimbach, 1935 von der Gestapo verhört[501]. Gegen Kaplan Michael Roeckerath in Aachen soll 1935 ein Sondergerichtsverfahren wegen „öffentlicher Stellungnahme zugunsten der Juden" eröffnet worden sein[502].
Eine öffentliche, auch nur versteckte Infragestellung der nationalsozialistischen Rassenpolitik blieb jedoch nach den überlieferten Predigtanzeigen eher die Ausnahme. Wenn die Stapostelle Aachen im Mai 1935 meint feststellen zu müssen, der besondere Kampf der Kirche konzentriere sich in letzter Zeit auf den „Rassegedanken"[503], ist dies quellenmäßig nicht weiter belegbar. Von Kaplan Paul Spülbeck ist eine Stellungnahme zugunsten der Juden schon aus dem Jahr 1934 aktenkundig geworden[504].
Die bischöfliche Behörde in Aachen veröffentlichte, wohl um Verstößen und den drohenden schweren Strafen vorzubeugen, die Reichsbürgergesetze und das Gesetz zum Schutze des deutschen Blutes und der deutschen Ehre vom 15. September 1935 im Kirchlichen Anzeiger, was der Leiter der Aachener Staatspolizei als eine sinnvolle Unterstützung der staatlichen Maßnahmen wertete, wie sie auch durch die Veröffentlichung anderer wichtiger Erlasse der Reichsregierung im Kirchlichen Anzeiger zu beobachten sei[505].

[497] Zitiert nach: Schreiben der Stapostelle Aachen vom 9. 9. 1935 an das Generalvikariat Aachen. Pfarrer Coenen hat diese Äußerung zugegeben. BDA. GvS L 8 I.
[498] Vgl. den Vorgang in: BDA. GvS L 13 I, Bl. 87 f.
[499] Vgl. BDA. GvS L 13 III und GvP Coenen; HStAD. RW 58. Pers. Akte 24880.
[500] Vgl. dessen Schreiben an das Generalvikariat Aachen vom 18. 6. 1935. BDA. GvP Paul Müller.
[501] Vgl. den Lagebericht der Stapostelle Aachen für Juni vom 5. 7. 1935 (Nr. 22). Druck: B. Vollmer, Volksopposition, S. 247.
[502] Vgl. U. von Hehl. Priester unter Hitlers Terror, Sp. 22 f.
[503] Vgl. den Lagebericht der Stapostelle Aachen für April vom 8. 5. 1935 (Nr. 19). Druck: B. Vollmer, Volksopposition, S. 205.
[504] Vgl. HStAD. RW 58. Pers. Akten 64834, 14661, 16581, 28020.
[505] Vgl. den Lagebericht der Stapostelle Aachen für Januar vom 10. 2. 1936 (Nr. 31). Druck: B. Vollmer, Volksopposition, S. 349.

Dr. med. Peter Breidenbend, geb. 30. 12. 1855 in Düren; gew. 1. 8. 1886; gest. 6. 5. 1939.

Michael Roeckerath, geb. 1. 8. 1899 in Köln; gew. 14. 8. 1924; gest. 2. 4. 1966.

Paul Spülbeck, geb. 9. 8. 1902 in Aachen; gew. 28. 6. 1927; gest. 22. 12. 1962.

Ausschnitt aus Abb. S. 167

Kleine Nachrichten

Was das Volk nicht verstehen kann

Die Militärrentenempfängerin Frau **Andreas Bräuning** in **Langenwinkel** Amt Lahr (Baden) benimmt sich den Sammlern der NSV. und des WHW. gegenüber in unverschämter Weise.

•

Der Jude **Zander** in Jastrow tritt ausstehende Forderungen an die **Karstadt A.-G.** Berlin ab. Als Bevollmächtigter der Karstadt A.-G. besorgt Rechtsanwalt **Dr. H. Coenen** in **Berlin-Wilhelmsdorf**, Ferbelliner-Straße 1, die Beitreibung der Forderungen.

•

Der Pferdehändler **Gustav Bröker** in **Billerbeck** Kreis Coesfeld unterhält geschäftliche Beziehungen zu dem berüchtigten Juden **Eichenwald aus Billerbeck**.

•

In der Kleinkinderschule der Evangelischen Gemeinde **Kastellaun** werden noch Judensprößlinge gemeinsam mit deutschen Kindern erzogen.

•

In **Brockum** kaufen noch eine ganze Anzahl deutscher Frauen und Männer beim Juden.

•

Die Maschinenabteilung des Wasserstraßenamtes **Brake** macht mit dem Juden **Weinberg** in Brake Geschäfte.

•

Der Reichsbahninspektor a. D. **Franz Schmitt** aus **Bruchsal** läßt sich von dem Judenarzt **Dr. Sulzberger** behandeln. Auch der Zugführer a. D. **Franz Simlauer** und der Lokomotivführer **Alfred Ehrbacher** bedienen sich der Hilfe des Judenarztes.

•

Der Volksgenosse **Paul Keiderling** aus **Böddinghausen** (Gau Westfalen-Süd) fährt mit Juden im Auto und auf dem Motorrad spazieren.

•

Der **Volksverband der Bücherfreunde** in **Berlin-Charlottenburg 2**, Berliner Straße 42/43 bietet in seinem Bücherzettel von Weihnachten 1936 die Werke des Juden **Chaim Bückeburg** (Heine) als „Klassiker-Werke" an.

•

Der Inhaber des Kaffeehauses **Malkotten** (zwischen Werl und Kanal i. W.) ist der Gastwirt **Ewald Plettendorf**. Er macht mit Juden Geschäfte.

•

Der Turn- und Gesa[illegible]verein **„Deutsche Eiche"** in **Kalbo** gibt Einladungen zu einem Faschingsball heraus, welche folgenden Schluß haben: **„Heil Hitler! Grüß Gott! Gut Heil Der Vereinsführer."**

•

Der Schneidermeister **Johannes Wolf** in **Mansbach** (Kreis Hünfeld) macht mit dem Juden **Bacherach** Geschäfte. Frau **Elise Wiegand** in **Mansbach** kauft beim Juden **Salomon Tannenbaum** ein.

•

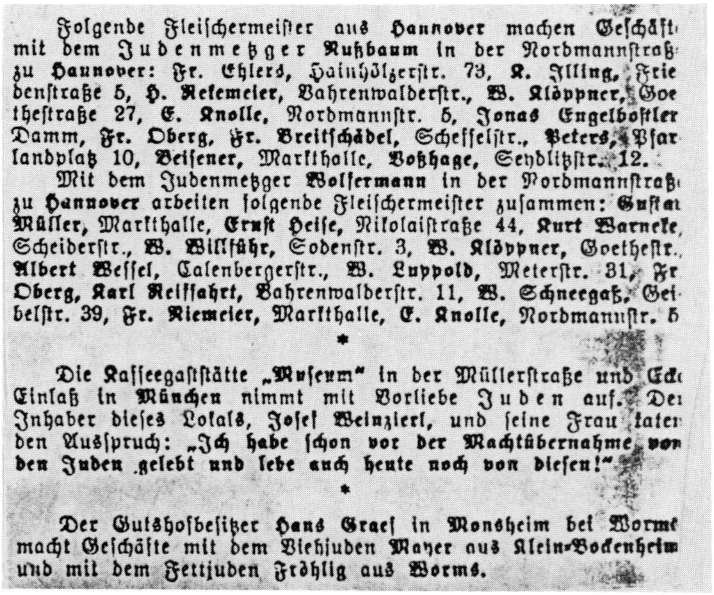

Folgende Fleischermeister aus **Hannover** machen Geschäft
mit dem Judenmetzger **Nußbaum** in der Nordmannstraß
zu **Hannover:** Fr. Ehlers, Hainhölzerstr. 73, **K. Illing,** Frie
denstraße 5, **H. Rekemeier,** Bahrenwalderstr., **W. Klöppner,** Goe
thestraße 27, **E. Knolle,** Nordmannstr. 5, **Jonas Engelbostler**
Damm, **Fr. Oberg, Fr. Breitschädel,** Scheffelstr., **Peters,** Pfar
landplatz 10, **Beisener,** Markthalle, **Boßhage,** Seydlitzstr. 12.

Mit dem Judenmetzger **Wolfermann** in der Nordmannstraß
zu **Hannover** arbeiten folgende Fleischermeister zusammen: **Gustav**
Müller, Markthalle, **Ernst Heise,** Nikolaistraße 44, **Kurt Warneke,**
Scheiderstr., **W. Willführ,** Sodenstr. 3, **W. Klöppner,** Goethestr.,
Albert Wessel, Calenbergerstr., **W. Luppold,** Meterstr. 31, **Fr**
Oberg, Karl Reiffahrt, Bahrenwalderstr. 11, **W. Schneegaß,** Gei
belstr. 39, **Fr. Riemeier,** Markthalle, **E. Knolle,** Nordmannstr. 5

*

Die **Kaffeegaststätte „Museum“** in der Müllerstraße **und** Eck
Einlaß in **München** nimmt mit Vorliebe Juden auf. Der
Inhaber dieses Lokals, **Josef Weinzierl,** und seine Frau tater
den Ausspruch: **„Ich habe schon vor der Machtübernahme von**
den Juden gelebt und lebe auch heute noch von diesen!“

*

Der Gutshofbesitzer **Hans Graef** in **Monsheim** bei **Worme**
macht Geschäfte mit dem Viehjuden **Mayer** aus **Klein-Bockenheim**
und mit dem Fettjuden **Fröhlig** aus **Worms.**

Rassisch Verfolgten wurde — wenn überhaupt — mit großem Risiko privat geholfen. Über Dechant von Itter wird entsprechend berichtet[506]. Wegen Unterstützung einer halbjüdischen Familie wurde Pfarrer Buchkremer in Herzogenrath-Strass 1941 von der Gestapo verhört[507]. Pfarrer Reiner Klein, Horbach, berichtet über seine Vernehmung am 17. März 1938, diese habe sich auf seine Predigtausführungen über die „höchsten Werte“ bezogen. Er habe nämlich Gott als den obersten Wert gegen andere Werte wie Volk, Staat, Blut und Rasse abgegrenzt: Götzendienst leiste derjenige, der anderen Werten den Vorrang gebe vor dem Wert Gott[508].
Als Ausnahmefälle bezeichnet die Gestapo im November 1935 zwei Geistliche, wovon der eine in der Kirche „gegen die Juden gepredigt“ habe, der andere regelmäßig „Volk, Führer und Vaterland“ in seine Gebete einbeziehe[509].
Eine Ausnahme bildete die öffentliche Kritik an den sogenannten Euthanasiegesetzen. Wegen einer diesbezüglichen Predigt wurde Kaplan Rindermann im September 1939 in Aachen-Forst festgenommen und anschließend ins KZ Dachau überführt[510]. Zahl-

506 Vgl. M. Petermann, Alfred von Itter, S. 408.
507 Vgl. H. Selhorst, Priesterschicksale, S. 26—42.
508 Vgl. dessen Bericht vom 26. 8. 1946 an das Generalvikariat in Aachen. BDA. GvS L 13 I, Bl. 131 f.
509 Vgl. den Lagebericht der Stapostelle Aachen für Oktober vom 7. 11. 1935 (Nr. 28). Druck: B. Vollmer, Volksopposition, S. 302.
510 Vgl. H. Selhorst, Priesterschicksale, S. 140—162. Rindermann gibt an, daß wahrscheinlich der dortige Ortsgruppenleiter, der Rektor und ein Lehrer der Schule, seine Überstellung nach Dachau betrieben hätten, vgl. ebda, S. 142. Vgl. U. von Hehl, Priester unter Hitlers Terror, Sp. 22.

reiche Verhöre wegen Predigten sind auch für den Krefelder Stadtdechanten Schwamborn überliefert; unter anderem soll er anläßlich der Vorgänge in der „Reichskristallnacht" am 9. November 1938 in einer Predigt seiner Empörung Ausdruck verliehen haben; wegen einer Predigt im Herbst 1941 über das biblische Gebot „Du sollst nicht töten" wurde er offenbar nicht belangt[511].
Der bereits erwähnte Pfarrer Paul Müller fiel noch einmal mit Äußerungen in der Pfarrkirche auf, als er in einem eigentlich von ihm aufgedeckten, von Parteiseite aufgegriffenen Fall öffentlich Stellung bezog. Es handelte sich um die sittlichen Verfehlungen eines Lehrers, die eine große Erregung im Dorf hervorgerufen hatten. Der Pfarrer versuchte, mäßigend auf seine Gemeinde einzuwirken. Der „Westdeutsche Beobachter" nahm dies zum Anlaß, den Pastor in einem Artikel mit der Überschrift „Unverständliche Ehrenrettung" am 22. September 1936 scharf anzugreifen. Dies führte offenbar zur Verhaftung Müllers am 10. November. Erst am 4. Januar 1937 wurde er entlassen; ein Aufenthaltsverbot für den Regierungsbezirk Aachen folgte[512]. In diesem Fall spielten örtliche Rivalitäten sowie die Eigendynamik des einmal in Bewegung gesetzten Verfolgungsapparates eine Rolle.

Zieht man ein Resümee aus den zahlreichen vorgestellten Fällen, springt zunächst deren Vielfältigkeit ins Auge. Die Geistlichen betrachteten den Kirchenraum als eine Art Refugium, als Bastion zur Verteidigung vor allem gegen persönliche Angriffe aus der Gemeinde. Auch allgemeine Themen des Kirchenkampfes wurden hier und da behandelt, Stellungnahmen zu ethischen Fragen konnten von der Kanzel aus erfolgen. Ein direkter, offener Protest gegen Maßnahmen des nationalsozialistischen Staates wurde nicht festgestellt. Dessen mannigfache Repressionsmöglichkeiten zwangen ebenso wie die ständige Überwachung zur Vorsicht. Der öffentlich zugängliche Kirchenraum bot somit einerseits psychologisch einen Rückhalt, andererseits konnte er mit seiner trügerischen Sicherheit zu unbeachten Äußerungen verleiten.
Zu berichten sind noch die Fälle, in denen Geistliche gegen die in der Kriegszeit verhängten Einschränkungen des Gottesdienstes verstießen[513]. Ob dies aus Unkenntnis geschah, oder ob die bekanntgewordenen Fälle von einer latenten Bereitschaft zeugen, staatliche Maßnahmen nicht unbedingt einzuhalten, ist kaum zu entscheiden.
Weil sie vor zehn Uhr morgens nach nächtlichem Fliegeralarm zelebrierten, wurden 1941 Pfarrer Heinrich Franzen in Wahlheim und Pfarrer Josef Graafen in Hahn mit Zwangsgeldern von 300 bzw. 500 Reichsmark belegt[514]. Wegen einer Trauung vor zehn Uhr nach nächtlichem Fliegeralarm erhielt Pfarrer Gustav Vaßen, Oberzier, 1934 eine Geldstrafe von 300 Reichsmark[515]. Ein Ordnungsgeld in der Höhe von 100

511 Vgl. W. Nettelbeck, Monsignore Gregor Schwamborn, S. 58 f.
512 Vgl. BDA. GvP Paul Müller.
513 Zu den Einschränkungen vgl. oben, S. 121 ff.
514 Vgl. den Jahresbericht für 1941 des Dekanates Kornelimünster. BDA. Gvd Kornelimünster 1 I.
515 Vgl. BDA. GvS L 13 III.

Heinrich Franzen, geb. 13. 5. 1882 in Dremmen; gew. 10. 8. 1907; gest. 10. 9. 1959.

Dr. theol. Josef Graafen, geb. 14. 3. 1892 in Eschweiler; gew. 24. 6. 1915; gest. 9. 9. 1955.

Gustav Vaßen, geb. 13. 9. 1882 in Aachen; gew. 10. 8. 1911; gest. 27. 6. 1967.

Reichsmark mußte Stadtdechant Tholen in Aachen zahlen, weil er zum Gottesdienst am Ostersonntag, dem 13. April 1941, 260 Besucher in der Kirche St. Josef, Aachen duldete. Die erlaubte Besucherzahl betrug hingegen nur 212 Personen[516].

4.6. Flaggenfrage und allgemeine ‚Vergehen'

Die Frage, an welchen staatlichen Feiertagen und mit welcher Fahne die Kirchen und kircheneigenen Gebäude zu flaggen hätten und ob bei solchen Anlässen geläutet werden sollte, bewegte neben den kirchlichen Behörden auch die einzelnen Geistlichen. Bereits vor 1933 wurde von der Kirche auf Ersuchen der staatlichen Behörden an nationalen Feiertagen mit der Kirchenfahne gelb-weiß geflaggt[517]. Nach der Machtergreifung gingen die staatlichen Behörden dazu über, auch für politische Anlässe die Beflaggung der Kirchen einzufordern, so anläßlich des Tages der Wiederkehr der Machtübernahme am 30. Januar 1934[518]. In der Folgezeit beanspruchten die staatlichen Behörden vermehrt die alleinige Zuständigkeit in dieser Angelegenheit. Immer häufiger wurde an staatlichen Feiertagen das Setzen der Fahnen und das Läuten der Glokken gefordert, ohne daß die Zustimmung der kirchlichen Behörden, auf deren Weisung die Pfarrer pflichtgemäß zu warten hatten, eingeholt wurde. Einen Einschnitt in diese Entwicklung, die hier nicht im einzelnen darzustellen ist, brachte das Jahr 1935.

Am 6. Juni 1935 gab das Reichsministerium des Inneren einen Runderlaß heraus, in dem die regelmäßig wiederkehrenden Beflaggungstage angegeben wurden. Diese waren: Das Neujahrsfest, der „Reichsgründungstag" (18. Januar), der „Tag der nationalen Erhebung" (30. Januar), der „Heldengedenktag" (5. Sonntag nach Ostern), der „Geburtstag des Führers und Reichskanzlers" (20. April), der „nationale Feiertag des deutschen Volkes" (1. Mai), das Erntedankfest. Bei besonderen Anlässen sollte die Beflaggung durch Rundfunk und Presse bekanntgegeben werden (Art. 2). Berechtigt, die Beflaggung anzuordnen, waren weiterhin die Reichsstatthalter, in Preußen die Oberpräsidenten, für örtliche Beflaggungstage in Preußen die Regierungspräsidenten, in anderen Ländern die entsprechenden Behörden[519]. Das Reichsflaggengesetz vom 15. September 1935 schaffte dann die Reichsfahne schwarz-weiß-rot ab und bestimmte die Hakenkreuzfahne zur Reichsfahne[520]. Eine Geld- oder Freiheitsstrafe oder beide

[516] Vgl. den Bericht des Dechanten Tholen vom 25. 8. 1945. BDA. GvS L 13 II, Bl. 110.
[517] Vgl. dazu den Schriftverkehr in: BDA. GvS M 2 I.
[518] Vgl. das Schreiben des Reichsministers des Inneren Frick vom 24. 1. 1934 an die bischöflichen Behörden, BDA. GvS M 2 I.
[519] Vgl. den Runderlaß Nr. 1 A 4781/4015. RMBl. 63 (1935) Nr. 24, S. 545 f.
[520] Vgl. RGBl I 1935, S. 1145. Im März 1933 war die schwarz- rot-goldene Fahne der Republik abgeschafft worden. Stattdessen waren vorläufig die schwarz-weiß-rote und die Hakenkreuzfahne gleichzeitig als Staatssymbol zu setzen. Vgl. den Erlaß des Reichspräsidenten vom 12. 3. 1933. RGBl I 1933, S. 107. Zur Verfassungswidrigkeit dieses Schrittes vgl. K. D. Bracher, Stufen der Machtergreifung, S. 207.

Peter Tholen, geb. 3. 8. 1882 in Waldfeucht; gew. 10. 8. 1908; Stadtdechant Aachen 22. 10. 1943; gest. 1. 11. 1955.

zusammen drohten nach der Durchführungsverordnung zum Reichsflaggengesetz vom 24. Oktober 1935 denjenigen, die sich den neuen Bestimmungen nicht unterwarfen. An allen Tagen, an denen die öffentlichen Gebäude flaggten, war auch die Beflaggung der kirchlichen Gebäude und kirchlichen Dienstgebäude, also auch der Pfarrämter, mit der Reichs- und Nationalfahne obligatorisch. Kirchenfahnen durften von der Kirche nur noch an anderen Tagen gezeigt werden[521]. Anfänglich ergingen zum Läuten der Glocken noch förmliche Aufforderungen, die indes zunehmend den Charakter von Anordnungen annahmen. So orderte anläßlich des bevorstehenden Einzuges deutscher Truppen in Warschau der Reichskirchenminister am 30. September 1939 ein einwöchiges tägliches Geläut von einer Stunde[522]. Das Aushängen von Kirchenfahnen an Privathäusern, üblich bei örtlichen Prozessionen, war bereits 1934 verboten worden[523]. Während des Krieges wurden die Läutvorschriften für die Kirchen verschärft. Verboten war das Läuten bei Taufen und Trauungen sowie in der Zeit von 18.00 bis 8.00 Uhr. Generell durfte nur einmal täglich geläutet werden. Diese Bestimmung galt auch sonntags[524]. Ein „Führererlaß" untersagte das Läuten der Glocken nach nächtlichem Fliegeralarm vor 13.00 Uhr des folgenden Tages[525]. Damit war das Flaggen und Läuten zu kirchlichen Anlässen stark eingeschränkt, wohingegen der Staat zu säkularen Zwecken festliches Geläut und Fahnenschmuck von den Kirchen verlangte.

Kirchlicherseits war in der Behandlung der Flaggenfrage bis 1935 keine einheitliche Linie erreicht worden. Wie aus einem Schreiben des Vorsitzenden der Fuldaer Bischofskonferenz, Kardinal Bertram, vom 18. Dezember 1934 hervorgeht, war es reichsweit in Gebrauch gekommen, daß die Geistlichen dem dringenden Verlangen, mit Reichsfahnen und Hakenkreuzfahnen zu flaggen, nachgekommen waren. Dies entsprach gewissermaßen der vor dem Ersten Weltkrieg geübten Praxis, als die Kirchen sich an weltlichen Feiertagen mit den Kirchenfahnen gelb-weiß und der Reichsfahne schwarz-weiß-rot schmückten[526]. Im Regierungsbezirk Aachen scheint das Setzen der Hakenkreuzfahne auf oder an den Kirchen bis Oktober 1935 nicht üblich gewesen zu sein. Anläßlich der „Volksabstimmung"[527] vom 19. August 1934 waren im Regierungsbezirk Aachen die meisten Pfarrhäuser nicht beflaggt worden[528]. Im Oktober und November setzte die Mehrheit der Pfarrer die Hakenkreuzfahne. Diejenigen Geistlichen, die am Erntedankfest entgegen der Anordnung nicht die Hakenkreuzfahne von

521 Vgl. das Schreiben des Reg. Präs. Aachen an den Bischof von Aachen vom 6. 11. 1935. BDA. GvS M 2 I.

522 Vgl. den Schnellbrief des Reichsministers für kirchliche Angelegenheiten vom 30. 9. 1939 an die Kirchenbehörden; Schreiben Kardinal Bertrams vom 1. 10. 1939 an die Oberhirten in Großdeutschland. BDA. GvS M 2 I.

523 Vgl. die Mitteilung des Generalvikariats Aachen an die Pfarrer und Dechanten vom 21. 5. 1934. BDA. GvS M 2 I.

524 Vgl. den Befehl des Oberbefehlshabers der Luftwaffe vom 13. 10. 1939, den Pfarrämtern und Pfarrektoraten vom Aachener Generalvikariat am 31. 10. 1939 mitgeteilt. BDA. GvS C 5 I.

525 Vgl. das Schreiben des Generalvikariats Aachen vom 26. 10. 1940 an die Dechanten. BDA. GvS C 5 I.

526 Vgl. das Schreiben Kardinal Bertrams vom 10. 12. 1934 an die kirchlichen Behörden. BDA. GvS M 2 I.

527 Vgl. oben, S. 57 ff.

528 Vgl. den Lagebericht des Reg. Präs. Aachen vom 7. 9. 1934 (Nr. 7). Druck: B. Vollmer, Volksopposition, S. 90.

der Kirche wehen ließen, hatten noch nicht mit weiteren staatspolizeilichen Schritten zu rechnen. Offenbar fehlte die Zeit, um gemäß den Bestimmungen zu verfahren. Daß die Mehrheit der Geistlichen, sich der neuen Verordnung beugte, erklärt die Aachener Staatspolizei wie folgt:
„Ein Teil des Klerus wollte unter Festhalten am bisherigen Standpunkt nicht ohne weiteres der Anordnung Folge leisten, andererseits aber auch nicht gern mit den Gesetzen in Konflikt geraten; er bog daher die Sache soweit ab, als er es ohne Gefährdung der eigenen Sicherheit glaubte wagen zu können. Das bischöfliche Generalvikariat war sich anscheinend, wie ich aus einer fernmündlichen Besprechung entnehmen konnte, zunächst über das von ihm eingeschlagene Verfahren nicht ganz im Klaren; es bedurfte erst eines Hinweises auf die Folgen einer Weigerung, um dem Generalvikariat die Befolgung des Flaggenerlasses als zweckmäßig erscheinen zu lassen."[529]
Dieser Bericht ist nach den einschneidenden Bestimmungen verfaßt, die 1935 die Flaggenfrage neu regelten. Ihr kam, das macht die staatspolizeiliche Überwachung deutlich, mehr als nur eine symbolische Bedeutung zu.
Das Flaggen und Glockengeläut der Kirchen war von der Staatspolizei schon früher kontrolliert worden. So hatte das Geheime Staatspolizeiamt in Berlin am 6. August 1934 angeordnet, alle Geistlichen zu melden, die das geforderte Beflaggen und Trauergeläut anläßlich des Todes des Reichspräsidenten Hindenburg verweigert hatten[530]. Die in der Aachener Diözese in der Zeit vor der Neuregelung registrierten Fälle, in denen Pfarrer nicht geflaggt hatten, waren offenbar mit einer Vernehmung der Betroffenen und einer Beschwerde beim Generalvikariat ohne weitere Folgen geblieben[531]. Ein gutes Jahr später waren nun auch Strafmaßnahmen möglich geworden.
In mehreren Eingaben versuchten einzelne Bischöfe im Herbst 1935, Einwände gegen die neuen Bestimmungen geltend zu machen, sahen sie sich doch von den staatlichen Anordnungen und von der Praxis in manchen Diözesen überrollt[532]. Kardinal Schulte faßte stellvertretend für die Bischöfe der Kölner Kirchenprovinz die Bedenken zusammen, die sich kirchlicherseits am symbolischen Charakter der Beflaggung entzündeten: „Das Flaggen ist eine öffentliche Stellungnahme, die öffentliche Kundgabe einer Gesinnung oder einer Beurteilung eines bestimmmten Tatbestandes." So fürchtet Schulte, würde die Kirche vielleicht in die Lage kommen, am Geburtstag Alfred Rosenbergs, des Autors des „Mythus"[533], festlichen Fahnenschmuck anlegen zu müssen[534].

529 Stapostelle Aachen. Lagebericht für November (Nr. 29). 9. 12. 1935. Druck: B. Vollmer, Volksopposition, S. 305.
530 Vgl. das Rundschreiben des Gestapa Berlin vom 6. 8. 1934. HStAD. RW 18—1, Bl. 180.
531 Vgl. den Bericht von Pfarrer Josef Schneider (Roetgen) vom 30. 1. 1934 an das Generalvikariat in Aachen. BDA. GvS M 2 I; weiterhin den Bericht von Pfarrer Eduard J. Meyer, BDA. GvS L 13 I, Bl. 137.
532 Vgl. die Eingabe Kardinal Faulhabers vom 5. 10. 1935 an Reichsinnenminister Frick. Druck: B. Stasiewski, Akten III, Nr. 241, S. 28—31. Siehe ferner die Eingabe Kardinal Bertrams vom 4. 11. 1935 an den Reichsinnenminister. BDA. GvS M 2 I.
533 Vgl. oben, S. 108 f.
534 Vgl. das Schreiben Kardinal Schultes an Kardinal Bertrams vom 28. 10. 1935. BDA. GvS M 2 I.

Dr. theol. Michael von Faulhaber, geb. 5. 3. 1869 in Kloster-Heidenfeld; gew. 1. 8. 1892; 1910/11 Bischof von Speyer; 1917 Erzbischof von München und Freising; 1921 Kardinal; gest. 12. 6. 1952.

Die Proteste kamen jedoch zu spät und blieben erfolglos. Im Dezember 1935 berichtet die Aachener Staatspolizei von 87 Geistlichen, das sind etwa 15% des Klerus, die im Regierungsbezirk Aachen nicht ordnungsgemäß geflaggt haben. Die Staatspolizei erwartet zu diesem Zeitpunkt keine weiteren Widerstände, da zur Befolgung des Flaggenerlasses nunmehr eine bischöfliche Weisung vorliege[535]. Damit war für die Geistlichen der gemeinsame Erlaß der Kölner und Aachener Generalvikariate vom 25. September 1935 hinfällig geworden, der die Kirchen, anders als die kirchlichen Dienstgebäude, von der Beflaggung mit Hakenkreuzfahnen ausgenommen sehen wollte. Auf diesen Erlaß berief sich Pfarrer Wurth in Ruhrberg, als er angezeigt wurde, am Beisetzungstag des Reichsstatthalters und Gauleiters Loeper (26. Oktober 1935) nicht geflaggt zu haben. Nachdem er Erkundigungen eingezogen hatte, holte er das Zeigen der Hakenkreuzfahne nach[536].

Einige Pfarrer mußten erst die neuen Fahnen beschaffen. Für die Staatspolizei war dies weniger eine hinnehmbare Entschuldigung als vielmehr der Beweis, daß der Klerus mehrheitlich immer noch staatlichen Maßnahmen auszuweichen trachtete. Mit Ausreden hätte er deren Ignorierung verdecken wollen. Gleichzeitig mit dieser Feststellung weist der Leiter der Staatspolizei Aachen auf den staatspolizeilichen Wert des Flaggenerlasses hin, denn nur so eindeutige Erlasse wie dieser seien dazu imstande, „. . . den Klerus zu seinen Pflichten dem Staate gegenüber zu erziehen. Es dürfte aber noch eine geraume Zeit vergehen, bevor hier eine grundlegende Wandlung eintritt."[537] Auf eine „gewisse Erregung" der kirchlichen Stellen ob des Flaggenerlasses weist auch der Aachener Regierungspräsident hin. Es bestünden erhebliche innere Vorbehalte gegen die Durchführung der Bestimmungen. Aus diesem Grunde und wegen der zu kurzfristig erfolgten Anordnung empfiehlt der Aachener Regierungspräsident eine pragmatische Behandlung der mit der Beflaggung zusammenhängenden Fragen. So sollten Anweisungen zukünftig rechtzeitig und eindeutig ergehen. Die registrierten Fälle, in denen nicht entsprechend der Flaggenverordnung verfahren wurde, sollten nicht insgesamt der Staatsanwaltschaft übergeben werden. Als Kriterium für die Einleitung eines Verfahrens könne die offenkundige Böswilligkeit des Betroffenen dienen[538].

Am 1., 13. und 18. Januar 1936 wurden dann jeweils das Setzen der Hakenkreuzfahne für die Kirchen angeordnet. Dies sollte, so betonte ein Schreiben des Reichsinnen-

[535] Vgl. den Lagebericht der Stapostelle Aachen für November vom 9. 12. 1935 (Nr. 29). Druck: B. Vollmer, Volksopposition, S. 312.

[536] Vgl. das Schreiben Pfarrer Wurths vom 28. 11. 1935 an den Amtsbürgermeister in Kesternich. BDA. GvS M 2 I. Zu den Beisetzungsfeierlichkeiten in Dessau vgl. Der Volksfreund. Aachener Generalanzeiger für Stadt und Land (Gegründet 1894) Aachener Post. Aachener Stadtanzeiger Aachener Zeitung (Gegründet 1890), 42./45. Jg. Nr. 247 und 250, 24. und 27. 10. 1935.

[537] Stapostelle Aachen. Lagebericht für November (Nr. 29). 9. 12. 1935. Druck: B. Vollmer, Volksopposition, S. 316.

[538] Vgl. den Lagebericht des Reg. Präs. Aachen für Oktober/November vom 14. 12. 1935. Druck: B. Vollmer, Volksopposition, S. 322 und 324 f.

Wilhelm Loeper, geb. 13. 10. 1883 in Schwerin; Teilnehmer am 1. Weltkrieg, anschließend Freikorps; 1920—1924 Reichswehroffizier; 1924 Gauleiter der NSDAP in Magdeburg-Anhalt; 1930 Mitglied des Reichstags; im August 1932 Landesinspekteur der NSDAP für Mitteldeutschland; 1933 Reichsstatthalter für Braunschweig und Anhalt; gest. 23. (?). 10. 1935.

Hubert Wurth, geb. 28. 3. 1891 in Ballsiefen; gew. 24. 6. 1915; gest. 15. 5. 1969.

ministers vom 15. Januar, auf den Kirchengebäuden geschehen; statt ihrer eigens errichtete Fahnenmaste zu beflaggen sei nicht statthaft[539]. Nur wenige Geistliche im Aachener Regierungsbezirk unterließen die Beflaggung der Kirchen. Seitens der Staatspolizei wurde den deswegen angezeigten kein böser Wille, sondern Unaufmerksamkeit bescheinigt[540]. Die Befolgung der Flaggenerlasse scheint in der Folgezeit die Regel gewesen zu sein[541]. Es war also gelungen, die Pfarrer zur symbolischen Beflaggung ihrer Kirchen mit der Hakenkreuzfahne zu bringen. Drohende staatspolizeiliche und gerichtliche Schritte, ein effizienter Kontrollapparat sowie eine uneinheitliche Haltung im praktischen Umgang mit der Flaggenfrage führten hier zur Aufgabe der kirchlichen Positionen. Hinzu kam das Drängen der eigenen Gemeindemitglieder und das patriotische Pflichtgefühl der Pfarrer.

Ähnliches gilt für das Flaggen im innerkirchlichen Raum. Gegen das Einbringen von Kränzen mit Schleifen in den Reichsfarben schwarz-weiß-rot und der Hakenkreuzfahne vor den Gefallenendenkmälern in der Kirche erhoben im März 1935 einige Pfarrer Einspruch. Sie erklärten, das Anbringen von Kränzen mit Hakenkreuzfahnen könnten sie nur mit Zustimmung ihrer vorgesetzten Behörde gestatten. Das Generalvikariat gab nach einer Rücksprache mit dem Regierungspräsidenten Aachen zu einem solchen Verfahren sein Einverständnis[542].

Die Geistlichen verstanden es dennoch, Unterschiede zu machen, und konnten eine staatliche Anordnung mißachten, wenn sie sich in ihrem Selbstverständnis zutiefst berührt sahen. Dies macht die Befolgung bzw. Boykottierung der Flaggenverordnung vom 21. Dezember 1937 deutlich. Aus Anlaß des Todes von General Ludendorff, dessen dezidiert antikirchliche Einstellung bekannt war, sollten alle öffentlichen Gebäude beflaggt werden. Der Landrat von Erkelenz meldete der Gestapo allein aus seinem Bezirk 31 Kirchen, die nicht geflaggt hatten[543]. Deshalb eingeleitete polizeiliche Maßnahmen sind nicht überliefert. Nur wenige Fälle sind bekannt, in denen Geistliche verbotswidrig Kirchenfahnen aushängten oder das Hissen von Kirchenfahnen gestatteten. Pfarrektor Christian Berrenrath in Rheydt und Pfarrer Joseph Flöhr in Mönchengladbach waren wegen dieser ‚Delikte' auffällig geworden[544].

[539] Vgl. das Schreiben an die Kardinäle Bertram und Faulhaber, abschriftlich in: BDA. GvS M 2 I.
[540] Vgl. den Lagebericht der Stapostelle Aachen für Januar vom 10. 2. 1936 (Nr. 31). Druck: B. Vollmer, Volksopposition, S. 350.
[541] Vgl. den Lagebericht der Stapostelle Aachen für Februar vom 5. 3. 1936 (Nr. 32). Druck: B. Vollmer, Volksopposition, S. 366.
[542] Vgl. das Rundschreiben des Generalvikariats vom 4. 4. 1935 an die Dechanten BDA. GvS C 5 I.
[543] Vgl. W. Frenken u. a. (Hg.), Der Nationalsozialismus im Kreis Heinsberg, S. 88. Zu Ludendorffs völkisch-religiösen Bestrebungen vgl. K. Scholden. Die Kirchen und das Dritte Reich, Bd. 1, S. 114 ff., mit Literaturverweisen ebda, S. 767.
[544] Vgl. HStAD. RW 58. Pers. Akten 22566 und 22561.

Christian Berrenrath, geb. 14. 5. 1888 in Düsseldorf; gew. 10. 8. 1913; gest. 12. 12. 1963.

Joseph Flöhr, geb. 19. 3. 1876 in Eschweiler-Bergrath; gew. 15. 3. 1902; gest. 30. 3. 1942.

Erich Ludendorff, geb. 9. 4. 1865 in Kruszczewina; Berufsoffizier, 1916 Erster Generalquartiermeister bei der Obersten Heeresleitung; Teilnehmer am Hitlerputsch vom 9. 11. 1923; Gründer des Tannenbergbundes (1926); gest. 20. 12. 1937.

Demonstrativ für die Stellung der katholischen Kirche in der Öffentlichkeit trat im Mai 1939 Kaplan Paul Högel in Würselen ein — ein Einzelfall von symbolischer Bedeutung. Er vermittelt zudem einen Eindruck von der inneren Einstellung der Betroffenen. Am 4. Mai fand in Würselen die Beerdigung des Büroangestellten N. N. statt, eines langjährigen Mitarbeiters einer Aachener Nadelfabrik. An der Beisetzung nahmen unter anderem ein Werkscharführer mit einer Fahnenabordnung in Werkscharuniformen, weiterhin eine Gefolgschaftsabordnung und Mitglieder des NS-Reichskriegerbundes teil. Mit dem Hinweis, er würde nicht hinter dem Kreuz marschieren, brachte der Werkscharführer den Meßdiener, der das Kreuz dem Leichenzug vorantragen wollte, nach hinten zu dem begleitenden Priester, Kaplan Högel. Nun ergriff dieser das Kreuz, es kam zu einer Rempelei zwischen ihm und dem Werkscharführer. Letzterer verließ mit drei Gleichgesinnten demonstrativ den Leichenzug, der dann unbehelligt und mit dem Kreuz an der Spitze das Grab erreichte. So war es, hatte Kaplan Högel seinen Widersachern gegenüber betont, „Würselener Kirchenrecht". In Würselen würden auch die SA und die SS hinter dem Kreuz marschieren. Am Grab erwarteten den Zug die auf Umwegen dorthin geeilten Fahnenträger der Werkschar[545].

Aus dem breiten Spektrum der auffällig gewordenen ,Verfehlungen' von Priestern sind nun diejenigen vorzustellen, die der allgemeinen Berufsausübung zugeordnet werden können. Sie geben Auskunft über die engstirnig-boshafte Anwendung gesetzlicher Bestimmungen. Dies trifft insbesondere für die Anzeigen zu, die die Verbreitung von nicht ordnungsgemäß gekennzeichneten Schriften zum Inhalt hatten. Einige dieser, in Zusammenhang mit der Jugendarbeit stehenden Fälle wurden bereits erwähnt[546].
Wie aus den Akten des Aachener Landgerichtes ersichtlich, wurden allein im Jahr 1937 64 Geistliche verurteilt, weil sie gegen die Verordnung über das Verteilen von Flugblättern verstoßen hatten[547]. Allgemeines seelsorgliches Anliegen stand hinter der Aktion des Stadtdechanten Heinrich von der Helm, Mönchengladbach-Rheydt, der 1939 Flugblätter in der Gemeinde versandte, um zu einer nächtlichen Anbetung einzuladen[548].

Mehr als eine Schikane konnte es sein, wenn Geistliche angezeigt wurden, verbotswidrig für kirchliche oder seelsorgliche Zwecke gesammelt zu haben. Der Pfarrer in Eschweiler-Hastenrath, Hermann Josef Cremers, wurde deshalb im Juli 1942 belangt[549]. Gerichtsverfahren wurden wegen des gleichen Deliktes gegen Pfarrer

545 Vgl. HStAD. RW 58. Pers. Akte 65846.
546 Vgl. oben, S. 176 f.
547 Vgl. P. Emunds, Der stumme Protest, S. 32.
548 Vgl. HStAD. RW 58. Pers. Akte 40921. Vgl. H. Schüngeler, Widerstand und Verfolgung in Mönchengladbach und Rheydt, S. 443 Anm. 496.
549 Vgl. Meldung wichtiger staatspolizeilicher Ereignisse, Aachen 1. 7. 1942. Druck: H. Boberach, Berichte des SD und der Gestapo, S. 687 f. BDA. GvS L 13 II, Bl. 381 f.

Hermann Josef Cremers, geb. 19. 9. 1874 in Viersen; gew. 15. 8. 1898; gest. 20. 1. 1963.

Heinrich von der Helm, geb. 8. 5. 1859 in Koblenz, gew. 27. 6. 1882; gest. 23. 6. 1950.

Anton Rocca in Richterich und Pfarrer Wilhelm Knorr in Mönchengladbach angestrengt[550]. In Waldniel mußte Pfarrer Josef Möhler 50 RM Geldstrafe bezahlen, weil er gegen die Bestimmungen des Sammelgesetzes verstoßen hatte[551]. In Stolberg sammelte Pfarrer Friedrich Keller Geld für ein Mäuerchen an seiner Kirche. Dies diente neben den Vorwürfen des Defätismus und der Wehrkraftzersetzung als Vorwand für seine Verhaftung am 15. November 1941. Nach einer zwischenzeitlichen Inhaftierung im Konzentrationslager Dachau kam Pfarrer Keller am 15. Mai 1943 im Aachener Untersuchungsgefängnis ums Leben[552].
Weil sie Prozessionen oder nicht „althergebrachte" Wallfahrten organisierten, fielen einige Geistliche auf, so 1935 Pfarrer Otto Frings in Erkelenz, 1939 die Pfarrer Johann Augstein in Mönchengladbach-Rheindahlen und Hermann Josef Füting in Mützenich[553].

Diese Vorfälle dürften zum großen Teil auch auf Unkenntnis der gesetzlichen Bestimmungen zurückzuführen sein. In eine andere Kategorie lassen sich die Fälle einordnen, in denen vom nationalsozialistischen Staat gesetzte Normen provokativ überschritten wurden oder die Mißachtung gesetzlicher Bestimmungen bewußt in Kauf genommen wurde. Kaplan Wilhelm Krahwinkel, Mönchengladbach-Rheindahlen, veranstaltete, so wurde ihm vorgeworfen, gerade dann einen geräuschvollen, die Nachbarschaft störenden Heimatabend des Caritasverbandes, als im Radio eine Rede des „Führers" übertragen wurde[554]. Kaplan Konrad Schmitz, Rheydt-Giesenkirchen, verteilte Bücher des Borromäusvereins, mußte sie jedoch wieder einsammeln und der Gestapo ausliefern[555]. Einige Priester wurden angezeigt, den verbotenen „Mölders-Brief" besessen oder ihn weitergegeben zu haben, so Kaplan Theodor Königs 1942 in Kornelimünster, Kaplan Franz Münstermann 1942 in Düren und Pfarrer Georg Rody

550 Vgl. BDA. GvS L 13 III und E 22 I.
551 Vgl. BDA. GvS E 22 I. Mit Gesetz vom 5. November 1934 war den Kirchen das Sammeln nur innerhalb der Gotteshäuser und kirchlichen Versammlungsräume gestattet. RGBl I 1934, S. 1086 ff. Die Bestimmungen wurden später verschärft. Vgl. K. J. Volkmann, Die Rechtsprechung, S. 77—87.
552 Vgl. A. Brecher, Zwischen Anpassung und Widerstand, S. 150 f.
553 Vgl. BDA. GvS L 10 I/HStAD. RW 58. Pers. Akten 17353 und 49846/BDA. GvS L 13 I, Bl. 241.
554 Vgl. HStAD. RW 58. Pers. Akte 23768.
555 Vgl. HStAD. RW 58. Pers. Akte 8943.

Johann Augstein, geb. 3. 1. 1871 in Zündorf; gew. 15. 8. 1894; gest. 26. 1. 1939.

Otto Frings, geb. 17. 4. 1882 in Düsseldorf; gew. 17. 6. 1905; gest. 2. 11. 1960.

Hermann Josef Füting, geb. 2. 3. 1895 in Essen; gew. 13. 8. 1922; gest. 2. 7. 1977.

Friedrich Keller, geb. 27. 12. 1891 in Köln; gew. 21. 5. 1921; gest. 15. 5. 1943. Lit.: A. Brecher, Fritz Keller. 1891—1943. Priester—Seelsorger—Märtyrer.

Wilhelm Knorr, geb. 16. 11. 1875 in Brachelen; gew. 15. 3. 1902; gest. 8. 11. 1949.

Johannes Wilhelm Krahwinkel, geb. 12. 10. 1888 in Frauweiler; gew. 24. 6. 1815; gest. 7. 4. 1941.

Josef Möhler, geb. 17. 12. 1881 in Mönchengladbach; gew. 9. 6. 1906; gest. 13. 4. 1951.

Franz Münstermann, geb. 1. 9. 1914 in Aachen; gew. 5. 3. 1939; gest. 19. 11. 1982.

Anton Rocca, geb. 10. 10. 1886 in Krefeld; gew. 10. 8. 1910; gest. 15. 1. 1962.

Georg Rody, geb. 5. 2. 1873 in Köln; gew. 10. 8. 1897; gest. 9. 4. 1944.

Konrad Schmitz, geb. 28. 6. 1900 in Dersdorf; gew. 7. 3. 1924; gest. 28. 4. 1981.

1942 in Birkesdorf[556]. Der besagte Brief enthielt ein nachdrückliches persönliches Bekenntnis zum Katholizismus und wurde dem erfolgreichen, am 22. November 1941 tödlich verunglückten deutschen Jagdflieger Oberst Werner Mölders zugesprochen[557].

Die Kategorie Mentalität stößt bei diesen verschiedenen Einzelfällen an die Grenzen ihrer Aussagefähigkeit. Die Feststellung von unterschiedlichen Stufen des Widerstandes ermöglicht in dieser Hinsicht auch kein Urteil. Dies gilt um so mehr für die im folgenden kurz präsentierten Fälle, die einen Überblick über weitere ‚Delikte' von Geistlichen geben sollen. Diese Vorfälle trugen zum Teil politische Züge.

Überblick über allgemeine ‚Vergehen' und Strafen

‚Delikt'	Jahr/Ort/Person	Maßnahme/Quelle
aktive Mitgliedschaft im Bund Pax Christi	1933/Aachen Kaplan Karl Scheidt	3 Tage Schutzhaft/ BDA. GvS L 13 II, Bl. 137—158; H. Selhorst, Priesterschicksale, S. 162 f. (eigene Berichte)
Bezug der verbotenen Schrift „Kirche und Volk"	1933/Aachen Kaplan Karl Scheidt	staatspolizeiliche Warnung/ HStAD. RW 58. Pers.Akte 40631
kirchliche Vereinsarbeit	1935/Rheydt-Geneicken-Bonnenbroich Pfarrektor Peter Micke	Einleitung eines Strafverfahrens/ HStAD. RW 58. Pers.Akte 31038; H. Schüngeler, Widerstand und Verfolgung in Mönchengladbach und Rheydt, S. 223 f.
Kritik am „Stürmer"	1935/Erkelenz Kaplan Wilhelm Köhler	Verhör/ BDA. GvS L 8 I
Weitergabe der verbotenen Zeitschrift „Der Deutsche Weg"	1935/Krefeld-Bockum Kaplan Hermann Lux	Untersuchungshaft vom 17. 1. bis 26. 5. 1935/ BDA. GvS E 22 I; HStAD. RW 58. Pers.Akten 13369 und 62746

[556] Vgl. BDA. GvS L 13 III.
[557] Vgl. U. von Hehl, Priester unter Hitlers Terror, S. LXVII f.

Wilhelm Köhler, geb. 25. 1. 1907 in Münsterbusch; gew. 24. 2. 1933; gest. 1. 2. 1944.

Hermann Lux, geb. 12. 6. 1901 in Ormont; gew. 14. 8. 1924; gest. 6. 3. 1963.

‚Delikt'	Jahr/Ort/Person	Maßnahme/Quelle
kirchliche Vereinsarbeit	1936/Immerath Kaplan Joseph Dominick	Einleitung eines Strafverfahrens/ HStAD. RW 58. Pers.Akte 31038; H. Schüngeler, Widerstand und Verfolgung in Mönchengladbach und Rheydt
Verdacht des Hochverrats	1936/Mönchengladbach Kaplan Josef Thomé	Schutzhaft und Untersuchungshaft 7. 2.—28. 8. 1936/ H. Selhorst, Priesterschicksale, S. 179—181; HStAD. RW 58. Pers.Akte 64674
Kritik an NS-Presse	1937/Aachen — St. Adalbert Kaplan Joseph Brandenburg	staatspolizeiliche Warnung/ U. von Hehl, Priester unter Hitlers Terror, Sp. 3
Verstoß gegen das Heimtückegesetz	1939/Mariaweiler Pfarrer Heinrich Lennarz*	2 Monate Gefängnis/ BDA. GvP Lennarz
Verdacht des Besitzes antinationalsozialistischen Schrifttums	1937/Krefeld Stadtdechant Gregor Schwamborn	5 Wochen Schutzhaft/ W. Nettelbeck, Monsignore Gregor Schwamborn, S. 55—62
Besitz von antinationalsozialistischer Schrift	1939 Kaplan Heinrich Schreiber	Festnahme an der Grenze, 4 Tage Haft/ BDA. GvS 1 13 II, Bl. 180; H. Selhorst, Priesterschicksale, S. 164 f.
Unterstützung von Kriegsgefangenen	1941/Aachen Pfarrer Joseph Göttsches	1 Tag Haft/ BDS. GvS I 13 III; H. Selhorst, Priesterschicksale, S. 183
Fotographieren der zerstörten Stadt	1941/Aachen Domkapitular Nikolaus Jansen	KZ Dachau/ BDA. GvS L 13 II, Bl. 57 f.; BDA. GvS L 13 III

* Pfarrer Lennarz hatte im Religionsunterricht aus dem Wort „Herrlichkeit" die Buchstaben Hitler herausstreichen lassen und die restlichen Buchstaben zu dem Wort „Kirche" zusammengesetzt.

Joseph Brandenburg, geb. 14. 11. 1896 in Neuwied; gew. 5. 3. 1925; gest. 18. 5. 1974.

Joseph Dominick, geb. 10. 9. 1900 in Köln; gew. 6. 8. 1929; gest. 1. 7. 1980.

Joseph Göttsches, geb. 20. 1. 1882 in Rasseln; gew. 10. 3. 1906; gest. 25. 12. 1950.

Heinrich Schreiber, geb. 11. 10. 1902 in Aachen; gew. 30. 7. 1939; Pfr. i. R.

Dr. theol. Josef Thomé, geb. 2. 6. 1891 in Euskirchen; gew. 10. 8. 1916; gest. 10. 7. 1980.

‚Delikt'	Jahr/Ort/Person	Maßnahme/Quelle
kritische Äußerungen zur nationalsozialistischen Weltanschauung	1941/Hilfrath Pfarrer Christian Woebel	3 Wochen Haft/ BDA. GvS L 13 III
unerlaubte Verbindung mit poln. Kriegsgefangenen (Verdacht)	1942/Mönchengladbach-Venn Josef Borgmann	—/ HStAD. RW 58. Pers.Akte 20525
Freundschaft mit poln. Kriegsgefangenen und Äußerungen gegen die NSV	1942/Roetgen Pfarrer Ludwig Heinen	Verhör durch die Gestapo/ H. Selhorst, Priesterschicksale, S. 85—90 (eigener Bericht)
defätistische Äußerungen	1943/Aachen Pfarrer i. R. Leonhard Jansen	Anzeige/ HStAD. RW 58. Pers.Akte 20113; BDA. GvS L 13 III
staatsfeindliche Äußerungen	1943/Krefeld-Oppum Pfarrer Karl Michels	2 000 RM Sicherungsgeld/ HStAD. RW 58. Pers.Akte 1807
Stellungnahme gegen die Evakuierung	1944/Hückelhoven Pfarrer Freidrich Dinstühler	KZ Buchenwald/ BDA. GvP Dinstühler
Widerstand gegen die Evakuierung der Bevölkerung	1944/Aachen Pfarrer Kaspar Sinzig	Festnahme/ BDA. GvS L 13 III
Weigerung, den Kirchturm zu Beobachtungszwecken zur Verfügung zu stellen/ unbefugte Bestattung gefallener Soldaten	1945/Müntz Pfarrer Johann Josef Anton Hamm	23 Tage Untersuchungshaft; 1500 RM Geldstrafe/ U. von Hehl, Priester unter Hitlers Terror, Sp. 10
Widerstand gegen die Evakuierung	1945/Hergarten Pfarrer Theodor Kopshoff	Haftbefehl, Flucht/ BDA. GvS L 13 III

Mit den Begriffen Nonkonformität und Opposition läßt sich das Verhalten der betroffenen Priester näherungsweise fassen. Generalisierende Aussagen über die Motive der einzelnen sind kaum möglich. Auffallend ist die Härte der Zwangsmaßnahmen in den Kriegsjahren.

Josef Borgmann, geb. 14. 1. 1910 in Mariadorf; gew. 16. 3. 1935; gest. 22. 9. 1966.

Friedrich Dinstühler, geb. 20. 10. 1896 in Marienheide; gew. 5. 3. 1922; gest. 30. 4. 1945.

Johann Josef Anton Hamm, geb. 19. 3. 1896 in Eschweiler; gew. 10. 8. 1923; gest. 1. 7. 1970.

Leonhard Jansen, geb. 23. 3. 1870 in Ophoven; gew. 15. 8. 1898; gest. 2. 5. 1945.

Theodor Kopshoff, geb. 30. 4. 1901 in Essen; gew. 12. 3. 1930; gest. 24. 2. 1963.

Karl Michels, geb. 11. 1. 1884 in Bocholt; gew. 14. 3. 1908; gest. 9. 7. 1968.

Kaspar Sinzig, geb. 13. 12. 1891 in Köln; gew. 8. 8. 1920; gest. 12. 3. 1975.

4.7. Die geistige Auseinandersetzung mit dem Nationalsozialismus

Geht man von der Konkurrenz der Weltanschauungen des Nationalsozialismus und der katholischen Kirche aus, wird man in vielen Amtshandlungen der Priester eine geistige Auseinandersetzung mit dem Regime sehen können, ebenso im bewußten Überschreiten der den Geistlichen durch das Regime gezogenen Grenzen. Dies konnte in einer Predigt, bei der Arbeit für die konfessionellen Verbände oder im Einsatz für die katholische Schule geschehen. Im folgenden soll ein weniger auffälliger Bereich betrachtet werden.

Die Pfarrer verfaßten kurze wissenschaftliche Arbeiten, die auf den Dekanatskonferenzen[558] als Referate gehalten wurden. Die zu behandelnden Themen schrieb das Generalvikariat vor. An ihnen läßt sich erkennen, daß die Kirchenleitung vor der Machtübernahme die größte Herausforderung in der prekären wirtschaftlichen Lage erblickte[559]. Man befürchtete eine Anfälligkeit der Katholiken für die radikale Gegenposition, den Marxismus. Nach 1933 dominierten zunächst allgemein seelsorgliche Themen, die im verschärften Kirchenkampf aktualisiert wurden. Die Schulfrage, die Kinderseelsorge und die Kriegsseelsorge rückten in den Vordergrund[560]. Einige Protokolle der Konferenzen des Dekanates Herzogenrath aus den Jahren 1936—1942 vermitteln einen Einblick, welche Überlegungen in diese geistige Auseinandersetzung mit einfließen konnten. Sie ermöglichen Rückschlüsse auf die geistige Disposition ihrer Verfasser. Die detaillierte Überlieferung — zum Teil sind die Referate vollständig in den Akten vorhanden — erklärt sich daraus, daß die Vortragenden den Rahmen des üblicherweise Erörterten sprengten, das heißt nicht nur die Seelsorgepraxis und die skizzierten kirchlichen Antworten auf die Herausforderung durch den Nationalsozialismus berührten. Wenn die Referate auch nur begrenzt repräsentativ sind und die

[558] Vgl. oben, S. 87, Anm. 29.

[559] Im Jahr 1932 lauteten die Themen: „Religion und Kapitalismus", „Wie begegnet man dem Vorwurf, die Kirche sei die beste Stütze des Kapitalismus", „Der Einfluß der Arbeitslosigkeit auf die religiöse und sittliche Lage der Jugendlichen". Vgl. BDA. Gvd Aachen-Stadt 1 II, Gangelt 1 II u. a.

[560] Die Themen lauteten: „Das Testament der Geistlichen" (Aachen-Stadt, 1934); „Zur Seelsorgeaufgabe des Pfarrers" (Eschweiler, 1934); „Die Wiedererweckung der Pfarrgemeinde zur Pfarrfamilie" (Eschweiler, 1935); „Der Priester und die Sterbenden" (Aachen-Stadt, 1935); „Wechselwirkung zwischen Christentum und Germanentum" (Eschweiler, 1935); „Die Pflichten des decorum clericale (Eschweiler, 1936); „Die rechtlichen Folgen des Austritts aus der Kirche" (Eschweiler, 1937); „Die Eltern als Religionslehrer ihrer Kinder" (Alsdorf, 1937); „Die Aktivierung der Gläubigen, besonders der Jugend beim heiligen Meßopfer" (Alsdorf, 1937); „Die Pflege der Heidenmission: eine heilige Pflicht" (Alsdorf, 1937); „Richtlinien der Männerseelsorge" (Aachen-Stadt, 1937); „Notwendigkeit, Gestaltung und Sicherung der Kinderseelsorge" (diözesanweit, 1938); „Wie kann der Priester die eifrige und möglichst vollständige Beteiligung der Kinder an der KSStd erreichen" (Eschweiler, 1939), „Systematische religiöse Belehrung der Erwachsenen" (Aachen-Nordost, 1939); „Aufgaben der Pfarrgemeinden in der Kriegszeit" (Aachen-Nordost, 1940); „Die Familie als Hort und Wall lebendigen Christentums" (Eschweiler, 1941); „Die Pfarrkirche als geistige Heimat der Gläubigen" (Eschweiler u. a. 1942); „Das Verständnis für die Denkungsart unserer Jugend als Vorbedingung bei ihrer religiösen Erziehung" (Gangelt, 1943); „Der Ruf nach dem Priester" (Alsdorf, 1944) u. a. Vgl. die betreffenden Dekanatsakten im BDA.

seelsorgliche Intention ihrer Verfasser nicht in Frage gestellt werden kann, machen sie doch die Verunsicherung der Geistlichen in dieser Phase des Kirchenkampfes deutlich.
Eine Ausnahmesituation für das Dekanat Herzogenrath, von dem aus die oben angeführte Kritik an der bischöflichen Behörde geübt wurde[561], und die eine Erklärung für die Überlegungen der Referenten geben könnte, ist nicht nachweisbar. Pfarrer Joseph Buchkremer, Herzogenrath-Strass, der 1942 wegen Wehrkraftzersetzung und Jugendseelsorge verhaftet und in das Konzentrationslager Dachau eingeliefert wurde, macht die Grenzlage des Dekanats und die dadurch bedingte Stationierung auswärtiger SS-Einheiten für besondere Erschwernisse in der Seelsorgearbeit verantwortlich[562]. Hieraus läßt sich jedoch nicht auf eine ausgeprägte Verfolgungssituation schließen. Die dort festgestellten Verfahren bzw. Zwangsmaßnahmen gegen Geistliche bewegen sich durchaus im Rahmen der in den übrigen Dekanaten beobachteten Vorfälle. Pfarrer Anton Rocca, Richterich, verstieß beispielsweise gegen das Sammelgesetz[563], und auch die Schwierigkeiten Pfarrer Reiner Kleins in Horbach und Pfarrer Josef Thomés in Würselen-Morsbach waren nicht außergewöhnlich[564]. Die hier vorgestellten Referate dürften vielmehr als Ausdruck einer weit verbreiteten Unsicherheit zu werten sein, welche sich jedoch eher selten derart offen zeigte[565].

Auf der Konferenz vom 15. Mai 1936 hielt Pfarrektor N. N. das Hauptreferat zum Thema „Bedeutung der Siedlung für die Wiedergeburt der Familie"[566]. In den Ausführungen des Referenten und des Korreferenten mischen sich, nicht unbeeinflußt von den geistigen Strömungen der Zeit, moderne Affekte mit volkstümlichem Denken, überdeckt von seelsorglichem Anliegen. Eine konservative Grundhaltung wird deutlich, die die Auseinandersetzung mit dem Nationalsozialismus und seiner Ideologie in bestimmten Bereichen, wie hier der Wohnungspolitik und der Frage der Erbgesundheit, erschweren mußte.
Der Referent schildert zunächst unter Bezug auf die einschlägige kirchliche Literatur das „Wohnungselend", das zum „Familienelend" führe. Der Mann und die heranwachsenden Kinder würden ihr Zuhause verlassen, der Wunsch nach Kindern erlahme, es häuften sich Frühgeburten, Abtreibung und Prostitution. Im zweiten Teil wird dargelegt, daß ein „Mittel zur Abhilfe" in der Wohnsiedlung zu sehen sei. „Naturtreue Familien" könnten nur „in der Verbindung mit der Natur" heranwachsen. Der Mietskaserne als einer „Verirrung des 19. Jahrhunderts" wird das Eigenheim als Ziel

561 Vgl. oben, S. 145 ff.
562 Vgl. H. Selhorst, Priesterschicksale, S. 26—42.
563 Vgl. oben, S. 194.
564 Vgl. U. von Hehl, Priester unter Hitlers Terror, Sp. 13 und H. Selhorst, Priesterschicksale, S. 179—181.
565 Auf die Verunsicherung der Seelsorger im „Umbruch der Zeit" weist auch ein zeitgenössischer Aufsatz von Kurt Buirschaeper „Pfarrgemeindliche Arbeit" hin, in: Pastor bonus. Zeitschrift für kirchliche Wissenschaft und Praxis, hg. von den Professoren des bischöflichen Priesterseminars in Trier in Verbindung mit den Professoren der Priesterseminare von Mainz und Limburg, Trier, 47. Jg., 1936, S. 5—10. Vgl. auch den Aufsatz von Norbert Schiffers, Sacerdotium und Saeculum. Zur Bewußtseinskrise der Priester, in: K. Delahaye, E. Gatz, H. Jorissen (Hg.), Bestellt zum Zeugnis, S. 357—378.
566 Vgl. das Protokoll der Sitzung, in: BDA. Gvd Herzogenrath 1 II.

des 20. Jahrhunderts gegenübergestellt. Die NSDAP sei mit Recht gegen eine Vergrößerung der Städte durch Siedlungen und daher für Land- und Kleinstadtsiedlungen. „Ein Zurück zum Land bedeute ein Zurück zu Gott."[567]
Der Korreferent, selbst in einer Siedlung tätig, führte dann ergänzend aus, daß schlechte Erbanlage das meiste Familienelend schaffe. In Anbetracht von Siedlungsplanungen vertritt er die These: „Eine Auslese nach Rasse und Erbgut sowie die dreijährige Probezeit auf Eignung seien an sich gesunde Bestrebungen des Dritten Reiches."[568]
Die Diskussion der 16 erschienenen Pfarrer und Rektoren dreht sich dann um bekannte Siedlungen des Landkreises. Die vom Generalvikariat am 16. März 1937 übersandte Beurteilung dieses Referats und Korreferats zeigt sich nur begrenzt mit den Ausführungen der Referenten einverstanden, macht aber auch die Befangenheit deutlich, von der sich die beurteilende Instanz nicht freimachen kann. Vor allem wird der hohe Stellenwert, den der Referent der Wohnungsnot für das wirtschaftliche und sittliche Kranksein der Familie zuschreibt, kritisiert. Bei einer tiefgehenden und gründlichen religiösen Erziehung in der Jugend stelle sich in einer schlechten Wohnsituation nicht „automatisch" ein „Verfall" ein.
Zum Korreferat wird unter anderem bemerkt, der Referent sei sich „über die Hauptsätze der Vererbungslehre nicht ganz klar", wenn er eine schlechte Wohnung und Erziehung für die Verschlechterung der Erbanlage verantwortlich mache. Die „Degenerierung" sei nicht eine „Konsequenz der Wohnung und des Magens"; neben „Nikotin und Alkohol" wirke „nachweisbar degenerierend ein leidenschaftlich unsittliches Leben". Deshalb sei „die Bewahrung der Erbanlage in ihrer Gesundheit wesentlich auch eine Seelsorgfrage". „Zugegeben ist", wird in der Beurteilung resümiert, „daß die Bestrebungen der positiven Erbbiologie der Gegenwart stark zu unterstützen sind."[569]

Ein kämpferischer Grundton herrscht in einem Referat vor, das am 14. Februar 1938 auf der Herzogenrather Konferenz zu dem Thema „Die Notwendigkeit, Gestaltung und Sicherung der Kinderseelsorgestunde" gehalten wurde. Jetzt ist es weniger der Inhalt des Referates als sein Stil, der auffällt. Der Protokollführer hat sich anscheinend die vom Generalvikariat in der Beurteilung gerügten „überspitzten Formulierungen" und deren Schärfe zueigen gemacht. Die Kinderseelsorgestunde erscheint als ein „zum Kampfgebiet gewordenes Feld zeitgebundener Seelsorgearbeit", der Referent habe die „Treffsicherheit eines ehemaligen Scharfschützen", von „Pionieren" und „treuer kirchlicher Infanterie" ist die Rede, von „Generalstabsplan" und „Munition für die Kinderseelsorgestunde"[570].

Die Dekanatsarbeit des Jahres 1939 „Systematische Belehrung der Erwachsenen. Ziele und Wege" verdeutlicht in ihrer Mischung aus zum Teil durchaus realistischer Ana-

[567] Protokoll der Dekanatskonferenz vom 15. 5. 1936, BDA. Gvd Herzogenrath 1 II.
[568] Ebda.
[569] Beurteilung der Dekanatsarbeit des Dekanats Herzogenrath für 1936. BDA. Gvd Herzogenrath 1 II.
[570] Vgl. das Protokoll der Sitzung. BDA. Gvd Herzogenrath 1 II.

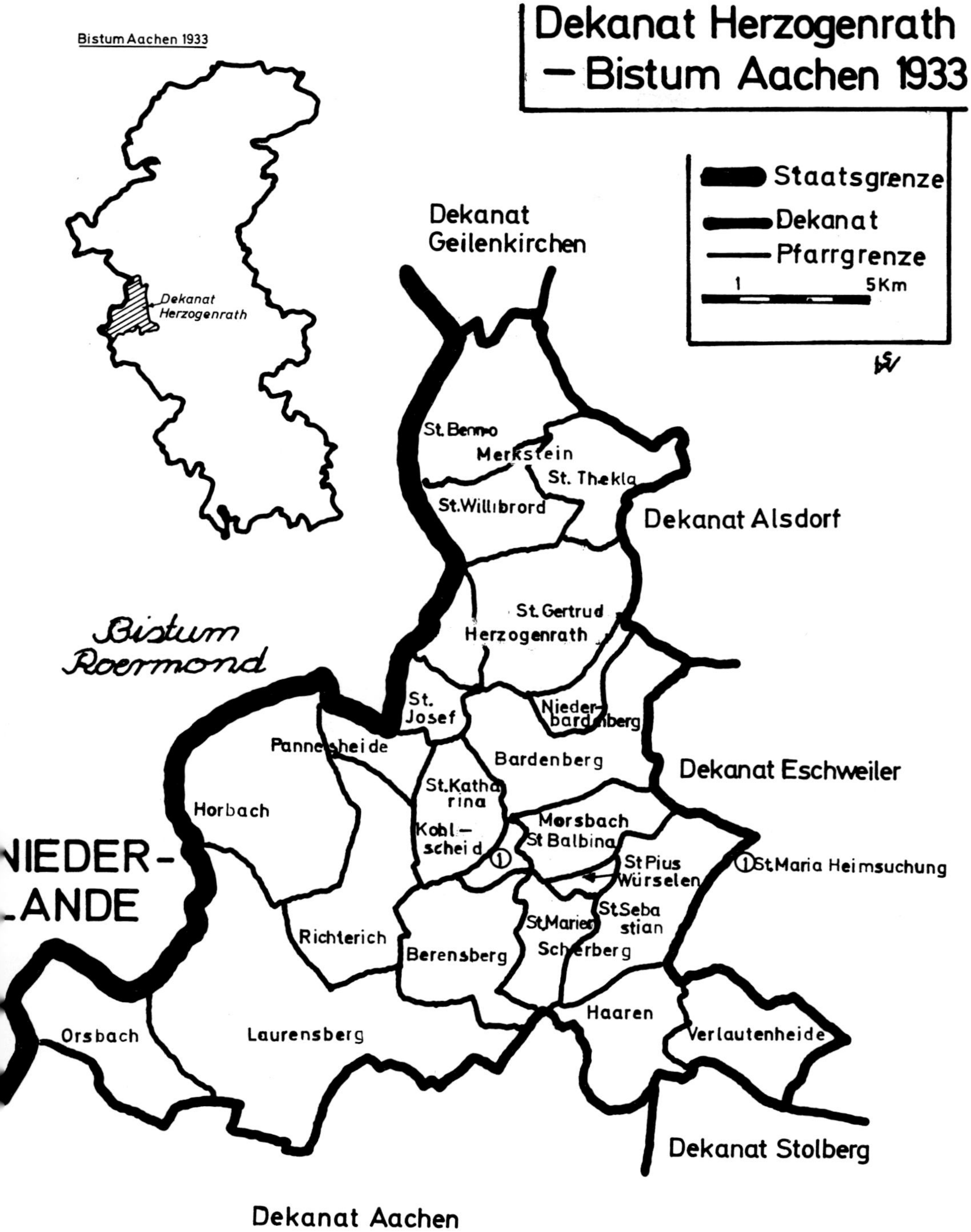

Dekanat Herzogenrath
– Bistum Aachen 1933
Bistum Aachen 1933
Dekanat Herzogenrath
Staatsgrenze
Dekanat
Pfarrgrenze
1
5Km
Dekanat Geilenkirchen
Bistum Roermond
NIEDER-
LANDE
St. Benno
Merkstein
St. Thekla
St. Willibrord
Dekanat Alsdorf
St. Gertrud
Herzogenrath
St. Josef
Niederbardenberg
Pannesheide
Bardenberg
Dekanat Eschweiler
Horbach
St. Katharina
Kohlscheid
Morsbach
St Balbina
St Pius
Würselen
St. Maria Heimsuchung
St. Sebastian
St. Marien
Scherberg
Richterich
Berensberg
Haaren
Orsbach
Laurensberg
Verlautenheide
Dekanat Stolberg
Dekanat Aachen

lyse des Dritten Reiches und vereinfachender Erklärung seiner geistigen Ursprünge die ungeheure Herausforderung der Priester durch das Zeitgeschehen[571].

Der herrschende christusfeindliche „Zeitgeist" wird auf die „Lehren des Weltanschauungspropheten Friedrich Nietzsche" zurückgeführt. Die Menschen lebten heute in einer „weltanschaulich und politisch" bewegten Zeit — „. . . weltanschaulich nicht nur als rein politische Weltanschauung bedingt durch den imperialistischen Traum der Rassenpolitik, der gesamten Weltbeherrschung als reiner Macht-Imperialismus, sondern auch als Weltanschauung eines Kulturimperialismus, der das Religiöse zutiefst trifft."[572]

Die praktischen Anweisungen und Vorschläge für den Klerus, die anschließend erörtert werden, bewegen sich im Rahmen der üblichen Seelsorgearbeit wie Predigt, Hausbesuch und Werbung für die Kirchenzeitung.

Der Korreferent deutet die gegenwärtige Zeit als das „Ende einer Epoche im kirchlichen Leben". Anknüpfend an das Hauptreferat erörtert er im Zusammenhang mit Nietzsche die „Schuldfrage" an der gegenwärtigen „Störung" der Menschen: Er konstatiert eine „Mitschuld" aller Christen, auch der katholischen Kirche, an der Situation, ein „objektives Versagen gegenüber der Lage der Zeit". Nietzsche sei, so die Essenz seiner Ausführungen, mit seiner „Gottfeindlichkeit und Christusfeindlichkeit" als Antwort auf die „geheime leibfeindliche Strömung des Christentums" zu verstehen. Unter Berufung auf Chamberlains „Grundlagen des XIX. Jahrhunderts" kommt der Referent zu dem Ergebnis, daß die „Frohe Botschaft als Kraft Gottes für das diesseitige Leben" mehr beachtet werden müsse[573].

Der Leiter der Pastoralkonferenz weist in der Aussprache darauf hin, daß von einer eigenen Schuld gegenüber den „Verirrungen der Zeit" nicht gesprochen werden könne. Die Schuld liege vielmehr darin, daß die jetzige Generation und die der Väter und Vorväter durch ein „sündiges Leben" sich die „Gnade des Glaubens und des christlichen Lebens" verscherzt hätten[574].

Auf der in Berensberg am 16. Juni 1942 stattfindenden Konferenz des Dekanats Herzogenrath wird dann erneut Kritik an der katholischen Kirche und ihrer Verkündigung geübt. In einem Referat „Neuzeitliche Gestaltung der katholischen Christenlehre" vertritt der Referent die Ansicht, die Theologie stehe bis heute noch zu sehr „in Oppositionshaltung zur Reformation und Aufklärung". In der gegenwärtigen „geistigen Revolution" liege auf katholischer Seite „ein Versagen der christlichen Verkündigung" vor. Daran sei zum großen Teil die „abstrakte Theologie" schuld. „Heute bewege den Men-

571 Vgl. die Dekanatsarbeit in: BDA. Gvd Herzogenrath 1 II.

572 Pfarrer N. N. „Die systematische religiöse Belehrung der Erwachsenen. Ziele und Wege". Ebda. Der Referent dürfte sich vor allem auf Friedrich Nietzsches Schrift: „Also sprach Zarathustra" bezogen haben. Vgl. F. Nietzsche, Sämtliche Werke in 15 Bänden, Bd. 4, München 1980.

573 Korreferat zu: „Die systematische religiöse Belehrung der Erwachsenen. Ziele und Wege". Vgl. BDA. Gvd Herzogenrath 1 II. Vgl. das stark antisemitisch geprägte Buch von Houston Stewart Chamberlain, Die Grundlagen des XIX. Jahrhunderts, München 1932.

574 Stellungnahme des Leiters der Pastoralkonferenz zur Dekanatsarbeit 1939. BDA. Gvd Herzogenrath 1 II.

schen sehr stark die völkische Eigenschaft, das Nationalbewußtsein". Dies müsse in der Liturgie berücksichtigt werden. Die „neuzeitliche Gestaltung des Christentums" sollte sich am „nationalsozialistischen Aufbruch" orientieren. Abzulehnen sei die „Trennung von Religion und Leben", eine „Neuordnung der Werte" sei anzustreben[575]. Der Dechant bemerkt in seinem Begleitschreiben zu dem Referat die „Verschrobenheit mancher Ansichten" des Referenten[576]. In der Beurteilung des Generalvikariats heißt es, es seien viele Themen angeschnitten worden. Bemängelt werden die gewagten Formulierungen, und zur Klarstellung heißt es, daß die Schuld an der gegenwärtigen Situation nicht die Theologie, sondern ihre Verkünder trügen. Die Christenlehre werde offensichtlich von manchen Priestern für eine veralterte Institution der lehrenden Kirche gehalten und so auch dargeboten[577].

Zu dieser Zeit, als noch kein Ende des Krieges und der nationalsozialistischen Herrschaft abzusehen war, mußte vielen Geistlichen die eigene Rolle fraglich erscheinen. Bei der Suche nach einer Erklärung, wie es zu den einschneidenden gesellschaftlichen Veränderungen und dem Autoritätsverlust der Kirche kommen konnte, sahen sie sich auf sich selbst zurückgeworfen.

575 Protokoll der Sitzung des Dekanats Herzogenrath vom 16. 6. 1942. BDA. Gvd Herzogenrath 1 II.
576 Vgl. das Schreiben an das Generalvikariat. BDA. Gvd Herzogenrath 1 II.
577 Vgl. die Beurteilung in: BDA. Gvd Herzogenrath 1 II.

IV. Bevölkerung und Fremdarbeiter. Das Rassenproblem auf privater und staatlicher Ebene

1. Der „Ausländer-Einsatz" im Zweiten Weltkrieg (Überblick)

Die Beschäftigung von Ausländern war keine Randerscheinung des Zweiten Weltkrieges. Ihre Zahl betrug 1944 über sieben Millionen Zivilarbeiter, Kriegsgefangene, Männer, Frauen und Kinder[1]. In den Vorkriegsjahren hatten ideologische Bedenken und wirtschaftliche Erwägungen (Devisenprobleme) den Ausländereinsatz lediglich als vorübergehende Maßnahme gelten lassen, um den hauptsächlich durch die Rüstungskonjunktur verursachten Arbeitermangel zu beheben. Der Krieg brachte dann „Arbeit als Beute", und Anwerbungen wurden durch Deportationen abgelöst[2]. Zunächst kam es zu einem Masseneinsatz polnischer Arbeitskräfte in der Landwirtschaft, nach dem Überfall auf die Sowjetunion war die Bevölkerung des zu erobernden „Ostraums" betroffen. Ihr Schicksal spielte in den Kriegsplanungen zunächst keine Rolle, vielmehr wurde der Tod vieler Millionen Menschen bewußt in Kauf genommen. Diesem Vernichtungswillen entsprach der Hungertod Hunderttausender sowjetischer Kriegsgefangener des Jahres 1941. Erst als der Kriegsverlauf deutlich machte, daß mit einer größeren Anzahl deutscher Frontrückkehrer nicht zu rechnen war, wurde im Herbst 1941 entschieden, auch russische Kriegsgefangene und die russische Zivilbevölkerung zum Arbeitseinsatz nach Deutschland zu deportieren[3]. Wie bereits beim Einsatz der polnischen Kriegsgefangenen und Zivilarbeiter setzte das nationalsozialistische Regime auf Terror und politische Repression gegenüber den Arbeitskräften aus dem Osten, um den mit den wirtschaftlichen Erfordernissen konkurrierenden ideologischen Ansprüchen Genüge zu tun.

Als „Ostarbeiter" wurden in juristischer Definition die zivilen Arbeitskräfte des „ehemals sowjetischen Gebietes" mit Ausnahme der „ehemaligen Staaten Litauen, Lettland, Estland, des Bezirks Bialystock und des Distrikts Lemberg" bezeichnet[4]. Arbeitsrechtlich standen die Ostarbeiter nach dem Vorbild der Polen juristisch in keinem „deutschrechtlichen Treueverhältnis" zu ihrem Arbeitgeber, also „außerhalb der deutschen Arbeitsordnung und außerhalb der Betriebsgemeinschaft"[5]. Ein Erlaßpaket vom

[1] Die folgenden Ausführungen stützen sich im wesentlichen auf die eingehende Untersuchung von U. Herbert, Fremdarbeiter. Diese Studie enthält auch eine Aufarbeitung des Forschungsstandes und weiterführende Literatur.

[2] Vgl. U. Herbert, Fremdarbeiter, S. 67 ff. Auf die ständigen Diskussionen über den Modus des „Ausländereinsatzes" innerhalb der nationalsozialistischen Führungsschichten soll hier nicht näher eingegangen werden.

[3] Vgl. U. Herbert, Fremdarbeiter, S. 134 ff.

[4] Vgl. das Merkblatt der Gestapoleitstelle Düsseldorf vom 24. 3. 1942 betr. die sicherheitspolizeiliche Behandlung der Zivilarbeiter- und Arbeiterinnen aus dem altsowjetrussischen Gebiet in der Landwirtschaft. Vertraulich, nur für Betriebsführer bestimmt. HStAD. RW 36—42, Bl. 47 ff.

[5] Vgl. U. Herbert, Fremdarbeiter, S. 171.

Februar 1942, unterzeichnet von Reinhard Heydrich, Leiter des „Sicherheitsdienstes RFSS" regelte den Einsatz und die Behandlung der Ostarbeiter[6]. Die „Allgemeinen Bestimmungen" sahen u. a. vor: Die Unterbringung hatte in separaten, mit Stacheldraht umzäunten Barackenlagern zu erfolgen. Der Arbeitseinsatz sollte möglichst nur in Kolonnen stattfinden. Die Ostarbeiter waren mit einem „Ost"-Abzeichen kenntlich zu machen. Neben dem Lagerpersonal sollten deutsche Arbeiter als „Werkschutz" gekennzeichnet die Bewachung übernehmen. Den deutschen Arbeitern kam generell eine Vorgesetztenfunktion zu.

An die Stapo(leit)stellen erging ein eigener Runderlaß. In ihr Ressort fiel die Bekämpfung „der Disziplinwidrigkeit", der „reichsfeindlichen Bestrebungen", der „kriminellen Verfehlungen" und des Geschlechtsverkehrs mit Deutschen. Auf letzteres ‚Vergehen' stand für die Ostarbeiter die Todesstrafe durch Erhängen. In den Stapo(leit)stellen wurde ein „Russen-Referat" eingerichtet, bestimmte Betriebe erhielten eigene Gestapo-Beamte, in allen Unternehmen mit sowjetrussischen Arbeitskräften sollten „Abwehrbeauftragte" die Verbindung zwischen Betriebsleitung und örtlicher Gestapo sicherstellen; ein besonderer Nachrichtendienst innerhalb der Arbeitskräfte wurde angestrebt. Der deutschen Bevölkerung war jeder nicht durch den Arbeitseinsatz bedingte Umgang mit Russen untersagt. Bei Verstößen drohten staatspolizeiliche Maßnahmen. Die Betriebsführer erhielten dazu genaue Instruktionen. Ihnen oblag die vorbeugende Gefahrenabwehr, sie hatten bei Zuwiderhandlungen mit staatspolizeilichen Maßnahmen zu rechnen. „Außer den die Arbeitsführung betreffenden Anweisungen dürfen sie [Betriebsführer und beaufsichtigende Deutsche, d. V.] mit den Russen kein überflüssiges Wort sprechen."[7]

Von der deutschen Bevölkerung soweit wie irgend möglich isoliert, wurden die Ostarbeiter als minderwertige, zur Ausbeutung bestimmte, wehr- und rechtlose Arbeitskräfte betrachtet. Sie rangierten auf der untersten Skala der Diskriminierung. Noch tiefer wurden im Sommer 1943 nach dem Sturz Mussolinis die Italiener eingestuft[8]. Die anfänglich extrem niedrigen, einer Aushungerung gleichkommenden Verpflegungs-

[6] Vgl. ebda, S. 154 ff.

[7] Merkblatt der Gestapoleitstelle Düsseldorf vom 24. 3. 1942. Vertraulich, nur für die Betriebsführer bestimmt. Betr. die sicherheitspolizeiliche Behandlung der Zivilarbeiter und -arbeiterinnen aus dem altsowjetrussischen Gebiet in der Landwirtschaft. HStAD. RW 36—42, Bl. 47 f.

[8] Vgl. U. Herbert, Fremdarbeiter, S. 357. Zum folgenden vgl. ebda, S. 161—179.

Reinhard Heydrich, geb. 7. 3. 1904 in Halle; 1919—1920 Angehöriger der Freikorps; 1922—1931 in der Reichsmarine; 1931 Eintritt in die NSDAP und die SS; 1931 SS Sturmbannführer; 1932 SS Standartenführer und Chef des SD; März 1933 SS Oberführer und Leiter der politischen Abteilung der Polizeidirektion München; anschließend Leiter der politischen Polizei im Ministerium des Inneren; 1934 SS Gruppenführer; 1939 Chef des RSHA; Sept. 1941 Stellvertretender Reichsprotektor von Böhmen und Mähren; 4. 6. 1942 an den Folgen eines Attentates tscheschischer Agenten gestorben. Lit.: Edouard Calic, Reinhard Heydrich. Schlüsselfigur des Dritten Reiches. Düsseldorf 1982.

Benito Mussolini, geb. 29. 7. 1883 in Predappio; Teilnehmer am Ersten Weltkrieg; Gründer der Bewegung der „Fasci di Combattimento" am 23. 3. 1919/1921 in die Partito Nazionale Fascista umgewandelt; Parteiführer; nach dem Marsch auf Rom vom 28. 10. 1922 Regierungschef, seit dem Staatsstreich vom 5. 1. 1925 mit diktatorischen Vollmachten; am 25. 7. 1943 verhaftet und seiner Ämter enthoben; vom deutschen Fallschirmjägern befreit; ermordet 28. 4. 1945. Lit.: Denis Mack Smith, Mussolini, München 1983.

sätze für Ostarbeiter führten zu einer schnellen Erschöpfung. Im Herbst 1942 kam es zu einer leichten Verbesserung der Ernährungslage, unterstützt von der Praxis vieler Unternehmer, welche die „Ostarbeiter" zur Steigerung und Erhaltung der Arbeitskraft mit zusätzlichen Lebensmitteln versorgten. In der Folgezeit war die Lebenssituation der Ostarbeiter vornehmlich von der lokalen Situation in der Fabrik und dem jeweiligen Lager abhängig. Ausgehstunden wurden zugestanden, die Stacheldrahtumzäunung fiel, allerdings nur theoretisch, im Herbst 1942 weg; auch der Einzeleinsatz der russischen Arbeitskräfte wurde aus wirtschaftlichen Gründen erlaubt. Als Ausgleich für diese „Zugeständnisse" wurde auf Veranlassung des RSHA das Kontrollsystem verschärft: In jedem Ort des Reiches wurden besonders zuverlässige Parteigenossen mit der Beobachtung der ausländischen Arbeiter und ihres möglichen Umgangs mit Deutschen beauftragt. 1943 widmeten die Gestapobeamten in Deutschland 2/3 ihrer Unternehmungen „bummelnden" und „renitenten" Fremdarbeitern[9].
Ulrich Herbert hat für die Haltung der Bevölkerung neben verbreitetem „Russenhaß" und Abweisung des Bolschewismus folgende Punkte hervorgehoben:

— Die Ausweitung des Arbeitseinsatzes involvierte immer mehr Deutsche.
— Die „Vorgesetztenfunktion" vieler Deutscher ließ einen Gemeinsinn nicht aufkommen.
— Innerhalb der Betriebe war der Produktionsablauf für das Verhältnis zu den ausländischen Arbeitskräften ausschlaggebend.
— Interessenkonvergenzen konnten sich einstellen, wenn ein ausländischer Arbeiter einen u. k. gestellten Deutschen ersetzen sollte. Wichtig war die erbrachte Arbeitsleistung.
— Die deutsche Arbeiterschaft beteiligte sich mitunter an Mißhandlungen.
— Die guten Leistungen der sowjetischen Arbeitskräfte und der ständige Umgang mit ihnen ließen manche Vorurteile gegenüber „Russen" fraglich erscheinen, ohne daß die politische Haltung der Deutschen davon betroffen wurde.
— Viele Deutsche neigten unter dem Eindruck der Bombenangriffe zu extremen Verhaltensweisen. Die ausländischen Arbeitskräfte wurden vielfach zu einem „Objekt" der „Vergeltung".
— Am Schicksal der Ausländer herrschte relativ geringes Interesse. Die meisten Deutschen hatten weder an Mißhandlungen Anteil noch hegten sie Sympathie für die Ausländer. Der eigene Daseinskampf ließ die Not der Fremdarbeiter nicht ins Bewußtsein treten.
— Die nationale und „rassische" Ungleichheit wurde als Ausgangsbedingung akzeptiert.
— Die „Instrumentalisierung des einzelnen als aktiver Faktor rassistischer Innenpolitik" wurde nicht erkannt[10].

[9] Vgl. ebda, S. 305.
[10] Vgl. ebda, S. 357 f. Zur Verarbeitung des Kontaktes zwischen Deutschen und ausländischen Arbeitskräften vgl. U. Herbert, Apartheit nebenan, Erinnerung an die Fremdarbeiter im Ruhrgebiet, in: L. Niethammer (Hg.), „Die Jahre weiß man nicht, wo man die heute hinsetzen soll", S. 233—266.

2. Fälle von „verbotenem Umgang" mit Ostarbeiterinnen und Ostarbeitern

Fast die Hälfte der im Düsseldorfer Hauptstaatsarchiv lagernden Personalakten der Gestapo(leit)stelle Düsseldorf stehen in Zusammenhang mit „verbotenem Umgang" mit Kriegsgefangenen und Zivilarbeitern. Einen Schwerpunkt bilden die Fälle von verbotenem Geschlechtsverkehr mit französischen Kriegsgefangenen[11]. Im folgenden sollen 62 Fälle etwas näher betrachtet werden, die dem verbotenen Umgang mit „Ostarbeitern" zugerechnet werden[12]. Dabei steht die Analyse der Verhaltensweisen der deutschen Bevölkerung im Vordergrund.

Diese Fälle stellen sicherlich nur die Spitze eines Eisberges dar, was anhand der Motive der Anzeigenden noch näher zu betrachten ist. Dennoch läßt sich schon an der vergleichsweise kleinen Gruppe von Vorkommnissen die allgemeine Politik und Praxis des Ostarbeitereinsatzes ablesen. Von den 62 Fällen, die aus dem Bereich der Gestapoleitstelle Düsseldorf und der Außenstellen Krefeld, Duisburg und Essen stammen, entfallen auf das Jahr 1941 zwei, 1942 sechs, 1943 einundvierzig, 1944 dreizehn. Diese Zahlen spiegeln zunächst die Zunahme der 1941 beschlossenen, dann forcierten Deportationen russischer Zivilarbeiter ins Deutsche Reich. Fast die Hälfte aller bis Kriegsende beschäftigten sowjetischen Zivilarbeiter — im Herbst 1944 waren 2 174 000 Ostarbeiter eingesetzt, zusammen mit den russischen Kriegsgefangenen arbeiteten zu dieser Zeit 2,8 Millionen Menschen aus der Sowjetunion im Deutschen Reich — wurden erst nach der deutschen Niederlage in Stalingrad ins Reich deportiert[13].

11 Vgl. U. Herbert, Fremdarbeiter, S. 124 f.

12 Unter der Rubrik „Ostarbeiter" sind drei weitere Fälle verzeichnet, die jedoch nicht den verbotenen Umgang mit Deutschen betreffen und deshalb in die folgende Aufstellung nicht aufgenommen wurden. Vgl. den Bestand RW 58 im HStAD.

13 Vgl. U. Herbert, Fremdarbeiter, S. 258. Im September 1944 waren im Gau Arbeitsbezirk Düsseldorf 106 686, im Bezirk Essen 133 230 ausländische Zivilarbeiter beschäftigt, was 17,9 bzw. 18,1% der Gesamtzahl der Beschäftigten entsprechen, vgl. ebda, S. 272. Zahlen über die sowjetischen Zivilarbeiter für diesen Bezirk konnten nicht ermittelt werden.

Fälle von verbotenem Umgang Deutscher mit Ostarbeiterinnen und Ostarbeitern

LfNr.	Beruf	Geburtsjahr	Mitglied	Ort	Betrieb
1	Geschäftsfrau	1886	NS-Frauenschaft	Essen	Dachdeckerbetrieb (eigener)
2	Bauführer	1896	NSDAP	Essen	Tiefbau Ferdinand Bettinger
3	Wachmann	1892	ohne Angaben	Essen-Borbeck	ohne Angaben
4	Pförtner	1893	ohne Angaben	Düsseldorf	ohne Angaben
5	Wachmann (Händler)	1897	nein	Hückeswagen	Firma Busatis
6	Putzfrau	1884	ohne Angaben	Krefeld	Maschinenfabrik N. N.
7	Baptistengemeindeschwester	1899	ohne Angaben	Duisburg	Firma N. N.
8	Maschinist	1883	ohne Angaben	Rheinhausen	Friedr. Krupp AG Friedr.-Alfred-Hütte Rheinh.
9	Bauer	1887	ohne Angaben	Klixdorf/ Kempen-Land	
10	Anreißer	1898	ohne Angaben	Duisburg	ohne Angaben
11	Schlosser	1892	nein	Krefeld-Bockum	Reichsbahnausbesserungswerk Krefeld-Oppum
12	Dreher	1899	DAF NSV	Solingen	

Monat/ Jahr	Delikt	Anzeigeweg	Folgen	Quellen	LfNr.
Mai 1941	Beschäftigung von Ostarbeitern ohne Erlaubnis des Arbeitsamtes	Blockwart	Strafverfahren	5151	1
Okt. 1941	Anwerbung von Ostarbeitern	Ermittlung (Überprüfung der Baustelle)	Strafverfahren	29777	2
Mai 1942	Verkauf von Nahrungs- und Genußmitteln zu Überpreisen	ohne Angaben	21 Tage Schutzhaft	64770	3
Sept. 1942	Gespräch mit Ostarbeitern am Bahnhof	Privatperson	staatspolizeil. Warnung	57177	4
Okt. 1942	„kameradschaftliches Verhältnis" zu Ostarbeitern — fahrlässige Bewachung	Polizeiwachtmeister	14 Tage Schutzhaft	15030	5
Nov. 1942	empfing Besuch von Ostarbeiterin	Firmenleitung	staatspolizeil. Warnung	55230	6
Nov. 1942	Versuch der religiösen Betreuung	Firma	14 Tage Schutzhaft	70047 9109	7
Dez. 1942	nahm 2 Ostarbeiterinnen von der Straße zum Aufwärmen in die Wohnung	Wachmann des Ostarbeiterinnenlagers — Werkschutz — Abwehrbeauftragter	staatspolizeil. Warnung	7886	8
Jan. 1943	Schenkung von Lebensmittelpaket an einen früher bei ihm beschäftigten Ostarbeiter, welcher jetzt in einem Lager wohnt	Lagerleitung	Vernehmung durch Kreisbauernschaft/ Beschlagnahme eines Pferdes u. Autos/öffentliche Brandmarkung	29712	9
Jan. 1943	ohne Angabe	ohne Angabe	7 Tage Schutzhaft	8328	10
Febr. 1943	Spaziergang und Fotografie einer Ostarbeiterin	Wachmann — Lagerführer — Betriebsobmann	3 Tage Haft	29709	11
Febr. 1943	Aufforderung zu langsamen Arbeiten/Lebensmittelvergabe/Information über Stalingrad	Ermittlung gegen Ostarbeiter (Wachmann — Lagerleiter — Betriebsobmann)	4 Monate Schutzhaft (Strafverfahren eingestellt)	35491	12

Fälle von verbotenem Umgang Deutscher mit Ostarbeiterinnen und Ostarbeitern

LfNr.	Beruf	Geburtsjahr	Mitglied	Ort	Betrieb
13	Vorzeichner	1906	DAF NSV	Duisburg	Heinrich-Bierwes-Hütte
14	Schlosser	1885	NSDAP NSV-Blockverwalter	Krefeld-Oppum	Reichsbahnausbesserungswerk
15	Schleifer	1901	ohne Angaben	(Bremen)	
16	Arbeiter	1905	DAF	Krefeld-Oppum	ohne Angabe
17	Arbeiter*	1908	NSV	Duisburg	Mannesmann-Röhrenwerke Albert-Heinrich-Hütte
18	Chemiearbeiter	1884	DAF NSV	Kaldenhausen	IG Farben Uerdingen
19	Arbeiter	1892	ohne Angaben	Rheinhausen	Krupp
20	Wachmann	1875		Neukirchen/ Kreis Düren	Niederrh. Bergwerks AG
21	Telefonist	1895	nein	Grevenbroich	Vereinigte Aluminium-Werke
22	Arbeiter	1885	DAF	Krefeld	IG Farben Krefeld-Uerdingen
23	Kranführer (vormals Wachmann)	1900	DAF NSV	Neuss	Nationale Radiator Gesellschaft
24	Wachmann	1902	DAF	Duisburg	Rhein. Bergwerksgesellschaft
25	Arbeiter	1912	nein	Stürzelberg bei Zons/ Kreis Grevenbroich-Neuss	Stürzelberger Hütte

* vgl. Dokumente Nr. 35—43, S. 321—334.

Monat/ Jahr	Delikt	Anzeigeweg	Folgen	Quellen	LfNr.
Febr. 1943	Geldwechsel/Verkauf von Schmuck zu Überpreisen	Abwehrbeauftragter	21 Tage Haft	54715	13
Febr. 1943	Abgabe von Butterbrot	Stapo-Ermittlungen	4 Tage Haft Warnung	8889	14
Febr. 1943	Geschlechtsverkehr mit Ostarbeiterin	ohne Angabe	Festnahme	64011	15
März 1943	Unterhaltung mit Ostarbeiterin	Wachtmeister — Lagerleiter (DAF-Wohnanlage)	staatspolizeil. Warnung	29713	16
März 1943	lieh sich Geld von Ostarbeitern, um Dinge zu besorgen, was er aber nicht tat	Abwehrbeauftragter	14 Tage Haft im Polizeigefängnis/ vorzeitig haftunfähig entlassen und verstorben	16140	17
März 1943	Spaziergang mit Ostarbeiterin (150 m)	Werkschutzmann — Abwehrbeauftragter der Firma	3 Tage Haft	14882	18
April 1943	ging mit 2 Ostarbeiterinnen spazieren, welche ihn besuchten	Nachbarn — Werkschutz	ohne Angaben	12097 25540	19
Mai 1943	Nichtbefolgung der Anordnungen als Wachmann (anläßlich Flucht von Ostarbeiter)	Lagerleiter — Zechenverwaltung — Gestapo	7 Tage Schutzhaft	55243	20
Mai 1943	Abgabe von Brot	Abwehrbeauftragter	staatspolizeil. Warnung	38061	21
Mai 1943	Verkauf von Lebensmitteln und Kleidungsstücken	Ehefrau — Arbeitgeber	Warnung/21 Tage Schutzhaft	29374	22
Juni 1943	Mißhandlung einer Ostarbeiterin	Firmenleitung	21 Tage Schutzhaft	22274 46976	23
Juni 1943	Kinogang mit Ostarbeiterin und Spaziergang	Firmenleitung	21 Tage Schutzhaft	27013	24
Juni 1943	Verkauf eines gestohlenen Kleides	Betriebsleitung — Gendarmerieposten — Bürgermeister	21 Tage Schutzhaft	38062	25

Fälle von verbotenem Umgang Deutscher mit Ostarbeiterinnen und Ostarbeitern

LfNr.	Beruf	Geburtsjahr	Mitglied	Ort	Betrieb
26	Unterlager-führer	1912	NSDAP (zwi-schenzeitl. SS)	Düsseldorf	Rheinmetall Borsig
27	Oberwach-mann	1886	vormals SA	Duisburg	Demag AG
28	(Block-helferin)	1918		Essen	ohne Angaben
29	Werkmeister	1886	nein	Mönchen-gladbach	Firma Erkens u. Co.
30	Landwirt	1892	nein	Weverling-hausen/Kreis Grevenbroich	ohne Angabe
31	Fabrikarbeiter	1919	DAF	Orken bei Grevenbroich	Firma N. N. Sauerkrautfabrik
32	Unterlager-führer	1902	NSDAP	Essen	Krupp
33	Vorarbeiter	1902	DAF	Krefeld	Metallwerke N. N.
34	Lehrling	1926	HJ	Krefeld	ohne Angaben
35	Maschinen-former	1907	DAF NSV	Essen-Stoppenberg	Krupp
36	Lagerführer	1897	ohne Anga-ben	Krefeld-Oppum	ohne Angaben
37	Schlosser	1897	ohne Angaben	Duisburg	

Monat/ Jahr	Delikt	Anzeigeweg	Folgen	Quellen	LfNr.
Juni 1943	Geschlechtsverkehr mit Ostarbeiterin	Ostarbeiterin — Abwehrbeauftragter	KZ (Okt. 43— Juni 44)	47813	26
Juni 1943	ließ sich von einer Ostarbeiterin Essen aus der Küche bringen	Firmenleitung	21 Tage Schutzhaft	64729	27
Juni 1943	Umarmung/Gespräch mit Ostarbeiterin	Nachbar — Polizei	staatspolizeil. Warnung	4687	28
Juli 1943	Mißhandlung einer Ostarbeiterin	Ermittlungen (Kontrolle des Lagers/Auffinden der Ostarbeiterin)	staatspolizeil. Warnung	1031	29
Juli 1943	Mißhandlung eines Ostarbeiters auf seinem Hof	Nachbarn — Polizei	staatspolizeil. Warnung/ Beschäftigungsverbot von Ostarbeitern	1026	30
Juli 1943	Besuch eines Ostarbeiterinnenlagers und Spaziergang mit einer Ostarbeiterin	Betriebsführer (zugleich Lagerleiter)	staatspolizeil. Warnung	1020	31
Aug. 1943	versuchter Geschlechtsverkehr im Lager	Hauptlagerführer	5 Tage Haft und schärfste Verwarnung	60403	32
Aug. 1943	versuchter Geschlechtsverkehr mit Ostarbeiterin auf seinem Arbeitsplatz	Betriebsführer	21 Tage Schutzhaft	21758 22680	33
Aug. 1943	Gespräch mit Ostarbeiterin	Ermittlung/Überprüfung des Lagers — Betriebsleiter	staatspolizeil. Warnung	61909	34
Sept. 1943	empfing Besuch von Ostarbeitern/(-innen)	Nachbarin (im Auftrag der sich in Landverschikkung befindenden Ehefrau)	21 Tage Schutzhaft	68593	35
Okt. 1943	ergriff Partei für seine ihm anvertrauten Ostarbeiter	Lagerleitung — DAF	staatspolizeil. Warnung	16310	36
Okt. 1943	Fotografieren von Ostarbeitern	Lagerführer — DAF	ohne Angaben	2185 2192g 60398	37

Fälle von verbotenem Umgang Deutscher mit Ostarbeiterinnen und Ostarbeitern

LfNr.	Beruf	Geburtsjahr	Mitglied	Ort	Betrieb
38	Schlackenkipper	1900	DAF NSV	Duisburg	Mannesmann Röhrenwerke Abt. Heinrich-Bierwes-Hütte
39	Vorarbeiter	1895	DAF NSV	Dinslaken	Bandeisenwalzwerk AG
40	Händler	1888	NSV	Essen	ohne Angaben
41	Fotograf	1897	LSP	Essen	Krupp
42	Arbeiter	1894	ohne Angaben	Velbert	ohne Angaben
43	Kranführer	1902	NSDAP SA	Rheinhausen	Krupp Friedrich-Alfred-Hütte
44	Lagerführer	1900	NSDAP SA	Essen Altenessen	ohne Angaben
45	Weberin	1919	nein	Krefeld-Oppum	Reichsbahnausbesserungswerk
46	Kranführer	1904	NSV DAF	Duisburg	Niedrrhein. Hütte in Duisburg
47	Bauer	1877	ohne Angaben	Kamp-Lintford	ohne Angaben
48	Schlosser	1906	ohne Angaben	Essen-Borbeck	ohne Angaben
49	Pflasterer	1897	DAF NSV	Essen	ohne Angaben
50	Arbeiter	1909	DAF NSV	Duisburg	Mannesmann Röhrenwerke, Abteilung Heinrich-Bierwes-Hütte

Monat/ Jahr	Delikt	Anzeigeweg	Folgen	Quellen	LfNr.
Okt. 1943	Umarmung einer Ostarbeiterin nach Schichtende	Wachmann — Abwehrbeauftragter	staatspolizeil. Warnung	55469	38
Okt. 1943	Geschlechtsverkehr mit einer Ostarbeiterin während der Arbeitspause (Vergewaltigung)	Betriebsobmann — DAF — Kreiswaltung	3 Monate KZ Dachau	65859	39
Okt. 1943	Abgabe von Brotmarken	Pg-Ortsgruppe — Kreisleitung	staatspolizeil. Warnung	68596	40
Okt. 1943	Fotografieren von Ostarbeitern	Nachbar — Polizei	Strafverfahren	68591	41
Nov. 1943	Verkauf von Schmuck zu Überpreisen/erzählten von Hinrichtung eines Ostarbeiters	NSDAP Ortsgruppe	Strafverfahren (eingestellt)	8693	42
Nov. 1943	sprach mit Ostarbeiterin auf Arbeitsplatz	Kollege — Meister — Betriebsführer — Abwehrbeauftragter	staatspolizeil. Warnung	68231	43
Nov. 1943	allgemeiner Umgang mit Ostarbeiterinnen	Ehefrau — Wehrbezirkskommando	5 Tage Haft und staatspolizeil. Verwarnung	32311	44
Dez. 1943	lud Ostarbeiterin zum Essen ein	Lagerführer (zugleich Betriebsobmann)	5 Tage Haft und polizeil. Verwarnung	66404	45
Dez. 1943	bewirtete eine Ostarbeiterin, die ihm die Wohnung in Ordnung brachte	Bunkerwart — Polizeirevier	14 Tage Schutzhaft	55480	46
Dez. 1943	verschenkte Schnaps und Strümpfe	„vertrauliche Mitteilung" — Kreisleitung der NSDAP	staatspolizeil. Warnung	29932	47
1943	Umgang mit Ostarbeiterin (Briefverkehr, Versprechen zu fotografieren)	abgefangener Brief SD	staatspolizeil. Warnung	52640	48
1943	Verdacht	„vertrauliche Mitteilung"	ohne Angaben	52641	49
Jan. 1944	Verkauf von Tabak	Abwehrbeauftragter	Schutzhaft	27025	50

Fälle von verbotenem Umgang Deutscher mit Ostarbeiterinnen und Ostarbeitern

LfNr.	Beruf	Geburtsjahr	Mitglied	Ort	Betrieb
51	Arbeiter	1887	DAF	Duisburg	Mannesmann Röhrenwerke, Abteilung Heinrich-Bierwes-Hütte
52	Reichsbahngehilfe (Soldat im Urlaub)	1921	NSDAP Anwärter	Emmerich	ohne Angaben
53	Gemeindeschwester (ev.)	1903	DAF	Dinslaken	ohne Angaben
54	Maurer	1878	nein	Duisburg	Mannesmann Röhrenwerke
55	Wachmann	1907	SA	Krefeld	ohne Angaben
56	(Volksdeutsche aus der Ukraine, in einem Ostarbeiterlager beschäftigt)	1908	nein	Essen-Steele	ohne Angaben
57	Eisendreher	1914	ohne Angaben	Krefeld	Firma N. N.
58	Gemüsegärtner	1914	nein	Wittich	ohne Angaben
59	Wachmann	1899	nein	Essen-Kupferdreh	Gewerkschaft Zeche Heinrich, Essen-Kupferdreh
60	Vorarbeiter	1906	DAF NSV	Essen-Altenessen	Eisenwerke Essen
61	Feuerwehrmann	1886	(früher SS)	Essen-Borbeck	Krupp
62	Friseurmeister	1905	nein	Essen	eigener Friseurbetrieb

Monat/ Jahr	Delikt	Anzeigeweg	Folgen	Quellen	LfNr.
Jan. 1944	Hilfe für schwächliche Russen (Vorwurf des Anhaltens zu langsamer Arbeit)	Abwehrbeauftragter	staatspolizeil. Warnung	27027	51
Jan. 1944	Geschlechtsverkehr mit Ostarbeiterin	Ostarbeiterin — Polizei	kurzfristige Festnahme/Warnung	63858	52
Febr. 1944	Verteilung von religiösen Schriften an Ostarbeiterinnen in russischer Sprache	SD	staatspolizeil. Warnung	64161	53
März 1944	empfing Besuch von Ostarbeiterin	Hauswart und Ehefrau	21 Tage Schutzhaft	25583	54
März 1944	nahm Ostarbeiterin mit auf seine Mansarde	Hausbewohner — Zellenleiter — NSDAP — Ortsgruppe	staatspolizeil. Warnung	29934	55
März 1944	angebliches Aufnehmen von Ostarbeiterinnen	Lagerleiter	1 Tag Haft/ Warnung	22865	56
März 1944	Abgabe von Süßwaren an Ostarbeiterin	Betriebsobmann	staatspolizeil. Warnung	9847	57
1944	allgemeiner Umgang (Briefkontakt mit Ostarbeiterin)	abgefangener Brief SD	staatspolizeil. Warnung	20070	58
Apr. 1944	versuchte Vergewaltigung, Mißbrauch seiner Stellung zu „sinnlichen Zwecken"	Ostarbeiterin — Betriebsleitung	21 Tage Schutzhaft	5168	59
Mai 1944	geselliger Umgang mit Ostarbeiterin, welche seinen Haushalt abends mit versorgte	Lagerleitung (Kontrolle des Lagers/Finden von 2 Lichtbildern)	8 Tage Schutzhaft	49317	60
Aug. 1944	Unterhaltung mit Ostarbeiterin und Erklärung des Frontverlaufs	Obertruppführer der Feuerwehr	7 Tage Haft	9609	61
1944	Beschäftigung einer Ostarbeiterin ohne Genehmigung des Arbeitsamts	Privatperson	Strafverfahren	5152	62

Betrachtet man die Gruppe der des verbotenen Umgangs bezichtigten Personen, so wird die völlige Dominanz der durch die Arbeit bzw. den Arbeitsplatz bedingten Kontakte zwischen Deutschen und Ostarbeitern deutlich, damit auch die Isolierung der letzteren. In 39 Fällen waren deutsche Arbeitskollegen bzw. -kolleginnen, Vorgesetzte und Meister betroffen; in 13 Fällen das Lagerpersonal (Wachmann, Lagerleiter etc.); 10 Fälle lassen sich nicht eindeutig bestimmen. Zählt man die in die Liste mit aufgenommenen Fälle verbotswidriger Beschäftigung hinzu (3 Fälle), da eine verbotswidrige Beschäftigung einen Kontakt zu den Arbeitern voraussetzt, sowie den berufsbedingten Umgang des Lebensmittelhändlers (1 Fall) und des Fotografen (1 Fall), weiterhin den einen überlieferten Fall, in dem ein Landwirt einem früher bei ihm Beschäftigten ein Lebensmittelpaket zukommen ließ, sowie die beiden Fälle der Gemeindeschwestern, die verbotswidrig die religiöse Betreuung der Ostarbeiter anstrebten, so ist neben den nicht eindeutig bestimmbaren Fällen nur ein einziger Fall zu verzeichnen (der Soldat auf Urlaub), in dem eindeutig der Kontakt nicht mit der Arbeit generell oder dem Arbeitsplatz in Verbindung zu bringen ist. Dieser Befund wird bestätigt, wenn man die Berufe der betroffenen Deutschen betrachtet. Es findet sich unter ihnen kein einziger Akademiker, nur ein Bauführer, 8 Selbständige (1 Geschäftsfrau, 1 Lebensmittelhändler, 1 Fotograf, 3 Landwirte, 1 Gärtner, 1 Friseurmeister) sowie 2 Gemeindeschwestern. Die restlichen Betroffenen sind Arbeiter, Vorarbeiter und Meister, wozu das Lagerpersonal aufgrund seines berufsbedingten Einsatzes hinzugezählt wurde.
Fragt man nach dem Alter der Betroffenen zur ‚Tatzeit', so ergibt sich folgendes Bild: Bis 20-jährige: 1, 21—30-jährige: 6, 31—40-jährige: 13, 41—50-jährige: 25, 51—60-jährige: 14, 61—70-jährige: 3. Unter ihnen befinden sich nur 4 Frauen. Die größte Gruppe stellen die 40—50-jährigen u k. gestellten Facharbeiter.

Ordnet man die einzelnen ‚Delikte', so ergibt sich folgendes Bild: 3 Fälle beziehen sich auf die Einstellung von Ostarbeitern ohne Erlaubnis des Arbeitsamtes, was für die betroffenen Ostarbeiter wohl durchaus positive Auswirkungen hatte[14]. Die Hilfestellung am Arbeitsplatz sowie die Aufforderung zu „langsamen Arbeiten" (Nr. 12 und Nr. 51) sind jeweils nur einmal zu verzeichnen. Die größte Gruppe umfaßt den auch für die Ostarbeiter eher positiv verstandenen allgemeinen Umgang mit ihnen, angefangen bei der Abgabe von Butterbroten, der Versendung von Lebensmittelpaketen, der kurzen Unterhaltung, dem Besuch in Lagern bis hin zur Parteinahme für die Ostarbeiter (Nr. 36) und zur Einladung ins Kino seitens eines Wachmannes (Nr. 24) und zur Mitnahme auf die Mansarde (auch seitens eines Wachmannes, Nr. 55), wobei die letzten beiden Vorfälle schon auf den zum großen Teil sexuell motivierten Umgang mit Abhängigen verweisen und nicht eindeutig einzuordnen sind. Ähnlich verhält es sich mit dem allgemeinen Umgang des Lagerführers mit seinen Ostarbeitern (Nr. 44), weiterhin mit dem Verkauf von Tabak (Nr. 50) und dem Verkauf von Brotmarken (Nr. 40), die auf die nächste Gruppe, die Übervorteilung der ohnehin diskriminierten Ausländer hinweisen. Da die hier genannten Fälle gemessen an ihren Auswirkungen für die Ostarbeiter dennoch eher positiv zu werten sind, sind sie in dieser Gruppe zusammengefaßt, die somit 36 Vorkommnisse einschließt.

[14] Auf die vielgeübte Praxis ausländischer Arbeiter, sich selbst einen besseren Arbeitsplatz zu suchen, verweist U. Herbert, Fremdarbeiter, S. 311.

Die zweite Gruppe bilden die Vorfälle der Übervorteilung, des Verkaufs zu Überpreisen, des Verkaufs von gestohlenen Gegenständen etc., insgesamt 6 Fällen. Es folgen 3 Mißhandlungen, 4 Fälle von vollzogenen und 3 Fälle von versuchten Geschlechtsverkehr mit Ostarbeiterinnen. Eine Ausnahme bilden die Aufsichtsverletzung eines Wachmanns (Nr. 20) sowie der Fall, in dem ein Wachmann sich von dem ohnehin karg bemessenen Essen der Ostarbeiterinnen über einen längeren Zeitraum hin zusätzlich mit-versorgen ließ, wobei hier Übervorteilung, Ausnutzung und eventuell auch ein positiver Kontakt sich miteinander vermischen (Nr. 27). Über 3 Fälle liegen keine näheren Angaben vor.

Unter den 7 Fällen von versuchten bzw. vollzogenen Geschlechtsverkehr mit Ostarbeiterinnen befinden sich 2 NSDAP-Mitglieder (Nr. 36 und 32), die zugleich Unterlagerführer waren, sowie 1 NSDAP- Anwärter (Nr. 52); weiterhin 1 Wachmann (Nr. 59), insgesamt ein Indiz dafür, daß rassistische Leitbilder und die berufsbedingte Stellung nicht davon entheben konnten, die jungen Ostarbeiterinnen als ‚Freiwild' zu betrachten. Für die betroffenen Arbeiterinnen wurde die Lage doppelt schwer. Zum einen physisch und psychisch in einer Ausnahmesituation, in einem Abhängigkeitsverhältnis und wohl auch von dem Wunsch nach menschlicher Wärme bewogen, mußten sie eine erheblich härtere Strafe fürchten als die betroffenen Deutschen. Dies macht der Fall des Vorarbeiters aus Dinslaken deutlich, der sich in der Arbeitspause mit einer Ostarbeiterin in der Meisterkabine einzuschließen pflegte, wobei er sich die Ostarbeiterin durch Essen gefügig zu machen suchte (Nr. 39). Der deutsche Arbeiter wurde für drei Monate ins Konzentrationslager Dachau eingewiesen, die Ostarbeiterin für unbestimmte Zeit ins Konzentrationslager Ravensbrück.

Fragt man nach den Motiven des verbotenen Umgangs, so ist neben dem vielfach zu Protokoll gegebenen Mitleid, insbesondere was die Abgabe von Lebensmitteln betraf, in den meisten Fällen eine Verhaltensweise erkennbar, die sich auf einer vorsichtigen, untersten Ebene der Kommunikation bewegt, bei Ostarbeiterinnen häufig sexuell motiviert, womit die Grenze zur Ausnutzung Wehr- und Rechtloser überschritten ist. Viele Fälle sind nicht eindeutig auf ein Verhalten der Deutschen zurückzuführen, wie der Fall des Arbeiters aus Rheinhausen (Nr. 11) zeigt, der wegen eines verbotenen Spaziergangs mit zwei Ostarbeitern angezeigt wurde. Er hatte, als diese ihn unaufgefordert besuchten, sie nicht in die Wohnung hereingelassen, sondern sie auf der Straße ein Stück begleitet.

Aufschlußreich ist auch die Betrachtung des Anzeigewegs, der in 60 der 62 Fällen ermittelt werden konnte. Die überwiegende Zahl der Anzeigen erfolgte aus den Betrieben heraus, vom Kollegen, Werkschutzmann und Feuerwehrmann (je einmal), vom Betriebsobmann (2 mal) sowie 5 mal von der Betriebsführung und 8 mal von den Abwehrbeauftragten, insgesamt also 18 mal, wobei die Betriebsleitung und der Abwehrbeauftragte in der Mehrzahl der Fälle als letzte Stationen des Anzeigewegs vor der Gestapo anzusehen sind. Die nächste große Gruppe bilden die Privatpersonen (Nachbarn, Verwandte, Ehefrauen) mit 10 Anzeigen; es folgen die Lagerleitung und das Lagerpersonal mit insgesamt 9 Anzeigen. Dieselbe Zahl entfällt auf routinemäßige Ermittlungen, worunter hier staatspolizeiliche Untersuchungen gezählt wurden, bei denen die Delikte am Rande bemerkt wurden, weiterhin routinemäßige und schikanöse Lagerkontrollen, die verbotenen Kontakt zwischen Ostarbeitern und Deutschen aufdeckten, sowie Meldungen der Briefprüfstelle und des SD. Vier Anzeigen wurden von untersten Funktionsträgern geleistet, zu denen entsprechend ihrem Selbstverständnis gezählt wurden: Parteigenosse, Hauswart, Bunkerwart, Blockwart (je einmal). Auf Polizeiwachtmeister entfielen ebenso wie auf „vertrauliche Mitteilungen" je 2 Anzeigen. Jeweils eine Anzeige erfolgte von einer NSDAP-Ortsgruppe und einer betroffenen Ostarbeiterin.

Der beinahe routinemäßige innerbetriebliche Anzeigeweg durchlief in der Regel die Stationen Kollege bzw. Vorarbeiter — Meister — Betriebsführer, und in größeren Unternehmen dann den Abwehrbeauftragten, der ein effektiv arbeitendes Organ des Kontroll- und Repressionssystems war. Ein weiterer Weg war der parteiinterne, vom Zellenleiter über die Ortsgruppe, gegebenenfalls bis zur Kreisleitung und dann erst zur Gestapo. Eine dritte Variante, mitunter vom Lagerpersonal bevorzugt, war der Weg über die dienstvorgesetzte Organisation, die DAF. Die DAF-Mitglieder mußten bei Verfehlungen im Bereich „verbotener Umgang" neben staatspolizeilichen und eventuell gerichtlichen Schritten mit Disziplinarmaßnahmen ihrer Organisation rechnen[15].

Von außerhalb der Betriebe eingeschaltet wurden aber auch der Werkschutz, die Betriebsleitung und ein Wehrbezirkskommando — zahlreiche Anlaufstellen standen also zur Verfügung, um nicht direkt an die Gestapo heranzutreten. Insgesamt erfolgten so, nimmt man die Firmenleitungen, die Abwehrbeauftragten und die Polizeibeamten aus, nur 11 Anzeigen direkt an die Polizei. In der Regel waren, angefangen bei den Vorfall Meldenden über die bearbeitenden bzw. weiterleitenden Instanzen bis hin zu den recherchierenden Gestapobeamten, vier bis fünf Personen bzw. Instanzen mit einem Fall von „verbotenem Umgang" beschäftigt, ohne die in den meisten Fällen noch von der Gestapo vorgenommen zusätzlichen Zeugen mitzuzählen, ebensowenig die Gerichte, die, wenn sie eingeschaltet wurden, die Verfahren oftmals einstellten und an die Gestapo zurückgaben (Nr. 12 und Nr. 42). Die aktivsten Rollen in dieser Kette spielten die Anzeigenden und die Gestapobeamten; die mittleren Glieder „funktionierten" im Sinne von Ordnung und Pflichterfüllung, indem sie die Informationen weitergaben. Hier wird auf unterster Ebene in etwa die Größenordnung meßbar, die im Verhältnis von den von der Norm abweichenden Einzelnen und der Menge derer bestand, die im Sinne des Regimes arbeiteten, wenn hier auch einschränkend zu bemerken ist, daß einzelne Instanzen wie die Gestapo, die Betriebsführungen, die NSDAP-Parteidienststellen und die DAF einen geschlossenen Personenkreis umfaßten.

Die unterschiedlich hohen Strafen verweisen auf die Abschreckungsfunktion, die ihnen von der Gestapo beigemessen wurde, wobei die Gestapo sowohl die Tatsache

[15] Die DAF beteiligte sich, wie an einem „Gechleschtsverkehr"-Verbrechen mit einem französischen Kriegsgefangenen deutlich wird, sogar an den polizeilichen Recherchen durch Vernehmungen der Betroffenen. Die Kreisverwaltung Mönchengladbach innerhalb der Gauwaltung Düsseldorf brachte ihre Überzeugung auch zu Papier, indem sie auf den Briefköpfen die Jahre nach der „Deutschen Revolution" zählte: Im Jahre 11 der Deutschen Revolution, 31. Mai 1943. Vgl. HStAD. RW 58, Pers. Akte 38060.

„lediglich DAF und NSV-Mitglied" berücksichtigte, als auch in Rechnung stellte, ob der Vater, Sohn oder Ehemann im Felde stand, vermißt wurde oder gefallen war[16].
Mitunter mußte die Gestapo in ihren Ermittlungen feststellen, daß ein großer Teil der Gefolgschaftsmitglieder einer Firma, so beispielsweise der Maschinenfabrik in Krefeld, in gleicher Weise mit den Ostarbeiterinnen wie die gemeldete deutsche Arbeiterin verkehrten; die Betriebsleitung wurde deshalb angewiesen, diese Umstände sofort zu unterbinden, was, wie die Gestapo vermerkte, auch geschah. Die betroffene deutsche Frau wurde staatspolizeilich verwarnt (Nr. 6).
Auch vom Reichsbahnausbesserungswerk in Krefeld wurde von verschiedenen deutschen Gefolgschaftsmitgliedern verbotener Umgang mit Ostarbeitern registriert. In diesem Fall (Nr. 14) schien der Staatspolizei eine viertägige Haft für einen einzelnen angebracht. Daß das harte Vorgehen nicht immer auf das Verständnis der Bevölkerung stieß, wird aus Kamp-Lintfort gemeldet (Nr. 47), wo der Bauer N. N., der an die bei ihm beschäftigten Ostarbeiter zu Weihnachten etwas Schnaps ausgegeben hatte, staatspolizeilich verwarnt wurde. Dahingegen wurden 27 ausländische Arbeiter, von denen sich viele stets auf dem Hof des Bauern eingefunden hätten, um, so die NSDAP-Kreisleitung, „Orgien" zu feiern, „die jedem anständigen deutschen Volksgenosssen die Schamröte ins Gesicht treiben", verhaftet. Über ihr Schicksal ist nichts weiteres den Akten zu entnehmen.
Allein schon die Tatsache, daß für so nichtige Vergehen, wie einen Ostarbeiter zu empfangen, sich jeweils ein Hausbewohner oder Nachbar fand, der dies zur Anzeige brachte, belegt das verbreitete Denunziantenwesen. Es beruhte wohl auf der Intention, dem mißliebigen Nachbarn etwas anzuhängen, oder auch nur auf reiner „Pflichterfüllung", wie sie vor allem für die berufsbedingt mit den Ostarbeitern umgehenden Wachleute und Werkschutzmänner zu verzeichnen ist.
Das Verbot, daß „ein Deutscher und ein Russenweib" miteinander Umgang pflegen, sieht ein Wachtmeister aus Krefeld-Oppum bereits in der kurzen Unterhaltung zwischen einem Arbeiter und einer Ostarbeiterin übertreten (Nr. 16). Ein Lagerführer in Essen erklärte bezüglich der Anzeige gegenüber seinem Unterlagerführer: „Ich machte ihn darauf aufmerksam, daß ich meine Pflicht tun müsse" (Nr. 32).
Die „Pflichterfüllung" oblag auch den Betrieben. Die Wirksamkeit der Drohung gegenüber den Betriebsführern, daß sie selbst mit staatspolizeilichen Maßnahmen zu rechnen hätten, wird nicht nur daran deutlich, daß kein Betriebsführer eines großen Werkes wegen verbotenem Umgang mit Fremdarbeitern bestraft wurde; dort, wo Betriebsmaßnahmen nicht mehr möglich waren, wie aus Orken bei Grevenbroich gemeldet, wurde die Gestapo direkt zu Hilfe gebeten (Nr. 31). Die Betriebsleitungen hatten also im System des Ostarbeitereinsatzes nicht nur eine ausführende Funktion.

Wie Staatspolizei, städtische Behörden, Parteiorganisationen und Betriebs-, Lagerpersonal Hand in Hand arbeiteten, um ‚Regelverstöße' wirksam ahnden zu können, soll abschließend an einem in der oben aufgeführten Liste nicht aufgenommenen Beispiel verdeutlicht werden.
Frau N. N., städtische Angestellte des Gesundheitsamtes Duisburg und zuständig für die Kontrolle nach Ungeziefern in den Ausländerlagern der Stadt, äußerte anläßlich

[16] Vgl. die in der Liste aufgenommenen Fälle Nr. 12, Nr. 28 und Nr. 29.

mehrerer Kontrollen, so unter anderem des Demag-Lagers und des Lagers der Firma Kabelwerke Duisberg im Mai 1943 Kritik an der überaus scharfen Bewachung und der Verpflegung der dort untergebrachten Ostarbeiterinnen. Sie stieß damit bei den anwesenden Lagerführern und dem zuständigen Betriebspersonal auf Unverständnis und Empörung. Betriebsleitungen und Lagerpersonal sahen sich in ihren Kompetenzen beschnitten, waren sie doch als ausführende Organe für die Überwachung der staatlichen Vorschriften zuständig. Die nächst höheren Stellen wurden eingeschaltet. Der Betriebsobmann der Kabelwerke beschwerte sich beim Gesundheitsamt, mit Durchschrift des Schreibens an den Kreisobmann der DAF, der wiederum einen geharnischten Brief an das Gesundheitsamt schickte, durchschriftlich an die Gestapo. Beinahe gleichzeitig wurde die Gestapo vom Oberbürgermeister der Stadt Duisburg über die Vorkommnisse unterrichtet und über die Entlassung der Angestellten aus dem städtischen Gesundheitsdienst. Der Oberbürgermeister reagierte damit auf eine Anzeige der Demag. Während das Schreiben des DAF-Kreisobmannes ideologisch geprägt das Unverständnis betont, das man der Tatsache gegenüberbringen müsse, daß eine deutsche „Volksgenossin" mit sowjetischen Arbeitskräften „gemeinsame Sache" mache, wird im Bericht der Gestapo vermeintlich sachlich konstatiert, Frau N. N. verhalte sich als deutsche Frau unwürdig, in moralischer und charakterlicher Hinsicht sei sie als „minderwertig" zu betrachten, sie wirke zersetzend, wofür auch ein früherer Umgang der Betroffenen mit einem französischen Kriegsgefangenen als Beleg dienen muß. Frau N. N. wurde 21 Tage in Schutzhaft genommen[17].

Aus der Summe der sich bei genauerer Betrachtung in viele Einzelschicksale auflösenden Vorkommnisse ein genaues Bild der Mentalität der Betroffenen zu zeichnen, erscheint schwierig und bedarf einer weitergesteckten, quantitativen Untersuchung. Einige hier aufgezeigte stereotype Einstellungen und Verhaltensweisen, so die Berufung auf die zu erfüllende Pflicht, die Übernmahme rassistischer Normen und die Einschaltung der Vorgesetzten und der Instanzenweg bei den Anzeigen deuten auf eine in der untersten Ebene erkennbare Diszipliniertheit und ein konformes Verhalten hin, daß den Ausländereinsatz des Dritten Reiches in nahezu jedem Betrieb funktionieren ließ. Die Effizienz des Kontroll- und Repressionssystems ist ohne diese Verhaltensweise und die ihnen zugrunde liegende Mentalität nicht denkbar.

[17] Vgl. HStAD. RW 58. Pers. Akte 47830.

Zusammenfassung

Die Bevölkerung der Rheinprovinz nahm zu Beginn des Dritten Reiches keine Sonderrolle ein; sie war von der „nationalen Erhebung“ nicht ausgeschlossen. Auch in den folgenden Jahren war, gemessen an der Intensität der öffentlichen Kommunikation über das Schicksal der Nation, hinter der andere Nachrichten zurücktraten und unbedeutsam erschienen, ein extremer Nationalismus verbreitet. Ausgehend von der Abstimmung über den Austritt aus dem Völkerbund waren die Rückgliederung des Saargebietes und die Remilitarisierung der Rheinlande Fixpunkte dieser Entwicklung.

Fragt man nach dem Zustandekommen der weitgehenden Ideologisierung, wird man — ohne eine Monokausalität herstellen zu wollen — auf Bewußtseinsstrukturen und Mentalitäten verwiesen. Der Übergang von dem in der Rheinprovinz traditionell starken Reichspatriotismus zum Nationalismus erscheint mitunter fließend. Konfessionelle Mentalitäten traten hinter einem extremen Nationalismus zurück, wie insbesondere am Beispiel des Aachener Regierungsbezirks verdeutlicht werden konnte. Dort wurde die Unzufriedenheit breiter Bevölkerungsschichten mit der nationalsozialistischen Kirchenpolitik nicht nur durch nationale Erlebnisse kompensiert, sondern das Regime konnte sich im letztgenannten Bereich auch der Unterstützung der Bevölkerung sicher sein. Diese nationale, dann nationalistische Grundhaltung begünstigte nicht nur wesentlich den Aufstieg und die Machtergreifung des Nationalsozialismus, sondern wirkte auch systemstabilisierend und integrierend, womit wesentliche Funktionen des Nationalismus benannt sind.
Durch die Erfüllung nationaler Wünsche fand das Dritte Reich gerade in den Anfangsjahren Rückhalt in der Bevölkerung. Inwieweit die Mentalität der Bevölkerung generell — von dem nationalen Aspekt abgesehen — für das Dritte Reich gewonnen werden konnte, erscheint fraglicher. Konfessionelle und sozialpolitische Faktoren wirkten retardierend, ohne jedoch eine durchgängige Oppositionshaltung zu bedingen.

Die Geschichte der Erzbruderschaft verdeutlicht, wie aus dem Zusammenwirken von konfessionellen und nationalistischen Ambitionen eine weitgehende geistige Übereinstimmung mit dem Nationalsozialismus erreicht wurde. Der Wunsch, von der liberalen, nationale Wünsche unerfüllt lassenden Weimarer Republik loszukommen, ließ die Zukunft in blinder Erwartung als bessere Alternative erscheinen. Von den lang gehegten Erwartungen wurden manche erfüllt, andere bitter enttäuscht. Die rauschhafte Begeisterung verhinderte ein rechtzeitiges Erwachen. Dem schnell hervortretenden Ausschließlichkeitsanspruch der totalitären Diktatur vermochten die Schützenbruderschaften nichts entgegenzustellen. Der Untergang der Erzbruderschaft war weniger eine Niederlage als vielmehr eine zwangsläufige Konsequenz der weiteren Entwicklung. Die uneinheitliche Option der angeschlossenen Schützenbruderschaften verweist wiederum auf die mit der konfessionellen Bindung kollidierende national- nationalistische Mentalität.

In der Konfrontation mit dem nationalsozialistischen Regime vermittelt sich die Mentalität der katholischen Geistlichen in der Verinnerlichung der beruflichen Anforderungen und Vorstellungen, deren Hintergrund die traditionell starke Position der katholischen Kirche in dieser Region formte. Das ausgeprägte Selbstbewußtsein der Geistlichen gründete auf ihrer ungebrochenen gesellschaftlichen Stellung, aus der Handlungen und Haltungen abgeleitet wurden. Die relative Homogenität des Berufsstandes mit seiner hierachischen Ordnung bildete zusammen mit dem Rückhalt des Klerus in der Bevölkerung den eigentlichen Bezugsrahmen der priesterlichen Tätigkeit.
Die Intention des Klerus, nach Hitlers Machtübernahme seinen seelsorgerischen Pflichten in Kirche und Öffentlichkeit nachzukommen, läßt sich nicht trennen von dem Bestreben, den eigenen Status und die eigene Autorität zu wahren. Um sich nicht selbst aufzugeben, stellte er sich der weltanschaulichen Herausforderung. Das führte 1933 zu dem Versuch, auch nationalsozialistische Gruppierungen, so die SA und SS, seelsorglich zu betreuen, wie es beispielsweise in Krefeld geschah. Auch der Kampf um die Jugend, ein Schwerpunkt in der Auseinandersetzung zwischen Kirche und Staat, bewegte sich auf dieser Ebene. Die letzten Stationen des Konfliktbereichs ‚Jugend' waren der Einsatz der Geistlichen für die Bekenntnisschule und das Bemühen, zumindest die Kinderseelsorgestunde durchzuführen. Autoritäre Vorstellungen wirkten sich im letztgenannten Bereich eher hemmend auf die Arbeit der Priester aus.

Indes brachte nicht das Jahr 1933 den entscheidenden Einschnitt für die Geistlichen; dem politischen Betätigungsverbot durch das Reichskonkordat standen die in diesem Vertrag zugesicherten kirchlichen Rechte gegenüber. Berücksichtigt man weiter die verbreitete nationale Grundhaltung des Klerus, wird das Gemenge aus Erwartungen und Hoffnungen deutlich, von denen die Geistlichen bewegt wurden. Die Aussicht auf ‚bessere Zeiten' siegte über eine verhaltene Skepsis. — Was folgte, war Ernüchterung. Die Priester spürten die antikirchlichen Maßnahmen sehr schnell am eigenen Leibe; die Auswirkungen des „Kirchenkampfes" auf die Bevölkerung wurden von ihnen hoch veranschlagt. Insbesondere schwand der priesterliche Einfluß auf die männliche Jugend und die Männer. Die Verwurzelung der Bevölkerung im katholischen Glauben ließ offenbar nach. Damit wird zugleich die Wirksamkeit der Propaganda und der Politik des nationalsozialistischen Staates vor Augen geführt.

Die Geistlichen fühlten sich zunehmend isoliert durch die antikirchliche Politik und die örtlichen Repräsentanten von Staat und Partei, ohnmächtig gegenüber dem mitunter als Zurückweichen empfundenen Kurs der Bischöfe. Konflikte mit HJ-Führern, Lehrern, Ortsgruppenleitern und Denunzianten als den Personen, die die Stellung der Geistlichen untergruben, erscheinen zum Teil vorprogrammiert. Den Geistlichen blieb nichts als der Rückzug, für den der Kirchenraum nicht die hinterste Linie war. Die Tatsache, daß sich eine gesamte Dekanatskonferenz dazu bereit fand, Kritik an dem für sie maßgeblichen Kurs der bischöflichen Behörde zu üben und einen öffentlichen Protestkurs des Bischofs einzufordern, macht die Unzufriedenheit und die kämpferische Einstellung vieler Priester deutlich. Ihrem Handeln wurden nicht nur durch das Regime, sondern auch durch die Kirche Grenzen gezogen. Für gemeinsame Aktionen der Geistlichen gab es wenig Spielraum.

Die fortschreitende Zurückdrängung der Kirche in den Kriegsjahren verbunden mit einer Steigerung des Terrors und schwindendem Einfluß auf die Bevölkerung führte zu einer weitgehenden Verunsicherung. Fraglich erschien mit einem Mal nicht nur die eigene berufliche Stellung, sondern auch Positionen der Kirche und der Theologie. Dafür sprechen die Diskussionen im Dekanat Herzogenrath.

Eine latent vorhandene Abwehrbereitschaft, die sich vornehmlich an der Wahrung des eigenen Einflusses und Tätigkeitsbereiches orientierte, ist unverkennbar. Das belegen die zahlreichen, vergleichsweise geringfügigen, in der Folge für den einzelnen die Form der existentiellen Bedrohung annehmenden Verstöße. Die Versuche der kirchlichen Amtsträger, die kirchlichen Freiheiten und religiösen Ausdrucksformen zu verteidigen, das Beharren auf der Eigenständigkeit kirchlicher Organisationen und Institutionen und der Versuch, die Gläubigen trotz aller religionsfeindlichen nationalsozialistischen Propaganda in der kirchlichen Einflußsphäre zu halten, lassen sich in den Bereich der Nonkonformität, Nichtanpassung bis hin zur Verweigerung und zum öffentlichen Protest einordnen. Der nationalsozialistische Staat wurde jedoch nicht bekämpft, die Loyalität gegenüber der Obrigkeit blieb erhalten. Die menschenverachtende Rassenpolitik und der provozierte Krieg bestimmten nicht den Alltag des „Kirchenkampfes". Politischer Widerstand war keine Sache der Priester, wurde auch nicht als Aufgabe empfunden. Im Vordergrund stand die Wahrung der eigenen Interesssen, damit auch das seelsorgliche Bemühungen um die gläubige Bevölkerung. Auch das Verhalten des unteren und mittleren Klerus hat, wie das Beispiel der Aachener Diözese belegt, zu dem Ergebnis beigetragen, daß die katholische Kirche als relevanter gesellschaftlicher Faktor das Dritte Reich funktionsfähig und nahezu autark in ihrem Wertesystem überdauert hat*. Ständig in der Defensive mußte aber auch die katholische Kirche Einbußen in ihrem Organisationsbestand hinnehmen. Inwieweit die Konzentration auf kirchliche Belange den Blick einengte, war hier nicht zu behandeln. Das außerkirchliche Geschehen in die Auseinandersetzung einzubeziehen, entsprach nicht der Mentalität des Klerus, konnte auch nicht erwartet werden. Denn in dem Maß, in dem sich die Geistlichen zum Sprecher der katholischen Bevölkerung machten, mußten sie sich des Rückhaltes in der Bevölkerung versichern, was angesichts des permanenten Ausnahmezustands im Dritten Reich einerseits, des Integrationspotentials des nationalsozialistischen Systems andererseits selbst in einem fast zu 90% katholischen Gebiet nicht ohne weiteres sicher gestellt war. Dieser Tatsache trug der im ganzen vorsichtige und abwartende Kurs der bischöflichen Behörde in Aachen Rechnung. Die Irritationen, die anfangs das Verhältnis zum nationalsozialistischen Staat bestimmt hatten, lebten in gewandelter Form innerhalb der Gemeinschaft ‚Kirche' weiter.

Im menschenverachtenden Konzept des Ausländereinsatzes war allen beteiligten Deutschen eine bestimmte Rolle zugedacht worden, die den Raum selbständigen Handelns stark eingrenzte. Wer diesem Konzept zuwiderhandelte oder eine abweichende Einstellung kundtat, mußte mit harten Strafen rechnen. Angesichts dieser Situation erlauben die ermittelten Verstöße gegen das Verbot des Umgangs mit Ostarbei-

* Vgl. dazu generell K. Gotto/H.-G. Hockerts/K. Repgen, Nationalsozialistische Herausforderung und kirchliche Antwort. Eine Bilanz, S. 667.

terinnen und Ostarbeitern nur bedingt Rückschlüsse auf die Mentalität der betroffenen Deutschen. Deren Verhalten war in der Regel nicht von einer bewußten Oppositionshaltung geleitet. Häufig war Mitleid ausschlaggebend, dem eine verbreitete Ausnutzung der fast wehrlosen Arbeitskräfte aus dem Osten als Motiv des Umgangs mit diesen gegenüberstand. Es waren somit keine außergewöhnlichen Handlungen, die von den Verfolgungsinstanzen geahndet wurden. Der Arbeitsalltag, der beinahe unweigerlich zu Kontakten zwischen Deutschen und Ostarbeitern führte, scheint zumindest bei einem Teil der deutschen Belegschaft die strengen rassistischen Normen verwischt zu haben. Demgegenüber steht der Befund, daß vor allem Wachleute und Firmenleitungen, Abwehrbeauftragte und Betriebsobmänner die Tugenden „Pflichterfüllung“ und „Ordnungsliebe“ höher ansetzten als das Leben der Angezeigten. Die Verantwortung für dieses Vorgehen wurde auf dem Anzeigeweg „institutionalisiert“, bis das Eingreifen der Gestapo diesem als normal akzeptierten Ablauf eine für die Betroffenen oft verhängnisvolle Wendung gab.

Mentalitäten trugen also mit dazu bei, daß sich Herrschaftsanspruch und Ideologie des Nationalsozialismus durchsetzen und behaupten konnten. Wie eingangs dieser Untersuchung betont, sind Mentalitäten als typisch oder atypisch zu begreifen, nicht jedoch logisch richtig oder falsch.

Dokumententeil

* *Peter Stollenwerk, geb. 25. 7. 1862 in Nievelstein — Merkstein; gew. 24. 8. 1889; Domkapitular, Generalvikariatsrat; gest. 16. 1. 1941.*

* *Der Name wurde geändert.*

24

Die Satzungen

der Erzbruderschaft vom hl. Sebastianus

I. ALLGEMEINES.

§ 1. Name.

Der am 27. Februar 1928 zu Köln gegründete Verband der katholischen Schützenorganisationen in Rheinland und Westfalen nennt sich „Erzbruderschaft vom hl. Sebastianus" und im Untertitel „Bund rheinisch-westfälischer Schützen".

Nach Eintragung in das Vereinsregister wird der Zusatz „e. V." geführt.

§ 2. Sitz.

Die Erzbruderschaft hat ihren Sitz in Köln.

§ 3. Zweck.

Die Erzbruderschaft erstrebt mit ihren Mitgliederorganisationen als ein katholischer deutscher Verband die Verwirklichung eines zweifachen Zieles:

1. In religiös-kirchlicher Zielsetzung fördert sie
   a) die religiöse, insbesondere eucharistische Lebensbetätigung der ihr angeschlossenen Organisationen und deren Mitgliedern,
   b) die Vertiefung des Bruderschaftsgedankens und der christlichen Nächstenliebe,
   c) alle Bestrebungen zur Gesundung des öffentlichen und privaten Lebens im Geiste christlicher deutscher Sitte und Kultur.
2. In nationalsozialistisch-staatlicher Zielsetzung fördert sie
   a) die Erziehung zum Gemeinschaftssinn und zur Wehrhaftigkeit auf der Grundlage nationalsozialistischer Volks- und Staatsauffassung,
   b) die Schulung der sportfähigen Mitglieder im Schießsport und in verwandten Sportarten,
   c) die Pflege althergebrachter Heimatfeste und Schützenbräuche.

II. MITGLIEDSCHAFT.

§ 4. Erwerb.

Die Mitgliedschaft wird erworben:
   a) durch Aufnahme als ordentliches Mitglied;
   b) durch Ernennung zum Ehrenmitglied.

25

§ 5. Ordentliche Mitglieder.

Als ordentliche Mitglieder können aufgenommen werden Schützenbruderschaften und andere katholische Schützenvereinigungen. Gleichgültig ist es, ob sie sich herkömmlich als Schützenvereine, Gilden, Garden und Kompagnien bezeichnen. Die Mitgliederorganisationen erhalten durch die Verpflichtung auf die Satzungen der Erzbruderschaft kirchlichen Charakter. Außerdem sollen sie durch Eintragung ihrer Einzelmitglieder in das Bruderschaftsregister der zuständigen Pfarrei sich möglichst bald — soweit das noch nicht geschehen — als Schützenbruderschaft im kirchlichen Sinne bekennen.

In dieser Satzung werden alle angeschlossenen Vereinigungen schlechthin als Schützenbruderschaft bezeichnet.

§ 6. Ehrenmitglieder.

Zu Ehrenmitgliedern können Einzelpersonen ernannt werden, die sich zu den Grundsätzen der Erzbruderschaft bekennen und sich um die Förderung der Bruderschaftsziele hervorragende Verdienste erworben haben. (§ 13 b)

§ 7. Verlust der Mitgliedschaft.

Die Mitgliedschaft endet

a) durch Austritt, der jederzeit durch schriftliche Erklärung an die Kanzlei der Erzbruderschaft erfolgen kann,

b) durch Ausschluß.

III. ORGANE.

§ 8. Aufzählung.

Organe der Erzbruderschaft sind

1. Der Oberste Schützenbruderschaftsführer, §§ 9—11.
2. Der Oberste Führerrat, §§ 12—14,
3. Der Große Rat, §§ 15—16.

§ 9. Vorstand im Sinne des BGB.

Vorstand im Sinne des BGB. ist der Oberste Schützenbruderschaftsführer.

IV. DER OBERSTE SCHÜTZENBRUDERSCHAFTSFÜHRER.

§ 10. Ernennung.

Der Oberste Schützenbruderschaftsführer wird vom Großen Rat (§15) auf die Dauer von 6 Jahren ernannt.

Für die mit dem 6. Januar 1934 beginnende erste Wahlzeit bleibt der bisherige Präsident der Erzbruderschaft Oberster Schützenbruderschaftsführer.

§ 11. Zuständigkeit.

Der Oberste Schützenbruderschaftsführer trifft selbständig alle Maßnahmen zur Durchführung der satzungsmäßigen Aufgaben der Erzbruderschaft.

Die Pflicht zur Anhörung der Beratungskörperschaften beschränkt sich auf die in dieser Satzung vorgesehenen Fälle.

V. DER OBERSTE FÜHRERRAT.

§ 12. Zusammensetzung.

Der Oberste Führerrat besteht neben dem Generalpräses als dem ersten Stellvertreter des Obersten Schützenbruderschaftsführers aus zwei weiteren Stellvertretern sowie dem Rechtswalter, Kassenwalter und Oberschützenmeister, die alle vom Obersten Schützenbruderschaftsführer auf 3 Jahre ernannt werden.

§ 13. Beratende Zuständigkeit.

Der Oberste Schützenbruderschaftsführer muß den Obersten Führerrat vor seiner Entschließung über folgende Angelegenheiten hören:

a) Festsetzung des Haushaltsplanes,
b) Ernennung eines Ehrenmitgliedes,
c) Ausschluß einer Schützenbruderschaft aus der Erzbruderschaft,
d) Ernennung der Diözesanführer und der Gaubeauftragten.

§ 14. Beschlußzuständigkeit.

In Einzelfällen kann der Oberste Schützenbruderschaftsführer dem Obersten Führerrat aus wichtigen Gründen die Zuständigkeit des Großen Rates übertragen. Ausgenommen hiervon sind die Fälle des § 15 c bis e.

VI. DER GROSSE RAT.

§ 15. Zusammensetzung und Zuständigkeit.

Der Große Rat der Erzbruderschaft besteht aus den Mitgliedern des Obersten Führerrates, den Diözesanführern, Diözesanpräsides, Gaubeauftragten und einigen weiteren Mitgliedern, die vom Obersten Schützenbruderschaftsführer berufen werden.

Der Große Rat tritt mindestens einmal im Jahr zusammen und ist zu Angelegenheiten von grundsätzlicher Bedeutung für die Erzbruderschaft zu hören. Seiner Beschlußfassung unterliegen:

a) die Genehmigung der Jahresrechnung,
b) die Entlastung des Obersten Schützenbruderschaftsführers und des Kassenwalters,
c) die Festsetzung der Beiträge,
d) die Aenderung der Satzungen,
e) die Auflösung der Erzbruderschaft.

§ 16. Beschlußfähigkeit.

Der Große Rat ist bei jeder Sitzung beschlußfähig, wenn seine Einberufung unter Mitteilung der Tagesordnung und unter Einhaltung einer Frist von acht Tagen erfolgt ist.

VII. DER GENERALPRÄSES.

§ 17. Bestellung.

Die Bestellung des Generalpräses der Erzbruderschaft richtet sich nach den kirchlichen Vorschriften.

§ 18. Zuständigkeit.

Der Generalpräses leitet unter eigener Verantwortung die aus dem religiös-sittlichen Aufgabenkreis der Erzbruderschaft aus ihrer Stellung als eines kirchlichen Vereines sich ergebenden besonderen Maßnahmen und Veranstaltungen.

Er vertritt den Obersten Schützenbruderschaftsführer an erster Stelle.

VIII. UNTERGLIEDERUNGEN DER ERZBRUDERSCHAFT.

§ 19. Uebersicht.

Entsprechend der doppelten Zielsetzung ergibt sich eine zweifache Untergliederung:

a) Für den religiös-kirchlichen Aufgabenkreis werden die Schützenbruderschaften eines Dekanates unter einem Dekanatsführer zusammengefaßt. Dieser Zusammenschluß kann auch mehrere Dekanate umfassen. Die Schützendekanate einer Diözese unterstehen dem Diözesanführer.

b) Für die nationalsozialistisch-staatliche Betätigung werden die Schützenbruderschaften gemäß den bestehenden Schießsportbezirken und Gauen des Deutschen Schießsportverbandes unter Bezirksführern und Gaubeauftragten zusammengeschlossen.

§ 20. Diözesan- und Dekanatsführer.

Diözesan- und Dekanatsführer regeln in ihrem Befehlsbereich als selbständige Leiter alle Angelegenheiten religiös-kirchlicher Bruderschaftsbetätigung unter eigener Verantwortung. In ihren Entschließungen sind sie nur durch die Bestimmungen dieser Satzung und die Anordnungen des Obersten Schützenbruderschaftsführers gebunden.

§ 21. Die Gaubeauftragten.

Der Gaubeauftragte der Erzbruderschaft leitet innerhalb seines Schießsportgaues im Auftrage der Erzbruderschaft die gesamte sportliche Betätigung der Bruderschaften nach den Richtlinien, die im Deutschen Schützenbund entsprechend den Vorschriften des Deutschen Schießsportverbandes gelten.

Im übrigen gilt § 20 für ihn sinngemäß.

§ 22. Die Bezirksführer.

Für die Zuständigkeit des Bezirksführers gelten die Bestimmungen des § 23 entsprechend.

§ 23. Die Bruderschaftsführer.

Die Zuständigkeit der Bruderschaftsführer regelt sich nach dieser Satzung und den Satzungen der einzelnen Bruderschaften. Soweit es noch nicht geschehen ist, sind die bestehenden Einzelsatzungen dem Führergedanken entsprechend zu ändern oder neu zu erlassen.

§ 24. Zusammenfassende Benennung.
(§§ 20—23)

Diözeanführer, Gaubeauftragte, Dekanatsführer, Bezirksführer, wie auch die Führer der Bruderschaften werden in den folgenden Bestimmungen „Unterführer" genannt.

IX. DIE ERNENNUNG UND ABBERUFUNG DER UNTERFÜHRER.

§ 25. Amtsdauer.

Alle Ernennungen erfolgen für die Dauer von 3 Jahren.

§§ 26–28. Ernennung.

§ 26.

Diözesanführer und Gaubeauftragte werden vom Obersten Schützenbruderschaftsführer erstmalig frei, in Zukunft nach Anhörung des Obersten Führerrates ernannt.

§ 27.

Dekanatsführer und Bezirksführer werden von dem Diözesanführer bzw. dem Gaubeauftragten ernannt, die vorher ihren Beirat hören müssen.

§ 28.

Die Ernennung der Schützenbruderschaftsführer (Vereinsvorsitzende) obliegt dem Dekanatsführer im Einvernehmen mit dem Bezirksführer. Die Schützenbruderschaften haben dem Dekanatsführer mindestens 2 Mitglieder zur Ernennung vorzuschlagen. Kommt es zwischen Dekanatsführer und Bezirksführer zu keiner Einigung über die Ernennung, so entscheidet der Oberste Schützenbruderschaftsführer endgültig.

§ 29. Abberufung.

Die Abberufung eines Unterführers kann unter entsprechender Anwendung der §§ 22–24 jederzeit durch die Stelle erfolgen, der das Ernennungsrecht zusteht. Soweit eine Ernennung der Bestätigung durch den Obersten Schützenbruderschaftsführer unterliegt, entscheidet er als Beschwerde-Instanz endgültig.

§ 30. Stellvertreter.

Den Unterführern der Erzbruderschaft werden je ein Stellvertreter beigegeben. Für ihre Ernennung und Abberufung gelten die §§ 21–25 entsprechend.

X. DIE PRÄSIDES.

§ 31–32. Bestellung u. Obliegenheiten.

§ 31.

Neben dem Diözesanführer steht ein Diözesanpräses, neben dem Dekanatsführer ein Dekanatspräses und neben dem Bruderschaftsführer der Präses der Bruderschaft.

§ 32.

Die Präsides haben sich besonders um die Verwirklichung der religiös-sittlichen Ziele der Schützenbruderschaften zu bemühen. Ihre Bestellung erfolgt nach den kirchlichen Vorschriften.

XI. DIE BEIRÄTE DER UNTERFÜHRER.

§ 33. Zusammensetzung.

Den Beiräten der Unterführer gehören außer 2–3 von ihnen besonders ernannten Mitgliedern an:

a) Beirat des Diözesanführers:
der Diözesanpräses und die Dekanatsführer;
b) Beirat des Dekanatsführers:
der Dekanatspräses und die Bruderschaftsführer;
c) Beirat des Gaubeauftragten:
die Bezirksführer;
d) Beirat des Bezirksführers:
die Bruderschaftsführer.

§§ 34–35. Beratende Zuständigkeit.

§ 34.

Die Beiräte sollen die Unterführer in wichtigen Angelegenheiten beraten. Sie werden nach Bedarf einberufen. Abstimmungen finden nicht statt.

§ 35.

Die Unterführer können einzelne Mitglieder ihrer Beiräte mit der Wahrnehmung bestimmter Obliegenheiten vorübergehend oder dauernd betrauen.

XII. SCHLUSSBESTIMMUNGEN.

§ 36. Geschäftsjahr.

Das Geschäftsjahr der Erzbruderschaft ist das Kalenderjahr.

§ 37. Auflösung der Erzbruderschaft.

Im Falle der Auflösung der Erzbruderschaft fällt das vorhandene Vermögen in gleichen Teilen an die Diözesen Köln, Aachen, Trier, Münster und Paderborn.

§ 38. Durchführungsbestimmungen.

Der Oberste Schützenbruderschaftsführer erläßt die zur Durchführung der Satzungen erforderlichen Bestimmungen.

§ 39. Inkrafttreten der Satzung.

Diese Satzung tritt mit dem heutigen Tage in Kraft.

Maria-Laach, den 6. Januar 1933.

Der Oberste Schützenbruderschaftsführer:

Franz Fürst zu Salm-Reifferscheidt-Dyck

Dokument Nr. 2

Übertragung

Hochwürdiger lieber Herr Dechant!

Auf Ihr gfl. Schreiben vom 21. Dezember v. J. erwidere ich folgendes:

Nach meinem Dafürhalten können die mit vorbezeichnetem Schreiben mir vorgelegten Statuten der Schützen-Erzbruderschaft vom hl. Sebastianus in der aufgestellten Fassung angenommen werden. Es dürfte sich aber empfehlen, in § 15 genauer zum Ausdruck zu bringen, wer den Generalpräses bestellen soll. § 3 Abs. 2a erhielte wohl am besten die Fassung: Förderung echt christlicher Staatsgesinnung und eines auf den Grundsätzen der Gerechtigkeit und Liebe beruhende Gemeinschaft sinnes.

Einer mündlichen Berichterstattung über die Schützen Erzbruderschaft in unserer Erzdiözese sehe ich mit Freuden entgegen.

Beste Grüße und Segenswünsche für Sie, Ihr Haus und Ihre Gemeinde

Ihr ergebenster
gez Caspar
Erzbischof von Paderborn

Br. m. Attendron, 8. 1. 33

Sehr geehrter Herr Generalpräses!

Vorstehendes Erzbischöfliches Schreiben lief heute ein, also leider zu spät, als daß es in der vorgestrigen Sitzung in Cöln noch hätte Berücksichtigung finden können. Auf jeden Fall aber ist diese hohe Anerkennung recht wertvoll zur Förderung unserer großen Sache.

Mit herzlichem Sebastianus Gruß
Ihr
Schwunk, Dechant

Kaspar Klein, geb. 28. 8. 1865 in Elben; gew. 21. 3. 1890; 1912-1919 Generalvikar in Paderborn; 1920-1930 Bischof von Paderborn; 1930-1941 Erzbischof von Paderborn; gest. 26. 1. 1941. Lit.: E. Gatz, Artikel „Klein, Kaspar", in: ders. (Hg.), Die Bischöfe der deutschsprachigen Länder, S. 386 f.

Richard Schwunk, geb. 11. 3. 1874 in Eckmannshausen; gew. 16. 4. 1898; gest. 27. 1. 1955.

Hochwürdiger lieber Herr Dechant!

Auf Ihr gfl. Schreiben vom 21. Dezember v. J. erwidere ich folgendes:

Nach meinem Dafürhalten können die mit vorbezeichneten Schreiben mir vorgelegten Statuten der Schützen-Erzbruderschaft vom hl. Sebastian in der aufgestellten Fassung angenommen werden. Es dürfte sich aber empfehlen, in § 15 genauer zum Ausdruck zu bringen, wer den Generalpräses bestellen soll. § 3 Abs. 2a erhielte wohl am besten die Fassung: Förderung echt christlicher Staatsgesinnung und eines auf den Grundsätzen der Gerechtigkeit und Liebe beruhenden Gemeinschaftssinnes.

Einer mündlichen Berichterstattung über die Schützen Erzbruderschaft in unserer Erzdiözese sehe ich mit Freuden entgegen.

Beste Grüße und Segenswünsche für Sie, Ihr Haus und Ihre Gemeinde.

Ihr ergebenster

gez. + Caspar

Erzbischof von Paderborn

Br. m.

Attendorn, 18.1.33.

Hochgeehrter Herr Generalpräses!

Vorstehendes erzbischöfliches Schreiben lief heute ein, also leider zu spät, als daß es in der vorgestrigen Sitzung in Cöln noch hätte Berücksichtigung finden können. Auf jeden Fall aber ist diese hohe Anerkennung recht wertvoll zur Förderung unserer großen Sache.

Mit herzlichem Sebastianus-Gruß

Ihr

Schwunk, Dechant

Erzbruderschaft vom hl. Sebastianus Leverkusen-Bürrig, den 30. 1. 1935.
Leverkusen-Bürrig

An die Vorstände der Organisationen.

Schützenbrüder!

Das deutsche Schützenwesen ist zur Zeit in einer großen Umgruppierung begriffen. Nachdem wir vor 4 Wochen mitteilen konnten, daß die Erzbruderschaft vom hl. Sebastianus als selbständige Fachschaft im Deutschen Schützenbund anerkannt sei, wird heute gemeldet, daß der Deutsche Schützenbund, der Reichsverband deutscher Kleinkaliber = Schützenverbände und das Deutsche Kartell für Sportschießen in einen "Deutschen Schützenverband" zusammengefaßt werden sollen.

Die Nachricht ist kein Grund zu irgend einer Beunruhigung. Die Eigenart der in der Erzbruderschaft vereinigten Organisationen bleibt erhalten; wie sie vor 4 Wochen durch den Reichssportführer anerkannt worden ist. Die Vereinheitlichung im deutschen Schützenwesen ist zu begrüßen. Wir bitten die Organisationen, weitere Richtlinien abzuwarten, die wir ständig im "Schützenbruder" geben. Es ist der Wunsch des Führers, daß altes rheinisches Brauchtum erhalten bleibt. Alle Organisationen sollen daher ruhig ihre Feste und die übrigen Veranstaltungen vorbereiten und durchführen.

Fürst Franz und Altgraf zu Salm-Reifferscheidt-Dyck.

Bitte zu beachten !

1. Den "Schützenbruder" wollen die Vorstände möglichst bald verteilen, damit die Mitglieder über die wichtigen Nachrichten schnell unterrichtet werden. Dann wird sich auch die Zahlung leichter gestalten.
2. Die Schützensteuer von 3 Pfg. pro Monat und Mann soll bis zum 30. Juni für das ganze Jahr entrichtet sein. Es wäre uns erwünscht, die Zahlungen schon recht früh zu empfangen.
3. Jede angeschlossene Organisation muß den "Schützenbruder" entsprechend der Mitgliederzahl beziehen. Andere Zeitschriften brauchen Sie nicht zu halten. Der "Schützenbruder" wirkt belebend auf das Vereinswesen.

Bischöfliches Generalvikariat A A C H E N. Aachen, den 15.Mai 1936.

136

An die
hochw.Herren Dechanten der Diözese Aachen.

Betrifft: St.Sebastianus-Schützenbruderschaften.

Die Erzbruderschaft vom hl.Sebastianus wurde am 6.März 1936 von der Staatspolizei für aufgelöst erklärt.Die einzelnen Brudersohaften sind erhalten geblieben.Dieselben werden aber vor eine entscheidende Frage gestellt:

a) Ob sie kirchliche Bruderschaften bleiben wollen.
Dann wird ihnen jedes öffentliche Auftreten wohl untersagt werden.

b) Ob sie sich dem Reichsbund für Leibesübungen (R.f.L.) anschliessen wollen.
Damit lösen sie sich aber vollständig von der Kirche.Denn nach §2 der Satzung des R.f.L.lehnt derselbe alle Bestrebungen und Bindungen konfessioneller Art ab.Ebenso bestimmt seine Satzung in §18,daß bei Auflösung des Vereins das ganze Vermögen von der Mitglieder-Versammlung einer bestimmten Person zugewandt werden kann; daß das Vermögen aber nur im Sinne der (nationalsozialistischen) Vereinsaufgabe verwendet werden darf und der Beschluß der Zustimmung des Reichs-Sportführers bedarf.

Zwischen diesen beiden Möglichkeiten haben die einzelnen Bruderschaften zu wählen.Bleiben sie kirchliche Bruderschaften,bleiben sie auch mit allen sich daraus ergebenden Folgerungen mit der Kirche verbunden.Schliessen sie sich dem R.f.L.an,dann lösen sie damit ihren vereinsmäßigen Charakter zur Kirche,und die Kirche kann ihnen dann irgend eine bevorzugte Stellung nicht mehr einräumen.

Zu der Gesamtfrage ist noch folgendes zu bemerken:
Nach dem kirchlichen Recht kann eine kirchliche Bruderschaft nicht durch eine Mitglieder-Versammlung,sondern nur durch die vorgesetzte kirchliche Behörde aufgelöst werden.Auch wenn alle Mitglieder austreten,bleibt die Bruderschaft im juristischen Sinne bestehen.Sie behält ihr volles Eigentumsrecht,und es können jederzeit neue Mitglieder aufgenommen werden.

Die kirchlich errichteten Bruderschaften sind als kirchliche Einrichtungen zu betrachten,denen gemäss Artikel 31 des Reichskonkordates die Anerkennungen und der Schutz des Staates zustehen.Sollten seitens irgend welcher nicht-kirchlicher Organe gegen eine kirchliche Bruderschaft Maßnahmen getroffen werden,so ersuchen wir,unverzüglich an uns zu berichten.

Das Bischöfliche Generalvikariat.

+ Sträter

Bistum Aachen

Vertraulich!

34

Richtlinien

für den hochwürdigen Klerus betreffend seelsorgliches Verhalten zu Anhängern des Nationalsozialismus.

In Anschluß an die gestern veröffentlichte Kundgebung der Fuldaer Bischofskonferenz bezüglich Stellungnahme zur nationalsozialistischen Bewegung geben wir dem hochwürdigen Klerus folgende Richtlinien betreffend seelsorgliches Verhalten zu Anhängern derselben, wobei auf die in jener Kundgebung dargelegten Gründe, Grundsätze und Mahnungen ausdrücklich Bezug genommen wird.

I.

Angehörige der nationalsozialistischen Bewegung und Partei sind wegen dieser Zugehörigkeit hinsichtlich des Sakramentenempfanges nicht zu beunruhigen, vorausgesetzt, daß gegen ihre Würdigkeit im übrigen begründete Bedenken nicht obwalten und daß sie entschlossen sind, niemals glaubens- oder kirchenfeindlichen Anschauungen oder Handlungen zuzustimmen.

Desgleichen ist die bloße Zugehörigkeit zu jener Partei kein Grund zur Verweigerung des kirchlichen Begräbnisses; für Gewährung oder Verweigerung desselben gelten im übrigen die allgemeinen kirchlichen Bestimmungen.

II.

Die in Uniform erscheinenden Mitglieder können zu Gottesdienst und Sakramenten zugelassen werden, auch wenn sie in größerer Anzahl erscheinen.

III.

Das Einbringen von Fahnen dieser und anderer politischer Parteiorganisationen in die Kirche ist durch freundliche vorherige Verständigung nach Tunlichkeit zu verhindern, weil es das Gepräge einer politischen Parteidemonstration zu haben pflegt, eine solche aber im Heiligtum des Gotteshauses nicht geziemend ist. Bemerkungen hierüber sind in ruhigem, achtungsvollem Tone zu halten. Werden solche nicht befolgt, so ist ein öffentlicher Skandal, der bei Ausweisung meist eintritt, zu vermeiden.

IV.

Veranstaltung von Festgottesdiensten für politische Parteiorganisationen ist, weil sie parteipolitischen Charakter zu haben pflegen, im allgemeinen zu unterlassen. Für allgemeine vaterländische Veranstaltungen gilt diese Bemerkung nicht.

V.

Die Ordnung bei kirchlichen Begräbnissen bestimmt sich nach den allgemeinen kirchlichen Grundsätzen und örtlichen Gewohnheiten. Danach ist die Zulassung weltlicher Vereine, die keinen kirchenfeindlichen Charakter tragen, nicht untersagt. Das Mitführen von Fahnen außerhalb des Gotteshauses möge, wie auch bei anderen nicht kirchenfeindlichen Vereinen üblich, nicht behindert werden; doch möge auf Unterlassung parteipolitischer Kundgebungen am Grabe — wenigstens in Gegenwart des Priesters — hingewirkt werden, da im Anblicke des offenen Grabes das Gebet für den Verstorbenen und der Gedanke an die Ewigkeit die Stimmung beherrschen soll.

Bei der Fronleichnamsprozession ist das Mitführen von Fahnen politischer Vereine niemals üblich gewesen, daher an diesem Herkommen festzuhalten.

VI.

So sehr es erklärlich ist, daß in unserer vielbewegten Zeit die politischen Fragen alle Kreise des Volkes und selbst die Jugend höherer und niederer Schulen aufs tiefste beschäftigen und aufregen, bleibt es doch Aufgabe der Kirche, um so eindringlicher und herzlicher die Augen stets hinzulenken auf die höheren Aufgaben und Ziele des Menschen, auf die christliche Religion als Grundlage und Quellborn der Kultur, auf die Notwendigkeit innerer religiöser und sittlicher Bildung, damit zugleich auf die hohen Aufgaben, die unsere katholischen, kirchlich approbierten Vereine für religiöses Leben und religiöse Bildung, für die gesamte katholische Jugendpflege, für sozialen Frieden und damit für Volk und Vaterland, für zeitliches und ewiges Heil der Menschheit zu erfüllen haben.

Aachen, den 29. März 1933.

† Joseph,
Bischof von Aachen.

ALBERT JACOBI & CIE, AACHEN

37

BISCH. GENERAL-VIKARIAT
AACHEN
6. 7. 1933
R 742/33
Registratur

kom.
DER REGIERUNGS-PRÄSIDENT

AACHEN, DEN 29. Juni 1933.

An Se. Exzellenz

Herrn Bischof Dr. V o g t ,

A a c h e n .

Hochwürdigster Herr Bischof !

Wie mir bekannt geworden ist, hat die Glaubensbewegung Deutsche Christen beim Polizeipräsidenten den Antrag gestellt, die Annastrasse in Martin-Luther-Strasse ümzubenennen. Um von vorneherein jeder Vermutung aus dem Wege zu gehen, dass dieser Antrag unmittelbar oder mittelbar auf meine Person zurückzuführen sei, gestatte ich mir, Euer Exzellenz mitzuteilen, dass ich den Antrag nicht billige und dem Herrn Polizeipräsidenten Anweisung geben werde, ihm nicht zu entsprechen. Ich bin der Ansicht, dass gerade heute alles vermieden werden muss, was geeignet sein könnte, insbesondere in einem Grenzbezirk die beiden Konfessionen auseinander zu treiben.

Mit dem Ausdruck meiner vorzüglichsten Hochachtung darf ich verbleiben als

Euer Exzellenz stets ergebenster

200

widerrechtliche Beschlagnahme
'arrstellenland durch die SA-
von Lank.

1 Anlage.

L a n k(Ndrh.),den 26. März 1934

BISCH. GENERAL-VIKARIAT
AACHEN
27.3.1934
R 521/34
Registratur

1 Anl.

Dem Hochwürdigsten Bischöflichen Generalvikariat

A a c h e n

erlaubt sich der Unterzeichnete die beifolgende Anlage zur gefl. Unterrichtung und etwaigen Erteilung von Ver=haltungsmaßregeln zu überreichen.

Bei dem in Frage stehenden Objekte handelt es sich um etwa vier Morgen Pfarrstellenland, die von dem Unterzeich=neten der Sportabteilung der hiesigen kathol. Jünglings=kongregation gegen einen theoretischen Pachtpreis von 150 RM überlassen war. Die Jünglingskongregation hat an dem Platze manche Verbesserungen angebracht, ihn ~~mitxeinex~~ an der Vorderseite mit einer Mauer versehen, an anderen Sei=ten Drahtgitter angebracht u. s. w. Die Ueberlassung des Platzes geschah z. T. aus seelsorgerischen Gründen, um da=durch einen kirchlichen Verein zu fördern, und zu bewirken daß an Sonntagen nicht während des Gottesdienstes gespielt wurde, denn unter dieser Bedingung, die gegenseitig ver=einbart wurde, ist der Platz der Kongregation zugestanden worden. Alles übrige ergibt sich aus den auf der Anlage gemachten Darlegungen.

Hochwürdigst
'l. General=
it

c h e n .

L

Gehorsamst !

Gonella , Dechant.

203 D

…ngabe vom 26. März 1934
…schlagnahme von Pfarr=
…land durch die SA Stürme

Lank(Niederrhein), den 27. März 1934

BISCH. GENERAL-VIKARIAT
AACHEN
28.3.1934
Registratur

1 Anlage

Dem Hochwürdigsten Bischöflichen Generalvikarıat

Aachen

erlaube ich mir in Ergänzung meines Berichtes vom gestrigen Tage die Abschrift einer Notiz, die in Nr. 85 vom 26. März 1934 der Volksparole erschienen ist, zu überreichen.

Zugleich bemerke ich, daß der [Zugang zum Sportplatze dadurch erzwungen wurde, daß das Tor gewaltsam aus den Angeln gehoben wurde.]

…ochwürdigste
…liche Generalvikariat
…achen.

Gehorsamst !

Gonella, Dechant.

L
(1. die Akten
(eigenhändig!)

203 C

R. 521/34 4. April 1934.

An den Herrn
Regierungspräsidenten in

D ü s s e l d o r f

Der Kirchenvorstand der Kath. Pfarrgemeinde Lank - derrhein - erhebt Beschwerde darüber, daß seitens der S.A. der .D.A.P. Sturmbann III/389 in Lank Grundstücke der Kath. Kirchen- einde, die zur Pfarrdotation gehören, widerrechtlich mit Beschlag egt worden sind.

Wir fügen in der Anlage Abschrift des uns von dem hwürdigen Herrn Dechanten Gonella in Lank übersandten Schrift - hsels bei und bitten veranlassen zu wollen, daß diese Maßnahmen ehend rückgängig gemacht werden.

Das Bischöfliche Generalvikariat.

I. V.
Sto.

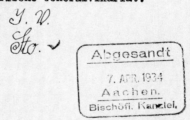

Abgesandt
7. APR. 1934
Aachen.
Bischöfl. Kanzlei.

203 DE

"Volksparole" (Düsseldorf)
Beilage "Beobachter für Krefeld-Ürdingen" Nr.85 vom 26.3.1934

"
Lank

Der Fußballplatz der aufgelösten DJK wurde Sonntag von den Stürmen 25 und 26 sowie R 3 der Standarte 389 offiziell zur Benutzung übernommen. Als äußeres Zeichen des Besitzes wurden die Hakenkreuzbanner gehißt. Die drei Stürme traten unter Vorantritt des Spielmannszuges zur Übernahme des Platzes an, der von nun an ein Garten des Dritten Reiches wurde, aus dem die SA die Früchte der körperlichen Ertüchtigung ziehen wird."

Dokument Nr. 11

Übertragung

S. . . . Dechant Pfarrer
Gonella, Hochwürden, Lank,
zugesandt mit der Bitte,
auch
ihrerseits sich zu äußern.
Aachen den 26. 5. 1934

das Bischöfl. Gen. Vik.

Sträter

Hubert Gonella, geb. 6. 10.1868 in Köln; gew. 18. 3. 1893; gest. 9. 6. 1944.

Q. a. Lank 203 B

Der Regierungs-Präsident

Aktenzeichen: U II a.

Bei der Antwort wird Angabe des obigen Aktenzeichens erbeten.

Regierungshauptkasse: Reichsbankgirokonto
Postscheckkonto Essen 147

Düsseldorf, den 24. Mai 1934.
Postfach
Fernruf 36011

BISCH. GENERAL-VIKARIAT
AACHEN
26.5.1934
ad R 521/34
Registratur

g. R.

Aachen, den 26.5.1934

An

das Bischöfliche General-Vikariat

in Aachen

Auf das gefl. Schreiben vom 4. April cr. Nr. R 521/34,

Die Beschlagnahme eines Grundstücks der kath. Kirchengemeinde Lank durch die N.S.D.A.P. betreffend, erwidere ich ergebenst, dass der Landrat in Kempen die Angelegenheit durch persönliche Verhandlung mit dem Dechanten Gonella und dem Obertruppführer [redacted] N.N. zur allseitigen Zufriedenheit geregelt hat.

Im Auftrage:
gez. Pirscher.

Regierung Kanzlei Düsseldorf

Beglaubigt:
Regierungs-Kanzlei

BISCH. GENERAL-VIKARIAT
AACHEN
14.6.1934
Registratur

Lank (Niederrhein), den 13. Juni 1934

K. H. dem Hochwürdigsten Bischöfl. Generalvikariat
Aachen

zurückgereicht.

Auf den wohlmeinenden Rat des gut katholischen Landrates habe ich den Platz den SA Stürmen in der Form überlassen, wie sie in der beigefügten Erklärung niedergelegt ist. Sofort nach Aufhebung des Spielverbotes für die DJK wird eine Kündigung bezw. Neuregelung erfolgen.

Gehorsamst!
Gonella, Dechant.

203 A

Lank(Niederrhein), den 13. J u n i 1934

Dechant Gonella, Lank, erklärt hiermit , daß die zu seinem Pfarrstellengut gehörigen, an der Hermann Göring=straße in Lank gelegenen vier Morgen Land, die der in dem hiesigen Kathol. Jungmännerverein bestehenden Sport=abteilung Treudeutsch zugewiesen sind, von den in Lank befindlichen SA und SS Stürmen in den Dienststunden be=nutzt werden dürfen.

Diese Erlaubnis bezieht sich nur auf diese Stürme und wird unter dem ausdrücklichen Vorbehalt erteilt, daß sie jederzeit , auch ohne Angabe von Gründen durch Dechant Gonella zurückgezogen werden kann. Er macht zur Bedingung, daß im letzteren Falle ihm von den Erlaubnisnehmern keine bewußte Böswilligkeit vorgeworfen und kein Anlaß zu Weiterungen genommen werden darf.

Außerhalb der SA und SS Dienststunden steht der Platz selbstverständlich zur Verfügung des Besitzers , Dechant Gonella, Lank, ohne dessen Einwilligung auch keine Ver=änderungen an dem Platze vorgenommen werden dürfen.

Gonella , Dechant.

.N.N Zur Kenntnis genommen [redacted], Obertruppführer.

201 ad RS.

Am Sonntag,den 25.März 1934,wurde das als Pfarrland im Besitze des Pfarrers,Dechant Gonella,befindliche Grundstück an der Hermann-Göringstraße in L a n k(Niederrhein)gegen den ausdrücklichen Willen des Besitzers von den Lanker SA-Stürmen in Benutzung genommen. Das Grundstück ist ca.4 Morgen groß und ist an der Straße von einer Mauer,nach den andern Seiten hin von einer Hecke umfriedigt. Es wurde bisher von der DJK-Abteilung des Kath.Jungmännervereins Lank als Sportplatz benutzt
Die Vorgeschichte des Vorfalles ist folgende:

Zunächst erhielt Dechant Gonella folgendes Schreiben:

"SA der NSDAP Lank,den 17.Febr.1934
Sturm 25/389 Fr/Ke

Hochwürden Herrn
Dechant Gonella
L a n k

Ich bitte Sie höflichst um Mitteilung,ob Sie in der Lage und bereit sind,den Sportplatz der D.J.K.Lank,Hermann-Göringstraße,zur Benutzung durch die SA freizugeben.

Heil Hitler!
Der Führer des Sturmes 25/389
m.d.F.b.
gez.[redacted] ,Truf. " N.N.

Darauf wurde folgende Antwort gegeben:

"Katholisches Pfarramt Lank,den 26.Febr.1934
Lank(Niederrhein)

An den Sturm 25/389 der SA der N.S.D.A.P.
H i er

Auf die Anfrage vom 17.ds.M.kann ich einen endgültigen Bescheid noch nicht geben,da ja auch das Schicksal der D.J.K.noch nicht endgültig für das ganze Reich entschieden ist. Für den Fall,daß der Platz seiner bisherigen Zweckbestimmung entzogen würde,war diesseits beabsichtigt,ihn in Kleingärten für Arbeiterfamilien aufzuteilen. Sollte dies nicht angängig sein,dann werden die vier Morgen höchstwahrscheinlich öffentlich meistbietend verpachtet werden,und ist es jedem unbenommen, sich an der Verpachtung zu beteiligen.

gez.Gonella,Dechant "

Danach erhielt Dechant Gonella folgendes Schreiben:

"SA der NSDAP Krefeld,den 8.3.1934
Sturmbann III/389 Ostwall 238
Br.B.Nr.235/34 Telefon 26028

Herrn Dechanten Gonella
L a n k

Betrifft:Überlassung des Sportplatzes an die SA.

Ich nehme Bezug auf das Schreiben des Sturmes 25/389 vom 17.2.34.Ihr ablehnender Bescheid vom 26.2.34 entbehrt einer wirklichen Begründung.

Es wird daher nochmlas gebeten,den Platz der SA zur Verfügung zu stellen,wenigstens bis zur in Aussicht genommenen

202

Blatt 2

Verpachtung. Die Ablehung meines Ersuchens würde als bewußte Böswilligkeit angesehen werden müssen und Anlaß zu Weiterungen geben.

Heil Hitler!
Der Führer des Sturmbannes III/389
m.d.F.b.
gez. (Unterschrift)
Obersturmführer "

Dem vorstehenden folgte dann am 15.3. ein weiteres Schreiben:

" SA der N.S.D.A.P.
Sturmbann III/389
Br.B.Nr.266/34

Krefeld, den 15.3.1934
Ostwall 238

Herrn Dechanten Gonella
Lank

Da ich auf mein Schreiben vom 8.3.1934 noch immer ohne Antwort bin, nehme ich an, daß Sie mit meinem Vorschlag, den Sportplatz als SA-Übungsplatz zur Verfügung zu stellen, einverstanden sind. Für ihr Entgegenkommen spreche ich Ihnen meinen herzlichsten Dank aus. Ich werde meinen Stürmen in Lank entsprechende Anweisung erteilen, den Platz in Benutzung zu Nehmen.

Heil Hitler!
Der Führer des Sturmbanns III/389
m.d.F.b.
gez. (Unterschrift)
Obersturmführer "

Der Überbringer dieses Schreibens, SA-Mann [redacted], erklärte bei der Übergabe an die Hausangestellte des Dechanten, er käme "morgen" Bescheid holen. Am andern Tage erklärte der Dechant ihm, es ginge nicht gemäß seinen Ausführungen im Schreiben vom 26.2.34. Er war erstaunt, als er trotz dieses klaren Bescheides nun folgenden Brief erhielt: N.N.

"SA der N.S.D.A.P.
Sturm 25/389

Lank (Rhein), den 22. März 1934

Herrn Dechant Gonella, Hochwürden
Lank

Der Sturm 25/389 Lank dankt Ihnen hierdurch für die Freigabe des Sportplatzes und bittet höfl. dem Überbringer die Schlüssel des Tores aushändigen zu wollen.

Der Führer des Sturmes 25/389
m.d.F.b.
gez. [redacted], Truf. N.N.

Für die Richtigkeit:
gez. [redacted] N.N.
Oberscharführer "

Da Dechant Gonella vorstehendes Schreiben nicht persönlich in Empfang genommen hatte, ließ er den Überbringer (Herrn [redacted], Lank) noch am gleichen Tage zu sich bitten und erklärte (NB. 23. März!) ihm, daß es bei seinem früheren Bescheid bleiben müsse. Ein Schlüssel wurde nicht ausgehändigt. N.N.

Am Samstag, den 25.3., erfuhr Dechant Gonella spät abends, daß man trotzdem den Platz in Benutzung nehmen werde.

203

Er ließ daraufhin dem Sturm 25/389 am Sonntag früh sofort folgendes Schreiben zugehen u.zw.zu Händen des Oberscharführers [redacted],da kein Sturmführer in Lank selbst wohnt. N.N.

"Katholisches Pfarramt Lank Lank,den 24.März 1934

An die SA der N:S.D.A.P. Sturm 25/389

Hier

Es ist mir unbegreiflich,wie Ihrerseits der Irrtum entstehen konnte,als ob ich den Sportplatz Ihnen zur Verfügung gestellt hätte.Ich habe doch der von Ihnen geschickten Ordonnanz mündlich klar und deutlich erklärt,daß ich hierzu,weil vertraglich gebunden,gar nicht in der Lage sei.Diese Erklärung habe ich gestern Herrn [redacted] gegenüber wiederholt,nachdem er mir wieder ein für mich unverständliches Schreiben von Ihnen überbracht hatte.Ich habe ihn auch gebeten,Ihnen zu sagen,daß Sie sich zu mir zu einer persönlichen Besprechung herbemühen möchten,damit ich Ihnen die Sachlage darlegen könnte. N.N.

Ich bemerke noch,daß der Platz nicht der Verwaltung der hiesigen Katholischen Kirchengemeinde untersteht,sondern mir zur persönlichen Nutznießung ü bergeben ist und gleichsam meinen Privatbesitz darstellt.Ich warne daher vor jedem Eingriff gegen den Willen des Besitzers.

gez.Gonella,Dechant "

Zu diesem Schreiben liegt folgende Empfangsbestätigung vor:

" Empfangsbescheinigung

Einen vom Kath.Pfarramt Lank an die SA der N.S.D.A.P. Sturm 25/389 gerichteten Brief heute morgen,7/45 Uhr,erhalten zu haben,bescheinigt hiermit

Lank,den 25.März 1934 gez.[redacted] N.N.

Oberscharführer "

Daraufhin zogen am gleichen Tage die SA-Stürme mit klingenden Spiele zum Platze und nahmen ihn in Benutzung.U.a. wurde dies kundgegeben durch Hissung zweier Fahnen,die den ganzen Sonntag über am Flaggenmast blieben.

Dokument Nr. 14

Übertragung

Scrib. In Erwiderung Ihres Schreibens vom 24. Oktober bitten wir, damit wir weiteres veranlassen können, um detaillierte Angaben über Ort und
* Geschehen. 26. 10. 33 * Zeit der Störungen des Gottesdienstes.

Aachen 26. 10. 33

d.B.

J

Fasbender

Kaspar Fasbender, geb. 3. 11. 1869 in Müntz; gew. 15. 8. 1894; Dechant des Dekanates Derichsweiler 18. 11. 1921; gest. 15. 2. 1944.

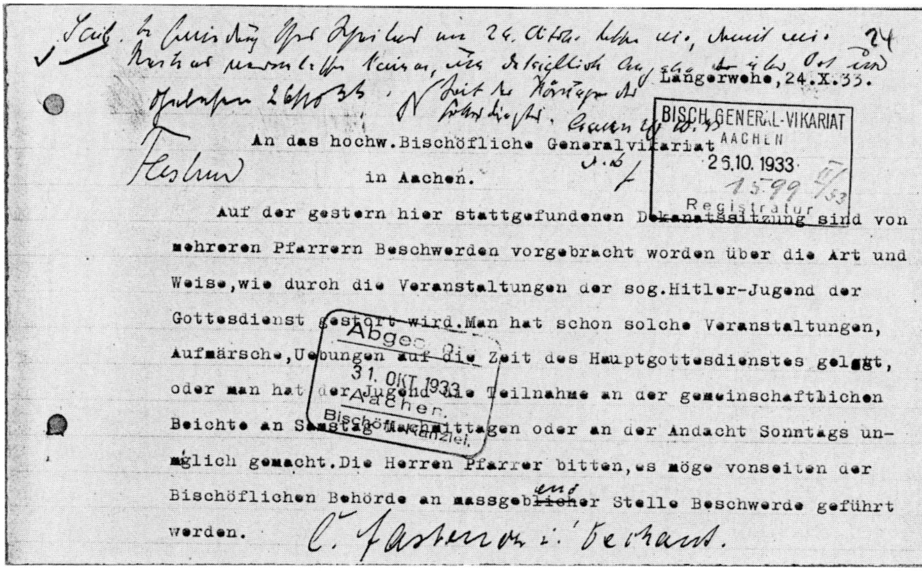

Langerwehe,24.X.33.

An das hochw.Bischöfliche Generalvikariat

in Aachen.

Auf der gestern hier stattgefundenen Dekanatssitzung sind von mehreren Pfarrern Beschwerden vorgebracht worden über die Art und Weise,wie durch die Veranstaltungen der sog.Hitler-Jugend der Gottesdienst gestört wird.Man hat schon solche Veranstaltungen, Aufmärsche,Uebungen auf die Zeit des Hauptgottesdienstes gelegt, oder man hat der Jugend die Teilnahme an der gemeinschaftlichen Beichte an Samstag Nachmittagen oder an der Andacht Sonntags unmöglich gemacht.Die Herren Pfarrer bitten,es möge vonseiten der Bischöflichen Behörde an massgebender Stelle Beschwerde geführt werden.

Dechant.

BISCH. GENERAL-VIKARIAT AACHEN 26.10.1933 1599 Registratur

Abges. 31. OKT 1933 Aachen. Bischöfl. Kanzlei.

Dokument Nr. 15

Übertragung

Scrib.
Wir haben Ihr Schreiben vom
10. Januar erhalten. Für die mißliche Lage Ihrer Vereinigungen haben wir
volles Verständnis
und tun unsererseits,
was wir vermögen,
damit eine Klärung der Lage erfogt. Da indes die Lösung noch nicht erfogt ist
und wir einen Termin
nicht angeben können,
so werden wir uns
noch etwas gedulden
müssen. Unterdessen
wollen wir tun,
was in unseren Kräften
steht, und der göttl.
Vorsehung unser Ver-
trauen schenken.

Aachen, den 12. 1. 34

an Kpl. Gerads
Schlömer Krefeld

Karl Schlömer, geb. 21. 5. 1897 in Düsseldorf; gew. 10. 8. 1923; gest. 8. 10. 1969.

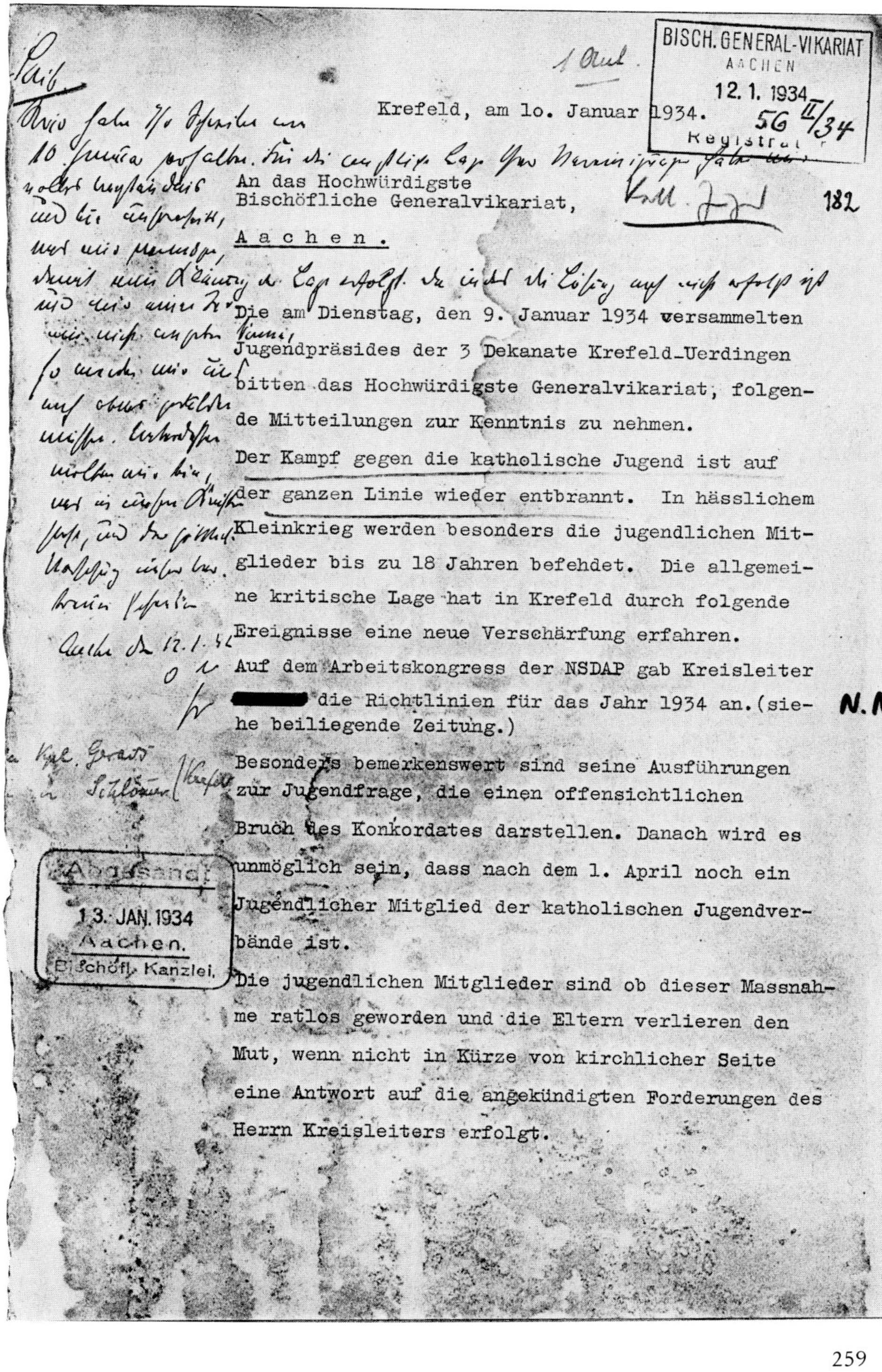

BISCH. GENERAL-VIKARIAT
AACHEN
12. 1. 1934
56 II/34
Registratur

Krefeld, am lo. Januar 1934.

An das Hochwürdigste
Bischöfliche Generalvikariat,

A a c h e n .

182

Die am Dienstag, den 9. Januar 1934 versammelten Jugendpräsides der 3 Dekanate Krefeld-Uerdingen bitten das Hochwürdigste Generalvikariat, folgende Mitteilungen zur Kenntnis zu nehmen.

Der Kampf gegen die katholische Jugend ist auf der ganzen Linie wieder entbrannt. In hässlichem Kleinkrieg werden besonders die jugendlichen Mitglieder bis zu 18 Jahren befehdet. Die allgemeine kritische Lage hat in Krefeld durch folgende Ereignisse eine neue Verschärfung erfahren.

Auf dem Arbeitskongress der NSDAP gab Kreisleiter [redacted] die Richtlinien für das Jahr 1934 an. (siehe beiliegende Zeitung.) N.N.

Besonders bemerkenswert sind seine Ausführungen zur Jugendfrage, die einen offensichtlichen Bruch des Konkordates darstellen. Danach wird es unmöglich sein, dass nach dem 1. April noch ein Jugendlicher Mitglied der katholischen Jugendverbände ist.

Abgesandt
13. JAN. 1934
Aachen.
Bischöfl. Kanzlei.

Die jugendlichen Mitglieder sind ob dieser Massnahme ratlos geworden und die Eltern verlieren den Mut, wenn nicht in Kürze von kirchlicher Seite eine Antwort auf die angekündigten Forderungen des Herrn Kreisleiters erfolgt.

183

Die Präsides sind einstimmig und geschlossen der Ueberzeugung, dass unter diesen Umständen die ihnen übertragene Sorge für die katholische Jugend untragbar und eine weitere Tätigkeit im bisherigen Sinne an der katholischen Jugend unmöglich wird, wenn nicht die Kirche sofort zur Sache spricht und eingreift. Die Lage drängt danach, dass von der Kirche aus eine Entscheidung gefällt wird, da sonst die Frage der katholischen Jugend (wenigstens bis zu 18 Jahren) überholt und nicht mehr akut, d.h. die Jugend für die Kirche verloren und ein Rückgreifen auf das Konkordat zwecklos ist.

Die Präsides stehen diesen Verhältnissen machtlos gegenüber. Sie bitten das Hochwürdigste Bischöfliche Generalvikariat um sofortige Hilfe und Unterstützung.

Gehorsamst!

Jos. Gerards Kapl.

Führer der katholischen Jugend Krefelds
und Bezirkspräses der Jungmännervereine.

Karl Schlömer Kpl

Bezirkspräses der Jungfrauenvereine.

8

Aachen, den 14. J u n i 1937

R 493/37

mit Kirchenzeitung

Herrn
Staatsrat Gauleiter G r o h é

K ö l n a/R h e i n

Sehr geehrter Herr Staatsrat!

Mit tiefem Schmerz habe ich davon Kenntnis genommen, daß die Buchdruckerei Wilhelm Metz in Aachen, die meine Diözesankirchenzeitung herstellt, am 4.6.1937 neuerlich beschlagnahmt wurde und daß darüber hinaus der Herr Reichsminister des Innern eine volks- und staatsfeindliche Betätigung dieser Druckerei festgestellt hat.

Aus dem Gefühl meiner Verantwortung heraus, der ich ja die Aufträge zur Drucklegung des päpstlichen Rundschreibens vom 14.3.37 erteilt habe, habe ich es für meine Gewissenspflicht gehalten, mich in beiliegendem Schreiben an den Herrn Reichsminister des Inneren, den Herrn Reichsminister für Volksaufklärung und Propaganda, den Herrn Reichsminister für Kirchliche Angelegenheiten und das Geheime Staatspolizeiamt in Berlin zu wenden.

Ebenso halte ich es für meine Pflicht, Ihnen den Sachverhalt zu unterbreiten. Sie sind im Gau Köln Aachen der erste Vertreter des Führers und in Ihrer Stellung als Gauleiter der Mittler zwischen Volk und Staat.

Sehr geehrter Herr Staatsrat, ich wende mich persönlich an Sie, da Sie wissen, daß ich mich auch in früheren Jahren als damaliger Generalvikar von Köln der nationalsozialistischen Bewegung gegenüber loyal verhalten habe. So habe ich z.B. in der Frage der kirchlichen Begräbnisse auch schon vor der Regierungsübernahme durch die NSDAP. mich stets eindeutig für eine kirchliche Beerdigung der Parteimitglieder entschieden und dementsprechend meine Anordnungen getroffen. Auch heute noch als Bischof von Aachen darf ich für mich in Anspruch nehmen, um ein gutes Einvernehmen von Partei und Staat bemüht zu sein.

Darf ich daher heute vertrauensvoll mit einer Bitte zu Ihnen kommen: Helfen Sie durch Ihren großen Einfluß mit zu der be-

-2-

9

rechtigten Feststellung, daß Herr Metz kein Staats- oder Volksfeind ist, und daß die Druckerei dem Besitzer erhalten bleibt.

Sehr geehrter Herr Staatsrat, Ihnen ist es sicherlich nicht unbekannt, daß gegen andere Druckereien im Reich nicht annähernd so scharfe Maßnahmen getroffen wurden wie gegen Herrn Metz. Sie wissen sicherlich, daß auf Grund des gleichen Sachverhaltes gegen die Luthe-Druckerei in Köln eine ernste Verwarnung als ausreichende Maßnahme angesehen wurde.

Ich kann und will nicht glauben, daß Sie sich meiner heutigen Bitte, zu der mich das Bewußtsein meiner Verantwortung für das Geschick der Buchdruckerei Metz bewegt, verschließen; ich bin auch überzeugt, daß Sie jederzeit bestätigt finden, daß Herr Metz einen mustergültigen Betrieb aus kleinsten Anfängen geschaffen und die Interessen dieses Betriebes und namentlich seiner Gefolgschaft stets seinen Eigeninteressen weit vorangestellt hat.

Sie, sehr geehrter Herr Staatsrat, kennen ja auch am besten die westlichen Grenzverhältnisse und Ihnen ist deshalb auch bekannt, daß die Verbreitung der Aachener Kirchenzeitung, die in der Druckerei Metz erscheint, in den neubelgischen Gebieten, wie von maßgebenden Stellen stets anerkannt, einen wesentlichen und wichtigen Beitrag für die deutsche Volkstumsarbeit geleistet hat.

Mit Zuversicht wende ich mich an Sie, Herr Staatsrat, und bitte Sie ergebenst, mit Ihrem ganzen Einfluß für die Wiederherstellung des alten Zustandes in der Druckerei Metz einzutreten.

Sie verpflichten hierdurch zu herzlicher Dankbarkeit

Ihren ergebenen

gz. Dr. Vogt

Bischof von Aachen

Abgesandt
15. JUNI 1937
Aachen.
Bischöfl. Kanzlei.

57

DR. KLAUSENER
CARL
RECHTSANWÄLTE BEI DEM
OBERLANDESGERICHT
DÜSSELDORF
VIKTORIASTRASSE 4
TELEFON 17985 u. 17276

Düsseldorf, den 1. Juli 194o.
Dr.K./ Bu.

G u t a c h t e n.

Ich bin durch Seine Exc., den Hochwürdigsten Herrn Bischof von Aachen, aufgefordert worden, in der Angelegenheit des Buchdruckereibesitzers Wilhelm M e t z, Aachen, ein Gutachten zu erstatten, welches eine Antwort auf folgende drei Fragen gibt:

a.) Hat M e t z gegen den Bischöflichen Stuhl einen Schadensersatzanspruch, der sich auf eine moralische Pflicht zum Schadensersatz gründet?

b.) Hat Metz einen Schadensersatzanspruch nach den Vorschriften des Bürgerlichen Gesetzbuches?

c.) Ist Metz evtl. lediglich aus Billigkeitsgründen, d.h. also ohne Anerkennung irgend einer Verpflichtung, ein Schadenersatz zuzusprechen?

I.

Zu Grunde liegt folgender, bei allen beteiligten Stellen bekannte Sachverhalt:

Durch Schreiben der Geheimen Staatspolizei (Staatspolizeistelle Aachen), Aktenzeichen II K 4 Br.Nr.522/37 vom

58

4.Juni 1937 an Herrn M e t z wurde diesem mitgeteilt, dass der Herr Reichsminister des Innern mit Erlass vom 25.Mai 1937 gemäss dem Gesetz über die Einziehung volks- und staatsfeindlichen Vermögens vom 14. Juli 1933 festgestellt habe, dass die Druckerei M e t z in Aachen, Hirschgraben 39, volks- und staatsfeindliche Bestrebungen verfolgt habe. Weiter heisst es in dem Schreiben, dass der Betrieb Metz und die darin enthaltenen Vermögenswerte mit dem Tage des 4. Juni beschlagnahmt wären und Herrn Metz jegliche Verfügung über die beschlagnahmten Gegenstände zwecks Sicherstellung untersagt werde.

Durch Schreiben der Commerz- und Privatbank, Filiale Aachen, an Herrn Metz vom 5.Juni 1937 wurde diesem mitgeteilt, dass mit dem Tage des 5.Juni 1937 die Geheime Staatspolizei, Staatspolizeistelle Aachen, angeordnet habe, dass das Konto Metz beschlagnahmt wäre, und ohne Zustimmung der vorgenannten Dienststelle eine Verfügung über das Konto nicht möglich wäre. Als Treuhänder wäre Herr Kaufmann [redacted] eingesetzt. N.N.

Durch Schreiben des Herrn Regierungspräsidenten, Tagebuch No. I 12 an Herrn Metz vom 11.Oktober 1937, wurde diesem die Einziehung der beschlagnahmten Gegenstände, welche im einzelnen aufgeführt werden, mitgeteilt. Alle Versuche des Herrn Kollegen O p p e n h o f f, Aachen, die Massnahmen der Geheimen Staatspolizei rückgängig zu machen oder zu mildern, waren erfolglos.

II.

Die Beschlagnahme der Druckerei bezw. die Einziehung der Gegenstände erfolgte auf Grund folgenden Sachverhalts:

Am 17.März 1937 erhielt Herr Metz aus der Hand des Herrn Domvikars kapitulars J a n s e n den Auftrag zum Druck von 3 000 Exemplaren der bekannten Päpstlichen Encyklika aus dem Frühjahr 1937.

Diese Encyklika ist den Ordinarien Deutschlands mit Schreiben vom 10. März 1937, welches die Unterschrift des Kardinals Paccelli trägt, zugegangen. In diesem Schreiben wird hervorgehoben, dass der Papst mit der Encyklika den mündlich vorgetragenen Bitten der Vertreter des Episkopats Deutschlands entspreche. Angesichts der Bedeutung, die dieser Verlautbarung im gegenwärtigen Augenblicke zukomme, sei es von entscheidender Wichtigkeit, den Text des Sendschreibens - allen etwaigen Schwierigkeiten zum Trotz- in wirksamer Weise möglichst rechtzeitig zur Kenntnis der Gläubigen zu bringen.

Aus dem bekannten Inhalt der Encyklika müssen folgende Gedanken hervorgehoben werden:

Bezüglich des Konkordats wird ausgeführt, dass jeder in Deutschland mit Befremden und innerer Ablehnung feststellen müsse, dass von der anderen Seite die Vertragsumdeutung, die Vertragsumgehung, schliesslich die mehr oder minder öffentlichen Vertragsverletzungen zum ungeschriebenen Gesetz gemacht würden. Das Sendschreiben des

Papstes bringt weiter zum Ausdruck, dass der Hl. Vater nicht müde sein werde, sich einer Geisteshaltung zu widersetzen, die verbriefte Recht durch offene oder verhüllte Gewalt zu erdrosseln versuche.

Es wird an anderer Stelle der Begriff " gottgläubig" erörtert und ausgeführt, dass nicht der gottgläubig sei, wer das Wort Gottes redeweise gebrauche, sondern nur, wer mit diesem hehren Wort den wahren und würdigen Gottesbegriff verbinde.

Dieser letzte vorstehende Gedanke wird weiter fortgesponnen.

Folgende vier markanten Stellen möchte ich wörtlich hervorheben:

> "Habet acht ständig darüber auf den in Rede und Schrift zunehmenden Missbrauch, den dreimal heiligen Gottesnamen anzuwenden als sinnlose Etikette für irgend ein mehr oder minder willkürliches Gebilde menschlichen Lebens und Sehnens....
>
> Irrlehre ist es, von einem nationalen Gott, von einer nationalen Religion zu sprechen"
>
> "............ mit verhüllten und sichtbaren Zwangsmassnahmen, Einschüchterungen, Inaussichtstellung wirtschaftlicher, beruflicher, bürgerlicher und sonstiger Nachteile wird die Glaubenstreue der Katholiken, insbesondere gewisser Klassen, staatlicher Beamten usw. unter einen Druck gesetzt, der eben-

so rechtswidrig, wie menschlich unwürdig ist."

" Offenbarung im christlichen Sinne ist das Wort Gottes an die Menschen. Dieses hohe Wort zu gebrauchen für die Einflüsterungen von Blut und Recht, für die Ausstrahlungen der Geschichte eines Volkes. Ist in jedem Falle verwirrend."

Es wird dann weiter ausgeführt, dass solche falschen Begriffe nicht verdienten, in den Sprachschatz eines gläubigen Christen einzugehen.

Weiter wird der Begriff der Unsterblichkeit erörtert und der Satz: " Recht ist, was dem Volke nützt", auf das Schärfste verurteilt.

Endlich sei als besonders markant hervorgehoben, dass das Sendschreiben des Hl. Vaters darauf hinweist, dass Kerker, Zelle und Konzentrationslager als Strafe für Katholiken verhängt worden ist, die dem Glauben treu blieben.

Es ist dann die Verfielfältigung und der Vertrieb der Enzyklika in jeder Form, als gegen das Konkordat verstossend, ver~~urteilt~~boten worden. Der Herr Vorsitzende der Fuldaer Bischofkonferenzen hat am 26. März 1937 sich mit einem Protestschreiben an die Reichsregierung gewandt. Die Antwort des Herrn Ministers K e r r l datiert vom 7. April 1937, die nochmalige Antwort des Herrn Vorsitzenden der Fuldaer Konferenzen vom 27. April 1937, und die nochmalige Ant-

62

wort des Herrn Ministers Kerrl vom 1. Juli 1937.

Ferner liegt ein Schreiben des Vatikans vor vom 26.Juli 1937, No. 2965, an Herrn Kardinal B e r t r a m, in welchem es wörtlich heisst:

" Der Hl. Vater billigt die von Eurer Eminenz und anderen Mitgliedern des Episkopats unternommenen Schritte, um die schuldlos betroffenen Inhaber katholischer Druckunternehmungen vor schweren wirtschaftlichen Nachteilen zu bewahren oder wieder zu befreien......... wünscht den Bemühungen den gewünschten Erfolg."

III.

Die Darstellung, welche die Herren des Ordinariats einerseits, Herr M e t z andererseits, über die unmittelbar der Druchlegung vorangegangenen Ereignisse geben, ist eine stark verschiedene.

So hat Herr Domkapitular J a n s e n mir erklärt, er habe mit ausdrücklichen Worten Herrn Metz auf die Bedenken hingewiesen, welche man bei der Drucklegung haben könnte. Er erklärte mir, Metz wörtlich gesagt zu haben, " das müssen Sie selbst entscheiden." Herr Domkapitular Jansen erklärte mir weiter, dass Metz ihm nachmittags, nachdem er den Inhalt der Enzyklika durch seinen Mitarbeiter [redacted]

N.N. [redacted] habe prüfen lassen, erklärt habe, er wäre bereit, zu drukken. Herr Domkapitular Jansen erklärte mir weiter, dass, nachdem am Sonntag die Encyklika verlesen worden war, Herr Metz Montags selbst von sich heraus um eine Druckgenehmigung von ca. 30.000 Exemplaren gebeten habe. Metz habe sich bereit erklärt, Druck und Absatz auf eigenes Risiko vornehmen zu wollen.

Aus einer Unterredung, die ich mit Herrn Domkapitular M ü s s e n e r, Herrn Dr. P a l m und Herrn Dr. S e l u n g hatte, ist folgendes hervorzuheben:

Es wurde betont, dass die Buchdruckerei M e t z mit der Kredithilfe und durch die Auftragserteilung durch das Ordinariat sozusagen aus einem Nichts geschaffen worden sei. Ferner sei hervorgehoben, dass die ganzen Jahre durch Metz recht erheblich verdient worden ist. Es besteht keinerlei Vertragsverhältnis. Es besteht also keinerlei Bindung des Oridinariats, Herrn Metz fortlaufend oder auch nur für eine bestimmte Zeit mit Aufträgen zu versehen.

Aus der Besprechung mit den drei letztgenannten Herren des Ordinariats ist ferner hervorzuheben, dass den Geistlichen bei einer Besprechung in Düsseldorf, die etwa am 17. März stattgefunden hat, bekannt gewerden war, dass in der Diezöse Paderborn die Encyklika bereits gedruckt wäre. Herr Dr. S e l u n g erklärte, er habe vor der Drucklegung Herrn Metz erklärt: " Ich würde das an Ihrer nicht tun!" Herr Dr. P a l m erklärte, er habe am Donnerstag oder Freitag vor der Drucklegung Herrn Metz, als dieser ihm einen Bürstenabzug gezeigt hätte, und zwar mit besonderem Hinweis, es handele sich um etwas Neues, sehr Aktuelles, erklärt: " Lassen Sie mich in Ruhe, ich will nichts davon wissen."

Bei der Unterredung, welche ich mit Herrn M e t z hatte, hat mir dieser erzählt, Herr Domkapitular J a n s e n habe ihm den Auftrag etwa am Dienstag der Woche gebracht mit den Worten: " Sorgen Sie, dass das bis Freitag fertig wird." Herr Domkapitular Jansen hätte keine Warnung ausgesprochen, nicht einmal von dem Inhalt der Encyklika hätte er ihm etwas gesagt. Metz hat dann nach seiner eigenen Darstellung die Encyklika seinem Mitarbeiter zur Prüfung übergeben, der dann erklärt habe - nach Durchsicht- das könne unbedenklich gedruckt werden, da es sich nur um Bibelsprüche handele.

Metz stellt sich auf den Standpunkt, dass Herr Domkapitular Jansen durch Seine Eminenz, den Hochwürdigen Herrn Bischof S t r ä t e r, geschickt worden wäre. Dieser wäre seinerzeit von Herrn Dr. Selung gewarnt worden. Herr Dr. Selung habe dem Bischof gegenüber den Ausspruch getan: " Sie bringen Metz und die Kirchenzeitung ins grösste Unglück, wenn Sie das drucken lassen." Herr Metz hat mir gegenüber die ungeheuer herzlichen Beziehungen - er nannte es Treu und Glauben- betont, in denen er bisher mit dem

Bistum A a c h en

gestanden habe. Kein Vertrag, sondern lediglich das Wort habe Geltung gehabt. Umsomehr habe er zunächst einmal völlig darauf vertraut, dass der Druckauftrag der Päpstlichen Encyklika für ihn ohne Folgen sein werde.

Herr Metz hat mir endlich einen Brief des verstorbenen Bischofs V o g t von Aachen vom 11. Juni 1937 vorgelegt, der den Herren des Generalvikariats bekannt ist und der folgenden Satz enthält:

> " Diesen Schlag empfinde ich umso schmerzlicher, als meine Bischöfliche Behörde Ihnen den Auftrag zum Druck der genannten Encyklika gegeben hat. Dehalb fühle ich mich verantwortlich für die Drucklegung und erkläre Ihnen, dass ich mich schützend vor Sie stelle. Wenn jemand verantwortlich für den Druck der Päpstlichen Encyklika ist, so ist es meine Behörde, also letztes Endes ich selbst. Es ist mir ein Herzensbedürfnis, Ihnen zu versichern, dass ich nichts unversucht lassen werde, diese furchtbare Strafe von Ihnen abzuwenden."

IV.

Wenn man nun in die Untersuchung der Frage eintritt, ob auf Grund des nicht unstreitigen Sachverhalts eine Schadensersatzpflicht des Ordinariats gegeben ist, so muss man von folgenden grundsätzlichen Erwägungen ausgehen:

1.) Ich habe vorstehend mir wesentlich erscheinende Gesichtspunkte und Gedankengänge aus der Encyklika hervorgehoben, um zu zeigen, wie stark und wie grundsätzlich sich der Inhalt der Encyklika gegen Grundbegriffe wendet, die heute in weiten Kreisen des Deutschen Volkes allgemeines Gedankengut sind und die teilweise, wie z.B. der Ausspruch: " Recht ist, was dem Volke nützt," vom Führer des Deutschen Volkes selbst ausgehen. Wenn man die einzelnen Gedanken der Päpstlichen Encyklika durchdenkt, so kann es keinem Zweifel unterliegen, dass jedem Leser ohne weiteres sofort das Widersprüchliche mit den heutigen im deutschen Vaterlande propagierten Ideen auffällt. Die Encyklika musste den allerstärksten Widerspruch der zuständigen staatlichen Stellen hervorrufen, wie dies denn ja auch geschehen ist. Ich verweise auf den erwähnten Briefwechsel des Herrn Vorsitzenden der Fuldaer Bischof Konferenzen sowie die Beschlagnahme und Schliessung der verschiedenen Druckereien.

2.) Wenn, was ja unstreitig sein dürfte, Herr Metz sich immer auf die Herren des Ordinariats dergestalt verlassen hat, dass er jeden Druckauftrag aus ihrer Hand nahm, ja sogar in beträchlichem Masse von Druckaufträgen des Ordinariats lebte, so erwuchs damit naturgemäss für die Bischöfliche Behörde eine ganz besondere Verantwortung. Auf den vorliegenden Fall zugeschnitten, heisst das: Wenn ein solches Päpstliches Sendschreiben gedruckt werden sollte, so wäre es zum mindestens naheliegend gewesen, Herrn Metz auf den ganz besonderen Inhalt der Encyklika hinzuweisen und nicht ihm zu überlassen, ob er den Druckauftrag ausführen wolle, oder nicht.

N.N. Wenn Herr Metz durch Herrn [redacted] die Prüfung vornehmen ~~ix~~ liess, und dieser das Ergebnis einer solchen Prüfung in die Worte fasste, es handele sich nur um Bibelsprüche, so hätte es nach meiner Auffassung auf Seiten der Bischöflichen Behörde einer starken Warnung an Herrn Metz bedurft. Denn dass sich der Inhalt des Sendschreibens des Papstes nicht in die eben erwähnten Worte
N.N. des Herrn [redacted] zusammenfassen lässt, liegt klar auf der Hand.

3.) Wenn man nach dem Vorgesagten die Pflicht der Verantwortung grundsätzlich verteilen will, so gelangt man zu dem Ergebnis, dass die Verantwortung in ausschlaggebender Weise dem Ordinariat aufzuerlegen ist. Insbesondere ist hierbei darauf hinzuweisen, dass die Autorität der kirchlichen Behörde ausschlaggebend ins Gewicht fällt, namentlich wenn man in Rücksicht zieht, dass die gesamte Druckerei Metz sozusagen durch Herrn Metz erst mit Hilfe der Aufträge sowie des Kredits des Ordinariats aufgebaut werden konnte.

4.) Auf der anderen Seite ist massgeblich in Rücksicht zu ziehen, dass die Darstellung über die Unterredungen, welche der Drucklegung unmittelbar vorangegangen sind, sehr stark voneinander abweichen. Es will mir aber scheinen, als ob es auf eine Klärung in dieser Beziehung, die zudem wahrscheinlich nach so langer Zeit heute gar nicht mehr möglich sein wird, ausschlaggebend nicht ankommen kann. Ich erwähnte schon, dass Herr Metz es dabei bewendet sein liess, das Sendschreiben des Hl. Vaters durch einen Angestellten

68

N.N. [redacted] nachprüfen zu lassen. Es wäre Pflicht des Herrn Metz gewesen, sich ganz eingehend mit dem Inhalt des Schreibens zu befassen, weil er dann ohne weiteres, d.h. schon bei flüchtigem Lesen, erkannt hätte, dass es sich bei dem Sendschreiben um eine ausgesprochene Kampfansage handelt.

Im einzelnen sind hierzu noch zwei Gesichtspunkte wesentlich hervorzuheben:

a.) einmal, dass Herr Metz seit Jahr und Tag mit der Druchlegung der Kirchenzeitung befasst ist. Herr Metz weiss als im Leben stehender Laie, welche Schwierigkeiten sich im Laufe der Jahre im Verkehr zwischen kirchlichen Behörden und den einzelnen Staatsstellen ergeben haben. Er wusste insbesondere, wie subtil jede Verlautbarung von oberhirtlicher Stelle von den zuständigen staatlichen Behörden beurteilt wird. Wenn ihm nun ein Druckauftrag auf eine Encyklika des Papstes angetragen wurde, dann musste er gerade in seiner Eigenschaft als Drucker und als lebenserfahrener Fachmann die Schrift gründlich lesen. Hierbei ist hervorzuheben, dass, wie ich bereits mehrfach betonte, noch nicht einmal ein gründliches Lesen notwendig war, da schon dem oberflächlichen Leser auffällt, wie scharf die nationalsozialistischen Grundideen durch das Sendschreiben abgeurteilt werden.

b) Hinzu kommt, dass Herr Metz sich ja keinesfalls damit begnügen durf-

N.N. te, Herrn [redacted] mit der Nachprüfung zu beauftragen. Er hätte selbst die Prüfung vornehmen müssen. Tat er es nicht, so geht diese Unterlassung zu seinen Lasten.

5.) Auf Grund aller vorstehenden Erwägungen komme ich zu dem Ergebnis, dass grundsätzlich von einer Ersatzpflicht des Ordinariats auszugehen ist, und zwar auf Grund Verschuldens bei Vertragsabschluss.

Wird diese Frage bejaht, dann erübrigt sich die Beantwortung der Frage, ob aus moralischen Gründen eine Gewissenspflicht zum Schadensersatz auf Seiten des Ordinariats besteht. Denn diese Frage ist dann selbstverständlich auch zu bejahen.

Was nun die Höhe des Mitverschuldens des Herrn M e t z angeht, so möchte ich es unterlassen, mich auf eine Zahl in Prozenten festzulegen. Das Verschulden ist ausserordentlich hoch anzuschlagen, nach meiner Auffassung umso höher, als ja Ordinariat und Herr Metz seit Jahr und Tag zusammen gearbeitet haben und Herr Metz gerade in dieser Sparte seines Berufs besonders versiert war oder sein musste. Das Schwergewicht ist darauf zu legen, dass das Ordinariat einen erheblichen Teil der Verantwortung Herrn Metz damit auferlegte, dass es ihm das Sendschreiben des Papstes zur Prüfung /vor Drucklegung gab. Das Verschulden des Herrn Metz ist ausschlaggebend darin zu sehen, dass er nicht prüfte.

V.

Aus meiner Kenntnis der Akten des Ordinariats B e r l i n möchte ich der Vollständigkeit halber hinweisen auf ein Schreiben Seiner Eminenz, des Herrn Kardinals F a u l h a - b e r vom 3.April 1937, in welchem dieser erklärt, die volle Verantwortung übernehmen zu wollen, desgleichen auf ein Schreiben des Herrn Kardinals Faulhaber an den Herrn Reichsminister des Innern vom 19.Juni 1937, in dem auch seine volle Verantwortung betont wird.

Ich verweise ferner auf ein Schreiben des Bischofs von M ü n s t e r, Graf G a h l e n, vom 21. April 1937, in dem dieser die volle Verantwortung übernimmt, sowie auf ein Telegramm des genannten Bischofs an den Minister des Innern, den Propagandaminister, den Justizminister, den Kirchenminister, in welchem gleichfalls die Verantwortung des Ordinariats zum Ausdruck kommt. Endlich verweise ich auf ein Schreiben des Bischofs von B r e s l a u vom 8.Juni 1937, in welchem zum Ausdruck gebracht wird, dass die primär Beteiligten die Bischöfe seien.

1 77

Inventar-Nr.	Anzahl oder Gewicht	Gegenstand	Tag der Anschaffung	Anschaffungspreis	Teilwert.
Empfangsraum					
1	1	Tuch (ca. 2 x 1.20 mtr)			
2	4	Stühle			
3	1	Garderobenhalter			
4	1	Schirmständer			
5	1	Bild (Aachener Bürger)			
6	1	Bild (Jagd)			
7	1	Tischlampe			
8	1	Vase 5 cm hoch			
9	1	Reklamekasten			
10	1	Bischofsbild			
11	1	Linoleumteppich ca. 3 x 3 metr.			
12	1	Linoleumläufer 5 mtr. lang			
13	1	Deckenleuchte			
14	2	Gardinen.			
Büro					
15	1	Doppelschreibtisch			
16	2	Schreibtischsessel			
17	2	Rollschränke 110 x 125 cm			
18	1	Aktenschrank 69 cm breit			
19	1	Rollschreibpult			
20	1	Schreibmaschinentisch			
21	1	Schreibmaschiene S & N 539418 Seidel & Neumann,			
22	2	Stühle			
23	2	Papierkörbe			
24	1	Linol-Teppich 3.50 x 2			
25	8 mtr.	Linol-Läufer			
26	1	Schreibtisch-Standlampe			
27	1	Decken-Leuchte			
28	1	Tisch-Pendellampe			
29	1	Kruzifix			
30	1	Rahmen mit Medaillen			
31	1	Bild (27 x 33 cm)			
32	1	Landkarte (Diözese Aachen)			

78

Inventar-Nr.	Anzahl oder Gewicht	G e g e n s t a n d	Tag d. Anschaffung	Anschaffungspreis	2 Teilwert
33	2	Gardinen 4-teilig			
34	1	grüner Store 1 mtr. breit			
35	1	Briefwaage			
36	1	Schreibtisch-Garnitur aus Marmor			
37	116	Soenecken-Ordner			
38	1	Posten Geschäfts-Vordrucke			
39	30	Mappen mit Aktenvorgängen			
40	1	Schreibtisch-Garnitur aus Holz			
41	2	Brieföffner			
42	1	Stempelständer mit 10 Stempel			
43	1	Locher			
44	2	Tisch-Umlegekalender			
45	1	Aschenbecher			
46	1	Stempelkissen			
47	12	Bpcher verschiedenen Inhalts.			
Büronebenräume					
48	1	Geldschrank			
49	7	Handtücher			
50	3	Staubtücher			
51	1	H izsonne			
52	1	Regal für Auftragstaschen			
53	1	Wandspiegel			
54	1	Seifenbecken			
55	1	Handtuchhalter			
56	1	Wandgarderobe			
57	1	Bild (Zeppelin)			
58	1	Hänge-Lampe			
59	1	Gardine			
60	1	Lampe			
Buchbinderei					
61	1	Schnellschneidemaschine Johne- Werke Bautzen			
62	1	Drei-Seitenbeschneider Aug.Fomm, Leipzig.			
63	1	Halbautomatische Falzmaschine Gebr. Brehmer, Leipzig.			

Inventar-Nr.	Anzahl oder Gewicht	Gegenstand	Tag der Anschaffung	Anschaffungspreis	Teilwert
64	1	Halbautomatische Falzmaschine, Gebr. Brehmer, Leipzig			
65	1	Falzautomat 70/100 cm Gebr. Brehmer, Leipzig			
66	1	Buchdrahtheftmaschine Gebr. Brehmer, Leipzig			
67	1	Loch- und Ösenmaschine			
68	1	Blockhefter Nr. 7 1/2			
69	1	elektr. Motor (Transmission) mit Lederriemen			
70	2	Stock-Pressen			
71	1	Hand-Schneidemaschine Karl Krause, Leipzig			
72	1	Vergoldepresse "Lyra " mit 40 Prägeschriften			
73	1	Perforiermaschine Kahle, Leipzig			
74	1	Reserve-Perforierkamm Kahle, Leipzig			
75	1	Eckenrundstanze Krause, Leipzig			
76	8	Arbeitstische			
77	5	Schränke			
78	3	Regale			
79	5	Schemel			
80	3	Leimkocher			
81	2	Anleimapparate			
82	1	Wandschreibpult			
83	2	Öseneinsatzapparate			
84	1	Schreibzeug			
85	3	Glättzähne für Goldschnitt			
86	2	Heftladen			
87	3	Holz-Handpressen			
88	1	Pappschere			
89	9	Lampen			
90	1	Leiter			
91	2	Walzenschränke			
92	1	Ofen			

80

Inventar-Nr.	Anzahl oder Gewicht	Gegenstand	Tag der Anschaffung	Anschaffungspreis	4 Teilwert.
Maschinensaal					
93	1	Tiegäldruckmaschine (31/41cm. Rockstroh, Heidenau			
94	1	Heidelberger Druckautomat Masch.-Fabrik.Heidelberg			
95	1	Bostonpresse			
96	1	Schnellpresse "Rex" König § Bauer, Würzburg			
97	1	Schnellpresse "Ehrenhardt"			
98	1	Schnellpresse " Röllkönig"			
99	1	Schnellpresse " Rockstroh" Rockstroh & Schneider, Heidenau			
100	1	Zweitouren-Schnellpresse "Sturmvogel" König & Bauer,			
101	94	Trockenhurden m. Regalen			
102	13	Arbeitstische			
103	3	Regaleu.Schränke mit Metallutensilien			
104	1	Benzinbehälter			
105	1	Benzinkanne			
106	1	Klischeeschrank			
107	1	Oelpumpe			
108	1	Zeilenschneider			
109	15	Lampen			
110	1	Leiter			
111	15	Kisten (leer)			
112	1	Tisch (im Klosettraum)			
Stereotype					
113	1	Prägepresse " Gigant" König & Bauer			
114	1	Plattenbearbeitungsmaschine Asberg, Augsburg			
115		Bestosslade mit 2 Hebeln			
116	1	Trockenkasten			
117	1	Flachgießinstrument " Widder "			
118	1	Staubsauger " Volta - Sachs"			
119	1	Regal			
Maschinensetzerei					
120	1	Linotype Multi-Ideal-Maschine			

Inventar-Nr.	Anzahl oder Gewicht	Gegenstand	Tag der An-schaffung	Anschaffungspreis	Teilwert.
121	1	Linotype Multi Ideal-Maschine	7		
122	1	" " " "	9		
123		Mergenthaler Setzm.Fabr.Bln.			
	1	Umschmelzofen	9		
124	3	Reservemagazine			
125	1	Umkleidungswand			
126	1	Tisch mit Zinkplatte			
127	1	Matrizenschrank			
128	8	Lampen			
129	1	Eiserner Garderobenschrank			
Handsetzerei					
130	20	Schriftregale			
131	2	Stehsatzregale mit 36 Brettern			
132	ca.4750 kg.	verschiedene Bleischriften			
133	" 800 "	Blindmaterial			
134	" 150 "	Messinglinien			
135	2	Abziehpressen			
136	1	Posten alte Druckstöcke			
137	1	Schrank			
138	2	Arbeitstische			
139	1	Regal für Stege			
140	4	Lampen			
141	1	Bild			
Betriebsleiterbüro					
142	1	Rollschreibtisch mit Sessel			
143	1	Schreibmaschine Kappel,Chemnitz			
144	1	Schreibmasdhinetisch			
145	1	Garderobenschrank			
146	1	Regal mit Vorhang			
147	2	Stühle			
148	1	Ablageschrank			
149	1	Stempelständer mit Stempel			
150	1	Schreibtisch-Garnitur			
151	1	Schere			
152	1	Fensterhang			
153	2	Lampen			
154	1	Sanitäts-Schrank			
155	1	Wörterbuch			

82

Inven-tar-Nr.	Anzahl oder Gewicht	G e g e n s t a n d	Tag der. Anschaf-fung	Anschaf-schungs-preis	Teil-wert
Ladenraum					
156	1	Warenausstellschrank			
157	1	Schaufensterbekleidung			
158	1	Tisch			
159	4	Stühle			
160	1	Schreibtisch mit Sessel			
161	1	Akten-Schrank			
162	1	Schirmständer			
163	1	Tisch-Lampe			
164	1	Papierkorb			
165	4	Bilder (Betriebsaufnahme)			
166	1	Federzeichnung (eingerahmt)			
167	3	Deckenleuchter			
168	1	Firmenschild			
169	1	Vase. 20 cm hoch			
170	1	Füherbild			
171	1	Schreibtisch.Utensilien			
172	2	Wörterbücher			
173	1	Kleberollenapparat			
174	1	Schreibmaschinen-Unterlage			
175	2	Aeschenbecher			
176	1	Personenkraftwagen " Ford V 8 " Cappel, Aachen.			

Blatt 1

Bischöfliches Generalvikariat Aachen, den 2o. 5. 1937

88

Die hochwürdigen Herren Pfarrer, Pfarrektoren und Rektoren der Neben- und Klosterkirchen werden angewiesen, nachstehende Erklärung den Gläubigen am Sonntag, den 23. Mai in allen hl. Messen von der Kanzel zur Kenntnis zu bringen.

Das Bischöfliche Generalvikariat

+ Sträter.

Aus Anlaß der Sittlichkeitsprozesse gegen Klosterangehörige und Geistliche erläßt Seine Exzellenz der Hochwürdigste Herr Bischof Dr. Vogt vorerst folgende Erklärung:

1. Die Kirche Christi steht in unserm Vaterlande in einem Kampfe um Sein und Nichtsein. Furchtbarer aber als die Verfolgung durch ihre äusserenFeinde ist für die Kirche das Versagen in ihren eigenen Reihen. Doppelt furchtbar, wenn es sich dabei um solche handelt, die durch das Kleid, das sie tragen, täglich daran erinnert werden, daß sie in besonderer Weise berufen sind, durch ihr ~~Lbe~~ Leben von Christus Zeugnis zu geben. Schwere Sünde ist geschehen in Brüdergemeinschaften, schwere Sünde ist, was noch viel schlimmer, geschehen auch durch Priester. Die Feinde der Kirche glauben triumphieren zu können, laue Christen versuchen ihre eigenen Sünden zu rechtfertigen "mit dem Geschehen am grünen Holze", treue Kinder der Kirche sind von tiefer Trauer erfüllt. Denn keine Enttäuschung ist für das katholische Volk größer, als wenn es seine Kirche, von der es ein Idealbild leuchtender Makellsogigkeit im Herzen trägt, befleckt sieht. Und nichts erträgt das katholische Volk so schwer, als den Gedanken, daß nur einer von denen, die den Leib des Herrn reichen, ihn darreiche mit unheiligen Händen.

2. Wie unrecht tun daher jene, die in Zeitungen behaupten, daß die Kirche Sittlichkeitsverbrecher als Martyrer hinstelle. Alle Diözesanen wissen, wie die Kirche über die Sünde denkt und urteilt, und es sind vielleicht manche unter ihnen, die mit der Kirche hadern, weil sie ihnen zu strenge erscheint. Ich weiß nicht, was die ausländischen Zeitungen über die in den Sittlichkeitsprozessen Verurteilten geschriebenhaben, aber das weiß ich: wer sagt, die Kirche stelle die Sittlichkeitsverbrecher als Martyrer hin, der ist ein Lügner.

3. Leider zwingt mich die Art der Berichterstattung nicht weniger Zeitungen, die Gläubigen zu ermahnen, zwischen Wahrheit und Zeitungswahrheit zu unterscheiden. Ob jene, die zur Lüge greifen, denn nicht

merken, daß sie sich selbst schädigen? Oder meinen sie etwa wirklich, 39
daß ihnen das katholische Volk glaube, wenn sie von 1ooo Mitgliedern des Klerus schreiben, die wegen Sittlichkeitsvergehen angeklagt seien?

Eurem Bischof ist nicht bekannt, wie wiele Geistliche Deutschlands zur Zeit im Anklagezustand stehen. Von seiner Diözese aber weiß er, daß hundertmal größer als die Zahl derer, die schmählich ihre Würde vergaßen, die Zahl jener ist, die sich bewährten. Die größte Zahl der wegen Sittlichkeitsvergehen Angeklagten scheint aus Mitgliedern von Brüdergenossenschaften zu bestehen, und zwar besonders aus solchen klösterlichen Gemeinschaften, die sich nicht nur mit der schweren, sondern auch sittlich gefährlichen Tätigkeit der Schwachsinnigenpflege beschäftigen. Es muß aber auch um der Gerechtigkeit willen betont werden, daß in diesen Brüdergemeinschaften auch heute noch viele sowohl junge wie in Ehren ergraute Männer sind, die wegen ihres mustergültigen, reinen und opferfreudigen Lebens die Hochachtung und den Dank des Volkes verdienen.

4. Man kann in Zeitungen sogar lesen, daß die Bischöfe Sittlichkeitsverbrecher geschützt, ja ihnen die deutsche Jugend ausgeliefert hätten. Gerne möchte ich euch einmal einen Einblick tun lassen in die übergroße Sorge und die peinliche, fast ängstliche Gewissenhaftigkeit, mit welcher der Bischof über die heranwachsenden Theologen wacht, damit auch nicht ein Unwüriger den Schritt in das Heiligtum tue. Ich brauche euch aber wohl nicht erst davon Kenntnis zu geben, was es für euern Bischof bedeutet, wenn er hört, daß einer von den Priester, die Seelen retten sollten, zur deren Verderber geworden ist. Es mag in einem verantwortungsvollen Bischofsleben geschehen, daß der Bischof – auch bei ihm ist Irren möglich – sich täuschen läßt; es mag auch einmal geschehen, daß er einem gestrauchelten Geistlichen im Vertrauen auf den erneuerten ernsten Willen und die Beweise der Besserung nochmals eine Seelsorgsstelle glaubte anvertrauen zu dürfen, und daß es sich hinterher herausstellte, daß er es besser nicht getan hätte. Das mag sein. Aber ich gebe euch mein bischöfliches Wort, daß ich niemals aus falscher Rücksicht und unangebrachter Milde einen Geistlichen mit einem Seelsorgsauftrag belehnt habe, wenn ich nicht hätte annehmen dürfen, daß sein Wirken fortan den Seelen zum Segen gereichen werde. Könnte ich euch dieses mein Wort nicht geben, so wollte Gott, ich wäre niemals euer Bischof geworden! Und dasselbe glaube ich auch von meinen bischöflichen Mitbrüdern in unserm Vaterlande ruhig und bestimmt sagen zu können.

5. Mit größter Strenge wacht das gläubige Volk selbst, aber vor allem der Bischof über die sittliche Lebensführung der Geistlichen; denn Volk und Bischof wissen darum, welches Unheil von einem unwürdigen Priester ausgehen kann. Wo es sein muß, schreckt die Kirche nicht vor

Blatt 3 90

strengen Strafen zurück: bis zum Verbot der Ausübung aller priesterlichen Tätigkeit oder gar bis zum Ausschluß aus dem Priesterstande und selbst aus der Gnadengemeinschaft der Kirche. – Andere Strafmittel, die mehr sinnenfällig sind und die mit Recht vom weltlichen Gerichte verhängt werden, stehen der Kirche nicht zur Verfügung. Sie ist eben, auch wenn sie in ihrem Mitgliedern und ihren Vorstehern sichtbar in die Erscheinung tritt, eine geistige und geistliche Macht. Als solche kann sie sich auch bei der Untersuchung und Feststellung der Vergehen ihrer Diener jener berechtigten äußeren Zwangsmittel nicht bedienen, die dem Staate zur Verfügung stehen.

6. Tief bedaure ich unsere Kinder und Jugendlichen, weil sie durch die Art der Berichterstattung über die Sittlichkeitsprozesse mit Verbrechen bekannt gemacht werden, die sie wahrlich noch nicht zu kennen brauchten. Noch mehr würde ich beklagen eine etwaige Veröffentlichung der Prozesse durch den Rundfunk. Ob denn wirklich Abneigung und Haß gegen die Kirche so blind machen, daß man nicht einmal mehr sieht, wie dadurch das sittliche Empfinden der Kinder und Jugendlichen unterschiedslos geschädigt wird?

7. Meine geliebten Diözesanen! Wir kennen nicht die Gedanken Gottes. Wir wissen nicht, warum Gott diese Sünden und Ärgernisse, unter denen wir leiden, in seiner Kirche zugelassen hat. Nicht tief genug können wir dieselben beklagen. Sie bedeuten für uns eine ganz schwere Heimsuchung. Wir lassen uns aber dennoch durch dieselben nicht beirren. Wir kennen ja die unantastbare Reinheit der kirchlichen Sittenlehre und wissen auch aus eigener Erfahrung, mit welch heiligem Ernst ~~uns~~ sie uns von früher Jugend auf von der Sünde ferngehalten und nur zum Guten uns angeleitet hat. Innigst bitte ich euch, aus der Trübsal, die jetzt über uns gekommen ist, wiederum zu lernen, daß der, welcher steht, zusehen muß, daß er nicht falle; daß wir alle um so mehr ~~die~~ der Kirche die Treue bewahren, je schlimmer einzelne durch ihre Frevel die Kirche und ihren heiligen Beruf geschändet haben. Bleibet alle in der schweren entscheidungsvollen Stunde, die wir erleben, fest im Glauben, stark in der Hoffnung, geduldig im Leid und inständig im Gebet! Ja, betet für die Kirche, betet besonders, daß der Herr in der Not und Bedrängnis der Zeit seinem Volke eifrige, gute, makellose Priester schenke!

Aachen, den 20. Mai 1937

+ Joseph
Bischof von Aachen.

Am Dreifaltigkeitssonntag, den 23. Mai, ist die Nachmittags- oder Abendandacht als Andacht zu Ehren des göttlichen Herzens Jesu um Gottes Schutz und Segen in den Sorgen und Prüfungen der Kirche, um Berufstreue für die Priester und um Beharrlichkeit im Guten für alle Gläubigen, besonders die Pfarrangehörigen zu halten. Die Gläubigen mögen zu eifriger Beteiligung ermuntert werden.

Das Bischöfliche Generalvikariat

66

Bistum Aachen.

Aachen, den 26. Januar 1937.

Abgesandt 27.1.37

L e i t g e d a n k e n

zum Schutze der Bekenntnisschule für die hochw. Geistlichkeit der Diözese Aachen.

" Der geschichtliche Weg der deutschen Schule strebt mit unaufhaltsamer Gewalt der Gemeinschaftsschule zu und keiner wird so stark sein, diesen Weg abzubiegen oder gar aufzuhalten." (Nach Prof. A. Baeumler, Mitarbeiter Rosenbergs, in Zeitschrift "Deutsche Wissenschaft" ... 1936, 215+.)

Ob die allgemeine, gesetzliche Einführung der Gemeinschaftsschule unmittelbar bevorsteht, ob ihr eine Befragung der Eltern vorangehen wird, ist ungewiß. Aber aus der Ueberzeugung, daß es sich um höchste Werte für Kirche und Vaterland handelt, die in Gefahr sind, unwiederbringlich verloren zu gehen, ergibt sich für uns Geistliche die ernste Pflicht und Verantwortung, dafür zu sorgen, daß die katholischen Eltern nicht unerwartet und unvorbereitet vor die Entscheidung gestellt werden, daß sie vielmehr klar erkennen, um was es sich bei einer Abstimmung handelt, und daß sie alle unnötige und übertriebene Furcht vorher überwinden.

1. Die katholischen Eltern müssen darüber aufgeklärt werd[en], sie müssen wissen, daß sie bei der Forderung einer katholischen Bekenntnisschule für ihre Kinder durchaus auf dem Boden des Rechtes stehen.

a) R.K. Art.23: "Die Beibehaltung und Neuerrichtung katholischer Bekenntnisschulen bleibt gewährleistet."

b) Reichserziehungsminister Rust hat im Jahre 1935 auf dem Gauparteitag Kurmark erklärt: "Wir haben in einem Konkordat die konfessionellen Schulen zugebilligt. Was wir versprochen haben, das halten wir."

c) Ein feierlich gegebenes Wort unseres Führers und Reichskanzlers lautet: "Die nationale Regierung wird in Schule und Erziehung den christlichen Konfessionen den ihnen zukommenden Einfluß einräumen."

Die katholischen Eltern, die für ihre Kinder katholische Schulen verlangen und sich weigern, der Einführung der Gemeinschaftsschule zuzustimmen, können also mit aller Entschiedenheit die Beleidigung zurückweisen, als seien sie Vaterlandsfeinde und Volksverräter.

67

2. Die katholischen Eltern müssen darüber aufgeklärt werden, sie müssen wissen, welche religiösen und moralischen Erziehungswerte die Bekenntnisschule in sich schliesst und welche Ge - fahren mit der Einführung der Gemeinschaftsschule verbunden sind.

Das katholische Volk hat die Bekenntnisschule im Kulturkampf gegenüber dem Liberalismus, beim Zusammenbruch im Jahre 1918 gegenüber dem Sozialismus verteidigt, und hat in unserer sturmbewegten Gegenwart die verantwortungsvolle Aufgabe, sie für die Zukunft zu retten. Die heutige Auseinandersetzung wegen der Schule ist ein Frontabschnitt des auf der ganzen Linie tobenden Kampfes, bei dem es sich - auch nach der Meinung unserer Gegner - um den Weiterbestand oder den Untergang des Christentums in unserem deutschen Volke handelt, ein Teil d e s Kampfes, der die Entscheidung darüber bringen wird, ob die Katholiken in Zukunft noch das Recht haben, ihr Leben wie bisher aus den Kräften des katholischen Glaubens zu gestalten oder nicht, ob die Erreichung des ewigen Zieles für sie die wich - tigste Aufgabe des Lebens bleiben soll oder ob der Mensch total und ohne Einschränkung für irdische Aufgaben in Anspruch ge - nommen werden darf.

Die Bekenntnisschule ist ein wichtigstes Bollwerk des christlichen Glaubens; darum müssen wir alles tun, um sie zu erhalten.

Einer unserer grimmigsten Feinde wurde kürzlich gefragt: "Wieweit wollt ihr den Kampf gegen die Kirche treiben?", und seine Antwort (!) "Soweit, wie die Anhänger der Kirche zurückweichen." Das muß für uns eine ernste Mahnung sein.

3. Es ist ein großer Irrtum, eine verhängnisvolle Selbst - täuschung, zu glauben, daß nach Abschaffung der Bekenntnis - schule die religiöse Erziehung unserer Schuljugend ohne wei - teres gesichert bleibt. Mag sein, daß manche Verfechter der Gemeinschaftsschule diesen guten Willen haben, aber bei der Verachtung und dem Haß, dem weitverbreiteten fanatischen Vernichtungswillen gegenüber der Kirche, der in Schrift und Wort, Tag um Tag, in nie dagewesener Heftigkeit in das Volk und in die Jugend hineingetragen wird, kann niemand von uns verlangen, daß wir auf die Versprechen Einzelner vertrauen. Die Be - trachtung der Gegenwart zeigt eine Entwickelungslinie, die ihrer Natur nach über die Gemeinschaftsschule weit hinausführt. Es ist sehr zu befürchten, daß in der Gemeinschaftsschule der durch die Geistlichen erteilte Religionsunterricht bald als ein Fremdkörper empfunden wird. Was wollen auch 2 Religionsstunden in der Woche bedeuten, wenn in 25 anderen Stunden der Unglaube reiche Gelegenheit hat, alles christliche Denken zu zerstören? Auch der Religionsunterricht der weltlichen Lehrpersonen wird dann vielleicht recht bald verschwinden, und es besteht höchste Gefahr, daß die deutsche Schule zum Schluß einen religionslosen und religionsfeindlichen Charakter an - nimmt.

4. Man weist uns auf den simultanen Charakter der höheren Schulen, auf simultane Volksschulen in einigen Gebieten Deutschlands hin. (Hessen und Baden.)

68

-3-

Solange wahrhaft christliche Lehrer und Lehrerinnen an diesen Schulen unterrichteten, waren die Gefahren nicht so groß; es ist aber zu befürchten, daß die Zahl der glaubensstarken Lehrer und Lehrerinnen unter dem heutigen Ansturm des Unglaubens bald mehr und mehr zurückgeht. Anzeichen für diese Entwicklung sind heutzutage genug vorhanden.

5. Man sagt, wer die Bekenntnisschule verlange, treibe einen Keil in die Volksgemeinschaft, sei ein Vaterlandsfeind und Volksverräter.

Die Glaubensspaltung der Reformation ist deutsches Schicksal und Verhängnis. Mit Gewalt lässt sich für unser Vaterland eine religiöse Einheit nicht erreichen; im Gegenteil, die Zerklüftung wird noch grösser werden, wenn es gelingen sollte, das Volk in Bekenner und Feinde des Christentums aufzuspalten. Wir fragen sodann, wer ist im katholischen Religionsunterricht zur Verachtung, zum Haß gegen die andersgläubigen Volksgenossen erzogen worden? War nicht im Jahre 1914 Katholisch und Evangelisch bis zum Letzten einig, als es galt, für das Vaterland in den Kampf zu ziehen!

6. In Nürnberg, München und Württemberg ist bei der Einführung der Gemeinschaftsschule mit unerhörtem Druck, mit Drohungen aller Art verfahren worden. Darum gilt es, den katholischen Eltern vor der an sie herantretenden Entscheidung den Mut zu stärken und dieser Mut wächst, wenn der einzelne sieht, daß viele mit gleicher Entschlossenheit ihm zur Seite stehen. Es muß zwar jedermann, der um hohe Güter kämpft, bereit sein, auch Opfer auf sich zu nehmen, wenn es ihn trifft. Ein Kampf ohne Opferbereitschaft ist von vorneherein verloren. Die Opfer werden aber in den meisten Fällen nicht so groß sein, wie man befürchtet.

7. So steht es denn den Eltern der katholischen Schuljugend letzten Endes nicht frei, sich für die Bekenntnisschule oder für die Gemeinschaftsschule zu entscheiden. Sie tragen für die religiöse Erziehung ihrer Kinder an erster Stelle die Verantwortung: vor ihrem eigenen Gewissen, vor der Zukunft unseres Vaterlandes und vor Gott dem Herrn, der einmal strenge Rechenschaft von ihnen verlangen wird, ob sie auch in gefährlichen Zeiten eingetreten sind für Ihn und Sein heiliges Reich.

8. Es ist selbstverständlich nötig und wird von grösstem Segen sein, bei der Vorbereitung der Eltern alle Mittel echter Frömmigkeit, das Gebet in Kirche und Haus, Predigt, Katechese und Sakramentenempfang, mit Eifer und Klugheit einzuschalten; das nähere hierüber muß die hochw. Geistlichkeit in gemeinsamer Beratung festlegen.

Die Gefahren klar erkennen - sich nicht täuschen lassen; den Glauben mutig bekennen - sich nicht bange machen lassen; das ist für das katholische Volk das Gebot der Stunde.

Diese Leitgedanken sind nicht zum Vorlesen auf der Kanzel bestimmt.

69

-4-

Zur weiteren Vertiefung seien die hochw. Herren Geistlichen auf folgendes hingewiesen:

Die Erziehungsenzyklika des Heiligen Vaters vom 31.12.1929;

die zahlreichen Kundgebungen unserer Hochwürdigsten Herren Bischöfe, besonders auf das "Hirtenschreiben über die Bekenntnisschule" vom September 1936;

die Sammelmappe "Christliche Erziehung im deutschen Volk"; (Bischöfliche Hauptarbeitsstelle, Düsseldorf, Reichsstr.20.)

die Schrift: "Erziehungsrecht und Erziehungsverantwortung" von Prof. Schröteler; (Kösel & Pustet, München 1935);

die Schrift "Katholische Bekenntnisschule und deutsche Volksgemeinschaft" von Prof. Schröteler. (Steffen, Limburg, 1936).

Das Bischöfliche Generalvikariat.

+Sträter.

Dokument Nr. 21

Übertragung

Bei dieser Sachlage sollen also vertrauenswürdige Laien herangezogen werden, die durch vertrauliche Aussprache von Mensch zu Mensch die Eltern aufklären und ermutigen sollen.

14

31

R e f e r a t

zur Dekanatskonferenz in Würselen am 1. März 1937

Zu den Leitgedanken zum Schutze der Bekenntnisschule für die hochwürdige Geistlichkeit der Diözese Aachen ist ein Schreiben an die Herren Dechanten gegangen, in dem es heisst, „es sollen Dekanatsversammlungen gehalten werden, die sich mit der Vorbereitung der Gläubigen auf die Entscheidungsstunde in der Schulfrage eingehend befassen sollen. Es mussein einheitliches Vorgehen erreicht werden. Wir empfehlen, einen Geistlichen des Dekanates zu bestimmen, der sich auf ein eingehendes Referat für die Versammlung vorbereitet. Die Aufklärung und Ermutigung der katholischen Eltern geschieht am besten durch vertrauliche Aussprache von Mensch zu Mensch, wozu vertrauenswürdige Leien herangezogen werden sollten. Über den Verlauf der Versammlung ist uns nachher zu berichten."

I. Die erste Aufgabe ist also " Wie erreichen wir es, dassdie Eltern durch vertrauenswürdige Leien von Mensch zu Mensch aufgeklärt und ermutigt werden, für die Schule einzutreten? "

Bevor wir an diese Frage herantreten, fragen wir uns zunächst, wie ist die Lage ?

1. Der Grossteil unserer Eltern will nicht die Gemeinschaftsschule.
2. Die Eltern werden bei der Einführung der Gemeinschaftsschule nicht mitbestimmend gefragt werden.
3. Sollten sie gefragt werden, dann werden sie so unter Druck gesetzt, dass nur ein kleiner Teil es wagen wird, selbst bei der besten Aufklärung über die Frage, dem Druck zu widerstehen. Siehe die Vorgänge in München, Nürnberg u. Stuttgart

Bei dieser Sachlage sollen also vertrauenswürdige Laien herangezogen werden, die durch vertrauliche Aussprache von Mensch zu Mensch die Eltern aufklären und ermutigen sollen.

3.

Auf diesem Wege wird es nicht möglich sein, die konfessionelle Schule zu erhalten und es wäre falsch, den kleinen Mann etwa durch katholische Aktion oder Laienapostolat oder Mütterverein und Männer=kongregation in die Bresche zu schicken, denn es würde ihnen als Komplott ausgelegt werden und sie würden gezwungen sein, die Konse=quenzen zu ziehen für uns, die wir die ersten Verteidiger sein müssen. Die Frage ist eine öffentliche Frage und als solche von den höchsten Spitzen der Regierung bis hinab zum letzten Ortsgruppenleiter als solche aufgeworfen worden. Je offener sie auch von uns als eine öffent=lich rechtliche Frage behandelt wird, und unserm katholischen Volke dargestellt wird, umsomehr wird auch der Widerstand im Volke gegen die Gemeinschaftsschule wachsen. Es ist also nicht möglich, und auch nicht richtig, für die Aufklärung sich hauptsächlich auf die Laien zu stützen. Man bedenke, in einer ganzen Diözese will man sich in jeder Pfarrei auf "vertrauenswürdige Laien" stützen, in einer Frage, die für die Regierung, siehe Vogelsang, Hitlerschulen, neue Gymnasien eine so grundsätzliche ist, dass sie sich allem Anscheinen nach über jedes Konkordat hinwegsetzt, um dieses ihr Ziel zu erreichen. Wie will man bei dem heutigen Spitzelsystem die Frage "vertraulich" behandeln ? Schon dass man das in einem Schreiben an die Geistlichen der ganzen Diözese schreibt, wird den zuständigen Behörden längst bekannt sein und dürfte zunächst nur ein mitleidiges Lächeln verursachen, dann aber würde man alle diejenigen, die sich für den Plan zur Verfügung stellen sollten, schnell so fassen, dass ihnen die Lust und die Möglichkeit vergehen sollte,"vertraulich" von Mensch zu Mensch aufzuklären. Wer will das verantworten ? Auf diesem Wege vorgehen wäre unehrlich und es würde bei der grossen Empfindlichkeit des Gegeners nach Komplott und unterirdische Wühlarbeit riechen. Der Weg ist also ungangbar und in jeder Beziehung zu verwerfen.

II. Das Volk muss über die Frage, selbst wenn es erfolglos wäre, gegen die Gemeinschaftsschule anzukämpfen, selbstverständlich aufgeklärt werden. Das Volk wird auch, wenn es richtig aufgeklärt ist, auf eine recht weite Strecke mit uns gehen, soweit mit uns gehen, wie wir es führen. Es geht aber nicht an, den kleinen Mann in das erste Feuer zu schicken. Wir sind diejenigen, die die Gläubigen vorbereiten, wir sind diejenigen, die in der ersten Reihe stehen müssen. Das Volk muss vorbereitet werden durch die, die von Gott durch ihren Beruf und ihre Stellung dazu berufen sind. Das ist in allererster Linie der Bischof und mit ihm die Geistlichkeit, dann wird das Volk uns soweit folgen, wie wir vorangehen. Der Weg muss in aller Öffentlichkeit beschritten werden. Das sei in Folgendem im Einzelnen dargelegt:

1. Durch die Unterdrückung der katholischen Presse, durch die Beschränkungen im Kirchenblatt, durch die Unmöglichkeit, in öffentlichen Versammlungen die Frage der Schule zu behandeln und die konfessionelle Schule zu verteidigen, bleibt nur noch ein Mittel, das ist die Kanzel, auf der wir noch einigermassen Bewegungsfreiheit besitzen. Da scheint es providentiell zu sein, dass das katholische Volk im Laufe der Jahrhhunderte, angefangen von der romanischen Zeit, über die grossen Hallen der Gothik, bis hinein in unsere Zeit Kirchen gebaut hat, die, was ihren Umfang und Raum angeht, Jahrhunderte hindruch viel zu gross, heute dazu bestimmt scheinen, ein Helfer zu sein in der Not. Kein Staat, keine Partei, keine Weltanschauung hat in dieser Zahl Versammlungslokale von dieser Grösse. Und da sollten wir von der Gegenseite lernen. Nicht ~~allein durch~~ Hirtenbriefe allein, so sehr das katholische Volk aufatmet, wenn einmal ein offenes

frisches Wort kommt, können die Bedeutung des lebendigen Wortes ersetzen. So sehr zum Beispiel die Briefe des hl. Paulus und der Apostel uns heute Glaubensquelle sind, mehr noch und grundlegender haben sie gewirkt durch ihre Predigt und die Hirtenbriefe waren nur bestimmt, als Mahnung und Belehrung für die, die durch das Wort zum Evangelium geführt waren. Lernen wir von der Gegenseite. Das leidenschaftlich gesprochene Wort hat es dem Führer ermöglicht, seinen beispiellosen Weg zu gehen. Und es ist überspitzt, wenn einmal das Wort geprägt wurde, wenn Paulus in unsere Zeit gelebt hätte, würde er Redakteur geworden sein. Der Weg des Wortes und der Predigt ist uns auf der Kanzel noch verhältnismässig offen. Es ist an der Zeit, dass der Bischof wieder als Bischof der Verkündiger und Verteidiger des Wortes Gottes wird. Niemand hat die Macht und den Einfluss wie er, zunächst auf unser Volk, dann aber auch auf die Gegenseite. Man hat es bis heute nicht gewagt und wird es auch für die Zukunft nicht so leicht wagen, ihn als Verkünder des Wortes Gottes anzugreifen, wie etwa einen Pastor oder Kaplan, den man einfach festsetzt, wenn man will. Dafür leben wir zu sehr innerhalb eines Kreises zivilisierter Völker, denen gegenüber auch die Gegenseite bei dem noch bestehenden Konkordat die Maske wahren möchte. Aber schon die Fragestellung, ob Gefahr oder nicht, wäre angesichts des Wortes des Heilandes: „Selig seid Ihr, wenn Euch die Menschen schmähen und verfolgen usw." Verrat an der Sache des Evangeliums. Der Bischof muss wieder Apostel werden und nicht Bürobeamter und Generalvikar. In ruhigen Zeiten war das wohl möglich, heute kann sich die Kirche die Entfremdung des Bischofs gegenüber Volk und Geistlichkeit nicht mehr leisten. Erschreckend ist es, wie teilnahmslos auch unsere guten Gläubigen der Krankheit des heiligen Vaters gegenüber standen, gegenüber den Zeiten eines Leo XII,

35

wo Volk und Bischof und Papst sich viel innerlicher gegenüber standen seit den Tagen des Kultutkampfes. Es ist an der Zeit, dass der Bischof jeden Sonntag, heute in der grössten Kirche von München-Gladbach, nächstens in Dülken, dann in der Annakirche in Düren, dann in Viersen, dann in Aachen immer wieder den Gläubigen das Wort Gottes verkündet und zwar mit aller Schärfe und Gerechtigkeit, zunächst die Frage des Rechts der Kirche auf die konfessionelle Schule behandelt. Das Volk wird in Massen hinströmen und aufgeklärt und geschult sein für die Entscheidungs=kämpfe, soweit es eben möglich ist.

2. Aber das genügt nicht. Im Auftrage des Bischofs mögen die Geist=lichen angehalten werden, möglichst dasselbe Thema nach Angabe der einzelnen Punkte frei aber mit aller Gerechtigkeit und ohne Hetze zu predigen. Die Kreuzpredigt in Cloppenburg sollte uns Fingerzeig sein. Wir Geistliche müssen uns stützen können auf den Auftrag des Bischofs. Man wird es nicht wagen, uns alle einzukerkern, wenn wir nach der Weisung desBischofs handeln. Und geschieht es einmal, dann müsste der Bischof die gerechte Sache wieder in aller Öffentlichkeit vertreten. Nicht nur der Westfale, auch der Rheinländer ist dazu fähig, mit uns zu gehen. Es wäre nie möglich gewesen, dass im katholischen Stadt u. Land bis hinein in die kleinste Eifelgemeinde neben Kirche und Schule die Schandbilder des Stürmerkastens ihr Gift gegen Papst und Bischof und Kirche gespritzt hätten bis auf den heutigen Tag, wenn wir uns auf diese Weise gewehrt hätten. Es wäre dann auch nicht möglich, dass Kreisleiter unseren katholischen Ärzten in einer Versammlung sagen könnten: " Die Katholiken beteten die Milch der Muttergottes an und die Nabelschnur Jesu Christi. " Es wäre nicht möglich, dass ein anderer vom Papst als dem römi=schen

Oberbullen vor Katholiken reden könnte, wenn diese und andere Infamien jedes Mal mit dem Namen des Redners durch den Bischof und die Geistlichkeit angeprangert würden. Man hätte sich bis dahin nie soweit vorgewagt und würde es auch weiterhin nicht mehr tun, wenn wir uns einheitlich unter der Führung des Bischofs dagegen wehren würden.

3. In den Leitgedanken "Zum Schutze der Bekanntnisschule" heisst es: Einer unserer grimmigsten Gegner wurde kürzlich gefragt: Wieweit wollt Ihr den Kampf gegen die Kirche treiben? Und seine Antwort: Soweit, wie die Anhänger der Kirche zurückweichen. Ist das nicht ein wichtiger Fingerzeig ? Wieweit die Anhänger der Kirche zurückweichen, das liegt zum grossen Teil an uns. Die Pflöcke sind in den vergangenen Jahren immer weiter zurück=gesteckt worden. Die Kirche hat verzichtet auf innerpolitischen Einfluss, durch die Zerschlagung der Zentrumspartei, was vielleicht am leichtesten zu verschmerzen ist, und auch im Prinzip durch das Konkordat sanktioniert ist. Sie hat verzichten müssen auf die kahtolische Presse. Sie steckte die Pflöcke zurück in der Frage der Berufs- ~~und~~-Standesvereine und Jugendvereine, in der Frage des Empfangs der Bischöfe in aller Offentlichkeit, in der Frage des Beflaggens der Häuser bei der Frohnleichnahmsprozession und dergl. . In der Schulfrage, wo das katholische Volk sich Lehrer in der konfessionellen Schule gefallen lassen muss, die abgefallen und ungläubig sind, wo demnächst nicht nur eine Gemeinschaftsschule, sondern eine Ungläubigenschule das Ziel ist, muss endlich der Widerstand ein ganz anders gearteter werden, denn hier geht es nicht mehr um Lapalien, sondern um ganz Grundsätzliches, um das Recht der Kirche auf die Seele des Kindes, das begründet liegt in dem Auftrage des Heilandes: Gehet hin in alle Welt und lehret

alle Völker. Um dieses Grundsätzliche sind Bischof und Klerus im Gewissen verpflichtet, zusammenzustehen und wirklich zu kämpfen, um so dem Volke Halt zu geben. Wenn dann auch alles vergeblich sein sollte, dann wird wenigstens das eine erreicht, dass ein Grossteil unserer Katholiken umso fester zur Kirche steht und sich dann umso besser bewähren wird, wenn einmal die Frage auftauchen sollte von einem romfreien Christentum, das das letzte Ziel der Gegenseite sein wird.

Niemals hat wohl in der deutschen Kirchengeschichte der Klerus einmütiger gestanden zu seinem Bischof in gefahrvoller Zeit, wie gerade augenblicklich. Darin liegt wohl auch die Hoffnung für die Zukunft. Zu Beginn der frazösischen Revolution stand der Klerus in seinen Bischöfen und Priestern sowohl jeder Teil in sich uneinig als auch in scharfem Gegensatz zueinander. Etwas 40000 mussten im Laufe der Revolution Zuflucht in Rom, in England, in der Schweiz und dergleichen suchen. Und trotzdem gingen diese Jahre vorüber und die Kirche siegte. Wenn auch uns ein Kampf bevorsteht, der hartnäckig sein wird, etwas Erfreuliches und Hoffnungsvolles steht unszur Seite, was in der Zeit der Reformation und französischen Revolution nicht der Fall war. Seit der Unfehlbarkeitserklärung durch das Vaticanum gibt es innerhalb des Klerus keine Glaubenskämpfe und keine Spaltung. Es ist garnicht auszudenken, dass z.B. ein Bischof oder ein nennenswerter Teil des Klerus in Fragen des Glaubens und der Disziplin eigene Wege gehe, wie es etwa vor dem Vaticanum möglich gewesen wäre. Wenn das aber der Fall ist, wenn der Bischof sich auf den Klerus verlassen kann und der Klerus sich auf den Bischof stützen kann und die Bischöfe untereinander einig sind, dann ist kein Grund zum Verzweifeln, selbst dann, wenn wir auch in vielen Dingen umlernen und uns umstellen werden. So wäre es wohl zu überlegen, ob es in den gegenwärtigen Zeiten nicht richtig wäre, dass die Kirche weniger ausgesprochen Verordnungs-

38

Kirche ist,oder ob es nicht besser wäre,wenn bei der täglich verschiedenen Lage der Bischof wenigstens monatlich mit den Presbyteri aus jedem Dekanat, etwa einem,die jeweiligen Fragen bespricht und dann von dort aus Richtlinie gibt für den ganzen Klerus. (Diese Presbyteri brauchten nicht immer die ältesten zu sein). Köln - Stadklerus! Ohne wirklichen Kampf ist bei einem kämpfenden Gegner kein Sieg zu erringen. Das Wort des Heilandes:"Ich bin nicht gekommen,den Frieden zu bringen,sondern das Schwert!" mag auch für uns heute besondere Geltung haben.

30

BISCH. GENERAL-VIKARIAT AACHEN 12.3.1937

Protokoll – Abschrift

Pastoralkonferenz des Dekanates Herzogenrath vom 1. März 1937

Unter dem Vorsitz des Herrn Dechanten Ommer sind 25 geist= liche Herrn des Dekanates im Pfarrhause zu Würselen versammelt. Die Konferenz wird mit Gebet begonnen und geschlossen. Der Dechant macht „geschäftliche" Mitteilungen und lässt 2 Schreiben des Boni= fatiusvereins verlesen.

Dann hält Herr Pfarrer Goergen ein Referat über „Leitgedanken zum Schutze der Bekenntnisschule" bzw. über die an die Dechanten gerichtete Anweisung hierzu. Er befasst sich hauptsächlich mit dem dort geäusserten Vorschlag, dass am besten vertrauenswürdige Laien die Aufklärung von Mensch zu Mensch besorgen sollen. Diesen Weg hält er für ungangbar und vollständig verfehlt, weil

1) der einzelne Laie dem heutigen Spürsystem kaum entgehen,
2) ein gemeinsames Vorgehen als Komplott ausgelegt und
3) das dann notwendige Zurückgreifen auf bewährte Vereinsmitglie = der die Vereine selbst gefährden werde.

Redner ruft vielmehr die Bischöfe und Priester selbst an die Front.

Seine positiven Ausführungen und die sich anschliessende Aus = sprache finden ihren Niederschlag in folgender Entschliessung :

1. Der Dekanatsklerus steht geschlossen hinter dem Referenten und wünscht, dass sein Referat der bischöflichen Behörde überreicht wird.
2. Er hält es für unbedingt notwendig, dass die Bischöfe immer wieder in grossen Kirchen der Diözese auftreten und von der Kanzel aus Stellung nehmen zu den Zeitfragen.
3. Neben und mit den Bischöfen sollen die Geistlichen nach bestimmten Richtlinien, aber unter persönlichem Einsatz im Sinne des Referates predigen.
4. Monatlich einmal sollen gewählte Vertreter eines jeden Dekanates sich mit dem Bischof über zu gebende Richtlinien aussprechen und beraten.

Herr Dechant Ommer, Herr Pfarrer Goergen und Herr Kaplan Schar = renbroich übernehmen es, bei der bischöflichen Behörde vorzuspre = chen.

Haaren, 10.3.37.

Gez. Pfr. Vianden,
Schriftführer.

An das
Hochw. Bischöfl. Generalvikariat
zu Aachen
Ommer, Dechant.

(Übertragung umseitig)

Dokument Nr. 22

Übertragung

(siehe umseitig)
(bitte um
Rücksprache vor
etwaigen weiteren Schritten)

Mathias Vianden, geb. 27. 3. 1884 in Gielsdorf — Pfarre Lessenich; gew. 6. 3. 1909; Pfarrer St. Mariä Himmelfahrt Herzogenrath 3. 2. 1926; gest. 1. 6. 1965.

40 15

Bischöfliches Generalvikariat

J.-Nr. ....

Es wird gebeten, bei der Antwort diese Journal-Nr. anzugeben.

AACHEN, den 19. Mai 1937.

An den Hochw.
Herrn Dechanten O m m e r
H a a r e n.
b/ Aachen.

Mit Bezug auf das Referat des Herrn Pfarrer Goergen in der Pastoralkonferenz zu Würselen am 1. März und mit Bezug auf das beige - fügte Sitzungsprotokoll haben wir folgendes zu erwidern:

Wenn der Referent die Leitgedanken so aufgefasst hat, dass die Laien für die Geistlichen „in die Bresche springen", also statt der Geistlichen die bedrohte Bekenntnisschule verteidigen sollten, so ist das ein sehr bedauerliches Missverständnis. Für einen Geistlichen sollte doch zweierlei feststehen, erstens, wie sehr der gesamte Klerus, Bischöfe und Priester, in Aufklärung und Ermutigung der Gläubigen bisher tätig gewesen ist und zweitens, dass diese Tätigkeit in Zukunft unter keinen Umständen entbehrt werden kann. Die Laien kommen als Helfer in Betracht und haben sich als solche im jetzigen Schulkampf schon vielerorts aufs beste bewährt. Damit verliert die Auffassung des Referenten von den Leitgedanken ihre Berechtigung.

Wir müssen sodann aufs schärfste die Kritik zurückweisen, die der Referent an dem bisherigen Verhalten der Hochwürdigsten Herren Bischöfe, ja sogar des Hl. Vaters zu üben sich herausnimmt. Seine Worte gegen die höchsten kirchlichen Stellen nehmen zuweilen eine geradezu beleidigende Form an. Wenn jemand so scharfe Kritik üben will, so muss er, von allem anderen abgesehen, zunächst einmal einen klaren Blick haben für die gegenwärtigen grossen Schwierigkeiten auf dem Gebiete des Weltanschauungs - kampfes und ein Verständnis für die bisher vom Klerus und den Bischöfen geleistete Arbeit.

Wir bedauern sodann ausdrücklich, dass sich gegenüber dem Referat auf der Konferenz nicht eine tiefere Einsicht und grössere Mässigung durchgesetzt hat.

Das Bischöfliche Generalvikariat.

2.

Dokument Nr. 24

Der Regierungspräsident
II.1a Tgb.Nr.

Aachen, den 2. Juli 1934. 98
Fernspr. 27511

BISCH. GENERAL-VIKARIAT
AACHEN
6.7.1934
R 887/34
Registratur

Zu meinem Bedauern habe ich mich genötigt gesehen, dem Pfarrer Brockhans in Aachen - St. Barbara die Erlaubnis zum Betreten der Schulräume und zur Erteilung des schulplanmässigen Religionsunterrichtes bis auf weiteres zu entziehen. Ausschlaggebend war das Verhalten des Pfarrers gegen Angehörige des B.D.M., besonders Maria Gier, und seine Nichtbeachtung der Vorschriften über den Deutschen Gruss.

Reeder

An

das Bischöfliche Generalvikariat

in

A a c h e n

Der Stadtschulrat. 6. Juli 99 34

Abschrift

A.40.

BISCH. GENERAL-VIKARIAT
AACHEN
7. 7. 1934
ad R 887/34
Registratur

Gegen Empfangsbescheinigung.

Durch Verfügung des Herrn Regierungspräsidenten vom 2. Juli 1934. II. 1.a. ist Ihnen bis auf weiteres die Erlaubnis zur Erteilung des schulplanmäßigen Religionsunterrichts an der Volksschule St. Barbara entzogen; zugleich ist Ihnen das Betreten der Schulräume untersagt.

Wegen Erteilung des schulplanmäßigen Religionsunterrichtes werde ich mich mit dem Bischöflichen Generalvikariat in Verbindung setzen.

gez. [redacted] N.N.

Herrn
Pfarrer Brockhans,
Hochwürden,
Aachen Rothe - Erde
St. Barbara.

Dokument Nr. 26

Übertragung

I.Scrib. In sehr ergebener Erwiderung Ihres Schreibens vom 6. Juli (A 49) teilen wir Ihnen mit, daß wir Herrn Pfarrer Brockhans angewiesen haben, den Religionsunterricht in der Kirche zu geben; die Beauftragung eines anderen Geistlichen mit der Erteilung des schulplanmäßigen Religionsunterrrichtes ist uns unmöglich.

Aachen den 25. 7. 1934

Stadtschulrat N.N.

II. Abschrift an Pfarrer Brockhans

Der Stadtschulrat
A. 40.

Aachen, den 6. Juli 1934.

Umstehende Abschrift

dem Bischöflichen Generalvikariat

h i e r

zur Kenntnisnahme und mit der Bitte, mit der Erteilung des schulplanmäßigen Religionsunterrichtes einen anderen Geistlichen zu beauftragen.

[redacted] N.N.

I Send. Zu der sehr ergebenen Zuschrift vom 6. Juli (A 40) bitten wir Ihnen mitzuteilen, daß wir den Pfarrer Brockhaus angewiesen haben, den Religionsunterricht [illegible] der [illegible] zu halten; die Beauftragung eines anderen Geistlichen mit der Erteilung des schulplanmäßigen Religionsunterrichtes ist uns unmöglich.

Aachen, den 24.7.1934

An Stadtschulrat Kraus [?] J. f. J. [?]

Abgesandt 25. JULI 1934 Aachen. Bischöfl. Kanzlei.

II Abschrift an Pfarrer Brockhaus.

Abgesandt 25. JULI 1934 Aachen. Bischöfl. Kanzlei.

[illegible]

Dokument Nr. 27

Übertragung

Scrib.

Wir haben nichts dagegen
einzuwenden, daß Ew. Hochwürden als
Pfarrer in der angegebenen Weise
eine Erklärung verliest,
doch unter Weglassung der ausgestrichenen
Worte.*

* senden Pfr. Roeben Erklärung Monschau zurück, bitten aber um eine Abschrift

Aachen 5. 5. 34

230

. Pfarramt
nschau.

Monschau, den 2. Mai 1934.

BISCH. GENERAL-VIKARIAT
AACHEN
3.5.1934
Registratur

cht des Pfarrers über
ommnisse am 20.April.

Freitag, den 20.April, war hier auf dem Markte eine Versammlung der Jugend- und anderen Verbände der NSDAP aus dem ganzen Kreise ~~statt~~ zur Feier des Geburtstages des Herrn Reichskanzlers; auch die Volksschule mit den Lehrpersonen musste zugegen sein. Es sprach der Gebietsführer der H.J. [redacted] N.N.

Er führte u.a. aus, dass die im deutschen Volk geschaffene Einheit durch Wühlmäuse gefährdet werde, die es vor allem auf die H.J. abgesehen hätten. ~~Denn~~ Sie wollten neben der einen Orgasation noch ihre eigenen Verbände haben. Ihnen müsse man die Fähigkeit absprechen, im neuen Staat die Jugend zu führen. Sie seien nicht einmal imstande, wahrgemäss Gottes Wort zu predigen; vor allem müssten sie einmal "den Schweinhund bei sich selber ablegen". – Alle anderen Verbände hätten zu verschwinden; der Nationalsozialismus verlange unbedingte Totalität.

Am Morgen desselben Tages waren auf dem Markte Plakate aufgehängt worden, die für die Fanfare werben sollen, vor allem durch Beschimpfung und Verächtlichmachung der kath. Geistlichkeit. Eines dieser Plakate stellt einen Geistlichen Würdenträger im Prälatenhut dar und daneben einen gesättigten Bürger; es trägt die Aufschrift: "Fanfare gegen Mucker und Spiesser". Eine zweite Karikatur zeigt einen Gelehrten am Schreibtisch, daneben einen Geistlichen und darüber die Worte: "Lest die Fanfare gegen Reaktion". Auf einem dritten Bilde stehen zwischen einem Esel u. einem aufgeblasenen Jungfräulein (Fromme Helene nach Wilh. Busch?) die Worte: " Wir lesen die Fanfare nicht".

ochwürdigste Bischöfliche Generalvikariat

Aachen

231

Dass diese Karikaturen, die angeblich in verschiedenen westdeutschen Städten unbeanstandet ausgehangen haben, im Sinne der Aussteller werben, ist kaum anzunehmen;eine gegenteilge Wirkung ist wahrscheinlicher, da die katholische Bevölkerung durch die Verhöhnung ihrer kirchlichen Führer sich in ihrem religiösen Gefühl in brutaler Weimverletzt fühlt, wenn auch der Einzelne unter den gegebenen Verhältnissen keinen öffentlichen Protest wagt. Aber es kann unmöglich ohne Widerspruch hingenommen werden, dass man die Autorität in der Jugend untergräbt, in der Bevölkerung Unruhe stiftet und auch, hier-an der äussersten Westgrenze des Deutschen Reiches,wo täglich Ausländer verkehren, dem Ansehen des deutschen Volkes ein nicht wieder gutzumachender Schaden zugefügt.

Der Unterzeichnete bittet um Mitteilung, ob unter den gegebenen Verhältnissen - etwa in der Form des beiliegenden Entwurfes - am kommenden Sonntag von der Kanzel zu den erwähnten Dingen Stellung genommen werden soll. (Die Plakate hängen auch heute noch da).

Es liegen 2 Lichtbilder der Plakate bei.

Gehorsamst!

G. Roeben Pfr.

232

Erklärung.

Nach reiflicher Ueberlegung ~~und im Einverständnis mit dem Oberhirten unserer Diözese~~ sehe ich mich als Pfarrer der Gemeinde zum öffentlichen Protest veranlasst nicht nur gegen die Anwürfe, die bei einer Veranstaltung am 20. April ds. Jahres gegen die kath. Geistlichkeit in unverantwortlicher Weise in breitester Oeffentlichkeit, insbesondere vor der Jugend, erhoben wurden, sondern auch, und noch mehr gegen die nun schon fast 14 Tage währende Verhöhnung der religiösen Gefühle der katholischen Bevölkerung durch die auf dem Markt unserer Stadt ausgehängten Karikaturen , die ganz eindeutig und bewusst den katholischen Klerus verächtlich machen. Es kann dem katholischen Volke nicht zugemutet werden, dass es solche Dinge ruhig hinnimmt, Und wenn ihm selbst die Möglichkeit nicht gegeben ist, dagegen Einspruch zu erheben, dann ist es Pflicht des Pfarrers, als des vor Gott verantwortlichen Hirten seiner Gemeinde , das zu tun. – Wir haben uns mit Recht bitter darüber beklagt, dass in einer Karikaturenausstellung die verantwortlichen Staatsmänner unseres u. anderer europäischer Länder in gemeiner Weise beschimpft wurden, und wir hörten von unerhörten Herausforderungen durch ~~religiöse~~ brutale Verletzung der religiösen Gefühle der Katholiken, die darin bestand, dass man die Person des Geistlichen in grober Verzerrung dargestellt(cf. K.V. Nr.113 v.25./4.Der Prager Skandal). – Da ist es doppelt bedauerlich, dass im eigenen Lande Dinge vorkommen und hingenommen werden müssen, die nicht nur das religiöse Empfinden der Katholiken tief verletzen, sondern auch in unberechenbarer Weise der Volksgemeinschaft, der Erziehung der Jugend und auch dem Ansehen des deutschen Volkes bei den unsere Stadt besuchenden Ausländern schaden müssen.

Ich erhebe pflichtgemäss gegen die gerügten Vorkommnisse Einspruch und gebe der Hoffnung Ausdruck, dass die Regierung, wie sie es feierlich im Konkordat zugesagt hat, unser religiöses Empfinden vor solchen Verunglimpfungen schützen wird. Gegen jeden Versuch des Vorwurfes, dass ich durch ~~die~~ diese gegen meinen Willen notwendig gewordene Erklärung Unruhe in die Bevölkerung hineingetragen habe ,lege ich schon heute schärfste Verwahrung ein.

Dokument Nr. 29

Übertragung

Geht nicht heraus!
Infolge . . . Vorkommnisse
nicht angebracht zu
verlesen, was
dem Pfarrer mitgeteilt ist.

Gerhard Roeben, geb. 31. 5. 1887 in Lövenich; gew. 5. 6. 1910; gest. 22. 6. 1965.

233

Bischöfliches Generalvikariat

J.-Nr. E. O.

Es wird gebeten, bei der Antwort diese Journal-Nr. anzugeben.

AACHEN, den 4. 5. 1934

Wir haben nichts dagegen einzuwenden, dass Ew. Hochwürden als Pfarrer in der angegebenen Weise eine Erklärung verliest, doch unter Weglassung der ausgestrichenen Worte. Wir senden die Erklärung Ihnen zurück, bitten aber um eine Abschrift.

Das Bischöfliche Generalvikariat

[illegible]

Herrn Pfarrer Roeben
Hochwürden
Monschau

Nationalsozialistische Deutsche Arbeiterpartei

Gauleitung Köln-Aachen

Gaugeschäftsstelle: Köln, Mozartstraße 28
Telefon-Sammelnummer 210451
Postscheckkonto: Köln 106044

NATIONALSOZIALISTISCHE D.A.P.

Kampfzeitung des Gaues: „Westdeutscher Beobachter"
Geschäftsstelle der Zeitung: Filzengraben 4
Telefon: 222930 / Schriftleitung: Filzengraben 4

Kreis Geilenkirchen
Ortsgruppe Frelenberg

Telefon: Geilenkirchen 154

Palenberg, den 18. Juni 1933.
Aachenerstr. 5

BISCH. GENERALVIKARIAT AACHEN 20. 6. 1933

An das

Sekretariat Seiner Hochwürden Diözesanbischof

Dr. Vogt

in

Aachen.

-.-.--.-.-.-.-

In den Anlagen überreiche ich Ihnen eine Beschwerde an das preussische Kultusministerium und Abschrift eines Schreibens vom heutigen Tage an den Herrn Pfarrektor Wilhelm Ahrens, Palenberg über den Letztgenannten und bitte Sie auch Ihrerseits diese Sache zu verfolgen und evtl. eine Versetzung des Pfarrektor zu beordern.

Dieses ist nicht der einzige Fall der in unserer hiesigen katholischen Gemeinde in letzter Zeit zu verzeichnen ist.

Mehrere Angehörige der Kirchengemeinde gehen heute schon in Marienberg zur Klosterkirche um dort einem wirklich religiösen Gottesdienst beizuwohnen.

Ich begrüsse Sie mit vorzüglicher Hochachtung und

Heil-Hitler!

Nationalsoz. Deutsche Arbeiterpartei · Ortsgruppe Frelenberg

[redacted] N.N.

Ortsgruppenleiter.

N. S. D. A. P.
Ortgruppe Frelenberg
in Palenberg
Aachenerstr. 5.

Palenberg, den 18. Juni 1933.

Abschrift!

An

das Preuss. Kultusministerium

in

Berlin

durchlaufend bei der Kreisleitung der N.S.D.A.P
in
Geilenkirchen

mit der Bitte um Weitergabe an die Gauleitung in Köln, bezw. an obige Anschrift.

Nachstehenden Bericht und Beschwerde bitte ich behördlich zu prüfen und dementsprechenden Massnahmen zu ergreifen.

Heute verlas der hiesige Pfarrektor Wilhelm Ahrens in beiden Messen einen Hirtenbrief des Hochwürdigsten Herrn Diözesanbischof Dr. Vogt, Aachen, mit einer derartig entstellenden, gehässigen und ironischen Betonung, dass mehrere Besucher ihren Unwillen dadurch bekundeten, indem sie den Gottesdienst verliessen. Nach Verlesung dieses Hirtenbriefes hielt dann der Rektor eine kurze Predigt in der er mit den fanatischen Rufen " Katholiken erwacht" die er dann noch zweimal wiederholte, zum Eintritt in einen katholischen Verein z. B. in die Werkjugend, Arbeiterverein, Jungfrauenkongregation, Mütter- und Beamtenverein aufforderte. Er betonte ausdrücklich, dass es der Einigkeit der Katholiken im vorigen Jahrhundert gelungen sei, selbst einen Bismark zu besiegen. Weiter forderte er dazu auf " katholische " Zeitungen womit er die Westdeutsche Grenzpost meinte und auch erwänte zu bestellen und erst in zweiter Linie wenn die Arbeiter dann noch Geld hätten eine andere Zeitung zu nehmen, womit er unzweideutig unsere Presse meinte. Von ihm wurde dann weiter betont dass man bei Werbungen anderer politischen Zeitungen mit Drohungen, Terror und Sabotage vorginge. Damit waren unsere Werber für das Westdeutsche Grenzblatt unzweideutig gemeint, da ja in jetziger Zeit keine andere politische Zeitung in Frage kommen kann. Er machte auf den Terror einer gewissen politischen Gruppe bei dem katholischen Gesellentag in München und auf die Inhaftierung von 28 katholischen Geistlichen aufmerksam.

Ich habe den genannten Herrn Rektor sofort ein Schreiben dessen Abschrift sich in der Anlage befindet zustellen lassen, worin ich ausdrücklich sämtliche Versammlungen bezw. Werbungen katholische Vereine bis zu einer behördlichen Entscheidung untersagt habe.

Zu diesen Massnahmen habe ich mich hauptsächl deshalb entschlossen und verpflichtet gefühlt, weil der Herr Rektor sein Seelsorgeramt zu politischen Zwecken zu missbrauchen beabsichtigt.um ein politisches Gegengewicht zu unseren nationalsozialistischen Verbänden und Gruppen zu schaffen. Die logische Folgerung bei mir ist die, dass in diesen religiösen Vereinen ~~als~~ Politik betrieben werden soll, die sich gegen die jetzige nationale Regierung wendet. Ich glaube bestimmt, dass ich im Sinne meine Führers und meiner Bewegung gehandelt habe und die volle Verantwortung für mein handeln mit ruhigem Gewissen übernehmen kann.

Heil Hitler!

Nationalsoz. Deutsche Arbeiterpartei * Ortsgruppe Freienberg *

[redacted] N.N.

Ortsgruppenleiter.

1 Anlage:

Nationalsozialistische Deutsche Arbeiterpartei

Gauleitung Köln-Aachen

Gaugeschäftsstelle: Köln, Mozartstraße 28
Telefon-Sammelnummer 210451
Postscheckkonto: Köln 106044

Kampfzeitung des Gaues: „Westdeutscher Beobachter"
Geschäftsstelle der Zeitung: Filzengraben 4
Telefon: 222930 / Schriftleitung: Filzengraben 4

Kreis Geilenkirchen
Ortsgruppe Frelenberg

Telefon: Geilenkirchen 154

Palenberg, den 18. Juni 1933
Aachenerstr. 5

ad B 65 / 33

Herrn

Rektor Ahrens

Hier.

Auf Grund der Vorkommnisse in der heutigen 10 Uhr Messe, Verlesung eines Briefes der deutschen Bischöfe, den Sie absichtlich durch falsche Betonung und Ihre persönlichen gehässigen und ironischen Randbemerkungen wissentlich entstellt haben, sehe ich mich zu meinem Bedauern dazu gezwungen, sämtliche Versammlungen und Werbungen katholischer Vereine, die Sie als Zentrumsmann doch nur durch derartige Reden zu Ihrem politischen und nicht zu Ihrem religiösen Bekenntnis bekehren wollen, zu verbieten.

Ich glaube bestimmt, dass Sie in den Besitz des Rundschreibens des Hochwürdigsten Herrn Bischof Dr. Vogt von Aachen gelangt sind, in dem dieser unter Punkt 3 und 4 folgendes sagt:

Punkt 3: " Die wiederholten Kundgebungen der Kirche, wonach alle parteipolitischen ~~Kundgebungen~~ Erörterungen in der Kirche, auf der Kanzel und in der Schule zu vermeiden sind, rufe ich nochmals nachdrücklichst in Erinnerung."

Punkt 4: „ Jeder Geistliche, der diese oberhirtliche Mahnung übertritt, bereitet sich und der bischöflichen Behörde ernsteste Schwierigkeiten.Er wird sich daher Folgen seiner Handlundsweise bewusst sein müssen."

Sie haben diese Anweisung nicht beachtet und glauben heute noch für das gehässigste Zentrumsblättchen Propaganda machen zu müssen,indem Sie wieder bewusst die "Geilenkirchener Grenzpost" als "katholische"Zeitung empfehlen.Katholisch und Zentrum sind zwei zu trennende Begriffe,die Sie anscheinend zu trennen noch nicht begriffen haben.Sie reden von Terror und Sabotage und machen die Kirchenbesucher auf die Inhaftierung von 28 Geistlichen aufmerksam indem Sie wieder bewusst unterlassen die Gründe und den genauen Sachverhalt bekannt zu geben.Falls die Herren überhaupt inhaftiert worden sind, so kann ich mir diese Maassnahme nur damit erklären,dass Sie genau so wie Sie in versteckter und gemeiner Art und Weise Zentrumspolitik,unter Voranstellung der katholischen Religion,beteiben oder noch in letzter Zeit betrieben haben.

Eine diesbzgl.Beschwerde habe ich an das preussische Kultusministerium und an die bischöfliche Behörde geschickt.

Mein Verbot bitte ich Sie,bis auf weiteren Bescheid der genannten Behörden,zu befolgen.

Nationalsoz. Deutsche Arbeiterpartei * Ortsgruppe Frelenberg *

Heil Hitler!

[redacted] N.N.

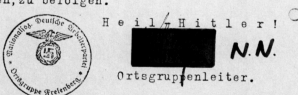

Ortsgruppenleiter.

Abshhrift. 236

Die Staatspolizeistelle
für den Regierungsbezirk
Aachen.

Aachen, den 23. Mai 1934.

BISCH. GENERAL-VIKARIAT
AACHEN
25.5.1934
Registratur

Herrn

Diözesanpräses Dr. Mund

Aachen.

Wie ich gelegentlich einer Dienstfahrt durch den angrenzenden Eifelbezirk am 19. ds. Mts. feststellen musste, trug von den zahlreichen jugendlichen Eifelwanderern noch ein verhältnismässig grosser Teil die bei den katholischen Jugendverbänden übliche Tracht, nämlich grünes Hemd und schwarze Hose. Zudem führten viele von ihnen das der Hitler-Jugend als Staatsjugend vorbehaltene Fahrtenmesser mit. Ich darf ergebenst ersuchen, bei den in Frage kommenden katholischen Jugendverbänden auch von der dortigen Stelle aus erneut nachdrücklich darauf hinzuweisen, dass die erlassenen Anordnungen aufs genaueste befolgt und die beanstandete Kluft sowie die Fahrtenmesser nicht mehr getragen werden. Andernfalls dürften Zusammenstösse mit der Hitler-Jugend, welche begreiflicherweise diesen Vorgängen ihr besonderes Augenmerk zuwendet, kaum zu vermeiden sein.

gez. Dr. Nockemann.

.e Staatspolizeistelle
ır den Regierungsbezirk
Aachen.

Aachen, den 23. Mai 1934.

An das

Bischöfliche Generalvikariat

in Aachen.

Vorstehende Abschrift übersende ich mit der Bitte um gefl. Kenntnisnahme.

Nockemann

Dokument Nr. 34

Übertragung

I Scrib. In höflicher Erwiderung
des dortigen Schreibens 4 K betreffs
Kaplan Feldhaus in Lohn bemerken wir, daß er uns als ein
stets eifriger, fein veranlagter Herr

... bekannt ist. Wir werden mit ihm sprechen
Zur rechten Beurteilung seiner Worte könnte bemerkt werden,
daß uns eine Reihe von Fällen bekannt geworden
sind, und zwar untergeordneten Organen
— nicht offiziellen
Regierungsstellen —
Äußerungen und
... X

Diözensanpräses
Dr. Mund, Hochwürden,
zurückgeschickt mit der
Bitte um Äußerung
i. materii
Aachen den 1. 12. 34
das Bischöfl. Generalvikariat
Sträter

X ausgesprochen sind, auf Grund derer die diskriminierten
Worte des Kpl. Feldhaus verständlich werden
können) Aachen 10. 12. 34
Staatspolizeistelle
II Scrib. Die Staatspolizei schreibt uns, ... habe sich dahin
geäußert,
I ... I Wir haben geschrieben, sie seien uns [...] bekannt
Aachen 10. 12. 34
Kpl. Feldhaus, Lohn
III. mit Anlagen am 27. 12.

Friedrich Feldhaus, geb. 18. 8. 1899 in Mühlheim-Ruhr; gew. 5. 3. 1925; gest. 29. 7. 1966.

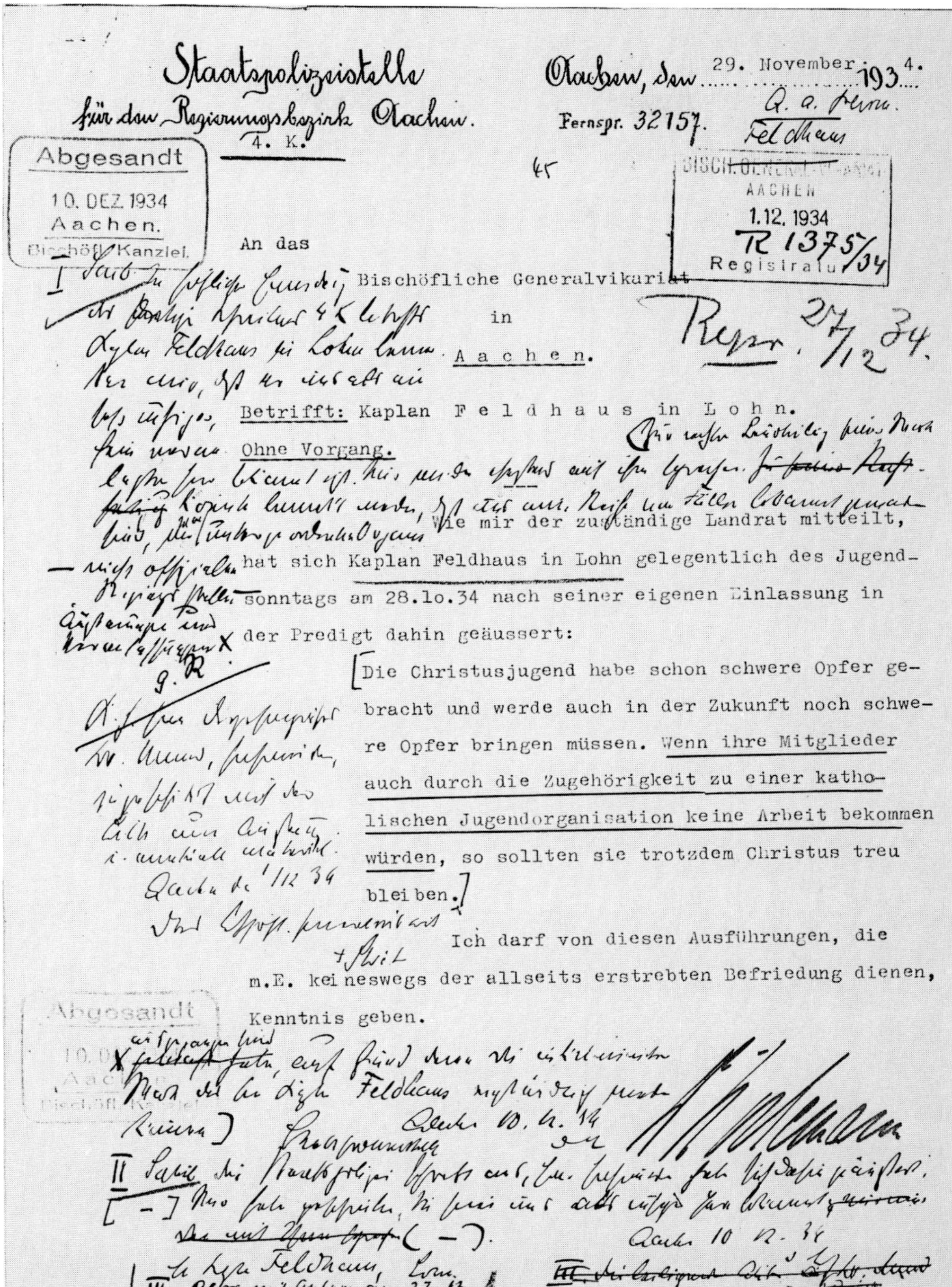

Staatspolizeistelle
für den Regierungsbezirk Aachen.
4. K.

Aachen, den 29. November 1934.

Fernspr. 32157.

Abgesandt
10. DEZ. 1934
Aachen.
Bischöfl. Kanzlei.

BISCH. GENERALVIKARIAT
AACHEN
1.12.1934
R 1375/34
Registratur

An das
Bischöfliche Generalvikariat
in
A a c h e n.

Betrifft: Kaplan F e l d h a u s in L o h n.
Ohne Vorgang.

Wie mir der zuständige Landrat mitteilt, hat sich Kaplan Feldhaus in Lohn gelegentlich des Jugendsonntags am 28.10.34 nach seiner eigenen Einlassung in der Predigt dahin geäussert:

[Die Christusjugend habe schon schwere Opfer gebracht und werde auch in der Zukunft noch schwere Opfer bringen müssen. Wenn ihre Mitglieder auch durch die Zugehörigkeit zu einer katholischen Jugendorganisation keine Arbeit bekommen würden, so sollten sie trotzdem Christus treu bleiben.]

Ich darf von diesen Ausführungen, die m.E. keineswegs der allseits erstrebten Befriedung dienen, Kenntnis geben.

Für die folgenden Dokumente Nr. 35—43 ist der Name des deutschen Arbeiters, der des verbotenen Umgangs mit Ostarbeitern bezichtigt wurde, geändert in Xaver Zumklei.

Abschrift.

Mannesmannröhren-Werke - Abt.Heinrich Bierwes-Hütte in Duisburg-Huckingen.
Abt.Werkschutz
Sch/St. /Hausruf: 263

den 1.3.1943

An die
Geheime Staatspolizei
in D u i s b u r g ,
Polizeipräsidium.

Betr.: Gef.-Mitglied Zumklei

Unser Gef.-Mitglied Zumklei, geb. [redacted].08, wohnhaft Dbg.-Hochfeld, [redacted]str.[redacted], hat, wie erst jetzt bekannt geworden ist, am 19.12.42 den Ostarbeiter [redacted] N.N. um RM 25,-- angebettelt, angeblich, um ihm einen Anzug zu besorgen. Mitte Februar sind dem Ostarbeiter RM 10,-- wieder zurückgegeben worden. Weiterhin hat Zumklei den ihm vollkommen unbekannten Ostarbeiter [redacted] N.N. um RM 8,-- angebettelt, um angeblich Brot für ihn zu kaufen. Als Grund für die Anbettelei gibt Zumklei an, dass seine Frau RM 96,-- Auslagen für die Herstellung eines Gebisses gehabt habe. Er selbst habe RM 66.-- von dieser Summe tragen müssen.

Es ist dauernd darauf hingewiesen worden, dass es verboten ist, Ostarbeiter irgendwelche Gegenstände zu besorgen. Wenn nun diese Gef.-Mitglied dazu übergegangen ist, sich Geld zu leihen unter Vorspielung falscher Tatsachen und noch nicht einmal in der Lage war, den Ostarbeiter [redacted] N.N. wiederzuerkennen, um ihm die geliehenen RM 8,-- wiederzugeben, so bedeutet das für die Deutschen eine schwere Schädigung des Ansehens. Die Belegschaft ist über das Verhalten dieses Gefolgschaftsmitgliedes sehr erregt. Es erscheint daher nicht gerechtfertigt, wenn diese Angelegenheit werksseitig geregelt wird.-

Der Abwb.der H.B.H.
gez. [redacted]. N.N.

Ddr.Betr.Obmann
DAF.

- - - - - - - - - - - - - - - - N.N. [redacted] = Gezchg. = Angestellte.

Für richtige Abschrift:

Dokument Nr. 36

6

Geheime Staatspolizei
Staatspolizeileitstelle Düsseldorf
Aussendienststelle Duisburg.
II E R/974/43
....
(Tgb.-Nr.)

Duisburg, den 8. März 1943

An die
Geheime Staatspolizei
Staatspolizeileitstelle Düsseldorf
– Vorzimmer –
in D ü s s e l d o r f .

1.) Schreiben:

F e s t n a h m e m e l d u n g .

Am 8.3.43 um 11 Uhr wurde durch Aussendienststelle Duisburg (Dienststelle) festgenommen:

Name: Zumklei, Vorname: Xaver

Geburtsname: –

Geburtsdatum: [redacted].08

Geburtsort: Rheinberg/Mörs

Beruf: Arbeiter

Wohnort: Duisburg-Hochfeld, Strasse: [redacted]str.34

Staatsangehörigkeit: D.R.

Konfession: kath. Familienstand: verh.

Zahl d.Kinder: 2 Alter d.Kinder: 10 u.11 Jahre

Politische Einstellung: unbekannt

Mitglied der NSDAP usw.: Nein

Liegt strafbare Handlung vor: Nein

Strafbestimmungen: –

Erfolgt Abgabe an die Strafverfolgungsbehörde: Nein

Evtl. warum nicht? Staatspolizeiliche Massnahmen (verlängerte Haft von 14 Tagen)

Tatbestand:

(Siehe Rückseite)

Der Häftling ist – geständig – ~~xxxxxxxxxxxxxxxxxxxxxxxxxxxxxx~~

Er wurde in das hies. Polizei – Gefgs.zur Verfügung der Stapo eingeliefert. Vorführung vor den Richter erfolgt – nicht – .

Schutzhaft wird – noch – nicht – beantragt.

N.N. [redacted] Krim.-Oberasst.
(Sachbearbeiter)

N.N. [redacted] Krim.-Obersekretär.
(Dienststellenleiter)

1.) Eingegangen um ....Uhr Düsseldorf,den..............19...
2.) Gesehen:
3.) II B zum Tagesrapport.
4.) Vorzimmer z.. Kontrolle.

2.) II D zur Mitkenntnis.
3.) Z.Vg.b.II ..

Zumklei hat auf seiner Arbeitsdtelle bei den Mannesmannröhrenwerken in Duisburg-Huckingen von einem Ostarbeiter 25,--RM geliehen und ihm hierfür angeblich einen Anzug besorgen wollen. In Wirklichkeit wollte er den Ostarbeiter um das Geld betrügen. Von einem anderen Ostarbeiter des Betriebes lieh er sich 8,--RM und versprach diesem Brot hierfür. Das geliehene Geld hat er nach Bekanntwerden des Vorfalles zurückgezahlt.-

[redacted]

7

Fingerabdruck genommen *)
Fingerabdrucknahme nicht erforderlich *)
Person ist — nicht — festgestellt *)

Datum: 8. März 1943

Name: [redacted] [redacted] N.N.

Amtsbezeichnung: Krim.Oberasst.

Dienststelle: II E R

(Dienststelle des vernehmenden Beamten)

Duisburg, am 8. März 1943

Auf Vorladung — ~~Vorgeführt~~ *) — erscheint

[redacted] Zumklei Xaver

und erklärt, zur Wahrheit ermahnt:

I. Zur Person:

1. a) Familienname, auch Beinamen (bei Frauen auch Geburtsname, ggf. Name des früheren Ehemannes) b) Vornamen (Rufname ist zu unterstreichen)	a) Zumklei b) Xaver
2. a) Beruf Über das Berufsverhältnis ist anzugeben, — ob Inhaber, Handwerksmeister, Geschäftsleiter oder Gehilfe, Geselle, Lehrling, Fabrikarbeiter, Handlungsgehilfe, Verkäuferin usw. — — bei Ehefrauen Beruf des Ehemannes — — bei Minderjährigen ohne Beruf der der Eltern — — bei Beamten und staatl. Angestellten genaueste Anschrift der Dienststelle — — bei Studierenden die Anschrift der Hochschule und das belegte Lehrfach — — bei Trägern akademischer Würden (Dipl.-Ing., Dr. D. pp.), wann und bei welcher Hochschule der Titel erworben wurde — b) Einkommensverhältnisse c) Erwerbslos?	a) Arbeiter b) c) Ja, seit März 1939 Mannesmann-Werke Duisburg-Huckingen nein
3. Geboren	am [redacted].08 in Rheinberg/Mörs Verwaltungsbezirk – Landgerichtsbezirk Cleve Land
4. Wohnung oder letzter Aufenthalt	in Duisburg-Hochfeld Verwaltungsbezirk – Land D.R. Bach Straße/Platz Nr. 34 Fernruf

Din A 4
210x297 mm
Vordruck

D.R.

5. Staatsangehörigkeit Reichsbürger?	ja katholisch
6. a) Religion (auch frühere) 1) Angehöriger einer Religionsgemeinschaft oder einer Weltanschauungsgemeinschaft, 2) Gottgläubiger, 3) Glaubensloser b) sind 1. Eltern / 2. Großeltern } deutschblütig?	a) 1) ja — welche? — nein 2) ja — ja nein 3) ja — nein b) 1. ja 2. verheiratet
7. a) Familienstand (ledig — verheiratet — verwitwet — geschieden — lebt getrennt) b) Vor- und Familiennamen des Ehegatten (bei Frauen auch Geburtsname) c) Wohnung des Ehegatten (bei verschiedener Wohnung) d) Sind oder waren die Eltern — Großeltern — des Ehegatten deutschblütig?	Luise geb. [redacted] N.N. a) beim Ehemann b) ja c) d) 2
8. Kinder	11 u. 10 ehelich: a) Anzahl: — b) Alter: — Jahre unehelich: a) Anzahl: b) Alter: Jahre X. Zumklei
9. a) Des Vaters Vor- und Zunamen Beruf, Wohnung b) der Mutter Vor- und Geburtsnamen Beruf, Wohnung (auch wenn Eltern bereits verstorben)	Arbeiter, Bochum, [redacted]str. [redacted] a) Johanna geb. [redacted] + N.N. b) —
10. Des Vormundes oder Pflegers Vor- und Zunamen Beruf, Wohnung	— —
11. a) Reisepaß ist ausgestellt	a) von ... am ... Nr. —
b) Erlaubnis zum Führen eines Kraftfahrzeuges — Kraftfahrrades — ist erteilt	b) von ... am ... Nr. —
c) Wandergewerbeschein ist ausgestellt	c) von ... am ... Nr. —
d) Legitimationskarte gemäß § 44a Gewerbeordnung ist ausgestellt	d) von ... am ... Nr. —
e) Jagdschein ist ausgestellt	e) von ... am ... Nr. —
f) Schiffer- oder Lotsenpatent ist ausgestellt	f) von ... am ... Nr.

8

g) Versorgungsschein (Zivildienstversorgungsschein) ist ausgestellt	g) von – am
	Nr.
Rentenbescheid?	–
Versorgungsbehörde?	–
h) Sonstige Ausweise?	h) –
12. a) Als Schöffe oder Geschworener für die laufende oder die nächste Wahlperiode gewählt oder ausgelost? Durch welchen Ausschuß (§ 40 GVG.)?	a) –
b) Handels-, Arbeitsrichter, Beisitzer eines sozialen Ehrengerichts?	b) –
c) Werden Vormundschaften oder Pflegschaften geführt?	c) –
Über wen?	
Bei welchem Vormundschaftsgericht?	–
13. Zugehörigkeit zu einer zur Reichskulturkammer gehörigen Kammer (genaue Bezeichnung)	–
14. Mitgliedschaft	
a) bei der NSDAP.	a) seit Nein
	letzte Ortsgruppe
b) bei welchen Gliederungen?	b) seit NSV
	letzte Formation –
	oder ähnl. –
15. Reichsarbeitsdienst Wann und wo gemustert?	–
Entscheid	
Dem Arbeitsdienst angehört	von bis
	Abteilung Ort
16. Wehrdienstverhältnis	
a) Für welchen Truppenteil gemustert oder als Freiwilliger angenommen?	a) vom 14.7.41 bis 21.1o41 Lw.Ausb. Stelle Hohn 2. Kompanie
b) Als wehrunwürdig ausgeschlossen?	b) –
Wann und weshalb?	–
c) Gedient:	c) von 14.7.41 bis 21.1o.41
Truppenteil	Flieger Lw. Ausbild.Stelle Hohn
Standort	Hohn
entlassen als	D.U. gem Vfg. LGK XI v.21.1o.

17. Orden- und Ehrenzeichen? (einzeln aufführen)	–
18. Vorbestraft? (Kurze Angabe des — der — Beschuldigten Diese Angaben sind, soweit möglich, auf Grund der amtlichen Unterlagen zu ergänzen)	angeblich nicht

II. Zur Sache:

Ich bin in Rheinberg bei Mörs geboren und verzog von dort mit meinen Eltern als ich 2 Jahre alt war, nach Bochum. Dort habe ich bis zum vollendeten 13. Lebensjahr die Hilfsschule besucht und wurde aus deren 2. Klasse entlassen. Anschließend erlernte ich in Bochum 3 Jahre das Schuhmacherhandwerk, machte aber nach der Lehrzeit keine Gesellenprüfung. Von 1925 bis 1927 war ich in [redacted] in der Landwirtschaft tätig. Anfang des Jahres 1928 verzog ich von [redacted] nach Duisburg. Seit dieser Zeit war ich bis 1935 mit kurzen Unterbrechungen erwerbslos. Seit 1932 bin ich verheiratet.

Vor der Machtübernahme war ich politisch nicht organisiert, ich gehöre heute der NSV an.

Seit 1939 bin ich bei den Mannesmann-Röhrenwerken in Duisburg-Huckingen beschäftigt. Von Juli bis Oktober 1941 war ich zur Wehrmacht eingezogen und wurde wegen eines alten Leidens Unterschenkelbruch rechtes Bein, als D.U. entlassen.

An meinem Arbeitsplatz sind auch Ostarbeiter eingesetzt. Im allgemeinen verstehe ich mich damit sehr gut, sie sind willig und fleißig. Im Dezember 1942 habe ich mir von einen Ostarbeiter 25-Rm geliehen. Ich versprach ihm einen Anzug hierfür zu besorgen. In Wirklichkeit habe ich nicht die Absicht gehabt einen Anzug zu besorgen, sondern ich wollte das Geld dazu benutzen, meiner Ehefrau die Zähne reparieren zu lassen. Da ich zu dieser Zeit täglich 8 Stunden arbeitete und einen Stundenlohn von -74 Rm hatte, wußte ich mir keinen anderen Rat, als auf diese Weise zu Geld zu kommen. Ich habe die 25-Rm ohne besondere Aufforderung Ende Januar d.J. an den Ostarbeiter zurückgezahlt.

Zu gleicher Zeit, also ebenfalls im Dezember 1942

9

lieh ich mir von einem anderen Ostarbeiter 8--Rm. Auch diese 8--Rm wollte ich dazu benutzen, meiner Ehefrau die Zähne entgültig ausbessern lassen zu können. Ich wollte nicht so unverschämt sein und das ganze Geld von einem Ostarbeiter leihen. Dem letzteren, also dem, der mir die 8--Rm lieh, versprach ich hierfür Brot. Auch in diesem Falle war mir klar, daß ich kein Brot besorgen konnte. Auch diese 8--Rm habe ich dem Ostarbeivor etwa 3 Wochen ohne besondere Aufforderung zurückbezahlt. Ich betone nochmals, bei der ganzen Angelegenheit keine böse Absicht gehabt zu haben. Tatsächlich war ich in Geldverlegenheit. Da sich die Zahnausbesserung ziemlich in die Länge zog, und ich mir wegen des geliehenen Geldes Gewissenbisse machte, habe ich es schließlich wieder an die beiden Ostarbeiter zurückgezahlt.

Innerhalb des Betriebes wurde ich durch Anschläge und auch in Betriebsappellen verschiedentlich auf den vervotenen Umgang mit Ostarbeitern hingewiesen. Hierdurch habe ich auch dann den entgültigen Vorsatz gefaßt, den beiden Ostarbeitern das geliehene Geld zurückzuzahlen. Ich bitte um milde Beurteilung.

v. g. u.

Xaver Zumklei

Geschlossen:

N.N. [redacted]

Krim.Oberasst.

3

Geheime Staatspolizei
Staatspolizeileitstelle Düsseldorf
Außendienststelle Duisburg
B.-Nr. II E R/979/43
Bitte in der Antwort vorstehendes Geschäftszeichen und Datum anzugeben.

gel.: 19.3.43

Duisburg, den 9. März 1943.

1.) Schreiben: An Stapoleitstelle Düsseldorf.

Betrifft: Verbotenen Umgang mit Ostarbeitern, des Arbeiters Xaver Zumklei, geb. [redacted].08 zu Rheinberg, wohnhaft, Duisburg-Hochfeld, [redacted]straße [redacted].

Vorgang: Festnahmemeldung vom 8.3.43-II E R/979/43

Anlagen: -1- Vorgang.

.-.-.-.

Zumklei hat sich im Dezember 1942 auf seiner Arbeitsstelle bei den Mannesmannröhren-Werken von 2 Ostarbeitern Beträge von 25-- und 8-- Rm geben lassen und ihnen dafür einen Anzug und Brot versprochen. Nach seinen eigenen Angaben hatte er jedoch nicht die Absicht, die versprochenen Gegenstände zu besorgen, sondern verbrauchte das Geld für seine eigenen Bedürfnisse. Als die Angelegenheit bekannt wurde, hat er den Ostarbeitern das Geld zurückgegeben.

Vom Betriebsführer wird dem Zumklei ein schlechtes Zeugnis ausgestellt, er bezeichnet ihn als vorlaut und frech. Durch seine Handlungsweise hat Zumklei [redacted] das Ansehen der deutschen Arbeiter bei den Ostarbeitern erheblich geschädigt.

In staats- und abwehrpolizeilicher Hinsicht ist Zumklei bisher nicht bekanntgeworden. Mit Rücksicht darauf, daß er die Hilfsschule besucht hat, werden 14 Tage verlängerte Haft für ausreichend gehalten.

2.) Pers.Akte und Karteikarte anlegen. erl.

3.) Lebensmittelkarten im Polizeigefängnis abgeben. erl.

4.) Wvl. am 20.3.43.

I.A.

9/3

9/3.43

Geheime Staatspolizei
Staatspolizeileitstelle Düsseldorf
Außendienststelle Duisburg
B.-Nr. II E R/2 974/43
Bitte in der Antwort vorstehendes Geschäftszeichen und Datum anzugeben.

Duisburg, den 15. März 1943.

1.) Schreiben: An Stapoleitstelle Düsseldorf.

Betrifft: Häftling Xaver Zumklei, geb. [redacted].o8 zu Rheinberg, wohnhaft, Duisburg-Hochfeld, [redacted]

Vorgang: Festnahmemeldung vom 8.3. und Bericht vom 9.3.43 II E R/974/43.

Anlagen: Keine.

.-.-.-.

Zumklei wurde vom zuständigen Polizeiarzt für haftunfähig erklärt und sollte am 13.3.43 einem Krankenhaus zugeführt werden. Aus diesem Grunde wurde er am 13.3.43 vorzeitig entlassen.

2.) Z.d.P.A. H. 273

I.A.

15/3.43

13

Geheime Staatspolizei
Staatspolizeileitstelle Düsseldorf

Düsseldorf, den 16. März 1943
Prinz-Georg-Straße 98
Fernsprecher: Nr. 363 91
Postscheckkonto Essen 147 (der Regierungshauptkasse Düsseldorf
Reichsbankgirokonto …

B.-Nr. – II E/R – 2285/43 –
Bitte in der Antwort vorstehendes Geschäftszeichen und Datum anzugeben

An die Geheime Staatspolizei
Staatspolizeileitstelle Düsseldorf
Aussendienststelle Duisburg

in Duisburg.

Staatspolizei
Aussendienststelle Duisburg
1418 20.MRZ.1943
974/43 II E-R

Betrifft: Verbotener Umgang mit Ostarbeitern des Arbeiters Xaver Zumklei, [redacted] 1908, Rheinberg.

Vorgang : Dortiges Schreiben vom 9.3.43-II E/R – 974/43.

Zumklei ist für 14 Tage in Haft zu nehmen und nach Verbüssung mit einer nochmaligen ernsten Warnung zu entlassen. Der Tag der Entlassung und die erfolgte Warnung ist mitzuteilen.

Im Auftrage:
[redacted] N.N.

G/0143

Dokument Nr. 41

Duisburg, den 6.4.43

Vermerk:

[redacted] wurde am 13.3.43 vom zuständigen Polizeiarzt für haftunfähig erklärt und sollte einem Krankenhaus zugeführt werden. Er wurde deshalb am gleichen Tage vorzeitig aus der Haft entlassen. Stapoleitstelle Düsseldorf erhielt durch Bericht vom 15.3.43 - IIE R/974/43 hierüber Mitteilung

[redacted] N.N.

Krim. Oberassist.

Stapo Ad.
II E R/974/1418/43

Duisburg, den 6.4.43

I.) Kenntnis genommen.
2.) Z.d.A.b. IIE R.

Rü 6/4

6/4.43

14

MANNESMANNRÖHREN-WERKE
ABTEILUNG HEINRICH BIERWES-HÜTTE

Fernsprecher: Amt Duisburg Sa.-Nr. 60541, von 18 bis 6 Uhr (Samstags ab 14 Uhr): Amt Duisburg Sa.-Nr. 60545 u. 60546 - Drahtwort: Mannesrohr

Abteilung: Werkschutz

An die
Geheime Staatspolizei
D u i s b u r g
Polizeipräsidium

Ihre Zeichen	Ihre Nachricht vom	Unser Zeichen	Unser Hausruf	DUISBURG-HUCKINGEN
		Sch/St.-		.4.43

Staatspolizei
Aussendienststelle Duisburg
14. APR. 1943
974/43 II B-R Anlagen

Betr.: Gef.-Mitglied Zumklei

Im Nachtrage zum Schreiben vom 1.3.43 wird mitgeteilt, dass Zumklei zwischenzeitlich verstorben ist.

(H 273)

Ddr. DAF

Mannesmannröhren - Werke
Abt. Heinrich Bierwes-Hütte

Der Abwb. der H.B.H.
[redacted] N.N.

G/0144

Fernschreiber: K. 35, Ruf-Nummer 37 - Postanschrift: Mannesmannröhren-Werke, Abt. Heinrich Bierwes-Hütte, Duisburg-Wanheim (Postfach)

Dokument Nr. 43

Stapo Ad
II ER 974/43

Duisburg, den 14.4.1943.

1.) Kenntnis genommen

2.) Z.d.P.A. H. 273

Ri 15/4

14/4.

Anhang

1. Quellen- und Literaturverzeichnis

1.1. Ungedruckte Qellen

Archiv der Historischen Deutschen Schützenbruderschaften Leverkusen-Opladen

Bischöfliches Diözesanarchiv Aachen (BDA)

Generalvikariat-Dekanate.

Gvd Aachen 1 II Allgemein (1930—1944)
Gvd Aachen 11 I Dekanat Südost. Dekanat und Dechant
Gvd Aachen 12 I Dekanat Nordost. Dekanat und Dechant
Gvd Aldenhoven 1 II Allgemein. Dekanat und Dechant
Gvd Alsdorf 1 I Allgemein. Dekanat und Dechant
Gvd Blankenheim 2 I Allgemein. Dekanat und Dechant
Gvd Dülken 1 I Allgemein. Dekanat und Dechant
Gvd Düren 1 II Allgemein. Dekanat und Dechant
Gvd Erkelenz 1 II Allgemein. Dekanat und Dechant
Gvd Eschweiler 1 II Allgemein. Dekanat und Dechant
Gvd Gangelt 1 I Allgemein. Dekanat und Dechant
Gvd Geilenkirchen 1 II Allgemein. Dekanat und Dechant
Gvd Gemünd 1 II Allgemein. Dekanat und Dechant
Gvd Hasselsweiler 1 II Allgemein. Dekanat und Dechant
Gvd Heinsberg 1 II Allgemein. Dekanat und Dechant
Gvd Herzogenrath 1 II Allgemein. Dekanat und Dechant
Gvd Hochneukirch 1 I Allgemein. Dekanat und Dechant
Gvd Jülich 1 II Allgemein. Dekanat und Dechant
Gvd Kempen 1 II Allgemein. Dekanat und Dechant
Gvd Kesternich 1 I Allgemein. Dekanat und Dechant
Gvd Kornelimünster 1 I Allgemein. Dekanat und Dechant
Gvd Krefeld 1 II Allgemein. Dekanat und Dechant
Gvd Krefeld-Mitte 11 I, 12 I Allgemein. Dekanat und Dechant
Gvd Krefeld-Ost 15 I, 16 I Allgemein. Dekanat und Dechant
Gvd Krefeld-Süd 18 I, 19 I Allgemein. Dekanat und Dechant
Gvd Krefeld Uerdingen 1 II Allgemein. Dekanat und Dechant
Gvd Kronenburg 1 I Allgemein. Dekanat und Dechant
Gvd Linnich 1 I Allgemein. Dekanat und Dechant
Gvd Lobberich 1 I Allgemein. Dekanat und Dechant
Gvd Mechernich 1 I Allgemein. Dekanat und Dechant
Gvd Mönchengladbach 1 II Allgemein. Dekanat und Dechant
Gvd Mönchengladbach-Ost 1 I Allgemein. Dekanat und Dechant
Gvd Mönchengladbach-West 1 I Allgemein. Dekanat und Dechant
Gvd Mönchengladbach-Süd 1 I Allgemein. Dekanat und Dechant
Gvd Monschau 1 II Allgemein. Dekanat und Dechant
Gvd Nideggen 1 I Allgemein. Dekanat und Dechant
Gvd Nörvenich 1 I Allgemein. Dekanat und Dechant
Gvd Rheydt 1 I Allgemein. Dekanat und Dechant
Gvd Stetternich 1 I Allgemein. Dekanat und Dechant
Gvd Stolberg 1 II Allgemein. Dekanat und Dechant

Gvd Vettweiß 1 I Allgemein. Dekanat und Dechant
Gvd Viersen 1 I Allgemein. Dekanat und Dechant
Gvd Wassenberg 1 II Allgemein. Dekanat und Dechant
Gvd Wegberg 1 I Allgemein. Dekanat und Dechant

Generalvikariat-Sachen:

GvS A (Rom) 1 I: Reichskonkordat von 1933
GvS A (Rom) 3 I: Allgemeine Berichte nach Rom
GvS B (Bischöfe) 1 I: Kirchliche Informationsstelle (1933—1937)
GvS C (Generalvikariat) 2 I—2 III: Veröffentlichungen Kirchenzeitung
GvS C (Generalvikariat) 5 I: Rundschreiben (1934—1941)
GvS C (Generalvikariat) 5 II: Rundschreiben (1942—1944)
GvS C (Generalvikariat) 5 III: Rundschreiben (1939—1943)
GvS C (Generalvikariat) 12 I: Priesterseminarbau 1932 ff.
GvS E (Klerus) 3 I: Priestervereine: Catholica Unio (1933—1944)
GvS E (Klerus) 4 I: Priestervereine: Engelbertusverein (1931—1964)
GvS E (Klerus) 5 I: Priestervereine: Pax Verein (1930—1941)
GvS E (Klerus) 22 I: Klerus und staatliches Einschreiten (1933—1944)
GvS G (Seelsorge) 1 I: Gottesdienst (1931—1941)
GvS G (Seelsorge) 5 I: Ausländerseelsorge (1940—1942)
GvS G (Seelsorge) 9 I: Exerzitien (1934—1940)
GvS G (Seelsorge) 16 I: Kriegsgefangenenseelsorge (1939—1941)
GvS G (Seelsorge) 23 I: Wandernde Kirche
GvS G (Seelsorge) 24 I: Arbeitsdienst
GvS G (Seelsorge) 28 I: Seelsorge Allgemein (1938—1944)
GvS H (Diözesanen) 6 I: Unterstützungen und Bittschriften
GvS J (Vereine) 1 I: Allgemein Katholische Vereine
GvS J (Vereine) 2 I: Berufsvereine. Kaufmännischer Gehilfinnen und Beamtinnen (1931—1939)
GvS J (Vereine) 3 I: Berufsvereine. Gesellenvereine (1924—1941)
GvS J (Vereine) 4 I: Berufsvereine. Katholische Kindergärtnerinnen (1931—1937)
GvS J (Vereine) 5 I: Berufsvereine. Arbeitervereine (1931—1939)
GvS J (Vereine) 6 I: Berufsvereine. Kaufmännische Vereine (1931—1939)
GvS J (Vereine) 7 II: Cäcilienvereine und Kirchenmusik. Gregoriushaus (1930—1941)
GvS J (Vereine) 8 I: Fürsorge- und Unterstützungsvereine. Caritasverband (1931—1936)
GvS J (Vereine) 8 II: Caritasverband (1936—1942)
GvS J (Vereine) 8 III: Caritasverband (1941)
GvS J (Vereine) 9 I: Kunst und Wissenschaft. Katholische Schulorganisation (1931—1936)
GvS J (Vereine) 12 I: Religiöse Vereine. Bruderschaften. Schützenbruderschaften Allgemein (1931—1936)
GvS J (Vereine) 13 I: Religiöse Vereine. Schützenbruderschaften der Diözese
GvS J (Vereine) 14 I und II: Standesvereine. Katholische Jugendvereine
GvS K (Schulwesen) I: Kinderseelsorgestunde
GvS L (Behörden) 3 I und II: Behörden. Gerichte
GvS L (Behörden) 6 I: Oberpräsidium allgemein (1933—1936)
GvS L (Behörden) 7 I: Oberpräsidium Unterstützungen (1931—1934)
GvS L (Behörden) 8 I: Regierungspräsident und Landrat Aachen (1931—1942)
GvS L (Behörden) 9 I: Reichstreuhänder (1941—1942)
GvS L (Behörden) 10 I: Staatspolizei (1934—1942)
GvS L (Behörden) 13 I und II: Materialsammlung der Geschichte des Bistums Aachen im Dritten Reich
GvS L (Behörden) 13 III: Materialsammlung zur Geschichte des Bistums Aachen im Dritten Reich. Erfassung der gegen Priester durchgeführten Maßnahmen zur Nazizeit durch die Aachener Bischofskonferenz 1979 ff.
GvS M (Staat und Partei) 1 I: DAF
GvS M (Staat und Partei) 2 I: Flaggen und Läuten (1931—1942)

GvS M (Staat und Partei) 3 I: Gottesdienst (1931—1942)
GvS M (Staat und Partei) 4 I: NSDAP-Kirche. NS und religiös-sittliche Fragen (1933—1942)
GvS M (Staat und Partei) 5 I: Gau Köln—Aachen (1934—1937)
GvS M (Staat und Partei) 7 I: SA (1939—1940)
GvS M (Staat und Partei) 8 I: Staatsjugend (1934—1943)

GvP (Personen)
(Geordnet nach Namen bzw. abgelegt nach Sterbedaten)

Fotoarchiv: Personen/Orte; Fotoalben
(Geordnet nach Personen und Orten, außerdem Fotoalben)

Hauptstaatsarchiv Düsseldorf (HStAD)

Bestand RW 18: Gestapo-Rundverfügungen Köln/Düsseldorf
Bestand RW 35—6: Nachlaß, Rundschreiben, Erlasse, allgemeine Schriftstücke der Gestapo(leit)stelle Düsseldorf und Außenstellen
Bestand RW 35—8: Kirchen
Bestand RW 58: Personalakten der Gestapo(leit)stelle Düsseldorf und der Außenstellen
Bestand NW 114—4: Überblick über die Besetzung der deutschen Städte im Krieg oder bei Kriegsende durch alliierte Truppen

1.2. Gedruckte Quellen und Darstellungen

Adolph, Walter: Erich Klausener, Berlin 1955.

Adolph, Walter: 25 Jahre „Mit brennender Sorge". Aufzeichnungen und Dokumente, in: Wichmann Jahrbuch, XV./XVI. Jg., 1961/62, S. 3—18.

Adolph, Walter: Geheime Aufzeichnungen aus dem nationalsozialistischen Kirchenkampf 1935—1943. Bearbeitet von Ulrich von Hehl (VdKfZg., Reihe A: Quellen, Bd. 28), Mainz 1979.

Adolph, Walter: Kardinal Preysing und zwei Diktaturen. Sein Widerstand gegen die totalitäre Macht, Berlin 1971.

Adolph, Walter: Sie sind nicht vergessen. Gestalten aus der jüngsten deutschen Kirchengeschichte. Als Manuskript gedruckt, Berlin 1972.

Adorno, Theodor W.: Beiträge zur Ideologielehre, in: Lieber, Jürgen (Hg.): Ideologie Wissenschaft Gesellschaft, Darmstadt 1976, S. 278 ff.

Akten zur Deutschen Auswärtigen Politik 1918—1945. Aus dem Archiv des deutschen Auswärtigen Amtes, Serie C: 1933—1937, Bde. 1 ff., Göttingen 1971 ff.; Serie D: 1937—1943, Bde. 1 ff., Baden-Baden 1950 ff.

Akten der Reichskanzlei. Regierung Hitler 1933—1938, Teil 1: 1933/34, Bd. 1: 30. Januar bis 31. August 1933, bearbeitet von Karl-Heinz Minuth, hg. für die Historische Kommission bei der Bayerischen Akademie der Wissenschaften von Konrad Repgen, für das Bundesarchiv von Hans Booms, Boppard am Rhein 1983.

Albrecht, Dieter (Hg.): Katholische Kirche im Dritten Reich. Eine Aufsatzsammlung zum Verhältnis von Papsttum, Episkopat und deutschen Katholiken zum Nationalsozialismus 1933—1945, Mainz 1976.

Albrecht, Dieter (Bearb.): Der Notenwechsel zwischen dem Heiligen Stuhl und der deutschen Reichsregierung, Bd. 1: Von der Ratifizierung des Reichskonkordats bis zur Enzyklika „Mit brennender Sorge", Bd. 2: 1937—1945 (VdKfZg, Reihe A: Quellen, Bde. 1 und 10), Mainz 1965 und 1969.

Albrecht, Dieter: Die politische Klausel des Reichskonkordats in den deutsch-vatikanischen Beziehungen 1936—1943, in: ders. (Hg.): Katholische Kirche im Dritten Reich. Eine Aufsatzsammlung, Mainz 1976, S. 128—170.

Alten, Peter: Nationalismus (Neue Historische Bibliothek, hg. von Hans- Ulrich Wehler), Frankfurt 1985.

Altmeyer, Karl Aloys: Katholische Presse unter NS-Diktatur. Die katholischen Zeitungen und Zeitschriften Deutschlands in den Jahren 1933—1945, Berlin 1962.

Angres, Werner T.: Die „Judenfrage" im Spiegel amtlicher Berichte 1935, in: Büttner, U., unter Mitwirkung von Johe, W. und Voß, A. (Hg.): Das Unrechtregime. Internationale Forschung über den Nationalsozialismus, Bd. 2: Verfolgung — Exil — belasteter Neubeginn, Hamburg 1986, S. 19—43.

Annuario Pontificio fer L'Anno 1938, Citta del Vaticano 1938.

Aretin, Karl von: Prälat Kaas, Franz von Papen und das Reichskonkordat von 1933, in: VfZg 14, 1966, S. 252—279.

Aretz, Jürgen: Katholische Arbeiterbewegung und Nationalsozialismus. Der Verband katholischer Arbeiter- und Knappenvereine Westdeutschlands 1923—1945 (VdKfZg, Reihe B: Forschungen, Bd. 25), Mainz 1978.

Aronson, Shlomo: Reinhard Heydrich und die Frühgeschichte von Gestapo und SD (Studien zur Zeitgeschichte, hg. vom Institut für Zeitgeschichte), Stuttgart 1971.

Baer, Max: Bücherkunde zur Geschichte des Rheinlandes, Bd. 1: Aufsätze in Zeitschriften und Sammelwerken bis 1915, Bonn 1920.

Bahne, Siegfried: Die KPD und das Ende von Weimar. Das Scheitern einer Politik 1933—35, Frankfurt 1976.

Baumanns, Hans Leo: Die Aachener Heiligtumsfahrt 1937. Ein sozialgeschichtlicher Beitrag zur katholischen Volksopposition im III. Reich (Diss. Aachen 1968).

Baumgärtner, Raimund: Weltanschauungskampf im Dritten Reich. Die Auseinandersetzung der Kirchen mit Alfred Rosenberg, Mainz 1977.

Bayer, Erich (Hg.): Wörterbuch zur Geschichte. Begriffe und Fachausdrücke, Stuttgart 1965.

Becker, Josef: Das Ende der Zentrumspartei und die Problematik des politischen Katholizismus in Deutschland. Zu einem Aufsatz von Karl Ottmar Freiherr von Aretin, in: Welt als Geschichte, 23, 1963, S. 149 ff. Durchgesehen und überarbeitet in: Jasper, Gotthard (Hg.): Von Weimar zu Hitler 1930—1933, Köln Berlin 1962, S. 344—376.

Becker, Josef und Ruth (Hg.): Hitlers Machtergreifung. Dokumente vom Machtantritt Hitlers 30. Januar 1933 bis zur Besiegelung des Einparteienstaates 16. Juli 1933 (dtv-Dokumente), München 1983.

Becker, Josef/Hildebrand, Klaus (Hg.): Internationale Beziehungen in der Weltwirtschaftskrise 1929—1933, München 1980.

Bergengruen, Werner: Der Großtyrann und das Gericht, Hamburg 1935.

Bergengruen, Werner: Rückblick auf einen Roman, in: Akademie der Wissenschaften und der Literatur. Abhandlungen der Klasse der Literatur, Mainz Wiesbaden Jg. 1961, Nr. 2, S. 19—35.

Bernsdorf, Wilhelm (Hg.): Wörterbuch der Soziologie, 2. Aufl. Stuttgart 1969.

Billstein, Aurel: Der eine fällt, die anderen rücken nach. Dokumente des Widerstandes und der Verfolgung in Krefeld 1933—1945, Frankfurt a. M. 1973.

Billstein, Aurel (Hg.): Der eine fällt, die anderen rücken nach. Christliche Gegnerschaft 1933—1945 im Bereich der Gestapoaußendienststelle Krefeld, Krefeld 1978.

Binion, Rudolph: „. . . daß ihr mich gefunden habt." Hitler und die Deutschen: eine Psychohistorie, Stuttgart 1978 (Hitler among the Germans, New York 1976).

Biographisches Lexikon zur deutschen Geschichte. Von den Anfängen bis 1945, Berlin 1970.

Biographisches Wörterbuch zur Deutschen Geschichte. Begründet von Hellmuth Rössler und Günther Franz, 2. völlig neubearbeitete und stark erweiterte Aufl. Bearbeitet von Karl Bosl, Günther Franz, Hanns Hubert Hofmann, Bde. 1—3, München 1973—1975.

Bischof, Erwin: Rheinischer Separatismus. 1918—1924. Hans Adam Dortens Rheinstaatbestrebungen (Europäische Hochschulschriften, Reihe III: Geschichte und ihre Hilfswissenschaften, Bd. 4), Bern 1969.

Das Bistum Aachen. Hauptschriftleitung Seine Exzellenz der hochwürdigste Herr Weihbischof Dr. Hermann Sträter, Aachen 1933.

Bloch, Charles: Le III. Reich et le monde. Paris 1986.

Bloch, Ernst: Erbschaft dieser Zeit, Frankfurt a. M. 1962.

Bludau, Kuno: Gestapo — geheim! Widerstand und Verfolgung in Duisburg 1933—1945 (Schriftenreihe des Forschungsinstituts der Friedrich-Ebert-Stiftung, Bd. 98), Bonn-Bad Godesberg 1973.

Boberach, Heinz (Bearb.): Berichte des SD und der Gestapo über Kirche und Kirchenvolk in Deutschland 1934—1944 (VdKfZg, Reihe A: Quellen, Bd. 12), Mainz 1971.

Boberach, Heinz (Hg.): Meldungen aus dem Reich 1938—1945. Die geheimen Lageberichte des Sicherheitsdienstes der SS. Vollständiger Text aus dem Bestand des Bundesarchivs Koblenz, Bde. 1—17, Berlin 1984.

Böckenförde, Ernst-Wolfgang: Der deutsche Katholizismus im Jahre 1933. Eine kritische Betrachtung, in: Hochland 53, 1960/61 und 54, 1961/62. Wiederabdruck in: Jasper, Gotthard (Hg.): Von Weimar zu Hitler 1930—1933, Köln Berlin 1968, S. 317—343.

Böhnke, Wilfried: Die NSDAP im Ruhrgebiet 1920—1933 (Schriftenreihe des Forschungsinstituts der Friedrich-Ebert-Stiftung, Bd. 106), Bonn-Bad Godesberg 1974.

Bölling, Rainer, Sozialgeschichte der deutschen Lehrer. Ein Überblick von 1800 bis zur Gegenwart, Göttingen 1983.

Bölling, Rainer: Volksschullehrer und Politik. Der deutsche Lehrerverein 1918—1933 (Kritische Studien zur Geschichtswissenschaft, Bd. 32), Göttingen 1978.

Bokler, Willy (Hg.): Prälat Ludwig Wolker (Altenberger Dokumente V a), Düsseldorf 1955.

Bollmus, Reinhard: Das Amt Rosenbergs und seine Gegner. Studien zum Machtkampf im nationalsozialistischen Herrschaftssystem (Studien zur Zeitgeschichte, hg. vom Institut für Zeitgeschichte), Stuttgart 1970.

Boonen, Philipp (Hg.): Lebensraum Bistum Aachen. Tradition — Aktualität — Zukunft (Aachener Beiträge zu Pastoral- und Bildungsfragen 10), (Schriftenreihe der bischöflichen Akademie und der Hauptabteilung Außerschulische Bildung), Aachen 1982.

Borchardt, Knut: Zwangslagen und Handlungsspielräume in der großen Wirtschaftskrise der frühen dreißiger Jahre. Zur Revision des überlieferten Geschichtsbildes, in: Jahrbuch der Bayerischen Akademie der Wissenschaften, hg. von der Bayerischen Akademie der Wissenschaften, München 1979, S. 85—132, Wiederabdruck in: Stürmer, Michael (Hg.): Die Weimarer Republik. Belagerte Civitas, Königstein/Ts. 1986, S. 318—379.

Born, Karl Erich: Von der Reichsgründung bis zum Ersten Weltkrieg (Gebhard, Handbuch der deutschen Geschichte, 9. Aufl., hg. von Herbert Grundmann, Bd. 16), München 1970.

Bosl, Karl: Nationalismus und Vaterland (Maximiliangymnasium München, Jahresbericht 1964/65), o. O. 1965, S. 49—60.

Bracher, Karl Dietrich: Die Anfangsjahre der Hitlerschen Außenpolitik, in: Michalka, Wolfgang (Hg.): Nationalsozialistische Außenpolitik, Darmstadt 1978, S. 202—219.

Bracher, Karl Dietrich: Die Auflösung der Weimarer Republik. Eine Studie zum Problem des Machtverfalls in der Demokratie, 6. Aufl. Königstein/Ts. 1978.

Bracher, Karl Dietrich: Die deutsche Diktatur. Entstehung, Struktur, Folgen des Nationalsozialismus, Köln Berlin 1969.

Bracher, Karl Dietrich: Nationalsozialistische Machtergreifung und Reichskonkordat. Ein Gutachten zur Frage des geschichtlichen Zusammenhangs und der politischen Verknüpfung von Reichskonkordat und nationalsozialistischer Revolution, Wiesbaden 1956.

Bracher, Karl Dietrich: Preußen und die deutsche Demokratie, in: Schlenke, Manfred (Hg.): Preußen. Beiträge zu einer politischen Kultur (Preußen. Versuch einer Bilanz. Eine Ausstellung der Berliner Festspiele GmbH, Bd. 2); Reinbek bei Hamburg 1981, S. 295—310.

Bracher, Karl Dietrich: Stufen totalitärer Gleichschaltung. Die Befestigung der nationalsozialistischen Herrschaft 1933/34, in: VfZg 4, 1956, S. 30—42.

Bracher, Karl Dietrich: Die Technik der nationalsozialistischen Machtergreifung, in: Der Weg in die Diktatur 1918—1933. Zehn Beiträge von Th. Eschenburg u. a., München 1962, S. 153 ff.

Bracher, Karl Dietrich: Zeit der Ideologien. Eine Geschichte des politischen Denkens im 20. Jahrhundert, Stuttgart 1982.

Bracher, Karl Dietrich: Zeitgeschichtliche Kontroversen um Faschismus Totalitarismus Demokratie, 5. erw. Aufl., München Zürich 1984.

Bracher, Karl Dietrich/Funke, Manfred/Jacobsen, Hans Adolf (Hg.): Nationalsozialistische Diktatur 1933—1945. Eine Bilanz (Schriftenreihe der Bundeszentrale für politische Bildung, Bonn, Bd. 192), Darmstadt 1983.

Bracher, Karl Dietrich/Sauer, Wolfgang/Schulz, Gerhard: Die nationalsozialistische Machtergreifung. Studien zur Errichtung des totalitären Herrschaftssystems in Deutschland 1933/34, Bd. 1: Bracher, Karl D.: Stufen der Machtergreifung, Bd. 2: Schulz, G.: Die Anfänge des totalitären Maßnahmestaates, Bd. 3: Sauer, W.: Die Mobilmachung der Gewalt, Frankfurt 1979 und 1974.

Bramsted, Ernest Kohn: Goebbels und die nationalsozialistische Propaganda, Frankfurt 1971.

Braubach, Max: Der Einmarsch deutscher Truppen in die entmilitarisierte Zone am Rhein im März 1936, Köln Opladen 1956.

Braubach, Max: Vom Westfälischen Frieden bis zum Wiener Kongreß 1648—1815, in: Petri, Franz/Droege, Georg (Hg.): Rheinische Geschichte, Bd. 2: Neuzeit, Düsseldorf 1976, S. 219—352.

Braudel, Fernand: Histoire et sciènces sociales: la longue durée, in: Annales 13, 1958, S. 725—753.

Brecher, August: Fritz Keller. 1891—1943. Priester — Seelsorger — Märtyrer, Stolberg 1986.

Brecher, August: Kirchenpresse unter NS-Diktatur. Die katholische Kirchenzeitung für das Bistum Aachen im Dritten Reich, Aachen 1988.

Brecher, August: Zwischen Anpassung und Widerstand. Geschichte der katholischen Pfarreien zu Stolberg, Teil 4: 1933—1945 (Beiträge zur Stolberger Geschichte und Heimatkunde 9d), Monschau 1987.

Breuning, Klaus: Die Vision des Reiches. Deutscher Katholizismus zwischen Demokratie und Diktatur, München 1969.

Brockhaus Enzyklopädie in zwanzig Bänden, Wiesbaden 1966—1976.

Brockhaus Konversations-Lexikon, 14. völlig neubearb. Aufl. Berlin Wien 1895.

Broszat, Martin (Hg.): Deutschlands Weg in die Diktatur. Internationale Konferenz zur nationalsozialistischen Machtübernahme im Reichstagsgebäude in Berlin, 13.—15. 1. 1983, Berlin 1983.

Broszat, Martin: Nationalsozialistische Konzentrationslager 1933—1945 (Schriftliches Sachverständigengutachten für den Auschwitz-Prozeß vor dem Schwurgericht Frankfurt a. M.), in: Broszat, M./Buchheim, H./Jacobsen, H.-A./Krausnick, H.: Anatomie des SS-Staates, Bd. 2, München 3. Aufl. 1982, S. 11—133.

Broszat, Martin: Reichszentralismus und Parteipartikularismus. Bayern nach dem Neuaufbaugesetz vom 30. 1. 1934, in: Büttner, U., unter Mitwirkung von Johe, W. und Voß, A. (Hg.): Das Unrechtsregime. Internationale Forschung über den Nationalsozialismus, Bd. 1: Ideologie — Herrschaftssystem — Wirkung in Europa, Hamburg 1986, S. 178—202.

Broszat, Martin: Resistenz und Widerstand. Eine Zwischenbilanz des Forschungsprojekts „Bayern in der NS-Zeit", Bd. 4: Herrschaft und Gesellschaft im Konflikt, Teil C, hg. von Broszat, M./Fröhlich, E./Großmann, A., München Wien 1981, S. 681—729.

Broszat, Martin: Soziale Motivation und Führer-Bindung, in: Michalka, Wolfgang (Hg.): Nationalsozialistische Außenpolitik, Darmstadt 1978, S. 92—116.

Broszat, Martin: Der Staat Hitlers (dtv-Weltgeschichte des 20. Jh.s), 10. Aufl. München 1983.

Broszat, Martin: Zur Struktur der NS-Massenbewegung, in: VfZg 31, 1983, S. 52—76.

Broszat, Martin/Müller, Horst (Hg.): Das Dritte Reich. Herrschaftsstruktur und Geschichte, München 1983.

Broszat, Martin/Fröhlich, Elke/Wiesemann, Falk (Hg.): Bayern in der NS-Zeit. Soziale Lage und politisches Verhalten der Bevölkerung im Spiegel vertraulicher Berichte, 6 Bände, München Wien 1977 ff.

Broszat, Martin/Buchheim, Hans/Jacobsen, Hans-Adolf/Krausnick, Helmut: Anatomie des SS-Staates, Bde. 1 und 2 (dtv Dokumente), 3. Aufl. München 1982.

Brünung, Heinrich: Memoiren 1918—1934, Stuttgart 1970.

Brunner, Otto: Das Zeitalter der Ideologien. Anfang und Ende (Neue Wege der Verfassungs- und Sozialgeschichte), Göttingen 1968.

Buerschaeper, Kurt: Pfarrgemeindliche Arbeit, in: Pastor bonus. Zeitschrift für kirchliche Wissenschaft und Praxis, hg. von den Professoren des Bischöflichen Priesterseminars Trier i. V. m. den Professoren der Priesterseminare von Mainz und Limburg, 47. Jg., 1936, S. 5—10.

Büttner, Ursula, unter Mitwirkung von Johe, Werner und Voß, Angelika (Hg.): Das Unrechtsregime. Internationale Foschung über den Nationalsozialismus, Bd. 1: Ideologie — Herrschaftssystem — Wirkung in Europa, Bd. 2: Verfolgung — Exil — belasteter Neubeginn (Hamburger Beiträge zur Sozial- und Zeitgeschichte, Bde. XXI und XXII), (Festschrift für Werner Jochmann zum 65. Geburtstag), Hamburg 1986.

Buchheim, Hans: Der deutsche Katholizismus im Jahre 1933. Eine Auseinandersetzung mit Ernst-Wolfgang Böckenförde, in: Hochland 53, 1960/61, S. 497—515.

Bullock, Alan: Hitler. Eine Studie über Tyrannei, Düsseldorf 1953.

Bungartz, Edmund (Hg.): Katholisches Krefeld. Streiflichter aus Geschichte und Gegenwart, Krefeld 1974.

Bussmann, Walter: Der deutsche Katholizismus im Jahre 1933, in: Festschrift für Hermann Heimpel zum 70. Geburtstag am 19. September 1971. 1. Bd., hg. von den Mitarbeitern des Max-Planck- Instituts für Geschichte, Göttingen 1971, S. 180—204.

Calic, Edouard: Reinhard Heydrich. Schlüsselfigur des Dritten Reiches, Düsseldorf 1982.

Campenhausen, Axel Freiherr von: Staatskirchenrecht. Ein Leitfaden durch die Rechtsbeziehungen zwischen Staat und den Religionsgemeinschaften, München 1973.

Chamberlain, Houston Stewart: Die Grundlagen des XIX. Jahrhunderts, München 1932.

Codex Iuris Canonici Pii X Pontificis Maximi iussu digestus Benedicti Papae XV Auctoritate Promulgatus Praefatione Emi Petri Card. Gaspari et Index Analytico-Alphabetico Auctus Typis Polyglottis Vaticanis MCMLVI.

Conway, John S.: Die nationalsozialistische Kirchenpolitik. Ihre Ziele, Widersprüche und Fehlschläge, München 1969.

Conze, Werner/Raupack, Hans (Hg.): Die Staats- und Wirtschaftskrise des deutschen Reiches, Stuttgart 1963.

Corsten, Wilhelm (Hg.): Kölner Aktenstücke zur Lage der Katholischen Kirche in Deutschland 1933—1945, Köln 1949.

Corvin, Otto von: „Pfaffenspiegel". Historisches Denkmal des Fanatismus in der römisch-katholischen Kirche, 2. u. 3. neu durchges. Aufl. Stuttgart 1869, 5. Aufl. 1885, Neuausg. Wien 1922.

Dahm, Karl-Wilhelm: Pfarrer und Politik. Soziale Position und politische Mentalität des deutschen evangelischen Pfarrerstandes zwischen 1918 und 1933 (Dortmunder Schriften zur Sozialforschung, hg. von der Sozialforschungsstelle an der Universität Münster, Sitz Dortmund, Bd. 29), Köln 1965.

Dahrendorf, Rolf: Gesellschaft und Demokratie in Deutschland, München 1965.

Dehio, Ludwig: Preußisch-Deutsche Geschichte 1640—1945. Dauer im Wechsel, in: Beilage zu „Das Parlament", 3, 1961 (18. 1. 1961), S. 25 ff.

Delahaye, Karl/Gatz, Erwin/Jorissen, Hans (Hg.): Bestellt zum Zeugnis. Festgabe für Dr. Johannes Pohlschneider zur Vollendung des 75. Lebensjahres und zur Feier des 50-jährigen Priesterjubiläums, Aachen 1974.

Deuerlein, Ernst: Der deutsche Katholizismus 1933, Osnabrück 1963.

Deutsch, Karl W.: Nation und Welt, in: Winkler, H. A. (Hg.): Nationalismus, 2. erw. Aufl. Königstein/T. 1985, S. 49—66.

Deutsch, Karl W.: Nationalism and Social Communication, Cambridge (Mass.) 1953, 2. Aufl. 1966.

Deutscher Sonderweg — Mythos oder Realität? (Kolloquium des Instituts für Zeitgeschichte), München Wien 1982.

Diehls-Thiele, Peter: Partei und Staat im Dritten Reich. Untersuchungen zum Verhältnis von NSDAP und allgemeiner innerer Staatsverwaltung (Münchener Studien zur Politik, Bd. 9), München 1969, 2. Aufl. München 1971.

Diözesanstatuten des Bistums Aachen. hg. vom Bischöflichen Generalvikariat Aachen (Erste Diözesansynode Aachen — Bd. II) Aachen 1959.

Directorium und Personalschematismus für die Diözese Aachen 1932 ff., hg. vom Bischöflichen Generalvikariat Aachen, Aachen 1932 ff.

Direktorium für das Bistum Aachen für das Jahr 1988 mit den Namen der verstorbenen Bischöfe, Priester und Diakone des Bistums Aachen seit dem 1. September 1930 und besondere Todesgedenktage hg. vom Bischöflichen Genralvikariat Aachen, Aachen 1987.

Dirks, Walter: Katholizismus und Nationalsozialismus, in: Die Arbeit, 8, 1931, S. 241—209, neu abgedruckt in: Frankfurter Hefte, August 1963.

Dohms, Peter: Flugschriften in Gestapoakten. Nachweis und Analyse der Flugschriften in den Gestapo-Akten des Hauptstaatsarchivs Düsseldorf. Mit einem Literaturbericht und einer Quellenübersicht zu Widerstand und Verfolgung im Rhein-Ruhr-Gebiet 1933—1945 (Veröffentlichungen der staatlichen Archive des Landes Nordrhein-Westfalen, Reihe C: Quellen und Forschungen, Bd. 3), Siegburg 1977.

Dokumente der deutschen Politik, hg. von Paul-Meier- Beneckenstein, Bd. 1: Die nationalsozialistische Revolution 1933, Berlin 1939.

Domarus, Max: Hitler. Reden und Proklamationen 1933—1945, Bd. 1: Triumph (1933—1938), Bd. 2: Untergang (1939—1945), München 1965.

Dülffer, Jost: Der Beginn des Krieges 1939: Hitler, die innere Krise und das Mächtesystem, in: Bracher, K. D./Funke, M./Jacobsen, H.-A. (Hg.): Nationalsozialistische Diktatur 1933—1945. Eine Bilanz, Darmstadt 1983, S. 317—344.

Dülffer, Jost: Das deutsch-englische Flottenabkommen vom 18. Juni 1935, in: Michalka, W. (Hg.): Nationalsozialistische Außenpolitik, Darmstadt 1978, S. 244—276.

Düwell, Kurt/Köllmann, Wolfgang (Hg.): Rheinland-Westfalen im Industriezeitalter, Bd. 2: Von der Reichsgründung bis zur Weimarer Republik, hg. im Auftrag des Kultusministers des Landes Nordrhein-Westfalen (Beiträge zur Landesgeschichte des 19. und 20. Jahrhunderts in vier Bänden), Wuppertal 1984.

Duby, Georges: Histoire des mentalités, in: Samaran, Charles (Hg.): L'histoire et ses méthodes, Paris 1961, S. 937—966.

Dupont, Alphonse: D'une histoire des mentalités, in: Revue roumaine d'histoire, 9, 1970, S. 381—403.

Echo der Gegenwart. Aelteste Aachener Zeitung, 85. Jg. 1933.

Echo der Gegenwart. Aelteste Aachener Zeitung, Aachener Rundschau Limburger Tageblatt, 86. Jg. 1934.

Eilers, Rolf: Die nationalsozialistische Schulpolitik, Köln Opladen 1963.

150 Jahre Regierung und Regierungsbezirk Aachen. Beiträge zu ihrer Geschichte, hg. vom Regierungspräsidenten in Aachen, Aachen 1967.

Eliasberg, Georg: Der Ruhrkrieg von 1920 (Schriftenreihe des Forschungsinstituts der Friedrich-Ebert-Stiftung, Bd. 100), Bonn 1974.

Emmerson, James Thomas: The Rhineland Crisis. 7th March 1936. A study in multilateral diplomacy, London 1977.

Emunds, Paul: Der stumme Protest, Aachen 1963.

Erdmann, Karl Dietrich/Schulze, Hagen (Hg.): Weimar. Selbstpreisgabe einer Demokratie. Eine Bilanz heute (Kölner Kolloquium der Fritz Thyssen Stiftung Juni 1979), Düsseldorf 1980.

Ewald, Wilhelm: Die rheinischen Schützengesellschaften, in: Zeitschrift des rheinischen Vereins für Denkmalpflege und Heimatschutz, Heft 1, September 1933.

Ewald, Wilhelm: Wir Schützen, Duisburg 1938.

Faber, Karl Georg: Rheinlande und Rheinländer 1814—1848. Umrisse einer politischen Landschaft, in: Landschaft und Geschichte. Festschrift für Franz Petri zu seinem 65. Geburtstag, hg. von Droege, Georg u. a., Bonn 1970, S. 194—210.

Feder, Gottfried: Das Programm der NSDAP und seine weltanschaulichen Grundlagen, 41.—50. Aufl. München 1951.

Feldmann, Gerald D./Steinisch, Irmgard: Die Weimarer Republik zwischen Sozial- und Wirtschaftsstaat. Die Entscheidung gegen den Achtstundentag, in: Archiv für Sozialgeschichte, hg. von der Friedrich-Ebert Stiftung in Verbindung mit dem Institut für Sozialgeschichte Braunschweig Bonn, Bd. 18, 1978, S. 353—439.

Fest, Joachim C.: Franz von Papen und die Konservative Kollaboration, in: Jasper, G. (Hg.): Von Weimar zu Hitler, Köln Berlin 1968, S. 229—245.

Fest, Joachim C.: Hitler — Eine Biographie, Frankfurt Berlin Wien 1973.

Festschrift „Das neue Priesterseminar zu Aachen". Architekten Reg. Baumeister a. D. Franz Wildt und Peter Salm, hg. von der Baukommission zur Errichtung des Seminars Aachen, Aachen 1937.

Festschrift 1718—1978. 260 Jahre St. Blasius Schützenbruderschaften Kinzweiler, o. O. o. J.

Festschrift Dr. Wilhelm Frick und sein Ministerium. Aus Anlaß des 60. Geburtstages des Reichs- und Preußischen Ministers des Inneren Dr. Wilhelm Frick, hg. vom Staatssekretär im Reichs- und Preußischen Ministerium des Inneren Hans Pfundtner, München 1937.

Först, Walter (Hg.): Entscheidungen im Westen (Beiträge zur neueren Landesgeschichte des Rheinlandes und Westfalens, Bd. 7), Köln Berlin 1979.

Först, Walter (Hg.): Politik und Landschaft (Beiträge zur neueren Landesgeschichte des Rheinlandes und Westfalens, Bd. 3), Köln 1969.

Först, Walter (Hg.): Provinz und Staat (Beiträge zur neueren Landesgeschichte des Rheinlandes und Westfalens, Bd. 4), Köln 1971.

Först, Walter (Hg.): Raum und Politik (Beiträge zur neueren Landesgeschichte des Rheinlandes und Westfalens, Bd. 6), Köln 1977.

Först, Walter (Hg.): Das Rheinland in Preußischer Zeit. 10 Beiträge zur Geschichte der Rheinprovinz, Köln Berlin 1965.

Först, Walter (Hg.): Zwischen Ruhrkampf und Wiederaufbau (Beiträge zur neueren Landesgeschichte des Rheinlandes und Westfalens, Bd. 5), Köln Berlin 1979.

Fraenkel, Ernst: Der Doppelstaat, Frankfurt Köln 1974 (The Dual State, New York 1941).

Fraenkel, Heinrich: Himmler. Kleinbürger und Massenmörder, Frankfurt 1965.

Francoise-Poncet, André: Als Botschafter im Dritten Reich. Die Erinnerungen des französischen Botschafters in Berlin September 1931 bis Oktober 1938, Mainz Berlin 1980.

Frenken, W./Funken, W./Zumfeld, H./Gilessen, L. (Hg.): Der Nationalsozialismus im Kreis Heinsberg, Heinsberg 1983.

Froitzheim, Dieter: Kardinal Frings. Leben und Werk, Köln 1979.

50 Jahre Bistum Aachen, hg. vom Bischöflichen Generalvikariat Aachen, Aachen 1980.

Fuchs, Werner/Klima, Rolf (Hg.): Lexikon der Soziologie, Opladen 1973.

Funke, Manfred: 7. März 1936. Fallstudie zum außenpolitischen Führungsstil Hitlers, in: Michalka, W. (Hg.): Nationalsozialistische Außenpolitik, Darmstadt 1983, S. 277—334.

Ganssmüller, Christian: Die Erbgesundheitspolitik des Dritten Reiches. Planung, Durchführung und Durchsetzung, Köln Wien 1987.

Gatz, Erwin (Hg.): Die Bischöfe der deutschsprachigen Länder 1783/1803 bis 1945. Ein biographisches Lexikon, Berlin 1983.

Gatz, Erwin (Hg.): Erinnerungen rheinischer Seelsorger aus den Diözesen Aachen, Köln und Lüttich (1932—1986), Aachen 1988.

Gatz, Erwin: Geschichte des Bistums Aachen in Daten 1930—1985. Der Weg einer Ortskirche, Aachen 1986.

Geiger, Theodor: Ideologie und Wahrheit. Eine soziologische Kritik des Denkens, Stuttgart 1933.

Geiger, Theodor: Panik im Mittelstand, in: Die Arbeit, Jg. 7, 1930, S. 637 ff.

Geiger, Theodor: Die soziale Schichtung des deutschen Volkes. Soziographischer Versuch auf statistischer Grundlage, Stuttgart 1932.

Genealogisches Handbuch des Adels. Fürstliche Häuser, Bd. V. Hauptbearbeiter Hans Friedrich Ehrenkrock, Limburg an der Lahn 1959.

Gessner, Dieter: Das Ende der Weimarer Republik. Fragen, Methoden und Ergebnisse interdisziplinärer Forschung (Erträge der Forschung, Bd. 97), Darmstadt 1978.

Gisevius, Hans Bernd: Adolf Hitler. Versuch einer Deutung, München 1963.

Goebbels, Joseph: Vom Kaiserhof zur Reichskanzlei. Eine historische Darstellung in Tagebuchblättern, 10. Aufl. München 1935.

Göken, Johannes: Der Kampf um das Kreuz in der Schule. Eine Volkserhebung in Südoldenburg, 2. Aufl. Osnabrück 1948.

Golombek, Dieter: Die politische Vorgeschichte des Preußenkonkordats (1929), (VdKfZg. Reihe B: Forschungen, Bd. 4), Mainz 1970.

Gotto, Klaus: Artikel „Klausener", in: Neue Deutsche Biographie, hg. von der Historischen Kommission bei der Bayerischen Akademie der Wissenschaften, Bd. 11, Berlin 1977, S. 715 f.

Gotto, Klaus: Die Wochenzeitung Junge Front/Michael. Eine Studie zum katholischen Selbstverständnis und zum Verhalten der jungen Kirche gegenüber dem Nationalsozialismus (VdKfZg. Reihe B: Forschungen, Bd. 8), Mainz 1970.

Gotto, Klaus/Repgen, Konrad (Hg.): Kirche, Katholizismus und Nationalsozialismus, Mainz 1980.

Gotto, Klaus/Hockerts, Hans Günter/Repgen, Konrad: Nationalsozialistische Herausforderung und kirchliche Antwort. Eine Bilanz, in: Bracher, K. D./Funke, M./Jacobsen, H.-A. (Hg.): Nationalsozialistische Diktatur 1933—1945. Eine Bilanz, Darmstadt 1983, S. 655—668.

Gottwald, Herbert: Volksverein für das Katholische Deutschland, in: Die bürgerlichen Parteien in Deutschland. Handbuch der Geschichte der bürgerlichen Parteien und anderer bürgerlicher Interessenorganisationen vom Vormärz bis zum Jahre 1945, hg. von einem Redaktionskollektiv unter der Leitung von Dieter Fricke, Bd. 2, Berlin/DDR 1970, S. 810—834.

Grabner-Haider, Anton: Ideologie und Religion. Interaktion und Sinnsysteme in der modernen Gesellschaft, Wien Freiburg Basel 1981.

Grob, Dieter: Strukturgeschichte als „totale" Geschichte?, in: VSWG 58, 1971, S. 289 f.

Guilford, Joy Paul (Hg.): Fields of Psychology, New York 1. Aufl. 1940, 11. Aufl 1948.

Habermas, Jürgen: Technik und Wissenschaft als Ideologie, Frankfurt 1976.

Handbuch des Bistums Aachen, hg. vom Bischöflichen Generalvikariat Aachen, 2. Ausgabe, Aachen 1962.

Handbuch des Erzbistums Breslau für das Jahr 1933, Breslau o. J.

Handbuch des Erzbistums Köln, 23. Ausgabe Köln 1933.

Handbuch des Erzbistums Köln, 26. Ausgabe Köln 1966, Bd. 1: Geschichtlicher Teil. Bearbeitung: Amtliche Zentralstelle für kirchliche Statistik des katholischen Deutschlands in Köln; Bd. 2: Realer und personaler Teil nach dem Stand vom 1. Sept. 1965.

Handbuch der Verfassung und Verwaltung in Preußen und dem Deutschen Reich, hg. von Graf Hue de Grais, Hans Peters und unter Mitwirkung von Werner Hoche, 24. veränderte Aufl. Berlin 1927.

Hartung, Fritz: Der preußische Staat und seine westlichen Provinzen, in: Westfälische Forschungen 7, 1953—54.

Hartung, Fritz: Studien zur Geschichte der preußischen Verwaltung, 2. Teil: Der Oberpräsident (Abhandlungen der preußischen Akademie der Wissenschaften Nr. 4), Berlin 1943.

Hasenkamp, Gottfried: Der Kardinal. Taten und Tage des Bischofs von Münster Clemens August Graf von Galen, 3. Aufl. Münster 1985.

Hegel, Eduard: Das Erzbistum Köln zwischen der Restauration des 19. Jahrhunderts und der Restauration des 20. Jahrhunderts (Geschichte des Erzbistums Köln, Bd. 5), Köln 1987.

Hehl, Ulrich von: Katholische Kirche und Nationalsozialismus im Erzbistum Köln 1933—1945 (VdKfZg, Reihe B: Forschungen, Bd. 23), Mainz 1977.

Hehl, Ulrich von: Kirche, Katholizismus und das nationalsozialistische Deutschland. Ein Forschungsüberblick, in: Albrecht, D. (Hg.): Katholische Kirche im Dritten Reich. Eine Aufsatzsammlung zum Verhältnis von Papsttum, Episkopat und deutschen Katholiken zum Nationalsozialismus 1933—1945, Mainz 1976, S. 219—251.

Hehl, Ulrich von: Priester unter Hitlers Terror. Eine biographische und statistische Erhebung im Auftrag der deutschen Bischofskonferenz unter Mitwirkung der Diözesanarchive, bearb. von Ulrich von Hehl (VdKfZg, Reihe A: Quellen, Bd. 37), Mainz 1984.

Hellfaier, Detlev: Bibliographie zur Geschichte und Landeskunde der Rheinlande. Ein annotiertes Verzeichnis, Köln 1981.

Heitzer, Horstwalter: Der Volksverein für das Katholische Deutschland im Kaiserreich 1890—1918 (VdKfZg, Reihe B: Forschungen, Bd. 26), Mainz 1979.

Herbert, Ulrich: Apartheid nebenan. Erinnerungen an die Fremdarbeiter im Ruhrgebiet, in: Niethammer, L. (Hg.): „Die Jahre weiß man nicht, wo man die heute hinsetzen soll". Faschismuserfahrungen im Ruhrgebiet. Lebensgeschichte und Sozialkultur im Ruhrgebiet 1930—1960, Bd. 1, 2. Aufl. Berlin Bonn 1986, S. 233—266.

Herbert, Ulrich: Fremdarbeiter. Politik und Praxis des „Ausländereinsatzes" in der Kriegswirtschaft des Dritten Reiches, Berlin Bonn 1985.

Heyen, Franz Josef (Hg.): Nationalsozialismus im Alltag. Quellen zur Geschichte des Nationalsozialismus vornehmlich im Raume Mainz/Koblenz/Trier, Boppart 1967.

Hildebrand, Klaus: Deutsche Außenpolitik 1933—1945. Kalkül oder Dogma?, Stuttgart 1976.

Hildebrand, Klaus: Das Dritte Reich, 2. Aufl. München Wien 1980.

Hildebrand, Klaus: Monokratie oder Polykratie? Hitlers Herrschaft und das Dritte Reich, in: Hirschfeld, G./Kettenacker, L. (Hg.): Der „Führerstaat". Mythos und Realität. Studien zur Struktur und Politik des Dritten Reiches, Stuttgart 1981, S. 73—97.

Hillgruber, Andreas: Deutschlands Rolle in der Vorgeschichte der beiden Weltkriege, Göttingen 1967.

Hillgruber, Andreas: Endlich genug über Nationalsozialismus und Zweiten Weltkrieg? Forschungsstand und Literatur, Düsseldorf 1982.

Hinrichs, Carl/Beyer, Wilhelm (Hg.): Die deutsche Einheit als Problem der europäischen Geschichte, (Geschichte in Wissenschaft und Unterricht, Beiheft), Stuttgart 1960.

Hinrichs, Ernst: Zum Stand der historischen Mentalitätsforschung in Deutschland, in: Ethnologia Europaea, Bd. 11, 1980, Heft 2, S. 226—233.

Hirschfeld, Gerhard/Kettenacker, Lothar (Hg.): Der „Führerstaat". Mythos und Realität. Studien zur Struktur und Politik des Dritten Reiches, Stuttgart 1981.

Hirt, Simon (Hg.): „Mit brennender Sorge". Das päpstliche Rundschreiben und seine Folgen in Deutschland (Das christliche Deutschland 1933—1945, Katholische Reihe, Heft 1), Freiburg 1946.

Hirtenbriefe des deutschen, österreichischen und deutsch-schweizerischen Episkopats 1934, Paderborn 1934.

Hitler, Adolf: Mein Kampf, Bd. 1: Eine Abrechnung, Bd. 2: Die nationalsozialistische Bewegung, München 1925 und 1927.

Hockerts, Hans-Günter: Die Goebbels-Tagebücher 1932—1941. Eine neue Hauptquelle zur Erforschung der nationalsozialistischen Kirchenpolitik, in: Politik und Konfession. Festschrift für Konrad Repgen, hg. von Albrecht, Dieter/Hockerts, Hans-Günter/Mikat, Paul/Morsey, Rudolf; Berlin 1983, S. 359—392.

Hockerts, Hans-Günter: Die Sittlichkeitsprozesse gegen katholische Ordensangehörige und Priester 1936/37. Eine Studie zur nationalsozialistischen Herrschaftstechnik und zum Kirchenkampf (VdKfZg, Reihe B: Forschungen, Bd. 6), Mainz 1971.

Höhne, Heinz: Mordsache Röhm. Hitlers Durchbruch zur Alleinherrschaft 1933—1934, Reinbek bei Hamburg 1984.

Höllen, Martin: Katholische Kirche und „NS-Euthanasie". Eine vergleichende Analyse neuer Quellen, in: Zeitschrift für Kirchengeschichte 91, 1980, S. 53—82.

Hörmann, Karl (Hg.): Lexikon der christlichen Moral, Innsbruck Wien München 1976.

Hofer, Walter (Hg.): Der Nationalsozialismus. Dokumente 1933—1945, 4. Aufl.Frankfurt a. M. 1959.

Holl, Karl (Hg.): Wirtschaftskrise und liberale Demokratie. Das Ende der Weimarer Republik und die gegenwärtige Situation, Göttingen 1978.

Horn, Wolfgang: Führerideologie und Parteiorganisation in der NSDAP 1919—1933, Düsseldorf 1972.

Huber, Ernst Rudolf: Deutsche Verfassungsgeschichte seit 1789, Bd. 1: Reform und Restauration 1789—1830, 2. Aufl. Stuttgart Berlin Köln 1967, Bd. 2: Der Kampf um Einheit und Freiheit 1830—1850, Stuttgart Berlin Köln 1960, Bd. 6: Die Weimarer Reichsverfassung, Stuttgart Berlin Köln Mainz 1981.

Huber, Ernst Rudolf: Verfassungsrecht des großdeutschen Reiches, 2. Aufl. Hamburg 1948.

Hürten, Heinz: „Endlösung für den Katholizismus?", in: Stimmen der Zeit, 1985, S. 534—546.

Hürten, Heinz: Katholischer Widerstand gegen Hitler aus deutscher und französischer Perspektive, in: Stimmen der Zeit, 1984, S. 475—486.

Hüttenberger, Peter: Die Anfänge der NSDAP im Westen, in: Först, W. (Hg.): Zwischen Ruhrkampf und Wiederaufbau, Köln Berlin 1972, S. 51—80.

Hüttenberger, Peter: Bibliographie zum Nationalsozialismus (Arbeitsbücher zur modernen Geschichte 8, hg. von Hans-Ulrich Wehler), Göttingen 1980.

Hüttenberger, Peter: Die Gauleiter. Studie zum Wandel des Machtgefüges in der NSDAP (Schriftenreihe der Vierteljahreshefte für Zeitgeschichte Nr. 19), Stuttgart 1969.

Hüttenberger, Peter: Heimtückefälle vor dem Sondergericht München 1933—1939, in: Bayern in der NS-Zeit, Bd. 4: Herrschaft und Gesellschaft im Konflikt, Teil C, hg. von Broszat M./Fröhlich E./Großmann, A., München 1981, S. 435—525.

Hutton, Patrick H.: Die Geschichte der Mentalitäten. Eine andere Landkarte der Kulturgeschichte, in: Rauff, Ulrich (Hg.): Vom Umschreiben der Geschichte, Berlin 1986, S. 103—130.

Jäckel, Eberhard: Hitlers Weltanschauung. Entwurf einer Herrschaft, erw. und überarb. Neuausgabe Stuttgart 1981.

Jasper, Gotthard (Hg.): Von Weimar zu Hitler 1930—1933, Köln Berlin 1968.

Johe, Werner: Das deutsche Volk und das System der Konzentrationslager, in: Büttner, U. unter Mitwirkung von Johe, W. und Voß, A. (Hg.): Das Unrechtsregime. Internationale Forschung über den Nationalsozialismus Bd. 1: Ideologie — Herrschaftssystem — Wirkung in Europa, Hamburg 1986, S. 331—346.

Junker, Detlef: Die deutsche Zentrumspartei und Hitler 1932/33. Ein Beitrag zur Problematik des politischen Katholizismus in Deutschland, Stuttgart 1969.

Katz, Daniel: The Psychology of Nationalism, in: Guilford, Joy Paul (Hg.): Fields of Psychology, 1. Aufl 1940 New York, 11. Aufl. 1948, S. 163—181.

Karte der Erzdiözese Köln und der Diözese Aachen, hg. vom Erzbischöflichen Generalvikariat Köln und vom Bischöflichen Generalvikariat Aachen, Düsseldorf o. J. [Stand 1931].

Katholische Kirchenzeitung für das Bistum Aachen, Jg. 29—36, 1934—1941.

Kempner, Benedicta Maria: Priester vor Hitlers Tribunalen, München 1966.

Kettenacker, Lothar: Sozialpsychologische Aspekte der Führerherrschaft, in: Bracher, K. D./Funke, M./Jacobsen, H.-A. (Hg.): Nationalsozialistische Diktatur 1933—1945. Eine Bilanz, Darmstadt 1983, S. 97—131.

Kirchenzeitung für das Bistum Aachen, Jg. 1, 1946 ff.

Kirchlicher Anzeiger für die Diözese Aachen, hg. und verlegt vom Bischöflichen Generalvikariat Aachen, 1. Jg. 1931 ff., Aachen 1931 ff.

Kirchlicher Anzeiger für die Erzdiözese Köln, hg. vom Erzbischöflichen Generalvikariat Köln, 73. Jg. 1933 ff. Köln 1933 ff.

Kirchliches Handbuch für das katholische Deutschland. Amtliches Statistisches Jahrbuch der Katholischen Kirche Deutschlands, hg. von der Zentralstelle für kirchliche Statistik des katholischen Deutschlands, Köln, Bd. 17: 1930—1931, Bd. 18: 1933—34, Bd. 19: 1935—36, Bd. 20: 1937—38, Bd. 21: 1939, Bd. 22: 1943, Bd. 23: 1944—1951, Köln 1931, 1934, 1936, 1938, 1939, 1942, 1951.

Kirschgens, Alfred/Spelsberg, Gerd: Einigkeit statt Recht und Freiheit. Aachen 1933, Aachen 1983.

Kissenkoetter, Udo: Gregor Stasser und die NSDAP (Schriftenreihe der Vierteljahreshefte für Zeitgeschichte, Nr. 37), Frankfurt 1978.

Klausa, Udo: Die Verwaltung der Provinz, in: Först, W. (Hg.): Das Rheinland in preußischer Zeit. 10 Beiträge zur Geschichte der Rheinprovinz, Köln Berlin 1965, S. 71—86.

Klee, Ernst: „Euthanasie" im NS-Staat. Die „Vernichtung lebensunwerten Lebens", Frankfurt a. M. 1983.

Klein, Adolf: Die Kölner Regierungspräsidenten 1816—1955. Ihr Leben und Wirken, in: 150 Jahre Regierungsbezirk Köln, Berlin 1966, S. 62—121.

Klein, Arthur: Gregor Schwamborn, in: Die Heimat, Zeitschrift für niederrheinische Heimatpflege, Jg. 42, 1971, S. 9—34.

Klein, Hubert: Ein „Löwe" im Zwielicht. Der Bischof von Galen und die katholische Opposition gegen den Nationalsozialismus, in: Münster-Spuren aus der Zeit des Faschismus, Münster 1983, S. 65—80.

Klersch, Joseph: Das deutsche Schützenwesen. Geschichte und Bedeutung. Eine Bibliographie, hg. vom Bund der Historischen Deutschen Schützenbruderschaften (Bücher des Bundes der Historischen Deutschen Schützenbruderschaften, Bd. 1), Köln 1967.

Klerusverzeichnis Bistum Aachen, Aachen 1988.

Kloidt, Franz: Verräter oder Märtyrer? Dokumente katholischer Blutzeugen der nationalsozialistischen Kirchenverfolgung geben Antwort, Düsseldorf 1962.

Koehler, Henning: Autonomiebestrebungen oder Separatismus. Die Politik der Kölnischen Volkszeitung 1918/1919, Berlin 1974.

Köllmann, Wolfgang: Bevölkerungsentwicklung im Industriezeitalter. Zweiter Teil, in: Först, W. (Hg.): Entscheidungen im Westen, Köln Berlin 1979, S. 11—41.

König, René (Hg.): Fischer Lexikon Soziologie, Frankfurt 1974.

Kogon, Eugen: Der SS-Staat. Das System der deutschen Konzentrationslager, Frankfurt a. M. 1948.

Kohn, Heinz: Die Idee des Nationalismus, Frankfurt 1962 (The Idea of Nationalism, New York 1944).

Kolb, Eberhard: Die Maschinerie des Terrors. Zum Funktionieren des Unterdrückungs- und Verfolgungsapparates im NS-System, in: Bracher, K. D./Funke, M./Jacobsen, H.-A. (Hg.): Nationalsozialistische Diktatur 1933—1945. Eine Bilanz, Darmstadt 1983, S. 270—284.

Kolb, Eberhard: Die Weimarer Republik (Oldenburg Grundriß der Geschichte, Bd. 16), München Wien 1984.

Krausnick, Helmut: Stationen der Gleichschaltung, in: Der Weg in die Diktatur 1918—1933. Zehn Beiträge, München 1962, S. 175—197.

Küppers, Heinrich: Der Katholische Lehrerverband in der Übergangszeit von der Weimarer Republik zur Hitlerdiktatur. Zugleich ein Beitrag zur Geschichte des Volksschullehrerstandes (VdKfZg, Reihe B: Forschungen, Bd. 18), Mainz 1975.

Kulka, Otto Dov: Die Nürnberger Rassengesetze und die deutsche Bevölkerung im Lichte geheimer NS-Lage- und Stimmungsbericht, in: VfZg 32, 1984, S. 582—624.

Kupper, Alfons (Bearb.): Staatliche Akten über die Reichskonkordatsverhandlungen 1933 (VdKfZg, Reihe A: Qeullen, Bd. 2), Mainz 1969.

Kurten, Edmund: Unsere Toten, 3. Band: Von der Wiederherstellung der Kölnischen Franziskanerordensprovinz bis zur Gegenwart 1929—1978, Mönchengladbach 1979.

Kuss, Horst: Die Ausbreitung nationalsozialistischer Herrschaft im westlichen Teil des Deutschen Reiches. Ein Bericht über neuere regional- und lokalgeschichtliche Arbeiten, in: Blätter für deutsche Landesgeschichte. Neue Folge des Korrespondenzblattes. Im Auftrag des Gesamtvereins der deutschen Geschichts- und Altertumsvereine, hg. von Hans Patze, 121. Jg., 1985, S. 539—582.

Lademacher, Horst: Machtergreifung in der Rheinprovinz. Voraussetzungen und frühe Konsequenzen, in: Die nationalsozialistische Machtergreifung. Der 30. Januar 1933 im Rheinland-Westfalen-Lippe, hg. vom Minister für Wissenschaft und Forschung des Landes Nordrhein-Westfalen, Landeszentrale für politische Bildung, Düsseldorf 1983, S. 25—52.

Lademacher, Horst: Die nördlichen Rheinlande von der Rheinprovinz bis zur Bildung des Landschaftsverbandes Rheinland (1815—1953), in: Petri, Franz/Droege, Georg (Hg.): Rheinische Geschichte, Bd. 2: Neuzeit, Düsseldorf 1976, S. 475—866.

Lademacher, Horst: Die Rheinprovinz und ihre Selbstverwaltung, in: Först, W. (Hg.): Provinz und Staat, Köln Berlin 1971, S. 11—49.

Lange, Karl: Hitlers unbeachtete Maximen. „Mein Kampf" und die Öffentlichkeit, Stuttgart Berlin Köln 1968.

Lemberg, Eugen: Nationalismus, 2 Bde., Reinbek 1964.

Lenk, Kurt: Ideologie, Ideologiekritik und Wissenssoziologie (Soziologische Texte, Bd. 4), Neuwied Berlin 1962.

Lenk, Kurt: „Mentalität", in: Wörterbuch der Soziologie, hg. von Wilhelm Bernsdorf, 2. Aufl. Stuttgart 1963, S. 689—691.

Lepper, Herbert: 175 Jahre Pfarre Horbach. Eine Gemeinde im Schatten ihrer Kirche, Aachen 1971.

Leppert-Fögen, Annette: Die deklassierte Klasse. Studien zur Geschichte und Ideologie des Kleinbürgertums, Frankfurt 1974.

Lepsius, Reiner M.: Extremer Nationalismus. Strukturbedingungen vor der nationalsozialistischen Machtergreifung, Stuttgart Berlin Köln 1966.

Lepsius, Reiner M.: Parteiensystem und Sozialstruktur. Zum Problem der Demokratisierung der deutschen Gesellschaft, in: Wirtschaft, Geschichte und Wirtschaftsgeschichte. Festschrift für F. Lütge, hg. von W. Abel u. a., Stuttgart 1966, S. 371—393.

Lexikon für Theologie und Kirche, hg. von Josef Höfer und Karl Rahner, 10 Bde. und 4 Ergänzungsbde., 2. Aufl. Freiburg 1957 ff.

Lieber, Hans-Joachim (Hg.): Ideologie, Wissenschaft, Gesellschaft, Darmstadt 1968.

Lill, Rudolf: Ideologie und Kirchenpolitik des Nationalsozialismus, in: Gotto, K./Repgen, K. (Hg.): Kirche, Katholiken und Nationalsozialismus, Mainz 1980, S. 23—34.

Lill, Rudolf: Katholische Kirche und Nationalsozialismus. Versuch einer Bilanz — mit besonderer Berücksichtigung der Rheinprovinz, in: Boonen, P. (Hg.): Lebensraum Bistum Aachen. Tradition — Aktualität — Zukunft, Aachen 1982, S. 140—192.

Lucas, Friedrich Josef: Hindenburg als Reichspräsident (Bonner Historische Forschungen, Bd. 14), Bonn 1959.

Mack Smith, Denis: Mussolini, München 1983.

Mandrou, Robert: Histoire sociale et histoire des mentalités, in: La Nouvelle Critique N. S. 49, 1972, S. 40—44.

Martiny, Martin: Arbeiterbewegung an Rhein und Ruhr vom Scheitern der Räte- und Sozialisierungsbewegungen bis zum Ende der letzten parlamentarischen Regierung der Weimarer Republik (1920—1930), in: Reulecke, Jürgen (Hg.): Arbeiterbewegung an Rhein und Ruhr. Beiträge zur Geschichte der Arbeiterbewegung in Rheinland-Westfalen, Wuppertal 1974, S. 241—273.

Mason, Timothy W.: Sozialpolitik im Dritten Reich. Arbeiterklasse und Volksgemeinschaft, Opladen 1977.

Matthias, Erich: Die Sozialdemokratische Partei Deutschlands, in: Matthias, E./Morsey, R. (Hg.): Das Ende der Parteien 1933. Darstellungen und Dokumente, Königstein/Ts. Düsseldorf 1979, S. 101—278.

Matthias, Erich/Morsey, Rudolf (Hg.): Das Ende der Parteien 1933. Darstellungen und Dokumente (Veröffentlichung der Kommission für Geschichte des Parlamentarismus und der politischen Parteien), Düsseldorf 1960 (Neudruck Königstein/Ts. Düsseldorf 1979).

Matzerath, Horst: Nationalsozialismus und kommunale Selbstverwaltung (Schriftenreihe des Vereins für Kommunalwissenschaften, e. V. Berlin, Bd. 29), Stuttgart u. a. 1970.

Meinecke, Friedrich: Die deutsche Katastrophe, Wiesbaden 1946.

Milatz, Alfred: Wähler und Wahlen in der Weimarer Republik (Schriftenreihe der Bundeszentrale für politische Bildung, Heft 60), 2. Aufl. Bonn 1968.

Ministerialblatt für die preußische innere Verwaltung, hg. vom Ministerium des Inneren, 1908—1935 [fortgesetzt unter dem Titel:] Ministerial-Blatt des Reichs- und Preußischen Ministeriums des Inneren, hg. vom Reichs- und Preußischen Ministerium des Inneren, 1936 ff.

Michalka, Wolfgang (Hg.): Nationalsozialistische Außenpolitik (WBD, Wege der Forschung, Bd. 197), Darmstadt 1978.

Mitscherlich, Alexander und Margarete: Die Unfähigkeit zu trauern. Grundlagen kollektiven Verhaltens, München 1967.

Mitscherlich, Margarete: Erinnerungsarbeit. Zur Psychoanalyse der Unfähigkeit zu trauern, Frankfurt a. M. 1987.

Mitscherlich, Waldemar: Volk und Nation, in: Vierkandt, Alfred (Hg.): Handwörterbuch der Soziologie, Stuttgart 1959, S. 644—652.

Möller, Horst: Die preußischen Oberpräsidenten der Weimarer Republik als Verwaltungselite, in: VfZg 30, 1982, S. 1—28.

Mommsen, Hans: Hitlers Stellung im nationalsozialistischen Herrschaftssystem, in: Hirschfeld, G./Kettenacker, L. (Hg.): Der „Führerstaat". Mythos und Realität. Studien zur Struktur und Politik des Dritten Reiches, Stuttgart 1981, S. 43—72.

Mommsen, Hans: Nationalismus, Nationalitätenfrage, in: Sowjetsystem und demokratische Gesellschaft. Eine vergleichende Enzyklopädie, hg. von C. D. Kernig, Bd. 4, Freiburg Basel Wien 1971, Spalte 623—695.

Mommsen, Hans: Nationalsozialismus, in: Sowjetsystem und demokratische Gesellschaft. Eine vergleichende Enzyklopädie, hg. von C. D. Kernig, Bd. 4, Freiburg Basel. Wien 1974, Spalte 695—713.

Mommsen, Hans/Petzina, Dietmar/Weinbrod, Bernd (Hg.): Industrielles System und politische Entwicklung in der Weimarer Republik, Düsseldorf 1974.

Morsey, Rudolf: Clemens August Kardinal von Galen (1878—1946), in: ders. (Hg.), Zeitgeschichte in Lebensbildern, Bd. 2, Mainz 1975, S. 37—47.

Morsey, Rudolf: Die Deutsche Zentrumspartei, in: Matthias, E./Morsey, R. (Hg.): Das Ende der Parteien 1933, Königstein/Ts. Düsseldorf 1979, S. 279—453.

Morsey, Rudolf: Die Deutsche Zentrumspartei 1917—1923, Düsseldorf 1966.

Morsey, Rudolf: Zur Geschichte des „Preußenschlags" am 20. Juli 1932, in: VfZg 9, 1961, S. 430—439.

Morsey, Rudolf: Hitlers Verhandlungen mit der Zentrumsführung am 31. 1. 1933, in: VfZg 9, 1961, S. 182—194.

Morsey, Rudolf: Der politische Katholizismus 1880—1933, in: Rauscher, Anton (Hg.): Der soziale und politische Katholizismus. Entwicklungslinien in Deutschland 1805—1963, Bd. 1, München Wien 1981, S. 110—164.

Morsey, Rudolf: Probleme der Kulturkampfforschung, in: Historisches Jahrbuch 83, 1964, S. 217—245.

Morsey, Rudolf: Die Rheinlande, Preußen und das Reich 1914—1945, in: Rheinische Vierteljahresblätter 30, 1965, S. 176—230.

Morsey, Rudolf: Der Untergang des politischen Katholizismus. Die Zentrumspartei zwischen christlichem Selbstverständnis und „Nationaler Erhebung" 1932/33, Stuttgart Zürich 1977.

Morsey, Rudolf: Die Zentrumspartei im Rheinland und Westfalen, in: Först, W. (Hg.): Politik und Landschaft, Köln 1969, S. 11—50.

Mosley, Leonard: Göring, München 1975.

Mosse, Georg L.: Die Nationalisierung der Massen. Politische Symbolik und Massenbewegung in Deutschland von den Napoleonischen Kriegen bis zum Dritten Reich, Frankfurt Berlin 1976 (amerikanisch 1975).

Müller, Hans (Hg.): Katholische Kirche und Nationalsozialismus. Dokumente 1930—1935. Mit einer Einleitung von Kurt Sontheimer, München 1963.

Die nationalsozialistische Machtergreifung. Der 30. Januar 1933 im Rheinland—Westfalen-Lippe, hg. vom Minister für Wissenschaft und Erziehung des Landes Nordrhein-Westfalen, Landeszentrale für politische Bildung, Düsseldorf 1983.

Nettelbeck, Walter: Monsignore Gregor Schwamborn. Ehrenbürger der Stadt Krefeld, Krefeld 1974.

Neue Deutsche Biographie, hg. von der Historischen Kommission bei der Bayerischen Akademie der Wissenschaften, Bde. 1—15, Berlin 1971—1987.

Neuhäusler, Johann: Kreuz und Hakenkreuz. Der Kampf des Nationalsozialismus gegen die katholische Kirche und der kirchliche Widerstand. Zwei Teile in einem Band, 2. Aufl. München 1946.

Neumann, Franz: Behemoth. Struktur und Praxis des Nationalsozialismus 1933—1944, Köln Frankfurt 1977 (englisch 1942 und 1944).

Neuss, Wilhelm: Kampf gegen den Mythus des 20. Jahrhunderts. Ein Gedenkblatt an Clemens August Kardinal Graf Galen (Dokumente zur Zeitgeschichte 4), Köln 1947.

Nicolaisen, Carsten: Dokumente zur Kirchenpolitik des Dritten Reiches, Bd. 1: Das Jahr 1933; Bd. 2: 1934/35: Von Beginn des Jahres 1934 bis zur Errichtung des Reichsministeriums für die kirchlichen Angelegenheiten am 16. Juli 1935, hg. im Auftrag der Evangelischen Arbeitsgemeinschaft für kirchliche Zeitgeschichte von Georg Kretschmar, München 1971 und 1975.

Niethammer, Lutz (Hg.): „Die Jahre weiß man nicht, wo man die heute hinsetzen soll". Faschismuserfahrungen im Ruhrgebiet, 2. Aufl. Berlin Bonn 1986.

Nietzsche, Friedrich: Also, sprach Zarathustra, in: Sämtliche Werke in 15 Bänden, Bd. 4, München 1980.

Nipperdey, Thomas: Die anthropologische Dimension der Geschichtswissenschaft (1973), in: ders.: Gesellschaft, Kultur, Theorie. Aufsätze zur neueren Geschichte (Kritische Studien zur Geschichtswissenschaft 18), Göttingen 1986, S. 33—58 und S. 418 f.

Norden, Günther van (Hg.): Zwischen Bekenntnis und Anpassung. Aufsätze zum Kirchenkampf in rheinischen Gemeinden, in Kirche und Gesellschaft (Schriftenreihe des Vereins für rheinische Kirchengeschichte, Bd. 84), Köln 1985.

Norden, Günther van: Der deutsche Protestantismus im Jahr der nationalsozialistischen Machtergreifung, Gütersloh 1979.

Norden, Günther van: Kirche und Staat im Kirchenkampf, in: ders. (Hg.): Zwischen Bekenntnis und Anpassung. Aufsätze zum Kirchenkampf in rheinischen Gemeinden, in Kirche und

Gesellschaft (Schriftenreihe des Vereins für rheinische Kirchengeschichte, Bd. 84), Köln 1985, S. 97—101.

Norden, Günther van (Hg.): Kirchenkampf im Rheinland. Die Entstehung der Bekennenden Kirche und die theologische Erklärung von Barmen 1934 (Schriftenreihe des Vereins für rheinische Kirchengeschichte, Bd. 76), Köln 1984.

Nordrhein-Westfälische Bibliographie, hg. von den Universitätsbibliotheken Düsseldorf und Münster in Zusammenarbeit mit dem Hochschulbibliothekszentrum des Landes Nordrhein-Westfalen in Köln. Bde. 1—4, Düsseldorf 1984—1988.

Nowak, Kurt: „Euthanasie" und Sterilisierung im „Dritten Reich". Die Konfrontation der evangelischen und katholischen Kirche mit dem Gesetz zur Verhütung erbkranken Nachwuchses und der „Euthanasie"-Aktion, Göttingen 1978.

Organisationsbuch der NSDAP, hg. von dem Reichsorganisationsleiter der NSDAP, Dr. Robert Ley, 7. Aufl. München 1943.

Pabst, Klaus: Der Ruhrkampf, in: Först, W. (Hg.): Zwischen Ruhrkampf und Wiederaufbau, Köln Berlin 1972, S. 11—52.

Pehle, Walter H.: Die nationalsozialistische Machtergreifung im Regierungsbezirk Aachen unter besonderer Berücksichtigung der staatlichen und kommunalen Verwaltung (Dissertation), Düsseldorf 1976.

ad personam Ludwig Wolker. Zusammengestellt und hg. von Walter Berger, Buxheim 1975.

Petermann, Max: Alfred von Itter, in: Bungartz, E. (Hg.): Katholisches Krefeld. Streiflichter zur Geschichte und Gegenwart, Krefeld 1974, S. 425—431.

Petri, Franz: Preußen und das Rheinland, in: Först, W. (Hg.): Das Rheinland in preußischer Zeit. 10 Beiträge zur Geschichte der Rheinprovinz, Köln Berlin 1965, S. 65—86.

Petzina, Dietmar: Die Mobilisierung deutscher Arbeitskräfte vor und während des Zweiten Weltkrieges, in: VfZg 18, 1970, S. 443—455.

Petzina, Dietmar: Soziale Lage der deutschen Arbeiter und Probleme des Arbeitseinsatzes während des Zweiten Weltkrieges, in: Dlugoborski, Waclaw (Hg.): Zweiter Weltkrieg und sozialer Wandel. Achsenmächte und besetzte Länder, Göttingen 1981, S. 65—86.

Petzina, Dietmar: Vierjahresplan und Rüstungspolitik, in: Forstmeier, Friedrich/Volkmann, Hans-Erich (Hg.): Kriegswirtschaft und Rüstung 1939—1945, Düsseldorf 1977, S. 65—80.

Peukert, Detlev: Alltag unterm Nationalsozialismus. Beiträge zum Thema Widerstand Nr. 17, Berlin 1980.

Peukert, Detlev: Die KPD im Widerstand. Verfolgung und Untergrundarbeit an Rhein und Ruhr 1933—1945, Wuppertal 1980.

Pflanze, Otto: Bismarcks Herrschaftstechnik als Problem der gegenwärtigen Historiographie, in: HZ, Bd. 234, 1982, S. 561—599.

Plum, Günter: Gesellschaftsstruktur und politisches Bewußtsein in einer katholischen Region 1928—1933. Untersuchung am Beispiel des Regierungsbezirks Aachen (Studien zur Zeitgeschichte, hg. vom Institut für Zeitgeschichte), Stuttgart 1972.

Pohlschneider, Johannes Bischof Dr.: Der nationalsozialistische Kirchenkampf in Oldenburg. Erinnerungen und Dokumente, Kevelaer 1978.

Poll, Bernhard: Aachener Bischöfe, Beiträge zu ihren Lebensbildern, in: Delahaye, K./Gatz, E./Jorrisen, H. (Hg.): Bestellt zum Zeugnis. Festgabe für Bischof Dr. Johannes Pohlschneider zur Vollendung des 75. Lebensjahres und zur Feier des 50-jährigen Priesterjubiläums, Aachen 1974, S. 321—338.

Poll, Bernhard: Franz Oppenhoff, in: Rheinische Lebensbilder I, Düsseldorf 1961, S. 251 f.

Poll, Bernhard (Hg.); Geschichte Aachens in Daten. Unter Mitarbeit von Walter Kaemmerer u. a., Aachen 1965.

Poll, Bernhard: Zur neueren Wirtschaftsgeschichte des Aachener Landes, in: 150 Jahre Regierung und Regierungsbezirk Aachen. Beiträge zu ihrer Geschichte, hg. vom Regierungspräsidenten Aachen, Aachen 1967, S. 59—84.

Poll, Bernhard: Preußen und die Rheinlande, in: Zeitschrift des Aachener Geschichtsvereins, Jg. 76, 1964, S. 5—44.

Portmann, Heinrich: Der Bischof von Münster, Münster 1947.

Portmann, Heinrich: Dokumente um den Bischof von Münster, Münster 1948.

Preußen. Versuch einer Bilanz. Eine Ausstellung der Berliner Festspiele GmbH. Katalog in 5 Bänden, Hamburg 1986.

Preußische Gesetzessammlung. Gesetz-Sammlung für die Königlichen-Preußischen Staaten 1863—1940, Berlin 1863 ff.

Die Priester der Diözese Münster. Weihealter und Anstellungen. Nach dem Stand vom 15. April 1939, Münster 1939.

Prozeß, Der, gegen die Hauptkriegsverbrecher vor dem internationalen Militärgerichtshof Nürnberg. 14. November 1945 bis 1. Oktober 1946, 42 Bände, Nürnberg 1947 ff.

Raem, Heinz-Albert: Katholischer Gesellenverein und deutsche Kolpingfamilie in der Ära des Nationalsozialismus (VdKfZg, Reihe B: Forschungen, Bd. 35), Mainz 1982.

Raem, Heinz-Albert: Pius XI. und der Nationalsozialismus. Die Enzyklika „Mit brennender Sorge" vom 14. März 1937 (Beiträge zur Katholizismusforschung, Reihe B: Abhandlungen), Paderborn München Wien 1979.

Realschematismus der Diözese Aachen, hg. und verlegt vom Bischöflichen Generalvikariat, Gladbach-Rheydt 1933.

Rebentisch, Dieter/Teppe, Karl (Hg.): Verwaltung kontra Menschenführung im Staat Hitlers. Studien zum politisch-administrativen System. Siebzehn Beiträge, Göttingen 1986.

Reclams Lexikon der Heiligen und biblischen Gestalten. Legende und Darstellung in der bildenden Kunst, von Hiltgart L. Keller, 5., durchgesehene und ergänzte Aufl. Stuttgart 1984.

Rheinprovinz und angrenzende Landesteile, Verwaltungsatlas. Stand 1936, hg. vom Landeshauptmann der Rheinprovinz 1937 (Landesplanung der Rheinprovinz — Düsseldorf Landeshaus).

Reichardt, Rolf: Histoire des Mentalités. Eine neue Dimension der Sozialgeschichte am Beispiel des französischen Ancien Régime, in: Internationales Archiv für Sozialgeschichte der deutschen Literatur 3, 1978, S. 130—166.

Reichardt, Rolf: Für eine Konzeptualisierung der Mentalitätshistorie, in: Ethnologia Europaea, Bd. 11, 1980, Heft 2, S. 234—241.

Reichsgesetzblatt, hg. vom Reichsministerium des Inneren, Jg. 1932 ff. Teil 1 und 2, Berlin 1932 ff.

Repgen, Konrad: Über die Entstehung der Reichskonkordats-Offerte im Frühjahr 1933 und die Bedeutung des Reichskonkordats. Kritische Bemerkungen zu einem neuen Buch, in: VfZg 26, 1978, S. 499—534.

Repgen, Konrad: Hitlers Machtergreifung und der deutsche Katholizismus. Versuch einer Bilanz, Saarbrücken 1967.

Repgen, Konrad: Katholizismus und Nationalsozialismus. Zeitgeschichtliche Interpretationen und Probleme (Kirche und Gesellschaft Nr. 99, hg. von der Katholischen Sozialwissenschaftlichen Zentralstelle Mönchengladbach), Köln 1983.

Repgen, Konrad: Klerus und Politik 1848. Die Kölner Geistlichen im politischen Leben des Revolutionsjahres — Als Beitrag zu einer „Parteigeschichte von unten", in: Aus Geschichte und Landeskunde. Forschungen und Darstellungen. Franz Steinbach zum 65. Geburtstag gewidmet von seinen Freunden und Schülern, Bonn 1960.

Reuter, Josef: Die Wiedererrichtung des Bistums Aachen (Veröffentlichungen des Bischöflichen Diözesanarchivs Aachen, Bd. 35), Mönchengladbach 1976.

Reuter, Josef: Die Wiedererrichtung des Bistums Aachen, in: Boonen, P. (Hg.): Lebensraum Bistum Aachen. Tradition — Aktualität — Zukunft, Aachen 1982, S. 63—70.

Die Rheinprovinz. Amtliches Organ des Landeshauptmanns, hg. vom Landeshauptmann der

Rheinprovinz, Jg. 10—17, Düsseldorf 1934—1941 [Zuvor unter dem Titel: Die Wohlfahrtspflege in der Rheinprovinz].

Rittberger, Volker: 1933 [Neunzehnhundertdreiunddreißig]. Wie die Republik der Diktatur erlag. Mit Beiträgen von A. Hillgruber, K. Sontheimer, E. Henning u. a., Stuttgart Berlin, Köln 1983.

Romeyk, Horst: Verwaltungs- und Behördengeschichte der Rheinprovinz 1914—1945 (Publikationen der Gesellschaft für Rheinische Geschichtskunde LXIII), Düsseldorf 1985.

Rosenberg, Alfred: An die Dunkelmänner unserer Zeit. Eine Antwort auf die Angriffe gegen den „Mythus des 20. Jahrhunderts", München o. J.

Rosenberg, Alfred: Der Mythus des 20. Jahrhunderts. Eine Wertung der seelisch-geistigen Gestaltungskämpfe unserer Zeit, München 1930.

Roth, Heinrich: Katholische Jugend in der NS-Zeit unter besonderer Berücksichtigung des Katholischen Jungmännerverbandes. Daten und Dokumente, Düsseldorf 1959.

Rühle, Gerd: Das Dritte Reich. Dokumentarische Darstellung des Aufbaus der Nation. Das erste Jahr 1933. Mit zahlreichen Bildern und Dokumenten sowie einem Sachregister, Berlin 1934.

Scharrer, Manfred (Hg.): Kampflose Kapitulation. Arbeiterbewegung 1933, Reinbek 1984.

Schausberger, Norbert: Der Griff nach Österreich. Der Anschluß, Wien München 1979.

Schellenberger, Barbara: Katholische Jugend und Drittes Reich. Eine Geschichte des katholischen Jungmännerverbandes 1933—1939 unter besonderer Berücksichtigung der Rheinprovinz (VdKfZg, Reihe B: Forschungen, Bd. 17), Mainz 1975.

Schieder, Theodor: Partikularismus und Nationalbewußtsein im Denken des deutschen Vormärz, in: Conze, Werner (Hg.): Staat und Gesellschaft im deutschen Vormärz 1815—1948 (Industrielle Welt 1), Stuttgart 1962.

Schieder, Theodor: Probleme der Nationalismus-Forschung, in: ders. (Hg.) unter Mitwirkung von Burian, Peter: Sozialstruktur und Organisation der europäischen Nationalbewegungen, München 1971, S. 9—18.

Schiffers, Hans: Das Aachener Diözesangebiet im Wandel der Jahrhunderte, in: Das Bistum Aachen. Hauptschriftleitung Seine Exzellenz der hochwürdigste Weihbischof Dr. Hermann Sträter, Aachen 1933, S. 12—64.

Schiffers, Norbert: Sacerdotium und Saeculum. Die Bewußtseinskrise der Priester, in: Delahaye, K./Gatz, E./Jorissen, H. (Hg.): Bestellt zum Zeugnis. Festgabe für Bischof Dr. Johannes Pohlschneider zur Vollendung des 75. Lebensjahres und zur Feier des 50-jährigen Priesterjubiläums, Aachen 1975, S. 357—378.

Schirach, Baldur von: Ich glaubte an Hitler, Hamburg 1968.

Schmalenberg, Hans-Günther: Köpfe — Gestalten. Bistum Aachen, Schlaglichter (Veröffentlichungen des Bischöflichen Diözesanarchivs Aachen, Bd. 40), Aachen 1983.

Schmeer, Karlheinz: Die Regie des öffentlichen Lebens im Dritten Reich, München 1956.

Schmidt, Peter: Zwanzig Jahre Soldat Hitlers. Zehn Jahre Gauleiter [Grohé], Köln 1941.

Schmitz, Kurt: Der rheinische Provinziallandtag (1875—1933), (Bergische Forschungen, Bd. 6), Neustadt a. d. Atsch 1967.

Schneider, Hans: Das Ermächtigungsgesetz vom 24. März 1933. Bericht über das Zustandekommen und die Anwendung des Gesetzes, in: Jasper G. (Hg.): Von Weimar zu Hitler 1930—1933, Köln Berlin 1968, S. 405—442.

Schoenbaum, David: Hitler's Social Revolution, Garden City New York 1968 (deutsch: Die braune Revolution. Eine Sozialgeschichte des Dritten Reiches, Köln 1968, mit einem Nachwort von Hans Mommsen), (Neuausgabe unter dem Titel: Hitler's Social Revolution. Class and Status in Nazi-Germany 1933—1939. With a new foreword by Henry Ashley Turner jr., New York 1980).

Scholder, Klaus: Die Kirchen und das Dritte Reich. Bd. 1: Vorgeschichte und Zeit der Illusionen 1918—1934, Berlin 1977; Bd. 2: Das Jahr der Ernüchterung 1934. Barmen und Rom, Berlin 1985.

Scholder, Klaus: Kirchenkampf, in: Evangelisches Staatslexikon, 2. Aufl. Stuttgart 1975, Sp. 1177—1200.

Schüngeler, Heribert: Widerstand und Verfolgung in Mönchengladbach und Rheydt 1933—1945 (Diss. an der Phil. Fakultät der RWTH Aachen), Möchengladbach 1985.

Schütz, Rüdiger (Bearb.): Grundriß der deutschen Verwaltungsgeschichte 1815—1945, Reihe A: Preußen, Bd. 7: Rheinland, hg. von Walther Hubatsch, Johann Gottfried Herder Institut Marburg/Lahn 1978.

Schütz, Rüdiger: Preußen und die Rheinlande. Studien zur preußischen Integrationspolitik im Vormärz, Wiesbaden 1979.

„Der Schützenbruder". Mitteilungen der Erzbruderschaft vom hl. Sebastianus, Küppersberg 1928—1936.

„Der Schützenbruder". Mitteilungen der Erzbruderschaft vom hl. Sebastianus. Sonderheft: Erhaltung und Gestaltung der Schützenbruderschaften (Schützengesellschaften, Schützenvereine, Schützengilden, Schützengarden, Schützenkompanien) am Rhein und in Westfalen. Schriftleitung: Dr. A. Louis und Dr. W. Holland, o. O. 29. Februar 1936.

Schulz, Gerhard: Der Aufstieg des Nationalsozialismus. Krise und Revolution in Deutschland, Frankfurt a. M. Berlin Wien 1975.

Schulz, Gerhard: Faschismus — Nationalsozialismus. Versionen und theoretische Kontroversen 1922—1972, Frankfurt a. M. Berlin Wien 1974.

Schulz, Gerhard (Hg.): Die große Krise der dreißiger Jahre. Vom Niedergang der Weltwirtschaft zum Zweiten Weltkrieg. Mit Beiträgen von Pierre Bertaux u. a., Göttingen 1985.

Schulz, Gerhard: Permanente Gleichschaltung des öffentlichen Lebens und Entstehung des nationalsozialistischen Führerstaates in Deutschland, in: ders. (Hg.): Die große Krise der dreißiger Jahre. Vom Niedergang der Weltwirtschaft zum Zweiten Weltkrieg. Mit Beiträgen von Pierre Bertaux u. a., Göttingen 1985, S. 72—100.

Schulze, Hagen: Otto Braun oder Preußens demokratische Sendung, Eine Biographie, Frankfurt a. M. Berlin Wien 1977.

Schumann, Hans-Gerd: Nationalsozialismus und Gewerkschaftsbewegung. Die Vernichtung der deutschen Gewerkschaften und der Aufbau der „Deutschen Arbeitsfront", Hannover Frankfurt a. M. 1958.

Selhorst, Heinrich: Priesterschicksale im Dritten Reich aus dem Bistum Aachen. Zeugnis der Lebenden, Aachen 1972.

Sellin, Volker: Mentalität und Mentalitätsgeschichte, in: HZ, Bd. 241, 1985, S. 555—598.

Selung, Dr.: Aachener Heiligtumsfahrt 1937, Mönchengladbach 1937.

Smigiel, Kazimierz: Die Katholische Kirche im Reichsgau Wartheland, Dortmund 1984.

Sontheimer, Kurt: Antidemokratisches Denken in der Weimarer Republik. Die politischen Ideen des deutschen Nationalismus zwischen 1918 und 1933, 2. Aufl. München 1983.

Spael, Wilhelm: Das Buch im Geisteskampf. 100 Jahre Borromäusverein, Bonn 1950.

Spael, Wilhelm: Das Katholische Deutschland im 20. Jahrhundert. Seine Pionier- und Krisenzeiten 1890—1945, Würzburg 1964.

Sprandel, Rolf: Mentalität und Systeme. Neue Zugänge zur mittelalterlichen Geschichte, Stuttgart 1982.

Stasiewski, Bernhard (Bearb.): Akten deutscher Bischöfe über die Lage der Kirche 1933—1945, Bd. 1: 1933—1934; Bd. 2: 1934—1935; Bd. 3: 1935—1936 (VdKfZg, Reihe A: Quellen, Bde. 5, 20, 25), Mainz 1968, 1976, 1979.

Stasiewski, Bernhard: Die Kirchenpolitik der Nationalsozialisten im Warthegau, in: VfZg 7, 1959, S. 46—74.

Statistisches Jahrbuch für das Deutsche Reich, hg. vom Statistischen Reichsamt, 52. Jg. 1933 f., Berlin 1933 ff.

Stegmann, Dieter/Wendt, Bernd-Jürgen/Wilt, Peter Christian (Hg.): Industrielle Gesellschaft und politisches System. Beiträge zur politischen Sozialgeschichte. Festschrift für Fritz Fischer zum 70. Geburtstag, Bonn 1978.

Steinberg, Heinz Günter: Der deutsche Westen und die Reichsreform, in: Först, W. (Hg.): Provinz und Staat, Köln Berlin 1971, S. 95—145.

Steinert, Marlies G.: Hitlers Krieg und die Deutschen. Stimmung und Haltung der deutschen Bevölkerung im Zweiten Weltkrieg, Düsseldorf Wien 1970.

Stern, J. P.: Hitler. Der Führer und das Volk, München 1978 (englisch: The Führer and the People, Glasgow 1975).

Stockhorst, Erich: Fünftausend Köpfe. Wer war was im Dritten Reich, Velbert Kettwig 1967.

Das Strafgesetzbuch für das Deutsche Reich vom 15. Mai 1871 (RGBL I S. 127) in der Fassung vom 22. Februar 1876 (RGBL I S. 39) nach dem Stand vom 1. Mai 1947 unter Berücksichtigung der veränderten staatsrechtlichen Verhältnisse, Textausgabe Iserlohn 1947.

Der Stürmer. Deutsches Wochenblatt zum Kampfe um die Wahrheit. Hg.: Julius Streicher, 15. Jg. 1937.

Stürmer, Michael (Hg.): Die Weimarer Republik. Belagerte Civitas, Königstein/Ts. 1980.

Tellenbach, Gerd: „Mentalität", in: Geschichte, Wirtschaft, Gesellschaft. Festschrift für Clemens Bauer zum 75. Geburtstag, hg. von Erich Harsinger, J. Heinz Müller und Hugo Ott, Berlin 1974, S. 11—30.

Teping, Franz: Der Kampf um die konfessionelle Schule in Oldenburg während der Herrschaft der NS-Regierung, München 1949.

Thies, Jochen: Hitlers „Endziele": Zielloser Aktivismus, Kontinentalimperialismus oder Weltherrschaft?, in: Bracher, K. D./Funke, M./Jacobsen, H.-A. (Hg.): Nationalsozialistische Diktatur 1933—1945. Eine Bilanz, Darmstadt 1983, S. 396—406.

Thiriet: Jean-Michel: Methoden der Mentalitätsforschung in der französischen Sozialgeschichte, in: Ethnologia Europaea 11, 1979/80, S. 208—225.

Tormin, Walter (Hg.): Die Weimarer Republik. Mit Beiträgen von F. A. Krummacher, Walter Tormin, Richard Freyh, Andreas Hillgruber (Edition Zeitgeschichte), 20. Auflage Hannover 1973.

Torsy, Jacob: Geschichte des Bistums Aachen während der französischen Zeit (1802—1814), Bonn 1940.

Tyrell, Albrecht (Hg.): Führer befiel ... Selbstzeugnisse aus der Kampfzeit der NSDAP. Dokumentation und Analyse, Düsseldorf 1969.

Tyrell, Albrecht: Führergedanke und Gauleiterwechsel. Die Teilung des Gaues Rheinland der NSDAP 1931, in: Rheinische Vierteljahresblätter 39, 1975, S. 297 ff. (erneut veröffentlicht in: VfZg 23, 1975, S. 341 ff.).

Tyrell, Albrecht: Vom „Trommler" zum „Führer". Der Wandel von Hitlers Selbstverständnis zwischen 1919 und 1924 und die Entwicklung der NSDAP, München 1975.

Der Unrechts-Staat. Recht und Justiz im Nationalsozialismus, hg. von der Redaktion Kritische Justiz, Frankfurt a. M. 1979.

Ursachen und Folgen. Vom deutschen Zusammenbruch 1918 und 1945 bis zur staatlichen Neuordnung Deutschlands in der Gegenwart. Eine Urkunden- und Dokumentensammlung zur Zeitgeschichte, hg. von Herbert Mischaelis und Ernst Schraepler, Sonderausg. für die Staats- und Kommunalbehörden sowie für Schulen und Bibliotheken, Bde. 8—24. Berlin o. J.

Verhandlungen des Deutschen Reichstages, 8. Wahlperiode 1933, Bd. 457.

Vierhaus, Rudolf: Preußen und die Rheinlande 1815—1915, in: Rheinische Vierteljahresblätter 30, 1965, S. 152—275.

Volk, Ludwig: Adolf Kardinal Bertram (1859—1945), in: Morsey, R. Zeitgeschichte in Lebensbildern, Bd. 1, Mainz 1973, S. 224—286.

Volk, Ludwig (Bearb.): Akten deutscher Bischöfe über die Lage der Kirche 1933—1945, Bd. 4: 1936—1939; Bd. 5: 1940—1942; Bd. 6: 1943—1945 (VdKfZg, Reihe A: Quellen, Bde. 30, 34, 38), Mainz 1981, 1983, 1985.

Volk, Ludwig: Der bayerische Episkopat und der Nationalsozialismus 1930—1934 (VdKfZg, Reihe B: Forschungen, Bd. 1), Mainz 1965.

Volk, Ludwig: Die Enzyklika „Mit brennender Sorge", in Stimmen der Zeit 183, 1969, S. 174—194.

Volk, Ludwig: Episkopat und Kirchenkampf im Zweiten Weltkrieg, 1: Lebensvernichtung und Klostersturm; 2: Judenverfolgung und Zusammenbruch des NS-Staates, in: Stimmen der Zeit 198, 1980, S. 597—611 und S. 687—702.

Volk, Ludwig: Die Fuldaer Bischofskonferenz von Hitlers Machtergreifung bis zur Enzyklika „Mit brennender Sorge", Wiederabdruck in: Albrecht, D. (Hg.): Katholische Kirche im Drittes Reich. Eine Aufsatzsammlung zum Verhältnis von Papsttum, Episkopat und deutschen Katholiken zum Nationalsozialismus 1933—1945, Mainz 1976, S. 35—65.

Volk, Ludwig: Die Fuldaer Bischofskonferenz von der Enzyklika „Mit brennender Sorge" bis zum Ende der NS-Herrschaft, in: Albrecht, D.r (Hg.): Katholische Kirche im Dritten Reich. Eine Aufsatzsammlung zum Verhältnis von Papsttum, Episkopat und deutschen Katholiken zum Nationalsozialismus 1933—1945, Mainz 1976, S. 66—102.

Volk, Ludwig: Katholische Kirche und Nationalsozialismus. Ausgewählte Aufsätze (VdKfZg, Reihe B: Forschungen, Bd. 46), Mainz 1987.

Volk, Ludwig: Zur Kundgebung des deutschen Episkopats vom 28. März 1933, in: Stimmen der Zeit 173, 1963/64, S. 451—456.

Volk, Ludwig: Das Reichskonkordat vom 20. Juli 1933. Von den Ansätzen in der Weimarer Republik bis zur Ratifizierung am 10. September 1933 (VdKfZg, Reihe B: Forschungen, Bd. 5), Mainz 1972.

Volkmann, Klaus J.: Die Rechtsprechung staatlicher Gerichte in Kirchensachen 1933—1945 (VdKfZg, Reihe B: Forschungen, Bd. 24), Mainz 1978.

Der Volksfreund. Aachener Generalanzeiger für Stadt und Land (Gegründet 1894). Aachener Post. Aachener Stadtanzeiger. Aachener Zeitung (Gegründet 1890), 42./45. Jg. 1935.

Vollmer, Bernhard: Volksopposition im Polizeistaat. Gestapo- und Regierungsberichte 1934—1936 (Quellen und Darstellungen zur Zeitgeschichte, Bd. 2), Stuttgart 1957.

Weg, Der, in die Diktatur. Zehn Beiträge von Th. Eschenburg u. a., München 1962.

Wehler, Hans Ulrich: Das deutsche Kaiserreich 1871—1918 (Deutsche Geschichte, hg. von Joachim Leuschner, Bd. 9), 5. Aufl. Göttingen 1983.

Wehler, Hans Ulrich: Geschichte als historische Sozialwissenschaft, 3. Aufl. Frankfurt a. M. 1980.

Weiler, Eugen: Die Geistlichen in Dauchau sowie in anderen Konzentrationslagern und in Gefängnissen, Mödling o. J.

Weimar als Erfahrung und Argument. Ansprachen und Referate anläßlich der Feier des 25-jährigen Bestehens der Kommission für Geschichte des Parlamentarismus und der politischen Parteien (5. Mai 1977), hg. von der Kommission für Geschichte des Parlamentarismus und der politischen Parteien, Düsseldorf 1977.

Weinberg, Gerhard L. (Hg.): Hitlers Zweites Buch. Ein Dokument aus dem Jahre 1928. Eingeleitet und dokumentiert von G. L. Weinberg, Stuttgart 1961.

Weizsäcker, Richard von: Ansprache zum 40. Jahrestag der Beendigung des Zweiten Weltkrieges, in: Presse und Informationsamt der Bundesregierung. Bulletin Nr. 52, S. 441—446, Bonn 9. Mai 1985.

Werner, Wolfgang Franz: Bleib übrig! Deutsche Arbeiter in der nationalsozialistischen Kriegswirtschaft, Düsseldorf 1983.

Westdeutsches Grenzblatt. Amtliches Organ der NSDAP, Aachen, 9. Jg. 1933.

Whiting, Charles: Sturm am Rhein. Der Kampf um das Dreieck Mosel, Saar, Rhein und um die Eifel, Trier 1984.

Widerstand und Verfolgung in Köln 1933—1945. Ausstellung des Historischen Archivs der Stadt Köln vom 8. Februar bis 28. April 1974, hg. vom Historischen Archiv der Stadt Köln, Köln 1974.

Winkler, Heinrich August: Das Dilemma der Weimarer Sozialdemokratie, in: Merkur 36, 1982, S. 1173—1185.

Winkler, Heinrich August: Einleitung: Der Nationalismus und seine Funktionen, in: ders. (Hg.): Nationalismus, 2. erw. Aufl. Königstein/Ts. 1985, S. 5—46.

Winkler, Heinrich August (Hg.): Nationalismus, 2. erw. Aufl. Königstein/Ts. 1985.

Wippermann, Wolfgang: Faschismustheorien. Zum Stand der gegenwärtigen Diskussion (Erträge der Forschung, Bd. 17), Darmstadt 1980.

Wisotzky, Klaus: Der Ruhrbergbau im Dritten Reich. Studien zur Sozialpolitik im Ruhrbergbau und zum sozialen Verhalten der Bergleute in den Jahren 1933—1939, Düsseldorf 1983.

Witetschek, Helmut: Das Überleben der Kirche unter dem NS-Regime, in: Stimmen der Zeit, 1985, S. 829—843.

Wollasch, Hans Josef: „Euthanasie" im NS-Staat. Was taten Kirche und Caritas? „Ein unrühmliches Kapitel" in einem neuen Buch von Ernst Klee, in: Internationale Katholische Zeitschrift 13, 1984, S. 174—189.

Wulf, Josef: Martin Bormann, Hitlers Schatten, Gütersloh 1962.

Wulf, Josef: Presse und Funk im Dritten Reich. Eine Dokumentation, Gütersloh 1964.

Wynen, Arthur: Ludwig Kaas, Trier 1953.

Zimmermann-Buhr, Bernhard: Die katholische Kirche und der Nationalsozialismus in den Jahren 1930—1933, Frankfurt a. M. 1982.

Zipfel, Friedrich: Kirchenkampf in Deutschland 1933—1945. Religionsverfolgung und Selbstbehauptung der Kirchen in der nationalsozialistischen Zeit. Mit einer Einleitung von H. Herzfeld (Veröffentlichungen der Historischen Kommission zu Berlin beim Friedrich-Meinecke-Institut der Freien Universität Berlin, Bd. 11), Berlin 1965.

Zumfeld, Heinz: Kirche im NS-Staat, in: Frenken, W./Funken, H. P./Zumfeld, H./Gilessen, L. (Hg.): Der Nationalsozialismus im Kreis Heinsberg, Heinsberg 1983, S. 75—84.

2. Verzeichnis der Abbildungen [Nachweis]

* Das Titelbild wurde von Wolfgang Sliwinski und Hans-Günther Schmalenberg, die Karten wurden von Wolfgang Sliwinski, Aachen, erstellt.
Als Vorlage dienten: Karte der Erzdiözese Köln und der Diözese Aachen, hg. vom Erzbischöflichen Generalvikariat Köln und vom Bischöflichen Generalvikariat Aachen, Düsseldorf o. J. [Stand 1931]; Realschematismus Aachen 1933; Rheinprovinz und angrenzende Landesteile. Verwaltungsatlas. Stand 1936, hg. vom Landeshauptmann der Rheinprovinz 1937 (Landesplanung der Rheinprovinz — Düsseldorf Landeshaus), S. 1 ff.

3. Abkürzungsverzeichnis

ADAP	Akten zur Deutschen Auswärtigen Politik
BDA	Bischöfliches Diözesanarchiv Aachen
BDM	Bund Deutscher Mädel
CIC	Codex Iuris Canonici
CSR	Tschechoslowakei
CSSp	Congregatio S. Spiritus sub tutela Immaculati Cordis Beatissimae Virg. Mariae (Patres vom Heiligen Geist)
DAF	Deutsche Arbeitsfront
DJK	Deutsche-Jugendkraft
Gestapa	Geheimes Staatspolizeiamt
Gestapo	Geheime Staatspolizei
gew.	zum Priester geweiht
GS	Preußische Gesetzessammlung
GV	Generalvikariat
Hist. Jahrb.	Historisches Jahrbuch
HStAD	Hauptstaatsarchiv Düsseldorf
HZ	Historische Zeitschrift
Jg.	Jahrgang
KA	Kirchlicher Anzeiger
Kirchl. Hdb.	Kirchliches Handbuch
KJMV	Katholischer Jungmännerverband
KPD	Kommunistische Partei Deutschlands
KZ	Konzentrationslager
MIVA	Missions-Verkehrs-Arbeitsgemeinschaft
NSBO	Nationalsozialistische Betriebszellen Organisation
NSDAP	Nationalsozialische Deutsche Arbeiterpartei
NSDFB	Nationalsozialistischer Deutscher Frontkämpferverbund
NSLB	Nationalsozialistischer Lehrerbund
NSV	Nationalsozialistische Volkswohlfahrt

OKW	Oberkommando der Wehrmacht
Pfr. i. R.	Pfarrer in Ruhe
Pg.	Parteigenosse
PO	Politische Organisation
Reg. Bez.	Regierungsbezirk
Reg.Präs.	Regierungspräsident
RFSS u. Ch. d. dt. P.	Der Reichsführer SS und Chef der deutschen Polizei
RGBl	Reichsgesetzblatt
Rhein. VJBll.	Rheinische Vierteljahresblätter
RMBl	Reichsministerialblatt
RMI	Reichsministerium des Inneren
RSHA	Reichssicherheitshauptamt
SA	Sturmabteilung
SD	Sicherheitsdienst
Sipo	Sicherheitspolizei
SJ	Societas Jesu — Gesellschaft Jesu — Jesuiten
SPD	Sozialdemokratische Partei Deutschlands
SS	Schutzstaffel
Stapo	Staatspolizei
StGB	Strafgesetzbuch
UdSSR	Union der Sozialistischen Sowjetrepubliken
uk.	unabkömmlich
VdKfZg	Veröffentlichungen der Kommission für Zeitgeschichte
VfZg	Vierteljahreshefte für Zeitgeschichte
V-Leute	Verbindungsleute der Gestapo oder des SD
VG	Volksgenosse
VSWG	Vierteljahresschrift für Sozial- und Wirtschaftsgeschichte
WBD	Wissenschaftliche Buchgesellschaft Darmstadt
WHW	Winterhilfswerk
WRV	Weimarer Reichsverfassung

4. Register

Autoren von Sekundärliteratur sind nicht aufgeführt. Die Kurzbiographien sind anhand der kursiv gedruckten Seitenzahlen auffindbar. Parteien und Organisationen erscheinen unter ihrer gebräuchlichen Abkürzung. Zeitungen und Zeitschriften sind in Anführungszeichen gesetzt. Zahlen mit Stern (*) verweisen auf die Anmerkungen der betreffenden Seite, Pfeile (→) auf Schlagworte innerhalb des Sachregisters.

4.1. Personenverzeichnis

4.2 Ortsverzeichnis

4.3 Sachverzeichnis (Auswahl)

Veröffentlichungen des Bischöflichen Diözesanarchivs Aachen (BDA)

(noch greifbar; * = unverb. empf. Preis)

7. Josef Conrads, Das Venndorf Kalterherberg mit dem Kloster Reichenstein
Aachen (Joh. Volk) 1938/39 vergriffen
*Unveränderter Nachdruck. Mit einem Geleitwort des Herausgebers Hans-Günther Schmalenberg
(320 Seiten, 12 Tafeln mit 28 Bildern, 1 Textbild, 2 zusätzlichen Fotos, Ganzpappband mit zweifarbig bedrucktem Überzug)
Aachen (einhard) 1988 Preis DM 19,80
(ISBN 3-920284-46-1)

23. Ingeborg Schild, Die Brüder Cremer und ihre Kirchenbauten
(456 Seiten, 196 Abbildungen, Ganzleinen mit Schutzumschlag)
Mönchengladbach (B. Kühlen) 1965 *DM 39,—

24. Heinrich Candels, Das Zisterzienserkloster St. Jöris bei Eschweiler (1274—1802)
Mönchengladbach (B. Kühlen) 1966 vergriffen
*Zweite erweiterte Auflage
(191 Seiten, 28 Abbildungen, Ganzpappband mit farbig bedrucktem Überzug)
Mönchengladbach (B. Kühlen) 1982 *DM 27,—
(ISBN 3-87448-112-3)

25. Georg Haskamp, Ober-Cyrin, Chronik der Gemeinde Oberzier, Kreis Düren
(260 Seiten, 91 Abbildungen, Leinen mit zweifarbigem Schutzumschlag)
Mönchengladbach (B. Kühlen) 1967 *DM 17,70

26. Hans-Martin Fröhlich, Ein Bildnis der Schwarzen Muttergottes von Brünn in Aachen
(72 Seiten, 20 Abbildungen, 1 Farbtafel, Ganzleinen mit zweifarbigem Schutzumschlag)
Mönchengladbach (B. Kühlen) 1967 *DM 9,60

28. Klaus Eichenberg, Der Stadtbaumeister Heinrich Johann Freyse
(192 Seiten, 107 Abbildungen, 1 Falttafel, Ganzleinen mit zweifarbigem Schutzumschlag)
Mönchengladbach (B. Kühlen) 1970 *DM 27,—
(ISBN 3-87448-002X)

30. Wilhelm Jansen, Das Päpstliche Missionswerk der Kinder in Deutschland. Seine Entstehung und seine Geschichte bis 1945
(112 Seiten, 12 Abbildungen, eine farbig, Ganzleinen mit zweifarbigem Schutzumschlag)
Mönchengladbach (B. Kühlen) 1970 *DM 9,—

31. Josef Solzbacher, Die »Heilige Freundschaft« zwischen Clara Fey und Wilhelm Sartorius. Ein Beitrag zur Geschichte der Frömmigkeit, besonders im Aachen des 19. Jahrhunderts
(152 Seiten, 8 Abbildungen, 1 Faltblatt, Ganzleinen mit farbigem Schutzumschlag)
Mönchengladbach (B. Kühlen) 1972 *DM 13,80
(ISBN 3-87448-0739)

34. Peter Nieveler, Codex Juliacensis, Christina von Stommeln und Petrus von Dacien. Leben und Nachleben in Geschichte und Literatur
(196 Seiten, 16 Bildseiten z. T. vierfarbig, Ganzleinen mit mehrfarbigem Schutzumschlag)
Mönchengladbach (B. Kühlen) 1975 *DM 28,50
(ISBN 3-87448-0798)

35. Josef Reuter, Die Wiedererrichtung des Bistums Aachen
(264 Seiten, 1 sechsfarbige Bistumskarte)
Mönchengladbach (B. Kühlen) 1976 *DM 32,—
(ISBN 3-87448-089-5)

36. Herbert Lepper, Sozialer Katholizismus in Aachen
(584 Seiten, 7 Abbildungen, Broschur mit vierfarbig bedrucktem Efalineinband)
Mönchengladbach (B. Kühlen) 1977 *DM 57,—
(ISBN 3-87448-095X)

37. Heinrich Candels, Ellen Kreis Düren. Geschichte des Dorfes und des Klosters der Prämonstratenserinnen. Mit einem Beitrag über die Kloster- und Pfarrkirche von Reinhard Dauber
(280 Seiten, 30 Abbildungen, Ganzgewebeband mit vierfarbigem Schutzumschlag)
Mönchengladbach (B. Kühlen) 1979 *DM 33,—
(ISBN 3-87448-101-8)

38. Norbert Klinkenberg, Sozialer Katholizismus in Mönchengladbach. Beitrag zum Thema Katholische Kirche und Soziale Frage im 19. Jahrhundert
(200 Seiten mit 17 zum Teil ganzseitigen Abbildungen, Ganzpappband mit farbig bedrucktem Überzug)
Mönchengladbach (B. Kühlen) 1981 *DM 36,—
(ISBN 3-87448-109-3)

39. In Vorbereitung: Nekrolog der Priester im Bistum Aachen seit seiner Wiedererrichtung 1930

40. Hans-Günther Schmalenberg, Köpfe — Gestalten — Bistum Aachen — Schlaglichter. Mit einem Beitrag von Dieter P. J. Wynands zur Geschichte des alten und neuen Bistums Aachen
(104 Seiten, 19 Fotos, 13 Wappen, 3 Karten, zahlreiche Begriffserklärungen, Broschur mit dreifarbigem Efalineinband)
Aachen (einhard) 1983 DM 9,80
(ISBN 3-902284-13-5)

41. Dieter P. J. Wynands, Geschichte der Wallfahrten im Bistum Aachen
(495 Seiten, 100 Abbildungen, 10 Karten, Ganzleineneinband mit aufgeprägter Vignette, mehrfarbiger Schutzumschlag)
Aachen (einhard) 1986 DM 48,—
(ISBN 3-902284-21-6)